CONFIDENCE OF REDEMPTION

개정증보판

구원의 확신

김진욱 지음

한국장로교출판사

✝ 머리말

"나는 이 신앙이 저 신앙보다 우월하다고 말하는 종교는 절대 반대한다. 영적으로 인종차별하는 것이 아닌가? 그것은 우리가 너희보다 하나님과 더 가깝다는 뜻으로, 바로 거기서 증오가 싹튼다."

랍비 슈물리 보티치(Shmuley Boteach)가 한 말이다. 일부 사람들은 하나님께 가는 유일한 길이 나사렛 예수 그리스도를 통하는 것이라는 그리스도인의 주장을 오만과 독선과 고집으로 여긴다.

다원론자 로즈마리 래드포드 류터(Rosemary Radford Ruether)는 종교 다원주의와 상호존중의 시대에 그런 배타적 주장을 하는 것은 정치적 오류요, 다른 신앙체계의 뺨에 언어폭력을 가하는 것이라며 "허구 맹랑한 종교적 쇼비니즘"이라 못 박았고, 한 유대교 랍비는 "거만한 우월적 태도를 부추기는 영적 독재"로 표현하면서 바로 그런 신앙이 다른 이들을 향한 증오와 폭력으로 이어질 수 있다고 말했다.

또한 인도의 철학자 스와미 비베카난다(Swami Vivekananda)는 1893년 세계종교회의에서 "우리 힌두교도는 모든 종교를 진리로 받아들인다. 다른 사람을 죄인이라고 부르는 것이야말로 진짜 죄다. 모든 종교가 근본적으로 같은 것을 가르치고 있으며 믿음을 신실하게 지키기만 한다면 모든 신앙은 신에게로 인도하며 사람들은 자신의 종교를 통해서 구원받을 수 있다."라고 말했다. 찰스 템플턴은 "예수 외에는 천하 인간에 구원을 얻을 만한 다른 이름을 우리에게 주신 일이 없다는 성경의 주장은 참을 수 없는 오만이다."라고 그의 책 *Farewell to God*에 적고 있다. 이어 "그리스도인은 소수에 지나지 않는다. 지구상에 대략 5명 중 4명이 기독교가 아닌 다른 종교의 신을 믿는다. 이 땅에 살고 있는 50억 이상의 사람들이 3백 가지가 넘는 신을 섬기고 있다. 정령 숭배자나 부족 종교까지 합한다면 그 수는 3천 가지를 넘어설 것이다. 그런데도 그리스도인들만이 옳다고 믿어야 하는가?"라고 덧붙였다.

시간과 장소, 문화와 사람을 초월하여 만국 공통의 진리가 되는 존재를 인정하지 않는 현대의 상대주의 문화, 포스트모더니즘(Post-Modernism) 문화에는 이 같은 개방적이고 자유주의적인 태도가 훨씬 더 잘 어울리는 것이 사실이다. 그렇다면 신학자 스프로울(R. C. Sproul)이 그의 책 *Reason to Believe*에서 주장한 이 말은 오늘날 신앙을 찾으려는 이들에게 큰 장애물만 되는 것일까? 결코 그럴 수 없다.

"모세는 율법을 전달할 수 있고 마호메트는 검을 휘두를 수 있다. 부처는 개인적 조언을 들려줄 수 있고, 공자는 지혜의 말을 들려줄 수 있다. 그러나 이들 중 어느 누구도 세상의 죄를 대속할 자격은 없다. 오직 예수 그리스도만이 무한한 헌신과 섬김을 받으실 자격이 있다."[1]

경제 원리 가운데 "수요가 공급을 창출한다."는 말은 경제 분야뿐만 아니라 인간의 모든 삶의 영역에 적용되는 것 같다. 목회현장에서 대학·청년부를 지도하다 보면 여러 가지 질문을 받게 되는데, 그중 가장 많은 질문과 요청이 구원의 확신에 관한 것이었다. 그래서 강사들을 초청하여 특강도 시도해 보았고, 시중에 나와 있는 성경공부 교재로 구원의 확신에 대하여 연구하기도 하면서 언젠가 구원론에 관해 정리를 한번 해야겠다는 마음을 갖고 있었다. 그러던 차에 어느 서점에서 김세윤 박사의 「구원이란 무엇인가?」(두란노, 2023)라는 소책자를 발견하고 얼마나 기뻤는지 모른다. 그리하여 이 책에 힘입어 「구원의 확신」이라는 부족한 책을 내게 되었다. 그러기에 이 책은 김세윤 박사님과 여러 구원론과 기독론의 화원에서 꺾어 모은

---

[1] Lee Strobel, *The case for faith*, 윤종석 역, 「특종! 믿음 사건」(서울 : 두란노, 2001), pp. 163-165.

꽃다발이라 하겠다.

「구원의 확신」 내용을 한마디로 요약하면 '신자신학'(神子神學)이라 할 수 있다. 하나님의 아들(神子)이신 예수께서 인간을 구원하시기 위해 하늘보좌를 버리고 이 땅에 오셔서 인간의 대속물로 십자가 위에서 죽으시고, 부활하신 사실을 믿는 자(信者)는 하나님의 자녀(神子)가 되어 하늘나라를 기업으로 받게 된다는 사실을 기술하고 있다. 이 책은 일반 신학서적이 아니다. 일반적인 성경공부 교재와는 다르게 '구원론'이라는 하나의 주제를 정해 놓고, 그 주제에 방향을 맞추어서 서술식으로 정리했으며, 많은 성경구절을 삽입하고 서술하여 주제와 함께 연구하고 묵상하도록 시도하였다. 다시 말해 이 책 전체는 구원론을 전개한 것으로 모든 부분은 서로 간에 긴밀하게 연결되고 각 부분은 앞장과 필연적인 관계를 형성한다. 그래서 각 장과 다른 장의 연관이 명백해지고 모든 부분이 합해질 때 비로소 서로가 조명되고 구원론이 완전히 환히 드러나게 된다.

미국에서 본서의 영역본도 출간하게 되었다. 그 과정에서 오탈자를 수정했으며 비교종교 차원에서 일부내용을 추가하여 개정증보판을 내게 되었다.

이렇게 부족한 책을 내놓게 된 것은 구원론에 대해 일선 목회현장에서 구원의 확신에 대한 관심을 갖고 있는 교역자들과 평신도들에게 조그마한 도움이라도 되었으면 하는 소박한 바람과 지금 우리가 살아가는 시대적 상황 때문이라 하겠다.

이 시대를 일컬어 포스트모더니즘이라 하듯이 종교혼합주의와 다원주의의 물결에 의해 절대 진리, 절대 구원과 같은 절대성이 사라지고 있다. 기독교만이, 예수만이 절대 구원자라고 하면 편협한 종교인, 인류박애와 인류공영에 반(反)하는 집단으로 인식하려는 시대적 흐름을 볼 수 있다. 그러나 진리는 둘일 수 없고, 구원의 길이 여럿일 수 없다. 왜냐하면 진리가 둘이고 구원의 길이 여럿이라면 '진리', '구원'이라는 용어(用語) 자체가 불필요하기 때문이다. 비록 현 세대는 종교혼합주의 시대이지만, 수학자이자 물리학자인 파스칼(Blaise Pascal)의 말처럼 믿는 이에게는 충분한 빛이 믿지 않는 사람에게는 충분한 어두움으로 있다. 이들에게 예수만이 유일한 구원자요, 그를 믿음으로써만 구원받는다는 사실을 천명하고자 이 책을 출판하게 되었다. 또한 구원의 확신은 다음과 같은 이유로 특별한 권리이기도 하다.

첫째, 확신은 하나님과의 모범적인 교제와 친분을 유지케 한다.

둘째, 확신은 효성스럽고 복음적인 마음의 구조를 일으킨다.

셋째, 외적불행과 환난이 있을 때에도 이기도록 도와준다.

넷째, 열렬한 기도를 드리도록 자극한다.

다섯째, 죄에 반대하는 민감한 마음을 갖고 살게 한다.

여섯째, 사람의 마음이 예수 그리스도의 재림을 진심으로 열망하도록 이끈다.

일곱째, 모든 부족함을 채워 주실 분으로 하나님과 예수 그리스도를 온전히 따르고 의지하도록 한다.[2]

또한 확신은 신앙의 정수로서 각각의 신앙의 행사와 불가분리적이다. 그리고 구원의 확신은 하나님의 약속을 믿는 신앙에 의해서, 은혜의 내적증거와 성령의 증언에 의해서 자란다.[3]

이 책이 나오기까지 수고하신 이준규 목사님과 책이 나올 때마다 아낌없이 지원해 주신 인천교회 모든 성도들께 감사드리며, 한국장로교출판사 사장 강성훈 목사님, 꼼꼼하게 교정을 봐 주신 강수지 전도사님과 직원들께도 감사드린다.

2024년 12월
김진욱 목사

---

2) 조엘 비키, 김귀탁 역, 「개혁주의 청교도 영성」(서울:부흥과개혁사, 2013). pp. 328-329.
3) op. cit., p. 509.

✝ 추천사

　기독교의 핵심에는 구원관이 자리를 잡고 있습니다. 하나님의 말씀인 성경을 보더라도 창세기부터 요한계시록까지 하나님의 구원 역사가 펼쳐져 있습니다. 특히 오늘날 포스트모더니즘의 시대에 들어서면서 사회의 다원화와 더불어 구원의 문제는 더욱 심각하게 다루어야 할 주제가 되었습니다. 비교종교적 차원에서 타종교와 비교함에 있어서 구원의 문제는 결정적인 차이점을 보여 주고 있으며, 기독교인 자신들의 정체성을 찾고 세워 가는 과정에 있어서 구원의 확신은 가장 기초가 될 것입니다. 무엇보다도 저자는 이 문제를 직시하고 학문적인 전개 과정을 통해 증빙하고 있습니다.

　저자가 머리말에서 지적하고 있듯이, "종교혼합주의와 다원주의의 물결에 의해 절대 진리, 절대 구원과 같은 절대성이 사라지고 있으며, 예수 그리스도만이 절대 구원자라고 하면 편협한 종교인으로, 인류박애와 인류공영에 반하는 집단으로 인식하려는 시대적 흐름"이 있습니다. 그러나 만일 다른 종교에도 구원에 이르는 여러 갈래의 길이 있다고 하면 굳이 '진리'라든가, '구원'이라는 용어를 사용할 이유가 없다고 저자는 강조하고 있습니다. 다시 말하면, 저자는 오늘날 이런 '구원의 심각성'을 기독교인들이 자각하고 있는가에 대한 강력한 도전적 논증을 하고 있는 것이라 생각합니다. 기독교는 한마디로 '구원의 종교'인 것입니다.

　이 문제를 해결해 가는 데 있어서 저자는 결정적인 세 가지 질문을 던지고 있습니다. "우리가 구원을 받아야 할 이유는 무엇인가? 왜 예수만이 구원을 가져다주는가? 과거의 십자가와 부활 사건이 현재의 우리에게도 어떻게 동일할 수 있는가?"

이 주제를 해결하기 위해 저자는 11가지 소주제를 통해 논증하고 있습니다.

1. 우리가 구원받아야 할 이유 2. 인간은 스스로 구원할 수 있는가? 3. 성경의 기록들은 믿을 만한가? 4. 예수는 실존 인물인가? 5. 예수 그리스도만이 구원하실 수 있다 6. 구원자 예수에 대한 인간의 반응 7. 십자가에 대한 예수 자신의 이해 8. 부활에 대한 인간의 반응과 하나님의 평가 9. 예수의 부활과 나의 구원 10. 우리의 구원에 대한 성경적 해석 11. 언제 구원이 일어났는가?

이런 주제 하나 하나가 기독교의 본질을 이해하는 데 기초적이며 매우 중요한 의미를 담고 있습니다. 하나님 앞에서 죄인이라는 명제로부터 벗어날 수 있는 인간은 아무도 없습니다. 그렇다면 "죄인인 우리가 어떻게 구원받을 수 있는가?"라는 질문과 연결이 될 것입니다. 이 죄의 문제를 해결하지 않는 한, 어느 누구도 구원에 이를 수 없다는 전제가 성립되는 것입니다. 성경은 "모든 사람이 죄를 범하였으매 하나님의 영광에 이르지 못하더니"(롬 3:23)라고 말씀하고 있습니다. 저자는 이 문제를 이렇게 표현하고 있습니다. "하나님 중심주의에서 인간 중심주의로, 존재 중심주의에서 존재물 중심주의로 돌아선 존재 상실의 사건이다. 이렇게 죄는 인간이 그의 바탕인 하나님으로부터 돌아서는 것이기에 존재론적이다."(32쪽)

그렇다면 자연스레 "죄인들이 어떻게 구원을 얻을 수 있는가?"라는 질문으로 연결이 될 것입니다. 이 질문에 대해 저자는 "인간이 인간을 구원할 힘이 있다면 우리에게는 애초에 구원받아야 할 이유가 발생하지 않았을 것이다."(113쪽)라고 말하고 있습니다. '모든 인간은 하나님 앞에서 죄인'이라는 전제를 받아들인다면 죄인이 스스로 구원할 수 있다고 하는 것에 모순이 있음을 발견하게 될 것입니다. 이 구원의 문제를 다른 종교는 어떻게 언급하고 있는지를 저자는 자세하게 소개하고 있으며, 이들의 모순점이 무엇인지를 명쾌하게 밝혀내고 있습니다. 결국은 "인간이 하는 어떤 행위도 구원이 될 수가 없다. 구원은 하나님께만 있는 것이다."(160쪽)라는 결론에 이르게 됩니다. 그리고 이런 사실을 하나님의 말씀인 성경을 통해서 증거하고 있으며, 예수 그리스도가 구원자라는 것이 예언을 통해 성취되었음을 그 성경이 증빙하고 있습니다.

저자는 예수에 대한 역사성과 실존성을 의심케 하는 여러 다양한 이론들과 주장들을 반박하면서 이들의 허구성을 논증하고 있습니다. 이런 다양한 주장들을 저자는 많은 문헌과 자료를 통해 소개하고 있으며, 잘못된 주장들에 대하여 어떤 오류가 있었는지를 밝혀내고 있습니다. 이를 통해 성경은 하나님의 말씀이며, 이 하나님의 말씀이 증거하고 있는 역사적 예수를 증명해 내고 있습니다. 이런 바른 증빙자료를 통해 자연스레 예수 그리스도만이 죄인을 구원하는 구세주라는 결론에 이르게 되는 것입니다. 이 부분에 있어서 저자는 특별히 성경말씀을 많이 인용하면서 구약성경에서 메시야에 대한 예언이 어떻게 예수에게서 성취되었고, 예수 그리스도만이 구원자이시고 구세주가 되어야만 한다는 사실을 입증하고 있습니다.

예수 그리스도께서는 십자가 위에서 피를 흘려 죽으심으로, 즉 "대속의 죽음"을 통해 많은 사람들의 죄를 용서해 주시고 의롭게 한다는 점을 저자는 강조하며 "십자가상의 죽음이 대속의 제사이며, 새 언약을 세우는 제사라고 설명"(382쪽)하면서 결정적인 두 성경구절을 인용하고 있습니다.

"인자가 온 것은 섬김을 받으려 함이 아니라 도리어 섬기려 하고 자기 목숨을 많은 사람의 대속물로 주려 함이니라"(막 10:45). "그가 모든 사람을 위하여 자기를 대속물로 주셨으니 기약이 이르러 주신 증거니라"(딤전 2:6).

예수께서는 죽음으로써 모든 것이 끝난 것이 아니라 부활을 통해 기독교 신앙의 핵심을 나타내 주었다고 저자는 강조합니다. "예수는 자신이 인류의 죄를 위한 위대한 희생제물이라는 것과 또한 구속자로서 죄인인 사람이 전능하신 하나님께로 나아가는 길 — 사망의 저주를 받은 어두운 세상에서 영생의 축복으로 인해 아주 밝은 천국으로 가는 길 — 을 열어 놓았다고 선언"(389쪽)하신 것입니다. 다시 말해, 부활이 없다면 예수가 메시야라는 총체적 사상체계는 무너진다고 말하고 있습니다.

그렇다면 이것은 믿음의 문제로 이어집니다. 저자는 이 점을 다양한 문헌과 성경구절을 인용하면서 믿음의 중요성을 강조합니다. "예수의 사건은 자연적인 사건이 아니라 우주 밖의 초월자가 직접 개입한 창조의 사건이다. 시간과 공간 밖에 있는 초월자의 사건이기 때문에 예수의 십자가와 부활은 절대적인 의미"를 갖고 있는 것이며, 이것은 또한 "오늘 나에게 절대적인 의미를 갖는 것"(438쪽)이라고 합니다. 결국 죄인이 하나님께로부터 의롭다고 칭함을 받는 것은 행위로 말미암지 않고 '믿음을 통해', '믿음으로' 하나님의 선물을 받는 것임을 말하고 있습니다. 이 부분에 있어서도 저자는 여러 성경구절을 증빙자료로 삼아 구원에 대한 성경적 해석을 상세하게 설명하고 있습니다. 그러면서 결론적으로 "예수 그리스도의 십자가에서 죽으심은 하나님이 그의 언약에 신실해서 우리 인간들에게 자기와 화해를 이룰 수 있도록 새로운 언약의 관계를 허락하신 것이다."(512쪽)라고 마무리를 짓고 있습니다.

저자는 끝으로 '구원의 과거', '구원의 현재', '구원의 미래'를 언급하면서 제자도를 말하고 있습니다. "그리스도인의 제자도의 고난은 동시에 우리의 속사람, 곧 새로운 부활의 새 생명이 날로 새로워지고 강건해 가는 과정인데, 그 과정은 드디어 예수가 다시 오심으로 말미암아 우리를 더 이상 악과 고난과 죄의 시험에 허덕이지 아니하는 영광스러운 형상으로 완전히 변화시킬 때 종결될 것이다."(530쪽)라고 결론짓고 있습니다.

구원의 문제는 기독교인들이 신앙생활을 하는 데 있어서 결정적인 초석이라고 말할 수 있습니다. 저자는 목회현장과 선교현장을 섬기면서 경험하게 되는 구원의 문제를 학술적으로, 실제적인 질문과 해답을 명쾌하게 담고 있어서 이런 다원화되어가는 시대에 더욱 필요한 책이라고 생각합니다. 오늘날의 시대적 흐름으로 볼 때, 기독교인들은 "구원의 심각성"을 인식하지 못하여 "구원의 열정"이 식어 가고 있습니다. 이런 차제에 이 책은 시대를 향한 도전이며 신앙의 기초이고 초석이 된다고 생각하여 널리 읽힐 수 있기를 바랍니다.

아세아연합신학대학원장
정흥호 교수

✝ 추천사

저자의 영문판 저서 *The Assurance of Our Salvation: Witnessing Gospel to Modern Doubters*가 출간된 것에는 한국 선교 2세기에 하나님이 행하신 새 일과도 같은 의미가 있습니다. 지금까지는 영어 기독교 서적이 한국어로 번역되었습니다. 그러나 이제 한국인 기독교 저자의 책이 영어로 번역되어 출간되었다는 것은 매우 반가운 일입니다. 한국교회가 선교사님들만 파송하는 것과 영어로 출간된 문서선교 장비도 함께 보내는 것 사이에는 엄청난 질적 차이가 있습니다.

세계선교에서 괄목한 것은 한국교회와 한인 선교사들이 선교지에 신학교를 세우는 은사가 있다는 것입니다. 오히려 미국이나 유럽 선교사들보다 한인 선교사들이 신학교를 많이 세웠습니다. 그러나 아직 부족한 부분이 있다면 영어로 된 교재가 충분하지 못한 것이었습니다. 혹자는 미국 신학교에서 쓰는 교재들을 그대로 가져다 쓰면 된다고 생각할지 모르나 그렇지가 않습니다. 미국 신학교에서 사용하기에 적합한 대부분의 교재들은 선교지에서 적합하지 않습니다. 선교지 신학교육의 목적이 능력 있는 복음 전도자들을 양성하는 것이기 때문입니다. 그러므로 선교지에서 현지인 목회자 양성을 위해 가장 필요한 것이 있다면 영문판 도서입니다.

"구원이란 무엇인가?" 이 간단한 질문은 아주 쉬우면서도 매우 어려운 질문입니다. 이 질문에 대한 답변은 청중이 누구냐에 따라 달라집니다. 신학교에 조직신학이란 과목이 있지만 그 대상 청중이 신학생들과 신학자들이다 보니 사변적이고 현학적인 신학논쟁이 많습니다. 그리고 신학토론과 신학논쟁을 위한 구원론은 세부적으로 끝없이 복잡합니다. 그래서 도서관에서 책을 많이 읽은 신학교 우등생도 졸업

후 목회현장에서는 그것을 어떻게 설교해야 하는지 난감해하곤 합니다. 그래서 전도의 벽, 선교의 장벽이 있는 것입니다.

물론 우리에게는 학문적 무장이 필요합니다. 그러나 기독교 사역자들에게 학문적 무장의 궁극적인 목표는 구원이 필요한 영혼들에게 기독교의 구원의 복음을 전하는 것입니다. 능력 있는 전도를 위해서는 전체 그림, 하나님의 구원의 경륜의 큰 그림이 필요합니다. 세상에 아무리 신학서적과 기독교서적이 많아도 이런 큰 그림이 없으면 복음이 담긴 서적이 불신자들에게까지 전달되지 않습니다.

전도와 선교를 위해 집필된 구원론이 우리 자신의 구원의 확신을 위해서도 영의 양식이 됩니다. 가슴에 선교의 열정이 없이 머리로만 이해하려는 신학이나, 잃어버린 영혼 구원을 위한 기도가 없는 신학은 사변과 현학에 치우치기 쉽고 한국에서는 심지어 운동권 이념으로 전락하기까지 합니다. 「구원의 확신」은 선교 2세기에 목회와 선교에서 교회 성장보다 우선하는 것은 영혼구원이라는 확신을 가지고 집필되었기에 우리는 '구원의 확신'을 머리로 깨달을 뿐만 아니라 가슴으로 뜨겁게 느끼게 됩니다. 진정한 부흥운동은 영혼구원이 가장 우선순위에 있을 때 가능합니다.

저자의 집필 동기 또한 세계적인 저작이 될 만한 것입니다. 저자는 포스트모더니즘 시대에 어떻게 사람들이 구원의 확신을 가질 수 있도록 도울 것인가 하는 질문을 품고 「구원의 확신」 집필을 시작하였는데, 이 질문은 한국 교계에서는 상당히 선각자적인 질문일 것입니다. 물론 서구 교회에서는 이 질문이 새로운 것은 아니지만, 서구 상황과 아시아 상황 사이에 다리를 놓고 이 문제에 접근한다는 것은 대단히 학문적 가치가 있는 기여인 것입니다.

21세기에는, 19세기에는 없었던 포스트모더니즘 문화의 도전, 다원화 문화의 도전이 있습니다. 포스트모더니즘 세계관은 절대적인 진리를 부정합니다. 그래서 기독교의 구원의 도를 종교적 독선이라고 비판하며, 모든 종교에 구원이 있다는 주장과 함께 반기독교 운동이 등장합니다. 한국에는 '안티 기독교'라는 것이 있으며, 안티 기독교의 공격이 교회들을 죽이고 있습니다. 이럴 때 방패 역할을 하는 강력한 변증이 필요한데, 이 책이 바로 21세기 상황에서의 강력한 기독교 변증입니다. 따라서 이 책은 해외선교뿐만 아니라 국내전도를 위해서도 꼭 필요한 책입니다.

포스트모더니즘 세계관은 동양과 서양의 유기적 관계를 가지고 형성되고 있습니다. 서구 선진국의 청년들이 동양의 종교에서 지혜를 배우고 싶다고 하는 것이 포스트모더니즘의 종교 다원주의 현상입니다. 그래서 서구 신학자들도 이런 현상을 파악하려면 여러 종교들에 대해 알아야 하는데, 우리 한국인만큼 해박하게 불교와 유교와 샤머니즘 등에 대해서 알 수 있는 것은 아닙니다.

모든 전쟁에는 작전이 필요합니다. 영적 전쟁에도 작전이 필요합니다. 전도는 세계관의 전쟁과 같습니다. 미전도 종족 전도가 어렵다는 말은 종교의 장벽이 높다는 말과 같은 말입니다. 그러나 모든 종교에는 하나님의 일반 계시가 있기 때문에 그 어느 종교의 세계관에도 전도의 문이 열릴 수 있는 열쇠가 있습니다. 저서에서 동양의 종교들이 언급된 내용은 바로 그 열쇠를 찾아 주는 내용들입니다.

우리가 책을 고를 때 또 하나 중요한 것은 선교 신학적 입장입니다. 포스트모더니즘 신학도서들이 이미 여러 권 출판되었지만, 길을 잘못 인도하는 책들이 있습니다. 포스트모더니즘에 대한 신학에도 서로 상반된 입장이 있습니다. 한쪽에서는 종교 다원주의와 타협하고 모든 종교에 구원이 있음을 인정하자고 합니다.

저자의 책 *The Assurance of Our Salvation: Witnessing Gospel to Modern Doubters*는 그런 잘못된 비복음적 주장들을 단호하게 물리치고, 포스트모더니즘 문화 속에서도 우리가 담대하게 구원의 복음을 선포하며, 구원의 확신을 가질 수 있음을 변증합니다. 학문적으로 표현하면 이 책은 조직신학과 전도학 사이에 다리를 놓아 연결시켜 주는 책입니다. 이 책의 구원론은 미전도 종족 선교와 불신자 전도에 대한 열정이 담겨 있는 구원론입니다. 그러나 이 책의 독자층은 평신도들에게까지 넓혀집니다.

본서 제목은 「구원의 확신」(*The Assurance of Our Salvation*)이지만 평신도들의 궁금증을 해소시켜 주는 다양한 주제들이 있습니다. 기독교인들에게 꼭 필요한 과학 상식이 이 책의 백미입니다. 오늘날 교회는 과학 이성과 포스트모더니즘 양편에서 공격을 받고 있습니다. 학교 교육은 진화론 교육이며, 그래서 학교 교육을 받을수록 청소년들과 청년들이 성경을 신화로 여기고 교회를 떠납니다. 신학교에서는 진화론이 옳은가, 성경이 옳은가에 대해서 가르치지 않지만 평신도들은 속 시원한 해답을 원할 것입니다.

그런 궁금증에 대한 명쾌하고 속 시원한 답변이 이 책입니다. 모든 현대 과학의 발견은 성경의 창조설화가 과학적인 사실임을 입증합니다. 그런데 이 책의 큰 장점은 진화론과 창조론 중 어느 쪽이 더 과학적이냐의 단편적인 토론에서 끝나지 않고, 하나님의 구원의 전체 그림, 구원론의 큰 그림을 한 권의 책에서 볼 수 있도록 구성되어 있다는 점입니다.

미국 Fuller신학교(Ph.D.) 영문번역

David Kim 박사

머리말 / 2

추천사 / 6

1. 우리가 구원받아야 할 이유 / 16

2. 인간은 스스로 구원할 수 있는가? / 110

3. 성경의 기록들은 믿을 만한가? / 168

4. 예수는 실존 인물인가? / 212

5. 예수 그리스도만이 구원하실 수 있다 / 236

6. 구원자 예수에 대한 인간의 반응 / 332

차례

7. 십자가에 대한 예수 자신의 이해 / 366

8. 부활에 대한 인간의 반응과 하나님의 평가 / 386

9. 예수의 부활과 나의 구원 / 436

10. 우리의 구원에 대한 성경적 해석 / 490

11. 언제 구원이 일어났는가? / 516

저자 후기 / 532

주제에 대한 질문 / 542

부록 : 고대 종교의 구원관 / 552

참고문헌 / 560

✝
―
1

우리가 구원받아야 할 이유

"피조물이 다 이제까지 함께 탄식하며 함께 고통을 겪고 있는 것을 우리가 아느니라 그뿐 아니라 또한 우리 곧 성령의 처음 익은 열매를 받은 우리까지도 속으로 탄식하여 양자 될 것 곧 우리 몸의 속량을 기다리느니라"(롬 8 : 22-23).

1. 구원이란 무엇인가?

1) 전도현장에서의 질문

어느 날 전도현장에서 받았던 두 가지 질문에 대해 오랫동안 고심해 왔다. 첫째는 "왜 기독교만 믿어야 되는가?", 즉 "왜 예수만이 구원을 가져다주는가?"라는 질문이다. 둘째는 설혹 예수가 구원을 가져다주는 분이라고 하더라도 "2,000년 전 팔레스타인(Palestine) 지방에서 십자가에 죽은 그를 믿기만 한다고 어떻게 오늘 나의 죄가 사해지고 죽음에서 건져 주는 효과가 발생하는가?"이다. 즉, "믿음이 무엇인가?" 하는 것이다.

이 두 가지 질문에 그 당시에는 솔직히 자신 있게 대답하지 못했다. 그 후 이 문제로 항상 고민하던 중 그 대답을 얻어 이제 자신 있게 이 책에서 정리하게 되었다.

"이는 각하가 알고 있는 바를 더 확실하게 하려 함이로라"(눅 1 : 4).

"이는 그들로 마음에 위안을 받고 사랑 안에서 연합하여 확실한 이해의 모든 풍성함과 하나님의 비밀인 그리스도를 깨닫게 하려 함이니"(골 2 : 2).

"그리스도 예수의 종인 너희에게서 온 에바브라가 너희에게 문안하느니라 그가 항상 너희를 위하여 애써 기도하여 너희로 하나님의 모든 뜻 가운데서 완전하고 확신 있게 서기를 구하나니"(골 4 : 12).

"너희 마음에 그리스도를 주로 삼아 거룩하게 하고 너희 속에 있는 소망에 관한 이유를 묻는 자에게는 대답할 것을 항상 준비하되 온유와 두려움으로 하고"(벧전 3 : 15).

"대답할 것"---> ἀπολογία ^{아폴로기아} ⇒ apologetics(변증)
변호하는 말

이와 같이 구원받음과 천국 백성의 소망에 관하여 묻는 자들에게 "무조건 믿어.", "신앙은 신비야."라는 정도의 대답으로 끝내지 않고, 확실한 이해를 통해 순교의 자리까지 나아갈 수 있는 확신에 거하게 하는 것이 이 책의 목적이다. "확신(securitas)은 의심의 원인이 제거된 미래 또는 과거의 사물의 관념에서 생기는 기쁨이다."라는 스피노자(Baruch de Spinoza)의 말처럼 기쁨에 찬 순교의 자리까지 나아가는 것이다. 페트루스 판 마스트리히트(Petrus van Mastricht)가 "교리는 그리스도를 통하여 하나님을 향하여 살기 위한 것이다."(Theologia eas doctrina Deo viendi per Christum)라고 신학의 목적을 천명했던 것처럼 말이다.

물론 기독교의 신앙은 인간 이해와 이성 이상임에 틀림없다. 그래서 존 로크는 "기독교를 이성만으로 온전히 설명할 수 없다."라고 했다. 피에르 테야르 드 샤르댕(Pierre Teilhard De Chardin)이 적절히 지적한 것처럼 믿는다는 것이 모든 것을 다 이해한다는 뜻은 아니다. 고로 성령님의 계시의 은총을 간구해야 한다. 그러나 인간의 이해와 이성을 초월할지언정 무시하거나 도외시하지는 않는다. 그래서 암브로시우스(Ambrosius)는 "하나님은 우리가 이성 없이 그분에 대한 신앙에 복종하기를 원치 않으신다."라고 했다. 손양원 목사님도 "믿음(信)과 지식(知)을 함께 구비해야 되나니⋯⋯ 상대적 병행이 아니라 상조적 동지가 되나니 엄밀한 의미에서

1. 우리가 구원받아야 할 이유

'무신의 지'(無信의 知), '무지의 신'(無知의 信)은 있을 수 없느니라."고 했다.

이해와 신앙

어거스틴(St. Augustine)과 안셀무스(Anselmus Cantuariensis)는 "신앙은 지식의 출발점이다.", "나는 믿는다. 그러므로 이해한다."(Credo ut intelligam), "믿지 않으면 알 수 없다."(Unless I believe, I shell not understand)라고 말함으로써 신앙을 출발로 이해에 이를 수 있다는 '이해를 추구하는 신앙'(fides quaerens intellectum)을 강조한다. 이러한 경향은 존 웨슬리(John Wesley)와 칼 바르트(Karl Barth)에게서도 나타난다. 그런가 하면 피에르 아벨라르(Pierre Abelard)와 토마스 아퀴나스(Thomas Aquinas)는 "나는 이해한다. 그러므로 나는 믿을 수 있다."(intellego ut credam)고 주장함으로써 이해를 출발로 믿음에 이를 수 있다는 것이다.

이러한 이성적 사변(speculation)을 전제로 하여 믿음에 이를 수 있다는 이층구조는 중세 스콜라주의(Medieval Scholasticism)를 만들었다. 그러나 이렇게 마치 도마처럼 과학적, 실증적으로 증명한 합리적인 것만을 믿으려 한다면 도리어 믿음에 이를 수 없게 된다. 반대로 터툴리안(Tertullian)이나 마르틴 루터(Martin Luther)는 "불합리하기 때문에 오히려 나는 믿는다."(Just because it is absurd, it is to be believed)라고 하였다. 터툴리안은 당시 아테네를 중심으로 하는 합리주의적 헬라철학에 저항하는 신학을 전개했기 때문에 이성적인 것을 배제하였고, 루터는 당시 중세 스콜라주의가 합리적 사변의 기초 위에서 인간의 자유의지적 선행을 도모함으로 신앙함을 추구하는 모순을 비판하기 위해 비합리적인 신앙을 강조할 수밖에 없었다. 그러므로 지나친 비합리적 신앙과 지나친 합리적 신앙을 배제하고 신앙을 전제로 하여 이성의 역할과 한계 안에 있는 이성에 대한 이해를 추구해야 건강한 신앙을 가질 수 있다.

그래서 20세기가 낳은 탁월한 철학자 루드비히 비트겐슈타인(Ludwig Josef Johann Wittgenstein)은 "근거가 제시된 믿음의 바탕에는 근거가 제시되지 않은 믿음이 놓여 있다."라면서 "근거가 제시되지 않는 믿음이란 우리가 그저 받아들여야만(Annehmen) 하는 것이다."라고 했다. 파스칼은 "이성은 인간적인 것이기에 한계가 있고 왜곡이 있을 수밖에 없다. 터툴리안처럼 이성을 넘어서 초월적인 것으로 나아가야 한다."고 했다.

청교도들의 격언에 "모든 하나님의 은혜는 이해를 통해 온다. 또한 그리스도와 관계를 갖는다는 것은 단지 그에 관한 역사적 사실을 아는 것 이상이다. 하지만 역사적 사실에 뿌리를 두고 있다. 예수와의 관계에서 우리는 증거를 뛰어넘어 그분을 신뢰하고 그분과 매일 동행해야만 한다. 그러나 역사적 증거에 근거를 두고 예수를 믿는다. 기독교 신앙은 사실에 뿌리를 두고 있는 신앙이지 공상이 아니며, 그 어떤 것의 상징도 아니다. 이와 같이 하나님께서는 물리적 폭력이나 힘으로 그의 백성을 인도하시는 것이 아니라 신중한 동의와 지성적인 순종을 동반한 인격적인 승복으로 인도하신다."[1]는 말이 있다.

무신론자인 조지 스미스(George H. Smith)는 "이성과 믿음은 반대말이요, 상호 배타적인 단어이다. 화해나 공통분모가 있을 수 없다. 믿음이란 이성 없는 신념이요, 이성을 거역하는 신념이다."라고 했지만, 파스칼은 "이성의 마지막 단계에 다가가면 이성을 넘어서는 무한한 변수가 존재한다는 것을 인정하게 될 것이다. 이성보다는 믿음을 통해서 진리를 깨닫기가 더 쉽다. 이성을 거부하는 것보다 더 합리적인 것은 없다."라고 말했고, 교육가 빙햄 헌터(W. Bingham Hunter)는 "믿음이란 자연, 인류역사, 성경, 부활하신 아들을 통해 나타난 하나님의 자기 계시에 대한 합리적 반응이다."라고 말함으로써 이성에 어긋나지 않고 합치되는 믿음, 즉 실체에 근거한 믿음을 설명하고 있다.[2] 그래서 어거스틴은 "지성으로 진리를 인식하는 노력과 더불어, 권위로 주어지는 신앙 진리로 겸허하게 받아들여야 한다. 이것은 하나님으로부터 온 관후함(ani mositas)이다."라고 했다.[3]

---

1) 김남준, 「예배의 감격에 빠져라」(서울 : 규장, 1997), p. 112.
2) Lee Strobel, *The case for faith*, 윤종석 역, 「특종! 믿음 사건」(서울 : 두란노, 2001), p. 16.
3) Aurelius Augustinus, *De Vera Religione*, 성염 역, 「아우구스티누스, 참된 종교」(서울:

이와 같이 이해하는 것은 구원과 모든 하나님의 은혜에 이르는 문임을 확신한다. 왜냐하면 이러한 깨달음의 작용은 반드시 이성을 통하여 이루어지기 때문이다. 그러므로 비록 온전하지는 않지만 먼저 이해력에 호소해야 한다. 지성은 깨달음으로 가는 사다리이다. 기독교는 이성과 지성을 부정하는 것이 아니라 이성과 지성을 넘어서는 것이다. 물론 여기에 성령의 역사를 배제하지는 않는다. 성령께서 지성을 통해서 깨닫게 하시고, 그 깨달음을 통로로 여러 가지 은혜를 내리시는 것이다. 존 칼빈(John Calvin)은 "확신은…… 인간의 지성의 능력을 넘어서는 일이다. 확신은 하나님의 말씀 안에서 약속하시는 것을 우리 안에 확증시키는 성령의 역사의 한 부분이다."라고 했고 안셀무스는 "믿음이 전제하지 않는 것은 오만이며 이성을 사용하지 않는 것은 태만이다."라고 했다. 그래서 우리는 이 책을 공부하면서 끊임없이 성령의 도우심을 간구해야 할 것이다.

2) 목회현장에서의 질문

어느 날 고등부 설교 도중 학생들에게 "자신이 구원받았다고 자신 있게 확신하는 사람 손들어 보세요."라고 질문했을 때 100여 명의 학생 가운데 2명 정도가 손드는 것을 보았다. 이어서 "자신이 성령 받았다고 생각하는 학생, 즉 성령이 자기 속에 계신다고 생각하는 학생 손들어 보세요."라고 했을 때는 손드는 학생이 한 명도 없었다. 그래서 다음의 성경 구절을 함께 찾아 읽으며 학생들에게 구원의 확신과 성령의 임재를 설명한 기억이 있다.

"네가 만일 네 입으로 예수를 주로 시인하며 또 하나님께서 그를 죽은 자 가운데서 살리신 것을 네 마음에 믿으면 구원을 받으리라"(롬 10 : 9).

"그러므로 내가 너희에게 알리노니 하나님의 영으로 말하는 자는 누구든지 예

분도출판사, 2017), p. 222.

수를 저주할 자라 하지 아니하고 또 성령으로 아니하고는 누구든지 예수를 주시라 할 수 없느니라"(고전 12 : 3).

"너희는 다시 무서워하는 종의 영을 받지 아니하고 양자의 영을 받았으므로 우리가 아빠 아버지라고 부르짖느니라"(롬 8 : 15).

"너희가 아들이므로 하나님이 그 아들의 영을 우리 마음 가운데 보내사 아빠 아버지라 부르게 하셨느니라"(갈 4 : 6).

이 같은 상황이 비단 내게만 있는 경험은 아닐 것이다. 그러나 이 두 질문은 기독교의 가장 중요한 원리에 대한 질문이라 생각된다. 이제부터 이 두 가지 질문에 대한 대답을 전개해 보자.

2. 구원의 의미

우리나라 선교 초기에 선교사님들이 "예수 믿고 구원받으세요." 하면 "구원 주지 말고 십 원 주면 예수 믿지!"라고 했다는 일화가 있다. 성경과 기독교 교리를 압축하여 액기스 두 방울을 떨어뜨린다면 '예수'와 '믿음'일 것이다. 즉, 기독교 교리를 공식화한다면 "예수+믿음=구원"이다. 구원이란 포괄적인 개념으로 모든 악과 고난의 상태로부터의 해방을 의미한다. 그래서 파스칼은 기독교는 '고통'에 대한 해답이기 때문에 '사악함, 빈곤, 질병'이 있어야 기독교의 생명력이 강해진다고 말했다. 그리고 모든 악과 고난의 종착점은 죽음이다.

"죄의 삯은 사망이요……"(롬 6 : 23).

그렇다면 우리는 왜 악과 고난의 상태에 이르는가? 그것은 죄 때문이다. 이것은 "왜 죽음이 있느냐?"라는 질문과 같은 것이다. 죄를 지으면 반드시 죽음이 대가로 주어진다. 성경에서 죽음은 언제나, 절대적으로 죄와 관련되어 있다(창 2 : 17, 마 10 : 28, 고전 11 : 30 – 32, 히 9 : 27). 그리고 죽음은 세 가지이다. 그것은 영적 죽음, 육적 죽음, 영원한 죽음이며 영적 죽음은 사람과 하나님이 분리되는 것이고, 육적 죽음은 영혼과 육체의 분리이며, 영원한 죽음은 영원히 지옥에 떨어지는 것이다. 즉, 죽음은 '분리되는 것'이다.

"선악을 알게 하는 나무의 열매는 먹지 말라 네가 먹는 날에는 반드시 죽으리라 하시니라"(창 2 : 17).

"네가 흙으로 돌아갈 때까지 얼굴에 땀을 흘려야 먹을 것을 먹으리니 네가 그것에서 취함을 입었음이라 너는 흙이니 흙으로 돌아갈 것이니라 하시니라"(창 3 : 19).

창세기 2 : 17이 보여 주는 대로, 실현 가능성이 있는 것으로써의 죽음은 타락 전 인간 생명의 특징이었지만, 인간이 죄를 범했을 때 인간의 잠재적인 죽음은 실현되었고 피할 수 없게 되었다.[4] 창세기 3장은 우리에게 죽음은 인간의 죄로 인해 이 세상에 들어왔다고 가르치고 있다. 죽음은 자연적인 성격이 아니라 하나님이 그렇게 되게 하신 것, 즉 죽음은 하나님께서 죄를 범한 인간에게 티끌로 돌아가도록 명령하셨기 때문이라는 것이다.

"주께서 사람을 티끌로 돌아가게 하시고 말씀하시기를 너희 인생들은 돌아가라 하셨사오니"(시 90 : 3).

"우리는 주의 노에 소멸되며 주의 분내심에 놀라나이다 주께서 우리의 죄악을 주의 앞에 놓으시며 우리의 은밀한 죄를 주의 얼굴 빛 가운데에 두셨사오니

---

4) G. C. Berkouwer, *De Mens het Beeld Gods*, p. 261.

우리의 모든 날이 주의 분노 중에 지나가며 우리의 평생이 순식간에 다하였나이다"(시 90 : 7-9).

죽음은 하나님께서 인생의 죄악에 대해 진노하신 결과라고 분명히 언급하고 있다. 인생의 죽음이 죄의 결과임은 명백하다. 죽음은 하나의 사고(事故)요, 본연(本然)이 아니기 때문에 인간에게 영생을 얻을 가능성이 있는 것이다. 만약 인생의 죽음이 인생의 자연적 성격이라면 인생은 구원받을 길이 전혀 없을 것이다. 자연적 성격이라는 것은 본질이라고도 할 수 있기 때문이다.[5] 그러나 힌두교와 불교의 영향을 받은 아르투어 쇼펜하우어(Arthur Schopenhauer)는 "우리는 이미 태어날 때부터 죽음의 손아귀에 들어가 있고 죽음은 잠시 동안만 자신의 전리품을 가지고 놀다가 집어삼키기 때문에 결국에는 죽음이 승리할 것이 분명하다."라고 했다. 또한 그는 "삶과 죽음은 모든 존재가 반드시 경험해야 하는 근원적인 현상이다. 고로 살아 있는 모든 존재는 어떤 식으로든 반드시 소멸, 즉 죽음을 맞이할 수밖에 없다." 또는 "개체는 수많은 방식으로 허무하게 몰락할 수 있을 뿐만 아니라, 이러한 몰락은 이미 본래적으로 정해진 것이다. 모든 개체는 삶을 선물로 받았듯이 죽음도 선물로 받아야 한다."라고 했다. 그래서 폴 틸리히(Paul Tillich)는 "비존재(nonbeing), 즉 죽음 앞에서의 존재론적 충격(ontological shock)이 철학의 출발점이다."라고 했다.

인간의 죄는 성경이 보도하고 우리가 구속사라 칭하는 모든 사건이 일어나도록 강요하였다. 죽음은 죄가 제거되어지는 한도 내에서만 극복될 수 있다. 죄는 하나님을 대적하는 그 무엇이며, 이 대적의 결과가 죽음이다. 죄는 몸과 영혼에 걸쳐 전인을 휩싸 버리고 말았다. 죄의 결과인 죽음은 이제 모든 피조물에게 미치게 되었다. 그리고 죽음은 인간에게 가장 무서운 것이 되었다.[6]

마르틴 하이데거(Martin Heidegger)는 죽음을 "현존재의 가장 고유하고 극단적

---

5) 박윤선, 「구약주석 시편(하)」(서울 : 영음사, 1987), p. 765.
6) Oscar Cullmann, *Immortality of the soul or the Resurrection of the dead?*, 전경연 편역, 「영혼불멸과 죽은 자의 부활」 복음주의 신학총서 제5권(서울 : 한신대학출판부, 1991), pp. 23-24.

이며 다른 가능성들이 뛰어넘을 수 없는 가장 확실한 가능성이다."라고 정의했다. 그러므로 그에게 있어서 인간 존재의 근본적 성격은 '불안'이었다. 그리고 "절규"의 화가 에드바르트 뭉크(Edvard Munch, 1863-1944)는 "나의 요람을 지켜보고 있던 것은 병과 광기, 그리고 죽음의 검은 천사들이었다."라고 하며 늘 죽음의 불안 속에서 몸서리쳤다. 그래서 불교에서는 인간을 비기(悲器), 즉 슬픔의 그릇이라 표현하고 유교에서는 '인지생야유애'(人之生也有涯), 즉 인간은 죽음이라는 것을 뛰어넘을 수 없는 존재라고 해서 '대한'(大限, 한계가 있다)이라 한다(장자).

3. 죄란 무엇인가?

1) 죄의 본질

창세기 2장에서 볼 수 있듯이 죄는 피조물인 인간이 하나님이 되려는 것, 즉 고의적인 불순종과 하나님께 대한 반역으로 표출되는, 인간 자신이 스스로 주인이 되어 살겠다는 공개적인 선언으로 자기의 창조주의 뜻에 순종하지 않겠다는 것이다. 피조물인 인간이 창조주이신 하나님을 배척하는 것은 본질적 죄(존재론적 죄)이나, 생각으로 짓는 죄(남을 미워하는), 말로 짓는 죄(욕하는), 행동의 죄(때리는), 범법(도둑질) 등은 본질적인 죄의 현상인데, 즉 '현상적인 죄'(도덕론적 죄, 악)라 할 수 있다. 즉, 본질적 죄(창 3장)를 짓게 되면 창세기 4장의 현상(살인)은 자동적으로 나타나게 된다는 것이다. 인간은 죄에 빠져 있고 악이란 단지 죄의 결과로 자연히 나타나는 현상일 뿐이다.

어거스틴에 의하면 죄란 그 어떤 법칙 또는 도덕적 죄가 아니고 단지 '하나님으로부터 돌아서는 것'을 의미한다. 즉, 최고의 유(有)로부터의 고의적인 일탈이요 죄의 벌은 저급한 사물에 본의 아니게 매이는 수고를 가리킨다. 최고로부터의 고의적 일탈(defectus Voluntarius a summa essentia)과 저급한 사물에 본의 아니게 매이는 수고(labor in ultuma non Voluntarius), 이 두 개가 모든 존재에게 악이 된다.[7]

---

7) Aurelius Augustinus, op. cit., p. 174.

그러므로 모든 죄의 시작은 교만(superbia)이다. 그리고 교만의 시작은 사람이 하나님에게서 돌아서는 것이다.

그래서 독일 프랑크푸르트 학파의 비판이론가 막스 호르크하이머(Max Horkheimer)는 "유대교와 기독교 이 두 종교에서 가장 위대한 가르침은 원죄론이다. …… 그것은 하나님께서 인류를 자유의지를 가진 존재로 창조하셨다는 전제하에서 가능한 일이다."라고 언급하고 있다.[8]

여기서 어거스틴이 '교만'(superbia)이란 말로 진정 의미하는 바를 우리의 언어로 표현하면 '자기중심적인 것으로 됨'을 뜻한다. 리처드 니버(Richard Niebuhr)는 이것을 '자존심' 또는 '자만'(pride)이라 했고, 폴 틸리히는 'hybris' 곧 '자기고양'(self-elevation), '스스로 높이는 것'이라 했는데, 이것은 단순히 상대방에 대해 거만하다는 일반적 의미의 '자만'이 아니다. 틸리히도 이에 대해 "자만이란 흔히 심리적인 것으로 이해되지만 여기에서 의미하는 것은 이것이 아니기 때문이다. 심리적으로는 가장 겸손한 인간이 가장 자만한 인간이 될 수 있다."라고 하였다. 따라서 여기서 말하는 자만이란 심리적인 것이 아니고 존재론적인 것이다. 그리고 루터는 "죄를 하나님에 대한 인간의 탐욕이다."라고 했다.

"가인이 그의 아우 아벨에게 말하고 그들이 들에 있을 때에 가인이 그의 아우 아벨을 쳐 죽이니라"(창 4 : 8).

"여호와의 말씀이니라 띠가 사람의 허리에 속함같이 내가 이스라엘 온 집과 유다 온 집으로 내게 속하게 하여 그들로 내 백성이 되게 하며 내 이름과 명예와 영광이 되게 하려 하였으나 그들이 듣지 아니하였느니라"(렘 13 : 11).

"여호와께서 이와 같이 말씀하시니라 무릇 사람을 믿으며 육신으로 그의 힘을 삼고 마음이 여호와에게서 떠난 그 사람은 저주를 받을 것이라 그는 사막의 떨

---

8) 정일권, 「십자가의 인류학」(서울 : CLC, 2023), p. 153.

기나무 같아서 좋은 일이 오는 것을 보지 못하고 광야 간조한 곳, 건건한 땅, 사람이 살지 않는 땅에 살리라 그러나 무릇 여호와를 의지하며 여호와를 의뢰하는 그 사람은 복을 받을 것이라 그는 물가에 심어진 나무가 그 뿌리를 강변에 뻗치고 더위가 올지라도 두려워하지 아니하며 그 잎이 청청하며 가무는 해에도 걱정이 없고 결실이 그치지 아니함 같으리라"(렘 17 : 5-8).

죄는 하나님으로부터 돌아서는 것을 의미한다. 그래서 어거스틴은 "모든 죄의 시작은 교만(superbia)이다. 그리고 교만의 시작은 사람이 하나님에게서 돌아서는 것이다."라고 말했다. 어거스틴이 말하는 하나님은 존재이기에 죄란 존재론적으로 존재로부터 돌아서는 것, 곧 존재 상실이다.

"배역한 자식들아 돌아오라 내가 너희의 배역함을 고치리라 하시니라"(렘 3 : 22).

"그들이 여호와를 인정하지 아니하며 말하기를 여호와께서는 계시지 아니하니 재앙이 우리에게 임하지 아니할 것이요 우리가 칼과 기근을 보지 아니할 것이며"(렘 5 : 12).

"여호와의 말씀에 너희는 이제라도 금식하고 울며 애통하고 마음을 다하여 내게로 돌아오라 하셨나니"(욜 2 : 12).

"그러므로 너는 그들에게 말하기를 만군의 여호와께서 이처럼 이르시되 너희는 내게로 돌아오라 만군의 여호와의 말이니라 그리하면 내가 너희에게로 돌아가리라 만군의 여호와의 말이니라"(슥 1 : 3).

"그들이 나무를 향하여 너는 나의 아버지라 하며 돌을 향하여 너는 나를 낳았다 하고 그들의 등을 내게로 돌리고 그들의 얼굴은 내게로 향하지 아니하다가 그들이 환난을 당할 때에는 이르기를 일어나 우리를 구원하소서 하리라"(렘 2 : 27).

다시 말해 죄(罪)란 하나님을 배제하는 자기주장이다. 고로 죄는 하나님을 최종적이고, 결정적으로 배제시키고 자신을 최종적이고, 결정적으로 주장하는 것이다. 그래서 루터는 인간의 문제는 'Incurvatus in se'(자신에게 몰입하는 것)라고 주장했다. 이것은 하나님을 우리의 판단의 기준이나 중심으로 받아들이지 않는 것이며, 이렇듯 인간(人間) 스스로 자율적인 존재가 되기를 원하는 것이 죄의 본질이다. 「폴 틸리히의 그리스도교 사상사」를 보면 폴 틸리히가 "죄는 죄들(sins)이라고 복수로 말할 수 있는 것이 아니다. 만일 그렇다면 죄의 개념은 단지 도덕주의적인 것이 되고 말 것이다."라고 종교적 죄와 도덕적 죄를 구별했다는 것을 알 수 있다.

"내가 말하기를 내가 어떻게 하든지 너를 자녀들 중에 두며 허다한 나라들 중에 아름다운 기업인 이 귀한 땅을 네게 주리라 하였고 내가 다시 말하기를 너희가 나를 나의 아버지라 하고 나를 떠나지 말 것이니라 하였노라 그런데 이스라엘 족속아 마치 아내가 그의 남편을 속이고 떠나감같이 너희가 확실히 나를 속였느니라 여호와의 말씀이니라"(렘 3 : 19-20).

즉, 하나님 중심주의에서 인간 중심주의로, 존재 중심주의에서 존재물 중심주의로 돌아선 존재 상실의 사건이다. 이렇게 죄는 인간이 그의 바탕인 하나님으로부터 돌아서는 것이기에 존재론적이다. 그러기에 이 돌아서는 행위는 단 한 번의 돌아섬이고, 이것을 폴 틸리히는 '일회적인 돌아섬'이라 했다. 그래서 프랑스의 종교 철학자 폴 리쾨르(Paul Ricoeur)는 "죄란 어떤 규범이나 가치를 어긴 것이 아니라 인격관계의 훼손이다.", "죄의 상징은 기본적으로 관계의 상실, 뿌리 또는 존재론적 기반의 상실을 가리킨다."라고 했다. 폴 틸리히도 "죄의 시작은 'hybris', 곧 자만이지만 그 결과는 'concupiscentia' 곧 한없는 욕망이다."라고 죄를 구체화했다.

"네가 네 마음에 이르기를 내가 하늘에 올라 하나님의 뭇 별 위에 내 자리를 높이리라 내가 북극 집회의 산 위에 앉으리라 가장 높은 구름에 올라가 지극히 높은 이와 같아지리라 하는도다 그러나 이제 네가 스올 곧 구덩이 맨 밑에 떨어짐을 당하리로다"(사 14 : 13 - 15).

"너희가 그것을 먹는 날에는 너희 눈이 밝아져 하나님과 같이 되어 선악을 알 줄 하나님이 아심이니라"(창 3 : 5).

"또 말하되 자, 성읍과 탑을 건설하여 그 탑 꼭대기를 하늘에 닿게 하여 우리 이름을 내고 온 지면에 흩어짐을 면하자 하였더니"(창 11 : 4).

"간음하지 말라 말하는 네가 간음하느냐 우상을 가증히 여기는 네가 신전 물건을 도둑질하느냐 율법을 자랑하는 네가 율법을 범함으로 하나님을 욕되게 하느냐"(롬 2 : 22 - 23).

"그런즉 율법은 무엇이냐 범법하므로 더하여진 것이라 천사들을 통하여 한 중보자의 손으로 베푸신 것인데 약속하신 자손이 오시기까지 있을 것이라"(갈 3 : 19).

"또한 그들이 마음에 하나님 두기를 싫어하매 하나님께서 그들을 그 상실한 마음대로 내버려 두사 합당하지 못한 일을 하게 하셨으니 곧 모든 불의, 추악, 탐욕, 악의가 가득한 자요 시기, 살인, 분쟁, 사기, 악독이 가득한 자요 수군수군하는 자요 비방하는 자요 하나님께서 미워하시는 자요 능욕하는 자요 교만한 자요 자랑하는 자요 악을 도모하는 자요 부모를 거역하는 자요 우매한 자요 배약하는 자요 무정한 자요 무자비한 자라 그들이 이 같은 일을 행하는 자는 사형에 해당한다고 하나님께서 정하심을 알고도 자기들만 행할 뿐 아니라 또한 그런 일을 행하는 자들을 옳다 하느니라"(롬 1 : 28 - 32).

"율법은 진노를 이루게 하나니 율법이 없는 곳에는 범법도 없느니라"(롬 4 : 15).

"그러나 아담으로부터 모세까지 아담의 범죄와 같은 죄를 짓지 아니한 자들까지도 사망이 왕 노릇하였나니 아담은 오실 자의 모형이라"(롬 5 : 14).

"아담이 속은 것이 아니고 여자가 속아 죄에 빠졌음이라"(딤전 2 : 14).

"천사들을 통하여 하신 말씀이 견고하게 되어 모든 범죄함과 순종하지 아니함이 공정한 보응을 받았거든"(히 2 : 2).

"이로 말미암아 그는 새 언약의 중보자시니 이는 첫 언약 때에 범한 죄에서 속량하려고 죽으사 부르심을 입은 자로 하여금 영원한 기업의 약속을 얻게 하려 하심이라"(히 9 : 15).

다시 말하면 인간의 하나님에 대한 옳지 않은 태도, 즉 인간이 하나님께 등을 돌리고 스스로의 마음을 닫아 버리는 것은 '본질적인 죄'에 해당된다. 때문에 프로테스탄트의 아우구스부르크 신앙고백(confessio Augustana)에는 "죄는 하나님에 대한 불신앙과 현세욕이다."(sine fide erga deum et cum concupiscentia)라고 정의되어 있고, 가톨릭「전례헌장 10조」에는 "죄는 하나님의 뜻을 거스르는 불순종이며 그에게서 돌아서는 것이다."라고 묘사되어 있다.

그래서 댄 브라운은「로스트 심벌」에서 "우리는 창조자인데 어리석게도 피조물이 되어 용서를 구한다."라고 주장한다.

"그러면 어떠하냐 우리는 나으냐 결코 아니라 유대인이나 헬라인이나 다 죄 아래에 있다고 우리가 이미 선언하였느니라"(롬 3 : 9).

"불법이 사함을 받고 죄가 가리어짐을 받는 사람들은 복이 있고 주께서 그 죄를 인정하지 아니하실 사람은 복이 있도다 함과 같으니라"(롬 4 : 7-8).

"그러므로 한 사람으로 말미암아 죄가 세상에 들어오고 죄로 말미암아 사망이 들어왔나니 이와 같이 모든 사람이 죄를 지었으므로 사망이 모든 사람에게 이르렀느니라"(롬 5 : 12).

"또한 그들이 마음에 하나님 두기를 싫어하매 하나님께서 그들을 그 상실한 마음대로 내버려 두사 합당하지 못한 일을 하게 하셨으니"(롬 1 : 28).

그러면 죄의 성경적 용어를 살펴보자. 히브리어에는 매우 특이하게도 '죄(罪)'를 표현(表現)할 수 있는 추상적인 언어가 없고 그 대신 항상 신과 연관되어 있는 구체적 표현(表現)들이 있다. 그리스어로는 '(목표가) 없다'의 뜻인 chattat, 삐뚤어진 길을 의미하는 awon과 거역, 반항, 목이 뻣뻣하다는 pesha 그리고 벗어나 떨어져 있음, 소외, 고독 등을 나타내는 shagah 등이 있다. 리쾨르는 "'목표가 없음', '삐뚤어진 길', '거역', '벗어나 떨어져 있음' 이들은 모두 방향 관계를 바탕으로 하고 있고, 이 관계는 '끊어진 관계'를 상징한다."고 했다. 즉, 하나님으로부터 돌아서는 것이 죄인데 존재물인 인간(人間)이 그의 존재근거인 '존재'를 떠나는 것을 의미한다. 아담의 범죄는 하나님 중심주의에서 인간 중심주의로, 존재 중심주의에서 존재물 중심으로 돌아선 행위이다. 이러한 죄는 어떤 도덕이나 율법에 어긋나는 행동을 하는 것이 아니고 존재물로서의 인간이 존재의 바탕으로부터 돌아서는 것이기에 도덕론적인 것이 아니라 존재론적인 것이다. 따라서 죄사함, 즉 구원이란 다시 하나님에게로 돌아옴, 즉 존재 회복이다. 그러기에 이것은 개인적 차원으로 환원할 수 없기에 개별적인 것이 아니라 보편적인 것이다.

먼저 구약에서 הטאת^{하타트}는 '표적에서 벗어남', עון^{아온}은 '바른길에서 벗어남', פשע^{페사}는 '복종할 권위에 도전함', מעל^{마알}은 '신실하지 못함', און^{아웬}은 '공허함', עוה^{아와}는 '왜곡되어 잘못 이해함'을 각각 의미한다.

한편 신약에서는 ἁμαρτία^{하마르티아}는 '표적에서 벗어남', ἀδικία^{아디키아}는 '바르지 않음', παράβασις^{파라바시스}는 '바른길에서 벗어남', παράπωμα^{파라포마}는 '발을 헛디딤', ἀνομία^{아노미아}는 '법이 없음', παρανομία^{파라노미아}는 '법에 반대함', chattat는 '목표가 없다', awon은 '삐뚤어진 길', pesha는 '거역, 반항, 목이 뻣뻣하다', shagah는 '벗어나 떨어져 있음, 소외, 고독'을 각각 뜻한다. 이 모든 단어들은 방향 관계를 바탕으로 하고 있으며, 그 관계는 끊어진 관계, 하나님의 의도에서 벗어나 그 권위를 부정하며 곁길로 가는 인간 행위가 반영되어 있다. 특히 ἁμαρτία^{하마르티아}는 신약성경에서 170회 이상 등장하는데, 바울 시대 이전부터 호메로스의 「일리아드」와 「오디세이」에서는 '신의 말을 거역하다', '신에게 잘못하다', 아리스토텔레스의 「니코마코스 윤리학」에서는 '원래 목표에 빗나가다'는 뜻으로 '맞지 않다', '빗맞히다'는 뜻을 갖고 있다.

종교개혁자들은 이 사실을 단순하고도 독특하며 생생한 표현으로 "인간은 자기 자신 속으로 휘어지고 굽어졌다."라고 했다. 즉, 왜곡되었다는 것이다. 달리 말하면 우리 삶의 노선이 왜곡되지 않고 하나님께 직선으로 나갈 때에야 우리는 행복하게 되고, 창조 전체가 원만하고 영광스럽게 전개된다는 말이다.

그런데 만일 우리 존재의 좌표와 방향설정이 비뚤어지고 왜곡되어 하나님과 반대되는 방향으로 가게 되면 피조세계는 하나님만을 사랑하는 것이 아니라 자기 자신을 사랑하고 자기 자신에게 미혹되고 만다. 결국 자기 사랑, 자기중심주의는 물질주의와 소유욕으로 나아갈 수밖에 없는데, 이는 그것이 자기 자신을 극대화시키는 수단이 되기 때문이다(눅 12 : 19, 골 3 : 5). 관련된 좋은 예로 탕자 이야기가 있다. 아버지의 집에서 자기의 모든 재량을 마음껏 신장시키고 발전시킬 수 있었던 탕자는 아버지로부터 유산을 분배받아 자기 손으로 삶을 개척하고자 자행자지하다가 결국 불행하고 처참한 삶을 만들고 만다.

피조물의 자기 경배와 자기 숭배는 언제나 새로운 형식을 띤다. 하나님께서 다른 모든 피조세계보다 우선적으로 인간에게 주신 고귀한 특권이 인간 자신의 아집으로 굴절되고 왜곡되는 것이다. 이렇게 하여 인간 자아의 신격화가 사변적 관념주의 가운데서 발생하게 된다.[9]

존 레논은 "나는 오직 나를 믿는다."라고, 어느 대중가수는 "나는 내 방식대로 했다."라고 노래한다. 또 대중가수 티나 터너는 불교로 개종하면서 이렇게 열정적으로 불교를 칭송했다. "내가 내 새 종교를 좋아하는 이유는 무엇이 옳고 그른지를 자기 스스로 결정한다는 점이에요." 막스 슈티르너는 The Ego and His own에서 "나보다 중요한 것은 없다."라고 했다.[10]

---

[9] 장국원, 「현대 문제와 영원의 좌표」(서울 : 대학촌, 1996), p. 161.
[10] Seyoon Kim, Gordon. D. Fee, Walter C. Kaiser, Jr, Douglas J. Moo, Dennis, P. Hollinger, David L. Larsen, The Disease of the Health and Wealth Gospels, 김형원 역,

그래서 우리가 죄인이라는 말은 우리가 죄를 짓는다는 것을 의미하지는 않는다. 여기서 죄인은 우리의 행동에 대한 도덕적인 판단이 아니라 하나님과 우리가 분리되어 있다는 신학적 판단이다. 그래서 키르케고르(Kierkegaard, 1813-1855)는 「죽음에 이르는 병」(Die Krankheit zum Tode)에서 "죄(罪)의 반대는 덕(德)이 아니라 신앙(信仰)이다."라고 했다. 우리가 죄악된 행위를 저지르기 때문에 죄인이 아니라 죄인이기 때문에 죄를 짓는다는 것이다(A man is not a sinner because he sins, but he sins because he is a sinner).[11] 탕자는 허랑방탕하고 재산을 허비해서 탕자가 된 것이 아니라 아버지에게서 떠나갔기 때문에 탕자가 되었고, 그 떠남의 현상이 허랑방탕으로 나타났다는 말이다. 다시 말하면 인간이 하나님에게서 등을 돌리면 악, 즉 현상적 죄가 발생한다. 캔터베리 대주교 안셀무스는 「모놀로기온」에서 하나님을 "최고 본질, 최고 생명, 최고 위대, 최고 미, 최고 불사성, 최고 불변성, 최고 복락, 최고 영원성, 최고 권능, 최고 일자성(一者性)"이라고 불렀다. 이 모든 것의 결핍상태, 부재는 현상적 죄, 즉 악의 실체이다.

"또한 그들이 마음에 하나님 두기를 싫어하매 하나님께서 그들을 그 상실한 마음대로 내버려 두사 합당하지 못한 일을 하게 하셨으니 곧 모든 불의, 추악, 탐욕, 악의가 가득한 자요 시기, 살인, 분쟁, 사기, 악독이 가득한 자요 수군수군하는 자요 비방하는 자요 하나님께서 미워하시는 자요 능욕하는 자요 교만한 자요 자랑하는 자요 악을 도모하는 자요 부모를 거역하는 자요 우매한 자요 배약하는 자요 무정한 자요 무자비한 자라"(롬 1 : 28-31).

"죄를 짓는 자마다 불법을 행하나니 죄는 불법이라"(요일 3 : 4).

그래서 본질적인 죄는 현상적인 죄로 나타나고 이 죄의 결과는 죽음으로 나타난

「탐욕의 복음을 버려라」(서울 : 새물결플러스, 2011), pp. 146-150.

11) Richard J. Foster, Prayer : Finding the heart's true home, 송준인 역, 「기도」(서울 : 두란노, 1995), p. 61.

다. ἁμαρτία^{하마르티아}는 신약에 173번 나온다. 이 땅에서 인간이 저지를 수 있는 가장 흉악하고도 최악인 일은 우리가 모든 것을 빚지고 있는 우리의 창조주 하나님을 우롱하고, 그분의 명예를 더럽히며, 그분을 사랑하지 않는 것이다. 하나님은 선하심과 거룩하심, 자비하심과 의로우심에 있어 무한하신 분이다. 한 인간이 그분 없는 삶을 택함으로써 평생 그분을 무시하고 끊임없이 그분을 우롱하며 사는 것, 그것이야말로 인간이 저지를 수 있는 최악의 죄인 것이다. 그것은 이렇게 말하는 것과 같다. "당신이 왜 날 이 자리에 두었든 내 알 바 아니오. 당신의 가치니, 당신의 아들이 날 위해 죽었느니 하는 말은 다 시답지 않은 얘기요. 그 따위 것들은 깨끗이 무시하고 살겠소." 정리하면 하나님을 '존재'라고 규정하면 죄는 존재의 상실을 뜻하고, 인간을 인간이게 하는 모든 가치의 정점이 하나님이라고 정하면 죄는 가치의 상실을 의미한다. 즉, 하나님에게서 돌아섬, 하나님을 떠남, 존재상실, 가치상실이라는 '원초적 분리'이다.

　이 죄에 합당한 벌은 최악의 벌, 즉 하나님과 영원히 분리되는 것이다. 왜냐하면 앨런 고메즈(Alan Gomes)가 지적한 것처럼 "흉악성의 정도를 판별할 때는 죄의 본질 자체뿐 아니라 그 죄가 어떤 대상에게 저질러졌는지도 함께 고려해야 하기 때문"[12]이다. 이것을 폴 리쾨르는 「악의 상징」에서 '김, 바람, 먼지'라고 상징적으로 표현했는데 "가벼움, 텅 비어 있음, 불안정함, 쓸모없음의 분위기를 풍겨 버림받은 인간의 모습을 단번에 적나라하게 드러낸다."고 설명했다. 요컨대 죄는 안으로는 '버림받음'의 감정, '쓸모없음'에 대한 인식, '사망의 느낌'을 나타내고, 밖으로는 자기 자신과 세상을 향해 갖는 '탐욕'으로 드러난다. 이 탐욕을 어거스틴은 라틴어로 콩쿠피센티아(Concupiscentia)라고 이름 짓고, 두 가지로 설명했는데, 하나는 넓은 의미에서 현세욕이고, 다른 하나는 좁은 의미의 성욕이다. 즉, 인간이 하나님에게서 돌아서면 성욕과 현세욕이라는 탐욕의 노예가 되어 시달릴 수밖에 없는데 이것이 죄의 적극적 측면이자 이차적 형벌이다. 이것이 '존재에 대한 관심의 상실'이 '존재물에 대한 관

---

12) Lee Strobel, op. cit., pp. 202-203.

심 획득'이라는 하나님으로부터 돌아선 인간이 획득한 새로운 방향성이다.

리쾨르는 이 같은 '탐욕'을 '우상'이라는 개념으로 설명했다. 우상이란 곧 '헛것'을 '거짓 신'으로 형상화한 것이다. 이로써 키르케고르는 "죄 역시 하나의 실체가 된다."라고 했다. 무슨 말이냐 하면 거짓 신도 그것을 믿는 사람들에게는 신적 힘을 갖는다는 뜻이다. 그 결과 죽은 영혼에게서 일어나는 성욕과 현세욕은 더는 바람보다 가벼운 '헛것'이 아니라, 죽음에 대한 욕망을 불러일으킬 정도의 마성으로 우리를 노예로 삼는다.

"내 백성이 나무에게 묻고 그 막대기는 그들에게 고하나니 이는 그들이 음란한 마음에 미혹되어 하나님을 버리고 음행하였음이니라"(호 4 : 12).

"너는 광야에 익숙한 들암나귀들이 그들의 성욕이 일어나므로 헐떡거림 같았도다 그 발정기에 누가 그것을 막으리요 그것을 찾는 것들이 수고하지 아니하고 그 발정기에 만나리라"(렘 2 : 24).

"잡으면 살 것 같고 놓으면 죽을 것 같아."라는 심정으로 붙들고 섬기는 우상인 탐욕의 마성으로부터 해방되는 길은 '도피'도 아니고 '장악'도 아니다. 다만 예수님과 성 프란체스코가 그랬듯이 세상보다 하나님을, 땅 위의 보물보다 하늘의 보물을 더 사랑해야 한다.

"오직 너희를 위하여 보물을 하늘에 쌓아 두라 거기는 좀이나 동록이 해하지 못하며 도둑이 구멍을 뚫지도 못하고 도둑질도 못하느니라 네 보물 있는 그곳에는 네 마음도 있느니라"(마 6 : 20-21).

"너는 금식할 때에 머리에 기름을 바르고 얼굴을 씻으라 이는 금식하는 자로 사람에게 보이지 않고 오직 은밀한 중에 계신 네 아버지께 보이게 하려 함이라 은밀한 중에 보시는 네 아버지께서 갚으시리라 너희를 위하여 보물을 땅에 쌓아 두지 말라 거기는 좀과 동록이 해하며 도둑이 구멍을 뚫고 도둑질하느니라"

(마 6 : 17 – 19).

2) 생명의 기원

하나님이 인간을 창조했다는 것이 전제되어야만 죄가 성립된다. 그래서 죄는 이교(異敎)에서는 전혀 발견될 수 없다. 그것은 오직 유대교와 기독교에서만 발견될 수 있다. 그렇다면 인간의 탄생에 대한 주장들을 살펴보자.

"하나님이 이르시되 우리의 형상을 따라 우리의 모양대로 우리가 사람을 만들고 그들로 바다의 물고기와 하늘의 새와 가축과 온 땅과 땅에 기는 모든 것을 다스리게 하자 하시고"(창 1 : 26).

"하나님이 자기 형상 곧 하나님의 형상대로 사람을 창조하시되 남자와 여자를 창조하시고 하나님이 그들에게 복을 주시며 하나님이 그들에게 이르시되 생육하고 번성하여 땅에 충만하라, 땅을 정복하라, 바다의 물고기와 하늘의 새와 땅에 움직이는 모든 생물을 다스리라 하시니라"(창 1 : 27 – 28).

"그는 육체에 계실 때에 자기를 죽음에서 능히 구원하실 이에게 심한 통곡과 눈물로 간구와 소원을 올렸고 그의 경건하심으로 말미암아 들으심을 얻었느니라 그가 아들이시면서도 받으신 고난으로 순종함을 배워서 온전하게 되셨은즉 자기에게 순종하는 모든 자에게 영원한 구원의 근원이 되시고"(히 5 : 7 – 9).

생명의 기원에 대해서는 진화모델과 창조모델의 두 가지 입장이 있다. 진화모델의 하나는 다윈의 주장으로 "사람은 우연적인 원자 결합의 산물로 아메바를 거쳐 원숭이에서 진화되었다."는 가설이 있고, 다른 주장은 "자연적으로 생명이 발생할 수 있는 조건이 훨씬 좋은 외계에서 생명체가 저절로 생겨 지구에 왔다."는 가설이다. 즉, "세계는 어떤 결과물이 아니라 그냥 존재하는 것이다."라는 것이다. 쇼펜하우어의 표현을 빌리자면 "유기체의 체액, 식물, 동물 및 인간은 최초에는 우연 발생에 의해 생기지만 나중에는 이미 있는 배아(胚芽)에 동화함으로써 생기는 것이다.

시작은 우연이지만 그 이후부터는 필연일 수밖에 없다."고 주장한다. 동양 사상계에서는 곽상(郭象, 252?-312)이 모든 개체들은 홀로 스스로 생기는 것일 뿐이라고 주장했다. 그는 「장자주」(莊子注)에서 "없음(無)은 이미 없는 것이니 있음(有)을 생기게 할 수 없다. 아직 생기지 않은 있음을 생겼다고 할 수도 없다. 그렇다면 생긴 것은 누가 생기게 한 것인가? 홀로 스스로 생긴(自生) 것일 뿐이다."라고 주장한다.

그래서 찰스 킹슬리 목사는 "이제 우리는 우연한 세상을 선택하든지, 아니면 살아 있고, 내재하고, 항상 활동하시는 하나님을 선택하든지 둘 중의 하나를 선택해야 한다."라고 했다.

(1) 진화모델

진화모델은 여러 가지 관점에서 수용할 수 없다. 만약 사람이 원자나 분자들 간의 우연적인 충돌과 결합의 산물이라면, 원자나 분자에 사랑이나 윤리, 도덕이 없는 것처럼 우리가 인생을 살 때도 사랑이나 윤리, 도덕 없이 아무렇게나 살아가야 하지 않은가? 인간(人間)의 객관적인 도덕적 가치관은 하나님이 존재한다는 증거이다. 왜냐하면 오직 하나님만이 옳고 그름을 가늠하는 보편적인 기준을 세울 수 있기 때문이다.

또 다른 이유를 살펴보자. 수학 확률적 고찰에서 인간에게는 약 20조에서 100조 개의 세포가 있는데, 이는 단백질(아미노산)과 유전인자(DNA)로 구성되어 있다. 하나의 단백질에는 20여 종류의 아미노산이 수백 개에서 수만 개가 특정한 배열을 함으로써 주어진 기능을 행하는데, 100개의 아미노산이 자유로운 상호작용으로 일정한 배열을 하여 한 개의 단백질을 생성시킬 확률이 $1/10 \times 130$이라고 한다. 또한 유전인자(DNA) 속에는 300메가비트의 정보가 질서 정연하게 하나의 오차도 없이 배열되어 있는데, 이것은 쉽게 상상하기 어려운 사실이다. 이해를 위하여 예를 하나 들면, 박테리아의 유전인자 속에 있는 정보만 해도 500쪽 책 200만 권에 수록해야 하는 정보를 가지고 있는 것이다.

이와 같이 세포에는 단백질과 유전인자 외에도 여러 가지가 있는데 이 모든 것이 자연적으로 형성되어 하나의 세포가 될 확률은 $1/10 \times 167,626$이다. 이것을 펜실베이니아 리하이 대학교 생명과학부 마이클 베히 교수와 프레드릭 호일(Frederick Hoyle) 경은 각각 이렇게 비유했다.

"어떤 사람이 거대한 사하라 사막 한복판에서 눈가리개를 쓰고 특별한 표시를 해 놓은 모래 알갱이 하나를 찾는데, 한 번이 아니라 세 번이나 찾아내는 확률과 같다."

"마치 쓰레기 하치장에 돌풍이 불어와 완벽한 기능을 갖춘 보잉 747을 우연히 조립해 낼 확률과 맞먹는다."

확률학자 에밀 보렐(Emil Borel)은 "전 우주를 걸쳐 $1/10 \times 50$보다 낮은 확률은 일어날 수 없다."고 주장한다. 즉, $1/10 \times 50$은 '0'이라는 것이다. 생명 기원의 권위자인 카플란(K. W. Kaplan) 박사 역시 "생명체 형성의 확률이 $1/10 \times 50$이라면 생명은 생명을 주는 자(창조주) 없이는 생겨날 수 없다."고 결론짓는다.

또한 1862년 프랑스에서 루이스 파스퇴르(Louis Pasteur)가 백조목 플라스크(swanneck flask) 연구에서 "모든 생물은 그 생물의 모체에서 유래한다. 미생물의 번식에 있어서 온도, 습도, 공기, 빛의 영향이 적당하다 하더라도 밖으로부터 미생물이 들어가지 않는 한 미생물은 생기지 않는다."라는 결론을 도출했다. 이로써 고대로부터 미생물은 자연환경 속에서 저절로 생겨난다고 믿었고, 이렇게 무생물적 환경 속에서 생물로 발생한다는 "자연발생설"(spontaneous generation theory)은 박물학자 프란체스코 레디(Francesco Redi)를 거쳐 파스퇴르에 의해서 부정되었다.

다른 천체에서 왔다는 가설도 설득력이 없다. 왜냐하면 태양계 내에서는 지구 외에는 생명체가 없다는 것이 우주과학의 발달로 밝혀지고 있기 때문이다. 설사 이 가설이 가능하다 할지라도 그곳에서는 어떻게 발생하였으며, 또 어떻게 지구까지 왔느냐 하는 것이 전혀 설명되지 않고 있다. 이 이론에 대해서 *The Mystery of Life's origin*이라는 책을 공저하여 유명해진 월터 브래들리(Walter L. Bradley) 박사는 이렇게 말했다.

"이 이론의 최대 결점은 생명 기원의 문제를 풀지 못한다는 것입니다. 생명이 어딘가 다른 곳에서 생겨났다고 하는 것은 단순히 문제를 다른 장소로 옮겨 놓은 것 뿐입니다. 똑같은 의문점이 그대로 남아 있는 것이지요." 다우빌러(A. Dauvillier)는 "생명의 기원이라는 근본 문제를 외면하려는 하나의 핑계이다."라고 했으며, 스탠리 밀러도 「디스커버」(Discover)에서 "외부 우주에서 유기체가 왔다는 생각은 정말로 허접쓰레기"라고 말했다.[13]

진화모델은 열역학 법칙에도 위배된다. 열역학 제1법칙은 "어떤 물질이 보유한 에너지(E)는 그 물질의 질량(M)에 빛의 속도(C)를 제곱해 준 것과 같다." 즉, $E=MC^2$인데 에너지와 물질은 근본적으로 같은 것, 물질이 곧 에너지에 해당됨을 증명하는 에너지 보존의 법칙이다. 이것의 좋은 예로 원자폭탄을 들 수 있는데, 원자의 핵이 분열하면서 거대한 에너지가 방출되는 것이다.

이 열역학 제1법칙에 비추어 볼 때 진화모델(탄소, 수소, 질소 → 아미노산 → 단백질 → 아메바 → 원생동물 → 무척추동물 → 파충류 → 포유동물 → 사람)은 첫 단계인 탄소, 수소, 질소 등의 원자들이 어디서 만들어졌는가를 설명하지 못하고 있다. 즉, 무(無)에서 에너지(물질)가 생성된다는 것은 이 법칙에 위배되는 가설이다. 왜냐하면 이 법칙은 에너지는 자연적으로 생성될 수 없고, 소멸될 수 없으며, 에너지의 형태는 변환될 수 있지만 그 총량은 불변한다고 설명하고 있기 때문이다.

1981년 11월 일본의 동경 국제회관에서 아시아 분자생물학 연구기구(AMBO)의 심포지엄이 열렸는데, 오사카(大阪) 대학 의학부 유전학 교실의 혼조 다스쿠(本庶佑) 교수 팀은 유전자군의 진화에 대한 연구결과를 발표하였다. 그들은 생체방어 단백질의 하나인 면역 게로브린을 만드는 사람의 유전자군을 상세히 비교 분석하여 유전자의 진화도를 작성해 본 결과 원숭이의 유전자가 사람으로 진화하려면 집

---

13) Lee Strobel, op. cit., p. 120.

을 완전히 허물고 다시 짓는 것과 같은 대변혁을 수백만 년간 계속해도 오히려 부족할 것이라고 말했다. 대영자연사박물관(British Museum of Natural History)에서 일하는 저명한 고생물학자 콜린 패터슨(Colin Patterson)은 "화석이든 생명체든 어떤 진화론적인 변천을 알고 있다면 나의 저서「진화론」에 분명히 포함시켰을 것이다."라고 고백하면서 박물관이 소장하고 있는 6,000만 개의 견본을 다 살펴보아도 한 종에서 다른 종으로 증명 가능한 변천이 아직은 발견되지 않았다고 주장한다. 그러나 역설적이게도 일반 대중은 한 종에서 다른 종으로의 변천이 존재하지 않는다는 사실을 까맣게 모르고 있다.

또 고인류학이 주장하는 유인원 설은 거의 사기극에 불과하다. 19명의 진화론 이론가들이 셀렌카 탐험에 참여해서 얻은 결론은 호모 에렉투스는 인간 진화와 전혀 관계가 없으며, 긴팔원숭이 턱뼈가 인간의 두개골과 맞는 것처럼 보이도록 조잡하게 구성된 사기극이었고, 북경원인은 순전히 환상인데 1927년 진화론 탐험에 쓸 기금을 마련하기 위해서 의사 데이비드슨 블랙(Davidson Black)이 만들어 낸 것이다.

1985년 4월에는 미국 국립항공우주국(NASA)의 아메스연구센터에서 첨단 과학자들의 심포지엄이 열렸는데, 지구상의 생명이 흙에서 시작되었다는 것을 주장하며 생명이 바다에서 우연히 합성되었다고 했던 소련 과학자 오파린의 학설이 뒤집혔다. 그들은 흙이 에너지를 보존하고 전달시키는 생명체를 생성시키는 데 필요한 모든 조건을 가장 적절하게 지니고 있어서 무기물질을 복잡한 분자로 변화시키는 화학공장의 역할을 담당했다고 발표했던 것이다.

둘째로 열역학 제2법칙인 자연적으로 발생하는 모든 현상은 그 자유 에너지를 가장 낮은 상태로 유지하는 쪽으로 진행한다. 즉, F=ETS이다(F=자유에너지, E=내부에너지, T=절대온도, S=무질서도, 엔트로피). 다시 말하면 자연적인 반응은 항상 그 물질을 구성하는 요소들의 배열이 시간의 흐름에 따라서 점점 무질서해지는 쪽으로 진행된다는 것이다. 예를 들면 팽이가 정지하려는 것, 물에 떨어진 잉크가 퍼져 나가는 것, 동식물이 부패하는 것이다.

이 열역학 제2법칙은 열린계(open system)에서 외부의 에너지가 가해지지 않는 한 항상 무질서가 증가되는 방향으로 자연반응이 일어나기 때문에 무질서에서 질서가 이루어지려면 외부에서 가해지는 에너지가 의도적인 목적과 설계에 따른 에너지라야 한다는 것이다.

이렇게 볼 때 진화론 모델인 질소와 탄소, 수소 등의 간단한 유기물이 저절로 더 복잡한 형태의 유기 복합물이 되고, 자기번식과 복사를 할 수 있는 세포가 된다고 가정하는 것은 질서에서 무질서가 된다는 열역학 제2법칙과 상반된다.

사실 코넬 대학교의 저명한 진화론자 윌리엄 프로빈(William Provine)은 다윈의 이론이 옳다면 다음의 5가지 의미가 불가피하다고 솔직히 시인했다. 하나님을 옹호할 증거가 전혀 없고, 사후 생명이 존재하지 않으며, 옳고 그름에 대한 절대적 기반이 없고, 삶의 궁극적인 의미가 없으며, 인간에게 진정한 자유의지가 없다는 것이다.

또한 우주학자 앨런 샌디지(Allan Sandage)는 "내게 가장 놀라운 일은 존재 자체이다. 어떻게 생명 없는 물질이 스스로 사고할 수 있단 말인가?"라고 했다. 또 월터 브래들리 박사는 "생명이 자연적으로 생성됐다고 믿는 사람들은 이성적인 설계자가 있다고 추론하는 나보다 훨씬 더 불굴의 믿음이 필요할 것입니다."라고 했다.

위의 모든 것으로 볼 때 무(無)에서 유(有)를 창조한 창조주의 존재를 인정할 수밖에 없다. 그래서 생물학, DNA를 연구하고 「이기적 유전자」(The Selfish Gene)라는 자신의 책에서 "하나님은 없다."라고 한 리처드 도킨스 같은 사람도 몇조 개가 되는 세포조직이 자율적으로 움직이는 그 DNA 법칙을 연구해 보니 하나님이라는 말 대신 '위대한 힘'(Something Great)이 아니면 아귀가 맞을 수 없다고 실토하였다. 즉, 우주가 무로부터 나왔다는 것은 에너지보존법칙에 위배되고 우주는 영원 전부터 존재했다는 것은 엔트로피법칙에 위배된다. 오직 "태초에 하나님이 천지(天地)를 창조하시느니라"라는 말씀만이 명확하고 명쾌하며 정직한 것이다. 그래서 존 로크는 "생각 속에서 하나님의 존재를 지우는 것은 모든 것을 해체하는 것과 마찬가지다."라고 했다. 또한 한국의 지성 고 이어령 박사는 "우연에서 모든 생명들이 생겨났다면 과학은 합리적이 아니라 오히려 복권이 백만 번 당첨되는 운(비합리)을 믿는 것이다. 과학은 현상만을 이야기할 뿐 '왜?'에 대해서는 해명하지 못한다. 과학자의 분석은 단지 하나님이 우주를 만들어 낸 질서와 생명의 본질의 설계도를 과학적 해독법으로 읽었을 뿐이다."라고 했다.[14]

(2) 창조모델

창조모델은 초자연적인 창조주 하나님이 의도적인 설계와 목적을 가지고 인간을 창조하셨다는 주장으로, 인간은 그 창조 목적에 맞게 살아야 할 윤리도덕과 의무가 따르게 된다. 동굴벽화든, 아마존에서 구입한 소설이든, 기록된 모든 정보에는 배후에 이성적인 존재가 있다. 자연 그 자체도 마찬가지이다.

모든 생물체의 각 세포에는 유전인자(DNA)가 있는데, 그 안에는 부호로 저장된 정보가 있다. 영어에 26개의 알파벳이 있듯이 유전인자에는 네 가지 화학 알파벳이 있고, 이 네 가지 알파벳이 다양한 순서로 조합되어 단어와 문장과 문단을 형성하고, 거기에 세포의 기능을 지시하는 데 필요한 정보가 다 들어 있다.

기록된 언어를 볼 때 이성적인 원인(intelligent Cause)이 있음을 추론할 수 있듯이 유전인자(DNA) 내의 놀라운 정보 순서에도 이성적인 설계자가 있다고 결론지을 수 있다. 이것은 곧 지구상의 생명이 '물질'이 아니라 '인격'에서 나왔다는 뜻이다. 인체의 각 세포에는 「브리태니커 백과사전」 30권 전권에 들어 있는 것보다 더 많은 정보가 들어 있다. 이것은 외부의 의도 없는 자연의 우연적 산물이 아니라 이성적인 설계자, 즉 하나님의 착오 없는 설계의 분명한 증거라고 추론하는 것이 지극히 합리적일 것이다. 그래서 이전에 무신론자였던 앤터니 플루는 DNA가 포함하는 정보 내용을 연구하다가 신(神)의 존재에 대해 자신의 견해를 바꾸었을 뿐 아니라 DNA에 내장된 엄청난 양의 정보에 경탄하면서 이렇게 결론을 내렸다. "우리가 이 지구상에서 보는 것처럼 끝이 있고 '자가증식'을 하는

> '의존'과 '순종'은 하나님에 대한 인간의 올바른 관계를 정의하는 말들이다.

---

14) 이어령, 「너 어디에서 왔니 : 한국인 이야기-탄생」(서울 : 파람북, 2020), p. 422.

이러한 생명체의 기원에 대해 만족할 만한 유일(唯一)한 설명은 무한한 지성을 가진 설계자가 있다는 것이다."

이러한 주장을 '지적(知的) 설계론'이라고 하는데 최근 미국 최고의 명문 하버드 대학이 수백만 달러의 연구를 지원받아 연구하기로 하여 생명의 기원 논쟁을 불러 일으켰다.

윌리엄 페일리(W. Paley)는 그의 저서 「자연신학」에서 이렇게 말했다. "시계는 매우 복잡하고 정교한 기계라서 우연히 만들어졌다고 볼 수 없고 어떤 지성적 존재가 만들었다고 생각할 수밖에 없다. 생명체는 시계보다 더 복잡하고 정교하기 때문에 더욱 우연히 생겨난 것이라 할 수 없으며, 엄청난 지성을 가진 창조자가 만들었다고 생각할 수밖에 없다. 그리고 이러한 엄청난 존재를 우리는 신이라 부른다."

"주께서 내 내장을 지으시며 나의 모태에서 나를 만드셨나이다 내가 주께 감사하옴은 나를 지으심이 심히 기묘하심이라 주께서 하시는 일이 기이함을 내 영혼이 잘 아나이다"(시 139 : 13-14).

이처럼 인간은 스스로가 스스로를 짓지 않았기 때문에 인간의 생명뿐만 아니라 생명의 행복한 영위를 위해서 모든 자원을 하나님으로부터 부여받아 의존하며 살 수밖에 없다. 왜냐하면 지음받은 존재이기 때문이다. 육체로서 인간은 지상의 유한성과 피조물의 유약성으로 특징지을 수 있다. 유한성은 하나님께서 보존하시는 힘 없이는 인간이 스스로 존재할 수 없고, 살 수도 없는 하나님에 대한 인간의 절대적인 의존성을 말해 준다. 또한 유약성은 처음부터 있는 인간 육체의 특성일 뿐 아니라 그의 영혼, 즉 인간의 영적인 면의 특성이기도 하다. 왜냐하면 인간은 몸과 영혼에 있어서 피조물의 한계를 결코 벗어날 수 없기 때문이다.[15] 하나님께 대한 의존은

---

15) J. A. Schep, *The Nature of the Resurrection Body*, 김종태 역, 「부활체의 본질」(서울 : 기독교문서선교회, 1991), p. 31.

순종으로만 표현된다. 왜냐하면 하나님께 의존한다고 주장하면서도 사실은 우리 자신의 작은 지혜와 길로 가기 때문이며, 이것이 바로 죄의 본질이다.

4. 죄는 어떻게 나타나는가?

1) 자기를 주장하려는 의지(self-assertive will)로 나타난다

죄는 하나님에 대해 독립을 선언하고 자기의 지혜, 힘, 시간 등 자기의 제한된 자원으로 자기의 생명과 행복을 추구할 수 있다고 생각하여 하나님의 무한한 자원에 의지하지 않고, 그의 완전한 사랑과 의지에 순종하지 않는 모습으로 나타난다.

> 죄는 자기 주장, 독립 선언, 자기에게 자기를 담아 버림으로써 나타난다.

죄는 우리 자신에게 열중하여 하나님이 원하시는 대로가 아니라 내가 원하는 대로 행하는 모습이다. 하나님이 우리에게 무엇을 원하시는지 생각하지 않고 자기가 원하는 대로 하는 것이다. 이처럼 죄는 하나님을 중심에 두지 않고 자기에게 몰두하면서 자기중심적으로 사는 것이다. 그래서 존 스토트는 "죄의 본질은 인간이 하나님의 자리를 대신하는 것이지만 구원의 본질은 하나님이 인간의 자리를 대신하시는 것이다."라고 했다. 그래서 어거스틴은 「신국론」에서 아담과 하와는 스스로를 '신같이'(Sicut Reus) 높이고 싶은 마음 때문에 하나님을 거역하고 떠나는 죄를 지었다고 했다. 이렇듯 인간이 스스로를 하나님같이 높이려는 마음을 라틴어로 *Superbia*, 곧 자만이라고 불렀다. 그리고 「자연과 은총에 관하여」에서 "모든 죄의 시작은 자만이다. 그리고 자만의 시작은 사람이 하나님에게서 돌아서는 것이다."라고 했다.

죄는 그것 자체로 스스로 존재하는 어떤 초월적이고 추상적인 힘으로 간주될 수 없다. 성경에 따르면 죄는 하나님의 피조물들(사람들과 천사들)이 그들의 조물주께 대항하여 행하는 의도적인 불순종이다(롬 5:19, 요일 3:4). 죄는 사람들에게 있는 범죄성을 지닌 자세요, 행동이다. 그래서 마틴 로이드 존스(D. Martyn Lloyd Jones)는 이렇게 말했다.

"사람들은 하나님이라는 개념 자체를 싫어합니다. 왜냐하면 그 개념에 의해 자기들의 자유가 제한당하고 함축되는 의미로 받아들이기 때문입니다. 사람들은 자기들이야말로 자기들의 운명을 몰고 가고 자기들의 방식과 자기들의 삶을 영위할 스스로의 권리가 있음을 그 믿음에 근거하여 주장합니다. 그들은 하나님을 멀리하고 하나님께 등을 돌립니다. 사람들은 자기들은 하나님이 필요치 않다고 말합니다. 그들은 하나님이 세워 놓으신 삶의 방식을 부인하고, 자기들이 생각하는 바 종교의 멍에와 노예, 하나님에 의하여 통제되는 삶을 털어 내는 것입니다. 그렇기 때문에 사람은 언제나 하나님에게서 멀리 돌아서 떨어집니다. 사람은 자유와 방종과 무법을 혼돈합니다. 사람은 하나님을 향하여 반역하며 하나님을 영화롭게 하는 일을 거절합니다."[16]

교만이 모든 악의 처음이었다는 어거스틴의 단정은 참으로 옳다. 사람이 야심으로 자기의 마땅하고 바른 한계를 넘으려고 하지 않았더라면 시초의 상태에 머무를 수 있었을 것이다. 그러나 우리는 모세가 기록한 유혹의 성격에서 보다 완전한 정의를 얻어야 한다. 부정한 생각이 있었기에 여자는 뱀에게 속아 하나님의 말씀을 떠났다. 그러므로 불순종이 타락의 시초였다는 것은 이미 분명한 사실이다. 바울도 이 점을 확인하고 한 사람의 불순종으로 인하여 모든 사람이 죄인이 되었다고 가르친다.

"한 사람이 순종하지 아니함으로 많은 사람이 죄인 된 것같이 한 사람이 순종하심으로 많은 사람이 의인이 되리라"(롬 5 : 19).

그러나 그와 동시에 주목해야 할 점은 처음 사람이 하나님의 권위에 대하여 반역한 것은 사탄의 달콤한 유혹에 빠졌던 것뿐만 아니라 진실을 멸시하고 허위로 돌아섰다는 것이다. 그리고 분명한 것은 일단 우리가 하나님의 말씀을 멸시하면 우리는 하나님에 대한 모든 경외심을 버리게 된다는 것이다. 우리가 하나님의 말씀을 주의해서

---

16) D. M. Lloyd Jones, *The Plight of Man and the Power of God*, 서문강 역, 「인간의 곤경과 하나님의 능력」(서울 : 엠마오, 1983), p. 26.

들으려 하지 않으면 그의 존엄 또한 우리 사이에 거하시지 않을 것이며 그에 대한 우리의 경배도 온전해질 수 없다. 즉, 불충(不忠)이 바로 타락의 근본이었던 것이다.

그러나 그 후로 야심과 교만이 배은망덕과 함께 생겨났으니, 아담이 받은 것 이상을 원함으로 하나님께서 아낌없이 주신 그 위대하고 풍성한 은혜를 파렴치하게 경멸했기 때문이다. 흙의 아들이 하나님의 형상대로 지음을 받고도 그것을 사소한 일로 보았으니, 이 얼마나 해괴하고 흉악한 태도였는가! 사람이 자기를 만드신 이의 권위를 멀리하는, 아니 오만하게 자기의 멍에를 벗어 버리는 변절이 추악하고 가증한 죄라면 아담의 죄를 관대히 보려는 것은 무익한 일이다.[17]

"하나님을 알되 하나님을 영화롭게도 아니하며 감사하지도 아니하고 오히려 그 생각이 허망하여지며 미련한 마음이 어두워졌나니"(롬 1 : 21).

"선악을 알게 하는 나무의 열매는 먹지 말라 네가 먹는 날에는 반드시 죽으리라 하시니라"(창 2 : 17).

"너희가 그것을 먹는 날에는 너희 눈이 밝아져 하나님과 같이 되어 선악을 알 줄 하나님이 아심이니라"(창 3 : 5).

하나님은 왜 선악과를 만드셨을까? 선악과를 만들지 않으셨다면 사람이 그것을 먹을 수도 없었을 것이고 이 세상에 죄도 없을 것 아닌가? 먼저 주의해야 할 것은 그 나무의 이름이 단순히 '선악과'가 아니고, '선악을 알게 하는 나무'라는 것이다. 즉, 선과 악을 아는 지식을 가능하게 하는 나무인 것이다.

그런데 왜 하나님은 선악을 알게 하는 나무의 열매를 먹지 말라고 하셨을까? 사람이 선과 악도 모르고 그냥 좌충우돌하며 충동적으로 살아도 좋다는 것인가? 선과

---

[17] John Calvin, *Institutes of the christian Religion* vol. Ⅰ, Ⅱ, 김종흡 외 3인 공역, 「기독교강요」上(서울 : 생명의말씀사, 1988), p. 368.

악을 아는 것 자체가 그렇게도 나쁜 것인가? 성경의 전반적 내용(왕상 3 : 9, 히 5 : 14)을 보면 선과 악을 분별해서 아는 것이 죄요, 악이라고 말씀하시는 것 같지는 않다. 그러면 왜 '선악을 알게 하는 나무'의 열매를 먹는 것이 금지되었는가?

먼저 선악을 알게 하는 나무가 사람의 정신세계 안에 있는 것이 아니라 밖에 있다는 사실은 매우 중요한 것을 시사하고 있다. 즉, 선과 악을 분별하는 지식의 원천이 인간 자신에게 있지 않으며, 그것은 인간 외부로부터 인간에게 주어졌다는 것이다. 다시 말해 선과 악을 분별하는 지식이 인간이 아니라 하나님이 제정하신 어떤 것을 통하여, 궁극적으로는 하나님 자신에게서 온다는 것을 뜻하는 것이다. 인간은 처음부터 선악 분별의 지식의 원천이 자기가 아닌 타자(他者), 곧 하나님이심을 받아들이지 않으면 안 되었던 것이다.

그런데 이제 그 열매를 먹는다는 것은 그 열매 먹는 행위를 통해 지식의 원천을 자기 안에 소유하고자 하는 욕망을 나타낸다. 즉, 이제부터는 그것을 먹음으로써 하나님이 아니라 자기 스스로 선악을 분별하는 위치에 가고자 하는 것이다. 마귀가 하와를 유혹하는 말은 이 점을 잘 나타내 준다.

"너희가 그것을 먹는 날에는 너희 눈이 밝아져 하나님과 같이 되어 선악을 알 줄 하나님이 아심이니라"(창 3 : 5).

여기서 요점은 "선악을 알게 된다."는 것이 아니라 "하나님과 같이 된다."는 것이다. 궁극적으로 선악과의 표준은 하나님이었지만, 이제 인간은 "하나님을 제외하고 스스로 분별하고 판단하겠다."는 것이다. 그러나 그것을 위해 생명이신 하나님으로부터 떨어져 나감이라는 엄청난 대가를 치러야만 했던 것이다.

둘째로는 당초에 하나님은 인간에게 많은 자유를 허락하셨다. "동산 각종 나무의 실과는 네가 임의로 먹되"(창 2 : 16)라고 하셨으니 인간에게는 그만큼의 자유가 있었다. 그러나 인간에게는, 그리고 인간의 자유에는 한계를 주셨다. "선악을 알게 하는 나무의 열매는 먹지 말라 네가 먹는 날에는 반드시 죽으리라"(창 2 : 17) 하셨으니 이것이 한계이다. 인간은 하나님이 아니라 피조물이다. 인간은 무한한 존재가 아니라 유한한 존재이다. 유한한 존재에게 한계가 있다는 것은 자연스러운 일이다.

> 약육강식 : 만민이 만민에 대하여 대항하고 싸우는 정글의 법칙
>
> 적자생존(Survival of the Fittest) : 사람과 사람 사이, 모든 관계의 단절, 증오, 싸움이 나옴. 개인, 사회, 국가 모든 범위에서 나타난다. (Charles Robert Darwin, Herbert Spencer.)

인간이 먹고 소유할 수는 없으나 거기 있어서 인간에게 그 한계를 깨우치는 나무, 그 나무 저편에서 하나님은 인간에게 수시로 그 한계를 깨우치시고 인간 스스로의 지혜로 분별할 수 없는 것들을 계시하신다. 그 나무의 열매를 먹지 말라는 금령은 그 열매에 무슨 마력이 있어서가 아니라 인간에게 한계를 깨우쳐 주는 경고판의 역할을 하기 때문이다. 그 한계를 스스로 넘어가 보겠다고 생각하는 것은 불가능한 것을 꿈꾸는 환상이요, 오만이며 어리석음이다. 흔히들 인간을 인간답게 하는 가장 최고의 요소는 이성 혹은 지혜라고 한다. 그런데 바로 거기에 한계가 있다.

인간은 이 존엄성 혹은 숭고함과 함께 또한 어쩔 수 없이 한계를 가진 유한한 피조물임을 지각하지 않으면 안 된다. 인간은 자기에게 주어진 존엄성을 버리고 동물처럼 육욕에 매여 충동적으로 살아서도 안 되고, 자기에게 있는 존엄성을 과신한 나머지 스스로 하나님인 체하는 교만에 빠져서도 안 된다.

이제 사람은 스스로 모든 것의 선악을 판단하여 자기에게 좋은 것을 추구한다. 사람은 하나님 없이 스스로 무엇이 옳고 그른지를 가려내기 위해 분주하다. 물론 이때 판단의 표준은 항상 자기 자신이요, 자기 자신의 입장이요, 자기의 이익이다. 사람은 시시비비를 가리기 위해 논리를 동원하고, 목청을 돋우며, 증인을 불러 재판을 하고 필요하면 폭력도 동원한다. 이런 시시비비 속에서 사람들은 사랑을 잃고 남의 생명을 손상시키고 있는 것이다.[18]

인간이 하나님께 스스로를 닫아 버릴 때 어떠한 생각 속에서 닫아 버리는가 하면, 마치 자기 힘이 완전하고 자기의 자원이 무한한 것 같은 환상 속에서 하나님께 의존하고 순종하기를 거부하고, 자기의 자원에 의존하려 한다. 그러나 이것은 환상이다. 왜냐하면 인간의 자원은 제한되어 있기 때문이다. 그러함에도 불구하고 17세기 계몽주의자들은 '위대한 인간 이성'을 주장하여 서구세계에서 하나님을 퇴출시

---

18) 현요한, "하나님은 왜 선악과를 만드셨는가?,"「빛과 소금」(1995년 5월호), pp. 56-88.

컸다. 그들은 빛이 성경에서가 아니라 이성과 과학에서 온다고 가르쳤다.

이처럼 하나님으로부터 돌아서게 된 것을 열광적이고도 예언적인 문제로 F. 니체는 그의 저서 「즐거운 학문」에서 "신은 죽었다."라고 외쳤다. 그러나 신이 죽었다고 인정했을 때 인간이 얻은 것은 한낱 신(神)으로부터의 자유였지만 그들이 잃은 것은 삶에 관한 모든 것이었다. 그래서 사르트르(J. P. Sartre)는 "인간은 자유롭도록 저주받았다."라고 했다.

2) 인간이 가진 모든 자원은 창조주 하나님이 우리에게 잠깐 위탁한 것에 지나지 않는다

100년이라는 짧고 제한된 시간, 한 시간 후에 무슨 일이 일어날지 모르는 제한된 지혜, 쌀 한 가마밖에 들 수 없는 제한된 능력들, 인간의 자원은 유한하다.

> 만인은 만인에 대한 자기 투쟁(관계단절, 증오, 싸움)이 나온다.

3) 인간은 하나님께 의존하지 않고 독립을 선언할 때 자기의 자원이 제한되어 있다는 것을 본능적으로 안다

그래서 불안해한다. 여기서 인간의 고난이 시작된다. 그런데 인간이 자기의 자원을 늘릴 수 있는 방법은 남의 자원을 착취하고 남으로 하여금 자기를 섬기게 하는 것이다. 그래서 근대 초기 영국 철학자 토마스 홉스(Thomas Hobbes, 1588-1679)라는 사람은 "인간은 그냥 놔두면 만인에 대한 만인의 투쟁을 하게 되고 결국 공멸할 것이다."라고 그의 책 *Leviathan*에서 주장했다. 이것이 그 유명한 '만인에 대한 만인의 투쟁'(Bellum Omnium Contra Omnes)이다. 그래서 홉스는 절대 권력이 인간들을 관리하고 통제해야 한다고 제안했다. 바로 이것이 홉스가 제안한 '절대군주제'이다. 또한 영국의 철학자이자 정치사상가인 존 로크(John Locke)는 「통치론」(*Two Treatises of Government*)에서 "인간은 인간에 대해 늑대이다."(homo homini lumps)라고 말했다. 하나님으로부터 돌아선, 즉 존재를 상실한 인간은 어쩔 수 없이 탐욕의 노예가 된다.

결론적으로 내가 우주의 중심으로 살 수 있다고 주장하는 것이 죄이다.

5. 죄의 결과

1) 하나님으로부터의 단절

죄의 결과 중 가장 무서운 것은 하나님으로부터 끊어지는 것이다. 이것은 영적 죽음이고 존재를 상실한 존재론적 사망이다.

누구든지 하나님에게서 돌아서서 떠나는 죄를 지으면 인간이 가진 최고의 가치이자 생명인 영혼을 상실하게 된다. 이것은 안셀무스가 하나님을 "최고 본질, 최고 생명, 최고 이성, 최고 행복, 최고 정의, 최고 지혜, 최고 진리, 최고 신성, 최고 위대, 최고 미, 최고 불사성, 최고 불변성, 최고 복락, 최고 영원성, 최고 권능, 최고 인자성"이라 규정한 것에서 등 돌린 것을 의미한다.

"여호와 하나님이 이르시되 보라 이 사람이 선악을 아는 일에 우리 중 하나 같이 되었으니 그가 그의 손을 들어 생명나무 열매도 따 먹고 영생할까 하노라 하시고 여호와 하나님이 에덴동산에서 그를 내보내어 그의 근원이 된 땅을 갈게 하시니라 이같이 하나님이 그 사람을 쫓아내시고 에덴동산 동쪽에 그룹들과 두루 도는 불 칼을 두어 생명나무의 길을 지키게 하시니라"(창 3 : 22-24).

"여호와의 손이 짧아 구원하지 못하심도 아니요 귀가 둔하여 듣지 못하심도 아니라 오직 너희 죄악이 너희와 너희 하나님 사이를 갈라놓았고 너희 죄가 그의 얼굴을 가리어서 너희에게서 듣지 않으시게 함이니라"(사 59 : 1-2).

죄는 필연적으로 분리를 가져오는데 분리란 사망, 즉 영적 사망이요, 유일한 생명의 근원이신 하나님으로부터의 단절을 의미한다. 하나님과의 연합은 인간의 영적 생명의 근원이었다. 따라서 영혼이 하나님과 단절, 분리되었을 때 몸이 죽는 것처럼 영혼도 죽는다. 인간이 하나님의 명령에 불순종한 바로 그 순간에 하나님과의 단절, 분리를 경험하게 되는 것이다. 하나님의 생명에서 소외된 자가 되었고, 사랑 대신 노예처럼 비굴한 두려움에 사로잡히게 되었으며, 그 두려움이 너무 커서 하나님의 임재 앞에서 도망쳐야 했다. 심지어 하나님에 대한 기억조차도 손상되었다. 하늘과 땅에 충만하신 하나님에게서 숨으려 했다.

"죄의 삯은 사망이요……"(롬 6 : 23).

하나님으로부터 분리된 인간은 마치 생명의 근원인 땅에서 뿌리가 뽑힌 나무 같아서 그 속에 들어 있는 제한된 수분과 영양분이 존속될 때까지만 살고 죽어 버린다.

"내 안에 거하라 나도 너희 안에 거하리라 가지가 포도나무에 붙어 있지 아니하면 스스로 열매를 맺을 수 없음같이 너희도 내 안에 있지 아니하면 그러하리라 나는 포도나무요 너희는 가지라 그가 내 안에, 내가 그 안에 거하면 사람이 열매를 많이 맺나니 나를 떠나서는 너희가 아무것도 할 수 없음이라 사람이 내 안에 거하지 아니하면 가지처럼 밖에 버려져 마르나니 사람들이 그것을 모아다가 불에 던져 사르느니라"(요 15 : 4-6).

하나님으로부터 분리된 인간은 마치 줄기에서 잘린 가지와도 같다. 시멘트 바닥에 내동댕이쳐져 뜨거운 뙤약볕에 말라 죽어 가고 있는 상태라고 할 수 있다. 막 잘려 나온, 혹은 방금 뽑힌 나무는 아직은 푸릇푸릇하다. 그러나 그것은 물도, 흙도 없는 시멘트 바닥 위에서 곧 말라 죽어 버릴 것이 당연하다. 살았으나 실상은 죽은 것이다. 잠시의 푸른 기를 생(生)이라고 하기에는 너무나도 안타깝다. 그 나무는 잠시의 잔존 생애만을 견디고 있을 뿐이다. 즉, 살아가고 있는 것이 아니라 죽어 가고 있는 것이다. 그래서 시인들과 철학자들은 시계가 똑딱거리는 소리가 사람을 죽이는 소리, 즉 죽음을 재촉하는 원흉의 장송곡이라고 표현하기도 한다.[19] 이렇듯 하

---

19) 석원태,「구원의 5대 교리」(서울 : 경향문화사, 1984), pp. 8f.

나님과의 생명적 관계가 끊어져 버린 상태, 곧 죽어 버린 상태를 '인간의 전적 타락' (Total Depravity)이라고 칼빈은 말했다.[20]

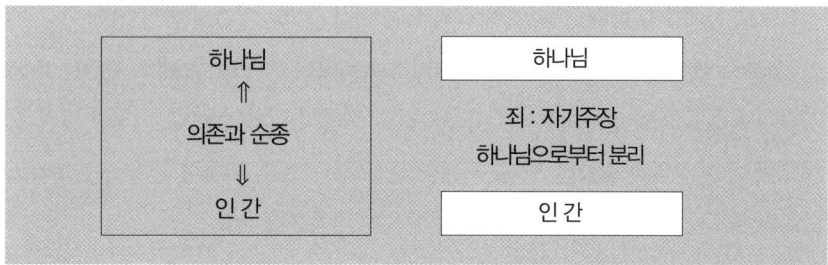

하나님과 분리된 사람은 죽은 것과 마찬가지이다. 각 사람에게는 하나님의 생명이 없고, 모든 사람이 하나님의 형상 밖에 있고, 본래 아담에게 있었던 하나님의 의와 거룩하심 밖에 있다. 이제는 거룩하지 못한 존재가 되었고, 하나님의 형상보다 마귀의 형상을 따라 감각적인 욕구와 욕망에 빠져 멸망할 짐승의 형상과 비슷해졌다.

"네가 어찌 말하기를 나는 더럽혀지지 아니하였다 바알들의 뒤를 따르지 아니하였다 하겠느냐 골짜기 속에 있는 네 길을 보라 네 행한 바를 알 것이니라 발이 빠른 암낙타가 그의 길을 어지러이 달리는 것과 같았으며 너는 광야에 익숙한 들 암나귀들이 그들의 성욕이 일어나므로 헐떡거림 같았도다 그 발정기에 누가 그것을 막으리요 그것을 찾는 것들이 수고하지 아니하고 그 발정기에 만나리라 내가 또 말하기를 네 발을 제어하여 벗은 발이 되게 하지 말며 목을 갈하게 하지 말라 하였으나 오직 너는 말하기를 아니라 이는 헛된 말이라 내가 이방 신들을 사랑하였은즉 그를 따라가겠노라 하도다"(렘 2 : 23 – 25).

2) 다른 사람들(이웃)과의 갈등

하나님을 떠나 존재를 상실한 인간의 비참함은 '만인에 대한 만인의 투쟁'의 삶

---
20) Calvin, op. cit., p. 375.

에서 볼 수 있다. 종류도 다양해서 가정폭력, 학교폭력, 병영폭력, 직장폭력, 사회폭력 등 곳곳에서 많은 아이들, 아내들, 노인들, 실업자들, 장애인들, 그리고 외국인들 같은 사회적 약자들이 매를 맞고, 육체적으로 착취당하며, 정신적으로 억압당하고, 성적으로 학대를 당한다. 이것이 탐욕의 노예로 살아가는 인간의 숙명이다.

그래서 불교에서는 "설산을 황금 덩어리로 바꾸어 그것을 두 배로 불린다 해도 사람의 욕심을 채울 수는 없다"(상응부경전). "하늘이 칠보(七寶)를 비처럼 내려 주어도 욕심은 오히려 싫증을 낼 줄 모른다"(법구경). "돈이 비처럼 쏟아져 들어와도 만족할 줄 모른다."(법구경)라고 인간의 탐욕을 지적한다.

그래서 쇼펜하우어는 "사람들은 누구나 자신을 위해 모든 것을 소유하려고 하고, 지배하려고 하며, 자기에게 저항하는 것을 제거하려고 한다.", "자연 속에서 존재하는 모든 개체들은 그 본성상 다른 개체들과 대립하여 존재한다.", "무한한 세계에서 아주 보잘것없고 아무것도 아닌 것 같은 모든 개체는 그럼에도 자신을 세계의 중심점으로 삼아 자신의 존재와 안녕을 우선적으로 고려하고, 이기적인 입장에서 다른 모든 것을 이러한 것에 희생할 용의가 있으며, 바다의 물 한 방울인 자기 자신을 단지 좀 더 오래 유지하기 위해서는 세계도 멸망시킬 용의가 있다."라고 했다. 홉스(Thomas Hobbs)는 이것을 한마디로 '인간의 인간에 대한 늑대'(homo homini lupus)라고 요약했다.

그리고 모리스 메를로 퐁티(Maurice Merleau Ponty, 1908-1961)는 그의 책 *Humanisme et Terreur*에서 "우리는 순진무구함과 폭력을 선택하는 것이 아니라 폭력의 종류를 선택하는 것이다. 우리가 신체를 가지고 있는 한 폭력은 숙명이다."라고 했다. 이렇게 인간이 하나님에게서 돌아서서 떠났다는 뜻에서 '종교적 죄' 또 존재물이 존재를 떠나 존재를 상실했다는 의미에서 '존재론적 죄'를 짓게 되면 불가항력으로 로마서 1 : 29~30의 '도덕적 죄' 내지 '법률적 죄'를 지을 수밖에 없다. 이것들은 죄라기보다는 악(κακός^{카코스}), 또는 악행(κακία^{카키아})이라 부른다. 정리하자면 종교적 죄는 하나님께 짓는 죄이고, 도덕적 죄는 인간에게 짓는 죄이다. 전자는 '의와 죄'의 대립 구도이고 후자는 '선과 악'의 대립 구도와 연관된다. 비유로 설명하면,

태양에서 돌아서면 차츰 어두움 속으로 들어갈 수밖에 없다. 즉, 죄는 악의 근원이고 악은 죄의 결과이다.

"예수께서 이르시되 네 마음을 다하고 목숨을 다하고 뜻을 다하여 주 너의 하나님을 사랑하라 하셨으니 이것이 크고 첫째 되는 계명이요 둘째도 그와 같으니 네 이웃을 네 자신같이 사랑하라 하셨으니 이 두 계명이 온 율법과 선지자의 강령이니라"(마 22 : 37 – 40).

"너희가 죄의 종이 되었을 때에는 의에 대하여 자유로웠느니라 너희가 그때에 무슨 열매를 얻었느냐 이제는 너희가 그 일을 부끄러워하나니 이는 그 마지막이 사망임이라"(롬 6 : 20 – 21).

"곧 모든 불의, 추악, 탐욕, 악의가 가득한 자요 시기, 살인, 분쟁, 사기, 악독이 가득한 자요 수군수군하는 자요 비방하는 자요 하나님께서 미워하시는 자요 능욕하는 자요 교만한 자요 자랑하는 자요 악을 도모하는 자요 부모를 거역하는 자요"(롬 1 : 29 – 30).

죄는 인간과 인간을 분리시키고 소외시킨다. 그리고 그 대표적인 죄악 가운데 하나가 음행과 간음이다.

"아담이 이르되 하나님이 주셔서 나와 함께 있게 하신 여자 그가 그 나무 열매를 내게 주므로 내가 먹었나이다 여호와 하나님이 여자에게 이르시되 네가 어찌하여 이렇게 하였느냐 여자가 이르되 뱀이 나를 꾀므로 내가 먹었나이다"(창 3 : 12 – 13).

"너는 광야에 익숙한 들 암나귀들이 그들의 성욕이 일어나므로 헐떡거림 같았도다 그 발정기에 누가 그것을 막으리요 그것을 찾는 것들이 수고하지 아니하고 그 발정기에 만나리라"(렘 2 : 24).

"내 백성이 나무에게 묻고 그 막대기는 그들에게 고하나니 이는 그들이 음란한 마음에 미혹되어 하나님을 버리고 음행하였음이니라"(호 4 : 12).

"내가 어찌 너를 용서하겠느냐 네 자녀가 나를 버리고 신이 아닌 것들로 맹세하였으며 내가 그들을 배불리 먹인즉 그들이 간음하며 창기의 집에 허다히 모이며 그들은 두루 다니는 살진 수말같이 각기 이웃의 아내를 따르며 소리지르는도다"(렘 5 : 7-8).

"너희가 도둑질하며 살인하며 간음하며 거짓 맹세하며 바알에게 분향하며 너희가 알지 못하는 다른 신들을 따르면서 내 이름으로 일컬음을 받는 이 집에 들어와서 내 앞에 서서 말하기를 우리가 구원을 얻었나이다 하느냐 이는 이 모든 가증한 일을 행하려 함이로다"(렘 7 : 9-10).

이처럼 존재론적 죄를 짓게 되면 우리는 제한된 삶의 환경 속에서 더 많은 이익을 얻기 위해서 또는 더 좋은 생존조건을 획득하기 위해 타인과 끊임없이 투쟁을 전개한다. 인류역사를 100으로 놓고 보면 전쟁이 없었던 시기는 고작 3일뿐이라고 한다. 즉, 모든 존재는 투쟁의 운명 속에 내려진 것이다. 이러한 투쟁은 일시적으로 전개되는 것이 아니라 다른 존재가 소멸하거나 자신이 소멸할 때까지 계속된다. 즉, 끊임없는 갈등(ständigen konflikt) 속에 내던져지게 되고, 갈등의 최종 목표가 존재하지 않았기 때문에 고뇌의 정도도 한계가 없는 것이다.

3) 자기에의 속박(진정한 자아로부터 소외)

인간은 피조물이므로 진정한 자기 실존의 방법은 창조주 하나님께 의존하고 순종하는 관계에 있다. 그런데 자기의 자원이 무한하다는 환상 때문에 하나님께서 만드실 때의 진정한 자아를 잃어버리는 것이다. 현대인의 불안의 원인이 바로 여기에 있다. 인간의 마음속에는 하나님이

| 인간은 스스로부터 소외되었을 때 정신병, 불안 등이 온다.

아닌 그 무엇으로도 채울 수 없는 굶주림이 있다. 신문에서 자극적인 뉴스를 요구하고, 영화에서 도가 지나친 사랑이나 범죄 이야기를 다루는 것, 수영장과 술집들, 자동차 경주와 오토바이 경주, 마약과 성과 폭력 난무, 이 모든 것들이 인간이 어떤 만족을 찾고 있다는 증거이다. 그러나 이런 것들은 하나님을 향한 인간의 갈급함과 하나님과 인간의 분리라는 문제를 해결할 수 없다.

"내가 행하는 것을 내가 알지 못하노니 곧 내가 원하는 것은 행하지 아니하고 도리어 미워하는 것을 행함이라 만일 내가 원하지 아니하는 그것을 행하면 내가 이로써 율법이 선한 것을 시인하노니 이제는 그것을 행하는 자가 내가 아니요 내 속에 거하는 죄니라 내 속 곧 내 육신에 선한 것이 거하지 아니하는 줄을 아노니 원함은 내게 있으나 선을 행하는 것은 없노라 내가 원하는 바 선은 행하지 아니하고 도리어 원하지 아니하는 바 악을 행하는도다 만일 내가 원하지 아니하는 그것을 하면 이를 행하는 자는 내가 아니요 내 속에 거하는 죄니라 그러므로 내가 한 법을 깨달았노니 곧 선을 행하기 원하는 나에게 악이 함께 있는 것이로다 내 속사람으로는 하나님의 법을 즐거워하되 내 지체 속에서 한 다른 법이 내 마음의 법과 싸워 내 지체 속에 있는 죄의 법으로 나를 사로잡는 것을 보는도다 오호라 나는 곤고한 사람이로다 이 사망의 몸에서 누가 나를 건져내랴"(롬 7 : 15 – 24).

어거스틴의 「참회록」(Confessions) 시작 부분의 "주께서는 우리를 주님을 위해 지으셨습니다. 그래서 우리 마음은 주님 안에서 쉼을 얻을 때까지 쉴 수 없습니다."처럼 인간의 깊은 곳에는 하나님 자신으로밖에는 채울 재간이 없는 깊은 불만이 있다.[21] 또한 쉼이 없는 상태는 말로 형용할 수 없이 비참하다. 또한 쇼펜하우어는 "개체의 존재를 지배하는 삶의 의지가 자기 보존을 위해서라면 어떤 존재이든 파괴할 수 있고, 어떤 식으로든 자기보존의 논리를 정당화하려고 개체 자신을 세계의 중심으로 규정하게 한다."라고 했다.

---

21) D. Martyn Lloyd Jones, op. cit., p. 431.

이렇게 '하나님에게서 돌아섬'이라는 죄의 속성은 이제 '자기에게로 돌아섬'이라는 새로운 방향성을 갖는다. 즉, '존재에 대한 관심의 상실'은 '존재물에 대한 관심의 획득'으로 나타난다. 이것이 죄의 또 다른 속성이다. '하나님에게서 돌아섬', '존재에 대한 관심의 상실'이 죄의 원초적 내지 일차적 속성이라면 '자기에게 돌아섬', '존재물에 대한 관심의 획득'은 죄의 부수적 내지 이차적 속성이다.

이렇게 '존재를 상실한 존재물'로서의 인간이란 실로 '바람'과 같이 헛된 것이지만, 여기에서 오는 '사망의 느낌', '버림받은 감정', '무가치함에 대한 자각' 등이 인간을 물질세계라는 거짓 신 곧 '우상'의 종이 되게 한다. 다시 말해 하나님을 떠난 인간, 즉 존재를 상실한 인간은 자신의 근원을 잃었다는 절대적 상실감 내지 박탈감 때문에, 무엇이든 다시 잡지 못하면 영영 죽을 것만 같은 느낌 때문에, 그 다급한 불안감 때문에, 눈앞에 보이는 물질세계에 몰입하게 된다. 그래서 그것을 신(우상/偶像)으로 삼아 그것이라도 붙잡아야만 살 것 같고, 그것을 놓으면 꼭 죽을 것만 같게 되었다는 것이다. 이것이 물질세계에 대한 인간의 '한없는 탐욕'(concupiscentia)의 실체이다.

정리하면 하나님으로부터 돌아선 죄가 영혼의 사망을 낳았고, 영혼의 사망이 실존적 불안감을 낳았다. 그리고 이 실존적 불안감이 무한한 욕망(concupiscentia)이라는 우상을 낳았다. 이로써 인간은 저주덩어리로 전락했으며, 사망과 탐욕의 노예가 되었다. 그러기에 인간은 도저히 안식할 수 없는 것이다. 존재론적으로 보면 고난이란 인간실존에 대한 인식에서 비롯된다. 하나님을 떠난 인간, 곧 존재를 상실한 인간이 경험하는 사망의 느낌, 버림받음의 감정, 쓸모없음에 대한 인식 등이 고난의 본질이다. 따라서 고난에는 언제나 죽음을 향한 느낌이 있고, 모든 것으로부터 버림받았다는 감정이 있으며, 자신의 삶이 무가치하다는 의식이 함께한다. 이것이 존재를 상실한 인간이 갖는 실존적 불안감이다. 이 실존적 불안감이 존재물에 대한 사랑(cupiditas), 달리 표현하면 성욕과 현세욕이라는 탐욕(concupiscentia)에 광적으로 매달리게 된다. 그래서 하이데거는 "불안은 단순한 심리적 상태가 아니고 인간존재의 한 선형이다. 죽음에 직면할 때 느끼는 유한성은 단순히 일시적인 무(無)라든지, 결점이라든지, 오류의 문제가 아니다. 인간 정신의 구조이며 죄책감, 고독, 절망과 같은 언어로 표현된다."라고 했다. 그래서 "신은 죽었다. 신은 죽어 버렸다. 우리가 신을 죽인 것이다."라고 선언했던 니체는 그것이 가져올 공포와 전율까지 정확히 간파했다는 점에서 참으로 예지가 번뜩이는 사람이라 할 수 있다. 그는 「즐거운 학문」에서 신의 죽음을 선포하자마자 곧바로 이렇게 토로했다. "…… 지구를 태양으로부터 풀어 놓았을 때 우리는 무슨 짓을 한 것일까? 이제 지구는 어디를 향해 가고 있는 것일까? 모든 태양으로부터 떨어져 나온 지금 우리는 끊임없이 추락하고 있는 것은 아닐까? …… 아직도 위와 아래가 있는 것일까? 무한한 허무를 통과하고 있는 것처럼 헤매고 있는 것은 아닐까? 허공이 우리에게 한숨을 내쉬고 있는 것은 아닐까? 한파가 몰아닥치고 있는 것은 아닐까? 밤과 밤이 연이어 다가오고 있는 것이 아닐까? 대낮에도 등불을 켜야 하는 것 아닐까?" 결론적으로 죄는 자기주장, 독립선언, 자기에게 자기를 닫아 버림으로써 나타난다.

6. 진화와 발전에 대한 이론

"이는 하나님을 알 만한 것이 그들 속에 보임이라 하나님께서 이를 그들에게 보이셨느니라 창세로부터 그의 보이지 아니하는 것들 곧 그의 영원하신 능력과 신성이 그가 만드신 만물에 분명히 보여 알려졌나니 그러므로 그들이 핑계하지 못할지니라"(롬 1 : 19-20).

과학이라 이름하는 소위 비교종교학(比較宗敎學)의 연구와 일부 여러 선교기관들의 보고 결과에 따르면 사람들이 가는 곳마다 모든 부족들이 어떤 형태로든지 종교를 가지고 있음을 발견했다고 한다. 그리고 그 종교가 발견되는 지역에 사는 사람들의 유형과 종교의 유형들을 비교 연구하여 종교적인 의미에서 인간의 역사에는 분명하고 확실한 진화(進化)와 발전이 있었다는 이론을 제기하였다.

이 '진화와 발전'의 이론은 가장 원시적인 사람들로부터 가장 문명한 사람들에게까지 거슬러 올라가면서 진화와 발전의 단계가 분명히 표시되고 있다는 것이다. 이 학파에 속하는 사람들은 인간은 가장 원시적인 형태인 나무나 돌이나 다른 서물(庶物)에 어떤 알 수 없는 영이 존재한다는 것을 믿었다는 것이다. 곧 물활론(物活論-모든 물질은 생명이나 혼, 마음을 가지고 있다고 믿는 자연관, 범신론(汎神論)의 한 형태로 그리스의 탈레스, 독일의 헤겔 등이 주장)을 믿었다는 것이다. 그러한 다음 이적과 마술이 오게 되고 그 다음 조상숭배(祖上崇拜)와 서물숭배(庶物崇拜)와 토테미즘(Totemism), 정령숭배(精靈崇拜), 주물숭배(呪物崇拜) 등이 나타나게 되었는데, 이것들은 다신론(多神論)이라고 묘사할 수 있는 단계가 오기 전의 양상이었다. 이것이 우리 주님이 이 땅에 오셨을 때 헬라와 로마에 만연하였던 사회상태였다는 것이다. 이러한 상황에서 한 신(神)을 섬기는 유일신 사상이 등장했다는 것이다. 즉, 사람들이 일신론(一神論)을 믿게 되었다는 것이다.

이 이론은 모든 사람 속에 나면서부터 하나님을 추구하고 하나님을 찾고자 하는 한 법이 있다는 것을 보여 주는 가치가 있다. 즉, 사람은 본질상 하나님을 아는 지식에 갈급해 하나님과 교제하는 것을 언제나 구하고 있는 피조물이라는 것과 메시야는 그러한 열정을 가장 높이고 가장 넓게 확장시킨 분이라는 것을 전제로 한다. 그러나 성경은 이 이론을 전적으로 부정하고 있다. 하나님께서는 태초부터 사람이 하나님을 밝히 알도록 창조하셨다. 자연과 피조물 속에서 하나님의 영원한 능력과 하나님의 신성을 드러내어 주셨을 뿐 아니라 사람의 본질 속에 사람이 하나님께 이끌려 가도록 하는 하나님을 아는 지식과 하나님을 닮은 것과 하나님에 대한 의식을 집어넣어 주셨다. 모든 인간들은 그러한 자연이나 창조물에 나타난 하나님의 영원한 능력과 신성으로 인하여 엄연히 하나님이 살아 계시다는 것에 상응하게 행동해야 한다.

사도 바울은 인간이 하나님을 아는 지식을 가지고 출발하였다고 말한다. 인간에게 하나님을 아는 지식이 없다면 그것은 인간이 일부러 억제하여 상실했다는 것이다. 사도 바울에 의하면 하나님을 향한 인간의 경로는 점진적인 진보나 발전이나 발흥으로 이어지는 것이 아니라 오히려 침체되고 하향성을 취하고 떨어지는 경향이라고 한다. 그것은 진보가 아니고 퇴보인 것이다. 실로 구약성경 전체의 줄거리도 더 차원이 낮은 종교 형태로 미끄러져 들어가려 하는 완고한 백성에게 하나님 자신을 아는 지식을 보전하기 위하여 하나님의 종들을 통해 싸우시는 하나님의 이야기라고 요약할 수 있다.

"그러므로 이제는 여호와를 경외하며 온전함과 진실함으로 그를 섬기라 너희의 조상들이 강 저쪽과 애굽에서 섬기던 신들을 치워 버리고 여호와만 섬기라 만일 여호와를 섬기는 것이 너희에게 좋지 않게 보이거든 너희 조상들이 강 저쪽에서 섬기던 신들이든지 또는 너희가 거주하는 땅에 있는 아모리 족속의 신들이든지 너희가 섬길 자를 오늘 택하라 오직 나와 내 집은 여호와를 섬기겠노라 하니"(수 24 : 14-15).

성경의 역사는 하나님을 아는 지식과 하나님을 아는 지식에 상응하는 생명을 가지고 출발하였던 온 인류가 그 하나님을 아는 지식에서 떨어져 나갔음을 분명히 보여 준다. 또한 인류의 경향성은 더 낮은 데로 내려가는 것이었고, 하나님을 아는 지식에서 더욱 멀리 떠나려는 것임을 매우 분명히 보여 준다. 사람들은 서물숭배나 물활론(物活論) 등에서 일신론으로 진보한 것이 아니라 정반대의 방향으로 떨어져 나갔다.

1936년 *The Expository Times* 11월호에 실린 비교종교학에 관한 논문 중 두 대목은 그 시사하는 바가 매우 크다.

"원시 문화에 관한 연구에 의하여 밝혀진 제일 중요한 요점은 그 문화들 속에서 가장 높으신 분에 대한 분명하고 생생하고 직접적인 믿음이 있는 것인데, 그 믿음은 모든 원시인들 속에서 가장 지배적인 지위를 차지하고 있더라는 것이다. 그것은 시간이 시작되는 바로 그 시점의 인간 문화의 가장 오래된 형태 속에서 깊이 뿌리박고 있었음이 분명하다. 개개 그룹들이 서로 각자 분리되기 전에 그러한 것이 존재하였음을 보여 주는 것이다."

"가장 원시적인 사람들의 신앙을 있는 그대로 연구한 결과들은 종교가 지존하신 하나님을 믿는 신앙에서부터 시작한 것이라는 확신이 옳음을 주장하는 것 같다."

또한 찰스 도드(Charles Herold Dodd)는 *Das Werden des Gottesglaubens*에서 이렇게 말했다.

"권위자들 간에는 사실의 관점에서 우상숭배적인 다신론이 모종의 일신적인 원본에서 파생하여 나온 것인지 아닌지에 대하여 논란이 있다. 그러나 많은 민족들, 인도나 중국의 더 고차원적인 문명 속에 살았던 사람들뿐 아니라 중앙아시아나 호주 등지에 살던 야만인들 사이에도 창조주 신을 믿는 신앙이 많은 신들이나 귀신들을 섬기는 미신적인 이단들과 함께 존속하였다는 상당한 증거가 있다."[22]

사실상 인간의 마음속에 타고난 본능에 의해 하나님을 알 수 있는 지각(知覺)이 있다는 것은 논란의 여지가 없다. (Divinitatis sensum : 부패한 본성에 아직도 남아 있는 빛에는 두 가지 중요한 요소가 있는바 첫째는 모든 인간에게 심겨진 종교의 씨앗이며, 둘째는 그들의 양심 가운데 새겨진 선악에 대한 분별력이다.) 아무도 무지(無知)를 구실로 삼아 핑계하지 못하도록 하기 위해 하나님께서는 자신의 신적 위엄을 어느 정도나마 깨달아 알 수 있는 이해력을 각자에게 심겨 주신 것이다. 그리고 하나님은 이에 대한 기억을 새롭게 하시기 위하여 계속적으로 신선한 물방울을 떨어뜨려 주신다.

그러므로 모든 사람은 한 분 하나님이 존재하신다는 것과 하나님이 바로 그들의 창조주라는 사실을 인식하고 있기 때문에 하나님을 경배하지 않거나 그들의 생활을 바쳐 하나님의 의지에 순종하지 않을 때는 반드시 자신의 증거로 말미암아 정죄를 받게 된다. 만일 하나님에 대한 무지가 어디선가 발견된다고 하면 이에 대한 실례는 분명히 보다 시대에 뒤처진, 문명과는 거리가 먼 사람들에게서 찾아볼 수 있을 것이

---

22) *Das Werden des Gottesglaubens*, p. 26.

다. 그러나 그 유명한 이교도 키케로가 말한 대로 하나님의 존재에 대한 뿌리 깊은 확신을 갖지 못할 만큼 미개한 국민이나 야만적인 종족은 없다.

그리고 다른 면에서 볼 때 짐승과 조금도 다를 것이 없는 것처럼 보이는 사람들까지도 항상 무엇인가 종교의 씨앗을 그 속에 지니고 있다. 이러한 공통적 관념은 인류의 정신을 깊이 점령하고 있으며, 집요하게 사람들의 가슴속에 밀착되어 있다. 그러므로 세계가 존재하던 날부터 종교 없이 지낼 수 있었던 나라와 도시, 간단히 말해서 종교 없이 지낼 수 있었던 가족이 하나도 없었기 때문에 이 사실은 하나님에 대한 어떤 관념이 모든 사람의 마음속에 새겨져 있다고 하는 무언의 고백이 아닐 수 없다.[23]

그래서 루이스 벌코프(Louis Berkhof)는 인간을 "치료 불가능한 종교적 존재"라고 말했으며, 칼 융(Carl G. Jüng)은 "사람들이 가지고 있는 여러 가지 의식 가운데 가장 강렬한 의식은 신의식이다. 그리고 이것은 무신론자의 마음속에서도 그렇다."라고 말했다. 또한 프랑스 정치사가이자 철학자인 샹탈 델솔(Chantal-Delsol)의 표현을 빌리자면 "종교는 인간의 영원한 욕구(eternal desire)이다."라고 했고, "프랑스 남부지역과 스페인 북부지역 등 세계 곳곳에 산재한 구석기시대 동굴에서 발견되는 암벽화를 보면 도구를 들고 사냥하는 내용과 사냥한 동물들을 위해 제의를 행하는 내용의 그림이 동시에 발견된다. 애초부터 인간은 호모 사피엔스(homo sapiens)일 뿐 아니라 호모 렐리기우스(homo religiosus)이다."라고 주장한다. 또한 종교적 사유와는 무관하다고 알려진 기인이자 20세기 전반을 풍미한 천재 철학자 비트겐슈타인은 그의 유고집에서 "나는 비록 종교적 인간이 아니지만 그와 달리 될 수도 없습니다. 나는 저마다의 문제를 종교적인 관점에서 바라봅니다."라고 종교에 대한 통찰을 고백했다. 이처럼 하나님은 인간의 마음속에 종교의 씨앗을 심으셨을 뿐만 아니라 자기를 계시하셨으며, 우주의 전 창조 속에서 매일 자신을 나타내신다. 그 결과 인간은 눈을 뜨기만 하면 하나님을 볼 수 있도록 되어 있다. 실로 하

---

23) John Calvin, op. cit., pp. 89-90.

나님의 본질은 불가해(不可解)한 것이어서 그 신성은 인간의 모든 지각을 훨씬 초월한다. 그러나 하나님께서는 모든 창조물 위에 영광의 명백한 표적을 새겨 놓으셨으며, 그것은 너무나 뚜렷하고 확실하기 때문에 아무리 무식하고 둔한 사람이라 해도 무지를 구실로 삼을 수 없다. 그러므로 예언자들은 우주 창조 이래 하나님께서 눈에 보이는 화려한 복장으로 자신을 보여 주기 시작하신 후부터 인간이 언제 어디서든지 자신의 영광의 훈장을 볼 수 있도록 전시해 주셨다고 외쳤다.

"주께서 옷을 입음같이 빛을 입으시며 하늘을 휘장같이 치시며"(시 104 : 2).

"물에 자기 누각의 들보를 얹으시며 구름으로 자기 수레를 삼으시고 바람 날개로 다니시며 바람을 자기 사신으로 삼으시고 불꽃으로 자기 사역자를 삼으시며"(시 104 : 3-4).

"여호와께서는 그의 성전에 계시고 여호와의 보좌는 하늘에 있음이여 그의 눈이 인생을 통촉하시고 그의 안목이 그들을 감찰하시도다"(시 11 : 4).

"하늘이 하나님의 영광을 선포하고 궁창이 그의 손으로 하신 일을 나타내는도다 날은 날에게 말하고 밤은 밤에게 지식을 전하니 언어도 없고 말씀도 없으며 들리는 소리도 없으나 그의 소리가 온 땅에 통하고 그의 말씀이 세상 끝까지 이르도다 하나님이 해를 위하여 하늘에 장막을 베푸셨도다"(시 19 : 1-4).

작품을 통해 그 작가를 알 수 있듯이 우리는 자연을 통해 하나님을 알 수 있다. 자연에는 이를 창조하신 하나님의 지혜와 능력, 신성과 목적이 나타나 있다. 만물이 생겨나기 이전의 태초는 아무것도 없는 완전한 무(無)의 상태일 수밖에 없다는 것이 오늘날 과학자들의 추론이다. 만일 어떤 소립자 같은 것이 있었다면 '그것은 어떻게 생겨났느냐?' 하는 문제가 대두되기 때문이다. 그렇다면 어떻게 천지만물이 생겨났을까? 무(無)에서는 아무리 장구한 시간이 흘러도 아무것도 생겨날 수 없다는 것이

'백조목 플라스크 연구'에서 입증되었다. 그렇다면 결론은 하나님이 천지만물을 창조하셨다고 할 수밖에 없다. 그러므로 천지만물 자체가 창조주 하나님이 계시다는 절대증거이다. 이제 몇 가지 구체적 사실을 살펴보고자 한다.

7. 창조이론에 대한 증거

1) 지구가 일정한 궤도를 돌고 있는 이유는 무엇인가?

겨울이 가고 봄이 오고 있는 어느 날, 남쪽에 와서 겨울을 난 기러기들이 북쪽으로 돌아가기 위해 높은 하늘을 날고 있었다. 그때 마침 그 상공에서 지구궤도를 선회하고 있는 인공위성이 지나갔다. 이것을 본 기러기들 사이에 토론이 벌어졌다.

"인공위성이 왜 지구를 선회하고 있느냐?" 하는 것이었다. 어떤 기러기들은 저절로 돈다고 주장하고 어떤 기러기들은 누가 돌려놓았다고 주장했다. 토론은 좀처럼 끝나지 않았다. 그러나 결국은 저절로 돈다는 것으로 결론이 나고 말았다. 기러기들로서는 사람이 돌려놓았다는 사실을 알 까닭이 없기 때문이다.

오늘날 우리 인간들도 이와 같은 논쟁을 벌이고 있다. "왜 지구가 태양궤도를 돌고 있느냐?" 하는 것이다. 그런데 어떤 사람들은 저절로 돈다고 주장한다. 오랜 세월 속에서 우연히 저절로 돌게 되었다는 것이다. 그러나 분명한 것은 인공위성이나 지구나 궤도를 돌고 있는 것은 그 원리가 똑같다는 사실이다. 그것은 누가 돌려놓았기 때문에 돌고 있는 것이다. 이것은 뉴턴의 세 가지 운동법칙에도 적용할 수 있다.

2) 왜 자연은 그처럼 철저하고 완벽하게 목적을 위해 일하는가?

지구, 달, 태양은 각각 다르게 운동한다. 지구는 자전하면서 태양을 공전하고, 달은 자전하지 않으면서 (실상은 자전하지만 자전과 공전의 주기가 동일하므로 지구에서 보면 같은 표면만 보는 것이다.) 지구를 공전하고, 태양은 자전만 할 뿐 고정되어 있다. 우주 전체를 놓고 보면 태양은 헤라클레스자리 쪽으로 이동하고 은하계 둘레를 회전운동하고 있다. 이동속도는 약 20km/sec, 회전속도는 약 230km/sec이다. 왜 이처럼 천체들이 다른 운동을 하는 것인가?

그것은 존재 목적이 다르기 때문이다. 존재 목적을 통한 제기능을 하는 것이다. 지구는 생명체를 위해서 에너지를 받아야 하기 때문에 자전과 공전을 하는 것이고, 달은 지구에 태양 빛만 반사해 주면 되기 때문에 자전을 하지 않고 지구 둘레를 공전만 하는 것이며, 태양은 응축되는 것을 막기 위하여 원심력이 필요하기 때문에 자전만 하고, 또 지구에 일정한 에너지를 공급해야 하기 때문에 고정되어 있다. 이것은 결코 우연일 수 없다. 만일 우연이라면 백 가지, 천 가지가 그렇게도 완벽하게 합목적일 수 없다. 그것은 그렇게 고안, 설계되고 제작되었기 때문이다. 과연 누가 그렇게 만들어 놓았을까? 그래서 요세푸스(Flavius Josephus)는 "천체가 인간의 유익에 기여하고 있는 것은 그것을 주관하시는 한 분의 명령에 순종하기 때문이다"(유대 고대사 1-7)라고 했다.

"해와 달아 그를 찬양하며 밝은 별들아 다 그를 찬양할지어다 …… 그것들이 여호와의 이름을 찬양함은 그가 명령하시므로 지음을 받았음이로다 그가 또 그것들을 영원히 세우시고 폐하지 못할 명령을 정하셨도다"(시 148 : 3-6).

3) 왜 지구는 비스듬히 누워 있는가?

지구는 팽이처럼 자전하며 태양을 공전한다. 한 번 자전하면 1일이고 한 번 공전하면 1년이다. 그런데 이상한 것은 지구가 23.5도 가량 비스듬히 누워서 돈다는 사실이다. 문제는 '왜 비스듬히 누워서 도느냐?' 하는 것이다. 그것은 사람이 살 수 있게 하기 위해서이다. 만일 지구가 꼿꼿이 서서 돈다면 일년 내내 적도 부위만 가열되어 적도 부위는 타서 사막이 되고, 나머지 지표는 만년빙으로 뒤덮여 상상할 수 없는 현상들이 나타나게 될 것이다.

지구가 비스듬히 누워서 태양궤도를 공전하니 적도가 일 년에 한 번씩 남북회귀선 사이를 오르내리게 되어 춘하추동이 생기고, 지표가 골고루 데워져 남북극을 제외하고 온 지표에 생명체가 살 수 있는 것이다. 그러므로 지구가 비스듬히 누워서 도는 것은 우연이 아니다. 더더욱 우연이 아닌 것은 약 23.5도라는 경사각이다. 왜냐하면 이 각도야말로 가장 효율적인 최적정 각도이기 때문이다. 누가 이런 배려를 했을까? 누가 태양과의 움직일 수 없는 주어진 거리를 가지고 이처럼 완벽한 최적정 각도를 계산할 수 있을까?

"깊도다 하나님의 지혜와 지식의 풍성함이여, 그의 판단은 헤아리지 못할 것이며 그의 길은 찾지 못할 것이로다"(롬 11 : 33).

4) 왜 태양은 수소폭탄인가?

태양에서 지구까지의 평균 거리는 약 1억 4,945km이다. 지구의 공전 궤도는 타원형인데 죄단거리와 죄장거리가 약 250만km의 자이가 나기 때문에 "평균 거리"이고, 공전거리가 워낙 크기 때문에 근시값을 나타내기 위해 '약' 1억 4,945km이다. 태양은 우주 공간에 고정되어 있고, 지구의 130만 배나 되는 크기이며, 서서히 연속 폭발하고 있는 거대한 수소폭탄이라지만 실상은 고온의 기체 덩어리라 할 수 있는데, 이는 태양의 대부분이 수소(H)이지만 헬륨(He) 등 70여 종의 기체로 구성되어 있기 때문이다. 영원히 지구에 적정하고 일정한 에너지를 공급하기 위해서는 그만한 거리에 그만한 크기의 수소폭탄이 있지 않으면 안 된다. 왜냐하면 산소와 연료의 재공급 없이 영원히 타는 불은 핵에너지밖에 없는데 원자핵에너지 중에서는 수소 원자핵에너지가 가장 강력하고 깨끗하기 때문이다.

지금 인류는 우라늄 원자폭탄과 수소 원자폭탄을 가지고 있다. 우라늄을 서서히 연속 폭발을 시켜 그 에너지를 원자력발전에 이용하고 있으나 아직까지도 원료가 무진장하고 에너지가 훨씬 강력하며 깨끗한 수소 원자핵에너지는 이용하지 못하고 있다. 그것은 아직도 서서히 연속 폭발시키는 제어 기술을 갖고 있지 못하기 때문이다. 그런데 수십만 년 전에 누가 이런 놀라운 과학 지식과 기술을 갖고 있었단 말인가? 누가 이처럼 우리를 생각하고 그런 설계를 하였을까?

"우리 주는 위대하시며 능력이 많으시며 그의 지혜가 무궁하시도다"(시 147 : 5).

5) 지구에 쏟아지는 살인광선

태양에서는 생명을 위한 에너지만 나오는 것이 아니라 모든 생명을 죽일 수 있는 무서운 살인광선도 쏟아져 내리고 있다. 자외선이 그것이다. 그러나 우리는 걱정하지 않고 살고 있다. 그것은 자외선을 막아 주는 장치가 있기 때문이다.

우리가 사는 지구는 대기권으로 둘러싸여 있고, 그 바깥은 성층권으로 둘러싸여 있으며, 그 상층부는 오존이라는 기체로 된 오존층으로 둘러싸여 있다. 바로 이 오존층이 자외선을 막아 주는 차단장치이다. 누가 지상의 생명체를 그토록 생각하였을까?

"여호와의 말씀으로 하늘이 지음이 되었으며 그 만상을 그의 입 기운으로 이루었도다"(시 33 : 6).

6) 양극 상공의 불꽃놀이

때때로 지구의 양극 상공에는 참으로 아름다운 불꽃놀이가 펼쳐진다. 녹색 또는 적색, 보라색 또는 백색의 참으로 현란한 발광현상이 나타난다. 이것을 오로라 또는 극광이라고 한다. 왜 이러한 현상이 일어나는 것일까? 이것은 우주로부터 지구로 쏟아져 내리는 방사능 입자들을 끌어모아 양극 높은 상공에서 소각하는 것이다. 이 얼마나 감탄스럽고 놀라운 일인가?

때때로 태양 표면에 강력한 폭발이 일어나면 거대하고 강력한 플라즈마가 우주 공간에까지 미친다. 이때 태양의 핵폭발에서 나온 방사능 입자들은 지구 인력권에 던져져 지구로 쏟아져 내린다. 그러면 지구의 강력한 자력에 의하여 엄청난 속도로 양극 상공에 이끌려 모아진다. 그러면 우주 입자의 밀도가 엄청나게 커짐으로써 서로 또는 공기입자들과 충돌하여 방전현상이 일어나 아름다운 빛을 내는 것이다. 그래서 지구는 안전하게 되고, 우주에서는 불꽃놀이가 벌어지는 것이다.

"또 내가 하나님의 모든 행사를 살펴보니 해 아래에서 행해지는 일을 사람이 능히 알아낼 수 없도다 사람이 아무리 애써 알아보려고 할지라도 능히 알지 못하나니 비록 지혜자가 아노라 할지라도 능히 알아내지 못하리로다"(전 8 : 17).

7) 왜 공기는 산소 20%에 질소 78%인가?

지구는 공기로 둘러싸여 있다. 공기는 크게 산소와 질소로 구성되어 있다. 우리는 산소로 인하여 숨을 쉬고 불을 이용하며 살 수 있다. 그렇다면 질소는 왜 우리에게 없어서는 안 되는 것일까? 질소가 없다면 지구가 불타 버리기 때문이다. 산소는 남을 태우는 가연성 기체이고, 질소는 타지 않는 불연성 기체이다. 만일 질소가 없다면 어디 한군데 불이 붙으면 걷잡을 수 없이 삽시간에 온 지구에 불이 붙을 수밖에 없다.

그렇다면 왜 20 : 78의 비율인가? 그것이 가장 효율적이고 이상적인 최적정 비율이기 때문이다. 산소가 더 많고 질소가 적으면 숨쉬기가 편하지만 불날 염려가 있고, 반대로 산소가 적고 질소가 더 많으면 불날 염려는 없지만 숨쉬기가 답답하고 불이 잘 타오르지 않는다. 20 : 78이라는 비율은 더도 덜도 안 되는 가장 효율적이고, 가장 이상적인 최적 장치이다. 태초에 누가 우리를 위해 이런 일을 하였을까?

"하늘이 하나님의 영광을 선포하고 궁창이 그의 손으로 하신 일을 나타내는도다"(시 19 : 1).

8) 왜 바다는 소금물인가?

바다는 짠 소금물이다. 어떤 사람들은 바다 밑 어딘가에 있는 큰 소금 산맥이 녹아서 그런 것이라고 말한다. 그러나 바닷물의 염도는 처음부터 지금까지 변치 않고 일정한 평균치를 유지하고 있다. 왜 소금물로 만들어 놓았을까?

첫째, 사람이 소금을 먹어야 살 수 있기 때문이다. 그러므로 세계 어디서나 용이하게 소금을 구할 수 있도록 지구표면 4분의 3이나 되는 바다에 소금을 풀어 놓은 것이다. 지금 육지에 있는 암염은 지각 변동 시 바다가 올라와 증발해서 생긴 것이다.

둘째, 바다가 썩기 때문이다. 비가 천하를 청소하여 그 쓰레기를 강을 통해 바다에 갖다 버린다. 그러므로 바다는 천하에 제일 큰 쓰레기통이다. 그래서 썩지 않도록 소금으로 소독을 해 놓은 것이다.

"여호와께서 그가 기뻐하시는 모든 일을 천지와 바다와 모든 깊은 데서 다 행하셨도다"(시 135 : 6).

9) 왜 괴어 있는 바닷물이 순환운동을 하는가?

바닷물은 괴어 있는 물인데도 계속 흐르며 순환운동을 하고 있다. 더욱 신비한 것은 변함없이 일정한 코스를 돌고 있는데, 같은 바다에서도 그 코스가 각각 다르다는 사실이다. 해류도를 보면 참으로 복잡하다는 것을 알 수 있다.

왜 괴어 있는 물이 순환운동을 할까? 지구가 도니까, 달의 인력 때문에, 수면의 온도차 때문에, 바람 때문에……. 그렇다면 왜 같은 바닷물인데 각각 코스가 달라 서로 교차하며 지나가기도 하고, 만났다가 되돌아가기도 하는가?

이런 일들은 과학자들이 아무리 연구를 해 보아도 알 수 없다고 한다. 다만 해류 때문에 온도가 조절되어 남반구와 북반구 깊숙이까지 사람이 살 수 있다는 것과 해양생물이 잘 번식하고 자란다는 것만 알고 있을 뿐이다. 그렇다면 누가 우리 인간을 위해서 그렇게 만들어 놓았을까? 그래서 미국의 천문학자이자 물리학자인 재스트로(Robert Jastrow, 1925-2008)는 "언젠가는 가장 높은 봉우리에 오른 과학자가 그 꼭대기 바위에 앉아서 이미 수백 년을 기다린 여러 신학자들의 환영을 받게 될지 모릅니다."라고 했던 것이다.

"바다의 한계를 정하여 물이 명령을 거스르지 못하게 하시며 또 땅의 기초를 정하실 때에"(잠 8 : 29).

"여호와여 주께서 하신 일이 어찌 그리 많은지요 주께서 지혜로 그들을 다 지으셨으니 주께서 지으신 것들이 땅에 가득하니이다"(시 104 : 24).

이러한 자연을 통해 하나님의 존재하심이 드러나는 예를 들자면 한이 없다. 진화론에 대한 반증들 중의 하나는 기린이 높은 가지에 있는 먹이를 따 먹는 과정에서 목이 길어졌다는 것이다. 개인적으로 그렇다면 기린의 목이 짧을 때는 뭘 먹고 살았는지를 진화론자들에게 묻고 싶다. 또한 우리 삶의 체험을 통해서도 하나님이 계신 것을 알 수 있다. 왜냐하면 하나님이 인생의 생사화복을 주관하시기 때문이다. 그러므로 역사 이래 온 인류가 "인명(人命)은 재천(在天)이다.", "억지로 못 산다.", "세상만사가 사람의 뜻대로 되는 것이 아니다.", "모든 것이 하늘의 뜻이다.", "하늘은 못 속인다.", "하늘 무서운 줄 알라.", "하늘이 무심치 않다.", "천벌을 받는다.", "순천자(順天者)는 흥하고 역천자(逆天者)는 망한다."고 하는 것이다.

"여호와는 죽이기도 하시고 살리기도 하시며 스올에 내리게도 하시고 거기에서 올리기도 하시는도다 여호와는 가난하게도 하시고 부하게도 하시며 낮추기도 하시고 높이기도 하시는도다"(삼상 2:6-7).

"사람이 마음으로 자기의 길을 계획할지라도 그의 걸음을 인도하시는 이는 여호와시니라"(잠 16:9).

"여호와께서 집을 세우지 아니하시면 세우는 자의 수고가 헛되며 여호와께서 성을 지키지 아니하시면 파수꾼의 깨어 있음이 헛되도다"(시 127:1).

또한 인간의 심층심리 속에 하나님을 의식하고 있는 잠재의식이 하나님이 계신다는 증거요 증명이다. 평상시에는 미처 의식하지 못하지만, 갑자기 생명이 극한 상황에 처해서 다급해지면 자신도 모르게 하나님을 찾는다. 그것은 심층심리 속에 있는 잠재의식이 전능하신 생명의 주재가 되시는 하나님을 의식하고 있기 때문이다.

그 실례를 들어 보자. 1950년 한국전쟁 때 전(前) 해병대 부사령관 이봉출 장군이 인천에 상륙하여 김포를 거쳐 한강을 건너 서울 탈환을 위한 연희고지 작전에 참가했었다. 그는 당시 중대장으로서 중대 병력을 이끌며 논고랑을 타고 연희고지로 접근하다가 그만 적에게 발각되어 집중사격을 받았다. 여기저기서 부하들이 마구 쓰러지고 총탄은 마치 소나기처럼 쏟아지는데 정신을 차릴 수가 없어 그대로 논바닥에 엎드렸다. 그리고 평상시 습관대로 "나무아미타불"만 연신 외고 있었는데, 그

때 바로 옆에서 "쾅!" 하는 소리와 함께 포탄이 터졌다. 그 순간 정신이 아찔하여 자신도 모르게 "하나님, 살려 주세요!"라고 외쳤다는 것이다.

다음은 유명한 등반자 정광식 씨가 1982년 두 사람의 동료와 함께 스위스의 아이거봉의 정상을 험난하기로 유명한 북벽 코스로 정복하고 돌아와 펴낸 등반기 「영광의 북벽」이라는 책에 있는 그의 체험담이다.

그때 그는 세 사람의 정상 공격조 중 맨 앞의 퍼스트를 맡았다. 3박 4일 동안 어설프게 달라붙어 있는 천야만야한 빙벽을 언제 빠질지 모르는 하켄에 생명을 매달고 수없이 내리치는 낙뢰와 눈사태, 견디기 어려운 추위와 허기, 아찔한 실수와 추락 등 생(生)과 사(死)가 교차되는 무수한 고비를 넘기고 정상을 정복하고 내려왔다. 한번은 그가 등반할 때 그의 눈앞에서 동료가 쏠리는 하중을 견디지 못해 하켄이 빠지며 추락하는 것을 보고 자신도 모르게 "하나님!"을 찾았다. 그런데 그 다음 순간 기적적으로 추락이 멈추는 것이 아닌가! 그는 자신도 모르게 "하나님, 감사합니다."를 연발했다.

그 글에 덧붙이기를 자기는 일찍이 산을 제외하고는 어떤 종교도 믿어 본 적이 없고 오직 산과 술만을 사랑했는데, 그런 자기가 어떻게 하나님을 찾았는지 참으로 신비한 일이라고 했다.

이처럼 모든 사람은 극한 상황에 처하거나 너무 다급해지면 자신도 모르게 하나님을 찾는다. 그것은 심층심리 속에 전능하신 생명의 주재가 되시는 하나님을 의식하고 있는 잠재의식을 갖고 있기 때문이다. 그러므로 하나님은 계신다. 히브리서 기자가 이 세계를 '보이지 않는 것들의 실상'이라고 우아하게 표현하였던 이유는 정교하게 조화와 균형을 이루고 있는 이 세계야말로 일종의 거울(mirror)이요, 바로 이 거울로 달리 볼 수 없는 하나님을 정관(靜觀)할 수 있기 때문이다. 사도 바울은 이 사실을 더욱 명백하게 밝혀 주었다.[24]

---

24) Ibid., pp. 102-104.

"믿음으로 모든 세계가 하나님의 말씀으로 지어진 줄을 우리가 아나니 보이는 것은 나타난 것으로 말미암아 된 것이 아니니라"(히 11 : 3).

"이는 하나님을 알 만한 것이 그들 속에 보임이라 하나님께서 이를 그들에게 보이셨느니라 창세로부터……"(롬 1 : 19-20).

또한 도덕적 논증으로서 인간에게는 도덕적인 당위성의 직관이 있고, 그에 따라 문화, 시간, 장소와 관계없이 어떤 것은 옳고 어떤 것은 옳지 않다고 인식한다. 이런 도덕법은 초월적이고 객관적인 것이며, 그것의 진위 여부는 주관적 견해에 달린 문제가 아니다. 도덕적 지위의 진리성은 행위 자체에 있으며, 그 행위에 대한 인간의 주관적 견해에 있지 않다. 그래서 인간은 역사와 문화를 가로질러 어떤 범위에 대해서 도덕적인 "옳고 그름"을 의미 있게 판단할 수 있는 것이다. 즉, 문화 자체가 도덕법의 원천이 될 수 없고, 모두를 초월하는 "법 위의 법"이 존재하는 것을 안다. 그렇다면 이런 초월적이고 객관적인 도덕적 진리는 어디서 오는 것일까? 모든 도덕법은 도덕의 입법자로부터 온다. 초월적 도덕법이 다만 하나라도 실제로 존재한다면 (단순히 재미로 사람을 죽이는 것은 도덕적으로 옳지 않다.) 초월적 도덕의 근원이 존재해야 한다. 그렇다면 초월적인 도덕의 존재는 그 초월의 근원인 하나님의 존재에 의해서만 가장 잘 설명된다.

성경에서는 사람들이 아무리 멀리 방황하고 있다 할지라도, 그들이 아무리 침체되어 있다 하더라도 태초에 인간이 공통적으로 가지고 있던 하나님에 대한 이러한 흔적과 유전(遺傳, tradition)이 남아 있다고 결론 맺는다. 비록 사람들이 하나님을 믿지 않기로 결심하고, 하나님과 하나님의 방식을 자기들의 삶에서 제외시켰다 할지라도, 또한 그들이 그 모든 귀추들을 알지 못하고 허세를 부리면서 다른 인생을 살기로 결정하였다 할지라도 하나님과 관계를 끊는 것은 아니다. 그 시점에서 진리와 관계를 완전히 끊지는 않는다. 진리는 그들로 하여금 진리가 살아 있다는 것을 인식시켜 주고, 그들로 하여금 그것을 걱정하게 하는 것이다. 물론 양심 안에서 양심을 통하여 진리는 가장 분명하게 바로 그 일을 행하고 있다. 진리는 정죄하고 금지시키고 경고한다. 진리는 생명 없는 것, 굳어 버린 것이 아니다. 진리는 실제적으로 우리 안에 있다. 세상에 와서 모든 사람들을 비추는 빛, 바로 그것이 양심의 가책 또는 고통이라고 부르는 모든 것의 의미이다. 이러한 것들은 특별한 때에 두드러지게 강조되는데 예를 들면 질병을 앓고 있을 때, 죽음이 왔을 때, 전쟁이 일어날 때 등이다.

8. 현대물리학과 창조론

만물의 근원이 무엇인지를 인류역사상 제일 처음 언급한 사람은 BC 6세기 그리스에 살았던 탈레스(Thales)인데 그는 만물의 기본을 물이라고 했고, 아낙시메스는 공기라고 했으며, 엠페도클레스(BC 490?-430?)는 그 유명한 4원소설(물, 불, 흙, 공기)을 주장했으며, 아리스토텔레스는 4원소에 4가지 성질(따뜻함, 차가움, 건조함, 축축함)을 더하여 4원소 변환설을 주장했다. 아리스토텔레스는 모든 물질은 없어질 때까지 계속 쪼갤 수 있다는 연속설을 말했고, 데모크리토스는 더 이상 쪼갤 수 없는 작은 입자를 원소라고 하면서 원자론을 최초로 주장했다. 'atom'은 그리스어로 더 이상 쪼갤 수 없다는 뜻의 아토모스(atomos)에서 유래했다.

그 후 서구 사상사는 플라톤(Platon)과 초기 기독교 신학자들을 거쳐 중세 사상가들까지 아무런 도전 없이 설계 논증과 우주론적 논증으로 대표되는 두 가지 유신론적 사상으로 유지되어 왔다. 설계 논증이란 해와 달과 별들이 한 치의 어긋남 없이 정확하게 운행하는 신비함과 인간이나 동물들의 신체 구조의 고도로 정돈되고 복잡한 특성들의 오묘함은 초월적인 신의 설계가 아니고서는 존재할 가능성이 없다는 논증이다(토마스 아퀴나스의 제1원인 논증).

그러다가 계몽주의가 생겨나면서 전통적으로 이어 오던 유신론적, 지적 설계 논증은 공개적인 공격을 받게 된다. 경험주의 철학자 데이비드 흄(David Hume, 1711-1776)은 신의 존재와 설계 논증을 거부하면서 유기체들은 결국 어떤 원시적인 유기체에서 기원하는 것이지 초월적 지성에 기원하는 것이 아니라고 주장했다. 그 후 1859년 찰스 다윈(Charles Robert Darwin, 1809-1882)의 유물론적 진화론의 출현으로 소위 과학 만능 시대라는 19세기를 열었다. 다윈은 그의 논문 "자연선택에 의한 종의 기원"에서 "저절로 일어나는 변이들 속에서 자연선택이라는 과정을 통해 진화가 일어난 것이지 지적 설계란 필요하지 않다."라고 주장했다. 그 이후 신다윈주의 등의 영향으로 지적 설계라는 개념은 믿음의 눈으로 볼 수 있는 주관적인 신앙의 문제로 격하되고 말았다.

그러다가 20세기 들어서면서 아인슈타인(Albert Einstein, 1879–1955)의 상대성원리와 양자론으로 대표되는 현대물리학이라는 혁명적인 도구가 생겨나면서 과학 만능 시대라는 개념은 차츰 그 효능을 잃어 가게 되었다. 생물학에서도 DNA 등 분자생물학이 발달하고 진화론으로는 도저히 설명할 수 없는 '복잡성과 적정성'이 발견되자 물리학자들을 중심으로 신에 대한 언급이 잦아지면서 다시 지적 설계론으로 돌아가고 있다. 즉, 현대물리학의 핵심(keyword)이 다시 '신'(神)이 되고 있다. 20세기 후반에 들어와서 사실상 성경 다음으로 신에 대한 언급이 많은 학문이 현대물리학이다.

물리학을 과학 중의 과학이라고 하는 것은 그 목표가 모든 존재하는 것들의 기본 원리 혹은 진실 자체를 추구하는 과학이 물리학이기 때문이다. 과학은 자연의 실재를 탐구하는 학문이지 이성이나 논리를 입증하는 작업이 아니다. 현대물리학이 우주 만물의 근본이 빛과 양자라는 것을 알아냈지만 데카르트, 칸트, 쇼펜하우어처럼 인간의 이성을 최고 최선의 가치로 삼는 철학자들에게는 매우 죄송하게도, 이 둘은 모두 인간 이성과는 동떨어진 존재라는 사실이다. 그러나 과학적 진리란 실재를 기술하는 것이기 때문에 아무리 이성적으로 합리적인 명제라고 해도 실재하는 현상과 일치하지 않는 것을 참이라고 할 수는 없다. 자연 속의 진리를 판단하는 기준의 우선권은 실재에 있기 때문이다. 인간의 이성이 실재를 받아들이지 못하는 것은 이성에 어떤 한계선이 있다는 것의 반증이다. 그러므로 이성은 완전하지도 않고 '참'을 수용하는 능력에도 한계가 있어서 어떤 선을 넘어가는 진리에 대해서는 작동하지 못하는 것으로 판단할 수 있다.

지금까지 인류의 모든 학문은 인간의 이성을 기준으로 하여 진리 여부를 판단하였고, 이 토대 위에 세워져 있다. 그러나 현대물리학이 발견한 사실은 자연의 실재 현상은 인간 이성의 관점에서 볼 때 전혀 이성적이지 않다는 점이다. 덴마크의 물리학자 닐스 보어(Niels Henrik David Bohr, 1885 – 1962)는 양자론 논쟁(quantum theory)에서 "양자론에 충격을 받지 않은 사람이 있다면 그는 아직 양자론을 이해하지 못한 사람임에 틀림없다."라고 했다. 여기서 충격이란 이제까지 인류의 이성을 유일한 최고의 기준으로 삼고 있던 인류의 모든 학문과 지식 그리고 논리가 과학에 의해 무너져 내리는 심각한 정신적 혼란에 대한 표현이다. 또한 우리가 합리적이라고 생각하고 있는 두뇌 체계 및 사고 구조와 전혀 맞지 않는 이해할 수 없는 현상들이 자연에는 엄연히 실재하고 있다는 사실이 현대물리학에 의해 발견, 입증되었기 때문에 그것을 '참'으로 인정해야만 하는 당황스러움의 표현이다. 나아가서 아직까지도 인간의 이성과 합리와 논리적 사고에 가치 기준을 두고 연명하는 많은 학문과 사상에 대한 실망감의 표현이다. 이처럼 현대인들은 비과학적이라는 이유 때문에 '맹신'을 싫어하면서도 그 판단의 기준이 되는 과학, 즉 현대물리학에 대한 현대인들의 이해도가 너무나 낮다는 사실이 아이로니컬한 일이 아닐 수 없다.

1) 상대성이론

고전물리학의 대표격인 아이작 뉴턴(Issac Newton, 1642 – 1727)이 만유인력을 발견하고 운동방정식을 완성했을 때 인류는 이제 신으로부터 해방되어 과학만능의 시대가 올 것이라고 개가를 불렀다. 우주의 모든 움직임을 그 방정식으로 설명할 수 있는 것처럼 보았고, 더 이상 신의 섭리, 주권을 운운하지 않아도 된다고 생각했다. 이 뉴턴이 빛은 알갱이(입자)로 이루어져 있을 것이라고 추측했다.

그런데 영국의 의사이며 물리학자인 토머스 영(Thomas Young, 1773 – 1829)은 1807년 빛이 파동이라는 것을 증명하는 '빛의 이중 슬릿 실험'을 발표했다. 우주 안에서 에너지가 전달되는 방법은 입자와 파동, 두 가지만 존재한다(예 : 투수가 던진 야구공, 총알 – 입자, 바다의 파도 파동 – 횡파, 종파). 그런데 파동은 탄성을 지닌 적당한 매질이 있어야만 한다. 입자는 진공 속에서도 통과할 수 있지만 소리나 빛

같은 파동은 매질이 있어야 한다. 명확한 사실은 우주 안에서 에너지가 이동하는 방법은 입자가 아니면 파동, 둘 중의 하나라는 것이다. 입자가 아닌데 에너지가 전달되었다면 그것은 파동일 수밖에 없고 파동이 아닌데 에너지가 전달되었다면 그것은 반드시 입자이다. 우주 안에서는 이 두 가지 외의 다른 방법은 존재하지 않는다.

토머스 영이 빛이 파동이라는 것을 입증한 이상 머나먼 태양에서 지구까지 빛이 도달하기 위해서는 반드시 매질이 있어야 하는데, 그것을 '에테르'(aether or ether)라고 부르기로 했다. 에테르는 '윗공기, 순수하고 깨끗한 공기'라는 뜻의 헬라어 '아이테르'에서 따온 말이다. 에테르란 매질로 꽉 차 있어서 빛이 우주 속을 진행할 수 있는 것이라고 생각했다. 그런데 미국 메릴랜드 주 아나폴리스의 물리학 교수인 앨버트 마이컬슨(Albert Abraham Michelson, 1852-1931)이 케이스 웨스턴 리저브 대학 화학교수인 몰리와 함께 빛의 속도를 측정해서 얻은 최종 결론을 발표했는데, "빛의 속도는 관측하는 자가 어떤 속도로 진행하면서 측정하든지 상관없이 관측자에 대해서 항상 초속 30만km라는 것(광속도 불변의 법칙)과 우주에는 에테르가 존재하지 않는다."라는 것이다. 이것은 인간 두뇌의 사고 체계상 전혀 맞지 않는 일이다. 이것이 현대물리학이라는 불가사의한 이론들을 탄생시키는 원인이 되었다.

아인슈타인의 상대성원리도 이 실험 결과가 없었다면 태어나지 못했다. 이 광속도 불변의 법칙은 광속도의 성질을 말하는 것이지 빛의 속도가 어떤 매질 속에서나 항상 일정하다는 뜻은 아니다. 물속에서 빛의 속도는 30% 정도 느려진다. 그러나 같은 물속에서 빛의 속도를 측정한다면 불변의 법칙은 유효하다.

빛의 속도는 상대방의 입장을 전혀 고려할 필요가 없는 절대적 기준치로 삼을 수 있는 우주 안에 존재하는 유일무이한 표준 수치가 되는 것이다. 그런데 이 광속도 불변의 법칙의 이유를 알아내지 못한 채 20년 가까이 흐른 뒤, 1905년 아인슈타인이 현대물리학의 시작이라고 할 수 있는 상대성원리 — 특수상대성이론은 1905년 발표, 일반상대성원리는 1916년 완성, 그리고 1921년 광전효과의 광양자 이론으로 노벨 물리학상을 수상 — 로 그 해답을 찾아냈다. 빛의 속도를 우주의 기준으로 삼아 만들어 낸 아인슈타인의 공식들은 우주의 기원을 연구하는 우주론의 단서가 되었다.

고전우주론은 우주를 관측하는 일에 치중되었는데, 이 상대성이론과 열역학법칙들은 우주탄생의 비밀을 벗길 수 있는 도구가 되었다. 1905년 아인슈타인은 토머스 영의 이중 슬릿 실험(파동의 간섭현상, 희적현상)에 의해 빛의 파동성을 증명했으므로 일체의 의심을 할 수 없던 시대에 '광양자 이론'을 내놓아 빛은 입자성도 띠고 있다고 주장했다(빛의 이중성). 즉, 빛은 파동인 동시에 입자라는 것이다. 이 가설은 그 후 미국 시카고 대학의 밀리컨(Robert Andrews Millikan, 1868-1953) 교수의 밀리컨 기름방울실험(1923년 노벨물리학상 수상)으로 증명되었고, 워싱턴 대학 컴튼(Arthur Compton, 1892-1962) 교수의 컴튼 효과(1927, 노벨물리학상 수상)로 광양자가 입자로서 충돌하는 것을 증명하였다.

이렇게 빛이 파동인데 입자의 성질도 가진다는 말은 입자와 파동을 구분하는 논리 구조상 성립할 수 없는 일이다. 빛이 입자라면 질량을 가졌다는 뜻이고, 질량을 가진 것은 절대로 빛의 속도로 진행할 수 없다. 그렇기 때문에 결국 빛은 절대로 입자가 아니라는 것이 명백하지만 그러나 자연에는 빛이 입자가 아니면 절대로 일어날 수 없는 현상이 명백하게 존재한다는 사실이다. 이 자연현상을 '빛의 이중융합'(Duality)이라고 부른다. 빛이 입자라는 사실의 예로는 별빛을 쳐다보자마자 그 밝기가 정해지고 더 이상 밝아지지 않은 것으로도 확인할 수 있다. 이렇게 되자 1923년 프랑스의 물리학자인 파리 소르본 대학의 루이 드 브로이(Louis de Broglie, 1892-1987)는 "전자도 입자이면서 파동이다."라고 주장해서 그것이 사실임이 밝혀지자 다시 한번 인간의 사고체계에 충격을 주게 되었으며, 양자론을 발전시키는 기초가 되었다.

이제 상대성원리를 살펴보자. 지구 적도의 둘레는 약 40,000km이고, 하루 24시간마다 한 바퀴를 도는 지구는 평균시속 1,667km로 자전한다. 그런데 보통 말하는 '속도'는 관측하는 사람에 따라 다르다. 이것이 바로 상대운동이다. 속도는 물론 시간도 공간도 질량도 모두가 상대적일 뿐이다. 예를 들면 지동설, 천동설도 상대운동의 관점에서 보면 어느 것이 참이라고 할 수 없다. 왜냐하면 태양은 물론 우주의 모든 별들, 태양계가 속해 있는 우리 은하계(Galaxy)[25] 전체가 회전하고 있고, 계속 팽창하고 있기 때문이다. 마찬가지로 우주 안에 있는 크기, 무게, 시간 등의 모든 함수들은 상대가 있음으로 해서 자신에 대한 표현이 성립한다. 그런데 우주 안에 유일한 절대적 기준이 존재하는데, 그것이 빛이라는 것이다. 여기에 기초해서 1905년 유대계 독일과학자인 아인슈타인은 특수상대성원리를 발표했다. 이것을 정리하면 아래와 같다.

1. 빛의 속도는 자연에 존재하는 유일한 절대적 수치이고 빛보다 빠른 속도는 절대로 존재할 수 없다.
2. 모든 운동은 절대적 수치인 빛의 속도를 기준으로 삼아 다시 표시해야 하는데 이 식들에 따르면 우리가 일정하다고 생각하는 길이, 거리, 질량(무게), 시간까지도 이미 정해진 수치가 아니라 관측자에 따라 크기가 달라지는 변수일 뿐이다.
3. 시간에는 '동시'나 '전후'가 있을 수 없으며 공간과 시간은 별개의 존재가 아니라 본질은 하나이고 서로 맞바꾸기 할 수 있으므로 '시공간'으로 통일한다.
4. 에너지와 물질은 다른 것이 아니라 본질은 하나이다. 에너지는 질량으로 바뀔 수 있고 질량은 에너지로 변환될 수 있다(등가의 원리 $E=mc^2$). 에너지와 물질은 서로 다른 것이 아니고 같은 존재의 다른 형태일 뿐이다. 이것의 실제적 증명 사례가 원자탄이다. 그리고 태양의 빛과 열의 주성분인 수소와 중수소가 핵융합을 하는 과정에서 질량의 일부가 에너지로 변해서 나오는 빛과 열이라는 사실, 즉 태양의 연료창고 비밀을 푸는 열쇠이다.

또한 아인슈타인은 중력의 등가원리를 통해서 "빛은 가속도 때문에 휘어진다. 즉, 빛은 중력 때문에 휘어진다."라는 사실을 발견했다. 이것을 관성과 중력 질

---

25) 현재 우주에는 약 1,000억 개의 은하계가 있고, 태양계가 소속된 은하계 속에는 또한 1,000억 개의 별이 있다(Galaxy of galaxy).

량 등가원리라 한다. 이것을 영국 캠브리지 대학의 천문학 교수인 에딩턴(Arthur Eddington, 1882-1944)과 동료 천문학자인 프랭크 다이슨(Frank Dyson, 1868-1939)이 일식 때 아프리카 기니만의 프린시페 섬과 브라질의 소브랄에서 별빛이 태양 주변을 지나올 때 휘어지는지를 관측한 것을 1919년 11월 런던 왕립학회와 왕립천문학회 공동으로 발표함으로 빛은 중력 법칙에 따라 휘어진다는 명확한 결과를 얻었다. 뉴턴은 "중력을 가진 물체끼리는 서로 끌어당기는 힘이 작용한다."(만유인력의 법칙)라고 주장했고, 아인슈타인은 "중력을 가진 물체 주위의 공간이 중력에 의해 휘어진다."라고 주장함으로써 만유인력의 법칙의 모순점을 해결했다.

아인슈타인의 일반상대성이론은 현대과학 이론 중 가장 잘 확증된 원리 중 하나로 자리매김했다. 상대성이론은 인류로 하여금 빛, 시공간, 중력, 우주의 생성 에너지 등과 관련된 수많은 새로운 진실을 알게 해 주었거니와 그 진리들은 인간 학문의 최고의 기준이 되었던 이성과 논리에 대한 이해를 근본적으로 바꾸어 놓았다. 그 대표적인 것으로는 첫째, 시간과 공간은 본질적으로 하나이다. 둘째, 길이, 무게, 시간 등 시공간의 요소들은 얼마든지 늘어나거나 줄일 수 있는 상대적인 수치이다. 셋째, 물질은 에너지의 한 형태이다(물질과 에너지의 등가). 넷째, 우주의 빈 공간이 중력에 의해 휘어진다는 사실 등이 있다.

이 상대성이론을 통하여 고전적인 질량보존의 법칙이 깨어지고 따라서 영원히 존재해 온 우주가 아닐 수 있다는 사실을 발견하게 되었다. 거대한 우주는 현재 양자라고 불리는 소립자로부터 시작되었다는 사실이 밝혀졌다. 우주는 인간으로서는 절대로 알 수 없는 특이점(singularity)이라는 상태로부터 빅뱅(Big Bang, 대폭발)이라는 현상에 의해 점의 크기로부터 출발하여 현재의 거의 무한에 가까운 우주로 팽창되었으며 지금도 계속 팽창하고 있다. 그래서 러시아 물리학자 알렉산더 프리드만은 "과거의 어느 시기에 은하들의 거리는 제로(0)였을 것이다."라고 주장한다.

이처럼 우주 기원에 대하여 현대물리학은 해답의 최전선에 와 있다. 우주의 기원에 대해서는 우주는 영원 또는 영겁의 세월을 존재해 왔다고 하거나, 아니면 어느 순간 갑자기 나타났다고 하거나 둘 중 하나이다. 그런데 현대물리학은 우주는 약

150억 년 전 빅뱅이라는 현상을 통하여 갑자기 생겨났다고 결론짓는다. 재미있는 것은 신학자들조차도 영원한 시간이 흘러오던 어느 시점에 다다랐을 때 이 우주를 창조하였을 것이라고 생각하기에 하나님을 시간 속에 존재하는 분으로 생각한다는 사실이다. 그러나 어거스틴은 "세상과 시간은 둘 다 하나의 시작을 가지고 있다. 우주가 시간의 어느 중간에 생긴 것이 아니라 시간도 함께 동시에 만들어졌다."라고 했는데, 이것은 현대의 과학적 우주론에 부합하는 놀라운 통찰력이다. 그런데도 제4차 라테라노 공의회(1215)는 "우주는 과거로부터 흘러오는 어느 시간 속에서 시작되었다는 믿음을 가져야 한다."라는 교리를 발표했다.

그러나 상대성이론에서 시간과 공간은 별개의 것이 아니고, 물질과 에너지가 같은 것임이 밝혀졌으므로 시공간 내의 모든 것, 즉 현재의 우주가 지닌 총 에너지가 태초에 단번에 생겼다고 결론짓는다. 자연과학에는 우주를 이루는 가장 기본적인 원리인 열역학법칙들이 있다. 열역학 제1법칙[26]은 우주의 총 에너지는 일정하다는 것이며, 제2법칙은 폐쇄된 계의 엔트로피[27]는 증가할 뿐 절대 감소하지 않는다는 것이다. 그렇다면 우주가 영원한 것이거나 영겁의 세월을 지내 왔다고 한다면 열역학 제2법칙에 어긋나므로 '참'일 수 없다. 우주 전체의 무질서는 늘어만 가다가 결국은 무질서의 지수인 엔트로피가 최대점에 이르는 상태가 될 것인데, 이를 열평형 상태라고 부른다. 열역학 제2법칙에 속하는 또 다른 성질인 온도라는 것은 높은 쪽에서 낮은 쪽으로만 이동하는 현상인 '비가역성'을 가진다. 이렇게 우주가 열평형 상태로 가고 있는데 이것을 물리학에서는 우주의 열죽음(heat death)이라고 부른다. 지금처럼 태양계가 질서 있게 영원토록 운행될 수는 없다. 태양도, 지구도, 모든 별도 풀어질 것이다. 이 열역학 제2법칙을 통해서 얻을 수 있는 결론은 우주는 영원히 존재해 온 것이 아니라 과거 어느 시점에 갑자기 시작되었다는 사실이다. 그래서 방사능

---

26) 에너지보존법칙(law of energy conservation)은 특수상대성 이론에 의해서 에너지·질량보존법칙으로 확장되었으며 열역학 제1법칙(the first law of thermodynamics)이라고 한다.
27) 자연과학에서 에너지(물질)의 무질서를 나타내는 정도를 엔트로피(entropy)라고 한다. 무질서가 증가하면 엔트로피의 수치도 커진다.

측정법을 사용하면 지구의 나이는 약 45억 년(4.5기 가설)이 되었고 태양, 화성 같은 혹성도 비슷한 나이이다.

많은 과학자들은 우주가 빅뱅이라는 현상에 의해 창조되었다고 주장한다. 우주가 빅뱅에 의해 출발한 이후 그 팽창이 지금까지 진행되고 있다는 것이다. 러시아의 알렉산더 프리드만(Alexander Friedman, 1888–1925)은 팽창하는 우주의 모형을 주장하였지만 37세의 나이에 폐렴으로 죽고 말았다. 그는 시간을 거꾸로 거슬러 올라가 초기 우주 생성 시의 밀도가 무한대에 가깝다는 사실을 발견했다. 밀도가 무한대라는 말은 우주의 무게를 다 더해도 무한대는 못 되기 때문에 밀도가 우주의 총 질량보다 크다는 이야기이다. 즉, 크기는 우주에서 가장 작고 무게는 우주 전체를 합한 것만큼 무겁다는 뜻이다. 한편 1966년에서 1970년 사이 영국의 물리학자 스티븐 호킹(Stephen William Hawking)은 동료들과 함께 발표한 논문에서 공간의 곡률 또한 무한대에 이른다는 것을 발표했다. 이 말은 초기 우주 공간의 부피가 지름이 제로(0)에 가까운 공의 부피가 된다는 뜻이다. 즉, 공간이 없다는 뜻이고 상대성이론에서는 공간과 시간이 같은 것이므로 결국 시간도 없다는 뜻이다. 호킹의 결론은 일반상대성이론에 따르면 지금으로부터 유한한 시간 전에 우주는 아무것도 없는 무에서부터 솟아나 존재하게 되었다는 것이다. 그 이전에는 시간, 공간, 물질, 에너지 어느 것도 존재하지 않았다는 것이다.

또한 고전물리학의 뉴턴은 태양의 다른 혹성들이 태양의 인력에 끌려 떨어지지 않는 이유를 혹성들이 자전과 공전을 하면서 바깥쪽으로 작용하는 원심력이 만유인력과 평형을 이루기 때문이라고 주장했다. 이에 따르면 우주 안에 있는 생명을 다하고 사라지는 별들과 그 수도, 정체도 알 수 없는 많은 블랙홀들과 떠돌이별들 중에 한 개라도 중력의 평형을 잃어버리면 도미노처럼 주변의 별들도 중력의 평형을 잃고 하나씩 붕괴되어 내려앉을 수밖에 없다.

반면에 빅뱅이론에 따르면 중력과 원심력 때문에 별이 떨어지지 않는 것이 아니고 우주가 무서운 속도로 밖으로 팽창하기 때문에 작은 별들이 떨어지지 않는다고 주장한다. 우주가 팽창한다는 말은 별들의 수가 증가한다는 뜻이 아니고 우주의 가장자리가 늘어나면서 별들 간의 간격이 점점 늘어난다는 이야기이다(예 : 불꽃놀이). 이 우주의 팽창이론은 1909년 미국의 천문학자 베스토 슬라이퍼(Vesto Melvin Slipher)에 의한 "성운들의 세계"라는 논문으로 확인되었다. 허블은 수많은 성운들의 사진을 반복적으로 찍어 스펙트럼의 변화를 조사했는데 별빛의 스펙트럼이 붉은 쪽으로 이동한다는 것을 발견했다. 이것은 별들이 우리에게서 점점 더 멀어지고 있다는 사실을 의미한다.

그러나 빅뱅에 대한 결정적인 증거는 1965년에 발견된 우주배경복사라 불리는 우주 공간에 퍼져 있는 에너지이다. 1960년대 초 프린스턴 대학의 로버트 디키(Robert Henry Dicke, 1916－1997)는 우주 공간이 완전한 진공이 아니라 빅뱅으로 스쳐 간 에너지의 흔적이 남아 있는데, 그 온도가 절대온도[28] 10도에 이른다고 한다. 또한 벨 연구소의 연구원 아노 펜지어스(Arno Allan Penzias, 1933－현재)와 로버트 윌슨(Robert Woodrow Wilson, 1936－현재)은 전파망원경으로 우주배경복사가 절대온도 3도(영하 270도) 정도라는 것을 발견하여 1978년 노벨상을 수상했다. 연구들이 거듭되었고 1989년 우주배경복사 탐사선 COBE에 의하여 정확한 측정 데이터를 얻음으로써 빅뱅이론은 확정되었다.[29]

이처럼 우주가 빅뱅[30]에 의해 탄생되었고 현재에 이르렀다면, 이 팽창을 되돌려

---

28) 아무것도 없는 상태를 절대온도라고 하는데 절대온도 0은 섭씨 영하 273도이다. 모든 물질은 온도가 내려갈수록 부피가 줄어들다가 절대온도 0도가 되면 물질은 사라진다.

29) 노벨수상자인 스티븐 와인버그(Steven Weinberg)에 따르면 팽창률을 결정하는 수는 소수점이나 $\frac{1}{10^{100}}$ 이내로 정밀해야 하며, 팽창 속도에서 극도로 미세한 차이만 있어도 우주의 물질은 생성될 수 없어서 생명체가 없는 우주가 만들어졌을 것이라고 주장한다. 이외에도 원자를 구성하는 입자의 질량, 원자를 서로 결속하는 힘 등이 극도로 정확한 값을 가져야 하기에 우주의 창조는 우연이 아니라 창조자를 전제할 수밖에 없다.

30) 물리학자들은 초기 빅뱅을 몇 개의 시대(era)로 분리한다.
  1. 대폭발 후 10초(프랑크 시간)가 되자 중성자, 양성자 등 무거운 입자들이 생김. 강 입자 시대(hadron era)
  2. 대폭발 후 만 분의 1초가 되자 온도가 1,000억 도까지 내려가서 전자와 같은 가벼운 입자가 생김. 렙톤(경입자)시대
  3. 대폭발 후 수초대가 되자 온도는 100억 도로 내려가고 본격적인 우주 복사시대

거꾸로 가면 스티븐 호킹의 주장처럼 우주는 계속 쪼그라들어 맨 마지막 상태에는 하나의 점이 된다. 우주는 결국 하나의 점에서 출발한 것이다. 즉, 수천억 은하계 전체가 원래는 한 개의 입자 이하의 크기였다는 것이다. 이렇게 우주가 시작이 있으니 언젠가는 끝이 있을 것이다. 빅뱅으로 우주가 태어났으므로 언젠가는 다시 움츠러들어 빅 크런치가 될 것이다. 프랭크 티플러(Frank Jennings Tipler, 1947-현재)는 이것을 '오메가포인트'라 했고, 어떤 학자들은 열역학 제2법칙에 근거하여 우주는 결국 열평형 상태에 이르게 되어 운동은 사라지고, 지구 우주는 열죽음(heat death)으로 끝날 것이라고 주장한다. 그러나 여기서 주의할 점은 예수님의 재림과 심판이 자연계의 수명, 즉 빅 크런치나 열죽음이 올 때까지 기다리는 것은 아니라는 사실이다. 왜냐하면 하나님은 시공간의 법칙에 의해 제한받지 않으시기 때문이다.

열역학 제1법칙은 "폐쇄된 계 내부에서 에너지가 한 형태에서 다른 형태로 변하더라도 총 에너지의 양은 항상 일정하다."라는 에너지보존의 법칙이다. 이것을 우주에 적용하면 전체 우주의 총 에너지는 일정하다. 그러므로 우주가 현재 지니고 있는 총 에너지는 절대로 더 생길 수도 없고 줄어들 수도 없다. 그렇다면 빅뱅이 처음 일어났던 에너지는 어디서 온 것인가? 여기에 대하여 물리학자들은 이 빅뱅이 '특이점'(singularity)에서 생겨났다고 말한다. '특이점'이란 어떤 원리나 법칙이 통하지 않고, 어떤 상태나 개념이나 그 무엇도 전혀 통하지 않는 알 수 없는 초자연, 초월적 상태를 말한다. 그래서 스티븐 호킹은 '무지의 원리'(principle of ignorance)라는 학설에서 "특이점은 도저히 알 수 없는 불가지적 존재이며 아무런 정보도 가지지 않는 것이다."라고 했고, 미국 투레인 대학 물리학 교수 프랭크 티플러는 "특이점이 곧 조물주이다."라고 말했다.

(radiation era)
4. 우주가 계속 팽창하면서 온도는 계속 내려가고 절대온도가 약 3,000도까지 내려가자 수소원자가 처음 형성. 은하 또는 물질시대(galaxy or matter era)
5. 수소원자가 생기면서 우주 공간으로 복사 에너지가 방출되어 현재까지 식어 가고 있는데, 이것이 우주 공간에 발견되는 우주배경복사이다.

궁극적인 원리들은 결국 하나로 통일될 것이라고 믿기에 오늘날 물리학자들의 최고의 과제는 '통일장 이론'이라는 것이다. 우주를 존재하게 하는 원리란 단순하고 명료한 것이라는 사실을 모든 과학자들이 이미 터득하고 있다. 그래서 아인슈타인은 "신은 세밀하시지만 악의가 있지는 않다."라고 했는데 이 말은 우주의 본질이나 자연법칙들을 인간이 찾지 못하도록 복잡하게 꼬아 놓지 않으셨다는 뜻이다. 그러나 21세기에 접어들어 다시 생각해 보면 신은 악의가 없는 정도가 아니라 인간을 위한 세밀한 선의지가 넘치고 있다고 말할 수 있다. 왜냐하면 양자론에서 우주 만물의 존재가 관찰자인 인류의 '의식'(Consciousness)에 의해 선택되고 결정된다는 놀라운 사실을 보게 되기 때문이다.

그래서 패러데이상과 템플턴상을 수상한 캠브리지 대학과 애리조나 주립대의 물리학 교수 폴 데이비스(Paul Davies, 1946 – 현재)는 "현재의 과학적인 결론은 창조론에 접근했다. 과학은 신에게 접근하는 길을 종교보다 더 확실하게 제시해 준다."라고 그의 저서 God and the New Physics에서 말했다. 그리고 1951년 교황 파우스 12세는 빅뱅이론에 대하여 "이 모든 것이 우주가 유한한 시간 속에 장엄한 출발을 하였다는 사실을 가리키는 듯하다."라고 했다. 인도 출신으로 시카고 대학 교수를 지냈고 1983년 노벨 물리학상을 수상한 찬드라세카르(Subrahmanyan Chandrasekhar, 1910 – 1995)는 1930년대 별의 진화를 연구, 발표했는데 태양도 마지막에는 백색왜성이 될 것이라는 것이다. 백색왜성이란 별이 일생을 거의 마무리할 즈음에 그 모양이 백색을 띠는 감마별로 서서히 변하는 종류의 별을 말한다. 그러나 태양[31]처럼 가벼운 별들이 쪼그라드는 속도는 매우 느려서 백색왜성이 되려면 수백만 년이 걸린다고 한다.

그러나 조지 볼코프(George Volkoff)는 태양 질량의 1.4배에서 3.2배 사이의 별들은 중력붕괴가 눈깜짝할 사이에 일어나 중성자별이 될 것이라고 예측했고, 스

---

[31] 태양의 부피는 지구의 약 130만 배, 질량은 약 33만 배이고, 태양의 연료인 수소는 시간이 갈수록 점점 줄어든다. 연료가 줄어들면 내부에서 일어나는 폭발력도 점점 줄어들게 되어 중력과 폭발력의 균형이 깨어지고 결국 태양은 쪼그라들면서 별로서의 일생을 마치게 된다.

나이더(Hartland Snyder)는 태양 질량의 3.2배 이상 되는 무거운 별이 붕괴될 때는 중력붕괴를 멈추지 않고 계속 진행해서 결국에는 우주와 단절된 것으로 보이는 어떤 공간의 영역에 남게 될 것이라는 사실을 밝혀냈다. 이렇게 연구가 진행되던 중 미국 프린스턴 대학의 존 휠러(John Archibald Wheeler, 1911-2008)가 블랙홀(black hole)을 발견했다. 블랙홀의 크기는 매우 작지만 그 중력 때문에 주위 공간이 휘어져서 빛이 직진하지 못하고 휘어져 버려 우리 눈에 도달할 수 없다. 블랙홀의 외곽에서 탈출속도가 광속이 되는 경계선을 '사건의 지평선'(event horizon)이라고 하는데, 이 선을 지나면 빛조차 탈출할 수 없으므로 어떤 사건도, 어떤 형상도 모두 사라지게 된다. 전문가들은 이 사건의 지평선을 넘어가면 블랙홀에 이르게 되고, 블랙홀의 중심에는 우주가 시작되기 전의 특이점(singularity)이 있을 것으로 판단한다.

독일의 물리학자 슈바르츠실트(Karl Schwarzschild, 1873-1916)는 태양처럼 거대한 질량을 가진 별의 중심부에는 '특이점' 같은 지역이 존재한다고 주장하면서 태양의 경우 이 지역의 크기가 약 3km 정도가 된다고 주장한다. (태양의 지름은 약 139만km이다.) 즉, 초자연적인 공간이 자연 속에도 실재한다는 것을 말해 준다. 아인슈타인의 일반상대성원리를 입증한 에딩턴은 이 지역을 '마법의 원'(magic circle)이라고 하였고, 지금은 '중력 반경'이라고 부른다. 블랙홀[32]의 중심부에 특이점이 존재한다는 일반상대성원리의 계산 결과에 따르면 현 인류가 사는 4차원[33] 시공간 우주 속에도 수많은 초자연들이 존재하고 있다. 시공간 4차원의 모든 법칙이나 원리가 적용되지 않는다는 사실은 특이점이 우주와 같은 차원이 아님을 나타내며 반드시 더 높은 차원에 존재하여야만 빅뱅 같은 현상이 설명될 수 있다. 초월적 차원이

---

32) 태양계도 회전하고 있지만 은하계 전체도 회전하고 있기에 은하계 중심에는 엄청난 질량의 블랙홀이 있다. 우주 속에는 네 종류의 블랙홀로 구분하고 있다. 슈바르츠실트 블랙홀, 커 블랙홀(Kerr black hole), 이 두 가지 블랙홀 표면에 아직 전하가 남아 있는 각각의 블랙홀이다.

33) 시간은 별도의 차원으로 취급하여 4차원 시공간이라 부른다. 그러나 실제는 시공간이 하나의 통일점을 이루기 때문에 별 의미는 없다.

존재하지 않는다거나 초자연이 존재하지 않는다는 주장은 유물론자들의 과학적 무지에 불과한 것이다.

우주 창조의 첫 순간인 플랑크 시간, 즉 10^{-14}초 이전에 끈 이론[34](string theory)이 성립할 수 있는 원래 고차원이던 10차원 우주가 또 다른 고차원인 6차원과 현재의 우주인 시공간 4차원으로 분리되었으나 6차원은 그대로 갇혀 있어서 팽창이 멈추었고, 비교적 차원이 적은 4차원 시공간이 팽창을 하게 되었다는 것이다. 말하자면 6차원은 특이점과 같은 존재로 그대로 남아 있다고 볼 수 있다. 그래서 미국 루이지애나 튜레인 대학의 티플러 교수는 신약성경에 나오는 예수님이 물 위를 걷는 것 같은 이적들은 중입자(baryon)의 소멸과 생성 및 양자 터널효과 등을 통해서 기존 물리법칙을 훼손하지 않고도 일어날 수 있다고 주장한다. 특히 그는 '오메가포인트 이론'을 주장했는데 오메가포인트 이론이란 성경의 이사야 48:12의 "나는 처음이요 또 나는 마지막이라"와 요한계시록에 나오는 "나는 알파와 오메가요"라는 말에서 따온 것으로, 우주가 '알파'인 빅뱅에 의해 현재까지도 팽창하고 있지만 마지막인 '오메가'는 다시 수축되기 시작하여 빅뱅의 반대인 '빅 크런치'(big crunch), 즉 대함몰 상태가 되고 특이점이 끝나게 된다는 이론이다. 이처럼 현대우주론의 증거들은 우주의 기원과 관련하여 초월적인 원인이 반드시 존재할 것이라는 강력한 합의에 도달해 있다.

그 증거 가운데 하나가 우주에 존재하는 여러 가지 상수이다. 상수는 이 광대한 우주 속 어디에서든지 똑같은 특정 수치를 가지고 있어 어떠한 경우에도 절대 변하지 않는다. 유물론이 주장하듯이 만약 정보들이 무작위로 자연스럽게 발생하였다면 150억 년이 넘는 상상하기 힘든 오랜 세월, 150억 광년이라는 어마어마한 거리, 1,000억 개 이상의 별들로 이루어진 은하계, 그리고 이러한 은하계가 1,000억 개 이상

---

[34] 끈 이론(string theory)은 우주가 11차원이라고 주장한다. 이 이론에 의하면 1만 년 되는 우주의 나이가 138억 년이 될 수 있고 높은 차원에서 6일 걸린 사실이 138억 년으로 달라질 수 있다. 차원(dimension)은 대상 공간에서 위치를 결정하는 함수의 피라미드 개수를 말한다.

들어 있는 거대한 우주, 그리고 그 안에 있는 모든 상수들이 어떻게 미세한 단위까지 모두 똑같은 값을 가지고 있느냐는 것이다.

예를 들면 광속(C), 만유인력 상수(G), 프랑크 상수(h), 중력가속도, 패러데이 상수, 아보가드로수, 보어반지름, 전자의 정지질량, 중성자와 양성자의 질량, 전자기력 등 현재 알려진 것만 해도 20가지가 넘는다. 이러한 물리 상수들과 우주의 초기 조건, 우주의 팽창률, 그리고 우발적으로 발견되는 모든 특성들, 한없이 많은 우주의 별들 중에 한 작은 별에 지나지 않는 이 지구에 생명체가 존재할 수 있도록 놀라울 만큼 정밀하고 미세하게 오직 지구만을 향해서 초점이 맞추어져 있다면, 사실 이 독립적인 요소들 중 어느 하나 아주 약간만 틀려도 생명체는 존재할 수 없게 된다는 사실이다. 그래서 진화론자들은 평행우주(Paralled Universe)나 다중우주(multiverse)를 주장하고 인류원리(Anthropic Principle)로 설명한다.

즉, 우주에 존재하는 여러 상수들 중 어느 하나라도 현 수치에서 아주 조금만 벗어난다면 생명 탄생을 위해 필요한 수소, 산소, 탄소[35] 같은 무게가 서로 다른 다양한 원소들이 생겨날 수 없다는 것이다. 더욱이 우주 속의 수많은 별들이 태어나고 사라지는 것과 그 많은 별들의 배치와 균형이 아주 긴밀하게 서로 협력하고 있지 않았다면 지구는 다른 모든 별들처럼 꽁꽁 얼어붙어 있는 상태이거나 초고온의 불타는 별일 수밖에 없다. 그리하여 물리학자들은 우주의 모든 조건은 인류의 탄생을 위해 태초부터 '미세-조절'되었다고 결론짓는다.

예를 들면 전자기력 대 중력의 비율이 10^{40}분의 1 정도의 오차만 있어도 원소들이 한곳에 모이는 일이 없었을 것이고 따라서 별들이 결코 생겨날 수 없었으며, 전체 전자의 수와 양성자의 수의 비율이 10^{37}분의 1을 벗어났다면 별들도 은하계도 생겨날 수 없었다는 것이다. 쉽게 말하면 현재 존재하는 양성자 수가 10^{37} 중의 하나 꼴로 모자라거나 더 있었다면 현재의 우주[36]가 존재할 수 없었다는 말이다.

---

35) 탄소(carbon), 수소(hydrogen), 질소(nitrogen), 산소(oxygen) 등은 생명체를 구성하는 원소들이다.
36) 우리가 사는 태양계가 속해 있는 은하계(Galaxy)만 하더라도 폭이 10만 광년, 두께가

우주가 지금까지 존재할 수 있는 이유는 초기 빅뱅 때 생긴 팽창하는 힘과 우주 전체의 별들의 중력이 정확한 균형을 이루고 있기 때문이다. 이 힘의 균형이 얼마나 섬세한가 하는 민감도를 계산하면 플랑크 시간인 빅뱅 10^{-43}(10^{-43}초는 1초의 1조 분의 1조 분의 1조 분의 1000만 분의 1만큼 짧은 시간)에 그 빅뱅의 균형이 10^{60}분의 1만큼만 달랐어도 현재의 우주는 존재하지 않았을 것이라는 결론이다. 그렇다면 하나님의 창조가 아니고서야 어떻게 10^{-43}초 만에 지금의 우주가 펼쳐져 딱 맞는 초기상태가 만들어졌겠는가? 이 점을 해결하기 위해서 일부 물리학자들은 다중우주론(multiverse theory)을 제시하나 이는 가설일 뿐이다.

만일 우주가 제멋대로 우연히 생겨난 것이라면 우주의 물질의 대부분을 차지하는 수소는 왜 모든 곳에서 완전히 똑같은가? 지구에 있는 수소와 150광년 떨어진 어느 별의 수소가 어떻게 똑같은 질량, 구조, 크기, 전하량을 가지는가? 그 전자의 질량은 왜 우주 어디서나 똑같이 9.11×10^{-31}kg이고 양성자의 질량은 1.67×10^{-27}kg인가? 왜 꼭 이 숫자여야 하는가?

물리학자들은 생명체를 유지시키는 현재 우리의 지구가 생성되기 위해서는 이렇게 매우 미세하고 정밀한 값을 가져야 하는 독립된 물리적 우주인수가 30가지 이상 된다고 한다. 그런데 이 30개 이상의 인수들이 정확히 맞추어져 있을 확률은 하나의 인자의 미세도가 평균 10^{40}분의 1이라고 잡아도 $10^{40 \times 30}$분의 1, 즉 1 뒤에 0이 1,200개 붙는 숫자분의 1이 될 것이다. 이런 확률을 가진 사건이 우주역사 150억 년 안에 일어나려면 우선 150억 년을 초로 환산하여 4.7×10^{17}초이므로 약 2×10^{1182}분의 1의 확률을 가진 사건이 평균 1초마다 계속 일어나야 한다. 고로 우리가 현재 살고 있는 우주와 현실에서는 아무리 과학이 발달한다 해도 절대로 이루어 낼 수 없는 공상의 차원이다. 그러므로 많은 물리학자들은 '설계 가설'이 가장 단순명료하고 직관적으로 타당한 해법이라고 주장한다.

2,000광년 되는 범위 안에 약 1,000억 개의 별이 모여 있다. 그리고 그 중심에는 커다란 블랙홀이 있고, 그 중심에는 28,000광년 떨어져 있는 태양계가 초속 200km의 속도로 블랙홀 주위를 궤도회전하고 있다.

그래서 옥스퍼드 대학의 로저 펜로즈(Roger Penrose, 1931 – 현재)는 "우주가 어떤 목적을 가지고 있다는 점은 확실하다. 어떻게든 우연에 의해 우주가 존재할 수는 없다. 어떤 사람들은 우주가 단순히 저절로 노래하고, 저절로 운행된다는 견해를 가지고 있는데, 우리도 종종 자신이 이런 입장에 놓여 있는 것을 발견한다. 그러나 나는 이 견해가 우주를 바라보는 태도로서는 결코 유익하다거나 도움이 된다고 생각하지 않는다."라고 했다. 그는 1998년에 발표한 「황제의 새 마음」(The Emperor's New Mind)이라는 책에서 "위상공간의 부피는 매우 정밀한 미세조절이 필요한데 창조주의 목표는 정밀하게 10에 10^{123}승을 한 숫자, 즉 $10^{10 \times 123}$분의 1의 정확도를 가졌다."라고 주장했다. ($10^{10 \times 123}$은 $10^{1200 \times 40}$해야 나오는 숫자이다.) 그리고 동부에 있는 매사추세츠 주 애머스트 대학의 천체물리학 교수 그린스타인(George Greenstein)은 1988년 그의 논문에서 "어떤 초자연적인 대리인이나 혹은 모종의 대리인이 관련되어 있다는 생각이 즉각 떠오른다, 신이 개입해 들어와서 우주를 그렇게 섭리 아래 만든 것이 아닐까?"라고 고백했다. 프린스턴 고등학문 연구소의 명예교수이자 저명한 물리학자인 프리먼 다이슨(Freeman John Dyson)은 "우연이라는 개념 자체가 우리의 무지를 덮어두기 위한 장치일 뿐이다."라고 했고 창조론을 대놓고 부인하는 스티븐 호킹의 제자인 앨버타대학의 윤리학 교수인 돈 페이지(Don Nelson page)는 "우주는 분명한 목적을 갖고 있다. 구체적인 내용은 알 수 없지만 나는 창조주가 이 세상을 구현하기 위해 인간을 만들었다고 생각한다. 그리고 신이 우주를 창조한 것은 자신의 영광을 온 세상에 드러내기 위한 행위였다."라고 주장한다.

그래서 우주 물리학자 브랜던 카터(Brandon Carter, 1942 – 현재)는 '인류원리'(Anthropic Principle)라는 이론을 처음 제창했다. 이 '인류원리'라는 말은 우주의 하드웨어는 여러 가지 일정하고 변하지 않는 상수들로 짜여 있는데, 그 미세함은 인간이 전혀 경험하거나 사고할 수 있는 범위의 수치가 아니라는 사실을 알게 되자 모든 자연현상들과 상수들의 원인으로 등장한 최대공약수의 귀납법적 결론이 "인류의 출현을 위해 모든 자연현상과 우주의 상수들이 맞추어져 있다."라는 답을 설정하고 '인류 원리'라고 정리하게 되었다. 이처럼 '인류 원리'라는 말은 현대물리학에서 처음 사용된 용어이다.

현재까지 과학으로 분류될 수 있는 우주에 대한 해답은 '인류원리'가 아니면 '다중우주론'이다. 그런데 우주론에서 도출된 인류원리는 양자론을 통해서도 사실성이 강력하게 뒷받침되었다. 즉, 미시적 세계에서의 '관측'과 관측의 주체가 되는 '의식'은 인류에 의해서만 가능하다는 사실이 밝혀졌다. 브랜던 카터는 '인류적 일치'와 '미세조절'을 기반으로 처음에는 '약한 인류원리'(Weak Anthropic Principle)를 제창하였고, 곧이어 양자역학에서 발견된 인류의 '의식'에 의한 '관측'이 만물을 실제화시키는 현상을 병합하여 '강한 인류원리'(Strong Anthropic Principle)를 제창했다.

이 강한 인류원리는 "우주는 반드시 인류가 출현하도록 되어 있어야 했다."라는 주장인데, 이 원리는 다분히 목적론적이고 추상적인 표현이기는 하나 과학논증들이 쌓이다 보니 불가피하게 형이상학적인 결과로 나온 것이다. 이후에 이와 관련된 이론들이 급속히 발전하여 '최종인류원리'(FAP)와 '인간참여원리'(PAP)가 뒤따라 나왔다. FAP의 요지는 미국 듀크 대학 물리학 교수 프리먼 다이슨의 "우주는 반드시 고도의 지성체인 인류가 출현하도록 되어 있었고, 그 성격과 역할의 특수성 때문에 일단 존재하게 된 이상에는 영원히 불멸하는 특성을 지니고 있어야 한다."는 주장이다. 이처럼 인류원리는 신학자나 철학자들에 의해 제기된 이론이 아니라 물리학자들에 의해 주장되어진 것이다.

과학철학자 로빈 콜린스(Robin Alan Collins)는 1999년의 논문에서 "미세 조절된 우주를 설명하기 위해 초지성, 신을 추정하는 일은 우리의 경험지식으로부터 얻어진 가장 자연스런 현상이다."라고 결론을 맺었다. 결론적으로 모든 우주적 조건들을 과학적인 방법으로 분석하는 우주 물리학에서 현재까지 우주의 기원과 관련하여 도달한 결론은 "창조주의 지적 설계에 의한 미세 조절된 우주"라는 사실이다. 미세 조절을 주장하는 인류원리나 창조론은 수많은 과학적인 증거들이 쌓이고 쌓여서 형이상학으로 진행된 이론이다.

2) 진화론에 대한 반론

우주에 존재하는 모든 현상 중에 정보(software)를 바탕으로 하지 않은 존재란 물질이든 비물질이든 있을 수 없다. 정보는 우주가 생겨나기 '이전'에 이미 존재하였다. 고로 정보란 시공간의 상태로 존재하고 있는 현재의 우주에 속한 것이 아니다. 정보는 크게 연산자(program)와 데이터(data)로 나눌 수 있다. 데이터는 깨어지면 날아가 버릴 수 있지만 연산자는 사라지지 않았다. 우주를 운영하는 연산자는 우주를 초월하여 존재하고 우주 안에는 다양한 데이터가 존재한다. 우주가 존재하고, 움직이며, 변화하는 모든 현상을 주관하는 연산자는 우주 안에 있는 것이 아니다. 그렇다고 우주 밖에 있다고 할 수 없는 것은 안과 밖이라는 개념이 공간을 기준으로 표현하는 것이기 때문이다. 이런 경우를 '초월적', '초자연적'이라고 표현한다.

미국 수학자 윌리엄 뎀스키(William Albert Dembski, 1960년 – 현재)는 "분자나 원자 크기 정도의 미시적 세계 속에 오히려 우주공간 전체[37]보다 많은 정보를 가지고 있는 DNA 같은 세계가 있다."라고 주장한다.[38] 그런데 진화론자들은 "지구가 수백만 년 지나다 보니 63빌딩이 저절로 생겼다는 말이나, 산길을 걷다가 쇠 조각 몇 개를 주웠는데 이것이 몇천 년을 지나다 보니 자기선택을 거듭하여 손목시계가 되었다."라고 말한다.[39] 그래서 현대물리학자의 논문 중에서 진화론 논리를 인용하는 예를 찾아볼 수는 없다. 왜냐하면 과학이라고 하기에는 너무나도 먼 이론이기 때문이다. 왜냐하면 박테리아의 DNA만 해도 63빌딩의 설계정보보다 수천만 배 아니 비교도 할 수 없는 정보를 담고 있기 때문이다.

---

37) 우주에는 대략 1,000억 개의 은하계(galaxy)가 있고 한 개의 은하계에는 1,000억 개의 별이 있다. 또한 150억 광년이나 되는 거대한 우주, 이 우주의 나이는 150억 년 이상인데 태양계의 나이는 45억 년밖에 안 된다.
38) 뎀스키가 주장하는 "명확하게 설정된 복잡성"(지적 행위자의 개입)은 지적 설계자의 창조적 활동으로 가장 잘 설명된다.
39) 여기 대표적인 연구가 1953년 시카고 대학 교수 스탠리 밀러(Stanley Miller, 1930–2007)와 헤롤드 유리(Harold Clayton Urey, 1893–1981)의 밀러–유리 실험(Miller–Urey experiment)이다.

1996년 미국 펜실베이니아 리하이 대학교(Lehigh University) 생화학자 마이클 비히(Michael J. Behe, 1952 – 현재)는 박테리아의 편모를 돌리는 분자 기계(molecular machine)의 회전엔진을 연구하여 "다윈의 블랙박스"(Darwin's Black Box)라는 논문을 발표했다. 분자 기계도 기계 모터처럼 축, 고정대, 오링, 베어링, 지지대 등으로 구성되어 있고, 40여 개의 단백질 구성물들의 상호작용이 필요한데, 이 단백질 중 하나라도 빠지거나 위치만 바뀌어도 분자 기계는 완전히 기능을 상실한다는 사실을 밝히면서 "이렇게 환원 불가능하게 복잡한(irreducible complex) 엔진이 다윈주의식 형태로 점진적으로 발생했다고 주장하는 것은 그냥 맹목적으로 믿으라고 하는 것과 같다."라고 주장했다. 또한 비히는 '쐐기전략'(Wedge Strategy)의 리더 중의 한 사람인데 미국 교과과정에 진화론과 동등하게 지적 설계론(창조론)을 포함시킬 것을 요구하고 있다.

또한 미국의 수학자이며 철학자인 뎀스키는 "심지어 한 개의 단백질이나 유전자 — 단백질 생성에 필요한 DNA의 한 부분 — 안에 담겨 있는 특정한 정보의 양이 보통 우주 전체의 확률 제원보다 크기 때문에 진화론자들이 주장하는 것과 같은 우연에 근거한 화학진화의 수학적 시뮬레이션을 만들어 내는 데 계속 실패해 왔다."라고 했다. 이 말은 수학적으로 표현할 수 없는 과학이론은 자연에도 존재할 수 없다는 원리이다.

이처럼 최초의 빅뱅도 이미 정보(연산자)에 의하여 작동되었고, 그 정보에 의하여 우주 안의 모든 물질 및 에너지의 데이터가 작성되었다는 프로세스는 의심할 수 없는 필요충분조건이다. 정보(연산자)라는 소프트웨어(software)는 물질이라는 하드웨어(hardware)가 있든 없든 상관없이 존재할 수 있다. 그래서 1998년 옥스퍼드 대학의 로저 펜로즈는 "위상공간의 부피는 매우 정밀한 미세조절이 필요한데 창조주의 목표는 정밀하게 10에 10^{123}승($10^{10 \times 123}$)을 한 숫자의 1의 정확도를 가졌을 것"이라고 주장했고($10^{10 \times 123}$은 $10^{1000 \times 40}$ 이상 곱해야 나오는 숫자), 인류의 영원한 천재 아인슈타인은 자신의 전기 *Subtle is the Lord*에서 "나는 신의 생각에 대해 왜, 어떻게 이 우주를 창조하였는지 알고 싶을 뿐이다. 다른 것들은 모두 지엽적인 것들이다."라고 고백했다.

물리학이나 수학 같은 순수과학의 논증방식은 거의 모든 경우에 '참'으로 인정 되다 하더라도 비록 억조 분의 1의 확률일지라도 "아니다."라는 증거가 확인되면 그 명제는 거짓으로 판정하여 깨끗이 포기하는 학문인 데 반해 무신론이나 진화론 은 억만 분의 1이라도 가능한 확률이 있다면 그것이 '참'이 될 수 있다는 전제를 바 탕으로 하는 주장이다(예 : 아메바가 진화를 거쳐 결국 인간이 되었다는 추론이 확 률상 제로〈0〉가 아니라면 그럴 가능성이 있는 것 아니냐는 논리). 또한 진화론의 입 증과정에서 나타나는 화석증거상의 공백이나 건너뜀에 대해서 자연의 연속성이나 관성에 전적인 신뢰를 두고 있으므로 프로세스 자체가 과학적 논증이라기보다는 대 단한 믿음을 바탕으로 한다. 그러나 양자론에 비추어 보면 연속성이나 관성이라는 것은 자연의 본질인 미시세계에서는 절대로 존재하지 않는다. 결국 창조론과 진화 론은 누군가가 회로설계도에 따라 펜티엄 CPU를 만들었다는 것을 믿는 것과 메모 리 칩 100억 개를 100억 년 동안 켜 두면 펜티엄 CPU가 저절로 생길 수 있다고 믿 는 것 둘 중의 어느 쪽이 자연스러운지, 자연적인 선택인지를 구별하는 것이다.

3) 양자론

데모크리토스가 BC 5세기에 더 이상 깨어지지 않는 마지막 물질이라는 뜻에 서 '원자'(atom)를 명명한 이후 1803년 영국의 물리학자 돌턴(John Dalton, 1766 －1844)이 원자라는 말을 부활시켰고, 1898년 영국의 물리학자 톰슨(Joseph John Thomson, 1856－1940)이 원자보다 더 작은 입자인 '전자'를 발견했다. 이것을 톰 슨의 원자모형이라고 부르고, 이것을 러더퍼드(Ernest Rutherford, 1871－1937) 가 수정해서 '러더퍼드 원자모형'이라고 주장했다. 비슷한 시기인 19세기 말 독일의 물리학자인 하인리히 헤르츠(Heinrich Hertz, 1857－1894)는 금속에 빛을 쪼이면 전자가 튀어나오는 현상(광전효과)을 발견하였다. 이것은 훗날 현 시대 최고의 과학 인 양자론을 이끌어 내는 동기가 되는 매우 중요한 발견이었다.

전자의 발견 이후 속속 발견된 수많은 소립자들의 전체와 그 움직임에 관한 원리를 밝혀내는 이론을 양자역학(Quantum mechanics)이라고 한다. 양자란 만물의 가장 작은 단위의 기본 요소를 이루는 원자 이하 크기의 입자를 통틀어서 사용하는 용어이다. 즉, 우주를 구성하는 하드웨어의 가장 기본단위의 입자들을 부르는 이름이다. 근세에 와서 원자는 원자핵과 전자로, 다시 원자핵은 양성자와 중성자로 이루어졌다는 사실을 발견했다. 우주를 구성하는 물질들이 태초에 빅뱅과 함께 이 입자들로부터 시작되었음이 밝혀졌다.

1930년 전후 영국 캠브리지 대학의 폴 디렉(Paul Dirac, 1902-1984)은 1928년 양자론적 디렉 방정식을 발표했고, 1932년 미국 캘리포니아 대학의 칼 앤더슨(Carl David Anderson, 1905-1991)은 실제로 전자와 모든 제원이 같고 전기적 성질만 반대인 양전자를 발견하였다. 이는 초기 우주가 가졌던 에너지에서 물질이 생기는 우주 생성의 메커니즘인 '쌍생성 원리'를 발견하는 기초가 되었다(전자가 양전자와 합쳐서 에너지로 변하는 현상).

이처럼 양자론은 물질의 궁극적인 최소인자라고 믿어지는 전자나 쿼크[40] 같은 기초입자들로부터 시작하여 광대한 우주의 끝까지를 하나로 꿰뚫는 진리를 밝혀 보려고 노력하는 학문이다. 생물학적 진화론의 경우는 과학적 논증이라고 제시하는 시초의 종이 무엇인지 명확하지 않지만 대략 원시 스프에서 생긴 박테리아를 종의 기원으로 잡는데, 이것은 아미노산이나 단백질 같은 양자들과는 비교할 수 없는 엄청난 크기와 정보를 확보하고 있는 물질로부터 출발한다.

이것의 공간적 크기만 비교한다고 해도 전자는 직경 10^{-15}m 정도이고, 박테리아는 직경이 10~5nm(나노미터) 정도이므로 직경의 차이가 10^{10}배(100억 배)이고, 부피는 10^{30}배가 되는 크기의 물질로부터 시작된다. 이처럼 단순히 부피만 비교해서 계산해 보면 박테리아가 사람이 되는 부피의 비율보다 전자가 박테리아가 되기 위한 부피의 비율이 10^{15}(1000조)배에 이르게 된다. 그렇다면 양자들이 박테리아가

---

40) 오늘날에는 물질의 최소단위가 쿼크(quark)라고 불리는 미세양자들의 세계까지 도달했지만 쿼크 이하의 세계에 대해서는 상상하기 힘든 문제이다. 그러나 BC 3,500년에 기록된 성경의 창세기는 우주의 기원을 빛이라고 했다.

될 때까지의 과정에 언제, 왜, 어떻게 진화가 이루어졌는지에 대하여 과학적으로 납득할 만한 해명이 필요하다.

또한 하드웨어의 크기는 그렇다 치더라도 정보의 크기를 따진다면 감히 비교할 상대가 되지 못한다. 그러므로 물리학적 입장에서 볼 때는 사실상 진화론이 기원으로 삼고 있는 박테리아 이전에 있는 하드웨어 및 소프트웨어적 공백은 박테리아 이후로부터 인류에 이르기까지의 공백과는 비교도 되지 않은 엄청난 크기라는 점을 인지할 수 있어야 한다. 전자나 양성자 같은 입자들이 어떻게 DNA가 되고 아미노산으로 진화되었는지를 설명하는 일이 박테리아가 사람으로 진화되는 과정보다 최소 1,000조 배 이상 간격과 공백을 가지고 있다.

그래서 양자론의 아버지라 할 수 있는 닐스 보어는 "우리가 접하는 일상의 세계와 미시세계는 전혀 다르다. 우리에게 비합리, 비상식적인 것이 미시세계에서는 합리, 상식이 된다."라고 했다. 이처럼 양자론은 형이하학인 물리학이 형이상학인 철학, 신학 등 인문학과의 경계를 허물어 가는 최근의 동향을 이끌어 가는 원인이다. 즉, 인간이 생각하는 '상식, 합리'라는 명제는 일상적인 경우에만 통한다는 뜻이고, 과학적인 정의에 따르면 진정한 '참'이 아니라는 것을 실재하는 자연이 알려 주게 되었다.

우리가 눈으로 확인할 수 있는 거시적 세계란 결국 양성자나 전자와 같은 미시적 세계들이 모여서 이루어진 것인데 이 양자들의 세계는 이성이나 두뇌를 가지고는 전혀 이해할 수 없는 여러 가지 불가사의한 현상들로 짜여 있다. 그래서 현대물리학에서는 '신'이라는 용어가 빠질 수 없는 위치를 차지하게 되었고, 현대 물리학자라면 '신'이라는 테마를 피해 갈 수 없는 입장이 되었다. 그래서 미국 텍사스 대학 물리학 교수인 존 휠러는 "우주 역사의 어느 시점에선가 반드시 생명, 즉 의식을 가진 관찰자가 생겨난다는 보장이 없었다면 우주 존재 자체가 무의미할 뿐 아니라 우주라는 것은 생겨나지도 않았을 것이다."라고 했고, 미국 프린스턴 대학의 물리학 교수 유진 위그너(Eugene Paul Wigner, 1902-1995)는 "양자 체계는 오직 인간의 의식과 만나는 순간 허깨비 상태는 모두 끝나고 분명하고 확실한 실체로 전환된다."(전자의 이중 슬릿 실험)라고 했다.

토머스 영의 빛의 이중 슬릿 실험[41]처럼 똑같은 원리의 전자 이중 슬릿 실험을 통해서 명백하게 발견되는 불가사의한 현상들에 대하여 닐스 보어, 하이젠버그, 막스 보른 등을 중심으로 하는 '코펜하겐 해석', 즉 허깨비 같은 양자들의 확률적 공존 상태, 의식과 관측, 상태의 확정, 불확정성 원리, 상보성원리와 이에 대한 반론으로 국소성의 원리, 슈뢰딩거의 고양이, 양자 자살, 다중우주이론 등의 반대 이론들이 있다.

1922년 노벨 물리학상을 받은 덴마크의 물리학자 닐스 보어는 "코펜하겐 해석"이라는 주제를 발표함으로 해서 현대물리학의 진수인 양자론의 대표적 과학자로 등장하게 된다. 현대물리학의 양대 산맥은 상대성원리와 양자론인데 닐스 보어가 양자론의 아버지라 할 수 있다.

이처럼 양자론은 우주 만물의 근본원리를 찾기 위한 인간의 본능적인 노력이 거두어 낸 최고 최선의 과학이다. 양자론은 물리학이 고전물리학과 현대물리학으로 변형되는 결정적인 요인이 되었을 뿐 아니라 형이하학인 물리학이 형이상학인 철학과 신학과의 경계를 허물어 가는 원인이기도 하다. 고전물리학의 대표라고 할 수 있는 뉴턴역학[42]이 출현한 이후 소위 합리주의, 이성주의가 학문을 지배하게 되었고, 진화론의 출현과 더불어 더 이상 신이 필요치 않게 되었다는 소위 이성 만능주의, 과학 만능 시대를 구가하였으나 과학의 끝부분으로 들어와 보니 다시 이성과 상식

---

41) 토머스 영의 이중 슬릿 실험 : 기본입자가 파동과 입자의 이중성을 가지고 있음을 입증한 실험으로써 모든 물질은 파동의 성질을 가지는데, 이것을 프랑스 이론 물리학자 루이 드 브로이는 물질파(matter wave)라고 하고 물질의 운동량과 파장의 길이는 반비례한다고 정의했다. 그리고 물질파 이론에서 물질은 입자인 동시에 파동이기 때문에 입자를 관측하려고 하면 입자를 관측하고 파동을 관측하려고 하면 파동을 관측하게 되는데, 이것을 상보성(complementarity)이라고 한다.

42) 16~17세기(과학혁명시대)의 과학자들인 케플러의 법칙의 천문학자 요하네스 케플러, 보일 : 샬의 법칙의 로버트 보일(1627-1691), 그리고 고전물리학의 아버지라 할 수 있는 아이작 뉴턴에 이르기까지는 설계 논증을 보완하는 데 주력해 왔다. 특히 뉴턴은 프린키피아의 주석에서 "태양과 행성들과 혜성들로 이루어진 가장 아름다운 시스템은 지적이고 능력 있는 존재의 권고와 주권에 의해서만 시작될 수 있다."고 결론지었다.

이 통하지 않는 불가지의 세계에 도달한 것이다. 그래서 양자론의 정의를 한마디로 표현한다면 "양자론이란 불가사의한 것이다."라고 대답할 수밖에 없다.

1925년 영국의 물리학자 조지 패짓 톰슨(George Paget Thomson)은 입자인 전자를 이용하여 회절무늬 현상을 관측했다(단일 슬릿 실험). 이 실험으로 1924년 드 브로이의 전자파동설을 입증하게 됨으로 노벨상을 수상했다. 이 입자가 파동이라는 현상이 양자의 불가사의 1이다. 그리고 1927년 미국의 클린턴 데이비슨(Clinton Joseph Davisson, 1881-1958)과 레스터 거머(Lester Germer, 1896-1971)의 전자 이중 슬릿 실험에 의해서 한 개의 전자가 동시에 두 개의 슬릿을 통과하여 간섭현상을 일으킨다는 전자의 파동성을 다시 한번 입증했는데, 전자 한 개가 두 개의 슬릿을 통과하는 현상을 양자의 불가사의 2라고 부른다.

이처럼 사람의 인식이 가능한 거시적 세계에서는 도무지 불가능한 일이 만물의 근원인 양자들의 미시적 세계에서는 극히 정상적인 일이다. 그런데 상대성원리에 입각해서 보면 거시적 세계와 미시적 세계는 본질적으로 별개의 것이 아니다. 왜냐하면 이 커다란 은하계 전체도 중력에 의해 수축되어 블랙홀이 될 경우 부피가 거의 없어지고 이 광대한 우주도 태초에는 점보다 작았다는 사실이다.

결국 양자론의 결론은 "양자는 여러 곳에 동시에 존재한다."(상태의 공존)이다. 전자는 파동의 모양과 같은 확률 상태로 모든 곳에 위치하고 있다가(상태의 공존) 관측하는 순간 확률 파동으로서의 상태는 사라지고 하나의 실체인 입자로 확정된다. 파동이 없어졌다는 관점에서는 '파동의 소멸'(wave collapse)이라 부르고 파동이 완전히 없어진 것이 아니라 한 곳으로 집중되었다고 보는 관점에서는 '파동의 수축'(wave contraction)이라고 한다. 다시 풀어 설명하면 양자의 성질은 '관측'이 행해지기 전까지는 소프트웨어인 확률 정보의 상태로 존재하다가 '관측'이 행해지는 순간 정보는 사라지고 하드웨어인 실체로서 입자로 확정된다. 이 '관측'에 대하여 아인슈타인은 "신은 주사위놀이를 하지 않는다."라는 유명한 멘트를 남겼다. 즉, 양자가 마치 허깨비같이 행동한다는 것에 대한 비웃음이었다.

이것의 대표적인 이론이 아인슈타인의 국소성의 원리(principle of locality)

이다. 이는 공간적으로 떨어져 있는 두 물체는 각각 자기 위치에 독립적으로 국한되어 있기 때문에 서로 아무런 영향을 줄 수 없다는 이론이다. 그러나 여기에 대하여 보어는 입자가 아무리 떨어져 있다고 해도 관측하기 전까지는 분리된 별도의 개체가 아니라 하나라는 것이다. 상대성이론이 말하는 대로 거리라는 것에 의미를 둘 필요가 없다는 것이다. 이것이 양자론의 용어로는 '양자 얽힘'[43](Quantum Entanglement)인데 1964년 영국의 존 벨(John Stewart Bell, 1928-1990)이 제시한 '벨의 부등식'(Bell's inequality)에 의해서 입증되었다. '양자 얽힘'을 통하여 보어가 이기고 아인슈타인이 패배했다. '양자 얽힘'에 대하여 영국의 과학 저술가 클레그(Brian Clegg, 1955-현재)는 '신의 효과'(The God Effect)라고 했다.

'양자 얽힘'에서 양자 간 정보의 전달 속도에 대하여는 2008년 스위스 제네바에서 실험이 이루어졌는데, 정보가 교환되는 최대속도는 알 수 없지만 최소한 빛의 속도의 10,000배가 넘는다는 결론을 내렸다. 이것이 신학에서 하나님의 무소부재, 편재에 적용할 수 있는 이치이다. 결국은 허깨비 같은 양자들, 오직 관찰자의 의식이 닿을 때만 나타나는 실체, 인과관계가 성립되지 않는 현상들, 시공간을 초월한 정보교환, 이 모든 것들이 실험을 통해 증명되었으므로 자연 본래의 고유한 성질임을 의심할 여지가 없다.

이렇게 양자론 해석에 의하면 전자는 관측할 때 비로소 상태가 결정되므로 관측하기 전까지는 전자는 '있다' 50%, '없다' 50%가 공존하는 '상태공존'을 이루고 있다. 전자는 관측을 하는 바로 그 위치에서 파동의 성질을 버리고 실체인 입자로 행동한다는 현상을 양자론의 불가사의 4로 부른다.

이런 양자론의 불가사의에 대해서 인류 최고의 천재 아인슈타인뿐만 아니라 오스트리아의 슈뢰딩거(Erwin Schrödinger, 1887-1961)[44]도 '슈뢰딩거의 고양이'

---

43) 양자 얽힘은 신기한 현상인데 두 입자가 서로 얽혀 있다면 두 입자가 아무리 멀리 떨어져 있어도 입자의 상태를 즉시 결정 가능하다. 즉, 빛보다 빠르게 정보가 전달되는 것처럼 보이는 것이다.
44) 슈뢰딩거 방정식은 파동(wave)과 입자(particle)를 구분하지 않고 둘 모두를 하나의 방정식으로 설명한다.

라는 역설(paradox)을 만들어서 코펜하겐 해석에 반기를 들었다. 헝가리 출신의 프린스턴 대학교수인 존 폰 노이만(John von Neumann, 1903-1957)은 '폰 노이만의 사슬'이라는 논리로 코펜하겐 해석을 비판했지만 프린스턴 대학의 이론 물리학 교수 유진 위그너는 "노이만의 사슬은 언제든지 간에 인간인 관찰자와 만나는 순간 끝이 난다. 즉, 양자체계는 오직 인간의 의식과 만나는 순간 허깨비 상태는 모두 끝나고, 분명하고 확실한 실체로 전환된다."라고 주장했다. 이 이론을 '인류참여원리'(PAP-Participatory Anthropic Principle)라고 부르는데, 이는 코펜하겐 해석을 보완했다.

현대물리학의 진수인 양자론을 떠받치는 주제어는 '관측'(observation)과 관측의 주체가 되는 '의식'(consciousness)이라 할 수 있다. 양자론을 통하여 인간이 발견한 사실은 인간의 참여가 없는 우주 만물이 존재하는 의미가 없거나 존재하지도 않았을 것이라는 사실이다. 여기서 '의식'이란 인간의 지성, 감성, 자유의지가 작동된 것으로 인간이 육신과 영혼이 융합된 이중융합(duality)적인 존재이기 때문에 지니게 된 특징이다.

그리고 '상태의 공존'과 '파동의 소멸'로 표현되는 코펜하겐 해석에 대항하여 나온 여러 가지 해석 중에 가장 인기 있는 무신론자들의 해석은 다세계 해석(Many-worlds interpretation), 다중우주론(multiverse theory), 혹은 평행우주론(The Parallel Universe Theory)이다. 이 해석은 파동 확률로 '상태의 공존'을 이루고 있던 양자가 관측이 행해지는 순간 하나의 입자로 상태가 확정되는 것이 아니라 관측 후에도 모든 가능한 상태의 세계(우주)가 동시에 갈라져서 실제로 존재하는데, 우리가 관측한 우주는 그중의 하나일 뿐이라는 해석이다. 이 해석에 따르면 시공간으로 구성된 자연계에도 우리 우주와 비슷한 우주가 $10^{10 \times 123}$개라도 존재한다고 한다.

여기에다가 휴 에버렛(Hugh Everett, 1930-1982)은 양자불멸론(Quantum Theory Of Immortality)으로 그의 이론을 보충했다. 즉, 무한한 수의 우주들 중에

$i\hbar \frac{d}{dt}|\Psi(t)\rangle = \hat{H}|\Psi(t)\rangle$

: "빛이나 전자는 입자(particle)이기도 하면서 파동(wave)이기도 하다".

적어도 한 곳에는 양자가 살아 있는 우주가 존재하게 되므로 양자는 영원히 죽지 않는다는 생각실험이론이다. 여기에 동조한 이론이 MIT 대학의 맥스 테그마크(Max Tegmark, 1967-현재)의 '양자자살(quantum Suicide)'이다. 그래서 브라이스 디윗은 "모든 별, 모든 은하계, 멀리 떨어진 우주의 모든 구석에서 일어나고 있는 양자변이는 지구에 있는 우리의 세계를 수많은 복제품으로 갈라지게 한다."라고 했다.

이러한 다중우주이론(L. Smolin은 10^{500} 개의 우주가 존재한다고 주장)에 대하여 미국 프린스턴 대학의 철학 교수 데이비드 루이스(David Kellogg Lewis, 1941-2001)는 "…… 이런 터무니없는 다중우주이론은 거짓이다."라고 했고 미국 루이지애나 툴레인(Tulane) 대학교의 수리물리학 교수인 프랭크 티플러는 '물리 신학', '오메가포인트 이론'을 주장하면서 영생과 부활을 물리학으로 증명할 수 있다고 장담하면서 "신학은 이제 물리학의 분과라고 할 수 있다."고 주장하며, "죽음 이후의 영생에 대한 확실성은 이제 신학보다 물리학에 의해 훨씬 강력하게 지지될 수 있고 신의 존재는 수학적 확실성을 가지고 보장할 수 있다."라고 한다. 그리고 그는 원죄가 DNA 같은 유전자 물질들에 입력되어 유전된다고도 했다.

다중우주론도 우주론에서의 주장과 양자론에서의 주장이 다른데 우주론에서 다중우주론은 "무한한 우주 중에 우리가 존재하는 우주가 그중의 하나이다."라는 것이고,[45] 양자론에서 다중우주론은 "현재의 우주가 계속 갈라져 나가서 무한한 우주가 존재한다."는 주장이므로 서로 반대의 개념이다.

전자의 모형은 원형궤도를 연속적으로 돌고 있는 것(러더퍼드 원자모형)이 아니라 풍선같이 생긴 입체적인 공 모양의 표면 부근에 아무런 순서 없이 여기 불쑥, 저기 불쑥 나타나는데, 그것도 전자를 발견하려는 인간의 의식(consciousness)이 닿

---

45) 다중우주론을 전제하면 인류가 우연히 존재하게 되었다는 개연성이 가능하다. 그러나 물리학자 스티븐 웹(Stephen Webb)은 자신의 책 *If the universe is teeming with Aliens*에서 "우주에는 우리뿐인 것 같다. 즉, 지구는 하나뿐이고 지적인 생명체도 우리뿐이다."라고 주장한다. 또 천문학자 이석영은 그의 책 「초신성의 후예」에서 "…… 나 하나의 존재를 위해 실로 전 우주가 일을 했다고 해도 과언이 아닌 것이다."라고 했다.

을 때만 비로소 존재와 그 위치가 결정된다. 이러한 전자와 모든 양자들의 신묘한 현상들을 해석하는 것이 양자론임을 밝혔다. 이런 물질의 근원을 찾기 위한 노력으로 말미암아 개발된 실험 장비가 입자가속기이다. 이 입자가속기를 통해서 원자핵은 중성자와 양성자로 이루어져 있고, 양성자는 3개의 쿼크(quark)가 up-up-down 형태로, 중성자는 up-down-down 형태로 결합되어 있음을 알아냈다. 양성자를 구성하는 3개의 쿼크의 질량을 합하면 양성자의 질량과 같아야 하는데 엄청나게 모자라는 것이 발견되었다. 이 사실에 대하여 영국의 피터 힉스(Peter Higgs, 1929-현재)는 또다른 입자가 있을 것이라고 주장했으며 이것을 '힉스 입자'(Higgs boson), '신의 입자'(God particle)라 부른다. 그런데 이 힉스 입자는 우주 창조의 순간과 비슷한 엄청난 에너지($10^{10 \times 20}$) 속에서만 발견될 수 있다.

또한 블랙홀이라는 용어를 처음 사용한 미국 텍사스 대학 존 휠러는 "상태의 확정이 인간에 의해 미래에 행해지는 관측에 따라서도 상태가 결정된다."라는 이론을 주장했다. 즉, 양자의 세계에서는 '미래의 관측'이 과거의 상태를 결정한다는 이론이다. 결론적으로 인간의 '관측'에 의한 '상태의 확정'은 과거니 미래니 하는 시간의 제약을 받지 않는다는 것이다. 이것이 양자의 '지연선택 실험'의 요지이다. 이것은 상대성이론에서 '시공간'은 하나라는 것이 밝혀진 이상 '상태의 확정'이 공간의 제한, 시간의 제한을 받지 않는다는 것은 매우 당연한 일이다.

결론적으로 실체의 확정은 관찰자의 의식이 참여할 때까지 기다려야 한다. 즉, 인간의 의식이 양자의 상태를 결정하고, 인간의 의식은 시간을 거슬러 올라가 심지어 인간이 존재하기 이전 상태까지라도 실체화한다는 것이다. 정리하면 '의식'은 보어의 '양자 얽힘'에서 본 것처럼 공간의 제약을 받지 않으며, '상태의 확정'에서 존 휠러의 이론대로 시간의 제약을 받지 않는다. 그렇다면 이 '의식'의 초월적인 특징은 필연적으로 초월자의 신적 차원과 어떻게든 연결되어 있음이 당연하다. 인류에게는 이 의식의 원천이 되는 영혼이 융합되어 있다. 이런 이유에서 창조주와 인류가 소통하는 통로가 존재하는데, 이것이 신학적 용어로 '계시'이다. 이 '계시'가 성경이라고 믿는 것이 현대물리학의 관점이다.

그래서 존 휠러는 "우주 역사의 어느 시점에선가 반드시 생명, 즉 의식을 가진 관찰자가 생겨난다는 보장이 없었다면 우주의 존재 자체가 무의미할 뿐만 아니라 우주라는 것이 생겨나지 않았을 것이다. 이런 이유로 인해서 우주가 아무리 방대하다고 해도 그 어딘가에 사람과 같은 의식을 가진 생명체가 존재할 가능성은 없다."라고 단언하였다. 이렇게 양자론은 우리가 생각하는 것과는 과히 비교할 수 없을 만큼 엄청난 존재임을 깨닫게 해 준다.

우주의 생성 과정인 빅뱅이나 우주에 존재하는 상수들의 미세조절, 화학원리 등의 모든 현상들은 인류의 탄생에 초점이 맞추어져 있다고 하는 우주물리학의 '인류원리'와 인간 의식의 관측에 의해서 물질의 존재를 결정한다는 양자론의 '인류원리'는 공통된 결론으로 서로 만나게 된다. 그래서 '인류원리'46)는 현대물리학의 기본적인 원리이다.

또한 베르너 하이젠베르크(Werner Karl Heisenberg, 1901-1976)의 불확정성원리(Uncertainty Principle)는 "양자의 위치와 그 운동량을 동시에 정확하게 측정할 수 없는데, 이 위치와 운동량 두 가지의 정확도를 곱한 것은 항상 플랑크 상수(에너지는 연속된 것이 아니고 다발을 이루고 있는데 그 최소 다발의 크기는 우주 어느 곳에서든지 동일한 수치인 $6.6260755 \times 10^{-34}$ 이다.)보다 크다."라는 이론을 주장했는데 이 이론은 양자역학의 기본 이론으로, 자연이란 우연히 생겨난 것이 아니라 엄격히 설계되어 있다는 지적 설계론을 강하게 뒷받침한다. 이 불확정의 원리를 쉽게 표현하면 자연의 본질 자체가 확정되어 있지 않기 때문에 정확한 측정은 영원히 불가능하다는 뜻이다. 실례로 "전자가 어디 있는지 알고 있다면 전자가 무엇을 하는지 알 수 없고, 전자가 무엇을 하고 있는지를 알면 전자가 어디 있는지 알 수 없다."라는 것이다.

---

46) 인류원리(Anthropic Principle) : 우주의 물리상수와 물리법칙들은 서로 독특하고 특수한 방식으로 미세조정되어 지구 위에 생명이 존재하는 것을 가능케 한다. 이렇게 미세조정된 법칙과 상수들 사이의 관계는 설계된 것으로 보이며 이 설계는 지성을 가진 설계자를 요청한다.

그러므로 이 원리는 인간이 여전히 피조물이며 정해진 한계 아래에 놓여 있다는 사실을 일깨워 주는 힌트가 된다. 결론적으로 20세기에 태동한 양자역학은 인간만이 부여받은 불가사의한 신비성을 과학적인 방법으로 알게 해 준 한편 이 불확정성 원리가 인간에게는 분명한 한계가 있다는 사실을 정량화된 수학공식으로 증명할 수 있게 했다.

그리고 1927년 9월 이탈리아에 코모 호수에서 닐스 보어는 '상보성의 원리'를 발표했는데, 이 원리는 "인간의 이성적 사고에 의하면 상충 혹은 대립되는 명제들임에도 불구하고 양자, 원자와 같은 미시 세계에서는 상호 보완하는 역할을 하며 둘이 융합하여 존재한다고 하는 관점이다. 거시적 세계에서는 하나의 대상에 대하여 서로 상충되는 두 관점(입자 대 파동, 양전하와 음전하, 좌회전과 우회전, 가속과 감속, 위치와 운동량)을 중복시키는 방법이란 있을 수 없다는 논리가 참인 듯 보이지만 미시적 세계에서는 상충하는 것들이 동시에 상호 보완하는 성질을 가지고 있다는 사실을 보여 준다. 즉, 양자현상은 '융합'이라는 새로운 개념으로서만 해석할 수 있다."는 이론이다.

이처럼 만물의 근본이라 할 수 있는 미시 세계에서는 인간 사고의 기본 원칙인 이성적인 논리가 무시되어야만 한다. 창조된 이 우주에는 상보성이 필연적으로 존재한다는 사실과 인류의 의식은 상보성에 의해 완성된다. 그래서 닐스 보어는 자신의 가문의 문양에 이런 글을 새겨 넣었다고 한다. "대립적인 것은 상보적이다" (contraria sunt complementa). 많은 사람들은 "만일 하나님이 전지전능하고 악을 미워한다면 왜 사탄을 그대로 내버려 두어서 인간들로 하여금 고민하게 하고 고통을 안겨 주는가?"라는 질문을 한다. 무신론의 대부격인 데이비드 흄(David Hume, 1711-1776)은 "하나님은 전능한가? 하나님은 악을 방지할 수 있는가? 만일 그가 전능하다면 왜 그렇게 하지 못하는가? 만일 악이 하나님의 의도와 상관없는 것이라면 하나님은 전혀 자비롭지 못하다."라고 했다. 그러나 인간 의식의 특성 중 하나는 악이라는 것이 없으면 선을 알 수 없다. 어둠이 없다면 빛이 무엇인지 알 길이 없고, 사탄이 없이는 하나님을 의식할 수 없도록 상보성원리에 둘러싸여 있다는 사실이다.

그리고 양자론과 관련하여 현 시점에서 논쟁의 대상으로 남은 테마는 '관측'이다. 빛의 파장에 따라 인간이 볼 수 있는 범위는 400nm 부근의 보라색에서 750nm 부근인 빨간색 사이이다. 벌과 나비 같은 곤충들은 빨간색은 보지 못하지만 사람이 볼 수 없는 자외선 일부를 볼 수 있고, 올빼미, 고양이 같은 야행성 동물들은 적외선까지 볼 수 있다. 또한 물고기들은 적외선을 임의로 만들어 내어 신호로 사용하기도 한다. 그러나 태양빛 중에서 사람이 볼 수 있는 범위는 태양빛 전체의 1만분의 4 정도밖에 안 된다. 또한 듣는 것이 20Hz에서 20,000Hz 정도로 매우 한정되어 있다.

하지만 인류의 관측은 일반 동물적 관측과는 전혀 다른 근원을 가졌다. 그것이 바로 관측이라는 하드웨어의 주체가 되는 소프트웨어로서의 '의식'인데, 이 '의식'이 모든 존재와 우주를 설명하는 핵심(keyword)이다. 그렇다면 '의식'(consciousness)이란 무엇인가? 첫째, 지성에 의한 고도의 지식을 지니고 있어야 한다. 지성은 새로운 지식을 취득하려고 하는 인간만이 지닌 특성을 말한다. 둘째, 관찰자의 의식은 감성을 필요로 한다. 셋째, 관측이라는 관점 자체가 인간의 자유의지에 의해 결정된다. 에릭 켄델(Eric R. Kandel)은 "뇌세포의 화학 반응에 따라 우리 몸이 움직이는 것이다."라고 주장하지만 현대물리학에서는 더 이상 사실이 아님이 밝혀졌다. 그러므로 고전물리학이 말하는 결정론에 대치되는 개념이 자유의지이다. 인간만이 이 자유의지를 지니고 있다.

이렇게 지성과 감성과 자유의지라는 속성으로 이루어진 인격(의식)은 오직 인류만이 가지고 있는 특성이다. 그리고 인격신이란 인류의 특성과 똑같은 속성을 가지고 있는 신을 말한다. 그러나 하나님이 인간을 닮은 것이 아니라 하나님의 특성을 인간에게로 부여하였기에 인간이 하나님을 닮게 되었고 인격이라고 한다. 관측의 주체는 '의식'이며, '의식'의 원인은 '인격'이다. 그리고 인격이란 초자연에 속하는 영혼과 시공간에 속한 육신, 이들이 융합이라는 과정을 거쳐 이원성(duality)을 지니게 된 인간만의 특성이다. 즉, 상보성이론에 비추어 보면 육신과 영혼의 융합이라는 특별한 방법을 통해 인간이라는 독특한 존재가 태어난 것이다. 그러므로 '관찰자'와 '의식'은 동물들의 생체 의식과는 본질적으로 다른 것이다. 물리학적으로 보면 육체와 영혼은 분리되어 있는 것이 아니라 '융합'이라는 신비한 현상에 의해 구성되어 있다고 인식해야 한다.

독일 뮌헨의 막스 플랑크 연구소 소장 뒤르(H. P. Dürr)는 "세계가 원자와 같은 입자들이 모여서 구성된 것이 아니다. '온전한 무엇'이 먼저 있었고 그것이 분화해서 하위 구조를 만들어 냄으로써 세계가 구성되었다. 그리고 그 '온전한 무엇'의 바탕이 되는 소립자들은 물질과는 완전히 다른 성질을 갖고 있으므로 물질이라기보다는 '장'(field)이라고 부르는 것이 정확하다. 다시 말해 비물질적인 '소립자의 장'에 의해 우주가 탄생되었고, 지금도 유지되며 매순간 새로워진다."라고 주장했다. 그리고 이 비물질적 '장'을 양자물리학자들은 'potential'이라고 부르고, 신학자들은 '신의 숨결'이라고 부른다. 하지만 여기서 비물질적이라는 것이 물질에 반대되는 무엇을 의미하지는 않는다. 우주 안에 있는 모든 것이 실은 '신의 숨결'이므로 물질적인 것이다. '신의 숨결'이 응결되면서 아직 생명을 갖추지 못한 물질이 형성되는 것이다. 중요한 것은 바로 숨결이다.

"여자가 이르되 메시야 곧 그리스도라 하는 이가 오실 줄을 내가 아노니 그가 오시면 모든 것을 우리에게 알려 주시리이다"(요 4 : 25).

4) 정리

18세기 '순수이성 비판'의 임마누엘 칸트(Immanuel Kant, 1724-1804)는 아이작 뉴턴이 자신의 기독교 신앙은 물리학의 강력한 지원을 받고 있다는 설명을 듣고 '물리신학'(physio theology)이라는 명칭을 처음 사용했다. 그 후 진화론으로 대표되는 과학만능시대가 도래하자 물리신학이라는 테마는 외면당하고 기독교는 비과학적인 종교로 낙인되기도 했으며, 일부 신학자들도 성경을 비신화화하는 경향을 보였다. 그러나 20세기 후반에 들어서면서 현대물리학이라는 새로운 과학이 생기고 성경에 대한 재해석이 시작되었다. 테드 피터스(Ted Peters)는 "물리학의 전진, 특히 빅뱅우주론과 관련된 열역학 이론과 양자 이론의 전진은 그 나름의 방식으로 초월적 실재에 대한 물음들을 제기해 왔다. 신에 대한 물음은 과학적 추론 내부에서 진솔하게 제기될 수 있다. 신학자들과 과학자들은 이제 공동의 주제를 공유하게 되었다."라고 주장했다.[47]

실제 존재하는 사실을 진실이라고 하지 않을 수 없으며, 이 진실을 설명하는 것이 진리이다(예 : 광속도 불변의 법칙, 빛과 양자의 이중성). 이런 차원에서 이중 슬릿 현상에 대한 유물론이나 진화론을 뒷받침할 수 있는 물리학상의 해석은 다중우주론밖에 없고, 다른 대안은 이중 슬릿 현상이 잘못된 것이라 하거나 양자론, 상대성이론도 모두 지어낸 이야기라고 말할 수밖에 없으며, 전자제품, TV, 컴퓨터, 첨단의 료장비 등 모든 것을 거절해야 한다. 다만 맹목적 고집과 맹신으로 뭉쳐져야 한다.

그래서 스티븐 마이어(Stephen C. Meyer) 교수는 "이런 억지를 삶의 다른 영역에서 받아들이는 사람은 거의 없을 것이다. 어떤 과학자들이 심각한 논의들을 통하여 다중우주가설을 그럴듯하게 꾸미는 것은 그들이 그 아이디어에서 어떤 유익을 얻어서라기보다는 오히려 자연주의(진화론, 무신론, 유물론) 철학에 맹목적으로 헌신하기 때문이다."라고 했다.[48]

결론적으로 우주가 우연에 의해서 생길 확률은 10의 10승의 123승 분의 1($1/10^{10^{123}}$)이므로 이런 확률은 절대 불가능하다는 사실이다. 그래서 과학을 잘 모르면 무신론자가 되지만, 과학을 깊이 알면 하나님의 질서를 만난다.

고전물리학의 패러다임 속에서 20세기 초까지 신학자들은 자연과학의 이름으로 기적, 부활, 동정녀 탄생 등의 사건을 신화와 전설로 해석했다. 그러나 양자역학, 불확정성의 원리, 상대성이론, 최근의 카오스 이론 등 현대물리학이 등장하면서 상황이 급격하게 변했다.

베르너 하이젠베르크는 "자연과학의 첫 잔을 마시면 과학자들은 무신론자가 된다. 그러나 그 잔을 끝까지 마시고 나면, 그 잔의 밑바닥에서 다시금 하나님을 발견

---

[47] Ted Peters, *Science and Theology*(Colorado : Perseus Books, 1999), p. 18.
[48] 임정빈, 「풀어쓴 현대 물리학과 기독교」(서울 : 코람미디어, 2010), pp. 15ff.

하게 된다."라고 말했다. 존 폴킹혼(John Polkinghorne)도 "양자역학에서 볼 수 있는 물질의 구조, 즉 분리되어 있는 동시에 하나인 구조가 삼위일체 하나님의 내적인 삶 속에서 그 원형을 발견할 수 있다. …… 성경을 통해 비로소 알려진 삼위일체 하나님의 내적인 삶을 통해 우리는 우주와 물질의 궁극적인 구조에 대해 더 잘 이해할 수 있다."라고 말한다.

결론적으로, 기계론적으로 결정되고 예측 가능한 뉴턴적 고전물리학과 다르게 현대물리학은 불확정성, 예측 불가능성, 특히 생물계에서의 복잡성, 우연과 통계학적 차원의 상호작용을 강조하며, 자연 질서가 본질적으로 완성되고 불변하며 닫힌 체계로서 정적으로 파악되는 것이 아니라 본질적으로 미완성 상태에서 완성을 향해 역동적으로 열려 있는 체계로 이해한다.[49]

> 기독교는 구원의 종교이다.
>   구원이란 악과 고난에서 해방되는 것이다.
>
>   악과 고난
>   ‖ 이유
>   죄 때문에 : 자기주장, 독립선언
>   ‖ 결과
>   죽음

> 죽음과 구원
>   1. 영적 죽음 ⇒ 중생
>   2. 육적 죽음 ⇒ 부활
>   3. 영원한 죽음 ⇒ 영생

---

49) 정일권 저, 「우상의 황혼과 그리스도」(서울 : 새물결플러스, 2015), pp. 171-173.

CONFIDENCE OF REDEMPTION
구원의 확신

✝
―
2

인간은 스스로 구원할 수 있는가?

"어리석은 자는 그의 마음에 이르기를 하나님이 없다 하도다 그들은 부패하며 가증한 악을 행함이여 선을 행하는 자가 없도다 하나님이 하늘에서 인생을 굽어살피사 지각이 있는 자와 하나님을 찾는 자가 있는가 보려 하신즉 각기 물러나 함께 더러운 자가 되고 선을 행하는 자 없으니 한 사람도 없도다 죄악을 행하는 자는 무지하냐 그들이 떡 먹듯이 내 백성을 먹으면서 하나님을 부르지 아니하는도다"(시 53 : 1-4).

†

1. 인간의 구원은 어디서 오는가?

만일 인간이 스스로의 자원으로 생명과 행복을 추구하고 영위할 수 있다면 구원받아야 할 이유가 없다. 그러나 우리 인간에게는 자원이 제한되어 있기 때문에 악과 고난이 발생하고, 그 악과 고난으로부터 구원받아야 한다. 우리의 제한된 자원 때문에 일어나는 악과 고난을 우리의 제한된 자원으로 해결할 수 있다고 생각한다면 그것은 논리적인 모순이다. 다시 말해 피조물은 하나님으로부터(from) 나왔으며, 하나님에 의해(by) 존재하고, 하나님을 위해(for) 존재한다. 즉, 피조물은 결국 스스로 존재할 수 없으며 오로지 하나님에 의해서만 존재할 수 있는 것이다.[1]

"그러나 우리에게는 한 하나님 곧 아버지가 계시니 만물이 그에게서 났고 우리도 그를 위하여 있고 또한 한 주 예수 그리스도께서 계시니 만물이 그로 말미암고 우리도 그로 말미암아 있느니라"(고전 8 : 6).

"만물이 그에게서 창조되되 하늘과 땅에서 보이는 것들과 보이지 않는 것들과 혹은 왕권들이나 주권들이나 통치자들이나 권세들이나 만물이 다 그로 말미암

---

1) 황용현, op. cit., p. 300.

고 그를 위하여 창조되었고"(골 1 : 16).

"그러므로 만물이 그를 위하고 또한 그로 말미암은 이가 많은 아들들을 이끌어 영광에 들어가게 하시는 일에 그들의 구원의 창시자를 고난을 통하여 온전하게 하심이 합당하도다"(히 2 : 10).

인간이 인간을 구원할 힘이 있다면 우리에게는 애초에 구원받아야 할 이유가 발생하지 않았을 것이다. 그럼에도 불구하고 모든 종교들(불교, 힌두교, 이슬람교)과 모든 유사종교들(Taoism, Zoroastrianism, Sikhism, Judaism, Jainism, Confucism, Manichaeism : 3세기에 〈페르시아에서〉 미니가 창시한 이원론적〈二元論的〉 종교, 광명, 선과 암흑, 악의 이원론〈二元論〉과 진리에 대한 영적인 지식을 통해 구원에 이른다는 영지주의를 근본으로 한다.), 가령 마르크스주의, 인류 문명에 대한 낙관론 같은 것들은 인간이 스스로 구원할 수 있다고 가르친다. 선한 행위로, 즉 인간의 힘으로 구원과 유토피아를 건설할 수 있다고 본다. 이러한 주장들은 19세기 자유주의에서 절정을 이루었는데 1, 2차 세계대전은 이러한 낙관론을 잿더미로 만들었다. 그래서 헤르만 올스하우젠(Hermann Olshausen)은 "아무도 자기 자신으로부터 자신을 해방시킬 수 없습니다."라고 말했다.

우리 밖에서 (Extra nos)	하나님 (Total Deity) vere deus	우리를 위해서 (Pro nobis)
· 초월적인 (transcendent) · the perfect Deity of Jesus	인간 (Total Humanity) vere homo	· 내재하는 (immanent) · the perfect Humanity of Jesus

1) 구원의 조건

우리의 자원이 완전할 때만 우리가 스스로를 구원할 수 있는데, 우리 자원이 제한되어 있기 때문에 발생하는 악과 고난의 문제를 그 제한된 자원으로 해결할 수 있다는 것은 논리적 모순이다. 그렇기 때문에 인간의 구원은 인간에 내재되어 있는 힘으로 이루어지는 것이 아니라 인간 밖에 있고, 우주 밖에 있는 하나님으로부터만 올 수 있다.

첫째, 하나님은 초월하셔야 우리를 구원하실 수 있다. 하나님이 우주보다 더 커야 우주가 병났을 때, 우주가 고장 났을 때 우주를 고칠 수 있다. 즉, 초월하신 하나님만이 우주를, 인간을 고칠 수 있다. 칼 바르트는 그의 저서 「로마서」(Roemerbrief)에서 '전적타자'(Wholly Other)라고 했다. 철학적으로 말하면 '세계 초월성'(world transcendence), '전지 전능성'(omniscience and omnipotence)으로 "하나님은 세계로부터 어떤 제약도 받지 않는 절대적 독립성"을 가져야 한다는 것이다. 그래서 모세에게 자신을 계시하신 하나님은 자신을 "스스로 있는 자"(I AM who I AM)라고 하셨다. 즉, 스스로 영광 받으시며 스스로 구원을 베푸시고 스스로를 의지하신 분이다. 그리고 하나님 한 분만이 영원히 계신다.

"여호와여 주께서 이 나라를 더 크게 하셨고 이 나라를 더 크게 하셨나이다 스스로 영광을 얻으시고 이 땅의 모든 경계를 확장하셨나이다"(사 26 : 15).

"사람이 없음을 보시며 중재자가 없음을 이상히 여기셨으므로 자기 팔로 스스로 구원을 베푸시며 자기의 공의를 스스로 의지하사"(사 59 : 16).

"산이 생기기 전, 땅과 세계도 주께서 조성하시기 전 곧 영원부터 영원까지 주는 하나님이시니이다"(시 90 : 2).

"천지는 없어지려니와 주는 영존하시겠고 그것들은 다 옷같이 낡으리니 의복같이 바꾸시면 바뀌려니와"(시 102 : 26).

둘째, 하나님은 동시에 내재하셔야 우리를 구원할 수 있다. 철학적으로는 '세계 내재성'(world immanence)으로서 "하나님은 세계 안에 내재한다."라는 주장이다.

하나님이 초월만 하고 세상을 내팽개쳐 버리면 구원이 일어날 수 없다. 그렇기 때문에 하나님께서 초월과 동시에 내재하셔야 구원이 일어나는 것이다. 그러니까 하나님의 내재성을 강조한다는 것은 구원하고자 하는 하나님의 의지, 사랑을 강조하고 있는 것이다. 그래서 시인 바이런(George Gordon Byron)은 "그대 신

> 하나님 : 우주를 초월하셔야 우주의 병을 고칠 수 있다(초월).
> 우주(인간) : 세상에 들어오셔서, 역사 안에 들어오셔서 스스로를 계시하시고 구원을 베풀어야 하는 것이다(내재).

으로서의 죄란 인간에게 애정을 가졌던 일이었다."라며 "프로메테우스"라는 시에서 역설적으로 노래했다. 하나님이 초월하셔서 우주를 구원할 수 있어야 되고, 동시에 내재하셔서 실제로 구원하게 하는 의지가 나타나야 구원이 일어나는 것이다. 삼위일체 하나님을 고백하는 것은 "초월하신 하나님이 우리 가운데 오셔서 우리를 구원했다."는 것을 고백하는 것이다.

그래서 구원자는 진정으로 우리 가운데 한 분이고(Pro nobis) 동시에 그분 안에 하나님의 생명이 유일하게 임재하심이(Extra nos) 요청된다. 그래서 2세기의 이레나에우스(Irenaeus)는 "한 인간 존재가 인간성의 적을 극복할 수 없었다면 그 적은 올바로 극복될 수 없었을 것이다. 반대로 하나님께서 우리에게 구원을 주시지 않았다면 우리는 그것을 영원히 받을 수 없었을 것이다."[2] 라고 했으며 존 녹스(John Knox, 1514-1572, 스코틀랜드 종교개혁가)는 "우리와 같은 인간 존재가 아니셨다면 어떻게 예수 그리스도가 우리를 구원할 수 있었겠는가? 우리와 같은 인간 존재가 어떻게 우리를 구원할 수 있었겠는가? 누가 하나님 자신 외에 우리를 구원할 수 있겠는가? 어떻게 우리들과 같은 인간 존재를 통하는 것 외에 우리들을 구원할 수 있겠는가?"라면서 구원자 예수 안에 신성(Extra nos)과 인성(Pro nobis)의 동시 작용을 강조했다.[3]

---

2) Gerald O'collins S. J, *Christology*, Oxford University Press, 1995. 9. p. 155.
3) John Knox, *The Humanity and Divinity of Christ*, Cambridge University Press, 1967. pp. 52, 92.

이 구원의 조건(Extra nos이면서 동시에 Pro nobis)에 대해 물리학에서 비유를 들자면 빛의 파동-입자 이중성(wave-particle duality)과 비슷하다. 현대물리학은 빛이 입자이면서 동시에 파동임을 천명하고 있다. 그래서 도널드 베일리(Donald Baillie)는 기독론에 관한 저서에서 "중심 패러독스"(Central Paradox)라는 표현을 사용했다. 심오한 진리는 반대 개념을 배척하는 것이 아니라 포용하는 패러독스를 지니고 있다는 것이다.[4]

> 바다에 사는 아기 물고기가 물었습니다. "엄마, 바다라는 게 뭐야?"
> 그러자 어미 물고기가 대답했습니다.
> "그래, 다들 '바다', '바다' 하는데 누구도 그게 무엇인지 모른단다.
> 이따금 누군가 바다를 보았다는 소문이 있는데
> 글쎄, 한 번도 그 물고기가 돌아왔다는 말은 듣지 못했구나."
> 그러므로 물속에 사는 물고기는 자신이 물속에 살고 있다는 사실을 알기 어렵다.

2. 삼위일체 신관과 다른 신관들

1) 범신론(汎神論, 汎 : 모든)

범신론(pantheism = pan〈모든 것〉 + theos〈신〉 : 모든 것이 신(神)이라는 주장) 또는 다신교(Polytheism), 불교(Buddhism), 힌두교(Hinduism), 샤머니즘(Shamanism), 토속종교(folk religion), 그리스·로마 신화, 유교(Confucianism), 도교(Taoism), 신도교(Shintoism), 고대 이란 종교, 시크교(Sikhism), 정령숭배(animism), 뉴에이지(New Age movement) 또는 만유내재신론(萬有內在神論, Panentheism)은 신과 세계를 하나로 보기 때문에 신은 단지 세계 내재성만을 가진다. 만유내재신론은 신(神)이 창조한 만유(萬有) 속에 신(神)이 내재(內在)하는 동시

---

[4] D. M. Baillie, *God Was in Christ*, Scribner, 1961. p. 114.

에 초월해서 존재한다는 신론(神論)이며, 범신론(汎神論)이나 다신론은 끊임없이 신들을 생산하는 장치들이다. 생산된 신들은 마을과 마을의 경계를 구분 짓는 한 지역의 수호신으로도 신격화된다. 그래서 언제나 마을 어귀나 경계에 그 신들이 자리 잡고 있다. 이렇게 많은 부족신, 지역신은 원시 형태의 부족을 반영하고 있고 신들의 전쟁은 부족 전쟁을 반영한다. 또 이 많은 신들은 집단 내부의 갈등과 폭력을 흡수하고 배출하는 희생양들이다. 오늘날 뉴에이지(New Age) 사상과 종교유신론적 진화론, 우주적 그리스도, 집합 그리스도, 육체 안에 재생하신 그리스도, 영자주의의 신(神) 등 우주 만물에 내재하는 신관(神觀)이 기독교 안에 들어왔다. 이것을 뉴에이지 기독교, 영지주의 기독교라고 한다. "생물학적 진화과정들 '안에 함께 그리고 아래에' 하나님이 현존하신다."라고 주장하는 신관(神觀)이다. 뉴에이지의 리더(leader)인 테이야르 드 샤르댕은 우주 그리스도를 널리 알린 사람으로서 그가 주장하는 유신진화론은 "인류의 과학법칙에 따라 진화하는데, 이 진화 자체를 신(神)의 창조의 일부분으로 본다. 따라서 지금도 창조는 지속되고 있다."는 것이다. 그는 우주 그리스도를 그리스도의 세 번째 본성이라고 보는데, 그리스도는 인간이며 동시에 신(神)인 그리스도의 본성을 초월하여 인간도 아니고 신(神)도 아닌 우주의 제3의 영역으로 넘어간다고 본다. 즉, 인류가 하나님으로 점차 진화해서 최종적인 오메가 포인트(Omega Point)에 이를 때 이 순간이 그리스도의 재림의 때이며 이때 우주 그리스도에 속한 모두가 신격(神格)을 실현하도록 완성되어 새로운 모습을 가지게 된다고 한다. 따라서 이때가 오면 인간 정신은 공간과 물질을 초월하여 신(神)처럼 자유롭게 되는데 이런 사람들을 그리스도가 집단적으로 육체 안에 재림한 집단 그리스도라고 한다. 이런 우주 그리스도의 사상은 불멸의 능력의 신인(神人) 집합 그리스도(Corporate Christ)의 탄생을 예언하는 늦은 비운동, Amazing Church 운동, 종교통합 운동, 유대 카발라 사상과 함께 신세계질서, 신인간(新人間)운동으로 발전하고 있다.

범신론은 정적 범신론과 동적 범신론으로 나뉘며 플로티노스, 스피노자, 헤겔(G. W. Friedrich Hegel), 하르트만, 쇼펜하우어 등이 주장했고 만유내재신론은 유신론과 범신론 사이에 있는 신관으로, 이에 따르면 신은 세계를 초월하지 않고 포괄하고 있는데 그렇다고 해서 범신론처럼 신과 세계가 하나는 아니다. 육체 안에 영혼이 있는 것같이 신이 세계 안에 있는 것으로, 우주는 신의 몸(God's body)이고 신은 우주의 영혼(the soul of the universe)이라는 신과 세계의 상호의존적 이해로서 화이트헤드, 하츠혼이 주장했다. 그리고 종교로는 인도의 종교, 즉 힌두교(범아일여〈梵我一如〉: 우주적 신인 Brahman〈梵〉과 세상에 존재하는 다양한 개체들인 ātman〈我〉은 동일한 것이다.)와 불교가 범신론(pantheism : 자연숭배)이다. 그래서 불교는 인간의 노력 여하에 따라 인간이 신이 될 수 있다고 보는 것이다. 불교의 핵심은 치열한 노력으로 스스로가 부처가 되는 데 있다. 여기에서 근기(根機, indriya)라는 개념이 등장한다. '근기'는 무엇인가를 할 수 있는 역량을 가리키는 말로 쉽게 단념하지 아니하고 끈질기게 견디어 나가는 기운이란 뜻의 '끈기'가 여기에서 유래했다. 상근기(上根機)는 스스로 부처가 될 수 있는 자질을 갖춘 사람이고 하근기(下根機)는 성불하기에 자질이 충분하지 않은 사람을 가리킨다. 또 철학자로는 프로이센 출신의 위대한 철학자 헤겔이 있다. 그는 "신과 세계는 하나이며 근본실재는 영혼과 정신이다. 신(神)은 전실제를 의미하며 자연의 모든 것과 일치한다."라고 했다. 스피노자의 논증구조에서 신은 세계를 창조했다. 그렇다면 신은 무한자인가, 유한자인가? 무한자라면 그에게 바깥이 있는가, 없는가? 최종적으로 신이 만들었다고 하는 이 세계는 결국 신의 바깥일 수 없다는 것이다. 신의 바깥이 있다고 하면 신은 유한자로 전락하기 때문이다. 고로 신은 세계일 수밖에 없다(Deus sive Natura). '신=세계'라는 도식, 즉 '능산적 자연'(natura naturans)='소산적 자연'(natura naturata)이라는 도식이 생긴다. 이렇게 해서 세계의 한 일원으로서 인간 개체 자신(conatus)도 신적 위상을 갖는다. 우리나라에서는 동학이 범신론이다. 동학에서는 죽은 사람한테 제사 지내지 말고 나를 향해서 제사 지내자고 한다.

---

5) 박용범, 「무등신학」(서울 : 쿰란출판사, 2023), pp. 29-31.

동학[5]

1대 교주 : 수운 최제우(1824-1864)
- 시천주(侍天主) : 천주를 모신다.
- 사람의 생명 그 자체가 빈부귀천이나 사회신분이나 남녀노소를 막론하고 존귀하고 평등하며 신성한 존재이다.

2대 교주 : 해월 최시형(1827-1898)
- 영기(靈氣) : 삶을 긍정하는 적극적 정신이 하나님이다.
- 사인여주(事人如主) : 사람 섬기는 것을 하나님 섬기듯 하라.

3대 교주 : 의암 손병희(1861-1922)
- 향아설위(向我設位) : 나 자신의 삶을 긍정하라.
- 인내천(人乃天) : 사람이 곧 하나님이다.

* 수운 최제우가 1860년 창도 - 동학경전 : 「동경대전」
  두 가지 사상 : 시천주(侍天主) 사상, 다시 개벽(자연, 문명, 인간개벽)
* 수운 최제우가 1864년 3월 대구장대(大邱將臺)에서 처형
* 1894년 동학혁명 발발 : 1860년대 만연했던 계급경쟁과 외세의 침략에 대항하면서 시작
* 손병희에 이르러 교명을 천도교로 바꿈(1905) : 한국 최초의 토착종교
* 시천주(侍天主) 사상이 인내천(人乃天) 사상으로 바뀜.
* 인격신천주(人格神天主)가 비인격의 추상적 존재로 왜곡

향아설위(向我設位), "나를 향(向)해서 위패를 만들라."이다. 즉, 내재주의 전통이다. 범신론은 초월을 부인한다. 신이 우주(Coextensive), 즉 우주 전체가 신이다. 신이 만유일체이고, 만유일체가 신이라는 것이다. 그래서 범신론적 철학자였던 스피노자는 "신과 자연은 한 실체에 대한 다른 두 이름이다."라고 했다. 신과 자연은 본래 하나인데 이름만 하나는 신이고 하나는 자연일 뿐이라는 것이다. 범신론 세계에서는 인간도 신이다. 그러므로 창조주도 따로 있을 수 없고, 구원자도 따로 있을 수 없다. 인도의 종교적 텍스트인 베다(Veda) 네 번째 부분인 우파니샤드(Upanisad)에는 그 유명한 '범아일여'(梵我一如)의 사유가 생생히 실려 있다. 범(梵)은 브라만(brahman), 즉 우주적 신이고, 아(我)는 아트만(ātman)으로 세상에 존재하는 다양한 개체들로서 우주적 신이 자아와 동일하다고 보는 것이다.

그러기에 인도 힌두교에는 불의 신 '아그니'와 태양의 신 '수리야' 등 신이 3억 3천 개나 된다. 인도네시아의 발리에만 힌두교 신이 43,333개나 된다(BRAHMA, WISNU, SIWA, DEWI, DANU, DEWI SRI, ······ DEWI DURGA, DEWI SKRASWATI, SHANG HYANG WINHI······). 특히 인도인들이 가장 좋아하는 신(神)은 '비슈누'로 그의 화신인 '라마'와 '크리슈나'와 더불어 가장 인기가 있다. 그리고 가장 중요한 3대 신(神)은 세상을 창조한 '브라만'(우주의 원리를 가리키는 브라마가 인격화된 남신으로 4개의 얼굴을 가졌으며 백조를 타고 다니는 모습이 대중적이다〈Brahma〉), 유지의 신(神) '비슈누'(구원의 신이라고도 하며 그의 처의 이름은 락슈미〈Lakshmi〉이고, 영원한 뱀이라 불리는 머리 7개의 아난타 세샤〈Ananta shesha〉위에 비슈누가 누워 있으며 아내 락슈미가 다리를 주무르고 있다. 비슈누의 배꼽에서 나온 연꽃 속에는 얼굴이 4개인 창조의 신 브라마〈Brahma〉가 앉아 있다.), 파괴의 신(神) '시바'(머리 위에 초승달이 있고, 머리와 목과 팔에는 코브라가 감겨 있는 모습으로 나타난다.)이다. 그렇기 때문에 이런 신관을 가지고 있는 종교에서는 우주의 고장 또는 인간의 고뇌를 실제로 있는 것이 아닌 환상에 불과하다고 설명할 수밖에 없는 것이다. 즉, 우주 전체가 신이라면 선과 악의 구별이 없다. 선과 악을 구분하는 것은 순전히 현상의 세계에 대한 우리의 환상에 불과한 것이다. 쉽게 설명하면 불교는 인간을 괴로움과 고통 덩어리로 본다. 싯다르타(Gautama Siddhārtha)의 사유의 출발점은 구체적인 삶의 과정에 점철되어 있는 고통에 대한 통찰이었다. 그래서 수행 혹은 득도를 통해 그 고통과 괴로움으로부터 해탈할 수 있다고 본다. 그런데 고통과 괴로움 가운데 있는 '나'라고 하는 자아는 실체가 있는 것이 아니라는 것이다. "나는 실제로는 존재하지 않는다."(무아론)는 것을 깨달음으로써 고통에서 벗어날 수 있다는 것이다.

나가르주나(Nāgārjuna, 용수〈龍樹〉, 150-250)의 공이론도 모든 존재자들에게는 불변하는 본질, 즉 자성(自性)은 결코 존재하지 않는다고 한다. 일체유심조(一切唯心造), 즉 "모든 것이 내 마음이 지어낸 것일 뿐이다."라는 것이다. 그래서 불교의 모든 가르침을 관통하는 근본적인 입장이 무아(無我, anātman)이다. 불변하는 실체(我, ātman)가 존재하지 않는다는 무아는 둘로 나타낼 수 있는데 첫째 법무아(法無我), 즉 모든 사물에는 실체가 없다는 것이고 둘째 인무아(人無我), 불변하는 자아는 존재하지 않는다는 의미이다. 그런데 사물에 대한 집착과 자아에 대하여 집착함으로 모든 고통과 불만족이 생기는 것이다. 이렇게 생기는 집착에 대하여 유식학파(唯識學派, yogacara)에서는 인간의 가장 심층에 있는 아뢰야식(ālaya-vijñāna), 즉 과거에 자신이 경험했던 모든 것이 일종의 무의식적인 기억으로 남아 아집(我執, ātma-graha)을 만들어 내기 때문이라는 것이다. 그래서 아뢰야식을 끊어야 해탈할 수 있다고 강조한다. 이것이 사르트르가 말한 자의식 이면에 있는 '무반성적인 의식'(Conscience non reflexive) 상태이다. 즉, '나'라는 집착이 없는 마음으로 모든 것에 열려 있고 깨어 있는 마음이다. 그래서 무아와 해탈을 꿈꾸는 모든 수행자들의 슬로건(Slogan)이 "안으로 들어가지 말고 바깥으로 나가라!"인 것이다.

무아(無我)와 함께 두 번째 입장은 공(空)이다. '공'(空, sunyata)은 불교 역사상 가장 탁월한 이론가이고, 제2의 싯다르타, 대승불교 8종파의 시조라고 불리는 나가르주나의 사상으로 그의 주저 「중론」(中論)에 보면 "어떤 존재도 인연으로 생겨나지 않는 것은 없다. 그러므로 어떠한 존재도 공(空)하지 않은 것은 없다."라고 주장한다. 모든 것은 그 자체로 존재하는 것이 아니라 직접적인 원인(因)과 간접적인 조건(緣)이 만나서 생긴 것이고, 반대로 그 직접적인 원인과 간접적인 조건이 헤어지면 모든 것이 소멸한다는 것이다. 그러므로 무엇이 생겼다고 기뻐하거나 무엇이 허무하게 사라진다고 슬퍼할 필요가 없으며 집착하지 말고 '있는 그대로'(如如) 보라는 것이다.

예를 들면 마차가 있고, 그것을 우리는 마차라고 부른다. 그런데 마차라는 것은 실은 따지고 보면 나무 널빤지, 바퀴, 바큇살, 바퀴를 잇는 축, 말과 마차를 연결하는 밧줄이라는 것이다. 그런 것들을 다 모아 놓고 마차라고 부를 뿐이지 마차가 있는 게 아니라는 것이다. 즉, 마차는 바퀴나 축을 포함한 다양한 부속품들이 모여 발생한 표면적인 효과에 지나지 않는 것이다. 다시 말해 여러 원인과 조건들이 모여 함께 하나의 하모니로 울릴 때만 간신히 존재하는 것에 지나지 않으므로 집착의 대상으로 삼지 말고 인연이 마주칠 때는 만끽하지만 동시에 인연이 끝날 때 집착하지 말아야 한다는 것이다. 마찬가지로 '나'라는 자아도 실재하는 것이 아니고, 다섯 가지 오온(五蘊, pañca-khandha), 곧 색(色, 물질, 육체작용, rūpa), 상(想, 생각, 표상작용), 애(愛, 감정, 감각작용, vedanā), 행(行, 충동, 의지작용, samskāra), 식(識, 의식, 판단작용, vinnāna)의 가합(加合)의 상태가 지금의 '나'라는 것이다. 이것을 깨달음으로써 이 가합 상태에 있는 고통에서 벗어날 수 있는데, 그 깨달음은 수행(팔정도〈八正道〉: 정견〈正見〉, 정사〈正思〉, 정어〈正語〉, 정업〈正業〉, 정명〈正命〉, 정정진〈正精進〉, 정념〈正念〉, 정정〈正定〉)을 통해서 얻게 된다. 이 원리를 잘 수용하고 있는 불교의 용어가 공즉시색(空卽是色), 색즉시공(色卽是空), 몰아적멸(沒我寂滅)이다.

그래서 선과 악의 실제(reality)를 부인하거나 아니면 이러한 선과 악을 체험하는 현상의 세계에서 선과 악이 없는 본질의 세계로 뛰어 들어가야 한다는 구원론을 제시한다. 이것을 보통 힌두교에서나 불교에서는 수레바퀴로 설명한다. 수레바퀴의 기하학적인 축은 도는가? 돌지 않는다. 그것은 변화가 없는 세계이다. 그러나 수레바퀴의 겉은 어떤가? 돈다. 변화의 세계이다. 우리의 실존은 본질에서 소외되어 현상으로 존재하는 것이다. 그리하여 우리는 윤회의 법칙의 노예가 된다. 돌고 돈다는 윤회의 법칙은 낳고, 늙고, 병들고, 죽는 것이 계속 반복된다는 것이다. 이 고뇌가 얼마나 계속되는가? 영원히 계속된다.

그래서 힌두교에서는 윤회를 몇 번 해야 한다고 가르치는가 하면 800만 번쯤 윤회해야 한다고 한다.[6] 인생관이 이렇게 설정된다면 이런 세계관, 인생관, 신관에서 구원은 무엇인가? 현상의 세계에서 과감히 본질의 세계로 뛰어드는 것이다. 어떻게 본질의 세계로 들어가는가? 자아를 없앰으로써 실존이 본질로부터 소외되었으니 본질의 세계에 함몰되는 것이다. 본질의 세계에 무아, 몰자아적인 자기를 없애 버린다는 것이다. 그것을 그림으로 말하면 태평양의 물 한 방울같이 떨어져 버린다는 것

---

6) E. Stanley Jones, *The Christ of the Indian Road*, 김상근 역, 「인도의 길을 걷고 있는 예수」(서울 : 평단문화사, 2005), p. 262.

이다. 그것이 열반이다. 열반이 바로 무아의 경지이다. 몰아적멸, 자기를 없애 버린 다는 것이다.

그러면 누가 구원하는가? 자력 구원이다. 자기가 도를 닦아서 하든지 지식을 얻어서 하든지 사랑의 행위를 베풀어서 하든지 하는 자력 구원이다. 그 구체적인 예가 도교(노자〈老子〉를 섬김, 도사〈道師〉, 도사〈道士〉, 도관〈道官〉, 신선〈神仙〉)이다. 도교에서 구원은 신선(神仙)이 되는 것인데, 신선이 되려면 두 단계를 밟아야 한다.

> **도교(Taoism)** – 황제 헌원과 노자를 그 시조로 받든다.
> * 공자에게 예(禮)를 가르쳐 준 노담이 바로 노자이다.
> * 공자가 인의(仁義)로 유교를 창시했다면 노자는 인위(人爲)를 초월한 무위자연(無爲自然)을 주장한 도교를 창시했다.
> * 도교(道敎)의 삼청(三淸) – 옥청(玉淸), 상청(上淸), 태청(太淸)은 최고신인 원시천존(元始天尊)이 셋으로 나뉜 분신이다.
> * 우주의 최고 지존자요 도의 주재자로, 옥황상제를 모신다.
> * 후대로 내려오면서 사변철학과 무병장수를 추구하는 양생술로 기울어짐.
> * 노자의 탄생지인 하낙성 주구시 녹읍현에 노자 태청궁이 있다.
> * 노자의 이름은 이이(李耳)이고 자는 담(聃)이다.
> * 태상노군(太上老君)으로 일컬어지고, 당(唐) 때 황실에서 이이(李耳)를 이씨(李氏)의 선조(先祖)로 삼고 노자(老子)를 제(帝)로 추존하게 된다. 당나라 때는 도관이 1,900여 채, 도사가 15,000여 명이 있었다.

첫째 단계는 몸 안에 기를 축적하여 십이경락과 기경팔맥을 뚫는 일이다. 둘째 단계는 공덕을 쌓는 일이다. 아무리 기경팔맥을 뚫었어도 인간세계에 공덕을 쌓아 놓은 것이 없으면 신선이 될 수 없다. 구체적으로 어떤 공덕을 쌓아야 하는가? 도교에서는 그 공덕의 종류와 차원을 자세하게 규정하여 놓았다. 공덕별로 각기 점수까지 매겨 놓았는데, 이것을 도교에서는 공과격(功過格 : 공덕과 죄과를 기록하는 표)이라 한다.

먼저 1점짜리 공덕 몇 가지를 소개하면 한 사람의 악을 덮어 주는 것, 돌아갈 곳이 없는 사람을 하룻밤 재워 주는 것, 약 한 첩을 주는 것, 한 사람의 싸움을 그치도록 권하는 것, 육식을 하는 사람이 하루 동안 육식하지 않고 재계하는 것, 의롭지 못한 재물을 취하지 않는 것, 남의 부채를 탕감해 주는 것 등이다. 3점짜리 공덕은 뜻밖의 횡액을 당해도 화내지 않는 것, 남의 비방을 감당하면서 복수하지 않는 것 등이다. 5점짜리 공덕은 한 사람의 법정 소송을 그치도록 권하는 것, 남의 악을 퍼뜨리지 말도록 권하는 것 등이다. 10점짜리 공덕은 덕망 있는 사람을 천거하여 인도하는 것, 지극히 덕 있는 말을 하는 것, 사람에게 보답할 힘이 없는 짐승의 생명을 구해 주는 것, 재력과 권세가 있어도 그것을 부리지 않는 것 등이다. 30점짜리 공덕은 부부간의 이별, 이혼, 파탄 등의 불화를 화해시켜 다시 살게 하는 것, 행실이 나쁜 사람을 감화시켜 행실을 바꾸게 해 주는 것 등이다.

반면에 1점짜리 죄과를 소개하면 남이 근심하고 놀라는 것을 보고도 위로하지 않는 것, 다른 사람의 투쟁을 부추기는 것 등이다. 3점짜리 죄과는 무식한 사람을 속여 먹는 것, 이간질하는 것, 남의 부귀한 것을 보고 그가 비천해지기를 바라는 것, 남의 근심 걱정을 보고 마음속으로 쾌재를 부르는 것이고, 흉년에 오곡을 사재기해 놓고 폭리를 취하는 것은 30점짜리 죄과에 속한다. 이런 공덕과 죄과를 합하여 3,000점의 공덕을 쌓아야 신선이 되는 것이다.

여기서 또 하나의 축이라고 할 수 있는 유교는 종교적 성격이 결여되어 있다고 할 수 있다. 물론 맹자가 공자의 명제를 깊이 숙고하여 공자의 유가사상(儒家思想)을 형이상학으로 이끈 것은 사실이지만 공자는 형이상학적인 문제에 천착하지 않았다. 그 대표적인 사례가 자로가 공자에게 죽음에 대해서 물었을 때 공자는 '미지생언지사'(未知生焉知死)라고 대답했다.

> 子貢曰 夫子之文章 可得而聞也 夫子之言性與天道 不可得而聞也
> 선생님의 문장은 들을 수 있으나 본성과 천도에 관한 선생님의 말씀은 들어 볼 수가 없습니다.
> 季路問事鬼神 子曰 未能事人 焉能事鬼, 敢問死. 曰 未知生 焉知死
> 계로가 귀신을 섬기는 일에 대해 물었다. 공자가 대답했다. "사람도 제대로 섬기지 못하는데 어찌 귀신을 섬길 수 있겠느냐?" "감히 죽음에 대해 묻겠습니다." "삶도 잘 알지 못하는데 어찌 죽음을 알겠느냐?"

이 점은 불교에서도 마찬가지이다. 싯다르타는 "형이상학적 의문에는 침묵해야 한다."라고 주장했다. 이것을 불교에서는 '무기'(無記)라고 한다. 왜냐하면 형이상학적 질문은 집착을 만들어 진정한 삶을 살아내는 데 심각한 장애를 일으킨다고 보기 때문이다. 또한 공자는 노년에 제자 자공(子貢)의 병문안을 받고는 눈물을 흘리면서 "태산이 무너지는도다. 철주는 부러지는도다. 철인은 시들려는도다. 태산기퇴호(泰山其頹乎). 양목기괴호(梁木其壞乎). 철인기위호(哲人其萎乎)."라고 노래를 불렀다고 한다. 그로부터 이레 뒤에 73세로 BC 479년 노나라 애공 16년 4월 기축일(己丑日)에 죽었다. 이처럼 공자는 사상가요 교육자로 살다가 죽었다(BC 551 출생, 미세사표《美世師表》). 그의 무덤은 지금의 중국 산동성 곡부에 있다. 그 무덤 앞 묘비에는 "대성지성문선왕묘"(大成至聖文宣王墓)라는 문장이 새겨져 있다. "위대한 학문의 완성자, 최고의 성인, 문화를 전파하는 왕(王)"이라고 묘사하고 있다. 또 신유학의 대표주자로 불리게 된 주희(朱熹, 1130-1200)의 형이상학의 근거가 된 주돈이(周敦頤)의 태극도설(太極圖說)에서 태극은 만물을 낳았다는 점에서는 만물에 대해서 초월적이면서(transcendent), 동시에 만물들 속에 함께 내재하는 원리(immanent)를 가졌다는 것이다. 즉, 태극이 만물을 창조했기에 만물 역시 태극이라는 것이다. 이것을 주희는 "사태와 사물의 이(理), 그리고 나의 본성(性)은 다른 것처럼 보이지만 하나의 태극(太極)은 만물을 통괄하고 있기 때문에 사태의 이(理)와 나의 본성(性)은 서로 같은 것이다."(理一分殊)라고 한다. 이처럼 신유학은 공자와 맹자의 유학 사상에 형이상학적 체계를 부여하는 동시에 유학의 창시자 공자를 자신을 포함한 다양한 사물의 본성, 나아가 세계의 본질을 직관한 위대한 성인으로 격상시켰다. 즉, 공자를 어떤 인간적인 욕망이나 오류에 대해서도 자유로운 완전한 인격, 신적 존재에 가까운 인물로 격상시켰다. 그러나 실제로 논어에 등장하는 공자는 신적인 존재라기보다는 완전한 인격이 되기 위해 노력했던 사람이자 동시에 춘추시대의 정치적 혼란을 잠재우려고 노력했던 정치철학자였다. 그래서 일본(日本)에도 시대(江戸時代)의 유학자 이토 진사이(伊藤仁斎, 1627-1705)는 공자를 타자에 대해 섬세한 감각을 가진 윤리적 인격자로 이해했고, 오규 소라이(荻生徂徠, 1666-1728)는 공자를 정치적 야망을 품었으되 그것을 실현하지 못한 좌절한 정치철학자로 이해했다. 결론적으로 옛날부터 지금까지 많은 사람들이 공자를 위대한 성인(聖人), 혹은 만세의 사표(師表)라고 추앙해 왔다. 그들은 공자의 위대한 점을 공자가 주장한 보편적인 사랑의 정신으로서 인(仁)과 그 사랑을 실현할 수 있는 구체적인 윤리 원칙으로서의 서(恕)를 주장한다. 그러나 그들은 공자의 사유체계 핵심은 예(禮)에 대한 객관적인 평가를 놓치고 있다. 공자의 사유체계의 핵심인 예(禮)는 시대착오적이며 가치전도적 측면이 있기에 공자의 유교(儒敎)는 유의미한 보편성이 결여된 사상이라 할 수 있다. 시대착오적이라는 것은 공자의 사유세계에는 민중과 여자(女子)가 설 자리가 없다는 것이다. 둘째 가치전도적이라는 것은 유학 학파가 일종의 권력에 대한 의지나 야망을 가지고 출현했음에도 불구하고 현실에서 외면당하자 스스로 배타적인 학파로 변모하여 안빈낙도(安貧樂道)와 살신성인(殺身成仁)으로 대표되는 초연한 인간 모델을 탄생시키면서 일종의 허무에의 의지, 자신들이 어찌할 수 없는 현실을 우습게 여기는 무능력으로 굶주리게 된 육체에 대한 경시, 사회적 정치적 문제에 대한 그럴듯한 초연함, 내면화한 자신의 이념에 대한 맹목적 숭배, 남들이 알아주지 않아도 개의치 않는 독단적 자기 확신 등 종교적인 철학 학파로 변신시키는 가치전도가 일어난 것이다. 그러므로 공자의 유학은 실패한 정치 철학일 뿐이다. 입신양명을 목적으로 하는 사학(私學)집단에서 안빈낙도를 새로운 목적으로 내건 철학파로 변모한 제자백가 중의 하나의 학파일 뿐이다.

일본(日本), 신도(神道, Shintoism)
- 신의 종류가 800만 개(야오요로즈노 가미, 八百万の神) 신사(神社)는 약 10만 개, 일제 식민지 시대 우리나라에도 1920년 5월 천조대신과 명치 왕을 위한 신사가 남산에 세워졌고, 1925년에는 150여 개, 광복 직전까지는 2,229개가 건립되었다.
- 시마네현(島根県) 이즈모시(出雲市)의 이즈모 대사(出雲大社)가 일본신

사문화(日本神社文化)의 고향이다. 지금은 동경에서 가까운 이세신궁(伊勢神宮)이 신사의 중심(中心)이다.

- 이세신궁은 천조대신(天照大神)을 숭배하는데, 이 여신(女神)은 원래 신사(神社)에서 봉사하며 천신(天神)에게 제를 올리던 무녀(巫女)였다.

　예) 공부(工夫)의 신(神), 도자기의 신(神), 곡식의 신(神), 출세의 신(神) : 도요토미 히데요시

- 1월(月) 1일(日), 결혼식, 임신, 출산, 100일(日), 3세, 5세, 7세 때, 새 차 또는 새 집 구매 시, 장례식, 제사, 49재 때 신사(神社)를 찾아가서 제사를 지낸다. 신주는 남(男)녀(女)가 다 가능하다.

　예) 로마의 신(神) : The Pantheon-선신전(善神殿)
　　　　　살아 있는 사람을 신(神)으로 믿었다.
　　　　　30만(萬)을 헤아렸다.

- 우찌무라 간조도 800만 개의 일본 전통 신을 숭배하다가 삿포로 농학교 시절에 유일신 신앙을 발견한 후 "하나님은 한 분이지 여러 분이 아니라는 사실이 나의 작은 영혼에 기쁨의 소리로 들려왔다."라면서 감격했다.[7]

　티베트 불교도들은 인생에 한 번 티베트 불교의 성지인 라싸로 순례를 떠난다. 오체투지(五體投地), 즉 두 팔과 두 무릎과 머리를 땅에 닿도록 절하며 고도 3,000m가 훨씬 넘는 고지대로 가는 것이다. 라싸에서 고행을 시작하는 사람은 대략 60km를 가지만 중국 내지에 살고 있는 티베트 불교도들은 심지어 3,000km가 넘는 거리를 오체투지로 순례한다. 따라서 어떤 경우에는 순례를 마치는 데 6개월이라는 긴 시간이 소요되기도 한다. 이렇게 하는 이유는 자신의 행위로 구원을 사기 위해 신에게 봉사하는 것이다.

---

7) 김수진 저, 「일본 기독교의 발자취」(서울 : 한국장로교출판사, 2013), p. 91.

> 불교의 사홍서원(四弘誓願)
> 衆生無邊 誓願度 (중생무변서원도)　　煩惱無盡 誓願斷 (번뇌무진서원단)
> 法問無量 誓願學 (법문무량서원학)　　佛道無上 誓願成 (불도무상서원성)
> 중생이 아무리 많을지라도 건져 구원하기를 서원하나이다
> 번뇌가 아무리 많을지라도 끊어 벗어나기를 서원하나이다
> 부처님의 가르치심이 한량없이 많을지라도 배우기를 서원하나이다
> 부처님의 길이 끝없을지라도 이루기를 서원하나이다

> 사성제(4가지 진리)　① 고제 : 세계는 고통으로 차있어 인생은 모두 고통의 경험이라는 진리
> ② 집제 : 그 고통에는 번뇌라는 원인이 있다는 진리
> ③ 멸제 : 고통의 원인인 번뇌가 절멸된 상태가 있다는 진리
> ④ 도제 : 번뇌를 절멸하는 길(道)이 있는데 그것이 팔정도(八正道)요 중도(中道)라는 진리이다.

　합천 해인사의 팔만대장경(84,000명의 중생의 번뇌에 대치하는 84,000개의 법문을 수록, 경판수 81,137매로 앞뒤 양면에 444자, 16년 소요)이 부처의 가르침의 1/6,000이라고 한다. 불교의 궁극적인 목적은 깨달음을 얻어 번뇌와 윤회의 수레바퀴에서 벗어나는 것이다. 그런데 이 깨달음을 방해하는 근본적인 세 가지 요소가 있는데, 이것을 삼독(三毒)이라 한다. 탐욕(貪慾), 진에(瞋恚), 우치(愚癡)를 말한다. 이 삼독(三毒)을 이기기 위해서는 삼학(三學)을 얻어야 한다. 첫째 계율(戒律)을 통해 몸과 입과 마음으로 그릇됨을 범하지 않고, 둘째 선정(禪定)을 통해 마음을 고요케 하며, 셋째 지혜(知慧)를 깨달아야 한다.
　또 싯다르타가 부처가 되려는 사람들에게 제안한 여덟 가지 방법(八正道)이 있다.

올바른 견해(正見), 올바른 사유(正思), 올바른 말(正語), 올바른 행동(正業), 올바른 생활(正命), 올바른 노력(正精進), 올바른 집중(正念), 올바른 참선(正定)이다. 이것을 충실히 따르는 불교를 근본불교(fundamental buddism)라고 한다.

이처럼 불교의 근본 입장은 누구나 부처가 될 수 있는 잠재성이 존재한다는 것이다. 이 잠재성을 불성(buddhata), 본래면목(本來面目)이라고 한다. 불교사를 보면 초기 원시불교에서 부파불교(部派佛教)를 거쳐 소승불교(小乘佛教), 대승불교(大乘佛教)로 발전했다. 소승불교에 이르기까지 불교의 가르침은 일신의 해탈이 주목적이라고 말할 수 있다. 소승이란 '작은 수레'라는 뜻으로 수레가 작으므로 한 사람밖에는 탈 수 없다. 그러므로 만백성 대중의 구제가 목적이라기보다 일신의 해탈에 더 큰 비중이 있는 것이다. 그래서 소승불교에서 이상적 인격은 아라한(阿羅漢, arhat), 즉 스스로의 깨달음을 추구하는 것이다. 이렇게 부처가 되는 치열한 수행을 '바라밀'(波羅蜜)이라 부르는데 산스크리트어 pāramita를 음역한 것으로 pāram은 '저 멀리, 저 너머'라는 뜻이고 ita는 '도달한다'라는 뜻으로 멀고 험하게 보이지만 부처가 되는 길을 꿋꿋하게 걸어간다는 뜻이다. 대승불교에서는 여섯 가지 바라밀을 제시하는데 보시(布施), 지계(持戒), 인욕(忍辱), 정진(精進), 선정(禪定), 지혜(知慧)이다. 지계는 계율을 지키는 것, 인욕은 온갖 모욕에도 원한을 품지 않는 것, 정진은 악을 제거하려고 치열하게 노력하는 것, 선정은 마음을 응시하는 것, 지혜는 세상을 있는 그대로 보는 것, 보시는 타인에 대한 적극적인 행위이다.

그러나 불교는 대승, 즉 '큰 수레'라는 뜻으로 바뀌어서 대중을 구제할 수 있다는 대승불교로 변화하게 되었다. 이와 더불어 '보살'이라는 존재가 뚜렷이 나타났다. 보살은 깨달은 자, 곧 부처로서 열반(涅槃)의 세계에 바로 들어가지 않고 이 세상에 남아서 중생의 해탈과 구제를 도와주는 존재라고 한다. 이렇게 소승불교에서 대승불교로 변화되자 구원의 대상이 되는 중생은 자신의 힘이 아니라 타인의 힘에 의해 구제받게 되었다. 그래서 대승불교에서 이상적인 인격은 보살(菩薩)로서 타인의 깨달음에 힘을 기울이는 것이다.

觀世音菩薩 南無阿彌陀佛(관세음보살 나무아미타불)
1. 觀世音(관세음, Guanyin) : 세상의 모든 고통 소리, 기도 소리를 듣는다. 힌두교의 여신 슈리 락슈미(Shri Lakshimi)가 변형되었다고 본다. 관음보살의 정체는 창녀이다.
2. 菩薩(보살, a Bodhi-Sattva) : 중생을 교화(敎化)하는 부처에 버금이 되는 성인(聖人), 보살은 주로 여성이다. 그리고 보살의 수행 중에 가장 높은 단계는 몸보시이다. cf) 공양 중에 최고의 공양은 소신공양이라고 법화경에서 찬양한다.
    예) 문수보살(文殊, 지혜를 상징하는 보살), 보현보살(普賢, 실천을 상징하는 보살), 지장보살(地藏, 지옥에 떨어진 사람에게 자비를 베풂), 세친보살(世親, 바수반두), 백의관음보살, 위덕관음보살, 어람관음보살, 연명관음보살, 수월관음보살, 유리관음보살
3. 南無(나무) : 믿고, 의지하다.
4. 阿彌陀佛(아미타불) : 자비의 부처
    예) 법신불(法身佛), 응신불(應身佛), 보신불(報身佛), 미륵불, 석가불, 가섭불, 다보불, 비로자나불(경주불국사 비로전), 대통지승불(大通智勝佛). 그러므로 관세음보살과 자비의 아바타 부처를 믿고 의지하면 구원을 얻는다.
5. 彌勒(미륵) : 관세음보살의 미래불
    57억 년 후에 도솔천에서 이 세상에 출현(出現)하여 석가모니불(佛)이 구제하지 못한 중생을 구제할 미래의 부처 · 용화세계가 이루어짐. 실제는 치열한 노력으로 깨달음에 이른 인도 사람 미륵(Maitreya, 270-350)이다. 사람들의 존경이 너무 커서 부처로 생각하고 의지한다.

그래서 불교도 '나무'(南無), 즉 믿음의 체계를 펴게 된 것이다. 그래서 종교에 대한 정의는 "성스러운 가치를 체험하게 하고 그 가치에 의해 생활하게 하는 의례들과 믿음들의 체계"라고 규정한다. 즉, 자력적(自力的) 종교인 불교가 타력적(他力的)인 종교로 변화되어 갔던 것이다. 거기에다 일신의 해탈을 목적으로 하는 종교에

서 발전, 내지는 탈바꿈하게 되는데 여기에는 사상적으로 큰 변화가 있었다. 기독교의 만인구원사상이 경교를 통해 서쪽에서부터 인도에 영향을 미쳤고, 또한 불교에 영향을 미쳤기 때문에 소승불교가 대승불교로 변화되었다고 보는 것이다. 예를 들면 대승불교의 대표적 경전인 화엄경(華嚴經)에는 중생 구제의 사상이 나타나 있는데, 화엄경은 7~8세기에 동서문화의 교차 지점인 간다라 지방에서 기독교의 영향을 받아 형성되었다고 보는 것이다.[8] 결론적으로 대승불교는 오랜 세월에 걸쳐 형성된 불교 대중화의 운동이다. 또한 불교에서 깊은 도를 닦았던 사람들의 진실한 고백을 통해 인간은 스스로 구원할 수 없다는 것을 알 수 있다. 자력구원(自力救援)이 얼마나 허무한 주장인가를 알 수 있는 좋은 예가 있다.

첫째로 경남 밀양시에 표충사라는 절이 있다. 이 표충사 서북쪽 후문 밖에는 효봉대종사(曉峰大宗師) 사리탑이 있다. 효봉의 속명은 이찬형(李燦亨)이며, 법명은 학언으로 효봉은 그의 법호이다. 1888년 평양에서 태어난 그는 평양고보를 졸업한 뒤 일본 와세다 법대에서 법학을 전공하여 10년 동안 판사 생활을 했었다. 일제 강점기 때 우리나라 사람으로는 최초의 판사였던 그가 그 자리를 버린 것은 1923년 그가 처음으로 내린 사형선고 때문이었다. 그는 그 일로 3일 동안 식음을 전폐하고, 깊은 번뇌에 빠졌으며, 결국 부인과 세 자녀들에게 아무런 말도 없이 집을 나와 그 길로 입고 있던 양복을 팔아 엿판을 사서 둘러메고 방랑 생활을 시작했다. 그렇게 3년 동안 방랑을 하다가 1925년 금강산 장안사로 들어가 신계사(神溪社)의 석두(石頭) 스님으로부터 법명과 법호를 얻고 수도에 몰두, 1954년 서울 종로구 안국동에 있는 선학원(禪學院)에 머물면서 우리나라 불교계 최고의 법계(法階)인 대종사(大宗師)가 되어 불교정화운동에 전념했다. 그러다가 80세가 가까워 오는 1966년 10월 15일 한 편의 시를 남기고 참선하던 자세로 "無라, 無라, 無라."고 되뇌다 입적하였다. 이 얼마나 허무한 마지막인가!

---

[8] 吳允台,「韓國基督敎史 : 韓國景敎史篇」(서울 : 혜선출판사, 1973), pp. 132f, 이만열,「한국기독교사 특강」(서울 : 성경읽기사, 1993), pp. 19f.

吾說一切法 都是早騈拇 (오설일체법 도시조변무)

若問今日事 月印於千江 (약문금일사 월인어천강)

내가 한 모든 설법은 군더더기

만일 오늘 일을 묻노라면 달이 천강을 비추노라

불교의 생사관(生死觀), 사생관(死生觀)은 육신을 구성하는 네 가지 요소 땅, 물, 불, 바람(地, 水, 火, 風, 四大)이 인연에 의해 결합되어 지속할 때 삶도 정신도 있는 생(生)이고, 반대로 이 네 가지 요소가 인연이 다해 흩어질 때 삶도 정신도 사라지는 사(死)인 것이다. 즉, 겨우내 꽁꽁 얼어 있던 얼음이 날씨가 풀리면 녹아서 사라지는 것처럼 말이다. 그저 풀려 사라지는 것이다. 천국도 지옥도 없을 뿐이다. 이 얼마나 허망한가! 불교의 내세관은 업(業) 사상과 윤회설에 기초하여 성립되었다. 현세의 삶은 모두 전생에서 지은 업보 때문에 생긴 것이고, 현세의 삶은 또한 다음에 다시 태어날 생의 모습을 결정짓는다. 현세의 업은 6가지 윤회의 길, 즉 지옥(地獄), 아귀(餓鬼), 축생(畜生), 아수라(阿修羅), 인간(人間), 천상(天上)의 삶이 되풀이된다.

이런 불교의 가르침을 서양철학에 받아들인 사람이 쇼펜하우어이다. 그가 『의지와 표상으로서의 세계』(Die Welt als Wille und Vorstellung)에서 주장한 내용 중 몇을 인용하면 다음과 같다. "인간의 진정한 구원은 개체로서의 자신의 존재를 성찰하고 이것을 지배하는 맹목적인 삶에의 의지의 부정을 통해서 가능한데 이것은 전적으로 자기 스스로가 행해야 할 삶의 과제이다.", "어떤 외부의 힘도 그 의지 현상인 삶에서 생기는 고통으로부터 의지를 해방할 수 없다.", "항상 그렇듯이 중요한 문제에서 인간은 언제나 자기 자신에게 의존할 수밖에 없기 때문이다. 인간은 자신의 의지력(willenskraft)만이 할 수 있는 것을 구걸하고, 아부하여 얻기 위해 어리석게도 신들을 만들어 낸다."

석가모니의 생애

- 석가족 고타마 숫도다나 왕(Gautama Shuddhodana)과 마야(Maya) 왕비 사이에서 출생(룸비니 : 네팔), 태어나자마자 모친과 사별, 왕비의 동생 마하파자파티(Mahapajapati)의 품에서 자람. 7살 때 부왕을 따라 밭에서 벌어지는 행사에 참석하였는데 새가 날아와서 벌레를 쪼아 먹는 광경을 보고 "가엾어라! 살아 있는 것들은 서로 죽고 죽이는구나!"라고 중얼거리며 사색에 빠짐. 산스크리트어로 'Dukkha'(고통)가 무엇인지, 어떻게 벗어날 수 있는지 명상하다 6년 만에 득도, 45년간 중생 구제에 힘썼다.
- 힌두교에서는 비슈누(Vishnu)가 7번째로 환생한 자가 라마(Rama)이고, 8번째가 크리슈나(Krishna)이며, 9번째가 붓다(Buddha)라고 본다. 붓다는 "깨달은 자"(awakened one)라는 뜻이며, 원래 이름은 Siddhartha Gautama(BC 566-486)이다.
- 석가족 : Shakya(석가)라는 성 외에 구담(瞿曇), 사이(舍夷), 감자(甘蔗), 일종(日種) 등의 성을 가졌다.
- Shakyamuni에서 Shakya+muni는 Shakya 족의 muni인데 muni는 그리스어 mania에서 기원하며 그 뜻은 거칠고 사나운 종교적 엑스터시와 종교의 광기라는 의미, 즉 디오니소스적이고 오이디푸스적인 광기를 의미할 뿐만 아니라 본래 여성의 성기를 상징하는 붓다의 가부좌 아래의 "연꽃"을 의미한다.
- 출생 : 석가탄신일 4월 8일은 원래 북부여 시조 해모수 단군의 북부여 건국일이며 이날 등을 달아 경축했는데, 이것을 불교가 변조시켰다.
- 19살 때 석가의 외삼촌인 데바다하(Devadaha) 성의 왕 수프라붓다의 딸 야쇼다라와 혼례함.
- 29살 때 아들 라훌라(Rahula)가 출생, 이때 석가는 마부 찬나를 데리고 백마 칸타카를 타고 출가하여 속세와의 관계를 끊어 버림.
- 6년간의 고행 끝에 35세가 되던 해 12월 8일 아침에 깨달음을 얻어 부처가 됨. 그 깨달음의 핵심(核心)은 '무아'(無我), 즉 "불변하는 자아(自我)란 없다."이다. 그리고 또 한 가지는 '연기'(緣起, pratityasamutpāda), 즉 모

든 것이 원인과 조건에 따라 발생한다는 것이다. 이때부터 불타(佛陀), 무상학자(無上學者), 여래(如來), 석가모니(釋迦牟尼), 석존(釋尊), 세존(世尊) 등 여러 이름으로 알려짐.
- 6년간 고행을 같이한 5명의 출가자들에게 Mrigadeva(녹야전)에서 도를 전해 최초의 제자들이 됨.
- 전도여행 45년째 80세 때 왕사성(Rajagriha)에서 사위성(Shravasti)으로 가는 도중 비사리에서 병을 얻었고, 파파에 이르렀을 때 대장장이 순타가 올린 음식물에 체하여 병이 깊어졌다. 이후 "무소의 뿔처럼 혼자서 가라."라는 마지막 유언을 남기고 사리 나무 두 그루 사이에 누워 열반에 들었다(쿠쉬나가르 : 인도).
- 8개 나라의 왕들이 석존의 유골을 나누어 줄 것을 요청해 화장한 유골을 8대국에 나누어 주었다.

불교 정리

불교는 고통의 치료학을 자임하는 사상이다. 그래서 싯다르타는 "지금이나 예전이나 오로지 한 가지만을 가르치고자 하노라. 즉, 고통과 고통의 끝을!"이라고 했다. 즉, 고통이 인생의 본질이라는 것이다. 그렇다면 먼저 불교는 고통의 원인을 찾아야만 한다. 어떤 원인 때문에 고통이 발생했을 경우 그 원인을 제거하면 고통이 사라질 것이기 때문이다. 그런데 불교가 찾아낸 고통의 원인은 '집착'이란 말로 요약할 수 있다. 특히 중요한 것은 "무엇인가 불변적으로 존재해야만 한다."는 순간, 고통이 찾아올 수밖에 없다는 것이다. 자신이 가진 삶도, 젊음도, 미모도, 부도 영원해야만 한다고 집착하는 순간 고통이 찾아올 수밖에 없다는 것이다. 나가르주나는 집착을 언어에 대한 형이상학적 맹신에서 찾으려고 한다. 그래서 그는 언어를 포함한 모든 것들이 상호의존적인 관계를 통해서만 의미를 갖는다는 것을 보여 주려 했다. 그는 젊음은 오직 늙음과의 관계 속에서만 미모도 오직 추함과의 관계 속에서만 의미를 가질 뿐, 그 자체로서는 독립된 의미를 갖지 않는다고 지적했다. 이와 달리 바수반두(Vasubandhu, 세친〈世親〉, 320-400)는 인간이 가진 무의식적 기억 속에서 집착의 기원을 찾으려고 한다. 자신의 젊음에 대한 무의식적인 기억과 집착이 늙어

> 가는 자신의 모습을 고통으로 느끼게 한다는 것이다. 그래서 바수반두는 가장 심층에 있는 무의식적 기억, 즉 아뢰야식(ālaya-vijñāna)을 끊으려 했다.

둘째로 한국 불교 사상 보기 드문 초인적인 극기수행(克己修行)과 용맹정진(勇猛精進)을 통해 정각(正覺)을 얻어 성불(成佛)의 경지에 이르렀다는 조계종 종정 성철(性徹) 스님(1912-1993)은 일찍이 불교가 최상의 진리라고 믿고, 1934년 23세 때 부모 형제, 처자를 다 버리고 입산하여 1993년 81세로 타계하기까지 오직 참선과 학문으로 일관한 최고의 선승(禪僧)이요, 불교 교의학을 통달했을 뿐 아니라 심지어 서양철학, 심리학, 종교학, 문리학 등도 두루 섭렵하였으며, 영어, 독어, 프랑스어, 중국어, 일본어도 통용할 수 있는 학승(學僧) 중의 학승이다.

그는 한때 8년간 드러눕지 않고 장좌불와(長坐不臥)의 초인적인 극기 수행을 하기도 했으며, 8백 년간 조계종 선법의 원류였던 돈오점수론(頓悟漸修論, 깨우침은 점진적으로 된다.)을 비판하고, 돈오돈수론(頓悟頓修論, 깨우침은 단번에 된다.)을 주장하기도 했다. 그래서 그는 온 불자들의 존경과 선망을 한 몸에 받았을 뿐만 아니라 지금도 불자들은 그를 '우리 곁에 왔던 부처'라며 추앙하고 있다.

그러나 그는 자신이 평생 그토록 최상의 진리라고 주장하고 가르쳤던 모든 주장이 무엇인가 근본적으로 잘못된 거짓말이라는 사실을 깨달았다. 본성적으로 솔직한 성품이었던 그는 수많은 화두(話頭), 법어(法語), 교설(敎說)을 통해서 사실을 토로했다. 그는 1983년 하안거(夏安居) 결제(結制)에서 "내 말에 속지 말라, 나는 거짓말 하는 사람이여!"라고 했으며, 1987년 부처님 오신 날 법어(法語)에서 "사탄이여, 어서 오십시오. 나는 당신을 존경하며 예배합니다. 당신은 본래로 부처님입니다."라고 고백했다. 즉, 사탄과 부처는 본질적으로 같다는 것이다. 영적인 존재인 사탄이 싯다르타 고타마(석가모니 부처의 본명)를 사로잡아 불교를 만든 부처의 영적 배후 세력이라는 것이다. 그의 "열반송"을 들어 보자.

生平欺狂 男女群 (생평기광 남녀군)　　彌天罪業 過須彌 (미천죄업 과수미)
活焰阿鼻 恨萬端 (활염아비 한만단)　　一輪吐紅 掛碧山 (일륜토홍 괘벽산)
한평생 남녀 무리를 속여 미치게 했으니
그 죄업이 하늘에 미쳐 수미산보다 더 크다
산 채로 불의 아비지옥으로 떨어지니 한이 만 갈래나 된다
한 덩이 붉은 해가 푸른 산에 걸렸구나

이러함에도 불구하고 불자들은 그의 말을 믿지 않으려고 한다. 으레 고승들은 초월했다고 하여 거침없이 말을 내뱉는 것이 전통이라면서 안위한다는 것이다. 그러면 성철 스님은 왜 이 엄청난 비밀을 밝혔는가? 그것은 사탄이 석가모니를 통해서 불교를 만들고, 부처를 통해서 간접적으로 경배를 받았으나 이제는 직접 공공연하게 경배받고자 하는 것이 아니고 무엇이겠는가?[9]

1976년에 타계한 중국의 세계적인 석학 린위탕(林語堂)은 불교를 허공에 흩날리는 안개, 신비주의와 형이상학 내세에 천착하는 종교의 범주라기보다는 허무의 바람에 흩날리는 철학의 안개라고 보았다.[10]

"어떤 길은 사람이 보기에 바르나 필경은 사망의 길이니라"(잠 14 : 12).

"큰 용이 내쫓기니 옛 뱀 곧 마귀라고도 하고 사탄이라고도 하며 온 천하를 꾀는 자라 그가 땅으로 내쫓기니 그의 사자들도 그와 함께 내쫓기니라"(계 12 : 9).

"너희는 너희 아비 마귀에게서 났으니 너희 아비의 욕심대로 너희도 행하고자 하느니라 그는 처음부터 살인한 자요 진리가 그 속에 없으므로 진리에 서지 못하고 거짓을 말할 때마다 제 것으로 말하나니 이는 그가 거짓말쟁이요 거짓의

---

9) 류범상, 「왜 성철 스님은 천추의 한을 안고 떠났나?」(서울 : 보냄받은선교회, 1998), pp. 12-33.
10) 박종구, 「그러므로, 오늘 우리는」(서울 : 쿰란출판사, 2017), p. 253.

아비가 되었음이라"(요 8 : 44).

"숨은 것이 장차 드러나지 아니할 것이 없고 감추인 것이 장차 알려지고 나타나지 않을 것이 없느니라"(눅 8 : 17).

"내가 말하기를 너희는 신들이며 다 지존자의 아들들이라 하였으나 그러나 너희는 사람처럼 죽으며 고관의 하나 같이 넘어지리로다"(시 82 : 6-7).

"무릇 이방인이 제사하는 것은 귀신에게 하는 것이요 하나님께 제사하는 것이 아니니 나는 너희가 귀신과 교제하는 자가 되기를 원하지 아니하노라"(고전 10 : 20).

범신론 정리

키르케고르가 「죽음에 이르는 병」(*Die Krankheit zum Tode*)에서 "이교에서는 인간(人間)이 신(神)을 만들었지만 기독교에서는 신(神)이 스스로 자신을 인간(人間)으로 만들었다."라고 말한 것처럼 세상이 무자비하고, 종잡을 수 없는 자연의 폭력에 맡겨져 있다고 믿는 것보다는 제사로 그 노여움을 달랠 수 있고, 찬미와 기도로 축복을 빌 수 있는 신의 질서에 의해 다스려진다고 믿는 쪽이 더 큰 위로와 희망을 줄 수 있다고 생각한 인간의 창작물이 우상숭배, 범신론이다. 이것이 믿기 위한 미신, 필요와 상상력의 조잡한 결합이 만들어 낸 허상이다.

그러므로 상상력과 논리의 저급함, 교의의 바탕을 흔들어 놓는 윤리성의 결여, 잦고 낭비적인 의식과 제례, 사제가 신을 위해 있는 것이 아니라 신이 사제를 위해 있는 느낌, 신성(神性)의 속화(俗化), 민중의 향락심리에 편승한 사제계급의 제단 뒤의 부패와 타락, 터무니없는 미신과 부적의 남용뿐이다. 또한 농경민의 소박한 염원과 무지에서 비롯된 공포의 신격화(神格化) 및 정착생활에서 비롯된 부패하고 혼란한 논리관(論理觀)의 반영이 가나안 신화, 메소포타미아 신화이다. 그리고 우주와 인생에 대한 이해는 치졸하기 짝이 없고 윤리와 규범은 아예 무시되어 방탕과 떠들썩

함, 돌연함과 거칢만 존재한다. 결국 인간의 고통과 결핍, 공포와 원망이 빚어낸 우상에 불과하다. 인간의 절규가 공허한 우주의 벽에 부딪혀 되돌아온 메아리에 불과하다. 그리고 그 메아리에 대한 인간의 황홀한 착각에 지나지 않는다. 그리고 윌리엄 바클레이(William Barclay)에 의하면 "고대 종교는 정도의 차이는 있지만 자연의 생산력을 신성화하고 있었다. 옥수수를 자라게 하고, 포도 열매를 맺게 하며 올리브나무 열매를 거두게 하고, 어린 양을 생산케 하는 일보다 더 놀랍고 신성한 것을 고대인들은 찾아볼 수 없었다. 따라서 그들은 생명력(the life force)을 신성화하였다. 그렇다면 이러한 생명력의 최고 절정을 인간의 생산, 곧 성(sex)에서 찾은 것은 너무나도 당연한 귀결이라 하겠다. 자연히 성은 사원(祠院)들과 밀접한 관계를 맺었다."[11] 그 예로서 여러 고대문명권의 신들을 살펴보자.

1. 히타이트 신들
알라루 — 아누가 섬기던 신(神)
아누 — 천신(天神)
쿠마르비 — 모든 신(神)들의 아버지
테슈브 — 폭풍우 신(神), 황소로 상징
헤바트 — 테슈브의 아내
샤마시 — 테슈브의 아들
텔레피누스 — 테슈브의 아들, 농경 신(神)
우르세마 — 아리나 성의 수호신
이스판트 — 밤의 신(神)
펠와슈 — 마(馬)의 신(神)
할키슈 — 곡물의 신(神)
아르마 — 달의 신(神)

---

[11] William Barclay, (The) Commandments for Today, 이희숙 역, 「오늘을 위한 십계명」(컨콜디아사, 1993), p. 113.

룬터 – 사슴의 신(神)
탈푼타 – 폭풍의 신(神)
샨시카 – 여신(女神)
이나라스 – 전쟁의 여신(女神)
울리쿠미 – 반신반인(半神半人)
기에아 – 알라루의 아들
부루트 – 가이아 신(神)의 아내
우벨루리 – 아틀라스(헬라)와 같은 신(神)
시와트 – 길일(吉日)의 신(神)

2. 이집트의 신들
Amen – 제5왕조 이전의 신(神), 테베의 신(神)
Ament – Amen의 아내
Mentu – 테베의 신(神)
Tefnut – 구름과 습기를 맡은 신(神), Shu와 쌍둥이
Nauor Nen – 원초적 수성(水性)의 신(神)
Nesthar – 호루스의 아들, 사자(死者)의 심판에 관계
Tuamutef – 호루스의 아들, 명부(冥府)에 관계
Ra – 태양신(神)
Mut – Amen – Ra의 아내, 재생산의 신(神)
Herukhuti – 12월의 수호신(神)
Sekhet – 사자(死者)의 여신(女神), 4월의 수호신(神)
Ramman – 폭풍, 번개의 신(神)
Bast – 부바스티스의 수호신, 레즈비언의 여신(女神)
Khensu – Amen – Ra와 Mut의 아들
Hapi – 나일의 신(神)
Ptah – 말씀으로 천지를 창조한 신(神)
Khnemu – 흙으로 인간을 빚은 신(神)
Satet – 제1폭포의 신(神)

Bennu – 헤낸수시(市)의 수호신(神)
Atet – 헤르세프의 아내
Hershef – 태양신의 하나
Aten, Aton – 헬리오폴리스에서 숭배되던 태양신(神)
Orsis – 사자(死者)의 신
Isis – Orisis의 아내   아들 – Horus
Nephthys – 세트의 아내
Set – Seb과 Nut의 아들, 파괴의 신(神)
Ner – hepes – 위대한 신보(神譜)에 든 신(神) : Usert, Khent – Maati
Shu – Tem의 아들, 햇볕과 열과 건조의 신(神)
Seb – 땅의 신(神)
Nut – 하늘의 여신, Seb의 누이이자 아내
Tem – Annu시의 태양신(神)
Heru – Ebfa시의 수호신(神)
Net – 셈계에서 건너온 신(神)
Amthat – 전쟁의 신(神)

에피쿠로스(Epicurus)는 "인간은 공포를 일으키는 많은 현상에 둘러싸여 있기 때문에 영원하고 강력한 신(神)을 만들어 내는데, 그다음에는 그 신(神)이 공포를 만들어 낸다."라고 했다. 고대인(古代人)의 삶은 오늘날 우리들의 그것과는 비교도 안 될 만큼 많은 위험과 공포들에 노출되어 있었다.

3. 수메르 신들
A) 수메르 12신(神)
　남신(男神) × 6
　　안(An) – 신들의 왕, 우주 최고의 신(神)
　　엔릴(Enlil) – 안의 큰아들, 대기의 신(神) – 니푸르의 신(神)
　　난나(Nana) – 달의 신(神), 우르의 신(神)

    엔키(Enki) – 물의 신(神), 지혜의 신(神), 에리두의 신(神)
    우투(Utu) – 정의의 신(神), 태양신(神), 나르사의 신(神)
    이시쿠르(Ishkur)
  여신(女神) × 6
    안투(AnTu) – 안의 부인
    닌릴(Ninlil) – 엔릴의 부인
    닌키(Ninki) – 엔키의 부인
    닌갈(Ningal) – 난나의 부인
    인안나(Inanna) – 난나의 딸 – 사랑과 전쟁의 신(神), 우르트의 신(神)
    닌후르상(Ninhursag) – 안의 딸, 산기슭, 언덕의 신(神)
* 총 신(神)의 수(數) – 3,600개
* 현재까지 이름이 알려진 신(神)의 수(數) – 2,000개[12]

B) BC 25세기에 확정된 수메르 신(神) 계보
  운명을 결정하는 일곱 명의 큰 신(神)
            안(An) – 하늘의 신(神)
            엔릴(Enlil) – 대기의 신(神)
            엔키(Enki) – 지하수의 신(神)
            난나(Nana) – 달의 신(神)
            우투(Utu) – 해의 신(神)
            인안나(Inanna) – 전쟁의 신(神)
            아다드(Adad) – 천둥의 신(神)[13]
C) 각 요일을 나타내는 신(神)
            일요일 – 우투
            월요일 – 난나
            화요일 – 구갈란나(하늘의 황소)

---

12) 조철수, 「수메르 신화」(경기 : 서해문집, 2003), p. 37.
13) 조철수, 「고대 메소포타미아에 새겨진 한국신화의 비밀」(서울 : 김영사, 2003), p. 89.

수요일 – 엔키
목요일 – 엔릴
금요일 – 인안나
토요일 – 니누르타(폭풍의 신)[14]

4. 바벨론 신들
Sin – 월신(月神)
마르둑 – 바벨론의 최고신
아후라 마즈다 – 조로아스터교의 선신(善神)
티아마트 – 해신(海神)
엔키(Enki) – 샘의 신, 물을 상징
엔릴(Enlil) – 대기의 신
에아(Ea) – Enki와 동일신
안(An) – 천신, 아누라고도 함.
나무(Nammu) – 바다를 상징, 여신
닌구르삭(Ningursag) – 대지의 여신
아루루(Aruru) – 인간을 창조한 여신
이난나(Inanna) – 수메르 여신
둠치(Dumzi) – 수메르 여신
니다바(Nidaba) – 구페아시의 수호신
우투(Utu) – 명부의 여신
에레쉬키갈(Ereshkigal) – 명부의 여신
닌슈부르(Ninshubur) – 수메르 신(神)
난나(Nanna) – 수메르 월신(月神)
게쉬티난나(Geshitinana) – 둠치의 여동생
네르갈 – 구다인의 신
신(Sin) – 난나슈엔의 다른 이름

---

14) 조철수, 「메소포타미아와 히브리 신화」(길, 2000), p. 57.

닌마(Ninmah) – 지하세계의 여신
아삭(Asag) – 땅속의 악신
닌누트라(Ninutra) – 남풍의 신
닌시킬라 – Ningursag와 동일신(神)
닌무 – 대지의 어머니, 니투와 엔키의 딸
닌쿠라 – 엔키와 닌무의 딸
닌릴(Ninlil) – 엔릴의 아내
누스쿠(Nusku) – 중재의 신
샤론(Charon) – 죽음의 강을 건너게 하는 뱃사공
슈칼레투타 – 이난나의 남편
이슐라누(Ishullanu) – 수목의 신
사르파니투(Sarpanitu) – 물의 신
남타르(Namtar) – 죽음을 가져오는 악신
아수슈나미르(Asushunamir) – 축복, 광명의 신
압수(Apsu) – 신들의 아버지
티아마트(Tiamat) – 압수의 아내
라크무(Lakhamu) – 압수의 딸
뭄무(Mummu) – 구름의 신
안샤르(Anshar) – 천신(天神)
키샤르(Kishar) – 대지의 여신(女神)
누디무드(Nudimud) – 아누의 아들
아누(Anu) – 천신(天神)
담키나 – 마르둑의 어머니 여신(女神)
마르둑 탐무즈(Tammuz) – 농경의 신, 아쉬타르의 남편
이쉬타르 시두리(Siduri) – 죽음의 바닷가의 주막의 여주인 신(神)
아수르 – 마르둑이 앗시리아에서 변형된 신(神)
하다드(Hadad) – 폭풍과 비의 신(神)
나부(Nabu) – 정체불명의 신(神)

바벨론의 신화는 신들의 모반, 근친상간 같은 비윤리성과 잔혹, 변덕, 편

애, 독선 따위의 악덕에 젖어진 신화이다. 수메르의 신들은 3천 6백 개나 된다. 여기서 바벨론, 앗수르, 가나안 신들로 이름만 바꾸어 생겨났다.

5. 인도인들의 신들
디아우스(Dyaus) – 천계(天界)의 주재자
바루나(Varuna) – 창공, 우주질서의 신
미트라(Mithra) – 빛, 지혜, 광명의 신
수리야(Surya) – 해, 태양신
우샤스(Usas) – 새벽의 여신(女神)
사비트르(Savitr) – 태양신
인드라(Indra) – 우레, 최고의 수호신
마루트(Marut) – 폭풍우, 비의 신
아그니(Agni) – 불의 신
야마(Yama) – 죽음, 명계의 신
가우리 – 믿음의 신
두드라 – 폭우의 신
바이유 – 산들바람의 신
루드라(Rudra) – 참, 진실의 신
리타(Rita) – 도덕, 질서의 신
박(Vac) – 달변의 신
쿠베라(Kubera) – 부의 신

인도의 신들도 아득한 옛날 페르시아의 신들과 함께 출발한 아리안계의 신들로서 자연력의 소박한 신격화로부터 인간의 공포와 무지 속에서 태어나 무력감과 원망 속에서 자라났을 뿐이고, 일원화(一元化)로 성숙하여 인격화(人格化)로 완성되지만 결국은 논리 때문에 노쇠하고 지식 때문에 죽어 갈 뿐이다. 석가모니는 조상들의 추상적인 범신론 신앙을 위장된 무신론으로 바꾸었다.

6. 그리스의 신들

제우스 – 주신, 그리스 전체를 지키는 신
        상징 : 번개
헤라 – 제우스의 아내
        상징 : 공작과 석류

A) 제우스가 다른 여신과 사이에서 낳은 신
   아테나 – 아테네의 수호신
        상징 : 올빼미와 올리브
   아폴론 – 태양과 음악의 수호신
        상징 : 월계수와 하프
   아르테미스 – 사냥의 여신,
        아폴론의 쌍둥이 남매
        상징 : 활과 화살
        처녀의 수호신
   아프로디테 – 미의 여신
        상징 : 여체 자체
   헤르메스 – 상인과 도둑의 수호신
        상징 : 날개가 달린 지팡이

B) 제우스와 헤라 사이에 낳은 신
   헤파이스토스 – 아프로디테와 결혼
        대장장이의 수호신
        상징 : 망치

C) 제우스의 형제의 신
   포세이돈 – 바다의 신
        상징 : 삼지창

D) 기타 그리스 신들
   아레스 – 전쟁의 신

헤스티아 - 가정의 여신
데메테르 - 곡물과 수확의 여신
디오니소스 - 술의 신
아클레피오스 - 의술의 신
에로스 - 사랑의 신

7. 기타 지역들의 신들
그모스 - 모압인들의 신(神)
몰렉 - 암몬인들의 신(神)
키벨레 - 소아시아의 곡물신
아티스 - 소아시아의 목양신
엘가발 - 에메사의 태양신
요브 - 제우스가 중근동에서 변영된 신
하몬 - 카르타고인들의 신
못 - 페니키아인들의 신
아낫 - 페니키아인들의 곡물신
아타나아피이야 - 애기나의 월신(月神)
밀곰 - 암몬인들의 신(神)
아시마 - 하맛인들의 신(神)
니브하즈 다르닥 - 이와인들의 신(神)
아드람멜 아남멜렉 - 스박와임인들의 신(神)
Dagon - 곡물 신(神) : 유프라테스 상중지방의 고대신(神)
Ashera - 엘의 아내였다가 바알(Baal)의 아내
Anath - 엘의 아내였다가 바알(Baal)의 아내
Yam - 해신(海神), 70개의 머리를 가진 용, 엘의 장자
Mot - 명계(冥界)의 신(神), 바알(Baal)을 죽임

8. 로마의 신들 - 20만 개나 된다.
헤겔은 "그리스의 신은 소박한 직관과 감각적 상상의 대상이었다. 그러므

> 로 신의 형상은 인간의 육체적 형상이었다."라고 했다.

2) 초월신론(또는 일신교〈monotheism〉: 유대교〈Judaism〉, Islam)

초월신론은 철학적으로 신은 세계를 초월할 뿐 내재하지 않는다는 주장으로서 자연신론(naturalism), 즉 자연화된 형태(desuper-naturalized form)의 유신론이라 할 수 있다. 여기서 신은 세계를 초월해 있으면서 단지 자연법칙과 도덕법칙만으로 세계에 관여하며 대표적인 예가 18세기의 이신론(deism)이다. 종교적으로는 유대교[15](유대교의 근본 사상은 모세의 법규〈토라〉를 배우고 지키는 사람이 구원받는다.), 페르시아의 조로아스터교, 이슬람식 신관이다. 이것은 하나님의 초월을 지나치게 강조한 나머지 하나님의 내재를 부인한다. 하나님이 세상을 창조하신 후, 이 세상이 타락하자 더 이상, 이 더러운 타락한 세상에 개입하지 않고 하늘 꼭대기에 혼자 고고하게 앉아 있다는 것이다. 그러니까 이 세상, 고장 난 우주를 고칠 수 있는 신이 있는데 그가 이 세상에 오지 않는다. 내재하지 않는다. 이러한 이슬람의 신관을 부재주의 신관이라 한다. 실제로 역사와 세상 속에서 구원의 손길을 내밀지 않는다. 내재가 없으니까 완전히 숙명론자의 인생관이 된다. 이것은 시계공이 시계를 만들어 태엽을 감아 돌아가도록 던져 놓는 것과 마찬가지이다.[16]

그러나 완전한 숙명주의는 우리 인간을 한시도 존재하지 못하게 한다. 숨 막히는 것이다. 그러니까 거기서 구원이 논의되는데 구원할 수 있는 신이 있는데도 그가 구원하러 내려오지 않으니 이 역시 자력 구원이다. 신의 계명에 완전히 순종해서, 또는 메카에 순례를 해서, 또는 금식을 하며 하루 다섯 번씩 기도를 해서 얻는 자력

---

15) 밀턴 스타인버그는 "대리구원이란 있을 수도 없으며 있지도 않다. 인간은 개인 각자가 자신의 영혼을 구원해야 하는 것이다."라고 했으며, 중세 최고의 유대인 성서학자 나흐마니데스는 "유대인이든 죽은 다른 어떤 사람이든 하늘과 땅을 만드신 창조주가…… 유대인 여자에게 태어나서는…… 후에 적들의 손에 넘어가…… 죽임을 당했다고 믿을 사람은 아무도 없을 것입니다."라고 했다.

16) Martyn Lloyd Jones, *Revival*, 서문강 역, 「부흥」(서울 : 생명의말씀사, 1988), p. 47.

구원이다. 왜냐하면 신이 내려와서 구원하지 않기 때문이다. 그래서 이슬람에서는 하나님의 심판 자리에 있는 큰 저울에 선행과 악행을 올려놓았을 때 어디로 기울어지는가에 따라 지옥과 낙원으로 연결된다고 주장한다. 참고로 유신론은 종종 일신교(monotheism)와 동일시되는데 원래는 신의 인격적 속성을 믿는 신앙이다. 일신교 외에 고대 그리스와 고대 로마 신들처럼 다수의 인격신을 가진 다신교(polytheism)나 단일 부족을 보호하는 부족신의 양태로 나타나는 단일신교(henotheism)도 여기에 속한다.

3. 이슬람교의 예수 이해

꾸란(코란)은 예수에 관하여 긍정적인 면을 많이 가르치고 있다. (15개 수라〈장〉에 걸쳐 93절에서 예수에 대한 기록을 남기고 있다.) 다른 종교들, 즉 불교 또는 힌두교와는 달리 꾸란 속에는 예수에 관한 많은 가르침에도 불구하고 결정적으로 예수의 하나님의 아들 됨과 십자가의 죽음을 부인함으로써 완전히 다른 예수를 증거하고 있다. 꾸란에서 주장하는 예수에 관한 주장들을 몇 가지 살펴보자.

첫째, 꾸란의 예수에 관한 자료이다. 꾸란에는 '예수'라는 기록이 많이 나타난다. 꾸란 전체 114장(수라) 가운데 3장은 예수에 관한 장이며, 전체 15장에서 93구절이 예수에 관하여 언급하고 있다. 여기의 내용들은 예수를 존경과 경외심을 갖게 하도록 기록되어 있고, 이슬람 정신에 근거하여 부정적 비판이 없다. 그러나 꾸란에서 예수는 가장 우선적인 예언자들 7명, 즉 아담, 노아, 아브라함, 모세, 다윗, 예수, 그리고 무함마드 중의 한 예언자이다. 꾸란은 예수와 마리아의 인성만 강조하고 삼위일체 교리에서 예수의 하나님 독생자 됨은 배척하고 있다. 즉, 예수의 신성은 인정하지 않는 것이다.

둘째, 예수(Isa)라는 칭호의 의미이다. 꾸란에서는 예수라는 이름에 구원론적 의미를 부여하지 않는다. 왜냐하면 이슬람교에서는 구원자를 필요로 하지 않기 때문이다. 죄를 해결해 주는 대속자를 필요로 하지 않는다. 메시야(알마시흐)라는 칭호를 예수께

부여하나 여기에는 하나님의 주권과 하나님의 뜻 안에서 인간의 죄를 대속하는 속죄적 의미는 결여되어 있다. 또한 말씀(칼리마)이라는 칭호도 부여하나 성육신적 의미 없이 마리아에게 내려진 말씀이다.

"마리아의 아들 메시야 예수 그리스도는 알라의 선지자이자 마리아에게 주신 알라의 말씀이며 알라의 영이시다"(꾸란 4 : 171).

셋째, 예수의 탄생과 공생애이다. 이슬람교에서 처녀의 예수 잉태(꾸란 3 : 45, 3 : 47)에 의한 탄생은 예수의 죄 없음과 유일성이 배제되고 있다. 예수는 아담보다 낮은 위치에 있으며, 신성을 철저히 배제당한다. 예수는 하나님으로부터 보냄을 받은 예언자, 메시야, 말씀, 종, 영으로서 하나님께 순종한 올바른 자 중의 한 사람(꾸란 3 : 45), 심판 때 증인(꾸란 4 : 159), 하나님의 능력을 힘입어 기적을 행한 자(꾸란 3 : 49), 현세와 내세에 존경받을 만한 저명한 사람(꾸란 3 : 45)이며, 예수는 모세와 무함마드의 중간 역할을 하는 자, 즉 모세의 율법과 무함마드의 꾸란을 연결하는 역할을 하는 예언자로 이해되고 있다. 즉, 꾸란에서 예수는 예언자일 뿐이며, 대

모슬렘(Moslem)의 5가지 계명(오주<五柱> : 다섯 기둥)
1. 알라(Allah)가 참신이며, 마호메트(Mahomet)는 그의 사도라는 신앙고백(Shahada)을 한다.
2. 하루에 5번씩(기도 시간은 하루 전에 사우디아라비아 메카<Mecca>에서 시간을 정해 세계 모든 모슬렘<Moslem> 국가에 타전한다. 주로 해질 때<Maghib>, 밤<Isha>, 새벽<Fajr>, 오전 12시경<Zuhr>, 오후 3시경<Asr>) 메카를 향해서 기도한다(Salat).
3. 1년에 한 달씩 낮에만 금식하여 가난한 자의 고통에 동참(Sawm)한다. 이슬람 음력 9월(Ramadan) 한 달 동안 해 뜰 때부터 해질 때까지 음식, 음료, 담배, 성관계, 욕설, 화내는 것을 금지한다.
4. 구제에 힘쓰며(Zakat) 자신을 살펴본다. 가난한 사람들을 위해 매년 수입의 2.5%를 구제에 사용해야 한다(구빈세). 의무규정이지만 액수가 많지 않기 때문에 이와는 별도로 자발적인 회사인 Sadayan를 많이 낸다.
5. 평생에 반드시 한 번은 성지 메카를 순례(Haji)한다.

속적 역할은 인정되지 않고 거부되며, 하나님 아버지와 하나님 아들의 유일한 관계 또한 거부되고 있다.

넷째, 예수의 십자가 죽으심이다. 이슬람교 전통에는 예수의 죽음에 대한 몇 가지 이해가 있는데, 첫째는 십자가에서 예수가 죽지 않고 가룟 유다가 대신 처형당하였다는 것이다. 예수를 체포하는 자들이 체포 장소에서 예수를 닮은 형상을 한 가룟 유다와 혼동을 해서 유다를 체포했고, 예수는 도망하여 십자가의 처형에서 구출되었다는 것이다. 또는 이 사람이 유다가 아니라 구레네 사람 시몬이었다는 설(說)도 있다. 둘째는 예수가 십자가에는 달렸지만 죽지 않았고, 죽은 줄 알고 무덤에 안치되었지만 무덤에서 회복되어 인도 북서쪽에 있는 카슈미르(Kashmir) 지역까지 전도하러 가서 카슈미르에서 죽었고, 그 무덤이 지금도 있다는 주장이다.

결론적으로 이슬람교는 어느 종파든 간에 기독교 신앙의 가장 핵심인 예수의 십자가 죽음을 정면으로 부인하고 있다. "예수에게 부여한 진정한 사명은 피의 희생을 통한 죗값의 보상이나 속죄를 통한 구원이 아니라 신의 가르침의 순수한 원리에 의해 올바른 인도로 인류를 구원하는 것이었다고 본다. 이슬람 전통에서의 구원관은 죄지은 자가 회개와 참회를 통하여 하나님께 용서를 구하고 유일신 하나님께 귀의함으로써 구원된다는 것이다. 어떤 중보자가 타인의 대속을 위해 희생한다고 보지 않는다."[17] 그런데 이슬람 역사에는 초기 칼리프에 대하여 대단히 비판적인 태도를 갖고 저항과 혁명적 변화를 추구하는 시아파의 운동 중에 구세주(Mahdi)가 나타나서 지상에 순수한 이슬람을 회복하게 될 것임을 예고하는 마디즘운동도 있기는 하다.

"예수가 십자가에서 죽지 않았다는 것, 정죄받은 죽음이 없었다는 것, 인류의 죄를 대신 지지 않았다는 것, 부활이 없다는 것, 승천이 없다는 것, 대속이 없다는 것을 성립시켜 놓으면 기독교 신앙의 모든 구조는 무너지고 만다."[18]

---

17) 손주영, "이슬람 전통에서 보는 그리스도교-꾸란 속의 예수를 중심으로," 「종교신학연구」 6(서울 : 서강대학교종교신학연구소, 1993).

18) Mohammad Zafrullah Khan, *Deliverance from the Cross*, p. 89.

이슬람교의 다른 종파보다 과격한 아흐마디야파[19]는 예수가 아닌 다른 제자가 십자가에서 죽었고 예수의 무덤이 있다고 주장함으로써 예수의 재림을 향한 기대도 없애고 있다. 이와 같이 이슬람교에서는 하나님의 의를 알지 못하고 불의하게 사는 자에게 하나님의 의는 심판으로 나타난다. 하나님은 죄 없고 깨끗한 예수에게 다른 사람들의 죄를 대신하게 할 수가 없다는 것이다. 하나님의 악과 불의에 대한 의는 고통을 당하는 순결한 죽음에서 나타날 수 없다는 것이다.

이슬람(Islam)은 무엇을 믿는가? 육신(六信)

1. 유일신 – 이슬람의 가르침 중 가장 중요하고, 우선적이며, 기본적인 신앙이다. 그래서 무슬림들은 언제 어디서나 "알라후 아크바르"(알라는 가장 위대하다.), "라 일랄라 일라하"(알라 이외에 신은 없다.)라는 구절을 외운다. 그러나 알라에 대한 실상은 이러하다. BC 2000년 무렵 메소포타미아로부터 사우디아라비아로 바벨론의 신들(니므롯, 세미라미스, 담무스)이 유입되었고, 사막 지역이라는 환경 때문에 달신 세미라미스를 최고의 신으로 숭배하기 원했다. 그런데 아라비아는 남성 중심의 문화였기 때문에 여신의 이름을 지우는 대신 남자 신인 바알(Baal)의 이름을 달신의 이름으로 붙였고, 이때부터 바알은 아라비아식 이름 후발(Hubal)로 바뀌어 이 지역 최고의 신으로 정착했다. 그러다 후발을 부를 때 그 이름 대신 신(God)이라는 의미의 'Al-llah'를 사용했고 이것이 고착되어 알라(Allah)가 되었다. 그러므로 이슬람에서는 알라를 유일신 하나님의 이름이라고 주장하지만, 실상은 이슬람교가 창시되기 오래전부터 중동 지역에서 숭배받던 달신의 호칭이다.[20]

---

[19] 아흐마디야파 이슬람에서는 마호메트가 마지막 예언자이고 그 이후 어떤 예언자도 더 이상 오지 않는다고 본다. 그러나 19세기 이란의 바하올라는 자신이 마호메트 이후 마지막 예언자라고 주장하며 바하이교를, 파키스탄의 아흐마드 역시 마지막 예언자임을 자칭하고 마흐마다야라는 종파를 이루었다. 이슬람에서 이들 종파는 이단이지만 지금도 소수종단을 이루며 이란, 인도, 파키스탄 등지에서 명맥을 유지하고 있다.

[20] 황용현, 「여자의 후손」(경기 : 아미출판사, 2022), p. 112.

여기에다 돌을 여신으로 숭배하던 토속신앙을 차용해서 흑석(Black stone) 숭배를 달신 알라 숭배와 동일시한다.[21]

2. 천사들 – 천사, 사탄, 귀신(Jinn)과 같은 눈에 보이지 않는 형이상적 존재에 대한 믿음을 갖고 있다.
   * 계시의 천사 가브리엘, 심판의 천사 미카엘 등이 있다.

3. 경전들 – 마호메트의 꾸란, 모세의 율법, 다윗의 시련, 예수님의 복음서를 인정한다.
   * 그러나 꾸란으로 하나님의 최종적 뜻이 완성되고 집대성되었다고 보기 때문에 나머지 것은 그대로 받아들이지 않는다.

4. 예언자들 – 여러 민족에게 각 시대에 보내진 예언자의 총수는 124,000명인데, 꾸란에는 25명의 이름이 언급된다(아담, 노아, 아브라함, 이스마엘, 모세, 예수, 마호메트 등).
   * 그러나 마호메트가 마지막 예언자라고 믿는다.

5. 내세와 최후 심판 – 최후 심판 날이 다가오면 모든 생명들이 부활하여 현세에서의 모든 행동이 선행과 악행의 경중에 따라 천국과 지옥의 응벌로 나뉜다.

6. 정명(定命) – 우주의 법칙과 인간의 삶이란 본질적으로 알라가 정해 놓은 명에 따라 움직인다.
   * 그러므로 알라의 뜻에 완전히 순종해야 한다.

또한 인간의 죄에 있어서도 원죄의 개념이 없다. 인간은 약하지만 하나님과의 관계에서는 올바로 출발한다. 오신오행(五信五行)의 철저한 규범적 삶과 공동체에 적응함에 따라 인간은 그의 약함을 극복해 나갈 수 있다는 신앙이다. 따라서 본래적 인간 이해에 있어서도 하나님의 진노와 의의 해결, 하나님을 만족시키는 대속이 필요하지 않다. 무함마드는 예수를 존경받는 예언자로 받아들였지만, 세상 죄를 지고

---

21) Ibid, p. 219.

가는 어린양의 대속적 역할을 하는 분으로는 이해하지 못하였다. 경건한 예언자로 하여금 하나님이 고통스러운 죽음을, 수치스러운 처형의 죽임을 당하게 할 수는 없었을 것이라며, 이러한 주장을 불의로 이해한 것이다. 즉, 십자가가 하나님의 구원의 길이라는 것이 이슬람교에서는 용납되지 않는 것이다.

일부 모슬렘 학자들 중에는 예수가 죽임을 당하지 않고 하나님께로 올려졌다고 이해한다. 즉, 예수가 살아서 승천했다고 이해한다(압둘라 유수프 알리〈Abdullah Yusuf Ali〉). 그리고 그 예수는 최후 심판일에 재림하여(꾸란 43 : 61, 4 : 159) 그때 그의 이름 아래 전개된 모순된 교리들을 파괴하고 꾸란의 올바른 길, 전 우주적인 이슬람을 받아들이기 위한 길을 준비할 것이라고 주장한다.

다섯째, 예수와 하나님과의 관계이다. 꾸란에는 예수가 하나님의 아들 됨에 대한 강한 배척과 정죄가 있다. 부정적 의도의 아들 칭호가 여러 차례 나온다. 꾸란에는 하나님이 아들을 둘 수 없다는 구절이 반복된다. "알라는 자신이 아들을 낳는 것을 금한다.", "알라께서 아들을 취하신다는 것은 있을 수 없는 일이다." 이와 같이 예수의 하나님의 아들 됨을 거부함으로써 예수를 단지 이스라엘 민족에게 보내어진 예언자로 좁혀 이해하고 있으며, 예수를 하나님의 아들이라 하는 것은 정죄받을 죄(shirk)로 이해한다.

이슬람에서 죄는 하나님만이 할 수 있는 능력을 다른 사람에게 부여하는 것이다. 인간은 다 하나님의 종이며, 아무도 하나님과 같은 권세를 누릴 수 없다. 죄는 하나님과 같은 위치에 다른 신을 두고 예배하는 것이다. 아무도 하나님의 동반자로 동격을 누릴 수 없다. 그러므로 예수를 하나님과 같이 예배하는 것은 죄이다. 죄는 하나님 이외에 다른 신 또는 사람에게 의존하는 것, 즉 하나님 외에 다른 것을 의지하고 신뢰하는 것이다. 이슬람 관점에서 기독교인은 죄(shirk)를 범하고 있다. 왜냐하면 예수를 하나님의 아들로 칭하고, 그가 전지전능하며, 그의 이름으로 하나님께 나아가고, 그를 절대적 중개자, 중보자로 받아들이기 때문이다. 이런 배경에서 꾸란의 우상숭배자들에 대한 정죄는 당시 아랍 세계의 다신주의자들뿐만 아니라 기독교인에게도 해당된다. 모슬렘들에게 예수는 완전히 축복받은 인간으로, 하나님의 인정받은 예언자로 기억되며 전승된다. 그러나 예수를 하나님과의 관계에서 하나님과 같은 자리에 전혀 두지 않는다. 하나님의 아들이란 고백은 모슬렘들의 거룩한 저항과 투쟁의식을 불러일으킬 뿐이다. 이것을 '지하드'라고 한다.

결론적으로 이슬람교에서 예수는 도덕적으로 이상적 모델이며, 가난한 자들에게 큰 위로가 되는 거룩한 삶을 살았던 예언자일 뿐이다. 철저한 유일신 교리에 근거하여 예수를 인간 이상으로 보지 않으며, 속죄, 대속의 교리는 철저히 배제하고 있다.[22] 연장선상에서 이슬람에는 결코 중보자의 개념이 없다. 무함마드도 알라의 최고 피조물이며, 알라의 선지자일 뿐이다. 알라와 인간 사이에 중보자를 두고 그에게 도움을 요청하고 그 중재를 신뢰하는 자를 배교자로 본다.

"나의 생명과 나의 죽음 모두가 만유의 주님이신 알라를 위해서이다 …… 나는 그분께 순종하는 자 가운데 첫 번째 사람이다"(꾸란 6 : 162-164).

"알라 외에는 다른 신을 경배하지 아니하고 그 어떤 존재도 알라의 파트너로 연관시키지 않으며…… 알라의 유일성을 믿는 무슬림임을 지켜보라"(꾸란 3 : 64, 4 : 116).

"…… 나는 다만 계시된 것을 따르는 자로 분명한 경고자에 불과하니라"(꾸란 46 : 9).

무함마드의 생애
- 570년 메카에서 출생하여 어린 나이에 부모님을 여의고 할아버지의 보살핌 안에서 자라다가 작은아버지 집에서 성장함.

---

[22] 이슬람연구소, 「무슬림은 예수를 누구라 하는가?」(서울 : 예영커뮤니케이션, 1995), pp. 9-55.

- 12세 때 작은아버지를 따라 대상(隊商)의 일원으로 시리아에 가서 유대교와 기독교를 접함.
- 청년이 되었을 때 메카의 부유한 미망인 카리자의 장사 관리인으로 들어가 팔레스타인에 자주 가게 되고 사업 파트너인 기독교도와 유대인을 통해 그들의 세계관과 신앙관을 배움.
- 25세 때 15살 연상인 카리자와 결혼해서 파티마라는 딸을 낳음.
- 메카 부근 히라 동굴에 들어가 사색과 명상. 15년 후 40세 때 610년 9월 천사 가브리엘에 의해 첫 계시를 받음. 그 계시는 그의 제자 "자이드 빈 사비트"가 기록하여 꾸란이 됨. 세상을 떠날 때까지 23년간 계시를 받음. 무함마드는 문맹자로 꾸란의 내용을 외워서 추종자들에게 알려 줌(총 114장 6,239절).
- 어느 날 밤, 가브리엘 천사의 보호를 받으며 예루살렘에 가서 '알바락'이라는 백마를 타고 하늘에 올라감. 일곱 개의 천계(天界)를 보고 깨달음을 얻은 후 메카로 돌아옴.
- 622년 9월 24일(AD 622. 7. 15.) 무함마드가 53세 때 70명의 신자와 함께 메카에서의 핍박을 피해 메디나로 활동무대를 옮김(Hegira, 성천)
- 630년 메카를 정복(정복의 해), 631년 메카의 여러 부족들이 개종을 약속함(대표단의 해).
- 631년 노구를 이끌고 메카 순례(하즈), 고별 연설
- 632년 6월 8일 62세로 마지막 아내 아이샤(Aisha) 곁에서 죽음. 코란 47장에 무함마드는 죄인이라고 언급되어 있음. 메디나 알 마스지드 안 나 바위에 그의 묘가 있다.
- 마호메트의 죽음을 현실로 받아들일 수 없었던 동료 우마르가 밖에서 임종을 기다리는 공동체를 향해 "우리의 예언자는 죽지 않았다. 만약 마호메트가 죽었다고 말하는 사람이 있다면 내 칼에 목이 남아나지 못할 것이다."라고 외쳤다. 그 순간 맏형격인 아부 바크르가 우마르를 달래면서 "그분은 돌아가셨다. 다시는 살아 돌아오시지 않을 것이다. 우리처럼 그분의 몸은 흙이 되어 썩어 사라질 뿐이다."라고 말했다.

4. 이신론 비판

이신론(理神論)이란 자연신론(自然神論)이라고도 불리는 사상으로 17세기 중엽부터 18세기 중엽까지 주로 영국에서 자연종교를 주장한 이성주의(理性主義) 사상가들에 의해 체계화된 사상이다(Herbert, Toland, Hobbes). 비록 체계화되지는 않았으나 이미 오래전부터 광범위하게 인간 마음을 지배하던 사상으로 1632년 태어난 스피노자가 주장했다. 그는 성경 속의 모든 초자연적인 사건들을 이성으로 제거하기 시작했고 예수를 하나님의 아들이 아닌 단순한 도덕 선생으로 전락시켰다. 그리고 하나님은 존재하되 이 세상에 "법칙"만을 허용하셨을 뿐 그는 세상 밖에 계시므로 초자연적인 개입과 계시는 없으며 하나님이 확립한 법칙만이 존재할 뿐이라고 주장했으며 로베스피에르(Maximililen Francois Marie Isidore de Robespierre)가 제도화했다. 유신론은(theism) 무신론(atheism)과 달리 인간과 우주를 만드신 창조주로서의 하나님의 존재를 믿는다.

그러나 그들이 믿는 하나님은 창조 사역이 끝난 후, 피조계가 그 자체에 내재된 법칙에 따라 움직이도록 버려두시고 전혀 간섭하지 않으시는 하나님이시다. 다시 말하면 이신론자(deist)는 하나님이 우주를 창조한 뒤에 퇴장했다고 믿는 사람으로 하나님께서 우주를 거대한 시계처럼 감아 놓고 저절로 똑딱똑딱 움직이도록 내버려 두었다고 믿으며, 하나님이 저 멀리 동떨어져 계신 무관심한 분이라고 믿는다. 이러한 생각을 보통 '기계론적 세계관'이라고 부르며 근대적 사고의 핵심이다. 그러나 그것은 증거로 볼 때 사실이 아니다.

하나님은 피조 세계를 다스리시고 섭리하시는 존재가 아니라 우주는 그 운동 법칙에 따라, 인간은 도덕률에 따라 살 수 있게 하심으로 전혀 간섭하지 않는다는 신관(神觀)에 따라 이성을 초월하는 모든 것을 거부하는 것이 바로 이신론(理神論)이다. 이신론자들은 이성으로 납득할 수 없는 모든 것은 다 거부했다. 이적은 불가능한 것으로, 삼위일체는 터무니없는 것으로, 그리고 예수는 단지 인간일 뿐인 존재로 생각했다. 결국 서구 계몽주의의 발달로 이성과 계시 간의 불안전한 평화(平和)가 무너지고 공공연하게 대립하게 되었다. 데카르트(René Descartes)는 유기체적 세계는 신으로부터 운동하게 되었지만 이는 결국은 살아 있지 않은 기계이며, 전적으로 인과율(因果律)에 의해 지배된다고 보았다. 라이프니츠(Gottfried Wilhelm von Leibniz)는 세계는 유기적이며 살아 있는 단자(monad)들에 의해 존속한다고 보았다. 그래서 그는 이렇게 말했다. "신은 실체들을 창조하고 필요한 법칙을 부여한다. 그리고 그다음에는 그 법칙들을 그들 자체에 맡기고 그들 자체에 대한 작용 가운데서 유지되게 하는 일 외에는 아무 일도 하지 않는다." 미국의 건국의 아버지라고 하는 토머스 제퍼슨은 "예수님의 기적은 천박한 무지, 그리고 거짓"이라 폄하하였고, 복음서에서 기적을 묘사한 구절을 모두 오려 낸「제퍼슨 성경」을 출간했다. 벤자민 프랭클린은 "나는 예수님의 신성을 완전히 믿을 수 없다. 그리고 그것 때문에 굳이 부산을 떨 생각도 없다."라고 했다. 이들이 주축이 되어 작성한 미국의 독립 선언서에는 '자연의 하나님'이라는 표현을 사용했다. 이것은 기독교의 하나님이 아니라 이신론자들의 하나님을 가리킨다.

이렇듯 이신론은 기독교를 과학적 합리성과 조화시키려는 좋은 의도에서 시작했으나 결국은 이성(reason)을 새로운 신으로 받아들이게 되었다. 그래서 이신론(deism)은 인류를 신으로 숭배하는 '인류교'(Religionde l'Humanité)처럼 기독교를 인간 중심적이고, 과학적 종교로 개조하려는 이단적 이론이다. 이들에게는 신의 개입에 의한 기적 같은 것은 불가능할 뿐만 아니라 필요도 없다. 왜냐하면 이들의 하나님은 세계를 창조했지만, 완벽하게 설계해서 정해진 법칙에 따라 질서 정연하게 움직이게 해 놓았기 때문에 인격적 존재일 필요가 없는 것이다. 그럼으로써 이신교도들은 엄숙한 도덕을 획득하고 거룩한 종교를 버렸다. 그래서 19세기 영국의 대표적 신학자 존 헨리 뉴먼(John Henry Newman, 1801-1890)은 "물리신학, 자연신학(natural theology)은 그 본성상 올바른 기독교에 관해 한마디도 할 수 없다. 그것은 결코 기독교적일 수 없다."라고 했다. 초기 이신론자는 허버트(Herbert), 블라운트(Blaunt), 콜린스(Anthony Collins)이고, 후기 이신론자는 톨랜드(John Toland), 틴달(Matthew Tindal), 볼링브로크(Bolingbroke), 울러스톤(William

Wollaston), 마간(T. Magon) 등이 있다.

결론적으로 범신론이든지 초월신론이든지 모든 종교들은 전부 자력 구원론이다. 그러니까 이런 신관은 궁극적으로 신의 존재를 완전히 부인하는 무신론적 인본주의와 다를 바가 없다. 결국 인간은 자기 손에 달려 있다. 인간은 자기 운명을 개척해야 하고, 자기 스스로 구원을 하든지 말든지 해야 한다. 인간이 자기 손에 달려 있다니 이 얼마나 비논리적이고 위로가 없는 처절한 말인가! 종교만 그런 것이 아니고 문명도 마찬가지이다. 자본주의, 공산주의, 과학주의, 모든 것이 그렇다. 지식을 많이 개발해서 한 사람을 잘 교육시키고 과학기술을 많이 발달시키면, 인간이 풍요로워지고 세계평화가 이루어지며 인간성이 회복되어 서로 사랑하고 잘 살아서 구원에 이르는 것으로 이해하는 것이 인본주의적인 인간 구원의 길이다. 그러나 인간의 지식을 아무리 개발해 보아도 구원은 없다. 왜냐하면 인간적인 것은 피조물의 제한성으로 특징되고 불완전하기 때문이다. 그래서 인간의 힘이나 인간의 지식, 선행으로는 도저히 구원을 이루어 낼 수 없다.

결국 구원은 하나님께 달려 있다. 하나님이 나 몰라라 해 버리면 구원은 일어나지 않는다. 그러나 우리의 하나님은 사랑의 하나님이시기 때문에 우리를 외면하지 않으신다. 구원은 하나님께만 있다. 우리 밖에서(초월), 우리를 위해서(내재) 구원의 힘이 와야 한다. 즉, 우리 밖의 무한한 힘을 가진 초월자로부터 우리를 위해서 온 은혜와 사랑으로만 구원이 이루어진다.

선악이란 도덕의 문제이기 때문에 만일 인간이 단지 악에만 빠져 있다면 구원은 아리스토텔레스, 스토아주의자들, 스피노자, 칸트, 프롬이 제시하는 도덕적 방법으로 가능했을 것이다. 그러나 근본적인 죄, 즉 하나님으로부터 돌아선 것, 모든 존재 상실을 치료하지 않고는 그 어떤 방법으로도 인간의 구원은 이루어질 수 없다. 빛에 등을 돌리고서야 어찌 어둠에서 빠져나올 수 있겠는가? 그래서 인간을 구원하는 일은 율법사나 도덕가가 아니라 죄를 사하시는 구세주가 필요한 것이고, 이것은 하나님만이 가능하다. 이러한 구원의 타율성, 곧 하나님의 세속화(kenosis)에 의한 인간의 신성화(theosis)에서 어거스틴은 구원의 진정한 의미를 파악했는데 그것은 하나님의 은총(gratia data)이다. 구원은 죄사함 받을 가능성과 자기 파괴적 탐욕에서 빠져나올 가능성이 완전히 차단된 인간에게 주어지는 하나님의 선물, 곧 "창조자가 무상으로 베푸는 자비"인 것이다. 구원의 모든 율법주의적, 도덕주의적, 금욕주의적 또는 신비주의적 요소가 제거되고 오직 구원자를 통해서만 구원을 받는 것이다.

"아들을 낳으리니 이름을 예수라 하라 이는 그가 자기 백성을 그들의 죄에서 구원할 자이심이라 하니라"(마 1 : 21).

"인자가 온 것은 잃어버린 자를 찾아 구원하려 함이니라"(눅 19 : 10).

"하나님이 세상을 이처럼 사랑하사 독생자를 주셨으니 이는 그를 믿는 자마다 멸망하지 않고 영생을 얻게 하려 하심이라"(요 3 : 16).

인간 스스로는 구원을 이룰 수 없다. 세계의 어느 종교에도 길 잃은 죄인들을 찾아오시고, 대신 죽으신 하나님의 사랑과 견줄 만한 것은 없다. 삼위일체론적인 신관을 전제할 때만 우리는 계시라는 말도, 사랑이라는 말도, 은혜라는 말도, 구원이라는 말도 쓸 수 있다. 인간이 하는 행위로 구원받을 수 있는가? 인간 스스로가 제한성을 극복할 수 있는가? 그래서 폴 틸리히는 "하나님을 통하지 않고서는 하나님을 안다는 것은 불가능하다. 하나님은 하나님을 통해서만 알려질 수 있다."(Impossibile est, sine deo discere deum)라고 그의 책 *What is Religion?*에서 언급했다.

아담은 죄를 짓지 않을 수 있는 능력(posse non peccare)과 죄를 지을 수 있는 능력(posse peccare)을 모두 갖추고 있었으나 그의 후손인 우리 인간들은 하나님으로부터 이미 돌아섰기 때문에 그 본성상 죄를 지을 수 있는 능력은 갖췄으나 죄를 짓지 않을 능력은 갖추고 있지 않다.

"내가 네게 보응하는 날에 네 마음이 견디겠느냐 네 손이 힘이 있겠느냐 나 여호와가 말하였으니 내가 이루리라"(겔 22 : 14).

그래서 인간이 하는 어떤 행위도 구원이 될 수는 없다. 구원은 하나님께만 있는 것이다. 하나님으로부터 돌아선 인간, 죄의 마성에 노예가 된 인간은 스스로 하나님에게 돌아올 수 없기 때문에 구원은 타율적 방법밖에 없다. 즉, 존재

하나님을 떠난 인간에 대한 비유
-고장 난 차량
-한강에 빠진 사람
-뿌리 뽑힌 나무
-어항에서 튕겨져 나온 금붕어

상실 때문에 탐욕의 노예가 되었기에 존재 회복만이 탐욕에서 해방되는 길이다. 이것은 오직 하나님에 의해서만 가능하다. 하나님이 존재이기 때문에 하나님만이 존재물을 회복시켜 주실 수 있고, 하나님에게로 돌아오게 하실 수 있다. 초월하는 하나님만 하실 수 있는 것이다. 초월하는 하나님이 예수 그리스도를 통해 우리에게 오셔서 우리를 구원하시고 내재하시는 하나님이다. 이제 예수가 우리를 구원하기 위해서 이 땅에 성육신하신 하나님인지를 살펴볼 터인데, 먼저 그 사실을 기록하고 있는 성경이라는 책이 과연 믿을 수 있는 책인지를 살펴보고자 한다.

3세기의 신플라톤주의

* 주창자 플로티누스(Plotinus)는 204년 알렉산드리아 출생, 로마에 정착해서 철학을 가르침.
* 사막의 교부들, 어거스틴, 보이티우스, 위-디오니시오스(Pseudo-Dionysius), 단테, 마이스터 에크하르트 등이 이 사상에 영향받음.
* 존재에 대한 위계질서(물리학)와 내면적 자기 성찰의 훈련(윤리학)을 결합
* 존재의 위계질서-일체(oneness)-지성-영혼
  : 이 위계질서는 유출(하향)과 귀환(상향)의 과정을 통해 서로 연결
* 영혼은 훈련을 통해 일자(一者)로 귀환
* 타락한 영혼 안에는 중심이탈성(자의식)이 있어서 상승 과정에 방해 => 이것을 극복하는 방법이 정화이다.

* 정화에는 윤리적 정화와 지적 정화가 있다.
* 신플라톤주의는 기독교와는 다른 고대 철학사상인데 일자는 자기를 찾아 헤매는 영에 대해 전혀 관심이 없고 영혼은 다른 영혼의 구원에 관심이 없다. 또한 하나님의 은총과 공동체가 없는 철저한 개인 영혼 구원에 집착하는 이교사상으로, 또 하나의 자력 구원의 형태를 띤 범신론 계열이다.

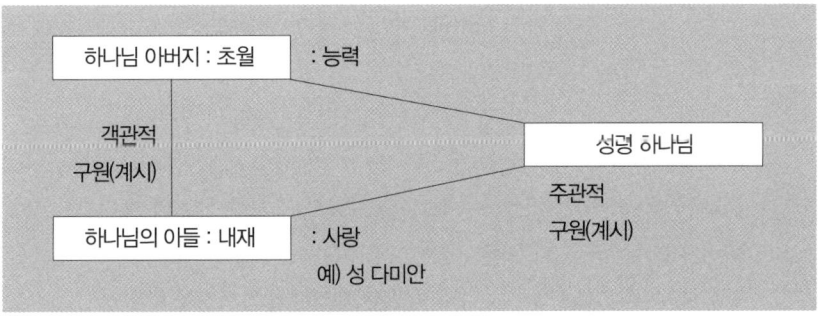

〈삼위일체의 역학 구도〉

삼위일체-Trinity

Tri(셋)+unity(하나)=셋의 연합체(unity indiversity)

삼위(Three person)이신 성부, 성자, 성령 하나님이 한 하나님이시다.

콘스탄티노플 공의회(AD 381)에서 5대 교구 감독들이 모여 "Trinity"라는 신학용어를 채택함.

성경에는 용어가 없지만 성경 전체 구약, 신약 모두에 삼위일체관은 확고하다(창 1:1, 26, 사 6:8, 마 28:19, 3:16-17, 막 1:9-11, 고후 13:13). 삼위 하나님은 상호내주(indwelling), 상호교제(fellowship), 상호섬김(service), 그리고 한 하나님으로 상호통일성(unity), 기능적으로는 상호다양성(diversity), 즉 계획하시는 성부 하나님(Planner), 수행하시는 성자 하나님(Executer), 능력을 부여하시는 성령 하나님(Enabler)이시다.[23]

---

23) ibid., pp. 225-243.

조로아스터교 요약(Zoroastrianism)

조로아스터
* 출생 연도 – BC 660~583년으로 추정
* 출생 지역 – 고대 페르시아 유목종족, 현재 아프가니스탄 발흐에서 출생, 사망(BC 6세기 때 페르시아 대 제국에 복속됨.)
* 페르시아식 이름 – "자라투스트라 – 낙타 주인(主人)"
* 암소의 우유를 마신 그의 어머니가 임신 : 웃으면서 태어남.
* 세 아내의 남편, 여섯 아이의 아버지
* 서른이 되던 해에 어떤 강가 언덕에서 천사(天使) 보후 마나(Vohu manah, 선한 사상의 상징)를 9번 만나 "이 세상에는 아후라 마즈다(Ahura Mazdah)만 진정한 신(神)이고 자라투스트라는 그의 예언자가 되어야 한다."라는 가르침을 받음.
* 10년에 걸쳐 천사장들이 나타나 아후라 마즈다의 가르침을 알려 줌.

  Asha Vaishta – 참 완전한 정의(正義)
  Kshatra Vairya – 권세, 완전한 왕국(王國)의 기대
  Haurvatat – 온전함, 인간의 구원
  Ameretat – 불멸, 영혼의 불멸
  Spenta Armaita – 헌신, 조화의 대지(大地)

* 이후 새로운 교의를 전하러 나섰음.
– 처음 십 년간 단 한 명의 개종자를 얻지 못하고 실패했으나 마지막에 겨우 사촌 하나를 개종시킴. 노년에 아케메네스 왕조의 키루스 대왕(大王)의 아버지 비슈타시파 왕의 애마(愛馬)를 고쳐 주고 극적인 개종(改宗)을 끌어냈다.
– 오래되지 않아 왕은 궁정과 왕국 전체에 조로아스터를 추종케 하고 다른 아리안족 나라까지 전파, 개종을 강요했다.
– 투란족과의 싸움에서 신성한 불을 지키다가 한 적병에 의해 사원(寺院)에서 77세의 나이로 죽었다. 그러나 도시가 함락되자 스스로 목숨을 끊었다는 설과 브라만교도 아레자도 우스파에 의해서 피살되었다는 설

도 있다.
- 그가 죽은 후 제자 자마스프에 의해서 아케메네스 왕조의 페르시아와 사산 왕조의 페르시아에 국교로 신봉되었다.
- 그러나 다른 교조(敎祖)와 달리 조로아스터가 신격화(神格化)되지는 않았다. 플라톤도 조로아스터의 교리를 연구하러 페르시아로 가려다가 전쟁 때문에 뜻을 이루지 못했다.
- 이란족의 고대종교는 인도의 리그베다와 공통된 신들이 많다.

    미트라 – 광명과 지혜의 신　　바루나 – 질서의 신
    인드라 – 비의 신　　　　　　나샤타 – 쌍둥이 신
    하호마 – 환각, 도쥐의 신　　　크샤바루나 – 제왕의 수호신
    아나히타 – 풍요의 여신　　　　티쉬트랴 – 비의 신
    시리우스 – 죽은 자의 수호신　프사바쉬 – 이롭게 죽은 자의 수호신

- 아후라 마즈다도 리그베다의 아수라(阿修羅)와 연관이 있으나 다른 신(神)들보다 초월적 존재로 승격
- 조로아스터는 고대 이란의 다신교(多神敎)를 일신교(一神敎)로 개종(改宗)하고 윤리화, 체계화했다.

조로아스터교의 교의 개요

- 아후라 마즈다는 절대 유일의 신으로 우주의 창조자이다.
- 그의 창조 형태는 이원론(二元論)으로 '아르타'(참)와 '드라우가'(거짓)의 대립에 기초한다. 아후라 마즈다는 '스펜타 마이뉴'(Spenta Mainyu, 자비의 정신)와 '앙그라 마이뉴'(Angra Mainyu, 파괴의 정신)라는 쌍둥이 아들이 있는데 각기 선과 악, 참과 거짓, 빛과 어두움을 다스린다. 초기 기독교가 사활을 걸고 싸웠던 마니교(Manichaeism)도 이원론(二元論)을 주장한다.
- 세상은 이 두 세력의 대결장이다. 대립과 투쟁의 세계는 마침내 큰불로 소멸되고(종말론), 참과 선을 선택한 이들만이 새로운 세계의 창조에 동참한다. 그러기 때문에 자유의지 개념이 나타난다.

- 저주받은 영혼은 신성한 불 속에 던져져 정화된 뒤에 구원받을 수 있으므로 불의 제전(祭典)이 중요하다.
- 하루 5번의 기도와 소의 오줌은 죽은 자를 정화하고, 개는 사체를 탐하는 악마를 내쫓고, 죽은 자의 영혼은 "친바트 다리"를 지날 때 살아 있을 때의 선행과 죄의 무게에 따라 천국에 오르거나 지옥으로 떨어진다.
- 우주창조는 3,000년을 단위로 4단계에 거쳐 완성된다.
  1. 3,000년 – 정신적 창조
  2. 3,000년 – 물질적 창조
  3. 3,000년 – '앙그라 마이뉴'가 물질세계를 파괴
  4. 3,000년 – 조로아스터에 의해서 세상을 구원
- 마지막 구원자 사오쉬얀트가 착한 사람에게 생명수를 나누어 주며 새로운 세계의 문지기가 된다.
- 경전 아베스타는 5부로 되어 있다.
- 그러므로 제설혼합(諸說混合)으로 유대인들의 '바벨론 포수(捕囚)'의 영향도 추적할 수 있다. 특히 종말론, 천사론과 귀신론에서 그늘이 짙게 드리워져 있다.

결론적으로 정리하자면, 조로아스터교는 기원전 6세기 예언자 조로아스터의 가르침에 종교적·철학적 기반을 두고 있으며 유일신(有一神) 아후라 마즈다를 믿는 고대 페르시아 종교이다. 경전은 「아베스타」, 불을 신성시했기 때문에 배화교로 불리기도 한다. 조로아스터는 삶을 진리와 거짓, 불과 어둠 사이의 전쟁이라고 했다. 아후라 마즈다는 날개가 달린 생명, 지혜, 빛의 신이다. 조로아스터교는 이원론에 기초하므로 선의 최고신 아후라 마즈다와 악의 최고신 아리만(Ahriman)이 있다. 그리고 세계의 시간은 12,000년으로 구성되어 3,000년씩 4기로 나누어져 있고, 현재는 최후의 3,000년기에 속하며 이 최후의 3,000년도 금, 은, 동, 철의 시대로 나누어져 있으며, 최후 3,000년기에는 천 년마다 한 사람의 구세주가 나타나는데 최초의 구세주는 아우세다르인데 교조가 세상을 떠난 후

그의 정액이 호수에 보존되어 있다가 최초의 천년기가 가까워지면서 15세의 처녀가 호수에서 목욕 중에 수태하여 낳게 되었다. 제2구세주 아우세다르 마프도 마찬가지로 처녀로부터 태어난다. 가장 중요한 역할을 맡은 것은 최후의 구세주 사오쉬안트(Saoshyant)이며, 이 구세주에 의해서 최후심판과 부활이 행해져 모든 악은 일소되고, 선은 궁극적인 승리를 거두게 된다.

조로아스터교의 최후 심판은 개인에 대한 개별심판과 최후 심판이 있는데, 이때 사자(死者)는 모두 최후의 구세주에 의해 부활하고 선인이나 악인도 최후의 심판의 장에 모여서 생전의 선행과 악행을 새롭게 심판받는다. 이때 혜성이 하늘에서 내려와 지상의 금속과 광물을 모두 녹인 큰불로 세상을 태워버리는데 용광의 홍수가 지상을 뒤덮고 선인이나 악인 모두 그곳을 통과하게 된다. 선인은 따뜻한 우유 속을 걷는 것 같지만 악인은 작열하는 불의 홍수를 느낀다.

악인은 용광에서 3일 동안 불에 탄 후 다시 지옥으로 떨어지지만, 선인은 3일 밤낮 극진히 대접받고 천국으로 돌아간다. 이때 향기로운 바람과 이제까지 본 일이 없을 만큼 아름다운 처녀와 함께 친바트 다리를 건너 천국으로 가게 되고, 악인의 영혼은 악취가 나는 포악한 나신(裸身)의 노파에게 인도되어 절규하면서 친바트 다리를 건너 지옥으로 떨어진다. 천국은 사계(四界)로 이루어져 있는데 성계(星界), 월계(月界), 태양계(太陽界), 무시광계(無始光界)로 이루어져 있으며, 대천사 워프 마나프의 영접을 받고 최고신 아후라 마즈다의 어전으로 인도된다. 그곳에서 주거지가 정해지고 이후 매우 안락하게 지내게 된다. 지옥도 악사계(惡思界), 악어계(惡語界), 악행계(惡行界), 최후세계인 무시암계(無始暗界)로 떨어져 혹한, 혹서, 암흑 속에서 영원히 고통받으며 생전의 악행에 대한 죗값을 받는다.

그런데 이 최후 심판은 세상의 종말이 아니고 세상이 새롭게 재건되어 지상에 건설된 아후라 마즈다만이 지배하는 의가 충만한 왕국에서 천국의 즐거움도 지옥의 고통도 영원히 계속된다. 그리고 이곳에는 영혼만 들어간다.

만유재신론(萬有在神論, Panen TheismUS)

* 신이 창조한 만유 속에 신이 내재하는 동시에 초월해서 존재한다는 신관
* 오늘날 뉴에이지 사상과 종교인, 유신론적 진화론, 우주적 그리스도, 집합 그리스도, 육체 안에 재림하신 그리스도, 영지주의의 신 등 우주 만물에 내재하는 신관이 기독교 안에 들어왔다. 이것은 뉴에이지 기독교, 영지주의 기독교라고 한다.
* 생물학적 진화 과정들 "안에 함께 그리고 아래에" 하나님이 현존하신다고 주장하는 신관
* 뉴에이지의 리더인 테야르 드 샤르댕은 우주 그리스도를 널리 알린 사람으로 그가 주장하는 유신진화론은 "인류는 과학법칙에 따라 진화하는데, 이 진화 자체를 신의 창조의 일부분으로 본다. 따라서 지금도 창조는 지속되고 있다는 것이다."
* 우주 그리스도는 그리스도의 세 번째 본성이라고 보는데 우리 그리스도는 인간이며 동시에 신인 그리스도의 본성을 초월하여 인간도 아니고 신도 아닌 우주의 제3의 영역으로 넘어간다고 본다. 즉, 인류가 하나님으로 점차 진화해서 최종적인 지점에 이르는 순간이 그리스도의 재림의 때이며, 이때 우주에 속한 모두가 신격(神格)을 실현하도록 완성되어 새로운 모습을 가지게 된다고 한다. 따라서 이때가 오면 인간정신은 공간과 물질을 초월하여 신처럼 자유롭게 되는데 이런 사람들을 그리스도가 집단적으로 육체 안에 재림한 집단 그리스도라고 한다.
* 이런 우주 그리스도의 사상은 불결의 능력의 신인(神人), 집안 그리스도(Corporate Christ)의 탄생을 예언하는 늦은 비 운동, Amazing Church 운동, 종교통합운동, 유대 카발라 사상과 함께 신세계 질서 신인간 운동으로 발전하고 있다.

CONFIDENCE OF REDEMPTION

구원의 확신

✝
―
3

성경의 기록들은 믿을 만한가?

"오직 이것을 기록함은 너희로 예수께서 하나님의 아들 그리스도이심을 믿게 하려 함이요 또 너희로 믿고 그 이름을 힘입어 생명을 얻게 하려 함이니라"(요 20 : 31).

1. 성경의 기록들은 믿을 만한가?[1]

현대물리학의 아버지라 일컬어지는 알버트 아인슈타인(Albert Einstein)은 "나에게 신(God)이라는 단어는 인간의 연약함의 표현과 산물이며 성서는 고결하지만 그럼에도 불구하고 꽤 유치한 원시적 전설들의 모음집에 불과하다."라고 했으며, 무신론 철학자 조지 스미스는 "성경에는 초자연적 영향력이 미친 흔적이 전혀 보이지 않는다. 오히려 반대로 성경은 미신을 믿는 사람들의 산물이다. 그들은 자신들의 교리를 펴는 데 유리할 경우 속임수도 마다하지 않았다."라고 했다. 한때 빌리 그레이엄의 설교 통역자였으며 절친한 친구였으나 후에는 기독교를 배격하게 된 회의론자 찰스 템플턴(Charles Templeton)은 "그럴듯하게 꾸민 민간설화…… 식견이 있는 남녀치고…… 성경을 신빙성 있는 문서나…… 기독교 교회들이 주장하는 대로 하나님의 무오한 말씀으로 믿는다는 것은 더는 불가능한 일이다."라고 했다. 대단히 회의적인 교수 그룹 '예수 세미나'(Jesus Seminar)는 1990년대에 사복음서에서 예수가 진짜 말한 대목은 예수가 한 말로 등장하는 부분 가운데 5분의 1이 되지 않는다고 주장하며, 주기도문에서 예수의 말로 확신하는 대목은 '우리 아버지'뿐이라고 주

---

[1] Josh McDowell & Bill Wison, *He Walked Among Us*, 김진우 역, 「예수님은 실존 인물인가?」(서울 : 생명의말씀사, 1991), pp. 165-190.

장한다.[2]

그러나 성경이 고대의 어떤 책보다 신빙성 있는 자료라는 증거는 부지기수이다. 첫째로 성경이 지닌 통일성이다. 성경 66권은 천오백 년이 넘는 기간 동안 배경이 각기 다른 저자 40여 명이 기록했으며, 문학적 장르도 저마다 다르다. 그런데 놀랍게도 성경은 중심 메시지 하나를 가지고 드라마를 펼쳐 나간다. 바로 이 점이 저자들의 주장대로 그들에게 영감을 불어넣어 준 하나님의 의지(Divine mind)가 존재한다는 사실을 뒷받침해 준다.

둘째로 성경은 사람을 변화시키는 능력이 있다. 처음부터 성경은 사람들을 새롭게 하고 희망과 용기, 지혜와 능력을 불어넣으며 인생의 닻이 되었다.

셋째로 고고학을 통한 확증이다. 성경의 기록을 뒷받침하는 중동 지방의 고고학적 발굴은 수백 건, 아니 수천 건에 달한다. 얼마 전 다윗 왕이 실존 인물임을 확증해 주는 물건이 발견되었다. 아브라함, 이삭, 야곱 같은 족장 기사도 한때는 전설로 여겨졌지만 새로운 내용이 밝혀지면서 점점 사실로 확인되고 있다. 소돔과 고모라의 멸망도 신화로 취급되었지만, 창세기에 언급된 다섯 도시 모두 구약에 나타난 바로 그 지점에 있었다는 증거가 밝혀졌다(창 10 : 19). 유대인들이 포로로 잡혀간 사건도 다양한 측면에서 확인되고 있으며, 구약의 앗수르 왕에 관한 기록도 정확한 사실로 입증되었다.

1960년대에 있었던 발굴에서는 다윗 통치 당시 이스라엘 백성이 터널을 통해 예루살렘에 들어갔다는 사실도 확인되었으며, 성경에서 말한 대로 한때 세상에는 언어가 하나밖에 없었다는 증거도 있다. 구체적인 실례로는 사울이 죽은 후에 그의 갑옷이 벧산에 있는 가나안 다산의 여신 아스다롯 신전에 놓였다고 사무엘상 31 : 10에 기록되어 있고, 역대상 10 : 10에는 사울의 머리가 블레셋 곡물신인 다곤의 신전에 달렸다고 되어 있다. 회의론자들은 이것을 오류로 여기며 성경을 믿을 수 없

---

[2] Lee Strobel, *The Case for the Real Jesus*, 홍종락 역, 「리 스트로벨의 예수 그리스도」(서울 : 두란노, 2009), p. 13.

다고 주장했다. 즉, 같은 시기 같은 장소에 두 개의 신전이 나란히 있으리라고는 생각지 못했던 것이다. 그러나 고고학 발굴을 통해서 다곤 신전과 아스다롯 신전이 복도 하나를 사이에 두고 마주 보고 있었다는 것이 확인되었다.

또 성경에는 히타이트족(헷족속)이 36번 언급되는데, 비평가들은 그런 민족이 존재했다는 증거가 없다고 따지곤 했다. 그러나 튀르키예를 파헤치던 고고학자들이 히타이트족의 기록을 찾아냈다. 탁월한 고고학자 윌리엄 올브라이트(William Foxwell Albright)는 "구약 전통이 역사적 사실임을 확증하는 데 의심할 여지 없이 고고학이 유용하다."고 단언했으며, 유명한 역사가 콜린 허머(Colin J. Hemer)는 The Book of Acts in the Setting of Hellenistic History라는 책에서 초대교회에 관한 성경기사들이 고고학을 통해 수백 건씩 확증되어 온 경위를 소개하고 있다. 바람이 분 방향, 해안에서 특정 거리만큼 떨어진 지점의 수심, 특정 섬에 나돈 질병, 지방 관리들의 이름 등 작고 지엽적인 내용까지 확증되고 있다.

또한 저명한 역사가 윌리엄 램지(William Ramsay) 경은 회의론자였는데, 사도행전을 연구한 후 "이 이야기는 다양한 세부사항에서 놀라운 사실성을 보여 주고 있다."고 결론지었으며, 옥스퍼드 대학교의 탁월한 고전역사가인 셔윈 화이트(A. N. Sherwin-White)도 "사도행전의 경우 사실성에 대한 확증은 가히 압도적이다. 그 기본적 사실성을 거부하려는 모든 시도는 이제 불합리해 보일 수밖에 없다."고 주장했다.

넷째로 예언의 성취이다. 성경은 수백 년 전에 미리 제시된 구체적이고 정확한 예언이 문자 그대로 성취된 유일한 책이다. 구약성경에는 이 땅에 오실 예수에 대해 조상의 계보, 출생도시, 동정녀 출산, 정확한 사망 시기 등의 예언이 191개나 있다. 시편 22 : 14에는 "**뼈는 어그러졌으며**", 18절에는 "내 겉옷을 나누고 속옷을 제비 뽑는다"라는 말이 있으며, 스가랴 12 : 10에도 "그들이 그 찌른 바"라는 말이 있는데, 예수는 정말로 가시와 창에 찔렸다. 스가랴는 로마인이 십자가라는 처형방법을 시행하기도 전에 기록된 글로써 당시 유대에서는 사람을 돌로 쳐서 죽이는 사형제도였다.

구약 전체를 통틀어 예수에 대한 가장 놀라운 예언이 담긴 곳은 이사야 53 : 2~12이다. 예수의 수난에 대해 12가지 내용이 예언되어 있는데, 나중에 모두 성취되었다. 이렇듯 놀라운 예언들이 한 사람의 삶 속에서 문자적으로 성취되었다. 정작 본인은 그 대부분에 대해 아무런 통제권이 없는, 즉 자신의 조상이나 출생 시기 따위를 조정할 수 없었고, 이 예언들은 당시로부터 200~700년 전에 기록된 것이었다. 세상에 이런 책은 또 없으며 성경이야말로 초자연적으로 확증된 유일한 책이다.

다섯째로 성경 속의 모순 문제이다. 성경에는 소위 앞뒤가 안 맞는 부분, 부정확한 부분, 모순되는 부분 등이 있다. 이것을 가지고 성경을 비판하는 반론은 언제나 성경해석의 원리를 위반하고 있다. 먼저 비판자들이 범하는 가장 흔한 실수는 문맥과 상관없이 단어를 뽑아낸다는 것이다. 이렇게 하려면 성경말씀으로 "하나님이 없다."는 것까지 증명할 수 있다. 시편 14 : 1에는 보란듯이 "하나님이 없다"라고 되어 있다. 그러나 전체 구절은 "어리석은 자는 그의 마음에 이르기를 하나님이 없다 하는도다 ······"이다. 비판자들은 문맥을 무시한 채 구절을 떼어 놓고 있지도 않은 모순을 만들어 내는 우(愚)를 범하는 경우가 많다.

그다음은 부분적 차이를 잘못이라고 간주하는 것이다. 마태복음에서 베드로는 예수를 "그리스도시요 살아 계신 하나님의 아들이시니이다"라고 했고, 마가는 "주는 그리스도시니이다"로 기록했으며, 누가는 "하나님의 그리스도시니이다"라고 썼다. 이것은 마태가 내용을 더 자세히 적은 것뿐이다. 즉, 오류가 아니라 상호보완이다. 그 외에는 난해한 본문을 명확한 본문에 비추어 해석하지 않는 것, 모호한 본문에 가르침의 근거를 두는 것, 성경이 비전문적 일상언어를 사용하고 있음을 망각하는 것, 성경이 다양한 문학적 기법을 사용하고 있음을 간과하는 것, 성경이 인간의 특성을 지닌 인간의 책이라는 사실을 잊는 것들이다.

예를 들면 마태는 예수의 무덤에 한 천사가 있었다고 하고, 요한은 두 천사가 있었다고 기록하고 있다. 둘이 있으면 그 안에 하나도 있는 법이다. 즉, 마태는 천사가 하나뿐이었다고 말하지 않았다. 다만 요한이 둘이 있었다고 좀 더 자세히 말했을 뿐이다. 또 복음서에는 유다가 스스로 목을 맨 것으로 되어 있는데 사도행전에는 창자가 흘러나왔다고 되어 있다. 이것도 모순이 아니라 상호보완일 뿐이다. 유다가 나무나 낭떠러지에 목을 맸다고 할 때, 당시 시체에 손을 대는 것은 율법에 어긋나는 것이었으므로, 나중에 누군가가 유다의 시체를 보고 줄을 끊었을 것이고, 시체가 돌 위에 떨어지면서 창자가 터져 흘러나올 수도 있는 것이다. 또한 성경은 십계명을 제외하고는 구술을 받아 적은 책이 아니다. 성경의 저자들은 인간에게서 이야기를 얻기도 하고 다양한 문학 양식을 사용하기도 했다. 기록한 시각과 강조한 관심사가 서로 다르기도 했고, 인간의 사고방식과 감정을 드러내기도 했다. 그들은 자신이 두 눈으로 본 것, 두 귀로 들은 것, 두 손으로 만진 것을 기록했다. 그러기에 그들의 진술에 특이점이나 차이점이 없는 것이 오히려 더욱 의심스러운 일이며 우리는 그것들이 정교하게 공모한 작품이라고 주장하게 된다. 복음서의 저자들은 자신을 목격자로 인식했다. 이 사실을 아는 것이 중요하다. 그들은 결코 도덕적인 허구를 기록하지 않았다. 목격자로서의 관찰과 기억을 통해서 우리에게 목격담을 전달하고자 했다.[3] 하지만 거기에는 전혀 문제가 없다. 예수 그리스도가 철저한 인간이면서 죄가 없으시듯 성경도 철저히 인간의 책이지만 오류는 없는 것이다.

이상의 모든 것을 종합해 볼 때 성경은 역사상 어느 책에도 견줄 수 없는 초자연적으로 확증된 책이다. 즉, 성경은 스스로 하나님의 말씀임을 주장할 뿐 아니라 과연 하나님의 말씀임을 스스로 충분히 입증해 보인다.[4]

또한 고대 역사에 대한 우리 지식의 근원은 그들 시대의 역사가들, 그리고 그들의 기록이다. 예를 들면 호머라든가 헤로도토스, 줄리어스 시저 같은 사람들이 있다. 예수의 행적에 대해서 우리가 알 수 있는 근거는 동시대 역사가들이다. 즉, 마태, 마가, 누가, 요한, 바울, 그 밖의 사람들이다. 우리는 어떤 역사가들은 믿고 어떤 역사가들은 믿지 않을 이유가 없다. 그러므로 우리의 지성은 신중하고 사려 깊게 증언을 듣고 판정을 해야 하는 공정한 재판관같이 작용해야 한다. 심사하는 데 있어서

---

3) J. Warner Wallace, *Cold-case Christianity*, 장혜영 역, 「베테랑 형사 복음서 난제를 수사하다」(서울 : 새물결플러스, 2022), p. 126.

4) Lee Strobel, op. cit., pp. 144–158.

목격자가 증거하는 내용뿐만 아니라 증거한 역사가들의 신뢰 가능성은 다른 역사가들보다 훨씬 큰 것이다. 다른 역사가들은 주로 왕권에 의해서 돈을 받고 역사를 썼기 때문에 그들의 목적은 진리를 알리는 것이 아니었다. 그들은 자기들의 왕과 백성 혹은 자기들이 속한 계층에 아첨하고 싶어 했다.

그러나 복음서를 기록한 역사가들은 반대로 완전히 다른 차원에 속한다. 그들은 그것을 썼기 때문에 자유를 잃거나 생명까지도 위협을 당했다. 마태는 아비시니아에서 순교하였고, 요한도 밧모 섬에 노예로 추방되어 강제 노동을 했으며, 바울은 로마에서 참수를 당했다. 베드로는 거꾸로 십자가에 매달려 죽었다. 어떠한 불공정한 재판도 자기들의 주장 때문에 그토록 심한 고난과 시련을 당하면서도 목격한 것을 증거하는 사람들의 증언을 가볍게 무효화시키지는 않는다. 그들은 모두 자기가 보고, 듣고, 만짐으로써 예수가 죽은 자 가운데서 부활한 것을 확신했고 그것을 만장일치로 선언하고 있다.[5]

*The Historical Reliability of the Gospels*의 저자 크레이그 블롬버그(Craig L. Blomberg)는 "다른 종류의 고대 자료를 바탕으로 이성적으로 정확한 역사를 재구성할 수 있다면 비록 어느 정도 이념적 성격을 띤다고 할지라도 복음서를 통해 정확한 역사를 재구성할 수 있다. 기독교 신앙 역시 하나님이 나사렛 예수의 몸을 입고 독특한 방법으로 시간과 공간 속에 들어오셨다는 역사적 주장을 바탕으로 하고 있다. 따라서 그리스도인들이 바로 그 이념을 전파하기 위해서라도 가능한 한 신중한 역사적 작업이 필요했다."라고 주장한다.[6]

도예베르트(Herman Dooyeweerd)는 *A New Critique of theoretical Thought*라는 책에서 "누구든지 신앙에 의해 성경에 있는 하나님의 계시를 교리와 행위의 영감된 무오한 규범으로 받아들이느냐 아니면 그와 같은 것을 거부하느냐 둘 중의

---

5) Richard Wurmbrand, *Christ on the Jewish Road*, 유평애 역, 「그리스도를 증거한 유대인들」(서울 : 도서출판 연합, 1994), pp. 152-153.
6) Lee Strobel, *The Case for Christ*, 윤관희, 박중렬 역, 「예수 사건」(서울 : 두란노, 2000), pp. 40-41.

하나를 택한다. 즉, 누구든지 성경을 믿을 수도 있고 아니면 철학적 전제와 인간 이성의 가정을 믿을 수도 있다."라고 말했다.

독일의 비평학자 바우어(Ferdinand Christian Baur)는 신약성경 대부분이 AD 2세기 후반에 가서야 비로소 기록되었다고 생각했다. 그는 이러한 저작들이 예수의 생애와 기사들이 기록된 당시와의 긴 시간 간격 동안 발전된 신화 혹은 전설들로부터 온 것들이라는 결론을 내렸다. 그러나 20세기에 이르러 고고학적인 발견들은 신약성경 사본들의 정확성을 입증해 주었다. 초기 파피루스 문서들의 발견들(AD 130년경의 *Rylands Libray Papyrus P52*, AD 155년경의 *Chester Beatty papyri*, 그리고 AD 200년의 *papyrus Bodmer II*)은 예수의 시대와 현존하는 후기 사본들 간의 간격을 연결시켜 주었다.

한때 세계에서 가장 뛰어난 성경 고고학자였던 윌리엄 올브라이트는 "우리는 이미 신약성경 중 어떤 책의 기록 연대를 오늘날 급진적인 신약 비평가들이 제시하는 130년과 150년간의 연대보다 두 세대 앞선 AD 80년 이후로 잡을 만한 근거는 더 이상 존재하지 않는다고 단호하게 주장할 수 있다. 내 견해로는 신약성경의 모든 책들은 AD 1세기의 40년대와 80년대 사이의 세례(침례) 받은 유대인들이 기록하였다."라고 주장했다.

유대 종교에 있어서 학생이 랍비의 가르침을 암기하는 것은 통상적인 일이었다. 그래서 좋은 학생은 "한 방울의 물도 흘리지 않는 회반죽을 바른 수조(水槽)와도 같았다."[7](Mishna, Aboth, 2, 8)라는 표현이 있다. 또 버니(Charles Fox Burney)는 "우리 주님의 가르침의 많은 부분이 아람어의 시적 형태로 되어 암기하기 쉽게 했을 것이다."라고 추측한다(The Poetry of our Lord). 또한 스웨덴의 비르거 게할드슨(Birger Gerhardsson)은 초기 랍비들에게 구전 전승이 얼마나 중요한 교수법이었으며 전수된 성과가 매우 높았다는 사실을 알려 준다. 그는 이 방법이 예수와 그의 제자들에게도 해당된다고 확신한다. 유대 고고학자 탈몬(Shemaryahu Talmon)

---

7) 요하난 벤 자카이 랍반이 그의 제자 엘리에제르 벤 후르카누스에 대한 평가에서 언급함.

도 "쿰란 문서는 구전된 말과 기록된 말이 서로 '모순되고 배타적'이라는 구전 전승 이론에 회의적인 학자들의 주장을 지지하지 않는다."는 점을 증언한다고 말한다.[8]

크레이그 블롬버그도 "예수 당시에는 교육, 학습, 예배, 종교적 공동체에서의 가르침은 모두 구두로 행해졌다. 랍비들은 구약을 전부 암기하는 것으로 유명했다. 그래서 예수의 제자들의 능력을 볼 때 그들은 사복음서에 나오는 모든 사실을 다 합친 양보다 훨씬 많은 사실들을 잘 기억하고 정확하게 전수했을 것이다."라고 주장한다. 그래서 윌리엄 올브라이트는 "20~50년이라는 기간은 예수님의 말들의 본질적인 내용뿐 아니라 특별한 철자법에 이르기까지 어떤 감지할 만한 변형을 허락하기에는 너무도 짧다."고 결론짓는다.

이 점은 크레이그 블롬버그도 똑같이 주장한다. "사도행전은 이야기가 끝나지 않은 채로 기록되어 있는데 이 점은 사도행전이 바울이 죽임을 당하기 전에 쓰였기 때문이다. 그러므로 사도행전의 기록 연대는 AD 62년보다 늦을 수 없다. 사도행전은 원래 누가복음과 함께 구성되어 있는 책의 두 번째 부분이기 때문에 첫 번째 부분인 누가복음은 사도행전보다 먼저 기록되었음이 틀림없다. 그리고 누가복음에는 마가복음의 일부가 포함되어 있기 때문에 마가복음은 누가복음보다 훨씬 더 일찍 기록되었음이 틀림없다. 만약에 각각의 복음서를 기록하는데 1년의 기간을 할당한다면 마가복음은 아마도 AD 50년대 말기, 즉 AD 60년경 기록되었다고 추정할 수 있다. 예수의 처형 사건이 AD 30년 또는 33년쯤 된다면 기록 연대와의 차이는 30년가량 된다. 이 시기는 예수의 일생을 지켜본 많은 목격자들이 살았던 시기이며, 심지어 예수에 관한 잘못된 가르침이 유포되었다면 즉시 고쳤을지도 모르는 절대적인 목격자들이 생존했던 시기이다."

성경을 신뢰할 수 없다고 주장하는 사람들은 성경이 2천 년 전에 기록되어 오류와 모순들로 가득 차 있기 때문이라고 주장한다. 그렇다면 백 보 양보해서 성경의

---

8) Craig A. Evans, *Fabricating Jesus*, 성기문 역, 「만들어진 예수」(서울 : 새물결플러스, 2017), p. 170.

역사적 신빙성을 입증하기 위해서 모든 역사적 문서들에 사용되는 것과 동일한 기준에 따라서 검사를 해 보자. 그 기준은 군사 역사가 샌더스(C. Sanders)의 사료편찬(historiography)의 세 가지 기본원칙인 서지학적 검사, 내부 증거 검사, 외부 증거 검사에 근거해 보자.

2. 역사편찬의 기본원칙에 따른 확신

1) 서지학적 검사

서지학적 검사(Bibliographical test)는 문서들이 우리에게 이를 수 있었던 전달 과정을 검토하는 것으로 신약성경의 사본들의 권위는 다른 유명한 고대자료들의 본문 자료와 비교하여 평가할 수 있다. 투키디데스(Thucydides, BC 460-400)의 역사서는 AD 900년경의 것들로 연대가 추정되는 8개의 사본이 전해지고 있는데, 이것은 그가 그 역사서를 저술한 지 거의 1,300년 후의 것들이다. 역사의 아버지 헤로도토스(Herodotos)의 역사서의 사본들 역시 후기의 것들이고,[9] 그 수가 적으나 브루스(Frederick Fyvie Bruce)가 "어떤 고전학자도 현재 그들이 사용하고 있는 가장 초기의 사본들이 원본보다 거의 1,300년 후에 기록되었기 때문에 헤로도토스나 투키디데스의 진정성이 의심을 받고 있다는 논의에 귀를 기울이려 하지 않을 것이다."라고 평가하듯이 이들의 정확성은 의심받지 않는다.

아리스토텔레스는 BC 343년경에 많은 시를 썼으나 우리가 갖고 있는 가장 초기의 사본은 AD 1100년경에 기록되었고, 따라서 원본과 사본 간의 간격은 1,400년이며, 그나마 5개의 사본만이 존재할 뿐이다. 또한 아리스토텔레스의 정치학(politics), 논리학(logic), 생물학(biology), 윤리학(ethics)은 그가 죽은 뒤 300년이 지나서 안드로니코스에 의해 처음 책으로 만들어졌다.

시저는 갈리아 전쟁(Gallic Wars)에 대한 역사서를 BC 58~50년 사이에 기록하

---

[9] 그리스의 역사학자 헤로도토스는 BC 5세기에 "역사"(The Histories)를 기록했고, 고대필사본은 8권 남아 있다.

였으며, 그것의 사본의 권위는 그가 죽은 지 1,000여 년이 지난 후에 기록된 9~10개의 사본에 의존하고 있다. 시저는 BC 44년에 죽었고, 역사가 수에토니우스가 그에 대하여 기록한 시기는 AD 110~120년이다. 155~165년의 시간의 차이가 있다. 가장 초기의 알렉산더 대왕의 전기 두 편은 BC 323년, 그가 죽은 지 무려 400년 이상이 지난 후에야 아리안과 플루타르크에 의해 쓰였다. 하지만 놀랍게도 지금의 역사가들은 그 자료를 일반적으로 신뢰할 만하다고 여긴다.[10] 또한 타키투스(Publius Cornelius Tacitus)의 *Annals of Imperial Rome*는 AD 116년경에 쓰였는데 사본은 하나밖에 없으며, AD 850년경에 복사되었다. 로마의 가장 위대한 황제로 인정받는 카이사르 아우구스투스(Augustus)도 장례식에 세워진 아주 짧은 비문과 그가 죽은 후 50년에서 100년 사이에 기록된 자료 하나, 그리고 그가 죽은 후 100년에서 200년 사이에 기록된 자료, 이 셋이 전부이다. BC 1세기 사람 키케로의 「의무론」(*De Officiis*)은 15세기 중엽의 필사본이 700권 정도 남아 있다.

바리새인이자 유대 귀족인 요세푸스는 AD 66~70년에 벌어진 유대·로마 전쟁이 끝나고 얼마 지나지 않아 「유대 전쟁사」(*The Wars of the Jews*)라는 기록을 남겼다. 그는 아람어로 초고를 작성한 뒤 이것을 기초로 하여 헬라어로 썼는데 기록된 시기가 복음서와 아주 근접하다. 두 개의 발췌집을 제외하면 아홉 개만 완전한 사본으로 존재하는데, 그중에서 가장 오래된 필사본은 라틴어로 된 5세기경의 번역본이다. 나머지 여덟 개의 헬라어 사본들 중에서 10세기와 그 후에 쓴 사본 두 개만 우수한 사본으로 인정받고 있다.[11] 공자의 「논어」도 공자가 죽은 지 100년이 지나갈 시점에 공자의 가르침을 하나의 책으로 묶어야 한다고 생각한 몇몇 제자들에 의해서 시도되었으며, 길고 의욕적인 공자의 전기를 만든 사마천(司馬遷)의 기록은 사마천과 공자 사이의 500년의 시대 차를 두고 있다.

그러나 신약성경 사본의 권위 문제에 이르러서는 앞선 경우와는 대조적으로 자

---

10) Lee Strobel, op. cit., p. 43.
11) Paul William Barnett, *Is the New Reliable?*, 김일우 역, 「신약성경은 믿을 만한가?」(서울 : IVP, 1994), p. 54.

료들의 풍부함이 오히려 우리를 당황하게 할 정도이다. 예수의 시대와 제2세기간의 간격을 연결시켜 준 초기 파피루스 사본들이 발견된 후에 많은 다른 사본들도 빛을 보게 되었는데, 그 결과로 오늘날 22,000개(파피루스 조각 99개, 소, 양, 염소, 영양의 가죽으로 만든 양피지 위에 기록한 사본, 필사체 사본 306개, 소문자체 사본 2,856개, 2,403개의 성구집 목록, 라틴어 벌게이트 사본 10,000개, 에티오피아, 슬라브어, 아르메니아어 사본 8,000개)가 넘는 신약성경 사본들이 존재하고 있다. 또한 원본에 가까운 시기에 필사된 사본들뿐 아니라 원본이 그것이 기록된 실제 사건들과 근접한 시기에 성문화되었기 때문에 전설화를 통한 오염 혹은 변질이 일어날 시간이 없었다.

호메로스의 「일리아드」(Iliad)는 643개의 사본을 갖고 있어 신약성경 다음으로 많은 사본이 있는 책이다. 그런데 「일리아드」의 사본은 AD 2~3세기에 쓰였는데, 호메로스가 그 서사시를 BC 800년경에 썼다고 볼 때 그 시간의 간격은 1,000년이나 된다. 그러나 이런 다른 고대 기록과 비교해 볼 때 신약성경의 장점은 전례가 없을 정도로 사본이 많이 남아 있다는 것이다. 그러므로 영국박물관의 사서관장이었으며, 사본들을 평가하는 데 최고의 권위자였던 프레드릭 케니언(Frederic George Kenyon) 경은 "원본이 기록된 때와 가장 초기의 현존하는 증거가 기록된 때와의 간격은 사실상 무시할 수 있을 정도로 좁아지며 성경이 기록되었던 그대로 우리에게 전달되었다는 사실에 대해 의심할 최후의 근거는 이제 제거되었다. 신약성경 책들의 진정성과 일반적인 본래의 모습이 궁극적으로 확립된 것으로 간주될 수 있다."라고 결론짓고 있다.[12]

신약성경 헬라어 학자인 그린리(Harold J. Greenlee)는 "일반적으로 가장 초기의 사본들이 원본보다 훨씬 후에 기록되었으며, 현존하는 사본의 수가 매우 적음에도 불구하고 학자들이 고대의 고전들을 믿을 만한 것들로 받아들이는 것을 생각할 때, 신약성경 본문의 신빙성도 그와 마찬가지로 확신될 수 있다는 것은 명백한

---

12) Ibid., p. 54.

사실이다."라고 덧붙이고 있다. 또한 노먼 가이슬러나 윌리엄 닉스도 "신약성경은 고대 어떤 책보다도 더 많은 사본을 가지고 있을 뿐만 아니라 다른 어떤 책보다도 더 순수한 형태, 즉 99.5%의 순수성을 가지고 보존되었다."라고 주장한다. 또 본문 비평의 상황을 점검한 스테판 웨일(Stephen Weil)은 다음과 같이 결론짓고 있다. "우리는 다른 어떤 고대 작품보다 훨씬 더 훌륭하고 믿을 만한 신약성경 본문을 소유하고 있으며, 불확실한 부분은 실제적으로 극소수에 불과하다."[13] 브루스 메츠거(Bruce Manning Metzger) 박사도 "성경을 쓸 당시만큼이나 견고하게 전해 내려왔다는 데 의심을 품을 마지막 근거가 이제는 완전히 제거되었다."라고 결론 맺는다.

2) 내부 증거 검사

몽고메리(John Warwick Montgomery)는 "우리는 분석하에 있는 문서의 주장들에 귀를 기울여야 하며 저자가 자가당착이나 이미 알려져 있는 사실상의 부정확함에 의하여 스스로의 자격을 박탈하지 않는 한 그 문서가 거짓말이나 실수를 포함하고 있다고 억측해서는 안 된다."라고 내부 증거 검사(Internal evidence Test)의 원칙을 말하고 있다.

진리를 말하는 능력은 증인이 기록된 사건들에 지리적으로, 시간상으로 얼마나 가까이 있었는가 하는 점과 밀접하게 연관되어 있는데, 예수의 생애와 가르침에 대한 신약성경의 기록들은 그들 스스로가 증인들이거나 사건과 가르침들의 증인들이 알고 있던 내용들을 접했던 사람들에 의해 기록되었다.

> "우리 중에 이루어진 사실에 대하여 처음부터 목격자와 말씀의 일꾼 된 자들이 전하여 준 그대로 내력을 저술하려고 붓을 든 사람이 많은지라 그 모든 일을 근원부터 자세히 미루어 살핀 나도 데오빌로 각하에게 차례대로 써 보내는 것이 좋은 줄 알았노니"(눅 1 : 1-3).

---

13) Ibid., p. 56.

서지학적 검사의 사례들

저 자	생존연대 / 저술연대	현재사본연대	사본개수
투키디데스의 역사서	BC 460-400	AD 900	8
아리스토텔레스의 시	BC 343 저술	AD 1,100	5
시저의 갈리아 전쟁사(Gallic Wars)	BC 58-50 저술	AD 1,000	9-10
알렉산더(Alexander) 대왕전기 (플루타르코스에 의해서 기록)	BC 323 사망	AD 1C	2
타키투스의 로마제국의 역사 (Annals of Imperial Rome)	AD 116 저술	AD 850	1
키케로의 「의무론」(De officiis)	BC 1	AD 15C 중엽	700
요세푸스의 「유대 전쟁사」	AD 66-70	AD 5C AD 10C	9 2
호메로스의 「일리아드」(Iliad)	BC 800 저술	AD 2-3C	643
신약성경	AD 30-33	AD 1C 말-2C 초	22,000

"디베료 황제가 통치한 지 열다섯 해 곧 본디오 빌라도가 유대의 총독으로, 헤롯이 갈릴리의 분봉 왕으로, 그 동생 빌립이 이두래와 드라고닛 지방의 분봉 왕으로, 루사니아가 아빌레네의 분봉 왕으로,"(눅 3 : 1).

"이를 본 자가 증언하였으니 그 증언이 참이라 그가 자기의 말하는 것이 참인 줄 알고 너희로 믿게 하려 함이니라"(요 19 : 35).

"우리 주 예수 그리스도의 능력과 강림하심을 너희에게 알게 한 것이 교묘히 만든 이야기를 따른 것이 아니요 우리는 그의 크신 위엄을 친히 본 자라"(벧후 1 : 16).

"우리가 보고 들은 바를 너희에게도 전함은 너희로 우리와 사귐이 있게 하려 함이니 우리의 사귐은 아버지와 그의 아들 예수 그리스도와 더불어 누림이라"(요일 1 : 3).

"이 일들을 증언하고 이 일들을 기록한 제자가 이 사람이라 우리는 그의 증언이 참된 줄 아노라"(요 21 : 24).

"이 예수를 하나님이 살리신지라 우리가 다 이 일에 증인이로다"(행 2 : 32).

"생명의 주를 죽였도다 그러나 하나님이 죽은 자 가운데서 그를 살리셨으니 우리가 이 일에 증인이라"(행 3 : 15).

"우리는 이 일에 증인이요 하나님이 자기에게 순종하는 사람들에게 주신 성령도 그러하니라 하더라"(행 5 : 32).

"우리는 유대인의 땅과 예루살렘에서 그가 행하신 모든 일에 증인이라 그를 그들이 나무에 달아 죽였으나"(행 10 : 39).

"너희 중 장로들에게 권하노니 나는 함께 장로 된 자요 그리스도의 고난의 증인이요 나타날 영광에 참여할 자니라"(벧전 5 : 1).

또한 한 사람의 증인이 혼자서 세부사항 모두를 볼 수는 없다. 그렇기에 한 사람의 목격자가 놓쳤을 수 있는 공백을 다른 목격자가 메우는 것은 진실하고 믿을 만한 증언을 완성하는 것으로서 존 제임스 블런트(John James Blunt)는 그의 책 *Undesigned Coincidences in the Writings Both of the Old and New Testaments*에서 "뜻밖의 우연"이라 표현했고, 신약성경에서만 40곳이 넘는다고 한다. 그중의 몇 가지 예를 들면 제자의 부르심(마 4 : 18-22. cf〉눅 5 : 1-11). 예수님이 폭행당하심(마 26 : 67-68. cf〉눅 22 : 63-65). 오천 명을 먹이심(막 6 : 30-44. cf〉요 6 : 1-13, 눅 9 : 10-17) 등을 들 수 있다. 예수에 대한 신약성경의 기록들은 그 시대에 살던 사람들이 살아 있는 동안에 회람되기 시작했다. 이 사람들은 틀림없이 그 기록들의 정확성을 확증하거나 부인할 수 있었다. 사도들은 복음에 대한 자기들의 입장을 변호할 때 예수에 대한 상식에 호소했다. 그들은 단지 "우리가 이것을 보았다." 혹은 "우리가 그것을 들었다."라고만 말하지 않고 비난하는 자들의 면전에서 "여러분 역시도 이 일들에 대하여 알고 있소. 여러분들도 그것들을 보았소."라고 이야기할 때는 많은 주의를 기울여야 했을 것이다. 왜냐하면 세부사항에 있어서 정확하지 않았다면 그들은 곧바로 위기에 처하게 되었을 것이기 때문이다.

"이스라엘 사람들아 이 말을 들으라 너희도 아는 바와 같이 하나님께서 나사렛 예수로 큰 권능과 기사와 표적을 너희 가운데서 베푸사 너희 앞에서 그를 증언하셨느니라"(행 2 : 22).

"바울이 이같이 변명하매 베스도가 크게 소리 내어 이르되 바울아 네가 미쳤도다 네 많은 학문이 너를 미치게 한다 하니 바울이 이르되 베스도 각하여 내가 미친 것이 아니요 참되고 온전한 말을 하나이다 왕께서는 이 일을 아시기로 내가 왕께 담대히 말하노니 이 일에 하나라도 아시지 못함이 없는 줄 믿나이다 이 일은 한쪽 구석에서 행한 것이 아니니이다 아그립바 왕이여 선지자를 믿으시나이까 믿으시는 줄 아나이다 아그립바가 바울에게 이르되 네가 적은 말로 나를 권하여 그리스도인이 되게 하려 하는도다"(행 26 : 24-28).

브루스는 "초기의 설교자들이 고려해야 했던 것은 우호적인 증인들만이 아니었다. 그 당시에는 예수의 사역과 죽음에 대한 중요한 사실들에 정통하기는 했으나 덜 호의적인 사람들도 있었다. 제자들은 부정확한 내용(의도적으로 사실들을 왜곡하는 것은 말할 것도 없이)을 전파하는 모험을 할 수 없었다. 그것은 그러한 사실을 폭로하기 좋아하는 사람들에 의해 즉시 폭로될 것이기 때문이었다. 그와 반대로 원래 사도적 선포의 강력한 요소들 중 한 가지는 청중들의 지식에 확신 있는 호소를 하는 것이었다. 그들은 단지 '우리는 이 일들의 증인들이다.'라고 이야기했을 뿐 아니라 그와 동시에 '너희도 아는 바'(행 2 : 22)라고 이야기하였다. 그들의 선포 가운데 어떤 자료들의 견지에서 사실들로부터 벗어나려는 경향이 있었다면 적대적인 증인들이 청중 가운데 그들과 함께 자리하고 있는 경우에 그것이 그 이상의 교정 수단으로

써의 역할을 감당했을 것이다."라고 주장한다. 또한 자신의 일생을 고대의 기록들을 분석하는 데 바쳤던 윌 듀런트(Will Durant)는 이렇게 말했다.

"복음서 기자들의 편견과 선입관들에도 불구하고 그들은 단순한 고안자들(inventors)이었다면 숨겼을 법한 많은 사건들을 기록하고 있다. 예를 들면 천국에서의 높은 자리를 놓고 사도들이 다투었던 일, 예수 체포 시에 그들이 도망쳤던 일, 베드로가 예수를 세 번이나 부인했던 일, 나사렛에서 예수께서 기적을 행하지 않았던 일, 예수께서 미쳤을지도 모른다고 생각했던 사람들의 말에 대한 언급, 자신의 사역에 대한 예수의 초기 불확실한 태도, 미래에 대해서는 무지한 그의 고백, 그가 겪은 고통의 순간들, 십자가상에서의 절망적인 부르짖음 등과 같은 일들에 대한 기록이 그것이다. 이러한 장면들을 읽는 사람들 중에서 그 장면들의 배후에 있는 예수의 실재를 의심할 수 있는 사람은 아무도 없을 것이다. 소수의 단순한 사람들이 한 세대 내에 그렇게도 강력하고 호소력 있는 인물, 그리고 그렇게도 고매하고도 도덕적이며 영감적인 인류 형제애의 이상을 고안해 냈다는 것은 복음서들 가운데 기록되어 있는 어떤 것들보다도 훨씬 더 믿기 어려운 기적이었을 것이다."

또한 크레이그 블롬버그도 "복음서들의 기록방식은 진지하고도 책임 있는 태도, 정확한 세부사항, 그리고 세심한 주의와 정확성을 간직하고 있을 뿐, 고대의 다른 기록에서 많이 보이는 이상한 미사여구와 노골적인 신학적인 요소는 찾아볼 수 없다. 이 점은 복음서를 기록한 저자들의 목적이 실제적으로 일어난 사실을 기록하는 데 있다는 것이다."라고 주장한다.

또 프린스턴 신학교 벤저민 워필드 박사는 "현재 보존되어 있는 신약성경의 본문과 고대의 다른 기록들을 비교해 본다면 신약성경이 믿기 놀라울 정도로 정확하다고 선포해야만 한다. 신약성경은 굉장히 신중하게 기록되었는데, 그런 신중함은 의심할 여지 없이 성경의 거룩한 말씀에 대한 진실된 경외감 때문에 생겨났다. 실제로 전해 내려와서 사용되고 있는 고대의 기록물 가운데 본문의 순수성을 따져 본다면 신약성경에 견줄 만한 것은 없다."라고 주장했다.

신약성경의 기록은 "증인, 증언, 증언하다, 증거하다"로 번역되는 단어들을 반복적으로 사용한다. 이것은 헬라어 μάρτυς에서 번역된 단어로서 현대 영어 martyr의 어원이기도 하다. 예수에 대한 사도들의 증언은 순교를 각오한 헌신이었다.

3) 외부 증거 검사

역사성에 대한 세 번째 검사는 외부 증거에 대한 검사(External evidence test)이다. 그것은 다른 역사적 자료들이 문서 자체의 내적인 증거를 확증해 주는가 아니면 부정하는가의 여부를 검사하는 것이다. 다시 말해 분석하에 있는 문헌을 제외하고 그것의 정확성, 신빙성, 그리고 진정성을 입증해 주는 다른 자료들이 있는가를 검사하는 것이다. 사도 요한의 친구는 요한의 기록들의 내적 증거를 확증해 주고 있다. 역사가 유세비우스(Eusebius)는 히에라폴리스(Hierapolis)의 감독 파피아스의 저작들을 보존하고 있다.

유세비우스는 「유세비우스의 교회사」(The History of the Church) 6장 39절에서 "그 장로(사도 요한)는 이렇게 말하곤 했다."라고 적고 있다. "마가는 베드로의 통역자로서 그리스도의 말씀이든 행하심이든 베드로가 언급한 것은 모두 비록 순서대로는 아닐지라도 정확하게 기록하였다. 그는 친히 주님의 말씀을 듣거나 주님과 동행한 자는 아니었다. 그러나 그는 이미 내가 언급했듯이 후에 베드로를 따라다녔다. 베드로는 필요에 따라 주님의 가르침을 가르쳤으나 그 가르침을 편찬하려 하지는 않았다. 그래서 마가는 그가 말한 대로 받아 적었고 오기(誤記)를 하지 않았다. 왜냐하면 그는 자기가 들은 바를 빠뜨리거나 그 안에 허위 진술을 포함시켜서는 안 된다는 한 가지 사실을 염두에 두고 있었기 때문이다."

AD 180년에 리옹(Lyons)의 감독이었으며, 서머나의 감독이었던 폴리캅[14]의 제자 이레니우스(Irenaeus)는 이렇게 적고 있다. "마태는 그의 복음서를 베드로와 바울이 로마에서 복음을 전파하고 그곳에 교회를 설립하고 있었을 때 히브리인들 중에서 히브리어로 기록하여 내놓았다. 그들이 떠난 후에 (즉, 유력한 전승 연대를 64

---

14) 86년간 그리스도를 섬겼으며 사도 요한의 제자로 알려져 있다.

년으로 잡고 있는 네로 박해 때 그들이 죽은 것을 의미함.) 베드로의 제자이자 통역자였던 마가는 스스로 베드로의 가르침의 내용을 우리에게 전해 주었다. 또한 바울의 추종자였던 누가는 그의 스승이 선포한 복음을 한 책에 기록하였다. 그리고 주님의 제자이며 그분의 가슴에 의지했던(요 13 : 25, 21 : 20) 요한은 아시아에 위치한 에베소에서 사는 동안 직접 복음서를 기록하였다."[15]

브루스는 "누가복음의 정확성을 의심받아 왔으나 그 정확성이 일부 비문(Inscription)상의 외적 증거에 의해서 입증되었음을 볼 때 고고학이 신약성경의 기록을 확증해 준다고 정당하게 말할 수 있을 것이다."라고 함으로써 고고학이 성경의 강력한 외적 증거들을 제공하고 있음을 나타내고 있다.

4) 일관성 검사

추가로 일관성 검사를 해 보자. 무신론자들이 복음서의 실재를 주장할 때 가장 강하게 언급하는 것이 복음서 상호 간의 모순성이다. 그러나 이 점은 역설적으로 복음서 기록의 진정성을 더 잘 드러내 보일 뿐이다. 만약 복음서가 단어마다 똑같았다면 저자들끼리 공모해서 이야기를 사전에 조작했다는 비난을 받았을 것이다. 즉, 복음서 저자들은 앵무새처럼 기계적으로 모방하여 하나의 증언만 한다고 했을 것이다. 그래서 하버드 법대 사이먼 그린리프는 사복음서 저자들의 일관성을 연구한 후에 다음과 같이 평가를 내렸다.

"한 가지 모순이 발견되는데 그 점은 저자들 간에 사전 합의가 전혀 없었다는 사실이 바로 충분한 증거이다. 동시에 저자들 모두가 '위대한 화목 사건'이라는 동일한 사건을 독립적으로 기록한 해설가였다는 사실을 증명하는 중요한 일치점도 보인다."

독일의 한스 스티어는 고전 역사가의 관점에서 기본적 자료가 일치하고 세부 사항에서 차이점을 보이는 점이 신빙성이 있다고 결론짓는다. 왜냐하면 거짓으로 꾸

---

15) Irenaeus, *Against Heresies* 3, 1, 1.

며 낸 이야기는 완전한 일관성과 조화를 갖추려는 경향이 있기 때문이다. 그는 다음과 같이 말했다. "모든 역사가들이 의심하는 순간은 바로 특별한 사건이 어떤 모순점도 없는 이야기의 형태로 보고될 때입니다."16)

3. 누가 거짓말을 위해서 죽겠는가?

기독교에 대한 신뢰성의 중요한 한 가지 영역은 예수의 사도들의 변화이다. 그들의 변화된 삶은 예수의 주장들의 타당성에 대한 확고한 증거를 제공해 주고 있다. 왜냐하면 열두 사도 중에서 열한 명이 예수의 부활과 그를 하나님의 아들로 믿는 신앙에 기초해서 순교했기 때문이다. 이들은 고문과 채찍질을 당했으며, 마침내는 이제까지 알려진 것 중에서 가장 잔인한 방법에 의해서 죽음을 맞이했다.

이들은 짐승의 가죽을 덮어쓴 채 개에게 갈가리 찢겨 죽기도 하고, 십자가에 못 박히기도 하였으며, 혹은 밤에 불을 밝히기 위해 횃불 대신 태워지기도 했다. 이들은 군중들의 희롱과 오락의 대상으로 처형되었으며, 인간들의 야만성을 충족시키기 위해 죽어 갔다. 역사상 열한 명이 그것이 거짓말인 줄 알았으면서도 그 거짓말을 위해서 죽었다는 것은 이해하기 힘든 일일 것이다. 사도들은 예수가 죽은 자들로부터 부활하셨음을 처음부터 믿지는 않았다. 풍부하고도 설득력 있는 증거를 본 후에 믿었던 것이다.

"제자들이 다 예수를 버리고 도망하니라"(막 14 : 50).

"열두 제자 중의 하나로서 디두모라 불리는 도마는 예수께서 오셨을 때에 함께 있지 아니한지라 다른 제자들이 그에게 이르되 우리가 주를 보았노라 하니 도마가 이르되 내가 그의 손의 못 자국을 보며 내 손가락을 그 못 자국에 넣으며 내 손을 그 옆구리에 넣어 보지 않고는 믿지 아니하겠노라 하니라 여드레를 지

---

16) Lee Strobel, op. cit., pp. 58-59.

나서 제자들이 다시 집 안에 있을 때에 도마도 함께 있고 문들이 닫혔는데 예수께서 오사 가운데 서서 이르시되 너희에게 평강이 있을지어다 하시고 도마에게 이르시되 네 손가락을 이리 내밀어 내 손을 보고 네 손을 내밀어 내 옆구리에 넣어 보라 그리하여 믿음 없는 자가 되지 말고 믿는 자가 되라 도마가 대답하여 이르되 나의 주님이시요 나의 하나님이시니이다"(요 20 : 24-28).

도마는 후에 예수를 위하여 순교하였다. 그는 속고 있었는가? 그는 그렇지 않다는 사실에 자신의 목숨을 걸었던 것이다. 베드로는 예수께서 심문받으시는 동안 몇 차례나 부인했으며, 마지막에는 그를 버리기까지 하였다. 그러나 그는 예수께서 십자가에 못 박혀 죽으시고 장사된 지 얼마 후 죽음의 위협을 받았음에도 불구하고 예수가 그리스도였으며 부활하셨다고 담대하게 설교했고, 마지막에는 십자가에 거꾸로 매달려 순교했던 것이다. 그가 속고 있었는가?

"게바에게 보이시고 후에 열두 제자에게와"(고전 15 : 5).

자신의 뜻과 어긋나게 확신을 갖게 된 사람은 예수의 형제 야고보였다. 야고보는 원래 열두 제자에 속하지 않았으나 바울과 바나바처럼 후에 사도로 인정되었다.

"이는 그 목수의 아들이 아니냐 그 어머니는 마리아, 그 형제들은 야고보, 요셉, 시몬, 유다라 하지 않느냐"(마 13 : 55).

"열두 사도의 이름은 이러하니 베드로라 하는 시몬을 비롯하여 그의 형제 안드레와 세베대의 아들 야고보와 그의 형제 요한, 빌립과 바돌로매, 도마와 세리 마태, 알패오의 아들 야고보와 다대오, 가나나인 시몬 및 가룟 유다 곧 예수를 판 자라"(마 10 : 2-4).

"주의 형제 야고보 외에 다른 사도들을 보지 못하였노라"(갈 1 : 19).

"두 사도 바나바와 바울이 듣고 옷을 찢고 무리 가운데 뛰어 들어가서 소리 질러"(행 14 : 14).

야고보는 예수께서 생존해 계실 때는 자기 형제 예수를 믿지 않았다. 그러나 예수께서 십자가에 못 박혀 죽으시고 장사 지낸 바 된 후에 야고보는 예루살렘에서 예수가 사람들의 죄를 위하여 죽고 부활했으며 살아 계신다고 설교했다. 결국 그는 예루살렘 교회의 지도자 중 한 사람이 되었으며, 요세푸스에 의하면 대제사장 아나니아에 의해 돌에 맞아 순교했다고 한다. 그는 속고 있었는가?

"이는 그 형제들까지도 예수를 믿지 아니함이러라"(요 7 : 5).

"그 후에 야고보에게 보이셨으며 그 후에 모든 사도에게와"(고전 15 : 7).

제자들의 죽음
베드로 : 십자가에 달려 죽음(AD 65. 로마).
안드레 : 십자가에 달려 죽음 or 그리스의 파트라스에서 굶겨 죽이는 형을 받음(AD 69. 아가야).
마태 : 칼에 맞아 죽음(AD 70. 에티오피아 누비아).
알패오의 아들 야고보 : 십자가에 달려 죽음(AD 54. 예루살렘).
빌립 : 십자가에 달려 죽음(AD 60. 히에라폴리스).
시몬 : 십자가에 달려 죽음 or 스아닐에서 살해(AD 61. 페르시아).
다대오 : 화살에 맞아 죽음(AD 66. 아르메니아).
예수의 형제 야고보 : 돌에 맞아 죽음(AD 62. 예루살렘)
도마 : 창에 찔려 죽음 or 관에 넣어진 채 톱으로 켜져 죽임(AD 82. 인도 밀라포레).
바돌로매 : 십자가에 달려 죽음 or 알바니아에서 산 채로 살갗이 벗겨진 채로 십자가형(AD 68)을 당함.
세베대의 아들 야고보 : 칼에 맞아 죽음(AD 44. 예루살렘. 행 12 : 2).
요한 : 밧모 섬에서 기름 가마에 넣어져 순교당함(AD 96).
동생 야고보 : 예루살렘 교회 책임자로 있다가 살해당함.
바나바 : (AD 61. 구브로 살라미. 투석)
스데반 : (AD 32. 예루살렘 투석. 행 7 : 59-60)
맛디아 : (AD 64. 에디오피아. 악섬. 화형)
마가 : (AD 68. 알렉산드리아. 마차에)
바울 : (AD 68. 로마. 참수)
디모데 : (AD 90. 에베소. 참수)
누가 : (AD 91. 로마. 교수형)

"하나님과 주 예수 그리스도의 종 야고보는 흩어져 있는 열두 지파에게 문안하노라"(약 1 : 1).

여기서 순교와 진실 사이의 관계를 검토해 보아야 한다. 역사 속에는 자신의 종교적 견해에 헌신해서 기꺼이 순교로 생을 마무리했던 사람들의 사례들이 넘쳐난다. 그렇다면 순교가 진실의 여부를 증명하는가? 그렇지 않다. 순교는 자신의 견해에 대해 신뢰를 보여 줄 뿐이지 사실을 확증하는 것은 아니다. 그러나 부활의 증인들은 다른 누군가의 증언을 신뢰한 것이 아니라 직접 자신들의 주장을 펼치고 있는 것이다. 자신들이 직접 목격한 것이 사실임을 확증하는 결과로 순교의 자리에 머물게 된 것이다. 그리고 오늘날 그리스도인들은 그들의 증언을 받아들일 만한 타당한 이유가 있다고 믿는 것이다.[17]

목격자들에 의한 사도들의 증거 내용은 예수의 부활이었는데, 만약 부활이 거짓말이었다면 사도들은 그것을 알고 있었을 것이다. 그렇다면 과연 이 어마어마한 거짓말이 영속화될 수 있겠는가? 그 가능성은 사도들의 삶과 조화되지 않는다. 그들은 개인적으로 거짓말하는 것을 정죄했고, 정직을 강조했으며, 사람들에게 진리를 알 것을 권고했다.

역사가 에드워드 기번(Edward Gibbon)은 기독교가 성공할 수 있었던 다섯 가지 이유 중 하나로 "최초 그리스도인들의 보다 순수하고 엄격한 도덕성"을 제시하고 있으며, 마이클 그린(Michael Green)은 "부활은 십자가에 못 박혀 죽은 한 랍비의 낙담한 추종자들을 초대교회와 용감한 증인들과 순교자들로 바꾸어 놓은 신앙이었다. 이것은 예수의 추종자들을 유대인들로부터 구별하여 그들을 부활의 공동체로 변화시킨 한 가지 믿음이었다. 여러분은 그들을 감옥에 가두고 채찍질하고 죽일 수는 있었겠지만 그들로 하여금 제 삼 일에 그가 부활했다는 사실에 대한 그들의 확신을 부인하게 할 수는 없었을 것이다."라고 부활에 대해서 설명하고 있다. 예수의 추

---

17) J. Warner Wallace, op. cit., pp. 173-174.

종자들이 예수의 부활을 확신하지 않았다면 그 누구도 고문과 죽음에 맞설 수는 없었을 것이다. 폴 리틀(Paul Little)은 "사회의 도덕적 구조를 변화시키는 데 도움을 준 이 사람들은 더할 나위 없는 거짓말쟁이들이거나 망상에 사로잡힌 광인(狂人)들인가? 이러한 양자택일을 부활이라는 사실보다도 더 믿기가 힘들 것이며 그것들을 제시해 주는 증거는 조금도 존재하지 않는다."라고 결론짓는다.

크레이그 블롬버그도 "복음서 저자들은 다른 어떤 종교보다 더 엄격한 성실성을 요구했다. 그들은 믿음을 지키려는 의지가 강했고 심지어 남은 열한 명의 제자들 중에서 열 명이 끔찍한 죽임을 당했는데, 이 점이 바로 그들의 위대한 인품을 보여준다. 그들은 정직과 진실성, 그리고 미덕과 도덕성의 관점에서 볼 때 부러워할 만한 인생을 살았다."라고 주장한다. 예수에 대한 가장 중요한 자료는 신약성경, 특히 복음서인데 이 증언들을 편견 없이 읽는 사람은 그것들 중에 한 구체적 인격이 기술되어 있다는 것을 의심할 수 없을 것이다.[18]

C. S. 루이스는 그리스도인이 되기 전에 영국의 옥스퍼드 대학에서 역사학 교수로 또는 문학 교수로 재직하고 있었다. 그때 그는 객관적인 입장에서 성경을 손에 잡고 읽기 시작했다. 성경 전체를 다 읽은 후에 그의 첫 번째 소감은 "내가 생각했던 것과 성경은 전혀 다르다."였다. 오늘날 많은 사람들이 성경을 손에 잡아 보지도 않고 이렇게 생각한다. "보나마나 뻔한 이야기가 아닌가? 착한 사람이 되라는 그런 이야기겠지." 그러나 그는 그렇지 않다는 것을 발견한 것이다. 이것이 그의 첫 번째 충격이었다. 다시 말하면 성경은 단순히 인간을 향해 선한 사람이 되라는 윤리적인 측면만을 기록하고 있는 책이 아니라는 사실이다. 그가 성경을 깊이 그리고 열린 마음으로 읽으며 깨달은 사실은 "인간은 선해질 수가 없다."라는 것이다. 선한 사람이 되라는 그 흔한 교과서에 나오는 글처럼 단순한 도덕과 윤리를 강조하는 교훈이 아니라 "인간은 선해질 수가 없다는 사실을 알아라. 그리고 이 사실 때문에 인간에게

---

18) Otto Betz, *Was wissen wir von Jesus?*, 전경연 역, 「역사적 예수의 진실」 복음주의신학총서 제19권(서울 : 한신대학출판부, 1987), p. 10.

는 구세주가 필요하다."라는 것이 C. S. 루이스를 흔든 첫 번째 충격이었다.

두 번째 충격은 "그리스도는 자신이 막연히 생각하는 훌륭한 스승만은 아니다." 라는 사실이다. 훌륭한 스승만으로 여기기에는 예수가 독단적인 선언을 많이 하셨다는 사실이다. 예를 들어 복음서를 읽어 보면 예수께서 이런 말씀을 많이 하신다. "나를 죽이라. 너희들이 나를 죽일 것이다. 그러나 너희들이 나를 죽인 후 사흘 만에 나는 다시 살아날 것이다." 어떤 사람이 우리가 얘기하고 있는 대화의 장면 속에 갑자기 끼어들어서 이렇게 말한다고 가정해 보자. "여러분, 앞으로 수개월 후에 제가 여러분의 손에 의해서 죽임을 당할 것입니다. 그리고 저는 죽은 지 사흘 만에 다시 살아날 것입니다." 이런 이야기가 막연히 그리고 존경받을 만한 착한 스승의 이야기라고 생각하는가? 이런 이야기는 어떤 종류의 이야기라고 생각되는가?

C. S. 루이스는 이런 교훈을 접하면서 둘 중의 하나라는 결론을 내렸다. "예수는 미치광이든가 아니면 하나님일 것이다." 아니라고 생각되는가? "나를 죽이십시오. 그러면 나는 사흘 만에 다시 살아날 것입니다. 아니! 당신은 분명히 나를 죽일 것입니다. 그리고 나는 사흘 만에 살아날 것입니다." 이 말씀대로 되지 않는다면, 그리고 될 수 없는 것이라면, 그럼에도 불구하고 이 발언을 했다면 그분은 거짓말쟁이거나 아니면 미치광이인 것이다. 그런데 만일 그의 말씀 그대로 그 사건이 일어날 사실을 분명히 아시고 그러한 이야기를 한 것이라면, 그리고 그 사실 그대로 그 사건이 발생했다면 당신은 어찌하겠는가?

그렇다면 그리스도는 단순한 스승이 아니라 그가 말씀하신 그대로 그렇게 될 수밖에 없는, 인간의 영역을 뛰어넘는 위대한 하나님 자신일 수밖에 없는 것이다. 아니면 이러한 발언이 어떻게 가능할 수 있을까? 그래서 C. S. 루이스는 "예수는 하나님이든가 미치광이든가 둘 중의 하나이다. 그러나 미치광이라고 볼 수는 없다. 거짓말쟁이일 수도 없다. 그러면 그는 누구겠는가? 그는 자신의 선언처럼 참 하나님이심에 틀림이 없다."라는 놀라운 심증 앞에 부딪혀 충격을 일으키게 된 것이다. 그는 성경을 객관적으로 읽다가 이 충격 앞에 예수 그리스도를 개인의 구주로 고백하며, 그리스도인으로 회심하는 놀라운 사건을 경험하게 되었다. 그리고 그는 그리스도인으로서 아마도 인류 역사 이래로 지금까지 내려온 모든 시대 속에서 어른들과 아이들을 위해서 가장 많은 신앙의 책을 쓴 사람이 되었다.[19]

복음서의 설화는 예수가 행한 사건, 그의 행위가 보여 준 태도, 그가 만났던 여러 타입의 사람들과의 관계, 그와 종교 지도자들과의 충돌 사건 등 여러 종류로 된 생생한 묘사라는 것이다. 이러한 각양의 설화가 그 사건 당시의 상황을 얼마나 정확하게 기술했는지의 문제는 판단이 같을 수 없다. 어떤 것은 다른 것보다 더 신뢰할 수도 있을 것이다. 어떤 것은 그만하지 못한 것도 있을 것이다. 그러나 이것들을 정리해 보면 서로 다른 많은 관점에서 이야기된 이 설화들은 분명히 현실에서 활동하고 있었던 인물에 대해서 독특한 인상을 전하는 데 집중하고 있다.[20]

4. 고고학적 증거

1) 역사가로서 누가의 질문

의사이자 역사가인 누가는 신약성경 전체의 1/4을 차지하는 누가복음과 사도행전을 기록했다. 누가가 역사가로서 매우 정확하게 기록하고 있다는 것은 고고학적으로 증명되고 있다.

첫째는 누가복음 3 : 1에서 누가는 루사니아가 AD 27년경 아빌레네의 분봉 왕이었다고 적고 있다. 그러나 많은 학자들은 이 점을 부정하고 루사니아는 분봉 왕이 아니라 반세기 이전 칼키스(Chalcis)의 통치자라고 주장했다. 그러나 티베리우스(Tiberius)의 통치 기간인 AD 14~37년 사이에 기록된 비문이 발견되었는데, 거기에는 누가가 기록한 것과 마찬가지로 다메섹 근처에 있는 아빌레네의 분봉 왕의 이름이 루사니아라고 되어 있었다. 루사니아라는 이름을 가진 정부 관리가 두 명이었다는 사실을 고고학이 증명한 것이다.

---

19) 이동원, 「열두 문, 열두 돌」(서울 : 나침반, 1987), pp. 59-61.
20) Charles Harold Dodd, *The Founder of Christianity*, 한준석 역, 「예수-그리스도교 기원의 탐구」현대신서 84(서울 : 대한기독교서회, 1993), pp. 46f.

둘째로 사도행전 17 : 6의 '읍장'(politarch)이라는 호칭도 마찬가지이다. 많은 학자들은 '읍장'이라는 호칭이 고대 로마문서 어디에도 발견되지 않기 때문에 누가의 실수라고 주장했다. 그러나 1세기 한 지도자의 비문이 발견되었는데 "읍장의 시대에……"라고 적혀 있고, '읍장'을 언급하는 비문은 35개 이상이며, 누가가 언급한 동일한 시대의 비문이 데살로니가에서 몇 개 더 발견되어 대영박물관에서 직접 확인할 수 있게 되었다.

결론적으로 누가가 세부사항까지 고려하여 신중함과 정확성을 기한 역사가임이 입증되었는데, 고고학자들이 누가가 언급한 32개의 나라, 54개의 도시, 9개의 섬을 면밀히 조사한 결과 단 하나의 실수도 찾아내지 못했다. 그래서 윌리엄 램지는 훈련받은 고고학자로서 성경에 회의적이었고 신약성경의 역사적 신빙성을 폄훼했었다. 그러나 지중해 지역을 탐사한 후 회심했으며, 누가복음의 역사성을 입증했다. 고고학자들이 삽을 뜰 때마다 성경의 신빙성에 관한 증거들이 계속 나오고 있다.

2) 다른 복음서와 몇 개의 사건들

요한복음 5 : 1~15에는 베데스다 연못가에서 예수께서 병자를 고치신 기록이 나온다. 요한은 이 못에 행각 다섯이 있다고 묘사하고 있으나 학자들은 행각 다섯 개가 발견되지 않았기 때문에 요한의 기록을 의심했다. 그러나 고고학자들이 베데스다 연못을 발굴할 때 지하 40피트 정도에서 확실하게 행각 다섯 개가 발견되었으며, 요한복음 9 : 7의 실로암 못, 요한복음 4 : 12의 야곱의 우물, 요한복음 19 : 13의 빌라도와 박석(재판석)의 정체가 발견되었다.

또한 파피루스 학자들이 AD 125년경으로 추정하는 요한복음 18장의 사본 조각을 이집트에서 고고학자들이 발견함으로써 요한복음은 AD 2세기경에 쓰였다는 주장을 무너뜨렸다. 그 결과 시카고 휘튼 대학의 존 맥레이(John McRay) 교수는 "고고학은 성경과 명백히 모순되는 어떤 결과도 찾아내지 못했습니다."라고 말했다. 또 예수의 탄생 이야기 가운데 마리아와 요셉의 인구조사 사건은 "어떻게 정부가 모든 시민들에게 출생지로 돌아가라고 강요할 수 있는가?"라는 의구심 때문에 많은 사람들의 의심을 받아 왔다. 그러나 AD 48년 것으로 보이는 파피루스 조각을 보면 전 가족이 인구조사와 관련되었음을 알 수 있다. "이집트 총독 가이우스 비비우스 막시우스는 선포한다. 가가호호 인구조사를 해야 할 시기가 왔기 때문에 어떤 이유에서든 본인의 지방 외부에 거주하고 있는 모든 사람들은 자신의 고향으로 반드시 돌아가야만 한다. 그래서 정기적인 인구조사 명령을 수행해야 하며 할당 지역을 성실히 경작해야만 한다."

또한 무신론자 프랭크 진들러가 "Where Jesus never Walked"라는 논문에서 주장한 것으로 구약성경이나 사도 바울, 탈무드에서조차 나사렛이라는 지명이 언급되어 있지 않으므로 나사렛이 예수 당시에는 존재하지 않았다는 것이다. 그러나 사우스 플로리다 대학의 제임스 스트레인지 박사에 의하면 AD 70년 예루살렘이 무너졌을 때 제사장들이 성전이 파괴되어 갈릴리 지방까지 위쪽으로 보내졌을 때의 '24개 경로'를 적은 아람어로 된 목록을 발견했는데, 그곳에 나사렛은 확실히 기록되어 있으며, 또한 나사렛 근처에서 1세기의 무덤을 발견하여 조사한 결과 나사렛은 그 당시 최대 인구가 480명, 넓이는 60에이커쯤 된다고 주장했다. 그래서 이 연구로 요한복음 1 : 46의 "나사렛에서 무슨 선한 것이 날 수 있느냐"라는 말씀만 더 힘을 얻게 되었다. 또한 이안 윌슨도 1955년 나사렛의 수태고지 교회 밑에서 발견한 유물들을 연구한 후 다음과 같이 결론짓는다. "발견한 유물들이 나사렛이 예수 시대에 존재했음과 그곳이 작고 중요하지 않았다는 데에도 의심의 여지가 없다."

마지막으로 1947년 예루살렘 동쪽 20마일 지점에서 BC 250~AD 68년까지 시기가 다양한 수백 개의 사본이 발견된 사해사본 중 4Q521 사본과 관련된 흥미 있는 발견이다. 마태복음에는 세례(침례) 요한이 감옥에 있을 때 제자들을 보내어 예수의 정체성을 질문했다. "예수께 여짜오되 오실 그이가 당신이오니이까 우리가 다른 이를 기다리오리이까"(마 11 : 3). 이때 예수께서는 "예", "아니오"라는 직접적인 대답 대신에 "너희가 가서 듣고 보는 것을 요한에게 알리되 맹인이 보며 못 걷는 사람이 걸으며 나병환자가 깨끗함을 받으며 못 듣는 자가 들으며 죽은 자가 살아나며 가난한 자에게 복음이 전파된다 하라"(마 11 : 4–5)라고 말씀하셨다. 이 말씀은 이사야

35장을 예수께서 인용하신 것인데 무슨 이유 때문인지 예수께서는 구약성경에 없는 "죽은 자가 살아나며"라는 구절을 포함시켰다. 그런데 4Q521 이사야 61장에는 "죽은 자가 살아나며"라는 구절이 포함되어 있다. 그래서 두루마리 사본학자인 크레이그 A. 에반스는 4Q521 안에 포함된 이 구절이 의심할 여지 없이 메시야적 문맥이라고 주장한다. 그렇다면 예수는 자신이 진실로 하나님의 기름 부음 받은 자라고 담대하게 주장한 진술을 현대 고고학이 최종적으로 증명하고 있는 것이다.

결론적으로 신약성경의 정확성에 대한 고고학의 반복된 확인은 신약성경의 신뢰성에 관한 중요한 확증을 제시한다. 그래서 호주의 고고학자 클리포드 윌슨은 "오늘날 사실을 알고 있는 사람들은 신약성경을 놀랄 만큼 정확한 출처로서 인정해야만 한다고 인식하고 있다."라고 주장한다.

5. 대안 복음서의 등장

1990년대 로버트 J. 밀러를 필두로 한 몇몇 예수 세미나 참가자들과 그 외 몇 명의 사람들이 *The Complete Gospels*를 출간하면서 신약성경의 복음서들과 도마복음, 비밀 마가복음, 베드로복음, 마리아복음을 포함한 열여섯 권의 다른 고대 문서들을 나란히 실으면서 이 다른 복음서들도 역사적 중요성이나 영적 내용으로 볼 때 사복음서와 동등한 가치가 있다고 주장했다.

이들 중에는 대안 복음서들 가운데 몇몇 문서의 저작 연대를 빠르게는 1세기로 잡는 학자들도 있다. 하버드 대학교의 교회사 교수 캐런 킹은 논란의 여지가 있지만 마리아복음서의 저작 연대가 1세기 후반일 수 있다고 주장한다. 신시내티의 자비에르 대학 신학교수인 아서 J. 듀이는 베드로복음이 1세기 중반에 기록되었다고 주장한다.

1) 도마복음

예수의 114가지 숨겨진 어록 모음집인 도마복음에 대해 윌리스 반스톤과 마빈

마이어는 "헬라어로 적혔을 이 복음서의 기록 연대는 이르면 1세기 중반이었을 것이다."라고 주장한다. 프린스턴 대학 종교학 교수인 일레인 페이절스는 도마복음이 AD 80~90년대 사이에 기록된 것으로 요한복음의 기록 시기보다 빠르다고 본다. 그리고 내용 면에서는 예수를 성경이 말하는 구원자가 아니라 감당할 수 있을 만큼 성숙한 제자들에게 비밀 교훈들을 전해 주는 지혜의 인물로 묘사한다. 즉, 구원이 예수 그리스도의 속죄가 아니라 지식을 통해 찾아온다는 영지주의 신앙과 일치한다. 그래서 애즈베리 신학교의 벤 위더링턴 3세는 "도마복음이 말하는 구원은 신약성경이 소개하는 믿음으로 말미암아 은혜로 받는 구원과는 다르다."라고 말한다.

영지주의에 대하여 간략히 언급하자면 많은 영지주의자들은 그 계시자가 나사렛 예수라고는 믿는다. 그러나 그들이 말하는 예수는 세상 죄를 위해 죽은 구원자가 아니라 인간 각자 안에 있는 신성에 대한 진리를 드러낼 수 있도록 그 비밀을 알려주는 지혜의 전달자이다. 신약학자 N. T. 라이트(Nicholas Thomas Wright)는 영지주의자들이 역사적으로 네 가지 생각을 공통적으로 내세웠다고 말한다. "세상은 악하다. 세상은 악한 창조주가 만들어 낸 산물이다. 구원은 악한 세상에서 구출 받는 것이다. 비밀지식(영지, 그노시스)이 있어야 구출을 받을 수 있다."

다시 도마복음에 대하여 언급하자면 도마복음은 신약성경 저작들의 절반 이상을 인용하거나 유사한 구절들을 싣거나 암시하고 있다. 이것은 신약성경보다 후기에 쓰였다는 것을 의미한다. 또한 일부 자료들은 시리아에서 발생한 상황을 반영하고 있는데, 시리아 교회는 금욕주의, 엘리트주의, 신비주의에 빠져 있었다. 이 모든 증거는 도마복음이 2세기 말에 기록되었음을 뒷받침해 준다. 그리고 지금의 형태로 완결된 것은 4세기경이다. 그리고 도마복음의 예수는 복음을 신비주의적으로 이해하고 가르치며 내면의 빛, 내적 계시, 그리고 물질주의와 탐욕, 일상에서 오는 수많은 염려로부터 자유로워지자고 가르친다.

그리고 이 세상은 회복되고 구속받은 곳이 아니라 절망적이고 계속 타락하다가 파괴될 것이라는 영지주의적 요소를 보인다. 또한 도마복음은 반유대주의적 요소가 강하다. 특히 구원론에서 구원은 자기 지식, 진정한 자기 이해, 자신이 우주에서 차지하는 위치에 대한 깨달음, 이 세상을 거부하고 사로잡히지 않음에서 나온다고 본다. 즉, 도마복음에서 예수는 구원자가 아니라 계시자이다. 즉, 하나님이 하신 일에 대한 믿음의 반응이 아니라 알아야 할 내용을 아는 것, 그래서 그 지식을 전하러 오신 분이다. 결론적으로 도마복음은 예수의 사적 가르침일 가능성은 전혀 없고, 2세기 말 시리아의 전승을 반영한 후기영지주의 저작물이다.

2) 베드로복음

신시내티의 자비에르 대학 신학과 교수 아서 J. 듀이는 이 책의 초기 무대를 1세기 중반으로, 크로산은 저작 연대를 AD 50년으로 잡는데, 여기에는 "십자가와 머리가 구름 위로 솟아오른 부활 예수" 등 괴이한 구절들이 있다. 고로 이 책이 진짜 '베드로복음'인지조차 확신하지 못하며, 1880년대 이집트 아크밈에서 9세기에 죽은 기독교 수도사의 관 속의 코덱스 안에 베드로계시록, 비잔틴 시대 성 줄리안의 순교 기록, 헬라어 에녹서 단편, 시작도 끝도 없고 제목도 없는 한 복음서 단편이 나왔다. 사도 베드로가 본문에 화자로 등장하고 발견 당시 베드로계시록이 함께 있었기 때문에 고고학자들은 베드로복음이라고 생각했다.

내용 면에서는 오류와 거짓 가르침이 가득하다. 예를 들면 "예수의 무덤을 막았던 돌이 굴러가고, 머리가 길게 뻗어 하늘까지 닿는 두 천사가 무덤 안으로 들어가 세 번째 사람을 도와서 밖으로 나오는데, 그 사람의 머리도 구름 위로 솟아올랐고 그 뒤에 십자가가 따라 나온다. 그리고 그 십자가가 하늘의 음성에 대하여 '예!'라고 대답한다." 이 단편은 반유대적인데, 반유대적이란 말은 후대에 쓰였다는 뜻이다. 예수의 머리가 구름 위로 올라간다는 표현은 아마도 AD 110년에서 140년 사이에 쓰인 *The shepherd of Hermes*와 2세기 중엽의 에스드라 후서의 내용을 각색한 것 같다. 결론적으로 이 단편도 3~5세기에 기록되었으며, 마태복음의 세부 내용을 뒤섞어 경건한 상상력, 변증적 관심, 반유대주의 성향으로 각색한 것에 불과하다.

3) 마리아복음

댄 브라운의 소설 「다빈치 코드」로 유명해진 이 단편에 나오는 예수는 "구원이 인간 내면의 참된 영성을 추구하고 그것을 방해하는 육체와 세상의 물질성을 극복함으로써 이루어진다."라고 가르치며, 마리아복음은 베드로와 안드레를 "오만하고 무지한 남자들"로 묘사하고, 막달라 마리아가 "참된 사도적 증인"이라고 주장한다.

그러나 마리아복음 안에는 1세기 역사적 예수, 역사적 마리아에게서 나왔다고 믿을 만한 요소가 전혀 없다. 별나고 색다른 교사들을 금지하는 교회의 규칙에 대해 2세기 중반에 나타난 모종의 저항으로써, 그런 교사들 가운데는 여자들이 있었다. 영지주의적 성향을 가진 여자가 가끔 설교하고자 할 때, 목회서신을 근거로 감독들이 설교를 허락하지 않자 마리아복음은 바로 그 문제를 다루며 여자들이 교사가 될 권리를 옹호한다. 아마 기독교가 점점 제도화되면서 여자에게 어떤 제한을 가하는 데 반대하여 나온 문서라고 추측된다.

또한 이 문서는 빨라야 150~200년 사이 상황을 반영하고 있다. 이 문서의 내용은 다음과 같다. 막달라 마리아가 예수께 받은 어떤 계시를 제자들에게 들려주자, 안드레와 베드로는 그 가르침이 예수께 받은 가르침과 다르다며 회의적인 반응을 보인다. 마리아는 그들이 "자신이 예수의 말씀을 잘못 전한다."고 생각할까 봐 울기 시작한다. 그러자 레위가 베드로를 꾸짖고, 마리아를 옹호하며, 제자들에게 복음을 선포하고 "구세주께서 정하신 것 외에 어떠한 한계도 법도 정하지 말자."고 촉구하고 나서자 제자들이 밖으로 나가는 것으로 끝이 난다.

4) 비밀 마가복음(마르사바 수도원)

*Jesus the magician*을 쓴 컬럼비아 대학의 모튼 스미스는 1958년 예루살렘 근방 한 수도원에서 이전까지 알려지지 않았던 이 복음서의 두 쪽 반 분량을 발견했다고 주장했으며, 이 복음서로 박사 학위 논문을 쓴 스콧 G. 브라운은 마가복음의 저자가 영적으로 성숙한 자들만을 위해 이 책을 따로 썼다고 주장했다. 이 단편은 매우 선동적인 성격을 띠고 있으며, 동성애적 암시가 역력하다. 스미스 또한 게이였

다. 그런데 이 단편을 스미스가 수도원에 놓고 왔다고 했는데, 이후 그 누구도 그것을 찾을 수 없었다. 그래서 그가 찍은 사진으로 특히 전문 변호사이자 성경학자인 스티븐 칼슨이 필적 감정 전문가를 불러 그 본문을 연구했는데, 결론적으로 그 편지는 위조품이었고, 위조자는 스미스였다. 위조의 증거들로는 위조자의 떨림, 책의 곰팡이(수도원이 위치한 지역에 나타나지 않은 곰팡이), '스미스 65'라는 책 속 표지의 표시, 'M. 마디오테스'라는 서명 등이 있다.

5) 유다복음

원래 유다복음은 AD 180년 이전에 쓰였고, 당시 교부 이레니우스는 이 '가짜 역사서'가 떠돌고 있다고 경고했다. 유다복음의 내용 가운데는 유다가 예수의 가장 위대한 제자였고, 그만이 예수의 가장 심오한 가르침을 이해할 수 있었기에 예수는 유다를 시켜 자신을 배반하게 했다는 구절이 있다. 그리고 어떤 이들은 성경의 복음서보다 유다복음이 먼저 기록되었고, 325년 니케아공의회에서 교회가 불태웠다고 주장한다. 댄 브라운은 4세기 콘스탄티누스 황제가 성경편집에서 빼 버렸다고 주장한다.

그러나 크레이그 A. 에반스는 유다복음에는 예수와 유다에 대한 역사적인 내용이 전혀 없다고 주장한다. 특히 신약성경의 사복음서의 경우와 달리 '유다가 전하는 복음'(The Gospel According to Judas)이 아니라 '유다복음'(Gospel of Judas)이라고 되어 있는데, 이것은 이 문서를 쓴 저자가 유다가 아니라 유다에 대한 복음서임을 의미한다. 즉, 이것은 유다가 죽고 한참 뒤에 기록되었다고 볼 수 있다. 그럼에도 불구하고 이레니우스는 유다복음의 존재를 인정하고 있으며, 2세기 영지주의와 '가인파'라 불렸던 집단에 대해서 뭔가를 말해 주고 있다는 점이 흥미가 있다. 가인파는 성경의 악당들과 자신들을 동일시했는데, 그 이유는 이 세상 신은 악하므로 신이 미워하는 사람이 실제로는 영웅이라는 것이다. 그래서 그들은 가인, 에서, 소돔 사람들을 떠받들었다. 그리고 유다도 거기에 딱 들어맞는 인물이었다. 어찌 되었든 이 유다복음은 이런 주제를 상상력을 동원해 더욱 발전시키고, 비역사적이다.

결론적으로 도마복음은 2세기 신비주의와 영지주의의 정보를 담고 있으며, 신약성경에서 따온 몇 가지 인용문 외에는 아무 의미가 없으며, 말하는 십자가와 거인 예수님이 등장하는 베드로복음은 전혀 신뢰성이 없고, 마리아복음과 유다복음은 기록 시기가 너무 늦으며, 비밀 마가복음은 위조품일 뿐이다.

그러나 성경의 사복음서는 고고학의 발견들 덕분에 정확함이 확증된 구체적인 사항들이 가득하고, 예수께서 사역하신 지 한 세대가 지나기 전에 기록되었으며, 요한복음만 두 세대 안에 기록된 것이다. 그러므로 사건 자체와 기록 연대가 너무나 가깝기 때문에 거짓말을 했다면 사람들이 그냥 넘어갔을 리가 없다. 그리고 바울서신의 대부분은 사복음서 이전에 기록되었다. 그리고 사복음서의 신뢰성을 높여 주는 또 하나의 중요한 기준은 '다중 증언'(multiple attestation)이다. 또한 '일관성의 기준'도 있다. 두세 권이 한 인물과 사건을 일관성 있게 이야기한다면 그것은 만들어 낸 것일 수가 없다. 특히 위경을 다룰 때 나타나는 현상 중에 하나는 영지주의자들은 2세기 및 그 이후 복음서들의 신뢰성을 높이기 위해 1세기 인물의 이름을 갖다 붙였다는 사실을 잊지 말아야 한다. 결론적으로 위경의 어느 문서도 2세기 중반 이전에 집필되었다는 증거는 전혀 없고, 위경을 집필했던 교사들, 즉 에비온파, 마르키온파, 영지주의자들도 1세기 중반에는 존재하지 않았으며, 그들의 주장을 뒷받침할 어떤 자료도 존재하지 않는다.[21]

6. 성경은 조작·훼손되지 않았는가?

「성경왜곡의 역사」의 저자인 세계적인 본문 비평가 바트 D. 어만은 "신약성경의 사본 전승을 연구하면 할수록 오랜 세월 필사자들의 손을 거치면서 본문이 얼마나 크게 달라졌는지 깨닫는다. 어떤 경우에는 아예 본문의 의미가 달라졌다."라고 말하면서 다양한 필사본들 사이에 있는 이문(異文)들 또는 차이점들은 모두 20만에

---

21) Craig A. Evans. op. cit., pp. 271-272.

서 40만 개까지 이르며, 사본들 사이의 이문의 개수는 신약성경 전체 단어 수보다 많다고 그의 책에서 주장한다. 또한 무신론자 리처드 C. 캐리어는 "집요한 이데올로기의 영향으로 정경 본문의 개작은 아주 이른 시기부터 시작되었고 끝없이 이어지고 있다."라고 주장한다. 그리고 예수 세미나 회원들도 "교정을 보는 사람이라면 누구나 알고 있듯이 아무리 실력 좋은 필사자들도 실수를 범한다. 그렇게 보면 성경 원문이 정확히 무엇이라고 주장하기란 어렵다."라고 말한다.

여기에 대해서 먼저 성경사본에 대한 개론부터 다루어 보면 신약성경 본문에 관한 증언들은 고대의 어떤 헬라어 문헌, 라틴어 문헌보다 많다. 너무 많아서 부담스러운 정도인데 신약성경의 헬라어 사본이 5,700개 이상이고 라틴어 사본은 1만 종 이상이다. 여기에 콥틱어, 시리아어, 아르메니아어, 조지아어 등 다른 언어로 된 사본까지 합하면 1만에서 1만 5천 종 정도로 추산된다. 따라서 신약성경 필사본은 총 2만 5천 종에서 3만 종이나 된다. 또한 여기에다가 고대교부들이 신약성경 말씀을 자주 인용했는데, 그 인용문을 모두 더하면 100만 개 이상이나 된다.

이것은 고대 그리스-로마 세계의 다른 문서 작품과 비교해 보면 비할 만한 작품이 없다. 보통 헬라어 저자의 작품 사본은 20종이 되지 않고, 그나마 500년에서 천년 이후에 제작된 것들이다. 이런 작품들을 쌓아 올리면 높이가 10~20m 정도인데, 신약성경 사본은 쌓아 올리면 1.6km가 넘는다. 몇 가지 예를 들자면 리비우스는 로마 역사에 대해 142권을 썼지만, 그 가운데 35권만 남아 있다. 호메르스의 「일리아드」(Iliad)와 「오디세이」(Odyssey)의 사본은 두 권 합쳐서 2,400종이 안 된다. 그런 점에서 사본의 양과 질적인 면에서 신약성경의 사본은 독보적이다.

질적인 면에서 살펴보면 신약성경은 14세기 동안 필사되는 과정에서 나타나는 이문들은 전체의 2% 정도에 불과하다. 어만은 이문이 헬라어 신약성경을 이루는 총 13만 8,162개보다 더 많은 20만 개에서 40만 개라고 주장하지만, 이들 중에 70~80퍼센트는 의미에 아무런 영향을 끼치지 않는 철자상의 차이이다. 즉, 이문을 40만 개로 잡는다 해도 28만에서 32만 개는 중요하지 않은 철자상의 차이이다. 예를 들면 영어의 a book과 an apple, the Mary나 the Joseph을 Mary, Joseph으로 기록하는 경우이다. 의미는 달라지지 않지만 모두 이문으로 처리한 것이다. 또 '주'를 '예수'라고 되어 있거나 John을 Johnn으로 되어 있는 것도 모두 이문으로 취급한다. 그리고 헬라어는 굴절이 심한 언어로 어순이 중요하지 않은 언어인데, 의미에 전혀 영향을 받지 않는다 해도 어순의 차이가 있으면 모두 이문으로 처리했다. 이런 점을 모두 고려할 때 오히려 헬라어 사본 가운데 이문이 40만 개뿐이라는 것이 충격적이다. 그 많은 사본의 숫자를 감안한다면 이문이 수천만 개는 되어야 할 것이다. 그래서 잭 로저스(Jack Rogers)와 도널드 맥킴(Donald K. Mckim)은 Authority and Interpretation of the Bible에서 "성경의 근본 목적은 인간에게 구원을 가져오는 것이며 그 목적을 성취하기 위하여 하나님이 인간의 사고와 언어형태에 자신을 적응시켰다. 하나님으로부터 완전하게 나온 것은 단어의 형태가 아니라 구원의 메시지였다."라고 주장했다. 같은 맥락에서 가톨릭 신학자 한스 큉(H. Küng)은 "성경은 단순한 하나님의 증언이 아니라 그 계시에 대한 인간의 증언이다."라고 했고, 옥스퍼드 대학의 성경학자인 제임스 바(James Barr)는 "성경의 위상은 완전성보다 충족성에 있다."라고 했다. 이런 의미에서 오늘날 신학자들과 성직자들은 성경이 성령을 통해 쓰인 하나님의 말씀이기도 하지만 동시에 오류를 범하는 인간의 기록이라는 점에서 '성경의 이중 저작권'을 주장한다. 이 말은 "성경의 권위는 하나님의 저작권에서 나오고, 하나의 저술로서 성경에 있는 오류는 인간의 저작권에서 기인한다."라는 의미이다.

결론적으로 신약성경 사본들은 수 세기에 걸쳐 충실하게 필사되어 왔다고 당당히 주장할 수 있다. 즉, 이문에 의해서 달라지는 주요 교리, 핵심교리는 하나도 없다. 그래서 노먼 가이슬러는 "신약성경의 상이한 이문들을 고대 다른 책들의 이문들과 비교해 볼 때 그 결과는 놀라울 정도이다. 신약성경이 온전히 보존되었다는 사실에는 의문의 여지가 없다."라고 주장한다. 그렇다면 성경은 신뢰할 만한 고대문서임을 확증할 수 있다. 이제 이 문서, 즉 성경에 기초해서 예수가 하나님으로서 인간이 되신 구원자임을 확인하고자 한다. 왜냐하면 성경은 역사적(歷史的)이고 객관적인 자료이기 때문이다.

7. 복음서 저작시기

복음서를 목격자 증언으로 진지하게 받아들이기 위해서는 저작 연대가 예수의 생애와 사역에 가깝게 등장할수록 신뢰도가 높아진다. 그렇지 않으면 여러 세대가 지난 후에 지어낸 이야기가 되고 만다.

1) 신약성경은 성전 파괴를 묘사하지 않는다

1세기 유대 역사에서 가장 중요했던 사건은 AD 70년에 발생한 예루살렘 성전 파괴라고 할 수 있다. 로마는 AD 66년에 일어난 유대인들의 반란에 맞서 군대를 파견하여 AD 70년에 티투스(Titus) 장군의 지휘 아래에서 예루살렘 성전을 파괴했다. 이를 기록했었더라면 특별히 예수의 예언(마 24 : 1-2)을 입증해 주는 사실이 되었을 것이다. 하지만 어떤 복음서도 성전 파괴를 기록하지 않는다.

2) 예루살렘의 포위를 묘사하지 않는다

성전이 파괴되기 전부터 예루살렘 성은 공격을 받았다(AD 66). 티투스는 4개의 큰 부대로 성을 에워싸고 성벽 파쇄기를 사용해서 도시의 철벽을 뚫고 성안으로 진입했다. 복음서 저자들은 얼마든지 이런 3년 동안의 포위로 인한 현실적인 괴로움을 광범위하게 언급할 수 있었는데, 복음서 어디에도 이와 관련된 내용이 언급되지 않는다.

3) 누가는 바울과 베드로의 죽음에 대하여 아무것도 말하지 않는다

예루살렘 성전이 파괴되기 전에 기독교 공동체에 중요한 두 가지 사건이 있었다. 사도바울이 AD 64년에 로마에서 순교당했고, 베드로도 그때로부터 멀지 않은 AD 65년에 순교한 것이다. 누가는 사도행전에서 이 두 지도자에 대해 광범위하게 기록했음에도 불구하고 그들의 죽음에 대해서는 함구했고, 사도행전 마지막 부분에서 사도 바울은 로마에서 가택연금된 채 여전히 살아 있다.

4) 누가는 야고보의 죽음에 대해서도 말하지 않는다

예수의 형제 야고보는 예루살렘 교회의 지도자가 되어 중요한 역할을 하고 있음이 사도행전 15장에서 묘사되고 있다. 그 야고보는 AD 62년에 예루살렘에서 순교했다. 그런데 누가는 스데반의 죽음(행 7 : 54-60)과 요한의 형제 야고보의 죽음(행 12 : 1-2)은 묘사하는 반면 예수의 형제 야고보의 처형에 대해서는 함구하고 있다.

5) 누가복음은 사도행전보다 앞서 기록되었다

"데오빌로여 내가 먼저 쓴 글에는 무릇 예수께서 행하시며 가르치시기를 시작하심부터 그가 택하신 사도들에게 성령으로 명하시고 승천하신 날까지의 일을 기록하였노라"(행 1 : 1-2).

6) 바울은 디모데에게 보낸 편지에서 누가복음을 인용한다

사도 바울은 AD 63~64년경 디모데에게 첫 번째 편지를 보내면서 당시에 자신이 누가복음을 알고 있었던 것처럼 기록한다.

"잘 다스리는 장로들은 배나 존경할 자로 알되 말씀과 가르침에 수고하는 이들에게는 더욱 그리할 것이니라 성경에 일렀으되 곡식을 밟아 떠는 소의 입에 망을 씌우지 말라 하였고 또 일꾼이 그 삯을 받는 것은 마땅하다 하였느니라"(딤전 5 : 17-18).

여기서 바울은 성경의 두 부분을 인용하는데, 하나는 신명기 25 : 4이고 다른 하나는 누가복음 10 : 7이다. 이로써 바울이 이 편지를 기록할 당시 이미 사람들은 누가복음을 잘 알고 있었고, 성경으로 받아들였다는 사실이 분명해졌다.

7) 바울은 복음서 저자들의 주장을 그대로 따른다

회의적인 학자라 할지라도 사도 바울이 로마서, 고린도전·후서, 갈라디아서를 기록했다는 데는 동의한다. 이 서신들이 쓰인 시기는 48년에서 60년 사이이다. 로마서는 바울이 예수를 부활한 하나님의 아들로 선언하면서 그 편지를 연다. 예수는 육신을 입으신 하나님이시고, 이것은 복음서 목격자들이 묘사했던 그대로이다. 또 고린도전서 15장에서 바울은 사도들이 자신에게 목격자 증언을 전해 주었음을 확인한다.

"내가 받은 것을 먼저 너희에게 전하였노니 이는 성경대로 그리스도께서 우리 죄를 위하여 죽으시고 장사 지낸 바 되셨다가 성경대로 사흘 만에 다시 살아나사 게바에게 보이시고 후에 열두 제자에게와 그 후에 오백여 형제에게 일시에 보이셨나니 그중에 지금까지 대다수는 살아 있고 어떤 사람은 잠들었으며 그 후에 야고보에게 보이셨으며 그 후에 모든 사도에게와 맨 나중에 만삭되지 못하여 난 자 같은 내게도 보이셨느니라"(고전 15 : 3-8).

또 갈라디아서에서는 바울 자신이 베드로와 야고보와 교류했음을 언급하면서 이 만남이 편지를 기록할 때보다 14년 전에 일어났다고 전한다.

"그러나 내 어머니의 태로부터 나를 택정하시고 그의 은혜로 나를 부르신 이가 그의 아들을 이방에 전하기 위하여 그를 내 속에 나타내시기를 기뻐하셨을 때에 내가 곧 혈육과 의논하지 아니하고 또 나보다 먼저 사도 된 자들을 만나려고 예루살렘으로 가지 아니하고 아라비아로 갔다가 다시 다메섹으로 돌아갔노라 그 후 삼 년 만에 내가 게바를 방문하려고 예루살렘에 올라가서 그와 함께 십오 일을 머무는 동안 주의 형제 야고보 외에 다른 사도들을 보지 못하였노라"(갈 1 : 15-19).

"십사 년 후에 내가 바나바와 함께 디도를 데리고 다시 예루살렘에 올라갔나니"(갈 2 : 1).

이것은 바울이 부활하신 예수 그리스도를 보았고, 십자가 처형 이후 5년 이내 목격자들이 복음에 관해 설명을 들었다는 사실을 의미한다.

8) 바울은 고린도전서에서 누가복음을 인용한다

바울은 고린도전서를 기록할 때 누가복음을 알고 있었다. 이는 디모데에게 편지했던 것보다 10년 앞선 시기이다.

> "내가 너희에게 전한 것은 주께 받은 것이니 곧 주 예수께서 잡히시던 밤에 떡을 가지사 축사하시고 떼어 이르시되 이것은 너희를 위하는 내 몸이니 이것을 행하여 나를 기념하라 하시고 식후에 또한 그와 같이 잔을 가지시고 이르시되 이 잔은 내 피로 세운 새 언약이니 이것을 행하여 마실 때마다 나를 기념하라 하셨으니"(고전 11 : 23-25).

> "또 떡을 가져 감사 기도 하시고 떼어 그들에게 주시며 이르시되 이것은 너희를 위하여 주는 내 몸이라 너희가 이를 행하여 나를 기념하라 하시고 저녁 먹은 후에 잔도 그와 같이 하여 이르시되 이 잔은 내 피로 세우는 새 언약이니 곧 너희를 위하여 붓는 것이라"(눅 22 : 19-20).

"이를 행하여 나를 기념하라"는 누가복음에만 유일하게 담겨 있다.

9) 누가는 마가와 마태를 반복적으로 인용한다

누가는 자신이 예수의 생애와 사역의 목격자가 아님을 선뜻 인정한다. 다만 목격자들의 진술을 수집한 역사가로 묘사한다.

> "우리 중에 이루어진 사실에 대하여 처음부터 목격자와 말씀의 일꾼 된 자들이 전하여 준 그대로 내력을 저술하려고 붓을 든 사람이 많은지라 그 모든 일을 근원부터 자세히 미루어 살핀 나도 데오빌로 각하에게 차례대로 써 보내는 것이 좋은 줄 알았노니 이는 각하가 알고 있는 바를 더 확실하게 하려 함이로라"(눅 1 : 1-4).

그러면서 누가는 마가복음 350구절, 마태복음 250구절을 인용한다. 따라서 누가는 복음서를 저술하기 전에 이미 마가복음, 마태복음을 알았고 수용했다.

10) 마가복음은 최초의 복음서인 듯이 보인다

마가복음은 내용적으로 예수의 생애와 사역에 대한 주요한 세부 사항은 포함하면서도 다른 복음서에 비해 간략하고, 덜 조직적이며, 필수적인 요소에만 집중하여 행동하는 동사와 형용사로 넘쳐난다. 그러나 마태복음과 누가복음은 추가적으로 세부 사항을 덧붙이고 사건의 순서를 정리하며 마가복음보다 좀 더 탄탄하고 잘 정돈된 최종 보고서와 같다.

"그 모든 일을 근원부터 자세히 미루어 살핀 나도 데오빌로 각하에게 차례대로 써 보내는 것이 좋은 줄 알았노니"(눅 1 : 3).

11) 마가는 주요 인물을 보호하는 것으로 보인다

마가의 기록에는 신원 미상의 인물이 많다는 것을 발견하게 된다. 마가는 기독교 운동 초창기에 베드로, 마리아, 나사로, 말고의 신원을 보호하려고 했으며, 이것은 이들이 아직 살아있을 때 기록됐다고 볼 수 있다.

"곁에 서 있는 자 중의 한 사람이 칼을 빼어 대제사장의 종을 쳐 그 귀를 떨어뜨리니라"(막 14 : 47).

"예수께서 베다니 나병환자 시몬의 집에서 식사하실 때에 한 여자가 매우 값진 향유 곧 순전한 나드 한 옥합을 가지고 와서 그 옥합을 깨뜨려 예수의 머리에 부으니 어떤 사람들이 화를 내어 서로 말하되 어찌하여 이 향유를 허비하는가 이 향유를 삼백 데나리온 이상에 팔아 가난한 자들에게 줄 수 있었겠도다 하며 그 여자를 책망하는지라 예수께서 이르시되 가만 두라 너희가 어찌하여 그를 괴롭게 하느냐 그가 내게 좋은 일을 하였느니라 가난한 자들은 항상 너희와 함께 있으니 아무 때라도 원하는 대로 도울 수 있거니와 나는 너희와 항상 함께 있지 아니하리라 그는 힘을 다하여 내 몸에 향유를 부어 내 장례를 미리 준비하였느니라 내가 진실로 너희에게 이르노니 온 천하에 어디서든지 복음이 전파되는 곳에는 이 여자가 행한 일도 말하여 그를 기억하리라 하시니라"(막 14 : 3-9).

그러나 요한복음은 이들의 실명을 거론하는데, 이것은 이들이 이미 죽은 시점에 기록되었음을 짐작할 수 있다.[22]

이렇게 복음서의 증인으로서의 이른 저작설은 논리가 분명하나 양식비평가들이 제안하는 늦은 저작설을 지지해 주는 증거는 없다. 그런데도 그들이 주장하는 주된 동기는 초자연주의에 반하는 편견일 뿐이다. 결론적으로 복음서 저자들의 증언은 역사 속에서 충분히 이른 시점, 실제로 그 현장에 있음으로써 목격한 사실을 확인해 준다.

---

[22] J. Warner Wallace, op. cit., pp. 237-253.

CONFIDENCE OF REDEMPTION

구원의 확신

✝

4

예수는 실존 인물인가?

"예수 그리스도의 나심은 이러하니라 그의 어머니 마리아가 요셉과 약혼하고 동거하기 전에 성령으로 잉태된 것이 나타났더니"(마 1 : 18).

✝
―

　A. 슈바이처가 "역사적 예수의 추적은 불가능하다."라고 엄숙히 선언한 이래 예수의 전기는 신화 이상의 취급을 받지 못하고 있다. 「예수는 신화다」라는 책에서는 고대 이집트의 오시리스(Osiris), 그리스의 디오니소스, 소아시아의 아리스, 시리아의 아도니스, 이탈리아의 바쿠스, 페르시아의 미트라와 마찬가지로 예수의 이야기도 이 이교도들의 유대인 판본이라고 논증한다. 이들은 이렇게 예수의 이야기를 신화로 봄으로써 모든 영적 전통에 담긴 통일성을 인식하고 예수의 신화 속에 숨겨진 깨달음의 가능성에 다가설 수 있다고 주장한다. 이런 인식의 연장선에서 1991년 감리교신학대학교 변선환 학장은 "기독교 밖에도 구원이 있다."는 소신을 밝혔다가 교수직, 목사직은 물론이고 신자의 직분까지 박탈당했다.[1] 또한 브라이언 플레밍(Brian Flemming)이 감독한 영화 "하나님은 거기에 계시지 않았다"(The God Who Wasn't There)와 피터 조셉(Peter Joseph)이 감독한 영화 "시대정신"(Zeitgeist) 같은 영화도 기독교가 이전의 신화를 반복하는, 기존의 여러 신화 여기저기에서 조금씩 빌려온 예수에 대한 정교한 허구적 이야기라고 주장한다. 루돌프 불트만(Rudolf Bultmann)은 "예수에 관한 성서의 기록은 신화이며 그것을 역사적으로 고증하려는 것은 무의미하다."라고 결론지었다. 그렇다면 이제부터 이들의 논리에 대한 반론을

---

1) 정일권, 「예수는 반신화다」(서울 : 새물결플러스, 2017), p. 208.

제시함으로써 예수의 역사성을 논증하고자 한다.[2]

1. 예수에 대한 고대 세속 기자들의 언급들

예수에 대한 성경 외적인 증거들이 생소한 것은 사실이다. 그것은 타키투스, 수에토니우스(Suetonius, AD 69 – 140), 요세푸스와 그 당시의 다른 작품들을 살펴볼 때 그 당시는 정치적이고 국제적인 사건들에 전적으로 관심을 갖고 있었음을 발견하게 된다. 그리고 그 관심이 종교적인 사건들로 옮겨질 때는 보다 중요한 국가적, 국제적 사건들에 영향을 끼친 사건들이 언급되었다.

프랜스(Richard T. France)는 이렇게 설명하고 있다. "그 당시에 갈릴리와 유대는 그 자체가 로마제국의 극동 국경 지방에 위치했던 거대한 로마의 시리아 지역 하의 행정 영역이었다. 예수가 그들 중에서 살고 죽었던 그 당시의 유대인들은 유럽인들이 거의 알지 못했고, 그다지 좋아하지 않았던 이방인들이자 거리가 먼 사람들이었다. 그들은 로마인들에게 진지한 관심의 대상이라기보다는 조소의 대상이었다. 유대 역사의 중요한 사건들이 그 당시의 역사에 반향을 일으키고 있기는 하지만, 예수의 생애가 로마인의 관점에서 볼 때 중요한 사건이었을까? 실패한 유대인 반란 지도자의 죽음은 평범하게 볼 수 있는 사건이었으며, 종교적인 설교자들은 로마제국의 그 지역에서는 흔해 빠진 사람들이었으므로 개화된 로마인들의 실제적인 관심을 끌기는 힘들었다."

그러나 예수에 대한 고대의 세속적인 기자들의 언급이 전무했던 것은 아니다. 그러므로 이 장에서는 비그리스도인들이거나 기독교 적대자들의 언급 중 몇 가지를 소개하고자 한다.

---

[2] Josh Mcdowell and Bill Willson, *He walked Among us*, 김진우 역, 「예수님은 실존 인물인가?」(서울 : 생명의말씀사, 1991), pp. 45 – 106.

1) 탈루스와 플레곤

예수에 대하여 언급한 최초의 세속적 기자들 중 한 사람은 탈루스(Thallus)였을 것이다. 탈루스는 사마리아인 역사가로서 예수의 십자가 처형 이후 겨우 20년 후인 1세기 중반에 지중해 지역의 역사에 대해 광범위한 세 권의 기록을 남긴 인물이다. 그의 역사적 작품들이 오늘날까지 남아 있지는 않으나 교회 교부들 중 일부가 다양한 논점 가운데 그의 말을 인용했으며, 그 결과로 오늘날 그의 글 일부를 접할 수 있게 되었다. 일부 학자들은 그의 저술 연대를 AD 52년으로 잡고 있다. AD 221년에 저술활동을 했던 섹스투스 율리우스 아프리카누스(Sextus Julius Africanus)는 예수가 십자가에 못 박혔을 때 동반되었던 어두움에 관해서 "탈루스는 그의 역사책 제3권에서 이 어두움이 태양의 일식 현상 때문이었다고 설명하고 있는데, 나는 이러한 설명은 용납될 수 없는 것이라고 생각한다."라고 *Chronographiai*에 기록하고 있다.

탈루스의 의견에 반대한 아프리카누스의 의견은 옳은 것이다. 왜냐하면 일식은 만월 시에 일어날 수가 없는데, 예수께서 죽으신 날은 유월절의 만월 때였기 때문이다. 그러나 탈루스는 예수의 존재와 그가 십자가에 달린 사실을 부인하려고 교묘히 발뺌하지도 않고 있다는 사실이다. 탈루스는 십자가 사건을 그 당시에 일어난 어두움에 대하여 자연현상으로 설명하고 있으나 아프리카누스는 십자가 사건에 대하여 결정적인 역사적 증거를 제시하였던 것이다. 아프리카누스는 탈루스가 이 사건의 연대를 디베료 가이사(Tiberius Caesar)의 치세 제15년(AD 29)으로 밝히고 있다고 말하고 있다. 그러나 누가복음 3 : 1~3은 그때가 세례(침례) 요한이 사역을 시작한 때라고 말하고 있으며, 그것은 십자가 사건을 약 3년 반 정도 뒤로 돌려놓고 있다. 따라서 탈루스는 십자가 사건을 설명하기 위해서 당시의 일반적인 시간대에 무엇인가를 찾아보려고 했음을 알 수 있다.

탈루스의 작품과 비슷하지만, 오늘날 남아 있지 않은 작품은 「플레곤의 연대기」(*Olympiads*)이다. 플레곤(Phlegon)은 AD 140년에 그 작품을 기술하였는데 아프리카누스는 플레곤 작품의 작은 단편이 십자가 사건 당시에 동반된 어두움을 확증하고 있다고 말하고 있다. 아프리카누스가 밝히는 플레곤의 언급은 "그는 디베료 가이사 때의 만월 시에 제6시로부터 제9시까지 개기 일식이 있었다."이다. 3세기 초 오리겐(Origen, 185-254)도 *Against Celsus*에서 몇 차례에 걸쳐 플레곤을 언급하고 있다. "플레곤은 내 생각으로는 열세 번째 혹은 열네 번째 책에서 예수에게 미래 사건을 아는 능력이 있다고 했을 뿐만 아니라 …… 실제 결과가 예수의 예측에 상응했다는 사실로 증언했다. …… 예수는 티베리우스 카이사르가 통치했던 기간에 십자가형을 당한 것으로 보이는데 티베리우스 카이사르 시기에 일어났던 일식과 이 것에 뒤따라 일어난 큰 지진에 대해서도 플레곤은 …… 기록했다." 또한 6세기의 작가 필로폰(Philopon)은 "플레곤은 *Olympiads*에서 이 어두움에 관하여 언급하고 있다."라고 말하고 있다.

2) 플리니

AD 110년경 트라잔(Trajan) 황제는 경험 많은 행정관료인 플리니(Pliny)를 흑해 남쪽의 혼란한 지역인 비두니아에 총독으로 파견하였다(AD 61-113). 몇 년이 지난 후에 플리니는 황제에게 '그리스도인'으로 알려진 골치 아픈 집단에 대하여 조언을 구하는 서신을 보냈다(AD 약 112). "그들의 주장에 따르면 자신들의 과오나 실수란 다름 아니라 다음과 같은 것이라고 합니다. 즉, 정해진 날의 새벽 미명에 모여서 자신들이 신으로 섬기는 그리스도의 말씀을 차례로 암송하는 것을 관습으로 한다는 것, 그리고 하나의 맹세로 자신들을 결속하되 어떤 범죄를 목적으로 그러한 것이 아니라 도둑질이나 강도, 간음을 범하지 아니하고 자신들의 약속을 어기지 아니하며 필요할 때 자신들의 돈을 내어놓기를 주저하지 않겠노라는 뜻에서 그리한다는 것, 그런 것들이 자신들의 과오라면 과오라고 주장했습니다. 이런 일을 행한 후에는 흩어졌다가 다시 모여서 음식을 나누되 정상적이고 해가 되지 않는 음식을 나누는 것이 또한 그들의 관습입니다."

플리니의 언급은 그리스도인들의 신앙과 생활방식을 기록한 것으로써 현존하는 것 중 가장 오래된 비그리스도인의 기록이다. 매우 흥미 있는 것은 이 사람들이 그리스도를 신, 즉 하나님으로 생각했다는 점이다. 그들은 그분을 죽어 버린 순교자로 추앙하지 않고 자신들과 잠시 함께 살았던 신적 존재였다는 말씀에 동의하였다.[3]

3) 요세푸스

요세푸스는 예수께서 십자가에 돌아가신 후 몇 년 뒤에 태어났다(AD 37). 그의 진술에 따르면 그는 13세에 예루살렘 랍비들의 고문이었고, 16세에 사막의 고행자가 되었으며, AD 66년에 갈릴리 지역의 군대 사령관이라는 지위를 획득했다. 재앙의 전조를 보았던 그는 로마인들에게로 도망한 후에 침략국 사령관 베스파시안(Vespasian)이 언젠가 황제가 될 것이라고 예언함으로써 미래의 안전을 확보했다. 그 후 그의 예언대로 베스파시안은 황제가 되었고, 그는 자기 스승의 이름을 자신의 이름에 덧붙여 플라비우스 요세푸스라는 이름으로 저술가로서의 경력을 자유롭게 쌓을 수 있게 되었으며, AD 93년에 「유대 고대사」(The Antiquities of the Jews)를 완성하였다.

「유대고대사」에는 아나누스(Ananus)라는 극악무도한 유대교 대제사장이 "로마 총독 페스투스(Festus)가 죽은 뒤에 '메시야로 불리는 예수라는 인물의 형제 야고보'에게 율법을 어겼다는 죄목으로 불법적으로 석형을 선고한 인물"로 언급되고 있다. 이것은 역사적 예수에 대한 중요한 단서인데, 이름에 성이 따라 붙지 않는 사회에서 야고보 같은 평범한 이름에는 추가적인 이름이 필요하다. 그래서 일반적으로는 태어난 지역이나 아버지의 이름을 붙인다(예 : 나사렛 예수). 하지만 요세푸스는 야고보에게 아버지나 태어난 지명이 아닌 형제의 이름을 붙였다. 이것은 메시야로 불리는 예수라는 인물이 분명히 실존했음을 증명할 뿐 아니라, 「유대 고대사」가 기록된 AD 96년까지 예수가 널리 인정받고 있었음을 증명한다.

---

3) Paul Barnett, Is The New Testament Reliable?, 김일우 역, 「신약성경은 믿을 만한가?」(서울 : IVP, 1994).

「유대 고대사」 18, 3. 3에는 예수의 정체성을 증거하는 중요한 글이 있다. 이것을 '플라비우스의 증거'(Testimonium Flavianum)라고 한다. "이 당시에 예수가 살았는데 만일 그를 사람이라고 부르는 것이 타당한 것이라면 그는 지혜자였다. 왜냐하면 그는 놀라운 일들을 행한 사람이었으며 기쁨으로 진리를 받아들이는 사람들의 스승이었기 때문이다. 그는 많은 유대인과 이방인들을 자신에게로 나아오게 했다. 그는 메시야였다. 우리들 중 주요 인물들의 고소에 따라 빌라도가 그를 십자가에 못 박도록 형을 선고했을 때, 그 무엇보다도 그를 사랑했던 사람들은 그를 저버리지 않았다. 죽은 지 사흘 만에 그는 다시 살아나 그들에게 나타났다. 하나님의 선지자들이 이러한 일들과 그에 관한 그 밖의 셀 수 없는 놀라운 일들을 예언했듯이 말이다. 그리고 그의 이름이 붙여진 그리스도인 지파는 오늘날까지 소멸되지 않고 있다."

이 구절은 요세푸스가 기록한 것이라는 사본상의 증거가 강력하다. 요세푸스의 현존하는 모든 사본들 가운데 포함되어 있으며, 교회사의 아버지 유세비우스(Eusebius)가 AD 325년경에 쓴 *History of the Church*와 그보다 먼저 쓴 *Demonstration of the Gospel*에서도 이 구절이 인용되고 있다. 오늘날 이 구절이 갖는 중요한 가치는 예수의 역사적인 존재와 빌라도 통치하에서의 그의 삶과 죽음에 관한 사실들 중 일부를 입증해 준다는 것이다. 그래서 슬로모 파인즈(Shlomo Pines)는 "기독교를 가장 극렬히 반대한 자들조차도 예수가 실제로 살았었다는 사실에 대해서는 어떤 의심도 표현한 적이 없었다."라고 예수의 역사성에 대해 단언하고 있다. 초기 기독교 자료들은 요세푸스가 크리스천이 아니었으며, 또 크리스천에 대해 호의적인 사람도 아니었음을 분명히 말해 준다.

4) 수에토니우스

수에토니우스도 다른 로마 저술가들과 마찬가지로 그리스도인들에 관하여 저주하는 듯한 어조로 기록하고 있다. 수에토니우스는 AD 49년에 일어난 한 사건과 그리스도를 관련지어 언급하고 있다. "유대인들이 크레스투스(Chrestus)의 선동으로 끊임없이 소요를 일으키자 그(Claudius)는 그들을 로마에서 추방했다." 만약에 수에토니우스가 언급하고 있는 크레스투스가 대다수의 학자들이 믿는 대로 예수 그리스도(Christus)라면, AD 49년경의 로마에 그리스도인들이 있었음을 알 수 있다.[4]

5) 사모사타의 루시안

AD 170년경 저술 활동을 했던 헬라인 풍자 작가 루시안(Lucian)은 초기 그리스도인들과 '그들의 율법 수여자'(Lawgiver)에 대해 기록하고 있다. 그의 증언의 절대적인 성격은 그 가치를 더 높여 주고 있다. "여러분이 알다시피 그리스도인들은 오늘날에 이르기까지 한 사람을 숭배하고 있습니다. 그 사람은 그들의 새로운 의식들(Novel Rites)을 도입시킨 사람이었으며, 그로 인하여 십자가에 달려 죽었습니다. 그들은 그들의 최초의 율법 수여자로 인하여 자기들이 회심한 순간부터 모두가 형제들이라는 생각을 갖고 있습니다. 또한 그들은 그리스의 신들을 거부하고 십자가에 달려 죽은 현자를 숭배하며 그의 율법에 따라 삽니다. 이 모든 것들은 그들이 모든 물건을 공동의 소유로 간주하면서 모든 세상적인 물건들을 경멸하는 결과를 초래한 그들의 신앙을 설명해 주고 있습니다."

6) 마라 바르 세라피온

AD 70년 이후 스토아 철학자인 마라 바르 세라피온(Mara Bar Serapion)은 옥중에서 그의 아들에게 편지를 썼다.

"아테네 사람들이 소크라테스를 죽이고서 얻은 유익이 무엇이냐? 그들이 범한 죄악의 심판으로 기근과 열병이 그들에게 덮쳤느니라. 사모스(Samos) 사람들이 피타고라스(Pythagoras)를 불태워 죽이고 얻은 유익이 또한 무엇이냐? 순식간에 그들의 땅은 모래로 덮였느니라. 유대인들이 그들의 지혜로운 왕을 처형하고 얻은 유익이 과연 무엇이었느냐? 그 일이 있은 직후 그들의 왕국은 무너져 버렸느니라. …… 또한 그 지혜로운 왕은 결코 영원히 죽지 않고 그가 전파한 가르침 속에 살아

---

4) Ibid., p. 28.

있느니라." 이상에서 보듯 틀림없이 예수의 실제적인 삶과 죽음, 그리고 부활에 대한 메시지가 예수의 죽음 이후에 즉각적으로 로마제국 전체에 전파되기 시작했음을 지적해 주고 있다.

7) 타키투스

로마의 역사가이며 비기독교인 타키투스는 「타키투스의 연대기」(Annales)에서 네로 황제로부터 박해를 받은 그리스도인들의 이름의 근원에 대하여 쓰고 있다. "그 이름은 티베리우스 집권하의 총독 본디오 빌라도를 통해 처형당했던 그리스도에게서 유래한다. 당장에 그 폐해가 되는 미신은 억제당하였다. 그러나 그것은 다시 돌발하였는데 이 재해의 근원지인 유대뿐만 아니라 온갖 추악한 것과 비열한 것이 사방으로부터 몰려들어 추종자를 얻고 있는 로마에서도 그랬다."

"…… 그리스도인들이란 명칭은 그리스도에서 유래되었는데 그는 황제 티베리우스 통치 기간(AD 14-37)에 유대 총독이었던 본디오 빌라도에게 죽임을 당했다. ……"[5]

이 글에서 우리는 예수가 유대에서 로마인들에 의해 처형당했다는 사실과 교양 있는 로마의 국외자가 이 사건을 어떻게 보았는가에 대한 언급을 볼 수 있다. 타키투스는 AD 55~117년경의 로마 역사가로서 티베리우스로부터 도미티아누스(AD 81-96)에 이르는 로마 역사를 알 수 있는 가장 중요하고 유일한 자료 제공자일 것이다.[6] 이상에서 본 것처럼 기독교 밖의 자료도 나사렛 예수가 실제로 살았다는 데 대해서는 절대로 의심하지 않는다.[7]

---

5) Cornelius Tacitus, *The Histories*(Oxford University Press), p. 44.
6) 기독교대백과사전편찬위원회, 「기독교대백과사전」 Vol. XV(서울 : 기독교문사, 1985), p. 215.
7) Otto Betz, op. cit., p. 9.

8) 초기 기독교 이단 비판자 오리게네스

오리게네스는 *Contra Celsum*에서 "예수는 모든 유대 관습을 지켰고, 그들의 희생제사에도 참여했다. …… 그는 비밀리에 자랐고 이집트에서 장인으로 일했고 마술을 익힌 후에 그곳에서 돌아와 그러한 능력으로 자신을 하나님이라고 칭했다."라고 적고 있다.

9) 사모사타의 루키아노스

그는 자신의 *De Morte Peregrini*에서 "기독교인들은 …… 그를 신으로 존경했고 그를 입법자로 여겼으며 그 이후 세상에 이 새로운 제의를 소개했다는 이유로 팔레스타인에서 십자가형을 받았던 사람을 보호자로 삼았다."라고 언급한다.[8]

2. 랍비들의 전승에 나타나 있는 언급들

바빌로니안 탈무드 산헤드린(Babylonian Talmud : Sanhedrin) 43a에는 다음과 같은 사실이 기록되어 있다. "유월절 전날에 그들이 예수를 매달았다. 그리고 그에 앞서 한 고지자(announcer)가 나가서 사십 일 동안 이렇게 말하고 다녔다. '그는 마술을 행하고 이스라엘을 미혹하고 오도하였기 때문에 돌에 맞아 죽을 것이다. 누구든지 그에게 유리한 사실을 알고 있는 자는 와서 그를 위하여 변호하게 하라.' 그러나 그에게 유리한 사실이 발견되지 않았기 때문에 그들은 그를 유월절 전날 매달았다."

이 구절이 중요한 것은 부정하고 있지 않은 내용 때문이다. 첫째로 이 구절은 예수의 죽음에 유대인들이 개입했음을 부정하지 않고 있다. 또한 로마인들을 언급조차 하지 않는다. 오히려 유대왕국이 사형을 선고했으나 그것이 정당한 방식으로 이

---

8) Craig A. Evans, *Fabricating Jesus*, 성기문 역, 「만들어진 예수」(서울 : 새물결플러스, 2017), p. 160.

루어졌음을 나타내고자 애쓰고 있다. 그 결과는 예수와 그의 죽음의 역사성을 명백히 입증해 주고 있다. 둘째로 이 구절은 예수가 이적들을 행했음을 부정하지 않고 있다. 오히려 그것들이 마술 혹은 요술을 통해 이루어졌다고 설명해 버리려고 하나 예수와 그가 행한 이적들의 역사성만 입증하고 있다. 셋째로 이 구절은 "그가 이스라엘을 미혹하고 오도하였다."라고 말함으로써 유대인들 중에서 그를 따르는 자들이 많았음을 확인할 수 있다. '사십 일 동안'이라는 말은 그 재판이 단시간에 이루어진 것임을 부정하기 위해서 꾸며진 말이었을 것이다. 그러나 그것은 예수가 당국에 의해 추적을 받고 있었던 것에 대한 공식적 발표와 연관되어 있었을 가능성도 있다.

"그들이 돌을 들어 치려 하거늘 예수께서 숨어 성전에서 나가시니라"(요 8 : 59).

"유대인들이 다시 돌을 들어 치려 하거늘"(요 10 : 31).

"그들이 다시 예수를 잡고자 하였으나 그 손에서 벗어나 나가시니라"(요 10 : 39).

또 산헤드린 43a에는 "우리의 랍비들은 다음과 같이 가르쳤다. 예수에게는 다섯 명의 제자들 마타이(Mattai), 나쿠아(Nakai), 네쩨르(Netzer), 부니(Buni), 그리고 토다(Toda)가 있었다."는 기록이 있는데 마타이(Mattai)를 마태와 동일시하는 경우를 제외하고는 복음서에 나타난 제자들의 이름과 동일시하기란 매우 어렵다. 그러나 예수에게 다섯 명의 제자들만 있었다는 것은 탈무드에 나오는 다른 선생들, 즉 요하난 벤 자카이(Yohanan ben Zakkai)와 아키바(Rabbi Akiba)에게도 다섯 명의 제자들이 있었던 것으로 묘사되고 있는 사실로 설명될 수 있다.

랍비 엘리에젤(Eliezer)은 AD 70년대 후반기에 그리스도인들에 대하여 바리새파와 마찬가지로 신랄한 태도를 취했던 사람으로 AD 90년대에 다음과 같은 글을 기록한 것으로 보인다. "랍비 엘리에젤이 말했다. 발람이 예견하니 한 남자가 있는데 여인에게서 출생하였으며 하나님이 되어 온 인류를 잘못된 길로 빠지게 하려고 애쓰고 있었다. 그래서 하나님이 세계 만백성이 들을 수 있도록 발람의 목소리에 힘을 주시기로 그가 말하기를 너희는 그 사람을 따라 곁길로 가지 않도록 경계하라. 기록된바 하나님은 인생이 아니시니 식언치 않으신다고 했다. 그 사람이 자신을 하나님이라고 말한다면 그것은 거짓말이다. 또한 그는 잠시 떠났다가 종말에 다시 올 것이라고 속여 말할 것이다. 그는 말만 하고 행하지는 않을 것이다."[9]

이상에서 초기 역사적으로 가장 신빙성 있는 랍비 문헌들은 우리들에게 그들이 예수가 어떤 인물인가에 대하여 생각했던 사실들을 제시해 주고 있다. 랍비들의 저작들이 나타내 주는 가장 큰 사실은 비범한 인물이었던 나사렛 예수의 역사적 존재를 어느 곳에서나 확증하고 있다는 것이다. 비그리스도인의 자료에서 발췌한 증거에 기초하여 다음과 같은 결론들을 이끌어 낼 수 있다.

1. 티베리우스 황제가 통치(AD 14-37)하고 본디오 빌라도가 총독으로 있던 시기(AD 26-36)에 예수 그리스도는 유대에서 십자가에 달려 처형되었다. -타키투스
2. 이 운동은 유대에서 로마로 전개되었다. -타키투스
3. 예수는 자신이 하나님이며 잠시 떠났다가 다시 오겠다고 주장하였다. -엘리에젤
4. 그의 추종자들은 그를 신으로 숭배했다. -플리니
5. 그를 '그리스도'라 불렀다. -요세푸스
6. 그의 추종자들을 '그리스도인'이라 불렀다. -타키투스, 플리니
7. 비두니아와 로마에는 엄청난 수의 그리스도인들이 거주했다. -타키투스, 플리니
8. 그것은 전 세계적인 운동이었다. -엘리에젤
9. 그의 형제는 야고보였다. -요세푸스[10]
10. 예수는 유대인 선생이었다.

---

9) Ibid., pp. 31f.
10) Ibid., pp. 37f.

11. 많은 사람들은 그가 치유를 행하고 귀신을 쫓아내는 일을 했다고 믿었다.
12. 유대인 지도자들에 의해 배척받았다.
13. AD 41~54년에 로마에 기독교인이 살았는데 그들이 크레투스(Chrestus)에 의해 끊임없이 폭동을 일으켰기 때문에 로마에서 유대인들이 추방당했다 – 수에토니우스

종합적으로 고대의 역사가들이 대부분 정치 지도자, 황제, 왕, 군사전쟁, 공적인 종교인, 그리고 주요한 철학적 동향 등을 다루었다는 사실을 고려해 볼 때, 예수의 행적이 당시 역사가들이 기록하던 범주에서 벗어남에도 불구하고 예수와 제자들에 관한 기록이 그토록 많다는 점은 매우 놀랄 만한 것이다. 또한 일반적으로 종교운동이 시작되면 그것에 관한 기록은 수세대가 지나야 쓰이는데, 예수에 관한 역사적 기록은 다른 어떤 고대 종교의 창시자보다 시기적으로나 분량적으로 자세하고도 많은 양이며, 독립적이고 확증적인 증거이다.

예를 들면 BC 1,000년경의 조로아스터에 대한 경전은 AD 3세기에 기록되었고, 조로아스터 교도들에 대한 전기는 AD 1278년에 쓰였으며, BC 6세기에 살았던 부처의 전기는 AD 1세기에 기록되었고, 경전은 기독교 시대가 지난 후에 기록되었으며, AD 570~632년까지 살았던 모하메드는 그가 죽고 난 후 1세기가 지난 후에 767년에 전기가 기록되었다.

또한 이러한 세속적인 기록과 복음서를 제외하고서라도 복음서보다 기록 시기가 훨씬 빠른 바울(Paul)의 서신들과 초기 교부들의 서신 — 로마의 클레멘스 서신, 이그나티우스 서신, 폴리캅 서신, 바나바 서신 등 — 에서도 예수의 가르침, 십자가에 못 박힘과 부활, 그리고 그분의 신성을 증명하는 데는 아무런 어려움이 없다.

존 마이어(John P. Meier)는 "실로 고대 역사의 많은 가려진 인물과 비교해서 우리는 놀랄 정도로 예수에 관하여 많이 알 수 있다. 복음서들은 우리에게 '지상적 예수', 아무리 그것이 부분적이고 신학적인 색깔을 가지고 있다 하더라도 지상에 사시는 동안의 예수의 모습을 우리에게 제시해 주고 있다."고 말했다. 또 모튼 스미스(Morton Smith)는 *Jesus the Magician*이라는 책에서 "예수 생애의 외적

인 뼈대-그가 무엇을, 그가 언제, 그가 어디서 살았는가 하는 것은 신뢰할 수 있을 만큼 확실하다."라고 했고, 안소니 하베이(Anthony E. Harvey)도 Jesus and The constraints of History에서 "적어도 예수의 삶과 죽음의 중요한 사실들에 관한 증거는 고대역사의 그 어떤 다른 인물의 경우에서처럼 충분하고, 상회적이고, 일관성을 지니고 있다."고 결론지었다.

3. 예수에 대한 기독교 신앙은 다른 종교를 모방한 것인가?

우리가 살고 있는 이 시대는 예수의 역사성조차 의심받고 있는 참으로 불행한 시대라 하겠다. 티모시 프레케(Timothy Freke)와 피터 갠디(Peter Gandy)는 「예수는 신화다」(The Jesus Mysteries)에서 "오시리스, 디오니소스, 아도니스, 아티스, 미트라스와 기타 신비 종교의 구원자들에 대한 이야기는 우화로 여기면서 유대 상황에서 나온 동일한 구조의 베들레헴 출신인 한 목수의 이야기는 왜 전기로 믿어야 하는가?"라고 주장했으며, 전직 성공회 사제 톰 하퍼(Tom Harpur)는 그의 책 The Pagan Christ에서 "사복음서에 나오는 예수의 언행 가운데 수천 년 전 이집트의 신비의식과 기타 거룩한 문서에서 기원을 찾을 수 없는 내용은 하나도 없다."라고 주장한다. 이처럼 모방 이론 주창자들에 따르면 기독교 출현 이전의 신 미트라스는 12월 25일 동굴에서 처녀의 몸에서 태어났고, 열두 제자를 두었으며, 제자들에게 불멸을 약속했고, 성찬과 유사한 식사를 창안했으며, 길과 진리와 생명으로 찬양받았고, 세계 평화를 위해 자신을 희생했으며, 무덤에 묻혔고, 3일 만에 부활했다고 한다. 댄 브라운(Dan Brown) 또한 이러한 내용을 그의 책 「다빈치 코드」(The Da Vinci Code)에서 주장한다. 또한 그는 예수 아내설을 주장하며 성적인 불륜 드라마와 막장 드라마로 재구성하여 영지주의적 시도를 하고 있다. 그리고 비교종교학자 오강남은 「예수는 없다」에서 예수의 성령 체험은 성불과 다르지 않다면서 예수를 "성불한 예수"라고 주장한다.[11] 이처럼 모방 이론 주창자들은 예수의 동정녀 탄생이나 부활 같

---

11) 정일권, 「예수는 반신화다」(서울 : 새물결플러스 2017), p. 210.

은 예수에 대한 기독교의 핵심 교리들을 역사적 사실이 아니라 지중해 부근에서 번성했던 신비종교들을 표절한 것에 불과하다고 주장한다.

특히 티모시 프레케와 피터 갠디는 "신약성경에 나오는 예수의 이야기와 그의 가르침은 고대 신비종교의 신화와 가르침에 다 있던 내용이다."라면서 "모든 신비종교는 죽고 부활하는 신인의 신화를 나름대로 가르쳤는데, 그 존재는 다른 장소에서 다른 이름으로 알려졌다. 신비종교가 시작된 이집트에서는 오시리스였다가 그리스에서 디오니소스가 되었고, 소아시아에서는 아티스로 알려졌으며, 시리아에서는 아도니스, 페르시아에서는 미트라스, 알렉산드리아에서는 세라피스라는 이름으로 불렸다. 그나마 몇 가지만 소개한 것이다."라고 기록하고 있다.

휴 J. 숀필드(Hugh J. Schonfield)는 그의 책 *Those Incredible Christians*에서 "한 꺼풀만 벗겨 보면 그리스도인들은 아도니스와 오시리스, 디오니소스, 미트라스의 숭배자들과 이어져 있다."라고 쓰고 있으며, 철학자 존 H. 랜돌은 "사도 바울 덕분에 기독교가 이시스 숭배 및 당대의 다른 성체 종교 또는 신비종교들과 비슷한 신비주의적 구속의 종교가 되었다."라고 주장한다. 이처럼 첫눈에 보면 예수의 이야기와 고대 신화 사이에는 놀라울 정도로 유사성이 많아 보인다. 그러나 그 실체를 살펴보면 문제는 달라진다.

스웨덴의 저명한 학자이자 룬드 대학의 교수이고, 스톡홀름의 문학, 역사, 고대 유물 왕립 아카데미 회원인 트리그브 메팅거(Tryggve N. D. Mettinger)는 그의 책 *The Riddle of Resurrection*에서 "현대학자들은 기독교 이전에는 죽었다가 살아나는 신들이 없었다는 데에 대부분 의견을 같이합니다. 그런 신들이 등장하는 시점은 2세기 이후입니다."라고 주장한다. 여기서 타이밍이 아주 중요한데 기독교가 생겨난 AD 1세기에 죽었다가 살아나는 신들에 대한 신화들이 돌지 않았다면 기독교는 부활의 개념을 빌려올 수 없기 때문이다. 그런데 메팅거는 100번 양보해서 고대 세계에 죽었다가 살아나는 신들이 적어도 셋, 많게는 다섯이 있는데 이 부활 신화와 예수의 부활 사이에는 공통점이 전혀 없다는 것이다.

"그것들은 예수께서 죽은 자 가운데서 살아나는 기록과는 너무나 다르다. 구체적으로 밝혀지지 않은 먼 과거의 벌어진 일이며, 대개는 계절에 따라 살다가 죽은 식물의 순환과 관련이 있다. 그에 반해 예수의 부활은 반복되지 않고, 계절의 변화와 관련이 없으며, 예수와 같은 세대를 살았던 사람들은 예수의 부활이 실제의 사건이라고 진심으로 믿었다. 또한 죽었다가 부활하는 신들의 죽음이 죄를 위해 대신 당하는 고난이라는 증거가 전혀 없다."라고 결론을 내렸다.

이처럼 예수의 죽음과 부활은 종교의 역사에서 유일무이한 특성이나 고대 신화들은 가을에 만물이 죽었다가 봄에 다시 소생하는 이유를 설명하는 데 쓰였다. 예를 들면 하늘의 천둥신, 비를 내리는 신, 바알과 저승에 사는 모트 신화는 여름에 왜 비가 오지 않는지 설명하는 우화일 뿐이고, 아티스의 부활 신화는 최초 보고 자료가 1세기 훨씬 이후에 나타나며, 아도니스 신화도 100년 이상 늦다. 그리고 마르두크는 그가 죽었다는 분명한 기록이 없고, 부활에 대한 기록은 더욱 불투명하다. 탐무즈도 죽었다가 살아나는 신이라지만 부활해서 나타났다는 기록이나 빈 무덤의 기록도 없다. 그러나 오시리스 신화는 흥미로운데 그는 이 세상에 돌아오지 않고 저승신의 지위를 받는다. 결론적으로 오늘날 존경받는 학자 가운데 이 모호한 신화들과 예수의 부활과 공통점이 있다고 말하는 학자는 없다.

1) 신비종교

가장 오래된 신비종교는 엘레우시스의 데메테르 숭배이다. BC 800년부터 500년 그리스의 아카이아 시대에 이미 확립되었으며, 가장 이후의 것으로는 로마제국 후기에 대단히 번성한 페르시아의 신에서 출발한 미트라스 신화이다. 키벨레와 아티스 신화는 1세기 중후반까지는 비로마인들에게 한정되어 있었다. 이들 신비종교의 신화들은 대부분 식물의 순환과 관련이 있다. 예수의 부활이 이 신화들에서 유래한 것이라고 생각한 사람들은 독일의 종교사학자들이었다. 그들은 19세기 말과 20세기 초에 번성했는데 리하르트 라이첸슈타인은 예수의 희생이 미트라스가 소를 죽이는 것과 관계있다고 생각했고, 제임스 G. 프레이저는 이집트의 오시리스, 시리아의 아도니스, 소아시아의 아티스, 메소포타미아의 탐무즈를 논하고는 죽었다가 살아나는 하나의 공통적 중요 신이 있다고 주장하면서 기독교와의 유사성을 다루었다.

그러나 오늘날 대부분의 존경받는 학자들은 기독교가 이교의 영향을 받았다고 주장하는데, 그들은 기독교 계시의 독특성을 훼손하려는 시도들은 입수 가능한 정보들을 살펴보는 것으로 간단히 무너진다고 확신한다. 한 예를 들면 미트라스는 BC 14세기부터 증거를 찾아볼 수 있는 페르시아 신이긴 하지만, 서구의 비밀종교라는 의미에서 보면 아주 늦은 시기까지 증거가 발견되지 않는다. 시기가 너무 늦으니 기독교의 시작에 영향을 끼칠 수 없다. 로마에서 미트라스를 공식 인정한 첫 번째 기록은 AD 66년 아르메니아 왕 티리다테스가 네로를 공식 방문했을 때 건넨 인사말이다. "신이시여! 제가 미트라스를 경배하듯 당신을 경배하러 왔나이다."

신비종교로서 미트라스의 증거는 AD 90년이 되어서야 나타난다. 스타티우스가 쓴 시에서 미트라스교의 모티브를 볼 수 있고, 서방의 가장 이른 미트라스교 비문은 AD 101년 트라야누스 황제 치하의 한 장관 동상에 새겨져 있다. 가장 이른 미트라스 신전은 2세기 초의 것으로 추정되며 절대다수의 텍스트는 AD 140년 이후의 것이다. 대부분의 자료는 2~4세기 것으로 미트라스교가 기독교에 영향을 주었다는 것은 근본적인 오류이다.

2) 미트라스교

미트라스는 동굴에서 동정녀에게서 태어났고, 목자들이 그를 찾아왔으며, 열두 명의 동지 혹은 제자들이 있었고, 죽어 무덤에 묻힌 후 삼 일 만에 부활했다. 그리고 그는 "선한 목자"로 불리었으며 양 혹은 사자와 동일시되었다고 하나 미트라스 경전은 없고 모든 추측은 미트라스 숭배자들의 주장에 불과하다. 그들의 주장은 그림, 조각품에 의존한 것이다.[12]

미트라스는 완전히 자란 상태로 프리지아 모자만 빼고는 벌거벗은 채 생겨난다.

---

12) J. Warner Wallace, op. cit., pp. 225-226.

그는 단검과 횃불을 들고 있으며, 다른 부조에서는 바위에서 불꽃이 튀어나오거나 미트라스가 손에 공을 들고 있다. 미트라스는 바위에서 태어났고, 그는 신이었을 뿐 교사로 자처하지 않았으며, 자신을 희생하지도 않았고, 그의 죽음에 대해서는 아는 바가 없다. 따라서 부활에 대한 내용을 찾을 수 없다.

이처럼 미트라스와 예수와는 아무런 유사성이 없다. 라이첸슈타인을 포함한 대부분의 학자들이 미트라스를 기독교의 신학으로 해석한다. 그러나 오히려 기독교가 미트라스교에 영향을 끼친 사례가 더 많다고 하는 것이 옳을 것이다. 결론적으로 미트라스교가 1세기 기독교에 영향을 끼쳤다는 증거는 하나도 없다. 순교자 유스티누스부터 터툴리안에 이르는 교부들은 미트라스교에 동화되기는커녕 미트라스교를 악마의 모방이라고 정죄했다.

3) 아티스교

'타우로볼리움'(taurobolium)은 황소 희생제사를 말하는데, 입교자가 구덩이 안에 들어가면 그 위에 설치된 창살대에서 황소를 죽였고, 그러면 그 밑에 있는 사람은 황소 피에 흠뻑 젖었는데, 1940년에 죽은 프랑스의 신학자 알프레드 르와지는 이것을 "예수의 피를 통해 구원받는다."는 기독교 신앙의 바탕이 된다고 생각했다. 그러나 "아티스교의 타우로볼리움에 대한 기록은 안토니우스 피우스가 황제로 있던 AD 160년이 되어서야 처음 등장한다. 현재로서는 AD 3세기 초에야 그것이 개인의 식이 되었음을 알 수 있고, 타우로볼리움이라는 도구를 통한 중생의 개념은 AD 4세기 말이 되어서야 산발적으로 나타날 따름이다."라고 스위스 학자 귄터 P. 바그너(Gunter P. Wagner)는 주장한다.

4) 그 밖의 신화들

첫째, 마르두크나 디오니소스는 부활하지 않았다. 수메르인들에게 두무지로 알려진 메소포타미아의 풍요신 탐무즈가 부활했다는 주장은 있지만, 그 신화의 본문 결말부가 사라져 알 수 없는데도 이난다 여신이 그를 부활시켰을 것이라고 추측한 것이다. 후기 저술가들은 탐무즈를 아도니스와 동일시했는데 아도니스는 아프로디테의 사랑을 받았다. 아도니스에 대한 초기 기록에는 부활과 관련한 기록이 없고, 모두 2세기에서 4세기 사이의 네 가지 텍스트에만 나올 뿐이다.

둘째, 대지의 여신 키벨레의 사랑을 받은 아티스의 부활 신화도 AD 150년 이전까지는 나타나지 않는다. 그 이후의 부활 신화도 식물 순환과 연결되어 있다.

셋째, 오시리스 신화는 시기적으로 기독교보다 앞서는 신화 중의 하나이다. 그러나 이집트의 부활의 개념은 죽은 자 가운데서 살아나는 것을 뜻하지 않는다. 사람의 인간성을 이루는 별개의 실체인 '바'(Ba)와 '카'(Ka)가 그의 몸 주위를 떠도는 것을 말한다. 예수께서 부활하신 것과는 전혀 의미가 다르고, 오시리스는 되살아났지만 지하세계의 왕이 되었다. 이것은 진정한 부활이 아니다. 오시리스는 살아 있는 자들에게는 돌아오지 않고 죽은 자들만 다스린다. 다시 말해 오시리스는 부활을 알지 못했고 소생하여 저승의 통치자가 되었다.

5) 동정녀 탄생

예수의 동정녀 탄생 이야기와 유사한 것으로 바쿠스로도 알려진 포도주와 풍요의 신 디오니소스를 자주 인용하지만, 디오니소스가 동정녀로 탄생했다는 증거는 없다. 인간으로 가장한 제우스가 카드모스의 딸 세멜레와 사랑에 빠져, 세멜레가 임신하게 되자 제우스의 아내 헤라가 음모를 꾸며 그녀를 타 죽게 만들었다. 이에 제우스는 태아를 구해 내 자기 넓적다리 안에 넣고 꿰맸다. 그렇게 날이 차서 디오니소스가 태어난 것인데 이것은 동정녀 탄생이 아니다. 제우스가 황금빗물로 변해 다나에를 임신시켜 페르세우스를 낳았다는 이야기도, 제우스가 황금빗물의 모습으로 인간 여자를 향한 욕정을 만족시킨 행위일 뿐이다. 또한 알렉산더 대왕의 잉태도 어머니 올림피아스가 꿈속에서 제우스의 아이를 임신했다는 이야기는 알렉산더가 자신을 경배하라는 요구를 정당화하기 위해 만들어 낸 선전이었다. 특히 역사가 피터 그린(Peter Green)은 "알렉산더의 어린 시절에 대한 직접적인 증거는 놀랄 만큼 적고 그나마 남아 있는 자료도 역사적 가치가 거의 없다. 이것이 진상이다."라고 주장한다.

그리고 부처가 처녀의 몸에서 태어났다는 이야기도 있지만, 부처의 생애에 대한 자료는 그가 죽은 지 500년이 지나서야 기록된 형태를 나타내고 있어 역사적으로 신빙성이 없다. 부처의 어머니는 아들이 다 자란 하얀 코끼리의 모습으로 자신에게 들어오는 꿈을 꾸었는데, 이 일이 벌어진 시기는 그녀가 결혼하고 여러 해가 지난 후였기에 그녀는 처녀가 아니었고 또한 힌두교의 신 크리슈나는 이미 일곱 명의 아들을 둔 어머니에게서 태어났고, 이것은 그의 추종자들도 인정하는 사실이다.

조로아스터는 BC 1,000년경에 살았는데 그의 어머니가 신성한 음료, 하오마를 마신 후 임신했다는 기록이 조로아스터교의 교리개론서인 덴카르트(Denkard)에 나타나지만, 덴카르트의 기록 시기는 AD 9세기로서 사건 발생 시점에서 매우 오랜 시간이 지난 후이며, 예수보다 훨씬 시기가 늦다.

결론적으로 다른 종교의 신성한 혼인(히에로스 가모스)의 형태는 예수의 출생 기록의 핵심인 비성적(非性的) 처녀 잉태와는 전혀 유사하지 않다. 예수의 동정녀 탄생은 실제로 벌어진 일이라는 설명 외에는 설명할 길이 없다. 기독교는 다신론적인 이교들처럼 편안하게 이것저것을 절충하거나 종합하지 않았다. 다른 종교들의 신앙과 관심을 받아들이지도 않았다. 이것이 기독교가 박해받은 이유였다. 기독교는 야만적으로 죽임을 당한 역사적 인물을 중심으로 시작되었고, 그의 죽음은 비기독교 자료에서도 증거를 찾을 수 있으며, 예수의 추종자들은 1세대의 목격자들이었다. 그리고 로마제국의 무서운 박해를 받고도 번성하고 퍼져 나갔다. 또한 군인들에게만 인정되어 있던 미트라스교와는 달리 노예, 여자, 식자, 무식자를 포함한 모든 사람들이 받아들였다.

기독교가 신비종교에서 나왔다고 주장하는 모방 이론가들은 첫째, 두 가지가 나란히 존재하면 하나가 다른 하나의 원인이라고 비논리적으로 생각한다. 둘째, 소위 많은 유사성들은 과장되거나 날조된 것이다. 셋째, 선후관계가 틀렸다. 2세기 이후에 나타난 신앙과 의식들이 1세기 기독교 형성에 영향을 주었다고 주장한다. 넷째, 초기 기독교는 사상적으로 배타적인 반면 신비종교들은 포용적이다. 다섯째, 신비종교와는 달리 기독교는 실제 역사의 사건들에 근거하고 있다. 여섯째, 남아 있는 소수의 유사성은 기독교가 이교의 신앙과 의식에 영향을 끼친 것이다. 그러나 이교들이 기독교의 영향력 증대에 대응하기 위해서 기독교를 모방한 흔적이 역력하다는 점에서 틀렸다. 고로 신약성경의 예수는 실제로 역사 속의 인물임을 조금도 의심할 수 없다.

이상에서 '우리 밖에서'(Extra nos, 종교 개혁자들은 "우리 밖에서 온 의"〈extra nos〉를 "낯선 의"〈alien righteousness〉라고 불렀다.) 그리고 '우리를 위해'(Pro nobis) 오신 분인 예수의 역사성에 대하여 살펴보았다. 즉, '우리를 위해' 오신 예수께서 분명히 실존 인물이었음을 세속적이고 적대적인 기자들의 기록들을 통해서 살펴보았다. 그래서 사도 요한은 "육체로 오신 그리스도를 부인하는 자는 적그리스도"라고 했다. 그렇다면 이제는 그분이 '우리 밖에서' 오신 분임을 드러내면 되는 것이다.

> "거짓말하는 자가 누구냐 예수께서 그리스도이심을 부인하는 자가 아니냐 아버지와 아들을 부인하는 그가 적그리스도니"(요일 2 : 22).

> "이로써 너희가 하나님의 영을 알지니 곧 예수 그리스도께서 육체로 오신 것을 시인하는 영마다 하나님께 속한 것이요"(요일 4 : 2).

> "미혹하는 자가 세상에 많이 나왔나니 이는 예수 그리스도께서 육체로 오심을 부인하는 자라 이런 자가 미혹하는 자요 적그리스도니"(요이 1 : 7).

4. 속사도들의 증언

1) 이그나티우스(Ignatius)

AD 35~117년까지 활동했던 요한의 제자 이그나티우스는 자신을 "Theophorus"(하나님을 지닌 자)로 칭했고, 베드로의 뒤를 이어 안디옥 주교가 되었다. 그가 쓴 일곱 편의 서신이 오늘날까지 남아 있는데 그곳에 묘사된 예수에 관한 언급들의 일부분은 이러하다. "예수는 다윗 왕의 후손이며 하나님의 아들이었고 성령으로 잉태되었다. …… 그는 동정녀 마리아에게서 났고, 고통을 받았고, 십자가에서 처형당했다. …… 이 모든 일은 본디오 빌라도 통치 아래에서 일어났으며…… 예수는 부활하셨고 우리의 대제사장, 주님, 하나님, 우리의 구원자, 참 생명이시다. ……"13)

2) 폴리캅(Polycarp)

사도 요한의 또 다른 제자인 폴리캅은 서머나 교회의 주교였고 AD 100~150년에 기록되고 역사 속에서 잘 증명된 편지 속에서도 사도 요한으로부터 얻은 예수에 대한 심상을 제시하고 있다.

"…… 예수는 고통을 당했고, 십자가 위에서 우리 죄를 위하여 죽었다. …… 예수는 죽은 자 가운데서 살아나셨고 우리의 구세주, 주님이시다. ……"14)

3) 클레멘스(Clement, 빌 4:3)

사도 요한의 동역자였고 초기 로마의 교황이었던 클레멘스는 AD 80~140년경에 "클레멘스의 서신"을 기록했는데 그곳에서 그가 한 예수에 대한 묘사는 "…… 예수는 매질을 당했고 우리의 죗값을 위하여 죽임을 당했고, 죽은 자 가운데서 부활했다. …… 그는 우리의 주님이며 하나님의 아들이시고, 우리의 피난처이시며, 우리의 대제사장이시다. ……"15)

---

13) Ignatius, "The Epistle of Ignatius to the Ephesians," p. 108.
14) Polycarp, "The Epistle of Polycarp to the Philippians," p. 24.
15) Clement, "The First Epistle of Clement to the Corinthians," p. 22.

CONFIDENCE OF REDEMPTION
구원의 확신

✝
―
5

예수 그리스도만이 구원하실 수 있다

"하나님이 세상을 이처럼 사랑하사 독생자를 주셨으니 이는 그를 믿는 자마다 멸망하지 않고 영생을 얻게 하려 하심이라 하나님이 그 아들을 세상에 보내신 것은 세상을 심판하려 하심이 아니요 그로 말미암아 세상이 구원을 받게 하려 하심이라"(요 3 : 16-17).

1. 예수 그리스도, 우리의 구원자

예수는 누구였을까? 게자 베르메스와 A. N. 윌슨이 제안하는 것처럼 방랑하는 하시드(hasid), 즉 성인이었을까? 존 도미니크 크로산(John Dominic Crossan)의 주장처럼 '유대의 농민 견유학파 철학자'였을까? 탈무드의 주장처럼 이스라엘을 그릇된 길로 이끌려 했던 '마술사'였을까? 알베르트 슈바이처가 주장한 것처럼 환멸 가운데 죽어 간 자칭 '예언자'였을까? 아니면 다비트 F. 슈트라우스, 루돌프 불트만, 존 힉이 말하는 것처럼 "1세기 유명 인사였는데 그는 기적을 행했고, 신이었다."라는 신화를 초대교회가 받아들였거나 날조한 것일까? 아니면 사복음서의 주장대로 그는 "그리스도요, 살아 계신 하나님의 아들"이었을까?[1]

예수는 솔직하게 자신을 메시야 혹은 하나님의 아들[2]로 선포하는 일을 피하는

---

1) Paul Copan, *True for you, But Not for me*(Minneapolis : Bethany, 1998), p. 94.
2) 아랍성경에는 "하나님의 아들"이라 할 때 "아들"의 단어가 두 개(وليد / ابن)가 있는데 그중에 생물학적 아들을 의미하는 وليد(왈리드) 대신 추상적 의미인 ابن(이븐)을 사용한다. ابن(이븐)은 "조국의 아들"이란 표현에 사용되듯 추상적이고 개념적인 의미의 낱말이다. 또한 무슬림들이 금기시하는 기독교적 용어들을 배격하는 성경 번역이 무슬림들에게 가장 효과적인 복음의 전달을 가져온다고 하는 주장이 있다. 예를 들어, 무슬림들이 받아들이기 어려운 "하나님의 아들"이란 용어를 무슬림 친화적 용어로 대체하였을 경우, 과연 복음의 변질이 일어나지 않고 성경적 진리가 전해질 수 있을 것인가? 지금까지 제시된 대안적 용어들

경향이 있었다. 그러나 그것은 예수께서 자신을 메시야나 하나님의 아들로 생각하지 않았기 때문에 그랬던 것이 아니다. 만약 예수께서 "이보게들, 내가 하나님이야."라고 선포했다면 유대인들이 듣기에 그 말은 "나는 여호와다."라는 말로 들렸을 것이다. 왜냐하면 당시 유대인들은 삼위일체라는 개념에 대해서 알지 못했기 때문이다. 그들은 오직 하나님 아버지, 즉 여호와 하나님만 알고 있었다. 성자 하나님 혹은 성령 하나님에 대해서는 알지 못했다. 그래서 만약 누군가가 그분을 하나님이라고 부른다면 유대인들은 그 말을 이해하지 못할 뿐만 아니라 분명히 신성모독으로 여겼을 것이다. 그렇게 되면 결국 예수께서 그토록 애쓰셨던 일, 즉 사람들로 하여금 자신의 메시지를 듣게 하려는 일에 역효과를 가져오게 되었을 것이다.

그럼에도 불구하고 심리정보 수집가인 더글러스가 자신의 전기에 쓴 "행동은 인격(人格)을 반영한다."는 말처럼 예수의 행동과 언어에는 하나님 되심의 인격(人格)이 반영되고 있다. 제임스 더럼(James Durham)은 "인간의 전적 부패를 보면 구속은 인간 밖에서 오시는 중보자로 말미암아서만 가능한 것이 필연적 사실이다."[3]라고 말하였다. 즉, 인간 밖에서 올 때만 구원이 가능하다.

"위로부터 오시는 이는 만물 위에 계시고 땅에서 난 이는 땅에 속하여 땅에 속한 것을 말하느니라 하늘로부터 오시는 이는 만물 위에 계시나니 그가 친히 보고 들은 것을 증언하되 그의 증언을 받는 자가 없도다"(요 3 : 31 – 32).

"예수께서 이르시되 너희는 아래에서 났고 나는 위에서 났으며 너희는 이 세상

은 다음과 같다: "God's Beloved Christ", "God's Beloved", "God's Eternal Word", "the Christ whom God loves as a Father loves his Son", "the Spiritual Son of God", "the Prince of God", and "the Beloved Son who comes from God". 하나님의 아들의 개념이 위와 같이 변용될 경우 그리스도의 신성과 인성, 복음의 본질이 변하지 않은 채 모두 전달될 수 있을 것인가? 이것은 철저하게 성경신학적으로 규명해 보아야 하는 문제이다. (KMQ〈한국선교 52호〉. 황디모데 : 무슬림 전도 접근의 최근 논의에 대한 우려 : 성경신학적 접근의 약화/부재)

3) James Durham, *An Exposition of the Whole Book of Job*(Glasgow, 1759), p. 105.

에 속하였고 나는 이 세상에 속하지 아니하였느니라"(요 8 : 23).

"내가 아버지에게서 나와 세상에 왔고 다시 세상을 떠나 아버지께로 가노라 하시니"(요 16 : 28).

"첫 사람은 땅에서 났으니 흙에 속한 자이거니와 둘째 사람은 하늘에서 나셨느니라"(고전 15 : 47).

"그는 보이지 아니하는 하나님의 형상이시요 모든 피조물보다 먼저 나신 이시니 만물이 그에게서 창조되되 하늘과 땅에서 보이는 것들과 보이지 않는 것들과…… 또한 그가 만물보다 먼저 계시고 만물이 그 안에 함께 섰느니라"(골 1 : 15 – 17).

"여호와께서 내 주에게 말씀하시기를 내가 네 원수들로 네 발판이 되게 하기까지 너는 내 오른쪽에 앉아 있으라 하셨도다 …… 주의 오른쪽에 계신 주께서 그의 노하시는 날에 왕들을 쳐서 깨뜨리실 것이라"(시 110 : 1 – 5).

"여호와께서 그 조화의 시작 곧 태초에 일하시기 전에 나를 가지셨으며…… 내가 그 곁에 있어서 창조자가 되어 날마다 그의 기뻐하신 바가 되었으며 항상 그 앞에서 즐거워하였으며 사람이 거처할 땅에서 즐거워하며 인자들을 기뻐하였느니라"(잠 8 : 22 – 31).

"배에서 나오시매 곧 더러운 귀신 들린 사람이 무덤 사이에서 나와 예수를 만나니라"(막 5 : 2).

"요한이 그에 대하여 증언하여 외쳐 이르되 내가 전에 말하기를 내 뒤에 오시는 이가 나보다 앞선 것은 나보다 먼저 계심이라 한 것이 이 사람을 가리킴이라 하니라"(요 1 : 15).

"하늘에서 내려온 자 곧 인자 외에는 하늘에 올라간 자가 없느니라"(요 3 : 13).

"살리는 것은 영이니 육은 무익하니라 내가 너희에게 이른 말은 영이요 생명이라"(요 6 : 63).

"예수께서 이르시되 진실로 진실로 너희에게 이르노니 아브라함이 나기 전부터 내가 있느니라 하시니"(요 8 : 58).

"저녁 먹는 중 예수는 아버지께서 모든 것을 자기 손에 맡기신 것과 또 자기가 하나님께로부터 오셨다가 하나님께로 돌아가실 것을 아시고"(요 13 : 3).

"아버지여 창세 전에 내가 아버지와 함께 가졌던 영화로써 지금도 아버지와 함께 나를 영화롭게 하옵소서"(요 17 : 5).

"이 생명이 나타내신 바 된지라 이 영원한 생명을 우리가 보았고 증언하여 너희에게 전하노니 이는 아버지와 함께 계시다가 우리에게 나타내신 바 된 이시니라"(요일 1 : 2).

"그는 근본 하나님의 본체시나 하나님과 동등됨을 취할 것으로 여기지 아니하시고 오히려 자기를 비워 종의 형체를 가지사 사람들과 같이 되셨고"(빌 2 : 6-7).

"올라가셨다 하였은즉 땅 아래 낮은 곳으로 내리셨던 것이 아니면 무엇이냐 내리셨던 그가 곧 모든 하늘 위에 오르신 자니 이는 만물을 충만하게 하려 하심이라"(엡 4 : 9-10).

"그 안에는 신성의 모든 충만이 육체로 거하시고"(골 2 : 9).

나사렛 예수가 우리 밖에서 우리를 위하여 오신 구원자임을 밝히는 것을 '기독론'이라고 한다. 기독론에는 위로부터의 기독론(Christology from above)과 아래로부터의 기독론(Christology from below)이 있다. 위로부터의 기독론은 직접기독론이라고도 하는데, 예수가 태초부터 계신 하나님의 아들로서 성육신해 인간이 되어 우리 죄를 위해 대속의 죽음을 지신 메시야요, 주요, 하나님의 아들이라고 하는 예수의 신성으로부터의 기독론이다. 이 기독론은 알렉산드리아(Alexandria) 지역과 관계가 있는 신학자들과 연결되어 있다.

아래로부터의 기독론을 간접기독론이라고 하는데, 예수가 주요, 메시야요, 하나님의 아들이라는 칭호들을 담지 않은 자료들, 언뜻 보기에는 기독론과 아무 관계 없는 자료들을 점검해서 어떻게 나사렛 예수가 역사적인 인물, 하나님의 아들, 신적인 존재라는 신앙고백이 나오게 되었는가를 규명하는 것이다. 그러므로 간접기독론은 신앙고백하는 전제에서부터 시작하는 것이 아니라 예수의 구체적이고 역사적인 자료, 즉 그가 어떻게 생활했고, 그가 어떻게 생각했느냐의 역사적인 자료에서 결론을 유추해 가는 것이다. 이 기독론은 안디옥(Antioch) 지역과 관계있는 신학자들과 연결되어 있고, 현대에 와서는 과학에서 지적 훈련을 받은 사람들에게 더 친숙한 방법론이다.

2. 직접기독론에 나타난 예수의 하나님의 아들 되심

그러면 먼저 "과연 나사렛의 목수 예수가 하나님의 아들인가?" 즉, 나사렛 예수가 신성을 지닌 유일한 분, 우리 밖에서 우리를 위해서 오신 하나님의 독생자라는 증거들을 그의 가르침과 그의 주장, 그리고 동시대 사람으로 친구들과 적대자들의 주장에서 찾아보자.

1) 예수의 가르침에서 나타난 자기중심성

예수의 가르침에서 나타나는 가장 뚜렷한 특징은 그가 끊임없이 자기 자신에 대해 이야기했다는 것이다. 습관적으로 그는 자신이 하나님의 아들이며 자기가 천국 문을 열었음을 덧붙였다. 천국에 들어가는 것은 그에 대한 인간의 반응에 달려 있다. 심지어 그는 하나님의 나라를 서슴없이 "나의 나라"라고 부르기까지 했다. 예수의 가르침의 자기중심성은 세상의 위대한 종교 지도자들과 구별된다. 그들은 자신을 감추지만, 예수는 자신을 내세운다. 그들은 자신 이외의 것을 지적하면서 "내가 깨달은 바에 의하면 그것이 진리다. 그것을 따르라."라고 한다. 다른 종교 창시자들 가운데 감히 그런 말을 한 사람은 없다. 우리는 예수의 말씀을 읽을 때 인칭대명사를 주의할 필요가 있다.

"예수께서 이르시되 나는 생명의 떡이니 내게 오는 자는 결코 주리지 아니할 터이요 나를 믿는 자는 영원히 목마르지 아니하리라"(요 6 : 35).

"예수께서 또 말씀하여 이르시되 나는 세상의 빛이니 나를 따르는 자는 어둠에 다니지 아니하고 생명의 빛을 얻으리라"(요 8 : 12).

"예수께서 이르시되 나는 부활이요 생명이니 나를 믿는 자는 죽어도 살겠고 무릇 살아서 나를 믿는 자는 영원히 죽지 아니하리니 이것을 네가 믿느냐"(요 11 : 25-26).

"예수께서 이르시되 내가 곧 길이요 진리요 생명이니 나로 말미암지 않고는 아버지께로 올 자가 없느니라"(요 14 : 6).

초기 예수의 중요한 질문은 "너희는 나를 누구라 하느냐"(막 8 : 29)였다.

"이르시되 너희는 나를 누구라 하느냐 시몬 베드로가 대답하여 이르되 주는 그리스도시요 살아 계신 하나님의 아들이시니이다"(마 16 : 15-16).

지상 최대의 질문이다. 왜냐하면 질문자가 예수이고, 질문에 대답해야 할 자는 인류 전체(人類 全體)이며, 이 질문에 대한 대답(반응)의 내용에 따라 생(生)과 사(死)로 갈라지며 천국의 열쇠가 주어지기 때문이다. 예수는 "아브라함이 나의 때 볼 것을 즐거워하였으며(요 8 : 56), 모세가 나에 대해 기록하였고(요 5 : 46), 성경이 나에 대해 증거하며(요 5 : 39), 구약의 주요 세 부분, 율법서, 선지서, 시가서가 실제로 나에 관해 언급했다(눅 24 : 27, 44)"라고 주장하였다. 누가는 예수가 고향 나사렛의 회당을 방문한 극적인 사건을 상당히 자세하게 설명한다. 그는 두루마리 성경을 받자 일어서서 읽었다. 그 본문은 이사야 61 : 1~2이었다.

"주의 성령이 내게 임하셨으니 이는 가난한 자에게 복음을 전하게 하시려고 내게 기름을 부으시고 나를 보내사 포로 된 자에게 자유를, 눈먼 자에게 다시 보게 함을 전파하며 눌린 자를 자유롭게 하고 주의 은혜의 해를 전파하게 하려 하심이라 하였더라"(눅 4 : 18-19).

예수는 책을 덮어서 그 맡은 자에게 돌려주고 앉았다. 그동안 모든 회중의 눈은 그에게 고정되어 있었다. 그때 그는 다음과 같은 놀라운 말씀으로 그 정적을 깨뜨렸다.

"…… 이 글이 오늘 너희 귀에 응하였느니라 하시니"(눅 4 : 21).

다시 말해서 예수는 "이사야가 한 말은 바로 나에 대한 것이다."라고 하였던 것이다. 그는 자신을 인간의 신앙과 사랑에 합당한 대상이라고 했다. 인간은 하나님을 믿어야 한다. 그러나 예수는 인간들에게 자기를 믿으라고 했다. 자신이 메시야 사역을 행하고 있음을 통해서 자신이 오실 메시야라고 답했던 것이다. 또한 예수는 제사장들이 수행했던 일을 행했다. 사람들에게 "정결하다", "용서받았다"라고 선언하기도 했다. 또 다윗의 아들 솔로몬이 그랬던 것(왕상 1 : 38-40, 슥 9 : 9)처럼 나귀를 타셨다.

"예수께서 대답하여 이르시되 하나님께서 보내신 이를 믿는 것이 하나님의 일이니라 하시니"(요 6 : 29).

"아들을 믿는 자에게는 영생이 있고 아들에게 순종하지 아니하는 자는 영생을 보지 못하고 도리어 하나님의 진노가 그 위에 머물러 있느니라"(요 3 : 36).

"그러므로 내가 너희에게 말하기를 너희가 너희 죄 가운데서 죽으리라 하였노라 너희가 만일 내가 그인 줄 믿지 아니하면 너희 죄 가운데서 죽으리라"(요 8 : 24).

"그가 와서 죄에 대하여, 의에 대하여, 심판에 대하여 세상을 책망하시리라 죄에 대하여라 함은 그들이 나를 믿지 아니함이요"(요 16 : 8-9).

"무릇 내게 오는 자가 자기 부모와 처자와 형제와 자매와 더욱이 자기 목숨까지 미워하지 아니하면 능히 내 제자가 되지 못하고"(눅 14 : 26).

"예수께서 그들의 믿음을 보시고 중풍병자에게 이르시되 작은 자야 네 죄 사함을 받았느니라 하시니"(막 2 : 5).

"예수께서 불쌍히 여기사 손을 내밀어 그에게 대시며 이르시되 내가 원하노니 깨끗함을 받으라 하시니"(막 1 : 41).

"맹인이 보며 못 걷는 사람이 걸으며 나병환자가 깨끗함을 받으며 못 듣는 자가 들으며 죽은 자가 살아나며 가난한 자에게 복음이 전파된다 하라"(마 11 : 5).

"예수께서 대답하여 이르시되 너희가 가서 보고 들은 것을 요한에게 알리되 맹인이 보며 못 걷는 사람이 걸으며 나병환자가 깨끗함을 받으며 귀먹은 사람이 들으며 죽은 자가 살아나며 가난한 자에게 복음이 전파된다 하라"(눅 7 : 22).

"이러므로 내가 네게 말하노니 그의 많은 죄가 사하여졌도다 이는 그의 사랑함이 많음이라 사함을 받은 일이 적은 자는 적게 사랑하느니라 이에 여자에게 이르시되 네 죄 사함을 받았느니라 하시니"(눅 7 : 47-48).

"그들이 예루살렘에 가까이 와서 감람 산 벳바게와 베다니에 이르렀을 때에 예수께서 제자 중 둘을 보내시며 이르시되 너희는 맞은편 마을로 가라 그리로 들어가면 곧 아직 아무도 타 보지 않은 나귀 새끼가 매여 있는 것을 보리니 풀어 끌고 오라 만일 누가 너희에게 왜 이렇게 하느냐 묻거든 주가 쓰시겠다 하라 그리하면 즉시 이리로 보내리라 하시니 제자들이 가서 본즉 나귀 새끼가 문 앞 거리에 매여 있는지라 그것을 푸니 거기 서 있는 사람 중 어떤 이들이 이르되 나귀 새끼를 풀어 무엇 하려느냐 하매 제자들이 예수께서 이르신 대로 말한대 이에 허락하는지라 나귀 새끼를 예수께로 끌고 와서 자기들의 겉옷을 그 위에 얹어 놓으매 예수께서 타시니"(막 11 : 1-7).

예수는 자기중심성으로 명령했다.

"수고하고 무거운 짐 진 자들아 다 내게로 오라 내가 너희를 쉬게 하리라 나는 마음이 온유하고 겸손하니 나의 멍에를 메고 내게 배우라 그리하면 너희 마음이 쉼을 얻으리니 이는 내 멍에는 쉽고 내 짐은 가벼움이라 하시니라"(마 11 : 28-30).

"명절 끝날 곧 큰 날에 예수께서 서서 외쳐 이르시되 누구든지 목마르거든 내게로 와서 마시라"(요 7 : 37).

예수는 자신이 하늘나라로 돌아간 후 자기를 대신할 누군가를 보내겠다고 약속하였다.

"내가 아버지께로부터 너희에게 보낼 보혜사 곧 아버지께로부터 나오시는 진리의 성령이 오실 때에 그가 나를 증언하실 것이요"(요 15 : 26).

"그가 내 영광을 나타내리니 내 것을 가지고 너희에게 알리시겠음이라"(요 16 : 14).

예수는 자기중심적 사고 가운데서 깜짝 놀랄 예언을 하셨다.

"내가 땅에서 들리면 모든 사람을 내게로 이끌겠노라 하시니"(요 12 : 32).

2) 예수가 직접 하신 주장

예수께서 자신이 우리 밖에서 우리를 위해서 오신 구원자라고 한 직접적인 주장은 예수가 하나님의 아들이라는 주장으로, 그가 하나님과 유일하고도 영원한 관계에 있음을 설명하는 것이다. 즉, "아들"이라는 존재는 아버지와 본질이 같은 존재, 아버지의 상속자, 유업을 이을 자, 생명을 가진 자 등의 의미를 나타낸다. 즉, 하나님의 아들은 하나님과 본질이 같으며 하나님이 가진 모든 권세와 소유를 유업으로 물려받았음을 의미한다.

"다 이르되 그러면 네가 하나님의 아들이냐 대답하시되 너희들이 내가 그라고 말하고 있느니라"(눅 22 : 70).

"…… 그의 말이 나는 하나님의 아들이라 하였도다 하며"(마 27 : 43).

"유대인들이 이로 말미암아 더욱 예수를 죽이고자 하니 이는 안식일을 범할 뿐만 아니라 하나님을 자기의 친아버지라 하여 자기를 하나님과 동등으로 삼으심이러라"(요 5 : 18).

"예수께서 이르시되 진실로 진실로 너희에게 이르노니 아브라함이 나기 전부터 내가 있느니라 하시니"(요 8 : 58).

이렇게 예수께서 자신이 하나님의 아들이라고 주장한 것에 대하여 불신자들과 회의주의자들은 예수가 미쳤기 때문이라는 심리적 문제를 제기한다. 이들은 성경적인 근거로 요한복음 10 : 20을 근거로 삼기도 한다.

"그중에 많은 사람이 말하되 그가 귀신 들려 미쳤거늘 어찌하여 그 말을 듣느냐 하며"(요 10 : 20).

물론 망상성 신경증으로 고통받는 사람들은 자신이 위대한 사람이라고 믿는 과대망상증에 걸려 있음에도 불구하고 정상 시에는 이성적인 것처럼 보일 수도 있고, 어떤 사람들은 추종자들을 미혹시켜서 자신을 천재로 받아들이게도 한다. 그러나 이 모든 것이 예수께 적용될 수 없음은 현대심리학이 분명히 증명하고 있다.

첫째로, 정신장애가 있는 사람들은 까닭 없이 우울해진다든지 격렬하게 화를 낸다든지 아니면 걱정 때문에 괴로워한다. 하지만 예수는 부적절하게 감정을 드러내지 않으셨다. 한 예로 예수께서 그의 친구 나사로가 죽었을 때 우셨다. 이것은 정서적으로 건강한 사람의 자연스러운 모습이다. 또한 예수께서 때때로 화를 내셨지만, 대표적인 예로 성전 안에서 힘없는 사람들을 이용해 자신의 주머니를 채우는 사람들에게 화를 내셨다. 건강한 분노였다. 자신을 귀찮게 하는 사람에게 갑자기 벌컥 화를 내신 것이 아니라 불의나 노골적으로 사람들을 학대하는 일에 대항하신 의로운 반응이었다.

둘째로, 망상증에 걸린 사람들은 모든 것을 의심한다. 그들은 사람들이 자신을 감시하고 있다든지, 자신을 붙잡으려 한다고 생각한다. 그들은 현실과 동떨어져 있고, 다른 사람의 행동을 오해하며, 상대방은 전혀 그럴 마음이 없었는데도 의도적으로 그랬다고 비난한다. 역시 이러한 모습도 예수께는 찾아볼 수 없다. 예수는 분명히 현실에 발을 붙이고 있었고 편집증 환자도 아니었다. 자기 주위에 수많은 위험이 도사리고 있다는 사실을 당연히 알고 있었는데도 말이다.

셋째로, 정신적인 문제가 있는 사람들은 생각이 혼란스럽다. 사리에 맞게 대화를 나누지 못하고, 잘못된 결론으로 비약해 버리며, 비이성적이다. 그러나 예수에게서는 이러한 점을 발견할 수 없다. 예수는 명쾌하고 힘있게, 그리고 감동적으로 말씀하셨고, 총명하셨으며, 인간 본성에 대해 아주 놀라운 통찰력을 가지고 계셨다.

넷째로, 정신적인 문제가 있는 사람들의 다른 징후는 부적절한 행동이다. 예를 들면 이상한 옷차림을 한다든지 혹은 다른 사람들과 원만한 교제를 하지 못한다. 그러나 예수는 상황에 맞는 적절한 행동을 하셨고, 다양한 부류의 사람들 모두와 지속적이고도 깊은 만남을 가졌다. 또 사랑이 많은 분이었지만, 연민 때문에 일을 못 하시는 분은 아니었다. 많은 사람들이 자신을 둘러싸고 숭배했어도 결코 거만하지 않으셨고, 매우 바쁜 가운데서도 생활의 균형을 유지하셨으며, 자신이 하는 일이 무엇이고, 어디로 가야 하는지를 언제나 알고 계셨다.

예수는 모든 사람들, 당시에는 천하게 여겨졌던 여자들과 아이들까지도 진심으로 돌보셨고, 사람들의 죄에 대해서는 단순히 모른 체하지 않으셨으며, 그들을 용납하셨고, 사람들의 처지와 필요한 것들을 일일이 보살펴 주셨다. 그래서 이 시대 가장 권위 있는 심리학자요, 정신 건강 전문가들을 위한 30권짜리 시리즈물 "기독교 상담 시리즈"(Resources for Christian Counseling)의 편집인인 그레이 콜린스(Gray R. Collins) 박사는 "이 모든 징후들을 살펴볼 때 예수께서는 어떤 종류의 정신 질환도 앓지 않으셨다. 그분은 저를 포함한 어느 누구보다도 훨씬 건강한 분이셨다."라고 결론을 내렸다.

예수의 정신 상태에 대하여 의문을 제기하는 자들이 제시하는 요한복음 10:20 말씀도 문맥상으로 볼 때 설득력이 전혀 없음을 알 수 있다. 요한복음 10:20의 말씀은 유대인들이 예수의 선한 목자에 대한 감동적이고도 심오한 가르침 때문이었다. 즉, 유대인들이 반발한 까닭은 예수의 정신 상태 때문이 아니라 예수께서 스스로에 대하여 말씀하셨던 내용이 보통 사람들로서는 결코 이해할 수 없는 내용이었기 때문이다. 더군다나 본문을 주의 깊게 살펴보면 다른 사람들이 즉시 그들의 말에 반대했음을 볼 수 있다.

"어떤 사람은 말하되 이 말은 귀신 들린 자의 말이 아니라 귀신이 맹인의 눈을 뜨게 할 수 있느냐 하더라"(요 10:21).

이 말은 예수의 말씀이 공수표가 아니라는 증거이다. 예수께서 소경의 눈을 뜨게 한 것과 같은 이적을 행함으로써 자신의 말만 늘어놓으신 게 아니라 그 주장을 뒷받침하는 증거들, 놀라운 치유 사역, 자연을 굴복하게 하는 놀라운 능력, 전에 없었던 탁월한 가르침, 사람에 대한 놀라운 통찰력, 그리고 결정적으로 어느 누구도 흉내 낼 수 없었던 죽은 자 가운데서 부활하신 일이 예수께서 스스로 하나님이라고 주장하신 것이 미친 행동이 아니라 진실이었음을 증거하고 있다.

예수가 하나님의 아들이라는 말은 그가 하나님의 본질로부터 나오는 하나님의 전권대사로서 "이 세상에 보냄을 받은 자"라는 말이다. 전권대사로서 하나님의 아들이 하는 일은 우선 하나님을 계시하는 일이다.

하나님은 하나님만 계시할 수 있다. 그러므로 예수께서 하나님의 본질을 계시한다는 것은 예수께서 하나님과 본질이 같다는 것이다. 즉, 하나님을 계시하는 하나님의 아들 예수는 하나님과 본질이 같아야 한다. 그래야 하나님을 계시할 수 있다. 예수가 하나님보다 조금 못하다면 하나님을 계시할 수 없다. 사람보다 못한 원숭이가 사람을 보여 줄 수 없듯이 하나님보다 조금 못한 하나님의 아들 예수는 하나님을 보여 줄 수 없다. 사람은 사람만 보여 줄 수 있듯이 하나님은 하나님만 보여 줄 수 있다. 그래서 엠페도클레스는 "같은 것에 의해서만 같은 것이 인식된다."라고 했다. 그리고 라틴어 격언에는 이런 명제가 있다. "유한은 무한을 파악할 수 없다." (finitum non possit capere infinitum) 결론적으로 예수는 하나님의 아들로서 하나님과 본질이 같다. 그래서 하나님과 하나 됨을 강조한다.

> 침팬지와 인간(人間)의 유전자는 98.4%가 똑같기 때문에 그 차이는 1.6%인데, 이는 침팬지와 피그미 침팬지와의 차이인 0.7%의 두 배에 불과하며 오랑우탄과 침팬지의 차이인 3.6%보다는 훨씬 가깝다.
> 인간의 유전자는 약 3만 개이다.

"본래 하나님을 본 사람이 없으되 아버지 품 속에 있는 독생하신 하나님이 나타내셨느니라"(요 1 : 18).

"…… 너희는 나를 알지 못하고 내 아버지도 알지 못하는도다 나를 알았더라면 내 아버지도 알았으리라"(요 8 : 19).

"나와 아버지는 하나이니라 하신대"(요 10 : 30).

요한복음에서 예수는 하나님을 "나를 보내신 아버지" 또는 "나를 보내신 이"라고 지칭하고, 자신은 "보냄을 받은 이"로 지칭하고 있다. 그런데 예수께서 하나님으로부터 왔다고 했을 때는 전치사 εκ^{에크}를 사용하고 다른 제자나 세례(침례) 요한, 사도들이 온 것에 대해서는 απο^{아포} 또는 παρα^{파라}라는 전치사를 사용한다.

"내가 아버지에게서 나와 세상에 왔고 다시 세상을 떠나 아버지께로 가노라 하시니"(요 16 : 28).

εκ^{에크}라는 전치사는 내부 또는 본질에서 나옴을 의미할 때 사용하고, απο^{아포}와 παρα^{파라}는 겉에서 나올 때 사용한다. 그러므로 예수는 하나님의 본질로부터 나오심으로 하나님의 전권대사의 직을 위임받은 하나님의 실행자(agent), 계시자라는 것이다. 이렇게 예수가 하나님으로부터 나왔다는 것은 하나님의 본질에 참여한 자로서 초월에서부터 왔음을 보여 준다. 그렇기 때문에 그가 우리를 위해 하나님의 구원을 대행할 수 있는 것이다. 세상에서 오는 자는 우리를 구원할 수 없다. 초월자 하나님으로부터 오신 분이어야만 가능하다.

예수의 이와 같은 독특한 - 하나님의 아들 됨 - 분임을 나타내기 위해서 요한복음에는 μονογενής^{모노게네스}(독생자)라는 말이 사용된다. 또 "하나님의 아들"에 대하여 성경에는 두 가지로 쓰이고 있는데 예수님을 "하나님의 아들"이라고 표현할 때는 "ὁ Υἱὸς τοῦ θεοῦ$^{호 휘오스 투 데우}$"로 "υἱὸς"를 대문자로 표기하고(요 1 : 34) 우리 그리스도인을 나타낼 때는 소문자 "υἱὸς^{휘오스}"를 사용한다. 로마서 8장 14절에는 "Υἱὸς θεοῦ$^{휘오스 데우}$"로 표기함으로 그리스도인은 법적인 양자됨의 아들이고 예수님은 성부 하나님과 "계급, 질, 양"이 완전히 하나님과 동일하신 유일한 분임을 나타내고 있다. 그래서 4세기 위대한 교부 암브로시우스는 "어떤 것을 당신의 것이라고 특별히 주장하지 마십시오. 그분은 오직 예수 그리스도에게만 특별하게 아버지시고, 우리 모두에게는 공통적으로 아버지십니다. 그분은 예수 그리스도만을 낳으셨고, 우리들은 창조하셨기 때문입니다."라고 교훈했다. 하나님으로부터 보냄을 받아 하나님의 일을 대행하는 하나님의 아들의 주된 과업은 이 세상에 하나님을 계시하는 것이다. 그러니까 하나님의 아들은 하나님의 계시자이다.

"나를 보는 자는 나를 보내신 이를 보는 것이니라"(요 12 : 45).

"예수께서 외쳐 이르시되 나를 믿는 자는 나를 믿는 것이 아니요 나를 보내신 이를 믿는 것이며"(요 12 : 44).

"너희는 마음에 근심하지 말라 하나님을 믿으니 또 나를 믿으라"(요 14 : 1).

"예수께서 이르시되 빌립아 내가 이렇게 오래 너희와 함께 있으되 네가 나를 알지 못하느냐 나를 본 자는 아버지를 보았거늘 어찌하여 아버지를 보이라 하느냐"(요 14 : 9).

"내가 아버지 안에 거하고 아버지께서 내 안에 계심을 믿으라 그렇지 못하겠거든 행하는 그 일로 말미암아 나를 믿으라"(요 14 : 11).

"삼가 이 작은 자 중의 하나도 업신여기지 말라 너희에게 말하노니 그들의 천사들이 하늘에서 하늘에 계신 내 아버지의 얼굴을 항상 뵈옵느니라"(마 18 : 10).

"내 아버지께서 모든 것을 내게 주셨으니 아버지 외에는 아들을 아는 자가 없고 아들과 또 아들의 소원대로 계시를 받는 자 외에는 아버지를 아는 자가 없느니라"(마 11 : 27).

"진실로 다시 너희에게 이르노니 너희 중의 두 사람이 땅에서 합심하여 무엇이든지 구하면 하늘에 계신 내 아버지께서 그들을 위하여 이루게 하시리라"(마 18 : 19).

"너희가 각각 마음으로부터 형제를 용서하지 아니하면 나의 하늘 아버지께서도 너희에게 이와 같이 하시리라"(마 18 : 35).

"나더러 주여 주여 하는 자마다 다 천국에 들어갈 것이 아니요 다만 하늘에 계신 내 아버지의 뜻대로 행하는 자라야 들어가리라"(마 7 : 21).

"이르시되 너희가 과연 내 잔을 마시려니와 내 좌우편에 앉는 것은 내가 주는 것이 아니라 내 아버지께서 누구를 위하여 예비하셨든지 그들이 얻을 것이니라"(마 20 : 23).

"너는 내가 내 아버지께 구하여 지금 열두 군단 더 되는 천사를 보내시게 할 수 없는 줄로 아느냐"(마 26 : 53).

"누구든지 내 이름으로 이런 어린아이 하나를 영접하면 곧 나를 영접함이요 누구든지 나를 영접하면 나를 영접함이 아니요 나를 보내신 이를 영접함이니라"(막 9 : 37).

"이는 모든 사람으로 아버지를 공경하는 것같이 아들을 공경하게 하려 하심이라 아들을 공경하지 아니하는 자는 그를 보내신 아버지도 공경하지 아니하느니라"(요 5 : 23).

"나를 미워하는 자는 또 내 아버지를 미워하느니라"(요 15 : 23).

"내 아버지께서 모든 것을 내게 주셨으니 아버지 외에는 아들이 누구인지 아는 자가 없고 아들과 또 아들의 소원대로 계시를 받는 자 외에는 아버지가 누구인지 아는 자가 없나이다 하시고"(눅 10 : 22).

예수가 하나님의 아들이라고 할 때 하나님의 아들과 하나님 아버지의 의지가 똑같다. 의지의 하나 됨(unity), 즉 의지의 일치는 아들의 아버지에 대한 절대 순종(subordination)으로 나타난다. 만약에 아들이 아버지의 뜻에 순종하지 않는다면 아무리 본질적으로 아버지와 같다고 해도 아들의 말에서 아버지의 말을 헤아릴 수 없다. 아들이 아버지의 뜻에 자기 뜻을 완전히 일치시켰을 때 아들의 가르침에서 아버지의 뜻을, 아들의 행위에서 아버지의 행위를 헤아릴 수 있다. 그래서 본질적으로만 하나 됨이 있는 것이 아니고 의지의 하나 됨도 가졌다는 뜻인데, 이는 아들이 아버지에게 자기 뜻을 완전히 일치시킨다는 말이다. 그런데 이것이 어떻게 나타나느냐 하면 아들의 아버지에 대한 절대 순종으로 나타난다. 이런 의미에서 아버지가 아들보다 크다고 말할 수 있다.

"예수께서 그들에게 이르시되 내 아버지께서 이제까지 일하시니 나도 일한다 하시매"(요 5 : 17).

"이에 예수께서 이르시되 너희가 인자를 든 후에 내가 그인 줄을 알고 또 내가 스스로 아무것도 하지 아니하고 오직 아버지께서 가르치신 대로 이런 것을 말하는 줄도 알리라"(요 8 : 28).

"예수께서 이르시되 나의 양식은 나를 보내신 이의 뜻을 행하며 그의 일을 온전히 이루는 이것이니라"(요 4 : 34).

"내가 아무것도 스스로 할 수 없노라 듣는 대로 심판하노니 나는 나의 뜻대로 하려 하지 않고 나를 보내신 이의 뜻대로 하려 하므로 내 심판은 의로우니라"(요 5 : 30).

"그러므로 예수께서 그들에게 이르시되 내가 진실로 진실로 너희에게 이르노니 아들이 아버지께서 하시는 일을 보지 않고는 아무것도 스스로 할 수 없나니 아버지께서 행하시는 그것을 아들도 그와 같이 행하느니라"(요 5 : 19).

"예수께서 대답하여 이르시되 내 교훈은 내 것이 아니요 나를 보내신 이의 것이니라"(요 7 : 16).

"내가 갔다가 너희에게로 온다 하는 말을 너희가 들었나니 나를 사랑하였더라면 내가 아버지께로 감을 기뻐하였으리라 아버지는 나보다 크심이라"(요 14 : 28).

아들은 아버지에게서 나와서 아버지의 뜻에 완전히 순종하고 뜻을 성취하여 아버지에게로 돌아가는 아버지의 심부름꾼이다. 즉, 예수는 우리 밖에서 우리를 위하여 오신 대리인이시다.

3) 예수 동시대의 추종자들과 적대자들의 견해

(1) 빌라도

"빌라도가 아무 성과도 없이 도리어 민란이 나려는 것을 보고 물을 가져다가 무리 앞에서 손을 씻으며 이르되 이 사람의 피에 대하여 나는 무죄하니 너희가 당하라"(마 27 : 24).

(2) 헤롯

"헤롯이 또한 그렇게 하여 그를 우리에게 도로 보내었도다 보라 그가 행한 일에는 죽일 일이 없느니라"(눅 23 : 15).

(3) 유다

"이르되 내가 무죄한 피를 팔고 죄를 범하였도다 하니……"(마 27 : 4).

(4) 십자가상의 강도

"우리는 우리가 행한 일에 상당한 보응을 받는 것이니 이에 당연하거니와 이 사람이 행한 것은 옳지 않은 것이 없느니라 하고"(눅 23 : 41).

(5) 백부장

"백부장이 그 된 일을 보고 하나님께 영광을 돌려 이르되 이 사람은 정녕 의인이었도다 하고"(눅 23 : 47).

"예수를 향하여 섰던 백부장이 그렇게 숨지심을 보고 이르되 이 사람은 진실로 하나님의 아들이었도다 하더라"(막 15 : 39).

"백부장과 및 함께 예수를 지키던 자들이 지진과 그 일어난 일들을 보고 심히 두려워하여 이르되 이는 진실로 하나님의 아들이었도다 하더라"(마 27 : 54).

(6) 귀신들

"이에 그들이 소리 질러 이르되 하나님의 아들이여 우리가 당신과 무슨 상관이 있나이까 때가 이르기 전에 우리를 괴롭게 하려고 여기 오셨나이까 하더니"(마 8 : 29).

"나사렛 예수여 우리가 당신과 무슨 상관이 있나이까 우리를 멸하러 왔나이까 나는 당신이 누구인 줄 아노니 하나님의 거룩한 자니이다"(막 1 : 24).

"더러운 귀신들도 어느 때든지 예수를 보면 그 앞에 엎드려 부르짖어 이르되 당신은 하나님의 아들이니이다 하니"(막 3 : 11).

"큰 소리로 부르짖어 이르되 지극히 높으신 하나님의 아들 예수여 나와 당신이 무슨 상관이 있나이까 원하건대 하나님 앞에 맹세하고 나를 괴롭히지 마옵소서 하니"(막 5 : 7).

귀신들에 의해서도 예수님의 하나님의 아들 됨이 고백되고 선포되나 예수는 귀신들에게 "조용히 하라."라고 명령하셨다. 왜냐하면 귀신들에 의해서 그의 하나님의 아들 됨이 선포되는 것을 원치 않으셨기 때문이다.

(7) 세례(침례)받을 때

"하늘로부터 소리가 나기를 너는 내 사랑하는 아들이라 내가 너를 기뻐하노라 하시니라"(막 1 : 11).

예수께서 세례(침례)를 받으실 때 하늘에서 음성이 들려 "예수는 하나님의 아들"이라고 선포했다. 여기서 "나의 사랑하는 아들"이라는 말은 시편 2 : 7에서 왔고, 이사야 42 : 1과의 혼합 인용이다. 시편 2 : 7은 사무엘하 7 : 12~14에 나오는 나단의 신탁에 의거한 등극시로, 다윗의 자손이 이스라엘의 왕위에 오를 때 하나님께서 그를 자기 아들로 선언함으로 말미암아 하나님의 백성 이스라엘 위에 정통성 있게 다스리도록 하는 것이다. 이사야 42 : 1은 "주의 고난받는 종의 노래"의 첫 노래의 시작으로 주의 종의 부르심을 말하고 있다. 이렇게 다윗의 아들(하나님의 아들)로서 메시야 됨은 정치적, 전사적 왕으로 물리적 왕국을 재건하는 메시야가 아니라 이사야 42장에서 53장까지 기록된 '주의 고난받는 종'의 역할을 감당하는 메시야라는 것을 선포하는 것이다.

(8) 사탄에 의해 시험받을 때

"…… 시험하는 자가 예수께 나아와서 이르되 네가 만일 하나님의 아들이어든 명하여 이 돌들로 떡 덩이가 되게 하라 ……"(마 4 : 1-11).

사탄은 예수께 하나님의 아들 됨의 권세를 자의적으로 자기를 위해 휘두르는 메시야적 왕으로 행사하라고 예수를 충동하고, 예수는 고난받는 주의 종으로서 하나님께 순종하는 하나님의 아들이 되어야 함을 천명함으로써 사탄의 시험을 이긴다.

(9) 변화산에서

"마침 구름이 와서 그들을 덮으며 구름 속에서 소리가 나되 이는 내 사랑하는 아들이니 너희는 그의 말을 들으라 하는지라"(막 9 : 7).

(10) 산헤드린 앞에서 재판받을 때[4]

"침묵하고 아무 대답도 아니하시거늘 대제사장이 다시 물어 이르되 네가 찬송받을 이의 아들 그리스도냐"(막 14 : 61).

예수께서 산헤드린에서 재판을 받으실 때 대제사장이 예수께 "당신이 메시야냐? 찬송받을 이(하나님)의 아들이냐?"라고 묻는다. 그래서 예수의 재판이 그의 하나님의 아들 됨에 관한 재판임이 드러난다. 그러나 그것은 예수의 죄목 때문이다. 예수가 산헤드린에 체포되어서 재판받은 죄목은 성전에 관한 것이었다.

"어떤 사람들이 일어나 예수를 쳐서 거짓 증언하여 이르되 우리가 그의 말을 들으니 손으로 지은 이 성전을 내가 헐고 손으로 짓지 아니한 다른 성전을 사흘 동안에 지으리라 하더라 하되"(막 14 : 57-58).

즉, 성전을 모욕하고, 공격하며, 위협했다는 것이 예수의 죄목이다. 이것은 당시 유대법으로 사형감이다. 그런데 여기에 대해서 예수가 아무 말도 하지 않고 묵비권을 행사하자 대제사장은 "네가 찬송받을 자의 아들 그리스도냐?"라고 묻는다. 이것은 나단의 신탁에 근거한 것이다. 나단의 신탁에 의하면 다윗의 아들이 다윗 왕위에

---

4) 김세윤, 「예수와 바울」(서울 : 참말, 1993), pp. 119-165.

오르고, 하나님의 아들로 선포되며, 하나님을 위해서 성전을 짓는다. 그러니까 대제사장(유대 신학자들)의 눈으로 보았을 때 성전을 새로 짓겠다고 한 것은 분명히 나단의 신탁을 주장한 것이다. 곧 자기가 다윗의 아들, 메시야, 하나님의 아들이라고 주장하는 것이다. 그래서 그들이 다윗의 아들 메시야, 하나님의 아들이냐고 묻는 것이다. 여기서 예수는 "내가 그니라 인자가 권능자의 우편에 앉은 것과 하늘 구름을 타고 오는 것을 너희가 보리라"(막 14 : 62)라고 대답하심으로 스스로를 '인자'라고 표현하셨다.

(11) 예수가 십자가에 못 박혔을 때

"이르되 성전을 헐고 사흘에 짓는 자여 네가 만일 하나님의 아들이어든 자기를 구원하고 십자가에서 내려오라 하며"(마 27 : 40).

(12) 예수를 지키던 자들

"백부장과 및 함께 예수를 지키던 자들이 지진과 그 일어난 일들을 보고 심히 두려워하여 이르되 이는 진실로 하나님의 아들이었도다 하더라"(마 27 : 54).

(13) 나다나엘과 베드로

"나다나엘이 대답하되 랍비여 당신은 하나님의 아들이시요 당신은 이스라엘의 임금이로소이다"(요 1 : 49).

"시몬 베드로가 대답하여 이르되 주는 그리스도시요 살아 계신 하나님의 아들이시니이다"(마 16 : 16).

베드로의 신앙고백을 받은 예수께서는 베드로를 축복하고 "자신이 어떤 의미로 메시야인가?", "메시야로서 어떤 일을 감당할 것인가?"를 설명한다. 예수께서 자기가 죽음 곧 고난받는 주의 종의 역할을 감당할 것을 설명하자 베드로는 그런 의미로 하나님의 아들이라고 말하지 않았다(나단 신탁에 의하면 메시야가 다윗의 아들로서 하나님 아들이다.)고 대항한다. 예수께서는 베드로를 향해 "사탄아 물러가라."라고 꾸짖으신다. 베드로를 통하여 예수께서는 '고난받는 주의 종'의 역할을 감당하는 하나님의 아들로서의 메시야 됨에 대한 시험을 받고 그 시험을 물리치셨다. 이렇게 예수의 하나님의 아들 됨이 하나님에 의해서 선포되고, 그의 제자들에 의해서 고백되며, 예수의 하나님 아들로서의 권세에 의하여 쫓겨난 귀신들에 의해서 인지되어 유대의 지도자들(대제사장들)에 의해서 재판거리가 된다. 즉, 그의 하나님의 아들 됨이 십자가에 달림과 관계되어 있음을 짐작할 수 있다.

(14) 천사의 주장

천사마저도 예수가 하나님의 아들 되심을 증거하고 선포한다.

"천사가 대답하여 이르되 성령이 네게 임하시고 지극히 높으신 이의 능력이 너를 덮으시리니 이러므로 나실 바 거룩한 이는 하나님의 아들이라 일컬어지리라"(눅 1 : 35).

(15) 하나님의 증거

"만일 우리가 사람들의 증언을 받을진대 하나님의 증거는 더욱 크도다 하나님의 증거는 이것이니 그의 아들에 대하여 증언하신 것이니라"(요일 5 : 9).

"하나님도 표적들과 기사들과 여러 가지 능력과 및 자기의 뜻을 따라 성령이 나누어 주신 것으로써 그들과 함께 증언하셨느니라"(히 2 : 4).

"이는 하나님의 영광의 광채시요 그 본체의 형상이시라 그의 능력의 말씀으로 만물을 붙드시며 죄를 정결하게 하는 일을 하시고 높은 곳에 계신 지극히 크신 이의 우편에 앉으셨느니라"(히 1 : 3).

4) 예수님의 족보

"예수께서 가르치심을 시작하실 때에 삼십 세쯤 되시니라 사람들이 아는 대로는 요셉의 아들이니 요셉의 위는 헬리요 그 위는 맛닷이요 그 위는 레위요 그 위는 멜기요 그 위는 얀나요 그 위는 요셉이요 그 위는 맛다디아요 그 위는 아모스요 그 위는 나훔이요 그 위는 에슬리요 그 위는 낙개요 그 위는 마앗이요 그 위는 맛다디아요 그 위는 서머인이요 그 위는 요섹이요 그 위는 요다요 그 위는 요아난이요 그 위는 레사요 그 위는 스룹바벨이요 그 위는 스알디엘이요 그 위는 네리요 그 위는 멜기요 그 위는 앗디요 그 위는 고삼이요 그 위는 엘마담이요 그 위는 에르요 그 위는 예수요 그 위는 엘리에서요 그 위는 요림이요 그 위는 맛닷이요 그 위는 레위요 그 위는 시므온이요 그 위는 유다요 그 위는 요셉이요 그 위는 요남이요 그 위는 엘리아김이요 그 위는 멜레아요 그 위는 멘나요 그 위는 맛다다요 그 위는 나단이요 그 위는 다윗이요 그 위는 이새요 그 위는 오벳이요 그 위는 보아스요 그 위는 살몬이요 그 위는 나손이요 그 위는 아미나답이요 그 위는 아니요 그 위는 헤스론이요 그 위는 베레스요 그 위는 유다요 그 위는 야곱이요 그 위는 이삭이요 그 위는 아브라함이요 그 위는 데라요 그 위는 나홀이요 그 위는 스룩이요 그 위는 르우요 그 위는 벨렉이요 그 위는 헤버요 그 위는 살라요 그 위는 가이난이요 그 위는 아박삿이요 그 위는 셈이요 그 위는 노아요 그 위는 레멕이요 그 위는 므두셀라요 그 위는 에녹이요 그 위는 야렛이요 그 위는 마할랄렐이요 그 위는 가이난이요 그 위는 에노스요 그 위는 셋이요 그 위는 아담이요 그 위는 하나님이시니라"(눅 3 : 23-38).

이 족보가 말하고자 하는 것은 예수가 하나님의 아들이심에 대한 증언이다. 결론적으로 예수가 하나님의 아들 되심은 하나님 스스로 증거하고 계신다.

3. 간접기독론에 나타난 하나님의 아들 되심

지금까지는 위로부터의 기독론, 즉 예수의 가르침과 그의 주장으로부터 그의 하나님 되심의 증거들을 살펴보았다. 지금부터는 아래로부터의 기독론에 근거해서 예수가 하나님이심을 살펴보고자 한다. 지난 19세기 말부터 자유주의자들의 대전제가 하나 있는데, 그것은 예수가 스스로를 하나님의 아들, 메시야로 이해하지 않았다는 점이다. 단지 부활이라는 사건을 체험한 제자들이 예수를 메시야, 하나님의 아들로 주장하였다는 것이다. 그러나 이것은 가당치 않다. 왜냐하면 부활이라는 사건 자체는 예수가 메시야, 즉 구원자라는 신앙을 생성할 힘이 없다. 왜냐하면 구약과 유대교에는 부활한 자가 메시야라는 전제가 없기 때문이다. 이렇게 주장하는 사람들과 맞서서 복음의 확신을 증명하는 방법 가운데 하나가 간접기독론이다. 예수가 하나님의 아들, 메시야라는 칭호들을 담지 않은 자료들, 언뜻 보기에는 기독론과 아무 관계 없는 자료들을 전부 점검해서 결론을 귀납해 내는 것이다.

간접기독론에 있어서 하나의 방법이 있는데 그것을 '비유사성의 원칙'(The principle of dissimiliarity, Unableitbarkeit)이라고 한다. 이 원칙은 유대교의 사상과 관행에서도 도출할 수 없고, 초대교회의 사상과 관행에서도 도출할 수 없는 것만 예수의 진짜 말이라고 본다는 '전승사 비판'을 하는 학자들이 사용하는 원칙 중의 하나이다. 왜냐하면 공관복음서에는 예수의 말로 적혀 있는데, 사실은 유대교의 가르침을 조금 되받아서 예수의 말이라고 했을 가능성도 있기 때문이다. 또 초대교회가 자기들의 신앙고백을 마치 예수가 말한 것같이 했을 가능성도 있다. 그러기 때문에 유대교의 관습이나 관행과 같지 않은 것이나 초대교회의 가르침이나 관행과 같지 않은 것만 예수의 진짜 말로 본다는 것이다.

이러한 자유주의자들 가운데 하나가 최근 언론 매체의 집중적 관심을 얻고 있다. 바로 '예수 세미나'이다. 이들은 이러한 방법을 통해 복음서에서 예수의 말이라고 된 부분의 82%는 실제로 예수가 한 말이 아니고, 16%는 약간 의심이 가는 부분이고, 단지 2%만 확실히 진짜 예수가 한 말씀이었다고 주장한다. 예를 들면 주기도

문의 경우도 "우리 아버지"만 예수의 말이라는 것이다. 그래서 이들은 예수의 주장과 행동이 완전히 독특한 것이 아니라는 것을 증명하기 위해 예수와 다른 고대 역사의 인물들과의 유사점을 찾아내려는 데 혈안이 되어 있다. 이들의 목표는 예수가 고대의 역사적 인물과 같은 부류에 속한 사람에 지나지 않다는 것을 주장하는 것이다.

그들이 주장하는 두 가지 요인을 살펴보면 먼저 유대교에서도 랍비들은 귀신을 쫓아내거나 비가 오도록 기도해서 비가 내리는 등 실제 그런 일이 일어났다는 것이다. 그래서 예수도 단지 기적을 행하는 유대인에 불과하다는 것이다. 그러나 이 주장은 조금만 자세히 살펴보면 금방 무너진다. 첫째, 예수의 생애에서 초자연적인 것이 차지하는 철저한 중심성에 대응되는 것을 유대교에서는 전혀 찾을 수 없다. 둘째, 예수의 이적이 지니는 급진성은 다른 사람들과 구별된다. 예수가 기도했을 때는 단지 비가 온 것만이 아니라 눈먼 자와 귀머거리가 치유받고, 나병과 굽은 척추가 치유되며, 폭풍우가 잔잔케 되고, 물고기와 떡이 배(倍)가 되고, 죽은 아들과 딸들이 살아났다. 유대교에서 이런 일은 결코 일어나지 않았다. 셋째, 이는 예수의 가장 중요한 특수성으로 예수 자신의 권위로 기적을 일으켰다는 점이다. 예수는 자신의 행동에 대한 공로를 하나님 아버지께 돌린다. 그러나 결코 하나님 아버지께 일을 해달라고 부탁하지 않는다. 그 대신 그가 바로 하나님 아버지의 능력으로 일하신다. 이런 면은 기적을 행한 다른 유대인에게서 찾아볼 수 없는 것이다.

다음은 초대교회 속의 인물들이나 언행의 유사성을 언급하면서 타나(Tyana)의 아폴로니우스(Apollonius)라는 역사적 인물을 소개한다. 이들은 1세기 사람 아폴로니우스도 사람을 고치고, 귀신을 쫓아내며, 어린 소녀를 죽은 자들 가운데서 살렸고, 그가 죽은 후에는 몇몇의 추종자들도 나타났는데, 아폴로니우스의 이야기는 전설이라고 인정하면서 왜 예수의 이야기는 전설, 신화라고 인정하지 않는지 반론한다. 그러나 역사적 사실에 관해 침착하고 객관적으로 역사적 작업을 해 보면 아폴로니우스의 전설과 예수의 이야기는 유사성이 없음을 알게 된다.

첫째, 아폴로니우스의 전기 작가 필로스트라토스는 아폴로니우스 사망 후 1세기 반 후에 글을 쓴 반면 복음서는 예수의 세대 이내에 기록되었다. 사건이 일어난 시점과 가까울수록 전설의 발전이나 오류 또는 기억이 혼란을 일으킬 가능성은 줄어든다. 둘째, 사복음서는 바울에 의해 확증되고, 요세푸스나 다른 사람들같이 성경과 관계없는 저자들에 의해서도 어느 정도 교차 검토가 가능하나 아폴로니우스와 관련해서는 출처가 하나밖에 없으며, 게다가 복음서는 역사적 신뢰성을 평가하기 위해 사용하는 표준검사를 모두 통과했지만, 아폴로니우스의 이야기는 그렇지 않다. 셋째, 필로스트라토스는 여왕한테서 의뢰를 받았다. 아폴로니우스에게 신전을 바치기 위해서 전기를 쓰라고 말이다. 그녀는 아폴로니우스의 추종자였으므로 필로스트라토스는 이야기를 미화시켜 여왕의 마음에 드는 작품을 쓰고 싶은 동기도 있었을 것이다. 반면에 복음서 저자들은 예수의 이야기를 기록함으로써 얻게 될 이득이 없었으며, 오히려 잃을 게 많았다. 넷째, 필로스트라토스의 기록방식은 복음서와는 매우 다르다. 복음서는 마치 직접 취재하며 쓴 것처럼 매우 확실한 목격자들의 관점이 있다. 그러나 필로스트라토스는 불확실한 진술들을 많이 담고 있다. 예를 들면 "……라는 소문이 있다.", "어떤 사람들은 이 어린 소녀가 죽었다고 말하기도 하고, 어떤 사람들은 단지 아팠다고 말하기도 한다."라는 표현이다. 그는 자신의 신용을 위해 한 발짝 물러나서 남의 말 하듯이 한다. 다섯째, 필로스트라토스는 3세기 초 카파도키아에서 기록했는데, 기독교는 거기에 이미 꽤 오랫동안 정착한 상태였다. 만약 차용을 했다면 필로스트라토스가 예수의 이야기를 차용했지 복음서 저자들이 그의 이야기를 차용할 수는 없는 것이다.

이처럼 이 원리를 문자 그대로 적용하면 금세 모순된 상황임을 알 수 있다. 왜냐하면 그렇게 되면 예수는 역사적인 인물이 아니고 탈역사적(비역사적) 인물이 되는 것이다. 예수는 유대인이었다. 유대 말 아람어를 사용하고 유대교의 배경에서 성장한 예수가 한 가지도 이어받은 것이 없다는 것인가? 역사 속에 사는 존재가 자기가 속해 있는 사회와 관습을 이어받은 것이 없다는 말인가? 말이 되지 않는 소리이다. 또 초대교회가 자기들이 예수의 제자라고 주장했는데, 예수에게서 아무것도 배우지 않았다는 말인가? 그렇다면 예수의 제자가 아니라는 소리이다. 그래서 이 비유사성의 원칙을 문자적으로 적용한다는 것은 예수를 탈역사적인 존재로 추상화해 버리는 오류를 범하는 것이다.

그럼에도 불구하고 '예수 세미나'가 언론 매체의 엄청난 관심을 얻고 있는 것은 그들이 대중들에게 직접 접근하기 때문이다. 즉, 전통적인 예수는 생체학적 위기, 핵무기의 위기, 그리고 페미니스트 위기의 필요성에 대해 언급하지 않았지만, 대중들은 새로운 모습의 예수, 현대의 상황에 적합한 예수를 원하기 때문이다. 기본적으로 이들은 처음부터 예수를 초자연적인 사람이 아니라 자연적인 예수, 하나의 정치적 혁명가, 종교적 광신자, 평등주의자, 페미니스트, 파괴분자, 기적을 행하는 사람 등 단지 인간에 불과하다고 여기는 것이다. 즉, 예수의 초기 제자들은 그를 하나님이나 메시야로 생각하지 않았고, 그의 죽음이 어떤 특별한 의미를 가지고 있다고 생각하지 않았다는 것이다. 그가 십자가에 못 박힌 사건은 불행한 일이었고, 때를 얻지 못한 것이었으며, 그의 부활에 관한 이야기는 나중에 그와 같은 슬픈 현실을 잘 처리하려는 노력의 일환으로 나오게 되었다는 것이다.

이들이 이런 주장을 하는 이면에는 복음서가 일반적으로 신뢰할 만한 것이 아니라고 하는 데 있다. 그 이유는 복음서에 물 위를 걷는다든가, 죽은 자를 살린다든가 하는 이적처럼 역사적으로 일어날 가능성이 적어 보이는 일들이 담겨 있기 때문이라는 것이다. 그들은 이런 일들은 일어나지 않는다고 확신한다. 이 얼마나 어리석은 확신인가?

그럼에도 불구하고 이 원칙은 상당히 유용할 때가 있다. 바로 예수의 독특성을 찾아낼 때 아주 유용하게 사용된다. 누구나 독특성이 있다. 우리가 고백하는 것처럼 예수가 우리 밖에서 우리를 위하여 오신 구원자, 즉 하나님이시라면 독특성이 많았을 것이다. 그러면 우리는 이 독특성을 어떻게 찾을 수 있는가? 이제부터 예수의 독특성, 자기 이해를 통해 한번 찾아보도록 하자.

1) 말버릇(Amen, amen, dico vobis.)

(1) 아멘

유대교에서는 ἀμήν^{아멘}을 우리와 같이 사용하였다. 하나님 말씀의 선포 끝에 "그것이 진리이다. 그것이 확실하다."는 수용의 표시로 아멘한다. 그리고 기도 끝에 지금 우리가 드리는 것이 진정이며 확실한 것임을 확인하는 의미로 아멘한다. 그런데 예수는 아멘을 뒤집어 사용하셨다. "아멘. 아멘. 내가 너희에게 말한다." 그리고 중요한 하나님의 말씀을 선포하시는 순서로 이야기하셨다.

"이 저주가 되게 하는 이 물이 네 창자에 들어가서 네 배를 붓게 하고 네 넓적다리를 마르게 하리라 할 것이요 여인은 아멘 아멘 할지니라"(민 5 : 22).

"장색의 손으로 조각하였거나 부어 만든 우상은 여호와께 가증하니 그것을 만들어 은밀히 세우는 자는 저주를 받을 것이라 할 것이요 모든 백성은 응답하여 말하되 아멘 할지니라"(신 27 : 15).

"여호와 이스라엘의 하나님을 영원부터 영원까지 송축할지로다 하매 모든 백성이 아멘 하고 여호와를 찬양하였더라"(대상 16 : 36).

"이는 만물이 주에게서 나오고 주로 말미암고 주에게로 돌아감이라 그에게 영광이 세세에 있을지어다 아멘"(롬 11 : 36).

"조상들도 그들의 것이요 육신으로 하면 그리스도가 그들에게서 나셨으니 그는 만물 위에 계셔서 세세에 찬양을 받으실 하나님이시니라 아멘"(롬 9 : 5).

"그렇지 아니하면 네가 영으로 축복할 때에 알지 못하는 처지에 있는 자가 네가 무슨 말을 하는지 알지 못하고 네 감사에 어찌 아멘 하리요"(고전 14 : 16).

"영광이 그에게 세세토록 있을지어다 아멘"(갈 1 : 5).

"형제들아 우리 주 예수 그리스도의 은혜가 너희 심령에 있을지어다 아멘"(갈 6 : 18).

"교회 안에서와 그리스도 예수 안에서 영광이 대대로 영원무궁하기를 원하노라 아멘"(엡 3 : 21).

"하나님 곧 우리 아버지께 세세 무궁하도록 영광을 돌릴지어다 아멘"(빌 4 : 20).

"영원하신 왕 곧 썩지 아니하고 보이지 아니하고 홀로 하나이신 하나님께 존귀와 영광이 영원무궁하도록 있을지어다 아멘"(딤전 1 : 17).

"오직 그에게만 죽지 아니함이 있고 가까이 가지 못할 빛에 거하시고 어떤 사람도 보지 못하였고 또 볼 수 없는 이시니 그에게 존귀와 영원한 권능을 돌릴지어다 아멘"(딤전 6 : 16).

"권능이 세세무궁하도록 그에게 있을지어다 아멘"(벧전 5 : 11).

"오직 우리 주 곧 구주 예수 그리스도의 은혜와 그를 아는 지식에서 자라 가라 영광이 이제와 영원한 날까지 그에게 있을지어다"(벧후 3 : 18).

"곧 우리 구주 홀로 하나이신 하나님께 우리 주 예수 그리스도로 말미암아 영광과 위엄과 권력과 권세가 영원 전부터 이제와 영원토록 있을지어다 아멘"(유 1 : 25).

"그의 아버지 하나님을 위하여 우리를 나라와 제사장으로 삼으신 그에게 영광과 능력이 세세토록 있기를 원하노라 아멘"(계 1 : 6).

"귀 있는 자는 성령이 교회들에게 하시는 말씀을 들을지어다"(계 3 : 13).

"네 생물이 이르되 아멘 하고 장로들은 엎드려 경배하더라"(계 5 : 14).

"이르되 아멘 찬송과 영광과 지혜와 감사와 존귀와 권능과 힘이 우리 하나님께 세세토록 있을지어다 아멘 하더라"(계 7 : 12).

"…… 하나님이 영광을 받으시게 하려 함이니 그에게 영광과 권능이 세세에 무궁하도록 있느니라 아멘"(벧전 4 : 11).

"진실로 너희에게 이르노니 천지가 없어지기 전에는 율법의 일점일획도 결코 없어지지 아니하고 다 이루리라"(마 5 : 18).
(ἀμην γαρ λεγω υμιν ἕως ἂν παρέλθη ὁ οὐρανὸς καί ἡ γή~)
_{아멘 가르 레고 휘민 헤오스 안 파렐데 호 우라노스 카이 에 게}

"예수께서 들으시고 놀랍게 여겨 따르는 자들에게 이르시되 내가 진실로 너희에게 이르노니 이스라엘 중 아무에게서도 이만한 믿음을 보지 못하였노라"(마 8 : 10).

"진실로 너희에게 이르노니 여기 서 있는 사람 중에 죽기 전에 인자가 그 왕권을 가지고 오는 것을 볼 자들도 있느니라"(마 16 : 28).

"그들이 먹을 때에 이르시되 내가 진실로 너희에게 이르노니 너희 중의 한 사람이 나를 팔리라 하시니"(마 26 : 21).

"내가 진실로 너희에게 말하노니 이 세대가 지나가기 전에 모든 일이 다 이루어지리라"(눅 21 : 32).

"예수께서 대답하시되 진실로 진실로 네게 이르노니 사람이 물과 성령으로 나지 아니하면 하나님의 나라에 들어갈 수 없느니라"(요 3 : 5).

"진실로 진실로 네게 이르노니 우리는 아는 것을 말하고 본 것을 증언하노라 그러나 너희가 우리의 증언을 받지 아니하는도다"(요 3 : 11).

"그러므로 예수께서 그들에게 이르시되 내가 진실로 진실로 너희에게 이르노니 아들이 아버지께서 하시는 일을 보지 않고는 아무것도 스스로 할 수 없나니 아버지께서 행하시는 그것을 아들도 그와 같이 행하느니라"(요 5 : 19).

"내가 진실로 진실로 너희에게 이르노니 내 말을 듣고 또 나 보내신 이를 믿는 자는 영생을 얻었고 심판에 이르지 아니하나니 사망에서 생명으로 옮겼느니라"(요 5 : 24).

"진실로 진실로 너희에게 이르노니 죽은 자들이 하나님의 아들의 음성을 들을 때가 오나니 곧 이때라 듣는 자는 살아나리라"(요 5 : 25).

"예수께서 대답하여 이르시되 내가 진실로 진실로 너희에게 이르노니 너희가 나를 찾는 것은 표적을 본 까닭이 아니요 떡을 먹고 배부른 까닭이로다"(요 6 : 26).

"예수께서 이르시되 내가 진실로 진실로 너희에게 이르노니 모세가 너희에게 하늘로부터 떡을 준 것이 아니라 내 아버지께서 너희에게 하늘로부터 참 떡을 주시나니"(요 6 : 32).

"진실로 진실로 너희에게 이르노니 믿는 자는 영생을 가졌나니"(요 6 : 47).

"예수께서 대답하시되 진실로 진실로 너희에게 이르노니 죄를 범하는 자마다 죄의 종이라"(요 8 : 34).

"진실로 진실로 너희에게 이르노니 사람이 내 말을 지키면 영원히 죽음을 보지 아니하리라"(요 8 : 51).

"예수께서 이르시되 진실로 진실로 너희에게 이르노니 아브라함이 나기 전부터 내가 있느니라 하시니"(요 8 : 58).

"내가 진실로 진실로 너희에게 이르노니 문을 통하여 양의 우리에 들어가지 아니하고 다른 데로 넘어가는 자는 절도며 강도요"(요 10 : 1).

"그러므로 예수께서 다시 이르시되 내가 진실로 진실로 너희에게 말하노니 나는 양의 문이라"(요 10 : 7).

"내가 진실로 진실로 너희에게 이르노니 한 알의 밀이 땅에 떨어져 죽지 아니하면 한 알 그대로 있고 죽으면 많은 열매를 맺느니라"(요 12 : 24).

"유월절 전에 예수께서 자기가 세상을 떠나 아버지께로 돌아가실 때가 이른 줄 아시고 세상에 있는 자기 사람들을 사랑하시되 끝까지 사랑하시니라"(요 13 : 1).

"내가 진실로 진실로 너희에게 이르노니 내가 보낸 자를 영접하는 자는 나를 영접하는 것이요 나를 영접하는 자는 나를 보내신 이를 영접하는 것이니라"(요 13 : 20).

"예수께서 이 말씀을 하시고 심령이 괴로워 증언하여 이르시되 내가 진실로 진실로 너희에게 이르노니 너희 중 하나가 나를 팔리라 하시니"(요 13 : 21).

"예수께서 대답하시되 네가 나를 위하여 네 목숨을 버리겠느냐 내가 진실로 진실로 네게 이르노니 닭 울기 전에 네가 세 번 나를 부인하리라"(요 13 : 38).

"내가 진실로 진실로 너희에게 이르노니 나를 믿는 자는 내가 하는 일을 그도 할 것이요 또한 그보다 큰일도 하리니 이는 내가 아버지께로 감이라"(요 14 : 12).

"내가 진실로 진실로 너희에게 이르노니 너희는 곡하고 애통하겠으나 세상은 기뻐하리라 너희는 근심하겠으나 너희 근심이 도리어 기쁨이 되리라"(요 16 : 20).

"내가 진실로 진실로 네게 이르노니 네가 젊어서는 스스로 띠 띠고 원하는 곳으로 다녔거니와 늙어서는 네 팔을 벌리리니 남이 네게 띠 띠우고 원하지 아니하는 곳으로 데려가리라"(요 21 : 18).

"또 이르시되 진실로 진실로 너희에게 이르노니 하늘이 열리고 하나님의 사자들이 인자 위에 오르락내리락 하는 것을 보리라 하시니라"(요 1 : 51).

"아멘. 내가 너희에게 말한다."(ἀμὴν ἐγώ λέγω ὑμῖν^{아멘 에고 레고 휘민})는 문장을 헬라어법에 비추어 보면 주어가 강조되는 것을 알 수 있다. 헬라어에는 동사가 인칭 변화하기 때문에 인칭대명사 주어는 생략되는 것이 통례이다. 그러나 주어를 강조할 때 위와 같은 문장 형식을 취한다. 그러므로 예수께서 위와 같은 문장을 사용하셨다는 것은 자기의 권위를 주장하는 것이다.

유대인 : ___내용___ , אָמֵן^{아멘}
예 수 : 아멘(ἀμήν), 내가 너희에게 말한다, ___내용___
제자들 : ___내용___ , ἀμήν^{아멘}

그런데 이것의 진정한 의미를 알려면 성경에서 이와 비슷한 말버릇을 살펴보아야 한다. 그중에 한 가지는 유대교에서 랍비들이 자기들의 가르침을 자기 제자들에게 전수할 때 항상 자기 스승의 이름으로 말하였다는 것이다. 즉, 랍비 메이어(Meir)가 랍비 요한 홈 벤자카이의 이름으로 랍비 힐렐의 말을 가르치기를 "네가 안식일에 소를 끌어서는 안 된다."라고 하였다. 이렇게 보통 3, 4대로 거슬러 올라가는데 모세까지 올라간다고 보았다. 그래서 모세에게 최고의 권위를 호소한 것이다.

이러한 말버릇의 의미는 "이것이 내 말이 아니라 나의 위대한 선생님의 말이고, 그 선생의 더 위대한 선생님의 말이고, 결국은 그 사람의 말도 아니고 우리에게 하나님의 법을 계시한 모세의 말이다."라는 것으로써, 이것은 자기가 전수하는 가르침의 권위를 모세에게 의존해서 성립시키려고 했던 것이다.

다른 한 가지는 선지자들, 즉 구약에 나타나는 선지자들의 모습인데, 선지자들은 자기들의 말을 시작할 때 "여호와의 말씀이 나에게 임했다."고 한다. 또한 "여호와께서 말씀하시되"라는 사자양식(messenger formular) 또는 전령(傳令) 양식이 아모스에는 14번, 이사야에는 44번, 예레미야에는 157번, 에스겔에는 125번, 오바댜, 미가, 나훔에 각각 1번씩, 학개에 3번, 스가랴에 9번 나타난다.[5] 또한 "주의 말씀(영)이 나에게 임했다.", "여호와의 영이 나에게 임했다."고 한다.

"다윗이 아침에 일어날 때에 여호와의 말씀이 다윗의 선견자 된 선지자 갓에게 임하여 이르시되 가서 다윗에게 말하기를 여호와께서 이와 같이 말씀하시기를 내가 네게 세 가지를 보이노니 너를 위하여 너는 그중에서 하나를 택하라 내가 그것을 네게 행하리라 하셨다 하라 하시니"(삼하 24 : 11-12).

"이사야가 성읍 가운데까지도 이르기 전에 여호와의 말씀이 그에게 임하여 이르시되 너는 돌아가서 내 백성의 주권자 히스기야에게 이르기를 왕의 조상 다윗의 하나님 여호와의 말씀이 내가 네 기도를 들었고 네 눈물을 보았노라 내가 너를 낫게 하리니 네가 삼 일 만에 여호와의 성전에 올라가겠고"(왕하 20 : 4-5).

"웃시야와 요담과 아하스와 히스기야가 이어 유다 왕이 된 시대 곧 요아스의 아들 여로보암이 이스라엘 왕이 된 시대에 브에리의 아들 호세아에게 임한 여호와의 말씀이라"(호 1 : 1).

"여호와의 말씀이 아밋대의 아들 요나에게 임하니라 이르시되"(욘 1 : 1).

"유다의 왕들 요담과 아하스와 히스기야 시대에 모레셋 사람 미가에게 임한 여호와의 말씀 곧 사마리아와 예루살렘에 관한 묵시라"(미 1 : 1).

"아몬의 아들 유다 왕 요시야의 시대에 스바냐에게 임한 여호와의 말씀이라 스바냐는 히스기야의 현손이요 아마랴의 증손이요 그다랴의 손자요 구시의 아들이었더라"(습 1 : 1).

---

5) 이종록, 「여호와 삼마를 향하여」(서울 : 스데반정보, 1996), p. 36.

"다리오 왕 제이년 여섯째 달 곧 그달 초하루에 여호와의 말씀이 선지자 학개로 말미암아 스알디엘의 아들 유다 총독 스룹바벨과 여호사닥의 아들 대제사장 여호수아에게 임하니라 이르시되"(학 1 : 1).

선지자들도 "여호와의 말씀이 나에게 임하여"라 하여 결국 자기 청중들의 관심을 자기에게서 여호와께로 올려 지금 자기가 하고 있는 말이 하나님께서 하시는 권위 있는 말이라는 것을 보여 주려는 것이다. 이렇게 형식적으로는 소문(小文)이 있다는 것이 선지자들의 말과 랍비들의 말투와 비슷하지만, 그러나 예수의 경우는 정반대이다. 예수의 말버릇은 랍비, 선지자들의 말버릇과는 대조적인 방법이다. 랍비들은 자기들의 선생에게로 거슬러 올라가서 자기가 한 말의 권위를 세웠는데 예수는 '내가' 한다는 것이다. 그 말씀의 진리 됨을 '내가' 보장한다는 것이다. 즉, 랍비들은 자기들의 선생들에게, 궁극적으로는 모세에게 호소하여 그 권위를 의지하였고, 선지자들은 주의 영이나 주의 말씀에 호소했는데, 예수는 그 권위를 자기 자신(내가, ἐγώ^{에고})에게 하고 있다. 그러므로 이렇게 독특한 예수의 말버릇 속에 숨어 있는 뜻은 예수 자신이 선지자보다 더 직접적인 그리고 완벽한 하나님의 뜻의 계시자라는 것을 주장하는 것이다. 이렇게 언뜻 보기에는 기독론적인 자료와는 아무런 관계도 없는 것 같은, 즉 기독론적인 칭호가 있는 것도 아니고, 유대교적인 메시야 사상이 반영된 것도 아닌 자료에 엄청난 예수의 자기 이해가 들어 있다는 것을 간접기독론을 통하여 알 수 있다.

(2) אבא^{아바}

'아바'(abba, πατερ^{파테르})라는 말은 어린아이가 자기 아버지에게 사용하는 아람어 애칭으로 우리말의 아빠와 같은 말이었다. 그러나 단 한 가지 우리나라의 '아빠'라는 말과 다른 점이 있다면 우리는 자기 육친의 아버지에게만 사용하는데, 셈족에서는 이 말의 사용이 확대되어 장성한 아이가 자기 아버지에 대해서 부를 수도 있었을 뿐만 아니라 자기 스승이나 친구들에게 사용하기도 했다. 그러나 원래는 아주 가까운 관계, 즉 어린아이와 아버지처럼 아주 가까운 관계를 나타내는 말이었기 때문에 유대인들은 이 말을 하나님에 대해서 절대로 사용하지 않았다.

　유대인들은 하나님의 이름을 부르지 못했다. 동양문화권, 특히 한국과 중국의 한자 유교 문화권에서는 절대로 아버지나 선조의 이름을 함부로 부르지 못했는데 이것을 기휘(忌諱) 또는 피휘(避諱)라고 했다. 왜냐하면 이름과 실체를 하나로 보기 때문이다. 참고로 동양에서는 산 자의 이름을 "함자"(銜字)라고 하고 죽은 자의 이름을 "휘"(諱)라고 한다. 부모와 선조의 이름도 이럴진데 더 나아가 타인의 본명도 함부로 부르지 못했다. 그래서 별도로 자와 호를 만들어 부를 수 있게 했으며, 그렇지 않은 경우에도 익명, 별명, 애칭 등 본명을 대신하는 이름들이 오랜 풍습으로 남아있다.[6] 조선의 철학자 퇴계 이황(李滉)은 퇴계, 지산, 도옹, 퇴도, 청량산인이란 호가 있으며, 추사 김정희의 호는 200여 개가 넘는다. 너무나 거룩해서 하나님의 이름이 나오면 '우리 주', '나의 주'(아도나이) 이렇게 대칭했을 뿐만 아니라 하나님의 이름에 상응하는 많은 이름들을 지어내었다. 그래서 가령 '하늘과 땅을 지은 이', '막강한 힘을 가진 이', '전능한 이' 또는 '태초부터 계신 이', 이렇게 하나님의 이름을 무한히 많이 지어내었다. 그럼에도 불구하고 '아빠'라는 말이 하나님에게 적용된 예는 없다. 예외적으로 인용문으로 한 군데가 있다(렘 3 : 4). 유대인들은 하나님의 언약의 백성이기 때문에 자기들이 하나님의 자녀라고 생각한다. 이러한 사상은 구약 전체에 나타난다.

　"너는 바로에게 이르기를 여호와의 말씀에 이스라엘은 내 아들 내 장자라"(출 4 : 22).

　"어리석고 지혜 없는 백성아 여호와께 이같이 보답하느냐 그는 네 아버지시요 너를 지으신 이가 아니시냐 그가 너를 만드시고 너를 세우셨도다"(신 32 : 6).

　"주는 우리 아버지시라 아브라함은 우리를 모르고 이스라엘은 우리를 인정하지 아니할지라도 여호와여, 주는 우리의 아버지시라 옛날부터 주의 이름을 우

---

6) 이어령, 「너 어디에서 왔니 : 한국인 이야기-탄생」(서울 : 파람북, 2020), p. 48.

리의 구속자라 하셨거늘"(사 63 : 16).

"내가 말하기를 내가 어떻게 하든지 너를 자녀들 중에 두며 허다한 나라들 중에 아름다운 기업인 이 귀한 땅을 네게 주리라 하였고 내가 다시 말하기를 너희가 나를 나의 아버지라 하고 나를 떠나지 말 것이니라 하였노라"(렘 3:19).

"그러나 여호와여, 이제 주는 우리 아버지시니이다 우리는 진흙이요 주는 토기장이시니 우리는 다 주의 손으로 지으신 것이니이다"(사 64 : 8).

"우리는 한 아버지를 가지지 아니하였느냐 한 하나님께서 지으신 바가 아니냐 어찌하여 우리 각 사람이 자기 형제에게 거짓을 행하여 우리 조상들의 언약을 욕되게 하느냐"(말 2 : 10).

"네가 이제부터는 내게 부르짖기를 나의 아버지여 아버지는 나의 청년 시절의 보호자이시오니"(렘 3:4).

이스라엘은 하나님의 아들이고, 하나님은 이스라엘의 아버지라는 사상 속에서도 하나님에 대하여 "아빠!"라고 부른 것은 절대 나타나지 않는다. 그러나 예수는 항상 그의 기도에서 하나님을 부를 때에 "아빠!"라고 불렀다.

"이르시되 아빠 아버지여 아버지께는 모든 것이 가능하오니 이 잔을 내게서 옮기시옵소서 그러나 나의 원대로 마시옵고 아버지의 원대로 하옵소서 하시고"(막 14 : 36).

"그러므로 너희는 이렇게 기도하라 하늘에 계신 우리 아버지여 이름이 거룩히 여김을 받으시오며"(마 6 : 9).

"그때에 예수께서 대답하여 이르시되 천지의 주재이신 아버지여 이것을 지혜롭고 슬기 있는 자들에게는 숨기시고 어린아이들에게는 나타내심을 감사하나이다"(마 11 : 25).

"이에 예수께서 이르시되 아버지 저들을 사하여 주옵소서 자기들이 하는 것을 알지 못함이니이다 하시더라 그들이 그의 옷을 나눠 제비 뽑을새"(눅 23 : 34).

"예수께서 큰 소리로 불러 이르시되 아버지 내 영혼을 아버지 손에 부탁하나이다 하고 이 말씀을 하신 후 숨지시니라"(눅 23 : 46).

"다시 두 번째 나아가 기도하여 이르시되 내 아버지여 만일 내가 마시지 않고는 이 잔이 내게서 지나갈 수 없거든 아버지의 원대로 되기를 원하나이다 하시고"(마 26 : 42).

"돌을 옮겨 놓으니 예수께서 눈을 들어 우러러보시고 이르시되 아버지여 내 말을 들으신 것을 감사하나이다"(요 11 : 41).

"지금 내 마음이 괴로우니 무슨 말을 하리요 아버지여 나를 구원하여 이때를 면하게 하여 주옵소서 그러나 내가 이를 위하여 이때에 왔나이다"(요 12 : 27).

"예수께서 이 말씀을 하시고 눈을 들어 하늘을 우러러 이르시되 아버지여 때가 이르렀사오니 아들을 영화롭게 하사 아들로 아버지를 영화롭게 하옵소서"(요 17 : 1).

"아버지여 창세 전에 내가 아버지와 함께 가졌던 영화로써 지금도 아버지와 함께 나를 영화롭게 하옵소서"(요 17 : 5).

"나는 세상에 더 있지 아니하오나 그들은 세상에 있사옵고 나는 아버지께로 가옵나니 거룩하신 아버지여 내게 주신 아버지의 이름으로 그들을 보전하사 우리와 같이 그들도 하나가 되게 하옵소서"(요 17 : 11).

"아버지여, 아버지께서 내 안에, 내가 아버지 안에 있는 것같이 그들도 다 하나가 되어 우리 안에 있게 하사 세상으로 아버지께서 나를 보내신 것을 믿게 하옵소서"(요 17 : 21).

"아버지여 내게 주신 자도 나 있는 곳에 나와 함께 있어 아버지께서 창세 전부터 나를 사랑하시므로 내게 주신 나의 영광을 그들로 보게 하시기를 원하옵나이다"(요 17 : 24).

구약성경 어디에서도 우리는 하나님을 "아버지"로 부르는 것을 찾지 못한다. 단지 서술문의 경우 아버지란 단어가 사용되나 하나님을 부르는 호칭적인 사용은 전혀 나타나지 않는다.

"주는 우리 아버지시라 아브라함은 우리를 모르고 이스라엘은 우리를 인정하지 아니할지라도 여호와여, 주는 우리의 아버지시라 옛날부터 주의 이름을 우리의 구속자라 하셨거늘"(사 63 : 16).

"그러나 여호와여, 이제 주는 우리 아버지시니이다 우리는 진흙이요 주는 토기장이시니 우리는 다 주의 손으로 지으신 것이니이다"(사 64 : 8).

"네가 이제부터는 내게 부르짖기를 나의 아버지여 아버지는 나의 청년 시절의 보호자이시오니"(렘 3 : 4).

"내가 말하기를 내가 어떻게 하든지 너를 자녀들 중에 두며 허다한 나라들 중에 아름다운 기업인 이 귀한 땅을 네게 주리라 하였고 내가 다시 말하기를 너희가 나를 나의 아버지라 하고 나를 떠나지 말 것이니라 하였노라"(렘 3 : 19).

"그가 내게 부르기를 주는 나의 아버지시요 나의 하나님이시요 나의 구원의 바위시라 하리로다"(시 89 : 26).

또한 예수는 하나님을 아빠(아버지)라고 자기만 부른 것이 아니라 자기 제자들에게도 하나님을 아빠라고 부르도록 가르쳤다.

"너희가 아들이므로 하나님이 그 아들의 영을 우리 마음 가운데 보내사 아빠 아버지라 부르게 하셨느니라"(갈 4 : 6).

"너희는 다시 무서워하는 종의 영을 받지 아니하고 양자의 영을 받았으므로 우리가 아빠 아버지라고 부르짖느니라"(롬 8 : 15).

하나님의 아들 예수 그리스도를 통해서 우리가 하나님의 아들이 되었다. 예수께서 하나님을 아버지라고 부르는 것같이 우리도 하나님을 아바 아버지로 부르며, 하나님의 아들이 된 것이다. 하지만 예수께서는 하나님을 "아빠"(아버지)라고 부르고, 제자들에게 하나님을 "아빠"라고 부르라고 가르치면서도 자기와 제자들을 동급으로 놓지 않았다. 자기와 제자들을 통합하여 하나님을 "우리 아빠"(아버지)라고 한 예가 없다. "너희들의 아빠" 또는 "나의 아빠", 이렇게 구분한다. '우리'라는 말을 사용하지 않는다. 그래서 4세기 위대한 교부 암브로시우스는 "어떤 것을 당신의 것이라고 특별히 주장하지 마십시오. 그분은 오직 예수 그리스도에게만 특별하게 아버지이시고 우리 모두에게는 공통적으로 아버지이십니다. 그분은 예수 그리스도만을 낳으셨고 우리들을 창조하셨기 때문입니다."라고 교훈했다. 어거스틴은 "만일 우리가 하나님의 아들들이면 또한 신들(Gods)이 된 것이다. 그러나 이것은 본성의 발생이 아니라 양자 됨의 은총이다. 오직 하나님의 아들, 하나님, 성부와 함께하신 한 분 하나님, 우리 주 구세주 예수 그리스도만이 태초의 말씀, 하나님과 함께하신 말씀, 말씀하신 하나님이다. 신들이 된 나머지는 그의 은총에 의해 된 것이며, 그분과 같은 본질로 태어난 것이 아니라 오직 은혜로 그들은 그분께 와야 하며 공동 상속자가 되어야 한다."[7]라고 했다. 즉, 성자의 아들 되심은 성부와 성자의 본성적 일치이지만 성도가 예수 그리스도 안에서 양자 되는 것, 즉 "신화"(θέωσις^{데오시스}, Theosis

---

7) 정병준, 「기독교 영성 산책」(서울 : 한국장로교출판사, 2021), pp. 118-119.

Deification)되는 것은 본성적 일치가 아니다. 오직 하나님의 자비로 인해서 인성과 신성 사이의 속성의 교류로 되는 것이다.

"땅에 있는 자를 아버지라 하지 말라 너희의 아버지는 한 분이시니 곧 하늘에 계신 이시니라"(마 23 : 9).

"내 아버지께서 모든 것을 내게 주셨으니 아버지 외에는 아들을 아는 자가 없고 아들과 또 아들의 소원대로 계시를 받는 자 외에는 아버지를 아는 자가 없느니라"(마 11 : 27).

이상에서 우리는 예수가 하나님의 독특한 아들이심을, 자기의 추종자들에게 하나님의 아들 됨을 중계하는 독특한 하나님의 아들이라는 예수의 자기 이해를 알 수 있다. 또한 자신이 하나님의 계시를 전달하는 권세를 가졌음을 나타내고 있음을 알 수 있다.

2) 예수의 모세 율법에 대한 태도

"옛사람에게 말한 바 살인하지 말라 누구든지 살인하면 심판을 받게 되리라 하였다는 것을 너희가 들었으나 나는 너희에게 이르노니 형제에게 노하는 자마다 심판을 받게 되고……"(마 5 : 21-22).

"또 간음하지 말라 하였다는 것을 너희가 들었으나 나는 너희에게 이르노니 음욕을 품고 여자를 보는 자마다 마음에 이미 간음하였느니라"(마 5 : 27-28).

"또 일렀으되 누구든지 아내를 버리려거든 이혼 증서를 줄 것이라 하였으나 나는 너희에게 이르노니……"(마 5 : 31-32).

"또 옛사람에게 말한 바 헛맹세를 하지 말고 네 맹세한 것을 주께 지키라 하였다는 것을 너희가 들었으나 나는 너희에게 이르노니 ……"(마 5 : 33-34).

"또 눈은 눈으로, 이는 이로 갚으라 하였다는 것을 너희가 들었으나 나는 너희에게 이르노니 ……"(마 5 : 38-39).

"또 네 이웃을 사랑하고 네 원수를 미워하라 하였다는 것을 너희가 들었으나 나는 너희에게 이르노니 ……"(마 5 : 43-44).

이상의 문장을 '반대 문형'이라 하는데, 이 문형의 형식은 "옛사람에게 말한 바(-들었으나), 그러나 나는 너희에게 이르노니 ……"로써 '내가'를 강조하면서 새로운 것을 선포하고 있다.

그러면 옛사람에게 말한 것이 무엇인가? 살인하지 말라, 간음하지 말라는 모세 율법의 요약인 십계명을 말하고 있다. 그런데 모세 율법은 행위의 최소한을 요구하는 법이다. 예를 들면 누구의 목을 치지 않으면 살인하지 않은 것이다. 그러나 예수가 선포하신 새로운 예수의 법은 행위 이전에 동기의 최대한을 요구하는 법이다. 예를 들면 형제를 미워하고 형제를 무시하는 것에서부터 살인 행위, 즉 형제의 목을 치는 행위가 나오기 때문에 동기의 최대한, 즉 우리 마음의 상태를 추구하는 법이다. 그러므로 그 내용에 있어서 행위의 최소한을 요구하는 옛 법에 비해 동기의 최대한을 요구하는 내면화된, 절대화된 법을 예수께서 선포하신 것이다. 따라서 모세의 법보다 훨씬 더 완벽한 법을 선포하셨다.

그런데 이것을 누가 하느냐? '나', 즉 '예수 자신'이 하신다는 것이다. 여기에서 우리는 예수의 자기 이해를 알 수 있다. 자기가 모세보다 더 직접적이고 완벽한 하나님의 법을 계시하는 자라는 자기 이해가 나타난다. 모세보다도 더 위대하고 권위 있는 직접적인 하나님의 계시자라는 것이다. 그런데 유대교, 구약의 틀 안에서 모세보다 더 위대한 사람이 있는가? 없다. 왜냐하면 심지어 유대교의 메시야 사상에 의하면 메시야도 모세 밑에 있다.

"네 하나님 여호와께서 너희 가운데 네 형제 중에서 너를 위하여 나와 같은 선지자 하나를 일으키시리니 너희는 그의 말을 들을지니라"(신 18 : 15).

위의 본문은 유대교에 있어서 메시야 사상의 중요한 뿌리 중의 하나인데, 모세와 같은 선지자, 모세와 같지만 모세를 능가하지 않는 메시야를 예고하고 있다. 즉, 모세가 기준이다. 그런데 예수는 무엇을 주장하는가? "내가 모세보다 더 위대하다."라고 직접적으로는 말하지 않지만 간접적으로 그러나 더 효과 있게 모세를 능가하고, 모세보다 더 위대하며, 모세보다 더 완전한 하나님의 계시자임을 주장하고 있다. 이러한 예수의 말버릇은 구약의 틀 안에서는 할 수 없는 유대교의 틀을 부순 것이다. 예수는 스스로를 하나님의 아들로 유대교가 그 당시 기대하였던 메시야 이상의 권위를 주장하는 것을 볼 수 있다. 유대교의 메시야는 모세의 율법을 잘 가르치는 자인데 예수는 그보다 더한 권위를 주장하고 있는 것이다.

3) 죄 용서

만일 A라는 사람이 나에게 어떤 해로운 일을 했다면 나에게는 A라는 사람을 용서할 권리가 있다. 하지만 A라는 사람이 나에게 해를 끼쳤는데 다른 사람이 A에게 "당신을 용서합니다."라고 말한다면 이것은 너무나 뻔뻔스럽고 어처구니없는 일이다. 오직 하나님만이 이러한 말을 할 수 있다. 왜냐하면 죄는 사람에 대한 것이기도 하지만, 무엇보다도 먼저 하나님과 그의 율법에 도전하는 것이기 때문이다. 즉, 우리가 '사회적 병리'라고 부르는 모든 것(죄, 강간, 비통, 상습적인 질투, 비밀스러운 사기, 교만, 열등감에서 오는 콤플렉스 등)은 우리가 하나님과 바른 관계를 맺지 않고 있다는 사실과 가장 밀접한 관계가 있다. 그래서 다윗은 간통을 저지르고 밧세바의 남편을 죽게 했을 때 시편 51편에서 "내가 주께만 범죄하여 주의 목전에 악을 행하였사오니"라고 고백한다. 다윗은 자신이 사람들에게 죄를 지었음에도 불구하고 궁극적으로는 자신을 만드신 하나님께 죄를 지었음을 알았다. 먼저 하나님께서 자신의 죄를 용서하셔야 한다는 것을 알고 있었던 것이다. 그런데 예수는 죄를 용서해 주는 권위를 주장하였다.

"예수께서 그들의 믿음을 보시고 중풍병자에게 이르시되 작은 자야 네 죄 사함을 받았느니라 하시니"(막 2 : 5).

"이에 여자에게 이르시되 네 죄 사함을 받았느니라 하시니"(눅 7 : 48).

인자가 땅 위에서 죄를 용서해 주는 권한이 있고, 또한 죄를 용서해 주는 종말론적인 구원 행위를 한다는 것을 극으로 표시한 것이 세리와 죄인들과 더불어 먹고 마시는 장면이다. 즉, 회개한 죄인들과 그 집에 들어가서 잔치를 베풀어 그들의 죄를 자기가 지금 용서해 주었다는 것을 드라마적으로 보여 준 것이다.

"인자는 와서 먹고 마시매 너희 말이 보라 먹기를 탐하고 포도주를 즐기는 사람이요 세리와 죄인의 친구로다 하니"(눅 7 : 34).

구약과 유대교의 틀 안에서는 하나님만 죄를 용서하실 수 있다.[8] 왜냐하면 하나님이 창조주이시기 때문이다. 하나님만이 자기가 지은 피조물들이 합당하게 살았는지 그렇지 않은지를 판결하실 수 있다. 다시 말해 하나님만이 심판자가 되시는 것이다. 그렇기 때문에 하나님만이 죄를 용서하실 수 있다.

"여호와께서 그의 앞으로 지나시며 선포하시되 여호와라 여호와라⋯⋯ 악과 과실과 죄를 용서하리라 ⋯⋯"(출 34 : 6-7).

"여호와는 긍휼이 많으시고 은혜로우시며 노하기를 더디하시고⋯⋯ 우리의 죄를 따라 우리를 처벌하지는 아니하시며⋯⋯"(시 103 : 8-13).

---

8) 윌리엄 헨드릭슨, 김만풍 역, 「핸드릭슨 성경주석 마가복음 상」(서울 : 아가페출판사, 1983), p. 139.

"여호와께서 말씀하시되 오라 우리가 서로 변론하자 너희의 죄가 주홍 같을지라도 눈과 같이 희어질 것이요 진홍같이 붉을지라도 양털같이 희게 되리라"(사 1 : 18).

"나 곧 나는 나를 위하여 네 허물을 도말하는 자니 네 죄를 기억하지 아니하리라"(사 43 : 25).

"내가 네 허물을 빽빽한 구름같이, 네 죄를 안개같이 없이하였으니 너는 내게로 돌아오라 내가 너를 구속하였음이니라"(사 44 : 22).

"악인은 그의 길을, 불의한 자는 그의 생각을 버리고 여호와께로 돌아오라 그리하면 그가 긍휼히 여기시리라 우리 하나님께로 돌아오라 그가 너그럽게 용서하시리라"(사 55 : 7).

"…… 내가 그들의 악행을 사하고 다시는 그 죄를 기억하지 아니하리라 여호와의 말씀이니라"(렘 31 : 34).

"주와 같은 신이 어디 있으리이까 주께서는 죄악과 그 기업에 남은 자의 허물을 사유하시며 인애를 기뻐하시므로 진노를 오래 품지 아니하시나이다"(미 7 : 18).

"어떤 서기관들이 거기 앉아서 마음에 생각하기를 이 사람이 어찌 이렇게 말하는가 신성모독이로다 오직 하나님 한 분 외에는 누가 능히 죄를 사하겠느냐"(막 2 : 6-7).

"함께 앉아 있는 자들이 속으로 말하되 이가 누구이기에 죄도 사하는가 하더라"(눅 7 : 49).

그러나 예수는 자기가 죄를 사해 주는 권리를 선언하셨다. 그러니까 서기관들, 요즈음 말로 하면 신학자들이 화가 나서 "참람하도다."라고 욕을 했다. 참람하다는 말은 하나님을 모독했다는 것이다. 하나님의 권리, 하나님의 특권을 침해했다는 것이다. 즉, 예수 스스로 자기를 하나님으로 신격화한 자라는 것이다. 이렇게 죄 용서해 주는 권리를 선언하고, 죄를 용서해 주며, 또한 죄를 용서해 주는 표시로 죄인들을 모아서 먹고 마셨다. 이 이례적인 죄인들과의 사귐(교제)은 경건한 유대인들에게는 매우 충격이었는데, 이는 예수의 특수한 역사적 특징이다. 여기서 도출할 수밖에 없는 예수의 자기 이해는 자기가 하늘의 대권을 행사하는 자, 하나님 대신 권리를 행사하는 자라는 것이다.

또한 예수는 죄를 용서했을 뿐 아니라 자신에게는 죄가 없다고 단언하셨다. 죄가 없다는 것은 분명히 하나님의 속성이다. 인류 역사를 통틀어 가장 거룩하다고 인정받는 사람들은 자신의 허물과 죄를 가장 잘 깨달았던 사람들이다. 그들은 자신이 단점이 많고, 정욕에 빠져 있으며, 분노가 가득 차 있는 사람이라는 것을 알았다. 그래서 하나님의 은혜를 의지하면서 정직하게 그런 죄들과 싸웠다. 사실 그들은 죄와 잘 싸웠기 때문에 사람들의 주목을 받았고, 사람들은 그들을 일컬어 '거룩한 사람'이라고 불렀다. 그런데 성경은 예수를 '죄 없는', '거룩한', '의로운', '무죄한', '순결한', 그리고 '죄인들과 구별된' 분이라고 일컫는다. 그렇다면 대답은 분명해진다.

4) 하나님 나라에 들어갈 수 있는 기준

예수의 특징 가운데 하나는 예수의 중심 메시지가 하나님 나라에 관한 것이었다는 사실이다. 복음서 기자들은 하나님의 나라는 오직 하나님께서만 가져오실 수 있다는 것을 분명히 하고 있다. 우리는 하나님 나라를 추구하고, 찾으며, 그 임함을 위해 기도할 수 있으나 이를 가져다주시는 분은 오직 하나님이시다.

"다만 너희는 그의 나라를 구하라 그리하면 이런 것들을 너희에게 더하시리라"(눅 12 : 31).

"(그들의 결의와 행사에 찬성하지 아니한 자라) 그는 유대인의 동네 아리마대 사람이요 하나님의 나라를 기다리는 자라"(눅 23 : 51).

"나라가 임하시오며 뜻이 하늘에서 이루어진 것같이 땅에서도 이루어지이다" (마 6 : 10).

"그런즉 너희는 먼저 그의 나라와 그의 의를 구하라 그리하면 이 모든 것을 너희에게 더하시리라"(마 6 : 33).

하나님 나라를 주시는 분은 하나님이시고, 우리는 그 나라에 들어갈 뿐이다. 우리가 그 나라를 상속하고 소유할 수 있으나 이를 세우거나 파괴할 수는 없다. 우리가 하나님 나라를 선포하고 이를 위해 일할 수는 있으나 하나님만이 이를 건축하실 수 있는 것이다.

"그러므로 내가 너희에게 이르노니 하나님의 나라를 너희는 빼앗기고 그 나라의 열매 맺는 백성이 받으리라"(마 21 : 43).

"적은 무리여 무서워 말라 너희 아버지께서 그 나라를 너희에게 주시기를 기뻐하시느니라"(눅 12 : 32).

"그때에 임금이 그 오른편에 있는 자들에게 이르시되 내 아버지께 복 받을 자들이여 나아와 창세로부터 너희를 위하여 예비된 나라를 상속받으라"(마 25 : 34).

"너희 동네에서 우리 발에 묻은 먼지도 너희에게 떨어버리노라 그러나 하나님의 나라가 가까이 온 줄을 알라 하라"(눅 10 : 11).

"가면서 전파하여 말하되 천국이 가까이 왔다 하고"(마 10 : 7).

사실 하나님 나라에 대한 예수의 선포는 예수의 신성에 대한 강력한 논의 중에 하나이다. 하나님 나라를 수립하고 메시야적 '오는 세대'의 조건들을 역사로 가져오는 일, 하나님만 하실 수 있는 일을 하기 위해서는 예수가 하나님이어야 한다는 말이다. 예수의 신성에 대해 논박했던 이들은 하나님 나라의 실재를 부인하든지 이에 대한 예수의 관계를 부인하든지 해야 한다. 그러나 예수와 하나님 나라와의 관계는 파괴할 수 없다. 하나님 나라는 예수 안에서 그를 통해 온 것이기 때문이다. 그의 삶에 하나님의 행동이 보여지고, 그의 말씀에서 하나님의 행동에 대한 해석이 들려지는 것이다. 그 안에서 하나님의 어떠하심과 그의 뜻과 목적이 계시되었으니, 이는 그가 하나님의 어떠하심, 그의 뜻과 목적들을 계시하는 하나님 자신이기 때문이다.[9]

그런데 예수께서는 하나님 나라가 어떠하다고만 선포하신 것이 아니라 어떤 사람이 하나님 나라에 들어갈 수 있고, 어떤 사람은 하나님 나라에 들어갈 수 없는지도 가르치셨다. 죄를 회개하고 예수께서 선포하신 하나님 나라를 믿고 예수를 따르는 제자들, 즉 자기를 버리고 자기 십자가를 지고 자기(예수)를 따르는 자들이 하나님 나라에 들어갈 수 있다는 것이다. 예수에 대한 제자도가 하나님 나라에 들어가는 조건이라는 것이다.

> "너희는 나의 모든 시험 중에 항상 나와 함께한 자들인즉 내 아버지께서 나라를 내게 맡기신 것같이 나도 너희에게 맡겨 너희로 내 나라에 있어 내 상에서 먹고 마시며 또는 보좌에 앉아 이스라엘 열두 지파를 다스리게 하려 하노라"(눅 22 : 28-30).

> "나더러 주여 주여 하는 자마다 다 천국에 들어갈 것이 아니요 다만 하늘에 계신 내 아버지의 뜻대로 행하는 자라야 들어가리라 …… 그러므로 누구든지 나의 이 말을 듣고 행하는 자는 그 집을 반석 위에 지은 지혜로운 사람 같으리니……"(마 7 : 21-29).

> "누구든지 사람 앞에서 나를 시인하면 나도 하늘에 계신 내 아버지 앞에서 그를 시인할 것이요 누구든지 사람 앞에서 나를 부인하면 나도 하늘에 계신 내

---

9) Mark A. Noll and David F. Wells, *Christian Faith and Practice in the Modern World*, 이승구 역, 「포스트모던 세계에서의 기독교 신학과 신앙」(서울 : 엠마오, 1994), pp. 541-542 ; 김진욱, 「하나님의 나라」(서울 : 한국장로교출판사, 2009) 참조.

아버지 앞에서 그를 부인하리라"(마 10 : 32-33).

"이르되 예수여 당신의 나라에 임하실 때에 나를 기억하소서 하니 예수께서 이르시되 내가 진실로 네게 이르노니 오늘 네가 나와 함께 낙원에 있으리라 하시니라"(눅 23 : 42-43).

이런 주장을 하는 예수는 자기가 인간의 생사를 결정하는 심판자(arbiter)라는 이해를 갖고 있었다. 즉, 하나님 나라의 주인으로서 인간을 하나님 나라에 들어가게도 하고 멸망에 이르게도 하는 최후의 심판자와 구원자라는 자기 이해가 나타난다.

5) 예수는 후계자를 생각하지 않았다

예수의 또 하나의 특징은 후계자를 생각하지 않았다는 것이다. 흔히 예수의 제자들이 예수의 후계자라고 하나 제자들은 단 한 번에 완성된 구원 사건을 가지고 선전하는 것밖에 없는 것이다.

당시의 선지자들이나 랍비들과는 달리 예수가 후계자를 생각지 않았다는 것은 예수는 자신의 사역을 종말적인 하나님의 구원사 가운데 종말론적인 의미를 갖는 단회적인(Einmaligkeit) 사건으로 보았다. 즉, 되풀이되고 또 되풀이되는 것이 아니라 단 한 번 일어나는, 그리고 한 번에 완성되는 사건으로 이해하였다.

6) 요한복음에 나타나는 표적(σημεῖον^{세메이온})[10]

요한복음의 중심 부분이라 할 수 있는 2장부터 12장에는 7개의 예수의 이적들이 예수에 대한 표적(sign)으로 서술되어 있고, 이 표적들의 의미를 해설하는 긴

---

10) 히브리어로는 אוֹת^{오트}인데 구약성경에서 대표적으로 사용된 곳이 출애굽기 3~4장에서 모세를 통해 보여 준 기적이다. 요한복음에서 예수님은 제자들에게 표적들을 통해 자신이 하나님의 아들임을 확인시키고 하나님의 영광을 드러내는 메시야가 바로 자신임을 드러낸다. 랍비 유대교 문헌에는 "옛날의 일곱 가지 기적"이라는 이야기가 전해지는데 '일곱'이라는 상징성에 중요성을 찾아볼 수 있다.

강해(설교)들이 부착되어 있다.

이 표적들의 구조를 살펴보면 첫째, 이적을 행하였다. 각각의 표적에 긴 설교가 부착되어 있다. 왜냐하면 이 적들은 이 세상(아래 세상)에서 우리의 인식기관을 통해 관찰할 수 있는 물리적 현상들이다. 그런데 이 이적들은 물리적 현상으로서의 의미만 있는 것이 아니고, 위 세상의 영원한 진리를 나타낸다. 다시 말해서 이 이적들은 시간과 공간 내에서 일어나는 현상들이지만 영원한 의미, 참 의미, 진짜 의미를 계시해 준다. (표적이란 하나의 부호로 실재〈reality〉를 나타낸다.)

7개의 표적(요한복음)	
2 : 1~11	가나의 혼인잔치에서 포도주를 만듦.
4 : 46~54	고관의 아들을 고쳐 줌.
5 : 1~15	베데스다 우물의 38년 된 병자를 고침.
6 : 1~15	오천 명을 먹인 사건
6 : 16~21	물위를 걸으심.
9장	소경을 고쳐 줌.
11장	나사로의 부활

그래서 이런 이적들은 실재(reality)를 나타내는 하나의 부호에 불과하다. 중요한 것은 실재(참 세계, 영원한 세계, 이데아의 세계)이다. 이적들은 물질의 세계, 시간의 세계, 모조품 또는 환상의 세계에서 일어나는 사건이지만 영원한 세계, 실재의 세계, 이데아의 세계, 참 진리, 영원한 진리를 계시(sign)해 준다.

"여호와께서 모세에게 이르시되 네 손을 내밀어 그 꼬리를 잡으라 그가 손을 내밀어 그것을 잡으니 그의 손에서 지팡이가 된지라 이는 그들에게 그들의 조상의 하나님 곧 아브라함의 하나님, 이삭의 하나님, 야곱의 하나님 여호와가 네게 나타난 줄을 믿게 하려 함이라 하시고 여호와께서 또 그에게 이르시되 네 손을 품에 넣으라 하시매 그가 손을 품에 넣었다가 내어보니 그의 손에 나병이 생겨 눈같이 된지라 이르시되 네 손을 다시 품에 넣으라 하시매 그가 다시 손을 품에 넣었다가 내어보니 그의 손이 본래의 살로 되돌아왔더라 여호와께서 이르시되 만일 그들이 너를 믿지 아니하며 그 처음 표적의 표징을 받지 아니하여도 나중 표적의 표징은 믿으리라"(출 4 : 4-8).

"내가 바로의 마음을 완악하게 하고 내 표징과 내 이적을 애굽 땅에서 많이 행할 것이나…… 애굽 사람이 나를 여호와인 줄 알리라 하시매……"(출 7:3-6).

둘째, 청중들이 오해하였다. 예수가 이런 표적들을 베풀면 무슨 일이 벌어지는가? 항상 청중들은 이 현상들의 '표적성'을 모른다. 다시 말해 이 현상들이 진정으로 계시하고자 하는 실재를 깨달을 수 없다. 왜냐하면 그들은 이 세상에 속한 자들이기 때문이다. 암흑 속에 있어 이 표적들이 나타내고자 하는 진리와 실재를 깨닫지 못한다. 항상 이 아래 세상의 시공의 물리적인 가치관에 의해 인식하고 판단한다. 그래서 오해가 벌어지는 것이다.

셋째, 오해에 대한 예수의 해설이 이어진다. 이 오해에 대항해서 예수는 자기가 베푼 이 물리적인 현상들의 진정한 표적성(sign character)을, 이것이 진짜로 나타내고자 하는 이데아의 세계, 진리를 길게 강해해 준다. 그래서 요한복음의 표적들은 이런 구조를 가지고 있다. 가령 소경이 눈을 뜬 사건은 매우 물리적인 사건이다. 그것은 "내가 세상의 빛이다."라는 뜻이고, 이 말은 "내가 하나님의 계시를 가져오는 자"라는 것이다. 빛은 인식을 가능케 한다. 즉, 하나님에 대한 지식을 얻게 한다. 따라서 예수가 "내가 세상의 빛이다."라고 한 말씀의 의미는 "내가 너희들에게 하나님을 알게 한다."라는 것이다. 하나님을 알면 구원이 일어난다. 하나님을 알면 하나님과 연합되어 구원이 일어난다(히브리적인 의미로 안다는 것은 관계, 연합을 의미한다).

5,000명을 먹인 것도 매우 물리적인 현상이다. 그런데 유대인들은 자기들의 신학적인 기데고리(category)를 총동원해서 해석하기를, 예수가 모세와 같은 선지자로 제2의 유월절, 출애굽시켜 줄 것이라고 생각했다. 그래서 예수를 왕으로 삼으려 했다. 모세가 애굽의 굴레에서 이스라엘을 해방시키고 광야에서 먹였듯이, 예수가 로마의 굴레에서 자기들을 해방시켜 양식의 부

표적들의 구조
예수가 표적을 행함.
청중들의 오해
이 오해에 대한 예수의 긴 설교

족함 없이 의식주를 충족시켜 줄 것이라고 신학적으로 해석했다. 그러나 그것은 아래 세상의 의미이다. 표적들의 책이 전부 이와 같은 구조를 가지고 있다. 그런데 이 표적들의 주제는 한결같이 생명(영생)이다.

가나 혼인잔치에서 물로 포도주를 만든 사건도 다음과 같은 것을 표적한다. 가나의 혼인잔치는 유대교이다. 유대인들은 메시야 시대를 혼인잔치와 같은 엄청난 잔치로 그리면서 기다렸다. 그런데 유대인들이 기다리던 메시야 잔치가 물질적인 것이라면 언젠가는 동나게 된다. 그래서 포도주가 다 떨어지면 흥이 깨져 버려 생명력이 없어진다. 유대교가 그와 같다는 것이다. 그러므로 예수가 새 포도주, 그것도 가장 좋은 포도주를 만들어 주는 것은 그들에게 생명력을 부여해 준다는 것이다. 고관의 아들을 고친 것과 38년 된 병자를 고친 것은 예수가 생명을 가져다주시는 분임을 표적한다. 5,000명을 먹인 사건도 마찬가지이다. 소경을 고치시고 "내가 생명의 빛이다."라고 할 때, 빛은 그들에게 하나님을 알게 하고 영생을 얻게 한다. 나사로를 죽은 자 가운데서 일으킴이 이 표적들의 절정(climax)이다.

그러나 표적들의 책에서는 나사로의 부활로 모든 표적들의 의미를 다시 한번 요약하고, 강조해서 표현하는데, 예수가 생명을 가져다주시는 분으로 자기의 죽음과 부활을 통해서 인류에게 생명을 주실 것을 하나의 그림으로 나타내는 것이다. 하나만 예외가 있는데 '물 위로 걸으심'만은 아무리 상상력을 동원해서 살펴보아도 생명하고는 별 관계가 없어 보인다. 또한 이것은 이런 구조(표적 – 오해 – 강해)가 아니다. 그래서 어떤 학자들, 가령 스몰레이(S. S. Smalley) 같은 학자들은 이 '물 위로 걸으심'은 요한이 표적으로 의도하지 않았다고 주장한다. 이것은 '물가'로 걸었다는 것이다. '물 위로 걸으심'(ἐπὶ τῆς θαλάσσης$^{에피\ 테스\ 달라세스}$)에서 ἐπὶ^{에피}가 '물 위'(on)라는 뜻으로 쓰이나 가끔 '물가'로 번역해도 전혀 틀린 것은 아니다. 그래서 요한은 이 이야기를 표적으로 분류하지 않았다고 한다. 그는 7번째 표적으로 21장의 153마리의 물고기 잡음을 말한다. 그러나 요한이 이것을 표적으로 의도했든지 안 했든지는 별로 중요하지 않다.

표적들의 책에서 표적들은 이런 구조를 가지고 있고, 이 표적들은 전부 한결같이 예수가 '하늘의 생명을 가져오시는 분'이라는 것을 계시한다. 예수가 그의 이적들을 통해서 모든 군중들에게 자기가 하늘의 계시와 하늘의 구원을 가져와서 모든 사람들로 하여금 영생을 주시는 분이라고 하는 것을 알게 하는 부분이다. 그런데 자기가 바로 그와 같이 하나님을 계시하고 그의 구원을 가져와 모든 사람들에게 영생을 주는 분이라는 것을 강조하는 강해 속에서 이른바 '내가'라고 하신 말씀(I am Saying)에 유의해야 한다.

6 : 35 　　내가 생명의 떡이다.
8 : 12 　　내가 세상의 빛이다.
10 : 7 　　내가 양의 문이다.
10 : 11 　　내가 선한 목자다.
11 : 25 　　내가 부활이요, 생명이다.

이와 같이 'I am Saying'이 5개 나온다. 두 번째인 영광의 책에 2개가 더 나온다.

14 : 6 　　내가 길이요, 진리요, 생명이다.
15 : 1 　　내가 참포도나무다.

이와 같이 총 7개가 나온다. 이것은 전부 보어의 구조(내가 －이다)를 가지고 있다. 이 보어들을 자세히 보면 2개만 빼고 전부 이 표적들을 해설하는 강해에서 나온 것이다. 그런데 이 표적들의 해석의 의미는 예수가 영생을 가져다주시는 분이라고 했다. 그래서 이 보어들은 전부 '생명'을 주제로 하고 있다. '생명을 가져다주는 자', '영생을 가져다주는 자'라는 것을 이 보어들이 말하고 있다.

'I am saying'의 또 한 가지 형태가 나온다. 그것은 '절대용법'인데 "ἐγώ εἰμι^{에고} ^{에이미}"(내가 －이다, I am)이다. 보어가 없다. 이 말씀들은 영광의 책에 나온다. 이것은 가령 "너희가 인자를 든 후에 내가 그인 줄을 알고 ……"(요 8 : 28)에서 우리말 번역에는 '그'라는 보어를 집어넣었는데, 이것은 그냥 "ἐγώ εἰμι^{에고} ^{에이미}"(내가 －이다, I am)이다. 이 절대용법은 '하나님의 이름'이다. 예수가 하나님과 하나 된 자, 예수가 하나님의 이름을 가진 자라는 것이다. 이 절대용법을 풀이한 것이 보어들이다. 예수가 하나님의 이름을 가진 자, 하나님으로서 우리에게 생명을 주시는 분이라는 것을 의미한다. 그래서 이와 같이 이 표적들과 그것을 해석하는 강해에 있어서 주로 'I am saying'이 예수의 자기 계시의 중심을 이룬다.

이름[11]) : 고대인에게 이름은 그 대상을 특징짓는 핵심 개념이었다.
1. 고대 이집트어 –ren : 상형문자로 타원 모양과 물결 모양을 합쳐서 표현 (⊙≈)
　　○ : 타원 모양은 입 혹은 태양을 상징
　　≈ : 물결 모양은 혼돈의 물을 상징
　그러므로 이름이란 혼돈만이 존재한 태초의 우주를 밝히는 태양 또는 흉흉한 바다 위에서 아련히 들려와 그 대상을 부르는 최초의 소리이다.

2. 셈족어(semitic language) – shim
　A) 고대 아카드어 – shum
　B) 히브리어 – shem
　C) 아랍어 – sim

　그러므로 만물의 물질을 총체적으로 담은 초월적인 개념으로 "본질의 본질"이다.

　예) 인간 – 히브리어 – אָדָם(Adam) ← אֲדָמָה (adamah) (붉은 흙)
　　　– 헬라어 – ἄνθρωπος ^{안드로포스} ← ἀνά ^{아나} (위쪽으로)
　　　+ πρόσωπον ^{프로소폰} (얼굴, 가면)
　　그러므로 얼굴을 위로 하고 하늘을 쳐다보는 존재이다.

---

7) 요한복음에 나타나는 ἐγώ εἰμι ^{에고 에이미} (Ego sum qui sum, 출 3:14)

다시 정리하면 요한복음에는 ἐγώ εἰμι ^{에고 에이미} (I am, 내가 –이다)가 7번 나오는데, 두 종류가 있다. 하나는 절대용법이며 또 하나는 보어를 수반하는 용법이다. 그런데

---

11) 배철현, 「인간의 위대한 여정」(서울: 21세기북스, 2017), pp. 76–77.

보어를 동반하는 ἐγώ εἰμι^(에고 에이미) 말씀은 절대용법의 ἐγώ εἰμι^(에고 에이미) 말씀을 해설한 것이다. 그리고 보어를 동반하는 ἐγώ εἰμι^(에고 에이미) 말씀은 주제가 전부 생명과 관계가 있다. ἐγώ εἰμι는 존재 자체(ipsum esse)이기 때문에 불변(incommutabillis)하고 불사(immortalis)한다.[12]

(1) 절대용법

"그러므로 내가 너희에게 말하기를 너희가 너희 죄 가운데서 죽으리라 하였노라 너희가 만일 내가 그인 줄 믿지 아니하면 너희 죄 가운데서 죽으리라"(요 8 : 24, ἐὰν γὰρ μὴ πιστεύσητε ὅτι ἐγώ εἰμι^(에안 가르 메 피스튜세테 호티 에고 에이미)).

"이에 예수께서 이르시되 너희가 인자를 든 후에 내가 그인 줄을 알고 또 내가 스스로 아무것도 하지 아니하고 오직 아버지께서 가르치신 대로 이런 것을 말하는 줄도 알리라"(요 8 : 28, τότε γνώσεσθε ὅτι ἐγώ εἰμι^(토테 기노세스데 호티 에고 에이미)).

"지금부터 일이 일어나기 전에 미리 너희에게 일러둠은 일이 일어날 때에 내가 그인 줄 너희가 믿게 하려 함이로라"(요 13 : 19, ἵνα ὅταν γένηται πιστεύσητε ὅτι ἐγώ εἰμι^(히나 피스튜세테 호탄 게네타이 호티 에고 에이미)).

'든 후에'는, 즉 들어 올린다는 동사는 이중 의미로 쓰인다. 하나는 십자가에 못 박혀 지표에서 들어 올린다는 말이다. 십자가에 못 박힌다는 것은 예수의 죽음을 말한다. 예수가 십자가에 못 박혀 지표에서 들어 올려지면 "ἐγώ εἰμι^(에고 에이미)"(내가 - 이다.)를 안다는 것은 예수가 십자가에 들려 올려질 때 하나님의 사랑을 계시한다는 것이다. 예수가 십자가에 못 박힌 순간에 하나님이 인류를 사랑하심을 나타낸다. 하나님의 사랑을 계시한다. 즉, 하나님의 본질이 사랑임을 계시한다는 것이며, 이것은

---

12) Aurelius Augustinus, op. cit., p. 253.

곧 하나님을 계시한다는 것이다.

계시의 첫 원칙은 하나님만 하나님을 계시할 수 있다는 것이다. 십자가에서 예수가 하나님의 본질인 사랑을 계시한다는 것은 예수의 본질과 하나님의 본질이 같다는 말이다. 그러므로 예수가 십자가에서 들리는 순간 하나님을 계시하는 동시에 예수를 계시한다. 예수가 들린다는 것은 십자가에 못 박혀 죽는 수난이다. 동시에 이것은 예수의 본질을 드러나게 하는, 예수가 하나님의 계시자로서 하나님의 본질에 참여하는, 하나님과 본질적으로 같은 분임을 드러내는 행위이다. 그러므로 요한복음에서 예수의 십자가의 죽음은 예수의 영광 받음이다. 십자가의 죽음은 글자 그대로 '고난'인 동시에 예수의 하나님 아들, 하나님의 계시자 됨, 즉 하나님적인 본질을 드러내는 사건이다.

둘째로는 의지의 하나 됨(unity), 즉 하나님 아들과 하나님 아버지의 의지가 똑같다는 것이다. 이 의지의 일치는 아들의 아버지에 대한 절대 순종으로 나타난다. 만약에 아들이 아버지의 뜻에 순종하지 않는다면 아들이 아무리 본질적으로 아버지와 같다고 해도 아버지를 계시할 수 없다. 아들이 아버지의 뜻에 자기의 뜻을 완전히 일치시켰을 때 아들의 가르침에서 아버지의 뜻을, 아들의 행위에서 아버지의 행위를 헤아릴 수 있다. 따라서 본질적으로 하나 될 뿐만 아니라 의지의 하나 됨을 가져야 하는데, 의지의 하나 됨을 갖는다는 것은 아들이 아버지에게 자기의 뜻을 완전히 일치시킨다는 말이다. 이것은 아버지에 대한 아들의 절대 순종으로 나타난다. 이것이 십자가에서 들림으로 표시된 것이다. 이 점이 오리겐의 삼위일체론의 핵심으로서 오리겐의 주된 관심은 아버지와 아들의 속성과 관계였다. 후일 그의 제자들은 상반된 두 가지 입장을 모두 취하고 있다. 오리겐의 우파는 내재적 삼위일체(the immanent trinity)로서 아버지와 아들의 동등성, 한 실체(homoousios to patri)를 강조하고 오리겐 좌파는 경륜적 삼위일체(the economic trinity)로서 아버지만 그 무엇에도 의존하지 않는 지존의 하나님(God by himself)이시고 아들은 아버지에 의해서만 존재한다는, 즉 아들의 아버지에 대한 종속성을 주장하는 입장이다. 오리겐은 양쪽 입장을 다 수용해서 피조물들에게 성부 하나님은 존재를, 성자 예수는 합리성을, 성령 하나님은 성결함을 부여한다고 주장한다. 오리겐의 우파에는 아타나시우스(Athanasius)와 카파도키아 세 교부(Basilius Magnus, Gregorius Nyssenus, Gregorius Nazianzenus)가 있고, 오리겐 좌파에는 아리우스(Arius)가 신플라톤주의를 따르고 있다.

삼위일체(三位一體, trinity)에 관하여

4세기에 들어와서 정립됨.

어거스틴은 그의 책 「삼위일체론」에서 "삼위일체는 말을 하려고 하는 말이라기보다는 입을 다물고 있지 않으려고 한 말이다. 삼위라는 말은 할 수도 없고 안 할 수도 없어서 한 말이다."리고 언어적 표현의 어려움을 토로했다.[13]

μιὰ οὐσία τρείς ὑπόστασεως ^{미아 우시아 트레이스 휘포스타세오스} 에서 ὑπόστασεως ^{휘포스타세오스} 는 라틴어 sub-stantia와 정확하게 상응하기 때문에 (밑에 있음, 基本) ὑπόστασεως ^{휘포스타세오스} 가 persona로 번역되면서 혼돈이 왔다.

ὑπόστασεως ^{휘포스타세오스} 가 persona의 개념으로 정립된 것은 카파도키아 교부들과 칼케돈 공의회 이후였다.

A. 성부 하나님-God above us : 창조(創造, creation)
   성자 예수님-God alongside us : 구원(救援, redemption)
   성령 하나님-God within us : 성화(聖化, santification)

B. 경륜적 삼위일체(the economic trinity)
* "경륜적"-헬라어 οἰκονομία ^{오이코노미아} : 하나님께서 창조하신 세계를 관리하심. 그러므로 경험된 하나님을 의미한다.
* 내재적 삼위일체(the immanent trinity) : 하나님의 본질의 신비 안에

---

13) Aurelius Augustine, *On the Trinity*, 성염 역, 「삼위일체론」(왜관 : 분도출판사, 2015), pp. 527-528.

계시는 하나님을 의미한다.

C. 양태론(樣態論, modalism)
* 성부, 성자, 성령은 하나님에 관한 다른 면을 보여 주는 이름표에 불과하다. 이에 대해 어거스틴은 "tres personae"에서 "persona"(πρόσωπον)는 "가면"을 의미하고 무대에서 한 배우가 가면을 바꾸어 쓰면서 여러 인물의 역할을 하던 문화에서 유래하므로, 삼위일체를 언급하는것은 매우 위험하다고 했다.

"그때에 예수께서 갈릴리 나사렛으로부터 와서 요단 강에서 요한에게 세례를 받으시고 곧 물에서 올라오실새 하늘이 갈라짐과 성령이 비둘기같이 자기에게 내려오심을 보시더니 하늘로부터 소리가 나기를 너는 내 사랑하는 아들이라 내가 너를 기뻐하노라 하시니라"(막 1 : 9-11).

그러므로 말씀을 비춰 볼 때 위격(persons)이 구분되지 않는다는 것은 비성경적임을 알 수 있다. 이단으로 규정되었다.
* 삼신론(三神論, tritheism)
　셋으로 분리된 하나님을 주장한다.
　하나님의 일치성을 부정하기 때문에 이단으로 규정되었다.

D. 한 분 하나님 안에서의 세 위격(three persons in one god)
* 세 하나님의 위격들은 사랑을 주고받으며 서로에게 침투된다. 순환(perichoresis)
* 한 본질(ousia) 내에 세 현존(hypostasis)이시다. 그러므로 유일하신 하나님의 가장 깊은 실재는 관계적(하나님의 사랑)이다. 즉, 실재는 관계적이다(reality is relational).

"사랑하지 아니하는 자는 하나님을 알지 못하나니 이는 하나님은 사랑이심이라"(요일 4 : 8).

* 이것은 물리학 EPR 효과, 초끈이론(super-string theory)과 유사하다. 원자주의(atomism, 공간이라는 비어 있는 그릇 속에 소리를 내야 움직이는 고립된 입자로 이해)에 대항해서 현대물리학은 "분리 속의 공존"(togetherness in separation)을 주장한다. 이것은 입자들 사이에 놀라운 형태의 얽힘(entanglement)이 있다는 것인데 공간과 시간의 물질이 하나의 통괄된 종합 내에서 결합되어 있다는 것이다(EPR 효과).

오리겐 좌파와 우파 비교

A. 오리겐 좌파 – 아리우스(이집트 알렉산드리아 출신〈出身〉) : 유사본질(homoiousios)
* 아버지와 아들 관계에서 종속성을 강조함.
* 성부와 세상과의 화목제물로서 성자 예수의 역할을 설명 : 예수의 인성과 희생양으로서의 역할을 강조함.
* 예수 그리스도의 구속을 실제적인 것으로 이해함. 그러므로 아들의 신성에 제한된다.
* 다신교가 되고 만다.
* 구속 교리에 죄의 힘을 지나치게 강조할 위험이 은폐되어 있다. 인간을 사로잡고 있는 죄의 마성이 실제로 존재하므로 구원을 위해서는 하나님마저 그 대가를 치러야 한다고 오해할 수 있다. 만약 그렇다면 '하나님의 전능성'(omnipotence)이 '예수님의 신성'(divinity)과 함께 손상된다. 그런 오해를 피하기 위해서 사도 바울은 로마서 3 : 25~26에서 하나님이 구원을 단순한 선물로 주지 않고 마땅한 대가를 치르고 얻는 방식으로 준 것은 하나님이 자신의 공의로움을 나타냄으로써 구원받은 인간도 공의롭게 하려는 의도임을 주장했다. 즉, 그 대가에 감격해서 이제는 보답할 양으로 의와 선을 추구하게 하려는 것이었다. 그래서 성도들은 예수님의 죽음에 대해 죄책감을 갖고 "내 탓이요."라고 가슴을 치며 고백하는 것이다.
* 예수의 십자가는 하나님의 자기희생(self-sacrifice), 즉 엄한 사랑이

다. 그래서 1998년 장로교회 교리문답은 이를 다음과 같이 표현한다. "하나님께서 우리 죄악의 짐을 자신의 존재 안으로 짊어지셔서 그것을 단번에 제거하셨다. 십자가는 그 모든 가혹함 속에서 하나님의 사랑의 고통으로서 삼켜진 죄악의 심연을 계시한다."[14]
* 예수의 십자가는 희생제사를 종식하기 위한 희생제물이며 그는 단번에 죽었다. 즉, 십자가의 역설이라는 의미에서 단 한 번의 영원한 희생제사라는 개념을 수용할 뿐이다(히 9 : 25-26). 십자가 사역은 우리가 스스로 변화시킬 수 없는 사이클 속으로 침입한 초월적 하나님의 사역이다(theodramatic). 그래서 케빈 밴후저(Kevin Vanhoozer)는 "대속은 궁극적으로 하나님의 자기수여(self-giving)에 대한 것이다."라고 주장했다.[15] 그리고 "심판자가 심판받았다."라고도 표현한다.

"이 예수를 하나님이 그의 피로써 믿음으로 말미암는 화목제물로 세우셨으니 이는 하나님께서 길이 참으시는 중에 전에 지은 죄를 간과하심으로 자기의 의로우심을 나타내려 하심이니 곧 이때에 자기의 의로우심을 나타내사 자기도 의로우시며 또한 예수 믿는 자를 의롭다 하려 하심이라"(롬 3 : 25-26).

"내가 받은 것을 먼저 너희에게 전하였노니 이는 성경대로 그리스도께서 우리 죄를 위하여 죽으시고"(고전 15 : 3).

"하나님이 죄를 알지도 못하신 이를 우리를 대신하여 죄로 삼으신 것은 우리로 하여금 그 안에서 하나님의 의가 되게 하려 하심이라"(고후 5 : 21).

B. 오리겐 우파 – 아타나시우스 : 동일(同一)본질(homoousios)
 * 아버지와 아들이 한 실체(homoousia to patri)임(동등성)을 강조
 * 예수님은 하나님으로서 인간을 구원한 것이지 희생제물로서 인간

---

14) 정일권, 「십자가의 인류학」(서울 : CLC, 2023), p. 36.
15) op. cit., p. 62.

을 구원한 것이 아니다 : 예수는 아버지의 본질로부터 나오신 자로서 그는 하나님 중의 하나님이요, 빛 중의 빛이요, 참 하나님으로부터 나오신 참 하나님이고, 창조되지 않았으며, 하나님과 동일본질(homoousios)로부터 나왔다.
* 예수 그리스도의 구속은 상징적 의미만 갖는다. 그러므로 예수님의 신성을 강조한다.
* 예수의 희생제사는 희생제사의 개념은 수용하지만, 결국 신적인 징벌적 정의는 포함하지 않는다.
* 칼 바르트의 교의학에서 하나님은 대속의 주체인 동시에 객체이다. 예수 그리스도의 죽음은 성부 하나님의 뜻으로 인한 것으로 하나님께서 인류를 위해 그의 독생자를 희생시킨 것이다. 성자가 스스로 희생되도록 자신을 주신 것이다. 하나님은 어떤 만족이나 복수를 위해서 성자를 희생시킨 것이 아니다.
* 샘과 그것에서 흘러나오는 시냇물이 비록 두 가지 형태와 이름을 지닐지라도 서로 분리되지 않는다.

C. 325년, 5월 25일 니케아 종교회의(The Council of Nicaea)
 : 아리우스를 배격, 아타나시우스를 채택

이것을 동양 전통의 사유로 표현한다면 중국 최대의 형이상학자 주희는 '불상리, 불상잡'(不相離, 不相雜, 서로 떨어지지 않지만 그렇다고 서로 섞여 있지도 않다)라고 표현하고 일반적으로는 '이이일, 일이이'(二而一, 一而二)라고 표현한다. 서양 철학사에서 혁명적인 철학자로 범신론(pantheism)을 주장한 스피노자의 표현을 빌리면 "실체(substance)와 양태(mode)"의 개념을 떠올려 볼 수 있다. 예를 들면 물(H_2O)은 실체이지만 고체, 액체, 기체의 양태로 존재한다는 주장이다. 그러나 이것은 기독론, 삼위일체론에서 양태론의 형태로 주장되었다.

(2) 보어를 수반하는 용법

"예수께서 이르시되 나는 생명의 떡이니 내게 오는 자는 결코 주리지 아니할 터이요 나를 믿는 자는 영원히 목마르지 아니하리라"(요 6 : 35, -ἐγώ εἰμι ὁ ἄρτος τῆς ζωῆς 에고 에이미 호 알토스 테스 조에스).

"예수께서 또 말씀하여 이르시되 나는 세상의 빛이니 나를 따르는 자는 어둠에 다니지 아니하고 생명의 빛을 얻으리라"(요 8 : 12).

"그러므로 예수께서 다시 이르시되 내가 진실로 진실로 너희에게 말하노니 나는 양의 문이라"(요 10 : 7).

"나는 선한 목자라 선한 목자는 양들을 위하여 목숨을 버리거니와"(요 10 : 11).

"예수께서 이르시되 나는 부활이요 생명이니 나를 믿는 자는 죽어도 살겠고"(요 11 : 25).

"예수께서 이르시되 내가 곧 길이요 진리요 생명이니 나로 말미암지 않고는 아버지께로 올 자가 없느니라"(요 14 : 6).

"나는 참포도나무요 내 아버지는 농부라"(요 15 : 1).

보어를 수반하는 "ἐγώ εἰμι 에고 에이미"(내가 -이다)는 출애굽기 3 : 14과 이사야 40장에서부터 55장 사이에 6번 나오는 하나님의 이름으로 70인역(LXX)에서 번역할 때의 표현법으로 언제나 여호와가 자신을 표시할 때 사용한 자기 표시의 언어 형식이다.

"하나님이 모세에게 이르시되 나는 스스로 있는 자이니라 또 이르시되 너는 이스라엘 자손에게 이같이 이르기를 스스로 있는 자가 나를 너희에게 보내셨다

하라"(אֶהְיֶה אֲשֶׁר אֶהְיֶה ^{예흐웨 아쉐르 예흐웨}, 출 3 : 14).
LXX – (καί εἴπεν ὅ θεος προς Μωυσήν ἐγώ εἰμι ^{카이 에이펜 호 데오스 프로스 모위센 에고 에이미}).

"스스로 있는"에 해당하는 히브리어 אֶהְיֶה^{예흐웨}는 "존재하다", "나타나다"를 뜻하는 히브리어 הָיָה^{하야}에서 파생된 단어로 영어로는 "I am"(나는 ~이다)으로 번역된다. 성경에서 총 43회가 사용되었다. 하나님을 수식하는 데 27회가 사용되었고, 나머지 16회는 하나님과 상관없이 일반적인 용도로 사용되었다.

27회 중 출애굽기 3장에서 사용된 4회를 제외한 나머지 23회는 모두 하나님이 주어로 사용되어 "하나님은 ~이다"라는 문장으로, 그중 8회는 "~와 (영원히) 함께하다"라는 의미로 사용되었고, 11회는 "~의 하나님이 되다"라는 의미로 사용되었다. 이 둘을 합하여 정리하면 "하나님은 자신이 택하신 자들과 영원히 함께하시며 그들의 하나님이 되시는 존재이시다."라는 의미가 된다. 즉, 여호와는 자신이 세우신 뜻과 계획을 이루시기 위해 자신이 택한 자들과 늘 함께하시며 영원히 함께하여 그들의 하나님이 되시는 존재라는 의미이다.[16] 그리고 그 대상은 모두 하나님께서 택하신 자들이다.

"너희는 옛적 일을 기억하라 나는 하나님이라 나 외에 다른 이가 없느니라 나는 하나님이라 나 같은 이가 없느니라 내가 시초부터 종말을 알리며 아직 이루지 아니한 일을 옛적부터 보이고 이르기를 나의 뜻이 설 것이니 내가 나의 모든 기뻐하는 것을 이루리라 하였노라 내가 동쪽에서 사나운 날짐승을 부르며 먼 나라에서 나의 뜻을 이룰 사람을 부를 것이라 내가 말하였은즉 반드시 이룰 것이요 계획하였은즉 반드시 시행하리라"(사 46 : 9–11).

"이 일을 누가 행하였느냐 누가 이루었느냐 누가 처음부터 만대를 불러내었느냐 나 여호와라 처음에도 나요 나중 있을 자에게도 내가 곧 그니라"(사 41 : 4).

---

16) 김학렬, 「평신도의 복음이야기」(서울 : CLC, 2022), p.64.

LXX – (ἐγὼ θεὸς πρῶτος, καὶ εἰς τὰ ἐπερχόμενα ἐγώ εἰμι – 에고 데오스 프로토스, 카이 에이스 타 에페르코메나 에고 에이미).

"두려워하지 말라 내가 너와 함께함이라 놀라지 말라 나는 네 하나님이 됨이라 내가 너를 굳세게 하리라 참으로 너를 도와주리라 참으로 나의 의로운 오른손으로 너를 붙들리라"(사 41 : 10).
LXX – (–ἐγὼ γάρ εἰμι ὁ θεός σου ὁ ἐνισχύσας σε – 에고 가르 에이미 호 데오스 쉬 호 에니스퀴사스 세 –).

"나 여호와가 말하노라 너희는 나의 증인, 나의 종으로 택함을 입었나니 이는 너희가 나를 알고 믿으며 내가 그인 줄 깨닫게 하려 함이라 나의 전에 지음을 받은 신이 없었느니라 나의 후에도 없으리라"(כִּי־אֲנִי הוּא 키아니 후, 사 43 : 10).
LXX – (ἵνα γνῶτε καὶ πιστεύσητε καὶ συνῆτε ὅτι ἐγώ εἰμι – 이나 그노테 카이 피스테휘세테 카이 쉬네테 호티 에고 에이미 –).

"나 곧 나는 나를 위하여 네 허물을 도말하는 자니 네 죄를 기억하지 아니하리라"(사 43 : 25).
LXX – (ἐγώ εἰμι ἐγώ εἰμι ὁ ἐξαλείφων τας ἀνομιας σου και ου μή μνησθήσομαι 에고 에이미 에고 에이미 호 에잘레폰 타스 아노미아스 쉬 카이 오우 메 미네스데소마이).

"하늘이여 위로부터 공의를 뿌리며 구름이여 의를 부을지어다 땅이여 열려서 구원을 싹트게 하고 공의도 함께 움돋게 할지어다 나 여호와가 이 일을 창조하였느니라"(אֲבִיהוּא 아비후, 사 45 : 8).
LXX – (ἐγώ εἰμι Κύριος ὁ κτίσας σε 에고 에이미 퀴리오스 호 크티사스 세).

"야곱아 내가 부른 이스라엘아 내게 들으라 나는 그니 나는 처음이요 또 나는 마지막이라"(사 48 : 12).
LXX – (–ἐγώ εἰμι πρῶτος 에고 에이미 프로토스).

"그러므로 내 백성은 내 이름을 알리라 그러므로 그날에는 그들이 이 말을 하는 자가 나인 줄을 알리라 내가 여기 있느니라"(사 52 : 6).
LXX – (– ὅτι ἐγώ εἰμι 호티 에고 에이미).

"God said, 'I am who I am. This is what you must say to them, ; 'The one who is called I AM has sent me to you.'"(Good News Bible, 출 3 : 14).

"이제는 나 곧 내가 그인 줄 알라……"(신 32 : 39).
(רְאוּ עַתָּה כִּי אֲנִי אֲנִי הוּא 레우 아타 키 아니 아니 후).
LXX – (ἴδετε ἴδετε ὅτι ἐγώ εἰμι 히데테 히데테 호티 에고 에이미).

"That is why I told you that you will die in your sins. And you will die in your sins if you do not believe that 'I AM who I AM'"(Good News Bible, 요 8 : 24).

이상에서 예수는 하나님만이 사용할 수 있는 자기 표시의 언어 형식, 즉 하나님이시고 역사의 주이시며, 이스라엘의 구주이신 여호와만이 자기를 표시할 때 사용하는 언어 형식을 자기 자신에게 적용시켜서 자기가 하나님이심을, 본질적으로 의지적으로 하나 됨을 주장하고 있다. 그러므로 요한복음 안에는 예수와 하나님의 하나 됨, 즉 예수는 하나님으로부터 보냄을 받은 하나님의 아들이며, 하나님은 예수를 보내신 이심을 강조하는 언급들이 많이 나타난다.

"나와 아버지는 하나이니라 하신대"(요 10 : 30).

"하나님이 그 아들을 세상에 보내신 것은 세상을 심판하려 하심이 아니요 그로 말미암아 세상이 구원을 받게 하려 하심이라"(요 3 : 17).

"예수께서 이르시되 나의 양식은 나를 보내신 이의 뜻을 행하며 그의 일을 온전히 이루는 이것이니라"(요 4 : 34).

"…… 아버지께서 행하시는 그것을 아들도 그와 같이 행하느니라"(요 5 : 19).

"내가 아무것도 스스로 할 수 없노라 듣는 대로 심판하노니 나는 나의 뜻대로 하려 하지 않고 나를 보내신 이의 뜻대로 하려 하므로 내 심판은 의로우니라"(요 5 : 30).

"예수께서 대답하여 이르시되 내 교훈은 내 것이 아니요 나를 보내신 이의 것이니라"(요 7 : 16).

이상에서 요한복음의 "ἐγώ εἰμι 에고 에이미"(내가 -이다)는 예수가 하나님 됨을 나타낸다고 결론지을 수 있다.

8) 예수의 자칭호 '인자'

예수는 공생애 중에 자기 자신을 부를 때는 항상 "그 사람의 아들"이라고 불렀다. 예외적으로 사도행전 7 : 56에서 스데반이 영광에 감싸인 예수님을 보고 외칠 때 한 번 사용되었다. 이 칭호는 공관복음서에는 62번, 요한복음에는 13번 나온다. 또한 공관복음서에는 마태, 마가, 누가복음 모두에 골고루 나타나고 있다. 이상과 같이 예수가 당시에 유행하던 메시야적인 칭호들을 피하고 한결같이 자신을 "그 사람의 아들"이라고 불렀다는 사실은 그 칭호가 우리로 하여금 예수의 자기 이해를 해석하는 데 있어서 가장 좋은 열쇠를 쥐고 있음을 시사해 준다. 즉, 이 문구를 잘 이해하면 예수가 자신에 대하여 어떻게 이해하셨는지 알 수 있다. 예수는 자신을 '인간'(a son of man), '그냥 인간'이라고 부른 것이 아니라 '그 사람의 아들'(the son of man)이라는 호칭으로 불렀다. 그 사람의 아들, 즉 인자는 다윗의 왕좌를 회복하러 오는 메시야와는 다른 새로운 시대(aeon), 와야 할 시대(aion mellon), 새 하늘과 새 땅을 건설하러 오는 천상적 존재로 죽은 자의 부활과 최후 심판을 주관하는 기능을 갖고 있다. 이 용어의 출처는 다니엘 7 : 13~14에 근거하며, 예수님은 이 칭호를 통해서 당시 유대인들에게 자신이 로마의 압제에서 자기 백성을 구할 자가 아니라 죄의 압제에서 인류를 구원시킬 구원자임을 천명함으로 유대인들이 메시야에 대해 갖고 있던 오해를 바로잡으려고 하셨다.

결론적으로 보면 복음서에는 '인자'(ὁ υἱός τοῦ ἀνθρώπου$^{호\ 휘오스\ 투\ 안드로푸}$)가 하나님의 아들과 동일시되고 있으며, 예수는 인자라는 신비롭고 수수께끼 같은 칭호를 통하여 자신의 마음을 신실하게 전하고 있다.

(1) 마가복음

여러 곳에서 인자를 하나님의 아들로 명백히 표현하고 있다.

"누구든지 이 음란하고 죄 많은 세대에서 나와 내 말을 부끄러워하면 인자도 아버지의 영광으로 거룩한 천사들과 함께 올 때에 그 사람을 부끄러워하리라"(막 8 : 38).

아버지의 영광 가운데 심판자로 오는 인자(ὁ υἱός τοῦ ἀνθρώπου$^{호\ 휘오스\ 투\ 안드로푸}$)에게 하나님은 그의 아버지이다. 따라서 그는 하나님의 아들이다.

"침묵하고 아무 대답도 아니하시거늘 대제사장이 다시 물어 이르되 네가 찬송 받을 이의 아들 그리스도냐 예수께서 이르시되 내가 그니라 인자가 권능자의 우편에 앉은 것과 하늘 구름을 타고 오는 것을 너희가 보리라 하시니……"(막 14 : 61-63).

여기에는 분명히 다른 사람의 용어로는 '그리스도', '하나님의 아들'이 예수 자신의 용어로는 '인자'(人子)이며, 인자에 관한 예수의 말씀이 대제사장에게는 '하나님의 아들'이라는 주장으로 이해되고 있음이 드러난다.

"중풍병자에게 네 죄 사함을 받았느니라 하는 말과 일어나 네 상을 가지고 걸어가라 하는 말 중에서 어느 것이 쉽겠느냐 그러나 인자가 땅에서 죄를 사하는 권세가 있는 줄을 너희로 알게 하려 하노라 ……"(막 2 : 9-10).

죄 용서는 하나님의 대권이므로 서기관들이 예수의 죄 용서 행위를 하나님께 대한 모독으로 항의하자 예수는 인자가 땅에서 죄를 사하는 권세를 가졌다고 주장함으로써 인자로서 자기 자신을 하나님의 범주(the category of the Divine)로 분류하고 있으며, 그의 초인적인 치유 행위는 이 같은 주장에 대한 표징인 것이다.

"그때에 인자가 구름을 타고 큰 권능과 영광으로 오는 것을 사람들이 보리라 또 그때에 그가 천사들을 보내어 자기가 택하신 자들을 땅 끝으로부터 하늘 끝까지 사방에서 모으리라"(막 13 : 26-27).

인자는 그가 택한 자들을 그의 도래 시에 모을 것이라는데, 보통 하나님이 자기 백성을 모으신다는 것이 정상이므로 인자와 하나님이 같은 범주에 속한다는 사실을 시사해 주고 있다.

"두려워하지 말라 내가 너와 함께하여 네 자손을 동쪽에서부터 오게 하며 서쪽에서부터 너를 모을 것이며 내가 북쪽에게 이르기를 내놓으라 남쪽에게 이르기를 가두어 두지 말라 내 아들들을 먼 곳에서 이끌며 내 딸들을 땅 끝에서 오게 하며"(사 43 : 5-6).

(2) 마태복음

마태는 인자(人子)가 하나님의 아들이라는 이해를 더욱 분명히 하고 있다.

"…… 사람들이 인자를 누구라 하느냐 …… 시몬 베드로가 대답하여 이르되 주는 그리스도시요 살아 계신 하나님의 아들이시니이다 예수께서 대답하여 이르시되 바요나 시몬아 네가 복이 있도다 ……"(마 16 : 13-20).

공관복음서에서 인자와 하나님의 아들을 동일시하는 가장 확실한 본문이다.

"인자가 자기 영광으로 모든 천사와 함께 올 때에 자기 영광의 보좌에 앉으리니…… 그때에 임금이 그 오른편에 있는 자들에게 이르시되 내 아버지께 복 받을 자들이여 ……"(마 25 : 31 – 46).

인자는 양과 염소를 분리하고, 그 양들을 위해 그의 아버지 하나님의 심판을 전할 왕과 동일시된다. 따라서 인자가 하나님의 아들과 간접적으로 동일시되고 있다.

(3) 누가복음

"…… 그러나 인자가 땅에서 죄를 사하는 권세가 있는 줄을 너희로 알게 하리라 ……"(눅 5 : 23 – 24).

"…… 누구든지 나와 내 말을 부끄러워하면 인자도 자기와 아버지와 거룩한 천사들의 영광으로 올 때에 그 사람을 부끄러워하리라 ……"(눅 9 : 22 – 27).

"…… 그러나 이제부터는 인자가 하나님의 권능의 우편에 앉아 있으리라 하시니 다 이르되 그러면 네가 하나님의 아들이냐 대답하시되 너희들이 내가 그라고 말하고 있느니라 ……"(눅 22 : 66 – 71).

(4) 요한복음

"아버지께서 자기 속에 생명이 있음 같이 아들에게도 생명을 주어 그 속에 있게 하셨고 또 인자됨으로 말미암아 심판하는 권한을 주셨느니라"(요 5 : 26 – 27).

"하늘에서 내려온 자 곧 인자 외에는 하늘에 올라간 자가 없느니라"(요 3 : 13).

인자는 하나님의 아들이기 때문에 하나님의 신적인 사역(심판)을 공유한다. 이와 같이 사복음서는 모두 인자를 하나님의 아들과 동일시한다.[17] 그러므로 우리 밖에서 우리를 위해 오신 하나님의 아들 예수를 통해서만 구원의 사건이 일어나는 것이다.

이상의 간접기독론을 통하여 내릴 수 있는 결론은 예수가 우리 밖에서 우리를 위하여 오신 하나님(하나님의 아들)이라는 것이다. 좀 더 정확히 정의하면 예수는 하나님의 아들로서 종말에 완벽한 하나님의 계시자이며, 하나님의 대권을 행사하는 분이라는 것이다. 그러므로 그는 하나님의 백성을 모으고, 하나님 나라를 선포하며, 누가 하나님 나라에 들어올 수 있는지 기준을 제시하고, 하나님만 사용할 수 있는 자기 표시의 언어 형식을 자신에게 적용시키고 있다.

"예수가 하나님의 아들이다."라는 신앙고백은 원래 초월자 하나님이 우리를 위해서 스스로를 계시하시고, 우리를 위해서 스스로 구원의 행위를 하신 것을 말하는 것이다. 우리의 구원은 초월자 하나님으로부터 왔고, 그가 우리를 위해 스스로를 계시하시며, 우리를 위해 사랑을 베푸셨다. 그래서 그분은 스스로 사랑이심을 나타낸다. 초월하시기 때문에 우리를 구원하실 수 있는 분이다. 우리에게 오셔서 ― 내재하신 ― 우리에게 구원의 행위를 하셨다. 그러기 때문에 우리에게 구원이 가능하다. 하나님께서 그의 아들을 통해서 계시했기 때문에 신 인식이 가능하다. 이런 의미로 "예수가 하나님의 아들이다."라는 신앙고백은 기독교 신앙의 가장 중요한 핵심이며, 이러한 고백 없는 기독교는 빈껍데기만 있을 뿐이다.

결론적으로 "예수가 하나님의 아들이다."라는 의미는 예수가 하나님의 본질에서부터 나왔다. 즉, 초월에서부터 오셨다는 말이다. 그는 하나님의 창조와 계시 그리고 구원의 실행자가 되고, 인류를 위한 하나님의 사랑의 체현(體現)이며, 하나님의 완전한 계시자이고, 창조와 역사 속에서 하나님께서 하신 구원의 약속의 성취자

---

17) Se-Yoon, Kim, "The 'Son of Man'" as The Son of God, 홍성희·정태엽 역, 「"그 '사람의 아들'"(人子)-하나님의 아들」(서울 : 엠마오, 1992), pp. 11-19, 김진욱, 「예수님의 칭호」(서울 : 한국장로교출판사, 2009), "인자" 부분 참조.

이며, 그가 우리를 하나님의 아들이 되게 하여 하나님의 무한한 부유함을 상속받게 하심 등을 나타낸다. 따라서 "예수가 하나님의 아들이다."라고 고백하고, 그 하나님의 아들을 통해 우리가 하나님의 계시와 구원을 받는다는 말은 '우리의 구원이 초월자로부터 우리에게 은혜와 사랑으로 주어졌음'을 함축하고 있다. 하나님의 아들이라는 것은 하나님의 사랑의 체현이라는 소리가 함축되어 있다. 예수가 하나님의 아들이라는 것은 제일 먼저 하나님의 본질, 초월자로부터 온 보냄의 형식, 그리고 초월자로부터 우리에게 주어진 내어 줌의 형식이다. 그래서 초월자 하나님을 우리에게 계시하고, 초월자 하나님은 우리를 위한 구원의 행위를 담당하셨다는 말이다.

보냄의 형식(Sending Formula)

"누구든지 내 이름으로 이런 어린아이 하나를 영접하면 곧 나를 영접함이요 누구든지 나를 영접하면 나를 영접함이 아니요 나를 보내신 이를 영접함이니라"(막 9:37).

"율법이 육신으로 말미암아 연약하여 할 수 없는 그것을 하나님은 하시나니 곧 죄로 말미암아 자기 아들을 죄 있는 육신의 모양으로 보내어 육신에 죄를 정하사"(롬 8:3).

"때가 차매 하나님이 그 아들을 보내사 여자에게서 나게 하시고 율법 아래에 나게 하신 것은"(갈 4:4).

보냄에 합당한 존재가 있어야 한다는
하나님의 사전결정(Pre-determination) 문세

A. 이미 존재하고 있는 인간을 보낸다.

"예수께서 이르시되 나의 양식은 나를 보내신 이의 뜻을 행하며 그의 일을 온전히 이루는 이것이니라"(요 4:34).

"이는 모든 사람으로 아버지를 공경하는 것같이 아들을 공경하게 하려 하심이라 아들을 공경하지 아니하는 자는 그를 보내신 아버지도 공경하지 아니하느니라 내가 진실로 진실로 너희에게 이르노니 내 말을 듣고 또 나 보내신 이를 믿는 자는 영생을 얻었고 심판에 이르지 아니하나니 사망에서 생명으로 옮겼느니라"(요 5:23-24).

그러므로 아버지께서 보낸 사람이다.

B. 하나님의 말씀이 태초부터 있었고, 그 말씀이 육신을 취했다.

"태초에 말씀이 계시니라 이 말씀이 하나님과 함께 계셨으니 이 말씀은 곧 하나님이시니라"(요 1:1).

"말씀이 육신이 되어 우리 가운데 거하시매 우리가 그의 영광을 보니 아버지의 독생자의 영광이요 은혜와 진리가 충만하더라"(요 1:14).

"옛적에 선지자들을 통하여 여러 부분과 여러 모양으로 우리 조상들에게 말씀하신 하나님이 이 모든 날 마지막에는 아들을 통하여 우리에게 말씀하셨으니 이 아들을 만유의 상속자로 세우시고 또 그로 말미암아 모든 세계를 지으셨느니라 이는 하나님의 영광의 광채시요 그 본체의 형상이시라 그의 능력의 말씀으로 만물을 붙드시며 죄를 정결하게 하는 일을 하시고 높은 곳에 계신 지극히 크신 이의 우편에 앉으셨느니라 그가 천사보다 훨씬 뛰어남은 그들보다 더욱 아름다운 이름을 기업으로 얻으심이니"(히 1:1-4).

그러므로 무한의 말씀이 유한의 인간성을 수용, 즉 예수님이 진정한 인간성을 취하셨다. 하나님의 말씀(the word)은 진정한 본질을 안다. 그러나 그 말씀이 정말로 육신을 취하셨다면 인간의 유한성을 기꺼이 포용하면서 틀림없이 하나님의 모든 것을 아는 능력(omniscience)에 대한 자기 비움(self-emptying)을 포함하고 있어야 한다. (자기 비움의 기독론, kenotic christology)

"너희 안에 이 마음을 품으라 곧 그리스도 예수의 마음이니 그는 근본 하나님의 본체시나 하나님과 동등됨을 취할 것으로 여기지 아니하시고 오히려 자기를 비워 종의 형체를 가지사 사람들과 같이 되셨고 사람의 모양으로 나타나사 자기를 낮추시고 죽기까지 복종하셨으니 곧 십자가에 죽으심이라 이러므로 하나님이 그를 지극히 높여 모든 이름 위에 뛰어난 이름을 주사 하늘에 있는 자들과 땅에 있는 자들과 땅 아래에 있는 자들로 모든 무릎을 예수의 이름에 꿇게 하시고 모든 입으로 예수 그리스도를 주라 시인하여 하나님 아버지께 영광을 돌리게 하셨느니라"(빌 2:5-11).

"이로써 너희가 하나님의 영을 알지니 곧 예수 그리스도께서 육체로 오신 것을 시인하는 영마다 하나님께 속한 것이요 예수를 시인하지 아니하는 영마다 하나님께 속한 것이 아니니 이것이 곧 적그리스도의 영이니라 오리라 한 말을 너희가 들었거니와 지금 벌써 세상에 있느니라"(요일 4:2-3).

우리의 구원은 인간 내재 속에 있는 실제 ─ 인간들이 스스로 이루어야 할 것 ─ 가 아니다. 다시 말해 자력 구원은 불가능하며 구원은 하나님의 초월로부터 우리에게 은혜로 왔다는 말이다. 그러기 때문에 예수가 하나님의 아들이라는 고백은 기독교 신앙에서 도저히 포기할 수 없는 신앙이다. 나사렛 예수가 사람인 동시에 하나님이라는 것에는 협상이나 양보의 여지가 없는 것이다. 그래서 바울은 아예 하나님의 아들이라는 칭호로 정의한다.

"내가 보고 그가 하나님의 아들이심을 증언하였노라 하니라"(요 1 : 34).

"하나님이 세상을 이처럼 사랑하사 독생자를 주셨으니 이는 그를 믿는 자마다 멸망하지 않고 영생을 얻게 하심이라 하나님이 그 아들을 세상에 보내신 것은 세상을 심판하려 하심이 아니요 그로 말미암아 세상이 구원을 받게 하려 하심이라"(요 3 : 16 - 17).

"오직 이것을 기록함은 너희로 예수께서 하나님의 아들 그리스도이심을 믿게 하려 함이요 또 너희로 믿고 그 이름을 힘입어 생명을 얻게 하려 함이니라"(요 20 : 31).

"이 복음은 하나님이 선지자들을 통하여 그의 아들에 관하여 성경에 미리 약속하신 것이라 그의 아들에 관하여 말하면 육신으로는 다윗의 혈통에서 나셨고 성결의 영으로는 죽은 자들 가운데서 부활하사 능력으로 하나님의 아들로 선포되셨으니 곧 우리 주 예수 그리스도시니라"(롬 1 : 2 - 4).

"즉시로 각 회당에서 예수가 하나님의 아들이심을 전파하니"(행 9 : 20).

"우리 주 예수 그리스도의 능력과 강림하심을 너희에게 알게 한 것이 교묘히 만든 이야기를 따른 것이 아니요 우리는 그의 크신 위엄을 친히 본 자라 지극히 큰 영광 중에서 이러한 소리가 그에게 나기를 이는 내 사랑하는 아들이요 내 기뻐하는 자라 하실 때에 그가 하나님 아버지께 존귀와 영광을 받으셨느니라"(벧후 1 : 16 - 17).

"너희가 나를 사랑하면 나의 계명을 지키리라"(요 14 : 15).

"내가 너희에게 종이 주인보다 더 크지 못하다 한 말을 기억하라 사람들이 나를 박해하였은즉 너희도 박해할 것이요 내 말을 지켰은즉 너희 말도 지킬 것이라"(요 15 : 20).

"우리 곧 나와 실루아노와 디모데로 말미암아 너희 가운데 전파된 하나님의 아들 예수 그리스도는 예 하고 아니라 함이 되지 아니하셨으니 그에게는 예만 되었느니라"(고후 1 : 19).

9) 예수의 열두 제자

예수께서는 열두 명의 제자를 데리고 다니셨다. 만약 열두 제자가 새롭게 된 이스라엘을 대표한다면 예수께서는 구속받은 사람들의 모임을 만드신 것이다. 마치 구약에서 하나님이 그의 백성을 불러 이스라엘 열두 지파를 만드신 것과 같다. 이것은 예수께서 자신을 어떻게 인식하셨는가를 보여 주는 하나의 단서이다.

10) 예수와 세례 요한과의 관계

예수께서는 여자가 낳은 자 중에 세례 요한보다 큰 이가 일어남이 없다고 말씀하셨다. 그러나 예수는 세례 요한이 했던 것보다 더 많은 일들을 하셨다. 여기서도 자기 인식에 대한 시사점을 찾아볼 수 있다.

> "내가 진실로 너희에게 말하노니 여자가 낳은 자 중에 세례 요한보다 큰 이가 일어남이 없도다 그러나 천국에서는 극히 작은 자라도 그보다 크니라"
> (마 11 : 11).

11) 예수와 정결법

예수께서는 "사람의 입으로 들어가는 것이 사람을 더럽히는 것이 아니라 마음에서 나오는 것이 사람을 더럽힌다."라는 혁명적인 말씀을 하셨다. 이 말씀은 모세오경 중 레위기에 나오는 많은 정결법을 뒤집어엎는 말씀이다. 도대체 누가 구약성경을 뒤집어엎는 권세를 가지고 있으며, 구약성경을 자신의 가르침으로 대체할 수 있다는 말인가? 이는 예수의 자기 인식을 알 수 있는 부분이다.

이러한 간접기독론과 직접기독론을 통한 결론은 예수는 자신을 위대한 실천자, 선생, 혹은 선지자 계열 중의 한 사람이 아닌 그 이상의 존재, 독특한 최고의 위치에 속한 존재, 초월자임을 인식했다는 것이다. 많은 학자들도 다양한 표현으로 예수의 초월자 되심을 확증하고 있다. 트리니티 복음주의 신학교에서 가르쳤던 윌리엄 레인 크레이그(William Lane Craig) 박사는 그의 저서 *Reasonable Faith*에서 "기독교는 십자가 사건이 있은 지 채 20년이 되기도 전에 크게 성장했으며, 예수를 성육하신 하나님으로 선포했다. 그리고 이것을 입증하는 많은 증거들이 존재한다."라고 주장했으며, 교회사가인 야로슬라프 펠리칸(Jaroslav Jan Pelikan)은 "가장 오래된 설교, 가장 오래된 예배 기도문(고전 16 : 22)은 예수를 주님이요, 하나님으로 말하고 있다. 예수 그리스도가 하나님이라는 사실은 교회가 믿었고 가르쳤던 메시지였다. 이것은 명백한 사실이다."라고 주장했다. 그리고 루이스 고던 그린더(Lewis Gordon Grinder)도 "예수 자신이 하나님 자리에 서기로 작정하셨다고 결론 내릴 수 있는 증거들은 완전히 설득력이 있다."라고 주장했다. 즉, 예수님은 하나님의 도우심을 기원하는 것에 의해서 치유하시는 것이 아니라 직접적으로 말씀하시며 치유하셨다.

12) 예수는 말씀으로 치유하셨다

예수는 몇 마디 말로 귀신을 쫓아내고 불구자들이나 불치병 환자들을 고쳐 주셨다. 예수는 대부분 말씀으로 치유했다.

"저물매 사람들이 귀신 들린 자를 많이 데리고 예수께 오거늘 예수께서 말씀으로 귀신들을 쫓아내시고 병든 자들을 다 고치시니 이는 선지자 이사야를 통하여 하신 말씀에 우리의 연약한 것을 친히 담당하시고 병을 짊어지셨도다 함을 이루려 하심이더라"(마 8 : 16-17).

"예수께서 손을 내밀어 그에게 대시며 이르시되 내가 원하노니 깨끗함을 받으라 하시니 즉시 그의 나병이 깨끗하여진지라"(마 8 : 3).

"예수께서 백부장에게 이르시되 가라 네 믿은 대로 될지어다 하시니 그 즉시 하인이 나으니라"(마 8 : 13).

"그들에게 가라 하시니 귀신들이 나와서 돼지에게로 들어가는지라 온 떼가 비탈로 내리달아 바다에 들어가서 물에서 몰사하거늘"(마 8 : 32).

"침상에 누운 중풍병자를 사람들이 데리고 오거늘 예수께서 그들의 믿음을 보시고 중풍병자에게 이르시되 작은 자야 안심하라 네 죄 사함을 받았느니라"(마 9 : 2).

"예수께서 돌이켜 그를 보시며 이르시되 딸아 안심하라 네 믿음이 너를 구원하였다 하시니 여자가 그 즉시 구원을 받으니라"(마 9 : 22).

"이에 예수께서 그들의 눈을 만지시며 이르시되 너희 믿음대로 되라 하시니"(마 9 : 29).

"이에 그 사람에게 이르시되 손을 내밀라 하시니 그가 내밀매 다른 손과 같이 회복되어 성하더라"(마 12 : 13).

"이에 예수께서 대답하여 이르시되 여자여 네 믿음이 크도다 네 소원대로 되리라 하시니 그때로부터 그의 딸이 나으니라"(마 15 : 28).

"예수께서 꾸짖어 이르시되 잠잠하고 그 사람에게서 나오라 하시니"(막 1 : 25).

"하늘을 우러러 탄식하시며 그에게 이르시되 에바다 하시니 이는 열리라는 뜻이라"(막 7 : 34).

"예수께서 맹인의 손을 붙잡으시고 마을 밖으로 데리고 나가사 눈에 침을 뱉으시며 그에게 안수하시고 무엇이 보이느냐 물으시니"(막 8 : 23).

"예수께서 무리가 달려와 모이는 것을 보시고 그 더러운 귀신을 꾸짖어 이르시되 말 못 하고 못 듣는 귀신아 내가 네게 명하노니 그 아이에게서 나오고 다시 들어가지 말라 하시매"(막 9 : 25).

"예수께서 보시고 불러 이르시되 여자여 네가 네 병에서 놓였다 하시고"(눅 13 : 12).

"보시고 이르시되 가서 제사장들에게 너희 몸을 보이라 하셨더니 그들이 가다가 깨끗함을 받은지라"(눅 17 : 14).

"예수께서 이르시되 가라 네 아들이 살아 있다 하시니 그 사람이 예수께서 하신 말씀을 믿고 가더니"(요 4 : 50).

"이르시되 실로암 못에 가서 씻으라 하시니 (실로암은 번역하면 보냄을 받았다는 뜻이라) 이에 가서 씻고 밝은 눈으로 왔더라"(요 9 : 7).

"이 말씀을 하시고 큰 소리로 나사로야 나오라 부르시니"(요 11 : 43).

이렇게 말씀으로 기적을 행사하는 가장 대표적인 예는 창세기 1장에 나온다. 하나님의 창조야말로 기적 행사의 원형이다. 하나님은 세상을 말씀으로 창조하셨다.

"태초에 하나님이 천지를 창조하시니라"(창 1 : 1).

"땅이 혼돈하고 공허하며 흑암이 깊음 위에 있고 하나님의 영은 수면 위에 운행하시니라"(창 1 : 2).

"하나님이 이르시되 빛이 있으라 하시니 빛이 있었고"(창 1 : 3).

"하나님이 이르시되 물 가운데에 궁창이 있어 물과 물로 나뉘라 하시고"(창 1 : 6).

"하나님이 이르시되 천하의 물이 한곳으로 모이고 뭍이 드러나라 하시니 그대로 되니라"(창 1 : 9).

"하나님이 이르시되 땅은 풀과 씨 맺는 채소와 각기 종류대로 씨 가진 열매 맺는 나무를 내라 하시니 그대로 되어"(창 1 : 11).

"하나님이 이르시되 하늘의 궁창에 광명체들이 있어 낮과 밤을 나뉘게 하고 그것들로 징조와 계절과 날과 해를 이루게 하라"(창 1 : 14).

"하나님이 이르시되 물들은 생물을 번성하게 하라 땅 위 하늘의 궁창에는 새가 날으라 하시고"(창 1 : 20).

"하나님이 이르시되 땅은 생물을 그 종류대로 내되 가축과 기는 것과 땅의 짐승을 종류대로 내라 하시니 그대로 되니라"(창 1 : 24).

"하나님이 이르시되 우리의 형상을 따라 우리의 모양대로 우리가 사람을 만들고 그들로 바다의 물고기와 하늘의 새와 가축과 온 땅과 땅에 기는 모든 것을 다스리게 하자 하시고"(창 1 : 26).

고로 예수의 말씀 치유사역은 하나님의 아들임을 입증하는 행위이다. 예외적으로 소경의 눈을 뜨게 하기 위해 침으로 진흙을 개어 소경의 눈에 바르는 수고를 하신 적이 있다.

"이 말씀을 하시고 땅에 침을 뱉어 진흙을 이겨 그의 눈에 바르시고"(요 9 : 6).

13) 어록 속에 숨겨진 예수의 자의식

"내가 세상에 화평을 주러 온 줄로 생각하지 말라 화평이 아니요 검을 주러 왔노라"(마 10 : 34).

검을 주러 왔다는 말씀은 예수 자신이 메시야임을 주장하는 것으로 스가랴 13 : 7에 따라 메시야가 칼로 세상을 심판한다는 사실에 기초한다.

"만군의 여호와가 말하노라 칼아 깨어서 내 목자, 내 짝 된 자를 치라 목자를 치면 양이 흩어지려니와 작은 자들 위에는 내가 내 손을 드리우리라"(슥 13 : 7).

"인자는 안식일의 주인이니라 하시니라"(마 12 : 8).

이스라엘의 전통에 따르면 안식일의 주인은 하나님이시다. 하나님이 엿새 동안 세상을 만드시고 안식일에 쉬셨기 때문이다. 그런데 예수 자신이 안식일의 주인(主人)이라는 주장은 자신이 하나님의 아들이라는 자기 천명이다.

"누구든지 내 이름으로 이런 어린아이 하나를 영접하면 곧 나를 영접함이요 누구든지 나를 영접하면 나를 영접함이 아니요 나를 보내신 이를 영접함이니라"(막 9 : 37).

"그들이 먹을 때에 예수께서 떡을 가지사 축복하시고 떼어 제자들에게 주시며 이르시되 받으라 이것은 내 몸이니라 하시고 또 잔을 가지사 감사 기도하시고 그들에게 주시니 다 이를 마시매 이르시되 이것은 많은 사람을 위하여 흘리는 나의 피 곧 언약의 피니라 진실로 너희에게 이르노니 내가 포도나무에서 난 것을 하나님 나라에서 새것으로 마시는 날까지 다시 마시지 아니하리라 하시니라"(막 14 : 22-25).

"수고하고 무거운 짐 진 자들아 다 내게로 오라 내가 너희를 쉬게 하리라"(마 11 : 28).

"내가 너희에게 전한 것은 주께 받은 것이니 곧 주 예수께서 잡히시던 밤에 떡을 가지사 축사하시고 떼어 이르시되 이것은 너희를 위하는 내 몸이니 이것을 행하여 나를 기념하라 하시고 식후에 또한 그와 같이 잔을 가지시고 이르시되 이 잔은 내 피로 세운 새 언약이니 이것을 행하여 마실 때마다 나를 기념하라 하셨으니 너희가 이 떡을 먹으며 이 잔을 마실 때마다 주의 죽으심을 그가 오실 때까지 전하는 것이니라"(고전 11 : 23-26).

이러한 말씀들 속에 예수님의 자기 중심성, 즉 자의식이 숨겨져 있다.

"내가 내 목숨을 버리는 것은 그것을 내가 다시 얻기 위함이니 이로 말미암아 아버지께서 나를 사랑하시느니라 이를 내게서 빼앗는 자가 있는 것이 아니라 내가 스스로 버리노라 나는 버릴 권세도 있고 다시 얻을 권세도 있으니 이 계명은 내 아버지에게서 받았노라 하시니라"(요 10 : 17-18).

"인자가 많은 고난을 받고 장로들과 대제사장들과 서기관들에게 버린 바 되어 죽임을 당하고 사흘 만에 살아나야 할 것을 비로소 그들에게 가르치시되"(막 8 : 31).

"이는 제자들을 가르치시며 또 인자가 사람들의 손에 넘겨져 죽임을 당하고 죽은 지 삼 일 만에 살아나리라는 것을 말씀하셨기 때문이더라"(막 9 : 31).

"보라 우리가 예루살렘에 올라가노니 인자가 대제사장들과 서기관들에게 넘겨지매 그들이 죽이기로 결의하고 이방인들에게 넘겨주겠고 그들은 능욕하며 침 뱉으며 채찍질하고 죽일 것이나 그는 삼 일 만에 살아나리라 하시니라"(막 10 : 33-34).

14) 십자가 죽으심(수난) 예고에 대한 자발성

예수님은 예루살렘에서 당신에게 일어날 일을 알고, 예고하며, 수용함에 있어서 전적으로 자발성을 보이고 있다. 이것을 통해서도 예수님은 자신이 하나님이심의 정당성을 입증한다. C. S. 루이스의 말처럼 자신의 죽음을 예고하고 그 예고대로 죽고 부활하셨다. 하나님이시기에.

15) 예수의 죄 없는 삶

존 A. T. 로빈슨(John A. T. Robinson)은 복음서에서 예수님에 대하여 종교적 죄의식이나 유죄의식을 전혀 서술하고 있지 않음을 지적하면서 이것을 "놀라운 생략"(An astonishing omission)이라고 부른다.[18]

---

18) John A. T. Robinson, *The Human Face of God*(SCM Press, 1972), p. 97.

이것은 사도 바울 이후 기독교의 위대한 성인들의 특성을 설명해 주는 죄의식과는 현저하게 대조를 이룬다.

"그러므로 내가 한 법을 깨달았노니 곧 선을 행하기 원하는 나에게 악이 함께 있는 것이로다 내 속사람으로는 하나님의 법을 즐거워하되 내 지체 속에서 한 다른 법이 내 마음의 법과 싸워 내 지체 속에 있는 죄의 법으로 나를 사로잡는 것을 보는도다 오호라 나는 곤고한 사람이로다 이 사망의 몸에서 누가 나를 건져내랴"(롬 7:21-24).

이 "놀라운 생략" 또한 예수님이 죄 없는 삶을 사는 하나님이심을 나타내 주고 있다.

4. 예수와 하나님의 일반 속성들에 따른 반론들

1) 구약성경에 나타난 하나님의 속성
구약성경은 하나님께서 어떤 분인가에 대해 아주 특징적으로 상세하게 묘사하고 있다.

첫째, 하나님은 편재하셔서 우주 어느 곳에서나 계신 분이다.
둘째, 전지하셔서 영원부터 영원까지 알려져 있는 모든 것을 알고 계신 분이다.
셋째, 전능하셔서 모든 능력을 가지신 분이다.
넷째, 영원하셔서 시간을 초월하시고 시간의 근원이 되신 분이다.
다섯째, 불변하셔서 결코 변함이 없으신 분이다.
여섯째, 사랑이 많으시고, 거룩하시며, 의로우시고, 지혜로우시며, 공평하신 분이다.

그렇다면 하나님이라고 주장하시는 예수께도 이와 같은 하나님의 속성들이 있는가? 신약성경은 단연코 "그렇다."라고 천명하고 있다.

2) 신약성경에 나타난 예수의 하나님 속성

(1) 예수의 편재

"내가 너희에게 분부한 모든 것을 가르쳐 지키게 하라 볼지어다 내가 세상 끝날까지 너희와 항상 함께 있으리라 하시니라"(마 28 : 20).

"두세 사람이 내 이름으로 모인 곳에는 나도 그들 중에 있느니라"(마 18 : 20).

(2) 예수의 전지(全知)

"우리가 지금에야 주께서 모든 것을 아시고 또 사람의 물음을 기다리시지 않는 줄 아나이다 이로써 하나님께로부터 나오심을 우리가 믿사옵나이다"(요 16 : 30).

(3) 예수의 전능(全能)

"예수께서 나아와 말씀하여 이르시되 하늘과 땅의 모든 권세를 내게 주셨으니"(마 28 : 18).

(4) 예수의 영원성

"태초에 말씀이 계시니라 이 말씀이 하나님과 함께 계셨으니 이 말씀은 곧 하나님이시니라"(요 1 : 1).

(5) 예수의 불변성

"예수 그리스도는 어제나 오늘이나 영원토록 동일하시니라"(히 13 : 8).

또한 구약성경은 알파와 오메가, 주, 구세주, 왕, 심판자 및 반석, 구속자, 목자, 창조자, 생명의 근원, 죄를 용서하시는 분, 권위 있게 말씀하시는 분 등과 같은 명칭을 사용해서 하나님을 묘사하고 있다. 그런데 신약성경은 이 모든 명칭을 예수에게 사용하고 있다. 이러한데도 불가지론자인 찰스 템플턴 같은 사람들은 성경의 몇 군데 구절을 통하여 예수의 하나님 되심의 속성에 의문을 던지고 있다. 그러한 몇 가지 구절과 내용에 대하여 트리니티 신학교 교수인 도널드 A. 카슨(Donald A. Carson)의 반론을 들어 본다.

3) 예수가 하나님 되심의 반론들

(1) "하나님이 세상을 이처럼 사랑하사 독생자를 주셨으니 ……"(요 3 : 16)

이사야 57 : 15은 하나님을 "영원히 거하시는 분"으로 묘사하는데, 요한복음 3 : 16의 '독생자'라는 구절이 예수가 지음받은 존재라는 것을 언급한다는 것이다. 그러나 '독생자'라는 헬라어 원문 μονογενής^{모노게네스}는 '처녀 마리아의 몸에서 나셨다'는 의미가 아니라 '유일(有一)한 분'이라는 의미이다. 1세기에는 '유일하고 가장 사랑하는'이란 의미로 사용된 단어이다. 그래서 이 단어는 예수가 존재론적으로 때를 맞춰 태어났음을 의미하는 것이 아니라 하나님이 '사랑하시는 유일한 아들, 하나뿐이고 유일한 아들'이라는 뜻이다.

(2) "그는 보이지 아니하는 하나님의 형상이시요 모든 피조물보다 먼저 나신 이시니"(골 1 : 15)

여기 "먼저 나신 자"라는 구절이 예수가 창조자가 아니라 피조된 존재임을 명백히 암시하는 구절이라는 것이다. 그러나 구약에서 장자는 상속법에 따라 일반적으로 유산의 대부분을 상속받았다. 왕가에서는 장자가 왕이 되었다. 그러므로 장자는 궁극적으로 아버지의 모든 권리를 가지고 있는 유일한 존재였다.

헬라어 πρωτότοκος^{프로토토코스}는 '실제로 낳았다'든지 '처음 태어난 자'라는 개념이 아니라 정당한 상속자의 지위에 걸맞은 권위자라는 의미이다. 그러므로 이 말은 '최고 상속자'라는 번역이 더 적합하다. 더군다나 골로새서 1 : 15은 문맥상 골로새서 2 : 9까지의 문맥에서 이해되어야 하는데, 이 문맥의 강조점은 예수 안에 있는 신성의 충만을 강조하는 내용이므로 예수의 영원성을 더욱 강조하는 말씀이다.

(3) "예수께서 이르시되 네가 어찌하여 나를 선하다 일컫느냐 하나님 한 분 외에는 선한 이가 없느니라"(막 10 : 18)

"예수께서 이르시되 어찌하여 선한 일을 내게 묻느냐 선한 이는 오직 한 분이시니라 네가 생명에 들어가려면 계명들을 지키라"(마 19 : 17).

이 구절은 예수께서 자신의 신성을 부인하신 것이 아니다. 즉, "그러니까 나를 선하다 하지 말라."는 의미가 아니라 "너는 정말로 네가 하는 말의 의미를 이해하고 있느냐? 하나님께만 돌려져야 할 그 말이 정말로 나에게도 해당된다고 생각하느냐?"라는 의미이다. 예수께서는 그 사람을 잠깐 붙들어 세우신 후 그가 말한 것을 스스로 생각해 보도록 하신 것이다. 즉, "잠깐만 기다려라. 너는 왜 나를 선하다고 하느냐? 너의 말은 겸손한 뜻으로 안부를 묻는 말이냐? 선하다는 말이 무슨 뜻이냐? 나를 선한 선생이라고 부르는데 내가 듣기 좋으라고 하는 말이냐?"라는 말이다. 이 말씀 속에는 "네가 말한 대로 나는 그런 사람이다. 아주 정확하게 말했구나." 하는 뜻이 담겨 있다.

(4) 지옥에 대한 질문

예수가 자비로우신 하나님이시라면 어떻게 자신을 받아들이지 않는 사람들을 영원한 고통 가운데 빠지도록 하느냐는 것이다. 특히 찰스 템플턴은 "어떻게 사랑이 많은 하늘 아버지께서 영원한 지옥을 창조해서 어떤 종교적 신앙을 받아들이지 못했거나 받아들일 수 없었던, 혹은 받아들이지 않은 수 세기 동안의 많은 사람들을 지옥에 넣을 수 있단 말인가? 또 예수님은 어떻게 그 일에 찬성할 수 있단 말인가?"라고 비아냥거린다. 그러나 템플턴의 말은 이미 오류를 담고 있다. 하나님은 사람들이 '특정한 신앙'을 받아들이지 않는다고 해서 지옥에 던져 넣는 분이 아니다.

처음 남자와 여자가 하나님의 형상으로 지음받았을 때의 하나님을 한번 생각해 보자. 그들은 아침에 일어나서 하나님에 대해 생각한다. 아담과 하와는 정말로 하나님을 사랑한다. 하나님께서 원하시는 일을 하는 것이 즐겁고 그것에서만 기쁨을 느낀다. 그들은 하나님과 올바른 관계를 맺고 있고, 아담과 하와 둘 사이의 관계도 좋다. 그런데 죄와 반역이 이들 가운데 들어온다. 하나님의 형상을 갖고 있는 두 사람은 자신들이 우주의 중심이라고 생각하기 시작한다. 그로 인하여 살인, 강간, 상습적인 질투, 교만 등 사회적 병리들이 들어와 사람들은 상처를 주고받는다. 하나님께서 보실 때 이것은 지독히 역겨운 일이다.

> 하와이 성자 다미엔
> - 1873년 몰로카이 섬에 사제로 부임
> - 벨기에 출신
> - "주님! 저에게도 나병을 주셔서 저들에게 주의 복음을 전하게 하옵소서."

그런데 여기에 대해서 하나님께서 무엇을 하셔야 하는가? 만약 하나님께서 "글쎄, 별로 할 말이 없어."라고 말씀한다면 악은 하나님께 별로 문제될 것이 없다는 뜻이 되고 만다. 즉, "좋았어, 유대인 대학살이군. 하지만 내가 알게 뭐야."라고 하나님께서 이러한 문제에 대해 도덕적 심판을 내리시지 않는다면 우리는 충격을 받을 수밖에 없다. 하지만 하나님께서는 그런 문제에 대해서 도덕적 심판을 하셔야만 한다. 그래서 지옥은 선량한 사람들이 가는 곳이 아니라 하나님이 자신들의 창조자이시며 우주의 중심이 된다는 사실을 믿지 않는 사람들이 가는 곳이다. 하나님은 지은 죄를 용서하지 않을 만큼 관대하지 않거나 선하지 않은 분이 아니다. 이미 회개한 사람들은 지옥에 가지 않는다. 지옥을 채우고 있는 사람들은 영원의 시간이 지나도 여전히 우주의 중심이 되기를 원하는 사람들이며, 하나님께 계속해서 반역하는 사람들이다. 만약 하나님이 도덕적 관념이 없는 분이라면 소름 끼치는 존재가 되지 않겠는가?

(5) 예수의 노예제도

어떤 기독교 비평가는 예수가 반도덕적 관습이었던 노예제도를 암묵적으로 인정했고, 이것은 예수가 윤리적으로 완벽하지 못한 증거로써 하나님일 수 없다고 주장한다. 왜냐하면 하나님은 윤리적으로 완벽해야 하기 때문이다. 하지만 우리는 예수의 사명에 초점을 맞추어야 한다. 근본적으로 예수는 노예제도를 포함한 로마 경제체제를 무너뜨리기 위해서 오신 것이 아니라 사람들을 죄에서 자유케 하기 위해 오셨다. 예수의 메시지의 핵심은 사람들이 온 마음과 정성 그리고 뜻과 힘을 다하여 하나님을 사랑하고, 자신을 사랑하는 것처럼 이웃을 사랑하는 것이었다. 자연히 예수의 메시지는 노예제도에 대한 사람들의 생각에 영향을 주었다.

노예제도를 없애는 일은 단지 경제체제를 바꿈으로써가 아니라 사람을 변화시킴으로써 가능하다. 인류는 단순히 경제체제를 무너뜨리고 새 질서를 세울 때 어떤 부작용이 일어나는지를 역사 속에서 이미 경험했다. 공산주의자들은 농민들을 압제하는 자들을 없애 버렸다. 하지만 그렇다고 해서 새로운 시대가 온 것이 아니라 농민을 억압하던 체제가 새로운 어두움으로 바뀌었을 뿐이다. 결국 지속적인 변화를 원한다면 사람의 마음을 바꾸어야 하는데, 이것이 바로 예수의 사명이었다. *Race and Culture*의 저자인 흑인 학자 토머스 소웰은 노예제도를 폐지하는 데 결정적인 역할을 한 것은 영적 대각성운동이었다고 주장한다. 법률 제정, 이론 확립, 감정적 호소가 사람을 변화시키는 것이 아니라 복음의 능력만이 복수심에 불타는 사람을 자애로운 사람으로, 무정하고 탐욕스러운 사람을 남에게 베풀 줄 아는 사람으로, 권력을 좇는 사람을 남을 섬기는 사람으로, 그리고 노예제도 혹은 다른 형태의 억압을 통해서 남을 괴롭히던 사람을 포용하고 감싸 주는 사람으로 변화시킨다는 것이다.

5. 구약성경의 메시야 예언과 예수

구약성경에는 하나님께서 당신의 백성들을 구원하기 위해 보내실 메시야의 도래에 대한 예언이 48개 이상 있다. 신명기에는 모세보다 큰 선지자, 이사야에는 메시야의 출생 방식(처녀에게서), 미가에는 출생 장소(베들레헴), 창세기와 예레미야에는 메시야의 가계(아브라함과 이삭과 야곱의 후손, 유다족속, 다윗 집안에서 출생), 시편에는 메시야가 배신당하고 거짓 증인들의 고소를 받아 어떻게 죽을 것인지(아직 십자가형이 생기기 전이었지만 손과 발이 뚫려서 죽을 것이라는 내용), 그리고 그의 부활(썩지 않고 승천하실 것이라는 내용)이 예언되어 있으며, 그 외에도 많은 내용이 있다. 이 모든 예언이 예수를 통하여 온전히 성취되었음을 복음서는 증명하고 있다. 여기에 대한 회의론자들의 반박 주장들이 얼마나 터무니없는지를 살펴보자.

1) 우연의 일치라는 주장

예수가 구약의 예언들과 우연히 일치할 수 있는 많은 사람들 가운데 한 사람이라는 것이다. 그러나 우연한 일치를 수학적으로 계산해 보면 가능성이 전혀 없음을 알 수 있다. 통계학을 연구한 수학자 피터 스토너는 단지 여덟 개의 예언이 성취될 가능성도 1만 조 분의 1이며, 48개 예언이 성취될 가능성은 1조의 12승 분의 1이라는 것이다. 이렇게 큰 숫자는 인간의 마음으로는 이해할 수 없다고 한다. 결론적으로 어느 누군가가 우연히 구약의 메시야 예언을 성취하기란 불가능하다는 것인데, 예수께서는 그것을 모두 성취하셨다.

2) 복음서 내용이 조작되었다는 주장

이 주장에 대해서 바이올라 대학교 성경학부 교수이자 예수를 메시야로 믿는 15개 유대인들 모임의 국제조직 의장이었던 루이스 래피데스(Louis S. Lapides) 목사는 이렇게 말한다. "예수께서는 교회공동체 내부와 외부에 견제 세력을 두어서 공동체가 균형을 취할 수 있게 하셨습니다. 복음서들이 유포되던 당시에는 복음서에 기록된 사건들을 목격했던 사람들이 아직 살아 있었습니다." 따라서 만약 마태가 꾸며 낸 이야기를 그의 복음서에 기록했다면 누군가가 이렇게 말했을 것이다. "그 사건이 그런 식으로 일어나지 않았다는 것을 당신도 알 것입니다. 우리는 의롭고 진실된 삶을 살기 위해 노력하고 있습니다. 그러니까 그런 거짓말로 책을 더럽히지 마세요." 게다가 예언이 성취된 것처럼 꾸며서 글을 썼다면 다른 사람은 몰라도 마태 자신은 예수가 실제로 메시야가 아니라는 사실을 알고 있었을 것이다. 그렇다면 거짓 메시야를 위해서 자신의 목숨을 내어놓을 이유가 어디 있는가? 또 유대인들은 거짓말을 지적해 복음서의 평판을 떨어뜨릴 수 있는 절호의 기회를 놓치지 않았을 것이다. "무슨 소리야? 예수가 십자가에 달려 있을 때 로마 군병들이 그의 뼈를 부러뜨리는 것을 내가 직접 봤는데……." 유대인의 탈무드는 경멸적인 투로 몇 번 예수를 언급하고 있다. 하지만 그럼에도 불구하고 예언이 성취되었다는 것이 거짓말이라고 언급한 내용은 한 군데도 없다.

3) 의도적이라는 주장

예수가 예언을 성취하기 위해서 의도적인 행동을 취했다는 것이다. 예를 들면 예수가 스가랴의 예언을 읽고서 그와 똑같은 행동으로 나귀를 타고 예루살렘에 들어갔다는 것이다. 그러나 이것은 지극히 제한적이다. 왜냐하면 의도적으로 행동하는 것이 불가능한 경우가 더 많기 때문이다. 예를 들면 공회가 유다에게 예수를 배반한 대가로, 은 30개를 준 사실을 예수께서 어떻게 조작하겠는가? 자신의 조상, 출생 장소, 처형 방법, 또 군인들이 겉옷을 가지고 제비를 뽑는 일, 십자가 위에서 다리가 꺾여지지 않는 일, 의심하는 자들 앞에서 이적을 베푸신 일, 자신의 부활, 자신이 태어날 시기 등을 어떻게 미리 짜 놓을 수 있겠는가? 오직 누가복음 24 : 44의 말씀이 진실이라고 결론지을 수밖에 없다.

> "또 이르시되 내가 너희와 함께 있을 때에 너희에게 말한 바 곧 모세의 율법과 선지자의 글과 시편에 나를 가리켜 기록된 모든 것이 이루어져야 하리라 한 말이 이것이라 하시고"(눅 24 : 44).

그러면 왜 예수는 초월자로서 내재하셔야만 했는가? 왜 우리 밖에서 우리에게로 오셔야만 했는가? 간단하다. 우리의 구원을 위해서였다.

"오직 우리가 천사들보다 잠시 동안 못하게 하심을 입은 자 곧 죽음의 고난받으심으로 말미암아 영광과 존귀로 관을 쓰신 예수를 보니 이를 행하심은 하나님의 은혜로 말미암아 모든 사람을 위하여 죽음을 맛보려 하심이라"(히 2 : 9).

"자녀들은 혈과 육에 속하였으매 그도 또한 같은 모양으로 혈과 육을 함께 지니심은 죽음을 통하여 죽음의 세력을 잡은 자 곧 마귀를 멸하시며 또 죽기를 무서워하므로 한평생 매여 종노릇하는 모든 자들을 놓아 주려 하심이니 이는 확실히 천사들을 붙들어 주려 하심이 아니요 오직 아브라함의 자손을 붙들어 주려 하심이라 그러므로 그가 범사에 형제들과 같이 되심이 마땅하도다 이는 하나님의 일에 자비하고 신실한 대제사장이 되어 백성의 죄를 속량하려 하심이라 그가 시험을 받아 고난을 당하셨은즉 시험받는 자들을 능히 도우실 수 있느니라"(히 2 : 14 – 18).

이렇게 인간을 구속하러 오신 예수에 대한 인간들의 반응에 대하여 다음 장에서 살펴보자.

1세기 예수 그리스도의 신성과 인성을 부인한 이단들[19]

A. 신성부인
1) 에비온주의(Ebionism, 1C) – 갈라디아 교회에 침투한 유대 크리스천 중 일부 예수님을 거룩한 사람, 선지자로 인식함.
　　　　　　　　　　　　율법을 지킴으로 구원
2) 아리우스주의(Arianism, 4C) – 알렉산드리아의 아리우스에 의해 주장
　　　　　　　　　　　　신성을 부인하고 성부 하나님만 인정함.
　　　　　　　　　　　　예수님은 피조물 중에 가장 높은 분이다.

---

19) 황용현, 「여자의 후손」(경기 : 아미출판사, 2022), pp. 261-268.

오늘날 여호와의 증인, 유니테리언주의자들이 추종함.

마호메트도 이슬람을 창시하기 전에 아리우스주의의 신봉자였다.

① 일신교(Unitarianism) - 존 비들(John Biddle, 1615-1662)이 창시
  - 추종자들은 존 밀턴(John Milton, 1608-1674), 존 로크(John Locke, 1632-1704), 아이작 뉴턴(Isaac Newton, 1642-1727), 찰스 다윈(Charles Darwin, 1809-1882), 랄프 왈도 에머슨(Ralph Waldo Emerson, 1803-1882), 존 듀이(John Dewey, 1859-1952)가 있음.

B. 인성부인
1) 영지주의(Gnosticism, 1C) - 성육신을 부인

유대인 지식인과 이방인 지식층에서 인기
썩어서 없어질 육은 중요하지 않다.

① 가현설(Docetism) - 예수님이 인간처럼 보였을 뿐이다.
② 금욕주의(Asceticism) - 물질과 육체는 약하고 정신만 참되다.
  금식, 고통, 고행
③ 콥트(Copts) - 유대교에 가깝다.

C. 성령 하나님 부인
1) 몬타누스주의(Montanism, 2C) - 보혜사 성령이 마가 다락방에서가 아니라 자기에게 임하였다고 주장

D. 3위를 부인
1) 양태론적 단일신론(Modalistic Monarchianism, 3C)
- 시벨리우스(Sabellius)에 의해 주장(Sabelianism)
  한 분의 위(位)이신 하나님이 상황에 따라 성부, 성자, 성령의 세 가지 기능으로 역사하신다.

오늘날 자유주의 진보주의 신학자들 중 일부가 지지

2) 종속론

E. 일체를 부인

1) 삼신론

1-4차 공의회(The First-Fourth Ecumenical Councils)

	시기	장소	의결사항
제1차	325	니케아(Nicaea) 318명 대표	아리우스 배격 니케아 신조(Nicene creed) 채택
제2차	381	콘스탄티노플(Constantinople) 150명 참석	아리우스주의와 몬타누스주의를 완전히 이단으로 정리
제3차	431	에페수스(Ephesus) 500~600명 참석	인간의 전적 타락 인정 마리아 종신 처녀설 성모설 시도
제4차	451	칼케돈(Chalcedon) 500~600명 참석	예수의 완전한 신성(the perfect deity of Jesus)과 완전한 인성(the perfect humanity of Jesus)확립 마리아 종신 처녀설 성모설 채택

CONFIDENCE OF REDEMPTION
구원의 확신

✝
―
6

구원자 예수에 대한 인간의 반응

"이날은 유월절의 준비일이요 때는 제육시라 빌라도가 유대인들에게 이르되 보라 너희 왕이로다 그들이 소리 지르되 없이 하소서 없이 하소서 그를 십자가에 못 박게 하소서 빌라도가 이르되 내가 너희 왕을 십자가에 못 박으랴 대제사장들이 대답하되 가이사 외에는 우리에게 왕이 없나이다 하니"(요 19 : 14 – 15).

1. 하나님을 모독하는 자로 이해했다 - 신성모독

"침상에 누운 중풍병자를 사람들이 데리고 오거늘 예수께서 그들의 믿음을 보시고 중풍병자에게 이르시되 작은 자야 안심하라 네 죄 사함을 받았느니라 어떤 서기관들이 속으로 이르되 이 사람이 신성을 모독하도다"(마 9 : 2 - 3).

"예수께서 침묵하시거늘 대제사장이 이르되 내가 너로 살아 계신 하나님께 맹세하게 하노니 네가 하나님의 아들 그리스도인지 우리에게 말하라 예수께서 이르시되 네가 말하였느니라 그러나 내가 너희에게 이르노니 이후에 인자가 권능의 우편에 앉아 있는 것과 하늘 구름을 타고 오는 것을 너희가 보리라 하시니 이에 대제사장이 자기 옷을 찢으며 이르되 그가 신성모독하는 말을 하였으니 어찌 더 증인을 요구하리요 보라 너희가 지금 이 신성모독하는 말을 들었도다"(마 26 : 63 - 65, βλασφημεῖ^{블라스페메이}, βλασφημέω^{블라스페메오}, 중상하다, 신성모독하다).

"이 사람이 어찌 이렇게 말하는가 신성모독이로다 오직 하나님 한 분 외에는 누가 능히 죄를 사하겠느냐"(막 2 : 7).

"그 신성모독하는 말을 너희가 들었도다 너희는 어떻게 생각하느냐 하니 그들이 다 예수를 사형에 해당한 자로 정죄하고"(막 14 : 64).

"서기관과 바리새인들이 생각하여 이르되 이 신성모독하는 자가 누구냐 오직 하나님 외에 누가 능히 죄를 사하겠느냐"(눅 5 : 21).

"유대인들이 대답하되 선한 일로 말미암아 우리가 너를 돌로 치려는 것이 아니라 신성모독으로 인함이니 네가 사람이 되어 자칭 하나님이라 함이로라"(요 10 : 33).

가야바는 직접적으로 예수께 그가 메시야인지를 물었다. 예수의 대답은 긍정적이었으며 더 나아가 그의 재판관들에게 참람죄의 유죄판결을 내릴 수 있는 빌미를 제공했다. 참람죄는 유대인 법으로 사형에 처할 죄였다. 예수가 메시야라는 주장은 시편 110 : 1 "여호와께서 내 주에게 말씀하시기를 내가 네 원수들로 네 발판이 되게 하기까지 너는 내 오른쪽에 앉아 있으라 하셨도다"라는 등극시의 말씀에서 하나님에 의하여 언급된 자라고 하는 주장을 수반했다. 이렇게 언급된 사람이 메시야라고 하는 것은 당시 유대인 해석자들에 의해서도 일반적으로 인정되었다. 그러므로 예수가 메시야라고 주장한 자는 하나님의 우편에 앉는 것에 대해서 말할 수 있다. 또한 "세상의 군왕들이 나서며 관원들이 서로 꾀하여 여호와와 그의 기름 부음 받은 자를 대적하며…… 여호와께서 내게 이르시되 너는 내 아들이라 오늘 내가 너를 낳았도다"(시 2 : 2-7)에서 메시야는 하나님의 아들이라고 하나님에 의해서 언급되고 있다.

예수는 이 두 가지 결론(하나님의 우편에 앉는 것과 하나님의 아들)을 받아들일 뿐 아니라 한걸음 더 나아가 인자가 하늘의 구름을 타고 올 것에 대하여 말하면서 다니엘 7 : 13 이하의 말을 자신에게 적용시켰다. 유대인들은 다니엘의 '인자 같은 이'에 대한 해석을 하나님과 거의 동등한 자로 보았다. 예를 들면 다니엘의 고대 헬라어 역본에는 '인자 같은 이'가 '옛적부터 항상 계신 이'(an ancient of days)로 등장하며, 요한계시록에서 요한도 다니엘의 옛적부터 항상 계신 이에 대한 묘사로부터 부분적으로 빌려 온 용어로 '인자 같은 이'의 환상을 표현하고 있다 (계 1 : 12ff).

또한 율법학자 아키바(Rabbi Akiva)는 심판 사건 전에 다니엘 7 : 9에 있는 '보좌들'은 "옛적부터 항상 계신 이"와 "다윗, 즉 다윗 같은 메시야"를 위해서 각각 지정된 것이라고 했다. 그의 말에 동료들은 항의했다. "아키바여, 너는 언제까지 하나님의 영광을 욕되게 하려느냐?" 이는 '인자 같은 이'를 메시야와 동일시한 해석이 참람죄와 비슷하게 느껴졌기 때문이다. 그런데 이 해석을 받아들여 자신에게 적용시킨 예수의 경우는 더욱 참람한 것이었다. 하지만 문제가 있었다. 그동안 예수의 행적을 보고 하나님의 아들이라 할만한 확신을 갖는 군중이 많았다는 사실이다. 히브리어나 아람어의 표현상 "하나님의 아들"이라는 말은 실제로 하나님의 아들이라는 말도 되지만, "신적인 존재"를 가리키는 경우도 있을 뿐만 아니라(욥 1 : 6, 2 : 1, 38 : 7) 심지어 이스라엘 백성을 가리켜 "살아 계신 하나님의 아들들"(אֵל־חַי בְּנֵי, 호 1 : 10)이라고도 했기 때문에 듣기에 따라서는 얼마든지 용인될 수 있는 표현이었고, 군중들 중에는 예수를 오실 메시야로 생각하는 이들도 많았기 때문에 마태복음 26 : 64에 나타난 예수의 발언은 전혀 문제 될 것이 없었다. 그럼에도 불구하고 시간이 지나갈수록 민심을 더욱 크게 얻어 가는 예수를 그대로 둘 수만은 없었기에, 즉 자신들의 기득권에 위협을 느끼고는 예수께서 예루살렘에 머무는 때는 명절에 국한되어 있기 때문에 체포부터 강행했던 것이다. 왜냐하면 성전 경비대 병력을 빼돌려 북쪽 갈릴리까지 보내 체포했다가는 백성들의 비난의 소리가 클 것이기 때문이다. 그리하여 예수는 참람죄라는 유죄판결을 받았다.

"죄악을 행하는 자들은 무지하냐 그들이 떡 먹듯이 내 백성을 먹으면서 하나님을 부르지 아니하는도다"(시 53 : 4).

유대 지도자들은 예수를 백성을 오도하는 거짓 선지자, 거짓 메시야로 보고 그를 신명기법에 따라 처형해야 한다고 결론지었다.

2. 예수 운동을 종결시켜야 할 것으로 이해했다

"…… 이에 대제사장들과 바리새인들이 공회를 모으고 이르되 이 사람이 많은 표적을 행하니 우리가 어떻게 하겠느냐 만일 그를 이대로 두면 모든 사람이 그를 믿을 것이요 그리고 로마인들이 와서 우리 땅과 민족을 빼앗아 가리라 하니…… 이 날부터는 그들이 예수를 죽이려고 모의하니라 ……"(요 11 : 1-53).

"바리새인들이 서로 말하되 볼지어다 너희 하는 일이 쓸 데 없다 보라 온 세상이 그를 따르는도다 하니라"(요 12 : 19).

이스라엘의 지도자들은 예수를 국가적인 안전과 성전제도 그리고 예배의 존엄성에 대한 위협적인 존재로 간주했으며, 그들이 상황을 간파한 바와 같이 자기들의 생존을 위하여 예수를 축출해야만[1] 했다. 그러나 그 이면에는 예수를 따르는 백성들의 추종에 대한 시기심이 발동하고 있었다.

그래서 이스라엘의 지도자들은 예수뿐만 아니라 예수가 살리신 나사로까지 죽이려고 할 만큼 예수에 대하여 거부감을 갖고 있었으며, 이러한 태도는 초대교회의 사도들의 활동에 대해서도 똑같은 반응을 보였던 것이다.

"대제사장들이 나사로까지 죽이려고 모의하니 나사로 때문에 많은 유대인이 가서 예수를 믿음이러라"(요 12 : 10-11).

"대제사장과 그와 함께 있는 사람 즉 사두개인의 당파가 다 마음에 시기가 가득하여 일어나서"(행 5 : 17).

"그들이 듣고 크게 노하여 사도들을 없이하고자 할새"(행 5 : 33).

---

[1] Frederick F. Bruce, *The Defence of the Gospel in the New Testament*, 박종칠 역, 「신약에 나타난 복음의 변증」(서울 : 생명의말씀사, 1982), p. 30.

"여러 날이 지나매 유대인들이 사울 죽이기를 공모하더니"(행 9 : 23).

"또 주 예수의 이름으로 담대히 말하고 헬라파 유대인들과 함께 말하며 변론하니 그 사람들이 죽이려고 힘쓰거늘"(행 9 : 29).

"날이 새매 유대인들이 당을 지어 맹세하되 바울을 죽이기 전에는 먹지도 아니하고 마시지도 아니하겠다 하고"(행 23 : 12).

3. 신성모독에 대한 율법의 처형 방법 - 돌로 쳐 죽임

"여호와의 이름을 모독하면 그를 반드시 죽일지니 온 회중이 돌로 그를 칠 것이니라 거류민이든지 본토인이든지 여호와의 이름을 모독하면 그를 죽일지니라"(레 24 : 16).

"그는 애굽 땅 종 되었던 집에서 너를 인도하여 내신 네 하나님 여호와에게서 너를 꾀어 떠나게 하려 한 자이니 너는 돌로 쳐 죽이라"(신 13 : 10).

"…… 가서 다른 신들을 섬겨 그것에게 절하며 내가 명령하지 아니한 일월성신에게 절한다 하자…… 너는 그 악을 행한 남자나 여자를 네 성문으로 끌어내고 그 남자나 여자를 돌로 쳐 죽이되……"(신 17 : 1-7).

복음서에서 예수는 어떤 종교적, 정치적 폭도로도 묘사되지 않는다. 그의 권위 있는 가르침과 행위를 통해서 그는 로마 행정당국과 충돌한 것이 아니라 유대인 당국과 충돌하였다. 따라서 유대인 소송 절차에서 예수는 하나님 모독죄로 선고를 받았던 것이다.

"그 신성모독하는 말을 너희가 들었도다 너희는 어떻게 생각하느냐 하니 그들이 다 예수를 사형에 해당한 자로 정죄하고"(막 14 : 64).

유대인의 눈에는 모독죄가 모든 범죄 가운데 가장 나쁘다. 그것은 하나님께만 속하는 영역을 인간이 침해하는 일이며, 인간과 하나님이 동등하다고 주장하는 일이기 때문이다. 그래서 미쉬나 산헤드린(Mishnah Sanhedrin) 6 : 4에 의하면 "모독자들은 투석형을 한 후에 나무에 달아 저주받은 자라는 표로 삼는다."라고 했다. 또한 출애굽기 20 : 6에 대한 메킬타 엑소더스 바호드쉬(Mekhilta Exodus Bahodesh) 7에는 "만일 누구든지 하나님의 이름을 모독하면 자신의 회개로 대속죄일의 의식도 그의 죄를 속량하지 못하고 매를 맞은 후에 죽음의 징벌만이 기다린다."라고 적고 있다.[2]

그렇다면 어째서 예수는 돌로 쳐 죽임을 당하지 않았는가? 비록 산헤드린(유대인의 최고회의)이 그 당시 피소자의 생사에 대해 결정을 내릴 수 없었다고는 할지라도 신성모독 죄로 돌로 쳐 죽이는 일은 신약시대에도 있었다. 가장 잘 알려진 예는 사도행전 7 : 54~60에 보도된 스데반의 죽음이다.

"…… 성 밖으로 내치고 돌로 칠새 증인들이 옷을 벗어 사울이라 하는 청년의 발 앞에 두니라……"(행 7 : 54-60).

또 복음서에서 예수에 의해 증언된 바는 그가 돌로 쳐 죽임 받거나 그와 근사한 높은 바위로부터의 밀쳐 떨어뜨림의 위협을 받았다는 것이다.

"그들이 돌을 들어 치려 하거늘 예수께서 숨어 성전에서 나가시니라"(요 8 : 59).

"나와 아버지는 하나이니라 하시대 유대인들이 다시 돌을 들어 치려 하거늘"(요 10 : 30-31).

---

2) Otto Betz, *Was wissen wir von Jesus?*, 전경연 역, 「역사적 예수의 진실」 복음주의신학 총서 제19권(서울 : 한신대학출판부, 1987), pp. 79-80.

"유대인들이 대답하되 선한 일로 말미암아 우리가 너를 돌로 치려는 것이 아니라 신성모독으로 인함이니 네가 사람이 되어 자칭 하나님이라 함이로라"(요 10 : 33).

"회당에 있는 자들이 이것을 듣고 다 크게 화가 나서 일어나 동네 밖으로 쫓아내어 그 동네가 건설된 산 낭떠러지까지 끌고 가서 밀쳐 떨어뜨리고자 하되 예수께서 그들 가운데로 지나서 가시니라"(눅 4 : 28 – 30).

요세푸스의 믿을 만한 구절에서 보도하기를 예수의 동생 야고보는 다른 그리스도인들과 함께 돌에 맞아 죽었다고 한다. 또 역사적 기억을 간직하고 있는 고대의 한 탈무드 본문은 이렇게 보도하고 있다. "유월절 명절 전야에 나사렛 사람 예수가 매달렸다. 40일 동안 가두 광고인이 앞서 가면서 외쳤다. '나사렛 예수는 석형(돌로 쳐 죽임)을 받아야 한다. 그는 마법을 행하고 이스라엘을 그릇된 길로 유혹하여 배반하게 하였기 때문이다. 그의 무죄를 알고 있는 사람은 와서 그의 면소(免訴)를 제시하라.' 그러나 그의 면소를 찾지 못하여 유월절 명절 전야(前夜)에 그를 매달았다." '유혹하고', '배반하게 했다'라는 이 탈무드의 두 가지 말은 신명기 13 : 1~11과 똑같은 히브리적 개념을 사용하고 있다. 이 죄의 고발들은 신성모독과 밀접히 결부되어 있고, 마가복음 3 : 22을 회상시켜 주기도 한다. 따라서 돌로 쳐 죽이는 것이 유대인의 법대로 합법적인 것이다. 그러나 예수는 돌로 쳐 죽임을 당하지 않고 십자가형을 당하였다.[3]

"…… 너희의 하나님 여호와를 배반하게 하려 하며…… 이 끝에서 저 끝까지에 있는 민족의 신들을 우리가 가서 섬기자 할지라도…… 네 하나님 여호와에게서 너를 꾀어 떠나게 하려 한 자이니 너는 돌로 쳐 죽이라 ……"(신 13 : 1 – 11).

---

3) Hans – Ruedi Weber, *Kreuz : Uberlieferung umd Deutung der Kreuzigung Jesu im Neutestamentlichen Kulturraum*, 전경연 역, 「십자가형의 전승과 해석」 복음주의 신학총서 제21권(서울 : 한신대학출판부, 1989), pp. 34f.

4. 예수를 신성모독 죄로 죽이되 십자가형으로 죽임

유대 지도자들은 얼마든지 종교법에 따라 자신들의 손으로 예수를 처형할 수 있었지만, 그렇게 하면 예수의 처형의 주체가 자신들이 되어 버린다. 그들은 예수를 추종하는 수많은 무리들이 민란을 일으킬지도 모른다는 염려를 하였던 것이다.

"사람이 만일 죽을 죄를 범하므로 네가 그를 죽여 나무 위에 달거든 그 시체를 나무 위에 밤새도록 두지 말고 그날에 장사하여 네 하나님 여호와께서 네게 기업으로 주시는 땅을 더럽히지 말라 나무에 달린 자는 하나님께 저주를 받았음이니라"(신 21 : 22-23).

죽을 죄를 범한 사람을 처형하면 그 사람을 나무에 달아 놓되 해 질 때까지, 즉 해가 떠 있을 때까지만 달아 놓고 해가 지면 그 시체를 내려놓으라고 되어 있다. 왜냐하면 그는 하나님을 욕되게 한 것이기 때문이다. 하나님 편에서 볼 때 가증스러운 것이기 때문이다. 그러니까 처형당한 시체를 해 질 때까지만 두고 그 후에 처리해 버리라는 것이다. 그 이유에 대해서는 매우 애매하다.

"그들이 말하기를 가령 사람이 그의 아내를 버리므로 그가 그에게서 떠나 타인의 아내가 된다 하자 남편이 그를 다시 받겠느냐 그리하면 그 땅이 크게 더러워지지 아니하겠느냐 하느니라 네가 많은 무리와 행음하고서도 내게로 돌아오려느냐 여호와의 말씀이니라 네 눈을 들어 헐벗은 산을 보라 네가 행음하지 아니한 곳이 어디 있느냐 네가 길 가에 앉아 사람들을 기다린 것이 광야에 있는 아라바 사람 같아서 음란과 행악으로 이 땅을 더럽혔도다"(렘 3 : 1-2).

"그가 돌과 나무와 더불어 행음함을 가볍게 여기고 행음하여 이 땅을 더럽혔거늘"(렘 3 : 9).

다만 유대교의 구전 율법의 집성인 미쉬나(Mishnah)는 다음과 같이 규정하고 있다. "누구라도 시체를 밤중에 놓아두는 자는 현행 계율을 범하는 자이다." 신명기 21 : 23이 적용된 실례들을 살펴보자.

"지금부터 사흘 안에 바로가 당신의 머리를 들고 당신을 나무에 달리니 새들이 당신의 고기를 뜯어 먹으리이다 하더니"(창 40 : 19).

"여호와께서 모세에게 이르시되 백성의 수령들을 잡아 태양을 향하여 여호와 앞에 목매어 달라 그리하면 여호와의 진노가 이스라엘에게서 떠나리라"(민 25 : 4).

"그가 또 아이 왕을 저녁 때까지 나무에 달았다가 해 질 때에 명령하여 그의 시체를 나무에서 내려 그 성문 어귀에 던지고 그 위에 돌로 큰 무더기를 쌓았더니 그것이 오늘까지 있더라"(수 8 : 29).

"그 후에 여호수아가 그 왕들을 쳐 죽여 다섯 나무에 매달고 저녁까지 나무에 달린 채로 두었다가 해 질 때에 여호수아가 명령하매 그들의 시체를 나무에서 내려 그들이 숨었던 굴 안에 던지고 굴 어귀를 큰 돌로 막았더니 오늘까지 그대로 있더라"(수 10 : 26-27).

"아야의 딸 리스바가 굵은 베를 가져다가 자기를 위하여 바위 위에 펴고 곡식 베기 시작할 때부터 하늘에서 비가 시체에 쏟아지기까지 그 시체에 낮에는 공중의 새가 앉지 못하게 하고 밤에는 들짐승이 범하지 못하게 한지라"(삼하 21 : 10).

"조사하여 실증을 얻었으므로 두 사람을 나무에 달고 그 일을 왕 앞에서 궁중 일기에 기록하니라"(에 2 : 23).

"에스더가 이르되 왕이 만일 좋게 여기시면 수산에 사는 유다인들이 내일도 오늘 조서대로 행하게 하시고 하만의 열 아들의 시체를 나무에 매달게 하소서 하니"(에 9 : 13).

"십자가에 못 박는다."(탈무드와 현대 히브리어로는 צלב차레브)라는 말뿐 아니라 형벌마저도 구약에서는 알려져 있지 않다. 다만 신명기 21 : 22~23의 규정은 돌로 쳐 죽이거나 참수 등으로 사형선고의 집행이 있은 후에 기둥이나 나무에 시체를 매다는 것(히브리어로는 תלוי타루이)으로, 살아 있는 사람을 십자가에 매다는 것과 혼동되어서는 안 된다. 랍비 문헌에는 신명기 21 : 22 이하의 의미로 매다는 것과 "(로마의) 집권자가 하는 방식으로 매다는 것" 사이에도 구별되어 있다. 십자가형은 결코 유대인의 형벌이 아니며, 유대 전쟁의 폭도들이 그들의 적을 십자가형에 처했다는 보도도 전혀 없다. 유대인들의 사형 방법은 4가지로 투석형(간통자), 화형(어미와 딸을 동시에 간통한 자), 교수형(아버지를 때린 아들), 참수형이 있다(산헤드린 7 : 1). 십자가형은 교수형 범주에 속한 것이며, 하나님께 저주를 받는 것으로 이해했다. 몇 가지 예외는 유대인 마카비가의 알렉산더 얀나이우스 왕(Alexander Jannaeus, BC 103-76)에 의해 반란을 일으킨 800명의 바리새인들이 십자가형을 당한 것이었다.[4]

그럼에도 불구하고 쿰란문서(4QPNah 3-4)들이나 신약의 문서를 보면 예수 당시의 사람들은 신명기 21 : 23의 나무에 매달려 죽은 자를 하나님의 저주를 받은 자로 이해했다. 그래서 마르틴 헹엘(Martin Hengel)은 산 채로 십자가에 처형된 자와 다른 방법으로 처형당한 자들의 시체를 진열하는 것 사이의 구별은 항상 명확하지 않았고, 또한 이 두 가지 경우는 모두 희생자에게 가장 모욕을 주는 사건이었다고 주장한다.[5] 11Q Temple 64 : 6~13에는 십자가에 못 박혀 죽은 자들에게 신명기 21 : 23을 적용해서 하나님의 저주를 받은 것으로 그러나 "그 시체가 밤중까지 나무에 달려 있지 않게 하여 그날 묻을 것이다."라고 적혀 있다. 또한 4Q Nah 1 : 7ff에서도 십자가에 달려 죽은 자를 하나님의 저주를 받은 것으로 묘사하고 있다.[6]

---

4) Ibid., pp. 17-18.
5) Martin Hengel, *Crucifixion*, 김명수 역, 「십자가 처형」(서울 : 대한기독교서회, 1982), p. 40.
6) Seyoon Kim, *The Origin of Paul's Gospel*, 홍성희 역, 「바울 복음의 기원」(서울 : 엠마오, 1994), p. 80.

순교자 저스틴(Justin Martyr)이 유대인 티포(Thipo)와 나눈 대화(Dialog) 39 : 7, 89 : 1~9에도 예수가 나무에 달려 죽었기 때문에 하나님의 저주를 받은 것으로 기록하고 있다. 랍비들의 법해석에서도 "신성모독과 우상숭배를 했을 경우 나무에 달아 처형할 수 있다."(미쉬나 산헤드린 6 : 4)라고 적고 있다.

이상과 같이 십자가형은 신명기 21 : 23에까지 소급되는 종교적 성격을 띠고 있다.[7]

"그리스도께서 우리를 위하여 저주를 받은 바 되사 율법의 저주에서 우리를 속량하셨으니 기록된 바 나무에 달린 자마다 저주 아래에 있는 자라 하였음이라" (갈 3 : 13).

그 당시 로마에서는 정치범이나 노예들이나 반란자들에게 반드시 십자가 처형을 하였다. AD 200년 법률가 율리우스 파울루스(Julius Paulus)의 책 *Sentientiae* 에는 가장 잔인한 세 가지 형태의 형벌(summa supplicia) 가운데 맨 먼저가 십자가형(crux)이고, 그 다음 화형(crematio), 교수형(decollatio)이 차례로 따르는데 교수형 대신 짐승에게 찢기는 것(damnatio ad bestias)을 대치하기도 한다.

십자가형

1. 십자가형은 페르시아인들 사이에서 비롯되었으며(다리우스 대제는 바벨론의 반군들을 십자가형에 처했다.) 그리스인들이 그것을 도입하여 알렉산더 대제는 두로인들을 십자가형에 처했고, 안티오코스 에피파네스와 유대 알렉산더 얀나이우스 왕이 예외적으로 예루살렘 반란자들에게 십자가형을 내렸다. 그 다음 카르타고인들이 이어받았고, 로마인들에게 전해진 야만민족들이 사용하였던 일종의 처형양식이었다.

---

7) Martin Hengel, op. cit., p. 107.

BC 71년 로마의 스파르타쿠스 노예 반란 진압은 대규모 십자가형으로 끝이 났다. 로마인들은 한때 자신들이 문명인이라는 자부심을 갖고 있었고 의도적 잔혹 행위나 장기간에 걸친 고문을 금지하는 형법을 보유한 것을 자랑스럽게 여겼다. 그렇지만 기독교인들에게는 전혀 달랐다. 그들은 기독교인들을 위해서는 미개한 사회에서나 볼 수 있는 고문에 대한 열정과 타인의 고통에서 환희를 느끼는 야만적 풍습을 위대한 제국으로 서슴없이 끌어들였다.
2. 십자가형은 형 집행자가 범법자에게 하고 싶은 대로 마음껏 때리거나 괴롭힐 수 있었기 때문에 고고학적인 견지에서 십자가형을 완벽하게 기술하려는 모든 시도들은 수포로 돌아갔다. 왜냐하면 형 집행자들의 개성에 따라 형 집행방법이 다양했기 때문이다.
3. 십자가형은 무엇보다도 고통을 지속시키는 수단으로 취해졌다. 십자가형의 주목적은 범죄자를 욕보이고 목격자들에게 공포심을 심어 주는 것이었기 때문에 개나 새가 시신을 깨끗이 먹어 치울 때까지 그 자리에 그대로 매달아 놓았다. 사형수를 가장 고통스럽게 죽이는 처벌이었다.
4. 로마시대에는 처형당하는 자의 손과 발에 못을 박는 것이 관습이었으며, 묶어 매는 방법은 다만 예외로 남아 있다.
5. 일반적으로 십자가형은 로마 시민에게는 적용되지 않았고 반란자나 반항하는 노예들과 악랄한 중범죄를 범한 외국인들에게만 적용되었다. 이탈리아 본토 이외 영토에서만 사용되었다.
6. 십자가형은 잔인성에 대한 최고의 표현이며, 고대인들의 법 중 최고의 극형(Summum Supplicium)으로 간주하였다. 그래서 공포와 혐오의 상징이었다.
7. 십자가형은 범죄의 방지책으로, 최대의 효과를 얻기 위해 공개적으로 시행하였다. 처형자를 벌거벗겨 눈에 띄는 장소, 네거리, 극장 안, 높은 언덕 등 그가 범행한 장소에서 공개적으로 진행하여 내면적인 차원에서 처형당한 자의 최대의 수치를 드러냈다. 그런 의미로 우리나라에도 '육시'(戮屍)라는 형벌이 있다. 육시는 몸을 여섯 토막 내어서 죽이는 형벌이다. 육시를 당한 죄인이 살던 집터는 파서 못을 만들어 흔적

을 없애고, 살던 고을은 읍호(邑號)를 한 등급 낮추었다. 그리고 육시를 당한 시신 가운데 머리를 삼각목(三角木)에 걸고 죄목을 적어 사람이 많이 다니는 곳에 전시했는데, 이를 '효수'(梟首)라고 했다. 효(梟)는 올빼미인데 고대 중국에서 길을 가다 올빼미를 보면 이를 잡아 죽여 나뭇가지에 걸어 불효막심한 금수에 대하여 응징했다.
8. 또한 십자가형은 처형당한 자를 매장하지 않는다는 사실, 즉 맹수들과 시체를 뜯어 먹는 새들의 먹이로 주어졌다는 것 때문에 더욱 처참했다.
9. 그래서 로마의 철학자 키케로는 "눈과 귀와 생각마저도 말살시키는 가장 잔혹한 형벌"이라고 설명했다. 요세푸스는 "십자가형은 희생자를 공개적으로 비하하기 위해 고안된 가장 끔찍한 죽음이다."라고 했다. BC 71년 노예 반란을 일으켰던 스파르타쿠스 일당을 로마로 들어가는 아피아 가도에 6,000개의 십자가를 세우고 매달아 죽인 것이 그 효시이다.
10. BC 8세기부터 시행되다가 AD 337년에 폐지되었다.
11. 고고학 발견 – 1968년 바실리오스 차페리스(Vassilios Tzaferis)가 십자가 처형을 당한 여호하난(Yohanan ben Ha'galgol)의 유적을 발견했는데 유골은 유대식 "코크힘 형태"의 무덤에 제대로 장사되어 있었고 두 발과 손목뼈 사이에는 못이 박혀 있었다.

또한 이 책에는 십자가형에 해당되는 범죄의 목록이 열거되어 있는데 적에게 투항하는 자, 비밀 누설자, 반역을 선동하는 자, 살인자, 통치자의 번영에 대하여 불길한 예언을 하는 자(de salute dominoram), 야간에 음란한 행위를 하는 자(sacra impia nocturma), 마술을 행하는 자(ars magica), 절박한 상황에서 변절한 자 등이 십자가형에 해당한다고 기록하고 있다.[8] 따라서 십자가형은 그 시대 인간들 속에 내재해 있는 비인간적인 잔인성의 특수한 표현이고, 초월적이고 본질적인 악의 표

---
8) Ibid., pp. 52–53.

현이며, 인간이 지니고 있는 잔인성과 수성(獸性) 등 악마적인 특성을 드러내는 처형의 양태이다.

중국(中國) 전국시대 형벌 방법

1. 묵형(墨刑) - 이마에 죄인임을 표시 : 묵자
2. 의형(劓刑) - 코를 베어 버림.
3. 월형(刖刑) - 발꿈치를 잘라 버림 : 손자
4. 궁형(宮刑) - 남자의 성기를 잘라 버림 : 사마천
5. 팽형(烹刑) - 끓는 가마솥에 넣어 삶아 죽임.
6. 거열형(車裂刑) - 머리와 사지를 각각 다섯 마리 말에 묶어 말들을 다른 방향으로 달리게 하여 몸을 순식간에 찢어 버림.
7. 능지처참 - "능지" : 느리고 완만하다. "처참" : 사람을 말뚝에 묶어 횟수(원대〈元代〉 때는 120회, 명대 때는 3,457회)를 정하여 서서히 살점을 베어 포를 뜨는 형벌

* 하루 동안 사람을 죽이지 않고 고통만 주면서 포를 뜸.
* 기절하면 죽을 먹여 기운을 차리게 해 주면서 포를 떠 나감. 그러므로 십자가형은 로마식 능지처참이다.
* 십자가에 달린 죄수들은 대개 미쳐서 발광하면서 죽어 감.

---

5. 나단의 예언

유대인에게 예수가 '하나님의 아들'이라는 의미는 곧 '유대인의 왕'이라는 뜻인데, 이것은 나단의 예언에 근거한 그 당시 메시야 사상(Folk-Messianism)에서 비롯되었다. 로마인들에게 '유대인의 왕'이라는 말은 반란자로, 로마 가이사의 식민 종주국에서 반란을 일으킨 반란자로 여겨졌다.

"네 수한이 차서 네 조상들과 함께 누울 때에 내가 네 몸에서 날 네 씨를 네 뒤에 세워 그의 나라를 견고하게 하리라 그는 내 이름을 위하여 집을 건축할 것이요 나는 그의 나라 왕위를 영원히 견고하게 하리라 나는 그에게 아버지가 되고 그는 내게 아들이 되리니 그가 만일 죄를 범하면 내가 사람의 매와 인생의 채찍으로 징계하려니와 내가 네 앞에서 물러나게 한 사울에게서 내 은총을 빼앗은 것처럼 그에게서 빼앗지는 아니하리라 네 집과 네 나라가 내 앞에서 영원히 보전되고 네 왕위가 영원히 견고하리라 하셨다 하라"(삼하 7 : 12-16).

이스라엘의 진정한 왕은 하나님이시고, 하나님 대신에 하나님의 백성, 이스라엘 위에서 왕 노릇 하는 자의 의미로 하나님의 대권을 받아서 하나님을 대신하여 통치하는 왕으로서 하나님의 아들의 개념이 나타난다. 즉, 다윗의 아들이 다윗의 왕위를 이어받아서 하나님의 아들로 선언된다. 그러므로 다윗의 아들, 다윗의 가지, 다윗의 씨, 하나님의 아들이라는 모든 칭호가 같은 맥락으로 이어진다.

유대인들이 바벨론에서 팔레스타인으로 돌아와 유대 나라를 재건할 때 돌아온 유대인들의 지도자 중 하나가 스룹바벨인데, 그는 다윗가의 왕자로 성전을 짓는 일을 했다. 나단의 예언에 의하면 하나님께서 다윗의 아들 하나를 택하여 그를 다윗 왕위에 앉히고, 하나님의 아들이라 선언하며, 그로 하여금 성전을 짓게 하겠다고 하셨으므로 스룹바벨로 인하여 이 나단의 예언이 성취되는 줄 알았다. 그런데 스룹바벨이 당시 지었던 성전은 형편없었고, 외세의 압제에서 벗어나 번영의 길로 나아갈 줄 알았지만 계속 페르시아의 통치를 받았으며, 알렉산더의 침공으로 멸망하여 알렉산더의 후계자인 프톨레마이오스 왕조와 셀류커스에게 잔인한 통치를 받았다. 여기서 다시 한번 실망한 유대인들은 나단의 예언을 종말에 하나님께서 성취할 예언으로 재해석하기 시작했다.

"여호와의 말씀이니라 보라 때가 이르리니 내가 다윗에게 한 의로운 가지를 일으킬 것이라 그가 왕이 되어 지혜롭게 다스리며 세상에서 정의와 공의를 행할 것이며"(렘 23 : 5).

결국 예수 당시 유대인들에게 있어서 '하나님의 아들'이라는 말의 의미는 나단의 예언에 근거한 다윗 왕조를 재건할 전사적, 정치적 왕으로서의 의미를 뜻하는 것이었다. 예수는 예루살렘 성전을 부수고 새로운 성전을 짓겠다고 주장했다는 죄목(막 14:58ff)과 '나단의 예언'의 전승(삼하 7:12-16, 슥 6:12, 시 89:20-38, 132:11-18, 사 11:1-9, 렘 33:14-22, 겔 37:24-28, 4Q Flor 1:1-11, Ps Sol 17-18)에 따라 메시야 곧 하나님의 아들로서 유대인의 왕이라 주장했다는 죄목으로 로마 총독 빌라도에게 고소되었는데, 로마 관리들은 하나님의 나라를 선포하며 유대교의 메시야 사상을 성취한다고 주장하는 예수를 로마 황제에 대항하는 정치범으로 보아 십자가형에 처한 것이다. 곧 예수의 십자가 처형은 로마 권력을 무시하는 것이 헛된 일임을 증명하는 것이다.

이렇게 예수의 십자가 죽으심을 역사가 타키투스는 "예수가 티베리우스 황제 치하에서 극형을 당했다."라고 증언하고 있고, 유대인 역사가 요세푸스(Josephus)는 "빌라도가 그에게 십자가 처형을 선고했다."라고 알려 주고 있다. 또한 그리스의 풍자가였던 사모사타의 루키아노스(Lukianos)는 십자가 처형에 대해 언급하고, 이교도였던 마라-바-세라피온(Serapion)은 예수가 처형되었다고 확증해 준다. 유대교의 탈무드도 "예슈(yeshu)가 매달렸다."라고 기록하고 있다. 그리고 예수의 십자가에 사용된 나무가 오늘날 이스라엘 크네세트(Knesset)에서 가까운 11세기의 십자가 수도원 요새에서 발견되었다고 전해진다. 이 십자가 수도원은 오랫동안 예루살렘의 조지아 정교회(Georgian Orthodox Church) 본부였다.

이러한데도 대중의 지속적인 호기심을 충동하여 베스트셀러 작가를 꿈꾸는 마이클 베이전트 같은 사람들은 「지저스 페이퍼」(The Jesus Papers)에서 예수는 죽지 않았다고 주장한다. 베이전트는 빌라도가 음모를 꾸며, 예수가 죽기를 바라는 종교 지도자들을 달래기 위해 공개적으로 그를 십자가에 못 박으라고 명령했지만 그와 동시에 예수가 십자가에서 산 채로 몰래 내려올 수 있도록 했다는 것이다. 그 음모는 예수가 죽은 것처럼 보이게 하는 약을 먹였다는 것이다. 그리고 그 약의 약효 시간이 끝나면 예수가 소생해서 정상으로 돌아온다는 것이다. 그렇다면 오늘날은 왜 그 흔한 소생술이 쓰이지 않는지 궁금할 수밖에 없다. 또한 무슬림들도 코란에서 "예수가 십자가에서 죽지도 않았고 죽은 자 가운데서 살아난 일은 더더욱 없다." (코란 4 : 157-158)라고 주장한다. 또한 인도 민족주의 힌두교 조직의 리더인 K. S 수타르샨도 "예수가 부상만 입었고 치료를 받은 후 인도로 돌아와 인도에서 죽었다."라고 주장한다. 그러나 제대로 된 역사가라면 예수의 처형 후 35년에서 65년 이내에 기록된 네 편의 전기보다 코란이 예수에 대한 더 믿을 만한 자료라고 여기지 않을 것이다. 코란은 예수의 생애에서 6세기가 지난 후에 나타났다.

6. 왕으로의 하나님의 아들

"예수께서 성전에 들어가사 성전 안에서 매매하는 모든 사람들을 내쫓으시며 돈 바꾸는 사람들의 상과 비둘기 파는 사람들의 의자를 둘러 엎으시고……"(마 21 : 12-16).

"예수께서 나무에게 말씀하여 이르시되 이제부터 영원토록 사람이 네게서 열매를 따 먹지 못하리라 하시니 제자들이 이를 듣더라 그들이 예루살렘에 들어가니라 예수께서 성전에 들어가사 성전 안에서 매매하는 자들을 내쫓으시며 돈 바꾸는 자들의 상과 비둘기 파는 자들의 의자를 둘러 엎으시며 아무나 물건을 가지고 성전 안으로 지나다님을 허락하지 아니하시고 이에 가르쳐 이르시되 기록된 바 내 집은 만민이 기도하는 집이라 칭함을 받으리라고 하지 아니하였느냐 너희는 강도의 소굴을 만들었도다 하시매 대제사장들과 서기관들이 듣고 예수를 어떻게 죽일까 하고 꾀하니 이는 무리가 다 그의 교훈을 놀랍게 여기므로 그를 두려워함일러라"(막 11 : 14-18).

"성전에 들어가사 장사하는 자들을 내쫓으시며 그들에게 이르시되 기록된 바 내 집은 기도하는 집이 되리라 하였거늘 너희는 강도의 소굴을 만들었도다 하시니라"(눅 19 : 45-46).

"우리가 그의 말을 들으니 손으로 지은 이 성전을 내가 헐고 손으로 짓지 아니한 다른 성전을 사흘 동안에 지으리라 하더라 하되"(막 14 : 58).

"지나가는 자들은 자기 머리를 흔들며 예수를 모욕하여 이르되 아하 성전을 헐고 사흘에 짓는다는 자여"(막 15 : 29).

"그 위에 있는 죄패에 유대인의 왕이라 썼고"(막 15 : 26).

"그의 위에 이는 유대인의 왕이라 쓴 패가 있더라"(눅 23 : 38).

"빌라도가 패를 써서 십자가 위에 붙이니 나사렛 예수 유대인의 왕이라 기록되었더라"(요 19 : 19).

"성전 안에서 소와 양과 비둘기 파는 사람들과 돈 바꾸는 사람들이 앉아 있는 것을 보시고 노끈으로 채찍을 만드사 양이나 소를 다 성전에서 내쫓으시고 돈 바꾸는 사람들의 돈을 쏟으시며 상을 엎으시고…… 이에 유대인들이 대답하여 예수께 말하기를 네가 이런 일을 행하니 무슨 표적을 우리에게 보이겠느냐 예수께서 대답하여 이르시되 너희가 이 성전을 헐라 내가 사흘 동안에 일으키리라 ……"(요 2 : 14 – 22).

"이르되 이 사람의 말이 내가 하나님의 성전을 헐고 사흘 동안에 지을 수 있다 하더라 하니"(마 26 : 61).

"이르되 성전을 헐고 사흘에 짓는 자여 네가 만일 하나님의 아들이어든 자기를 구원하고 십자가에서 내려오라 하며"(마 27 : 40).

"그 머리 위에 이는 유대인의 왕 예수라 쓴 죄패를 붙였더라"(마 27 : 37).

"그들이 소리 지르되 없이 하소서 없이 하소서 그를 십자가에 못 박게 하소서 빌라도가 이르되 내가 너희 왕을 십자가에 못 박으랴 대제사장들이 대답하되 가이사 외에는 우리에게 왕이 없나이다 하니"(요 19 : 15).

예수는 신성모독, 참람죄(성전을 헐라, 사흘 동안 일으키리라, 하나님의 아들 유대인의 왕〈시 110 : 1, 단 7 : 18〉)로 유죄판결을 받았다. 유대인의 소견에 메시야는 주로 (비록 정치적인 성격도 띠고 있기는 하지만) 종교적 인물이었다. 그러나 로마인의 소견에는 정치적 인물일 수가 있었다. 이는 메시야가 분명히 이스라엘의 적법한 왕이었기 때문이다. 그는 정치적 인물이었을 뿐만 아니라 또한 정치적 반역자였다. 왜냐하면 유대 백성들에 대한 주권이 현재로서는 티베리우스 황제에 의해서 행사되고 있었기 때문이다.[9]

"기드온이 그들에게 이르되 내가 너희를 다스리지 아니하겠고 나의 아들도 너희를 다스리지 아니할 것이요 여호와께서 너희를 다스리시리라 하니라"(삿 8 : 23).

"여호와께서 사무엘에게 이르시되 백성이 네게 한 말을 다 들으라 이는 그들이 너를 버림이 아니요 나를 버려 자기들의 왕이 되지 못하게 함이니라"(삼상 8 : 7).

"보라 장차 한 왕이 공의로 통치할 것이요 방백들이 정의로 다스릴 것이며 또 그 사람은 광풍을 피하는 곳, 폭우를 가리는 곳 같을 것이며 마른 땅에 냇물 같을 것이며 곤비한 땅에 큰 바위 그늘 같으리니 보는 자의 눈이 감기지 아니할 것이요 듣는 자가 귀를 기울일 것이며 조급한 자의 마음이 지식을 깨닫고 어눌한 자의 혀가 민첩하여 말을 분명히 할 것이라"(사 32 : 1-4).

"대저 여호와는 우리 재판장이시요 여호와는 우리에게 율법을 세우신 이요 여

---

9) F. F. Bruce, *New Testament History*, 나용화·장영 역, 「신약사」(서울 : CLC, 1978), p. 235.

호와는 우리의 왕이시니 그가 우리를 구원하실 것임이라"(사 33 : 22).

"나는 여호와 너희의 거룩한 이요 이스라엘의 창조자요 너희의 왕이니라"
(사 43 : 15).

"이스라엘의 왕인 여호와, 이스라엘의 구원자인 만군의 여호와가 이같이 말하노라 나는 처음이요 나는 마지막이라 나 외에 다른 신이 없느니라"(사 44 : 6).

"여호와의 말씀이니라 보라 때가 이르리니 내가 다윗에게 한 의로운 가지를 일으킬 것이라 그가 왕이 되어 지혜롭게 다스리며 세상에서 정의와 공의를 행할 것이며"(렘 23 : 5).

"내 종 다윗이 그들의 왕이 되리니 그들 모두에게 한 목자가 있을 것이라 그들이 내 규례를 준수하고 내 율례를 지켜 행하며"(겔 37 : 24).

"나 여호와는 그들의 하나님이 되고 내 종 다윗은 그들 중에 왕이 되리라 나 여호와의 말이니라"(겔 34 : 24).

"그 후에 이스라엘 자손이 돌아와서 그들의 하나님 여호와와 그들의 왕 다윗을 찾고 마지막 날에는 여호와를 경외하므로 여호와와 그의 은총으로 나아가리라"(호 3 : 5).

"시온의 딸아 크게 기뻐할지어다 예루살렘의 딸아 즐거이 부를지어다 보라 네 왕이 네게 임하시나니 그는 공의로우시며 구원을 베푸시며 겸손하여서 나귀를 타시나니 나귀의 작은 것 곧 나귀 새끼니라"(슥 9 : 9).

"유대인의 왕으로 나신 이가 어디 계시냐 우리가 동방에서 그의 별을 보고 그에게 경배하러 왔노라 하니"(마 2 : 2).

"나다나엘이 대답하되 랍비여 당신은 하나님의 아들이시요 당신은 이스라엘의 임금이로소이다"(요 1 : 49).

7. 율법대로가 아닌 정치적인 처리 – 십자가

"빌라도가 이르되 그러면 그리스도라 하는 예수를 내가 어떻게 하랴 그들이 다 이르되 십자가에 못 박혀야 하겠나이다 빌라도가 이르되 어찜이냐 무슨 악한 일을 하였느냐 그들이 더욱 소리 질러 이르되 십자가에 못 박혀야 하겠나이다 하는지라 빌라도가 아무 성과도 없이 도리어 민란이 나려는 것을 보고 물을 가져다가 무리 앞에서 손을 씻으며 이르되 이 사람의 피에 대하여 나는 무죄하니 너희가 당하라 백성이 다 대답하여 이르되 그 피를 우리와 우리 자손에게 돌릴지어다 하거늘 이에 바라바는 그들에게 놓아 주고 예수는 채찍질하고 십자가에 못 박히게 넘겨 주니라"(마 27 : 22–26).

"이에 그들이 엿보다가 예수를 총독의 다스림과 권세 아래에 넘기려 하여 정탐들을 보내어 그들로 스스로 의인인 체하며 예수의 말을 책잡게 하니"(눅 20 : 20).

"대제사장들과 서기관들이 예수를 무슨 방도로 죽일까 궁리하니 이는 그들이 백성을 두려워함이더라"(눅 22 : 2).

"빌라도가 대제사장들과 무리에게 이르되 내가 보니 이 사람에게 죄가 없도다 하니 무리가 더욱 강하게 말하되 그가 온 유대에서 가르치고 갈릴리에서부터 시작하여 여기까지 와서 백성을 소동하게 하나이다"(눅 23 : 4–5).

"그들은 소리 질러 이르되 그를 십자가에 못 박게 하소서 십자가에 못 박게 하소서 하는지라 빌라도가 세 번째 말하되 이 사람이 무슨 악한 일을 하였느냐 나는 그에게서 죽일 죄를 찾지 못하였나니 때려서 놓으리라 하니 그들이 큰 소리로 재촉하여 십자가에 못 박기를 구하니 그들의 소리가 이긴지라 이에 빌라도가 그들이 구하는 대로 하기를 언도하고 그들이 요구하는 자 곧 민란과 살인으로 말미암아 옥에 갇힌 자를 놓아 주고 예수는 넘겨 주어 그들의 뜻대로 하게 하니라"(눅 23 : 21-25).

"이날부터는 그들이 예수를 죽이려고 모의하니라"(요 11 : 53).

하나님에 의해서 보냄을 받지 않았으면서도 하나님으로부터 보냄을 받았다고 주장하고, 하나님이 주신 말씀이 아닌 데도 자기가 하나님 말씀을 받았다고 주장하면서 백성들을 오도하는 거짓 선지자는 돌로 쳐 죽이라는 신명기법(신 14, 17, 18장)에 의해서 산헤드린(유대 지도자)은 예수는 사형 받아야 마땅하다고 빌라도에게 공식적으로 넘겨주었다. 성전을 모독한 자들은 자기들이 사형을 처할 수도 있다. 원래 당시 유대인들에게 사형권은 없었다. 사형권은 로마의 집행관(총독, 관리)에게만 주어졌는데, 그러나 예외적으로 성전을 공격했다거나 하나님을 욕되게 하는 경우는 유대인들에게 사형권이 주어졌다. 그래서 요세푸스는 "대제사장은 분란의 경우 조정을 하며 유죄판결을 받은 자들을 처벌했다."라고 기록하고 있다.[10] 그래서 로마 정부가 유대인들에게 "너희들이 너희 법대로 처리하라."라고 말하면서 자신은 발뺌을 하는 것이다. 그러나 유대 지도자들의 의도는 다른 데 있었던 것이다.

8. 사형 집행권

예루살렘 탈무드(Jerusalem Talmud)는 "삶과 죽음에 관한 문제의 재판권은 성전 붕괴 40년 전에 이스라엘로부터 박탈되었다."라고 적고 있다. 또 요세푸스의 「유대 전쟁사」(The Jewish War) 2권 8장 1절에는 "코포니우스(Copponius)는 아우구스투스의 신임을 얻어서 사형 집행권을 포함한 모든 권력을 부여받아 총독으로 파견되었다."라고 한다. 이때가 AD 6~9년이었다.

---

10) Simon Sebag Montefiore, *Jerusalem : The Biography*, 유달승 역, 「예루살렘전기」(서울 : 시공사, 2012), p. 198.

예수 당시 산헤드린이 사형 집행권(ius gladii)을 가지고 있었느냐, 그렇지 못했느냐에 대해 한스 리츠만(Hans Lietzmann)은 가지고 있었다고 주장하고, 요아킴 예레미아스(Joachim Jeremias) 같은 이는 그 주장을 반박한다. 그래서 존 녹스(John Knox)는 이 문제를 개방해 두는 편이 좋을 것 같다고 주장한다.[11] 이와 같이 유대인에게는 사형을 집행하는 권한은 없었다 할지라도 종교에 관한 사건의 경우는 달랐다.[12] 최고의 권력이 로마인에게 있다고 해도 이는 어디까지나 이론상일 뿐 실제로 독자적인 행동만 하지 않는다면 유대인은 그들의 고유한 전통에 따라 사형 집행을 할 수 있었다.

예루살렘 탈무드 산헤드린 1 : 1, 7 : 2에 보존된 바라이타(baraita)에 의하면 "성전이 무너지기 40년 전에 사형을 집행할 수 있는 권리를 이스라엘은 박탈당했다."라고 한다. 또한 바벨론 탈무드 산헤드린 12a, 14a에는 "산헤드린이 벌금형을 선고하는 일은 물론 형사 사건들을 선고하지 못했다."라고 되어 있다. 로마제국 내에서 사형 사건들을 다루는 재판권은 지방관리들에게는 대단히 소중한 것이었다. 지방관리들에게 주어진 재판권 사용 허락은 아주 진귀한 특권으로, 로마제국 내에서 자유도시들과 같은 특권층 지역들에게만 허락되었다. 예루살렘은 자유도시가 아니었다. 그러나 유대와 같은 시에도 성전의 신성을 침해한 경우에는 재판의 특권이 주어졌던 것 같다. 이 경우에는 로마 시민들도 유대인의 법에 의해 처형되었다.[13]

---

11) John Knox, *The Death of Christ*, 채위 역, 「그리스도의 죽음」(서울 : 대한기독교서회, 1982), p. 21.

12) Hans Lietzmann, *A History of the Early Church*. Bertram Lee trans(London: Lutterworth, 1963), p. 60. (But we can say, with some certainly, that the Sanhedrin came to no legal condemnation on the count of blasphemy, for then they would have had to execute Jesus on their own authority by stoning. That was prescribe in the Law, and was accordingly carried out as we see, e. g. in the case of Stephen. ~ that the Jewish authorities, probably on quite good grounds, refrained from dealing with this matter in the form of a religions trial, and preferred to hand Jesus over to the Rornan authorities as an insurgent.)

13) Josephus, *Jewish War* vi, pp. 124-126, 헬라어 비문(OGIS 598, SEG VIII, n. 169); Philo, Legatio ad Gaium, 307.

특히 스데반과 의인 야고보(요세푸스, Ant. XX, 200)가 돌로 쳐 죽임을 당한 일과 랍비 엘리에젤 벤 사독(Rabbi Eliezer ben Zadok)에 의해서 증거된 부정(不貞) 때문에 제사장의 딸이 처형된 사건, 엣센 사회 안에서 행해진 사형 집행들, 시카리(Sicarii)에 의해서 행하여진 암살 행위 등은 어쩔 수가 없었다. 그러기에 오리겐(Origen)의 증거(Letter to Africanus, 14)에 의하면 "사형에 해당하는 죄의 심문들이 비밀리에 산헤드린의 회의장 앞에서, 황제에게 알리지도 않고서 행해졌다."라고 전한다.[14] 정리하면 반란죄를 저지른 정치범들은 로마 정부가 처형했던 반면 종교범의 경우 속주들에게 자치권을 부여했으므로 로마는 관여하지 않았다. 그러므로 산헤드린은 유대 사회에서 종교범들을 처벌할 권리를 갖고 있었다. 그 대표적인 사례가 스데반의 죽음이다. 미쉬나 산헤드린에는 "반란과 관련이 없는 일에 대해서 로마는 절대 개입하는 일이 없었고, 종교·사회적 범죄들은 산헤드린 공의회에서 담당하도록 했다"라는 구절이 있다.

"…… 성 밖으로 내치고 돌로 칠새 증인들이 옷을 벗어 사울이라 하는 청년의 발 앞에 두니라 …… 이 말을 하고 자니라"(행 7 : 54 – 60).

이러한 경우에는 최초로 돌을 던질 자는 유죄를 입증한 증인이어야 했다.

"이런 자를 죽이기 위하여는 증인이 먼저 그에게 손을 댄 후에 뭇 백성이 손을 댈지니라 너는 이와 같이 하여 너희 중에서 악을 제할지니라"(신 17 : 7).

물론 스데반의 경우는 유대인들이 자기 멋대로 사형(私刑)을 가한 경우이지만 그 당시에는 로마 정부가 예속된 백성들에게 꽤 많은 자치권을 허용하였기 때문에 종교에 관한 사건의 경우에는 사형을 결정할 권한이 있었던 것으로 보인다. 그러나 그들에게 법적으로나 공적으로는 누구에게나 사형을 부과할 권한이 없었다.

---

14) Ibid., pp. 236 – 238.

"빌라도가 이르되 너희가 그를 데려다가 너희 법대로 재판하라 ……"(요 18 : 31).

예수를 정치범으로 몰아서 십자가 처형을 고집하는 유대인들의 의도는 신명기 21 : 23의 적용을 도모하기 위함이었다. 그래야 예수가 하나님의 저주를 받고 죽은 것처럼 되기 때문이다. 이것이야말로 예수 운동을 가장 효과적으로 종결시키는 방법이었다. 또는 예수를 사형에 처하려는 그들의 증오가 로마인들에게 전가될 수 있는 길도 제시할 수 있기 때문이었다(갈 3 : 13, 벧전 2 : 24, 행 5 : 30, 10 : 39, 13 : 28f, 11Q Temple 64 : 6 - 13, 4QPNah 3 - 4, Justin Martyr, Pial 39 : 7, 89 : 1 - 90 : 1). 왜냐하면 구약 후기부터 중간사 시대를 거쳐서 흐르는 전승 가운데, 진정한 선지자는 당 세대에 의해서 버림을 받아 고난을 받는다는 것이 있었다. 즉, 선지자의 고난받음의 전승이다(Passio iusti).[15]

"의인이 과연 하나님의 아들이라면 하나님이 그를 도와서 원수의 손아귀에서 구해 주실 것이다. 폭력과 학대로 그를 시험해 보자 그러면 그의 마음이 온유한가를 알 수 있을 것이며, 그의 인내력을 시험해 볼 수 있을 것이다. 그는 입만 열면 주님이 자기를 도와주신다고 말해 왔으니 그에게 아주 치욕스러운 죽음을 안겨 줘 보자"(솔로몬의 지혜 2 : 1 - 20).[16]

---

15) 김세윤, 「예수와 바울」(서울 : 참말, 1993), pp. 195 - 248.
16) 솔로몬의 지혜 본서(솔로몬의 지혜)의 성립 연대는 넓게는 BC 2세기부터 AD 2세기, 좁게는 BC 1세기의 저작으로 보는 것이 통설이며, 저자는 이집트 특히 알렉산드리아에 살았던 유대인으로서 헬레니즘 문화와 이집트와의 깊은 접촉이 있는 자로서 특정한 사람이라고 제시하기는 무리한 일이며, 에세네파에 속한 자 또는 그리스도인의 하나라고도 본다. 저작 목적은 조상으로부터 전해 온 신앙을 확립하기 위해서였다. 특히 당시의 압도적인 헬레니즘 문화와 강대한 이교의 영향하에 이교문화를 근원부터 부정하는 것이 아니라 어느 정도 고전 그리스의 철학사상이나 당시 성황을 이룬 스토아 철학 등의 철학사상을 수용하면서 유대교의 우위를 논증하려고 한 것이다.

"사람들의 눈에는 의인들이 벌을 받는 것처럼 보이지만 그들의 영혼은 불멸의 희망으로 가득 차 있다. 그들이 받은 고통은 후에 받을 영광스러운 축복에 비하면 아무것도 아니다. 하나님께서 그들을 시험하시고 그들이 당신 뜻에 맞는 사람임을 인정하신 것이다. 불도가니 속에서 금을 시험하듯이 하나님께서 그들을 시험하시고 그들을 번제물로 받아들이셨다. 하나님께서 그들을 찾아오실 때 그들은 빛을 내고 짚단이 탈 때 튀기는 불꽃처럼 퍼질 것이다"(솔로몬의 지혜 3 : 4-7).

"그러나 의인은 제명을 다하지 못하고 죽더라도 영원한 안식을 얻을 것이다"(솔로몬의 지혜 4 : 7).

"일찍 죽은 의인이 살아남은 악인들을 단죄하며 젊은 나이에 죽은 의인이 오래 산 악인을 부끄럽게 만든다"(솔로몬의 지혜 4 : 16).

"그때에 의인은 자신 있게 일어나서 그를 핍박한 자들과 그가 고통을 받을 때에 조소한 자들과 맞설 것이다"(솔로몬의 지혜 5 : 1).

그래서 예수가 거짓 선지자의 처형 방법인 돌로 쳐 죽임의 방법으로 죽임을 당하면 유대인들에게는 예수가 거짓 선지자이나 예수의 추종자들에게는 예수가 더욱 진정한 선지자임이 드러나는 것이 된다. 그렇기 때문에 빌라도가 여러 번 책임을 회피하려고 하고, 너희의 법대로 처리하라고 할 때 유대인들은 빌라도의 요구를 듣지 않고 빌라도에게 끝까지 정치적으로 처리하도록 압력을 가한 것이다.

"대제사장들과 아랫사람들이 예수를 보고 소리 질러 이르되 십자가에 못 박으소서 십자가에 못 박으소서 하는지라 빌라도가 이르되 너희가 친히 데려다가 십자가에 못 박으라 나는 그에게서 죄를 찾지 못하였노라 유대인들이 대답하되 우리에게 법이 있으니 그 법대로 하면 그가 당연히 죽을 것은 그가 자기를 하나님의 아들이라 함이니이다"(요 19 : 6-7).

"이러하므로 빌라도가 예수를 놓으려고 힘썼으나 유대인들이 소리 질러 이르되 이 사람을 놓으면 가이사의 충신이 아니니이다 무릇 자기를 왕이라 하는 자는 가이사를 반역하는 것이니이다"(요 19 : 12).

9. 대제사장과 장로들의 의도에 대한 빌라도의 이해

"이는 그가 그들의 시기로 예수를 넘겨준 줄 앎이더라"(마 27 : 18).

"빌라도가 이르되 어찜이냐 무슨 악한 일을 하였느냐 그들이 더욱 소리 질러 이르되 십자가에 못 박혀야 하겠나이다 하는지라 빌라도가 아무 성과도 없이 도리어 민란이 나려는 것을 보고 물을 가져다가 무리 앞에서 손을 씻으며 이르되 이 사람의 피에 대하여 나는 무죄하니 너희가 당하라"(마 27 : 23-24).

"이르되 너희가 이 사람이 백성을 미혹하는 자라 하여 내게 끌고 왔도다 보라 내가 너희 앞에서 심문하였으되 너희가 고발하는 일에 대하여 이 사람에게서 죄를 찾지 못하였고 헤롯이 또한 그렇게 하여 그를 우리에게 도로 보내었도다 보라 그가 행한 일에는 죽일 일이 없느니라 그러므로 때려서 놓겠노라"(눅 23 : 14-16).

빌라도는 예수를 십자가에 못 박게 하려고 압력을 가하는 대제사장과 장로들의 의도를 정확하게 알고 있었으며, 예수는 십자가에 처형되어야 할 죄가 없으신 분임도 알았다. 그래서 그는 예수에게 유죄 판결을 내리기를 원치 않았다. 즉, 로마의 영광인 공정한 정의에 배반하는 일을 원치 않았던 것이다. 그래서 그는 유죄 선고를 피하려고 4가지 일을 시도했다.

첫째, 이 문제를 유대인 스스로 해결하라고 했다(요 19 : 6-7). 둘째, 갈릴리 지역 분봉 왕이 유월절을 지키려 예루살렘에 와 있었기 때문에 헤롯에게 사건을 맡기려고 했다(눅 23 : 1ff). 셋째, 유대인들을 설득해서 유월절 특사로 예수를 놓아주려고 했다(막 15 : 6). 넷째, 예수를 때려서 놓아주겠다고 타협안을 제시했다. 그러나 유대 지도자들은 자신들의 주장이 받아들여지지 않을 것을 알고 군중들을 사전에 동원했다. 그렇지 않았다면 그렇게 이른 새벽에 빌라도 총독 관저(안토니아 병영) 앞에 많은 사람이 모여들 리가 없었다. 왜냐하면 예수의 체포가 비밀리에 이루어졌기 때문에 유월절 절기를 지키러 올라온 대다수의 순례객들은 전혀 알 수 없는 일이다. 군중들의 "십자가에 못 박으라."라는 외침의 의도, 유대인들의 종교 사회학적 역학구도를 파악했음에도 불구하고 그는 스스로 양심을 속인 불행하고 어리석은 자로 전락하고 말았다. 양심과 재판상의 공의, 그리고 사랑하는 아내의 충언조차 눈감고 그는 예수를 외면했던 것이다. 그는 자신에게 주어진 권한의 힘을 알았으나 그것을 바르게 쓸 용기는 갖지 못했던 것이다. 그는 유대인 군중을 무서워할 수밖에 없는 과거의 경험에 매여 오늘의 기회를 잃고, 내일의 생명을 잃어버렸던 것이다.

33년 봄에 예수가 십자가에 처형당하셨다. 왜 예수의 처형에 빌라도는 빌라도답지 않게 행동했는가? 황제 아우구스투스가 AD 14년에 죽고 티베리우스가 로마의 황제가 되자 약간의 변화가 일어났다. 아우구스투스는 유대 총독의 임기를 3년으로 한정했었는데, 티베리우스는 10년으로 조정했다. 왜냐하면 단기로 부임하는 총독들의 수탈이 너무 극심하여 장기 복무 시 첫 몇 년은 똑같은 방식으로 긁어모은다 하더라도 나중에는 더 이상 수탈한 것이 없어 정치에 몰두할 것이라고 판단했기 때문이었다. 이것에 대한 티베리우스 황제 자신의 언급이 비유로 표현되어 있다. "상처 부위에 계속 새로운 파리가 와서 빨아먹게 하는 것보다는 다른 파리들이 오지 못하게 하면서 처음부터 있었던 한 마리가 빨아먹게 하는 편이 더 낫다." 또한 티베리우스는 총독을 자신이 직접 임명하지 않고 황실 친위대장에게 맡겼다. 당시 친위대장은 루시우스 A. 세자누스(Lucius A. Sejanus)로서 그는 발레리우스 그라투스(Valerius Gratus, 15–26년)를 유대 총독으로 임명했다.

총독 그라투스는 매년 대제사장을 바꿔 가며 4명을 임명할 정도로 독단적이었다. 그는 18년에 가야바를 대제사장으로 임명했다(36년까지). AD 26년에 세자누스는 빌라도를 유대 총독으로 임명했는데, 그는 로마식의 군인 정치가로 예루살렘에 입성할 때 유대에서의 관습과는 달리 군기 위에 황제의 초상을 부착한 채 입성하려고 하였다. 우상숭배 금지의 율법이 침해당하는 것보다 죽음을 택하겠다는 백성들의 목숨을 건 항거로 뜻을 이루지는 못했지만, 그는 부임 초부터 유대인들과 극한의 대립관계를 연출했다. 또 예루살렘의 수로건설을 위해 성전고의 보물을 탈취하자 격노한 군중들이 몰려들었지만, 그는 군대를 시켜 곤봉으로 군중들을 두들겨 패서 해산시켰다고 한다(유대 고대사 18권 55절, 유대 고대사 18장 60-62절). 그는 아우구스투스가 용인했던 유대의 특수상황을 전혀 고려하지 않고 로마의 이익과 권리, 그리고 로마의 법률만을 강조하여 처음부터 강력한 반발에 부딪혔다. 그러나 그는 그의 완고한 정치적 소신을 굽힐 줄 몰랐다. 그만큼 그는 종교적 신념이 강한 사람이었고 황제에 대한 충성심이 강해 유대교에 대하여 매우 공격적이었다.

빌라도의 임명자요, 후원자였던 황제의 친위대 대장 세자누스는 처음에는 티베리우스 황제를 능가하는 세력을 가지고 있었다. 그는 반유대적인 정책을 폈으며, 빌라도의 안하무인격인 통치는 – 물론 그의 군인 기질에도 있었지만 – 세자누스의 후원을 힘입었기 때문인 것으로 해석된다. 하지만 31년 10월 18일에 세자누스는 반역을 모의했다는 혐의로 황제의 명에 따라 체포되어 처형되었는데, 빌라도에게 이것은 곧 그의 정치 기반이 무너졌음을 뜻할 뿐 아니라 자신도 황제의 의심과 경계의 대상 내지 숙청의 대상이 되었음을 의미했다. 세자누스가 평소에 유대인에게 편협한 태도를 취했을 뿐 아니라 유대인들이 황제에게 반란의 여지가 있음을 거짓으로 보고했기 때문에 티베리우스 황제는 세자누스 처형 후 칙령을 내려 빌라도에게 유대 정책을 신중히 할 것을 당부했다.

따라서 기원후 32년에 티베리우스[17]의 이름을 새긴 '봉납방패'(황제에 대한 경의와 기념으로 제작하여 전시하는 방패) 발행이 티베리우스의 명령으로 중지되었다. 빌라도는 이미 유대인들과 여러 차례 충돌에서 순수하게 로마식으로 처리하였으나 이번에는 이와 같은 이유에서 독자적으로 밀고 나갈 힘이 없었다. 유대인들이 직접 황제에게 호소할 것을 두려워했기 때문이다. 만약 유대 지도자들이 자신의 실

---

17) 티베리우스(Tiberius Julius Caesar Augustus, BC 42-AD 37) AD 37년 3월 16일 사망.

정을 황제에게 호소하면 그는 즉시 실각할 것을 알았기 때문이다. 이 부분에 있어서 예수 시대 알렉산드리아에서 활동했던 유대 철학자 필로는 Gaium 1 : 302에 다음과 같은 글을 남겼다. "유대인들은 빌라도를 당황케 만들었다. 만일 그들이 사절단을 보내어 빌라도 자신이 총독으로 지내는 동안에 행했던 일, 즉 뇌물수수, 성전 금고 강탈, 유대 종교 모독, 의도된 폭행, 재판 없는 처형, 지속적인 잔인한 행위들 등을 로마에서 폭로하게 될지 모른다는 생각에 빌라도는 두려움에 떨었다." 또한 속주민의 대표가 로마 황제를 찾아가 속주의 사정을 기소할 수 있는 권리로 인하여 폭군 아켈라오가 폐위된 사례가 있었다. 따라서 빌라도는 적법한 재판을 하여 로마의 품위를 지키고 로마의 법을 대변하고 수호하기보다는 유대 지도자들과의 협력관계를 통해 자신의 위치를 지켜야 할 상황이었다. 그러한 그에게 "예수를 십자가에 못 박으라."라는 유대인의 함성을 이길 힘은 없었다. 예수를 십자가에 못 박기를 원하는 유대인의 공갈을 이길 용기가 그에게는 없었다. 그리하여 예수를 죽음에 처하도록 로마 법정은 허락했으나 그 재판을 하도록 주된 역할을 한 자들은 유대에 있었던 대제사장들이었다.[18]

이렇게 산헤드린에 의해 기소된 종교범을 정치범으로 체포해서 처형하는 절충안은 모두에게 유익했다. 기득권자들은 손에 피를 묻히지 않고 눈엣가시 같은 예수를 처형할 수 있었고, 빌라도는 꺼림칙하긴 했지만 자신의 지위를 연장할 수 있었으며, 대중들은 그들이 바랐던 혁명 지도자를 잃었으나 또 다른 레지스탕스 정치범인 바라바를 얻었으니 그것도 나쁘지는 않았다.

이렇게 예수가 십자가에 못 박혀 죽었기 때문에 예수의 제자들이 예수를 버려두고 다 도망갔던 것이다. 왜냐하면 신명기 21 : 23에 의해서 예수가 의로운 선지자로서 당 세대에 버림을 받고 패역한 이스라엘 지도자들의 대적과 핍박으로 억울하게 처형당한 것이 아니라 하나님의 저주를 받아 죽은 정말 거짓 선지자였음이 드러났기 때문이다.

---

18) F. F. Bruce, op. cit., p. 29.

"…… 이에 제자들이 다 예수를 버리고 도망하니라"(마 26 : 56).

"그가 저주하며 맹세하여 이르되 나는 그 사람을 알지 못하노라 하니 곧 닭이 울더라"(마 26 : 74).

"제자들이 다 예수를 버리고 도망하니라 한 청년이 벗은 몸에 베 홑이불을 두르고 예수를 따라가다가 무리에게 잡히매 베 홑이불을 버리고 벗은 몸으로 도망하니라"(막 14 : 50-52).

하나님의 법, 하나님의 말씀 자체가 선언한 대로 십자가에 못 박혀 예수가 죽음으로 해서 혹시 예수가 메시야, 선지자가 아닌가 하고 따라다니던 예수의 제자들은 환멸과 공포 속에서 도망가 버린 것이다. 그렇다면 과연 예수는 하나님의 저주를 받은 하나님의 신성을 모독한 자이며, 로마에 대하여 반란을 일으킨 자인가? 또한 예수 자신은 십자가의 죽음을 어떻게 이해하셨으며, 어떻게 가르치셨는가? 그 당시 유대인들이 옳았는가? 예수가 옳았는가?

CONFIDENCE OF REDEMPTION

구원의 확신

✝
―
7

십자가에 대한
예수 자신의 이해

"그들이 먹을 때에 예수께서 떡을 가지사 축복하시고 떼어 제자들에게 주시며 이르시되 받으라 이것은 내 몸이니라 하시고 또 잔을 가지사 감사 기도 하시고 그들에게 주시니 다 이를 마시매 이르시되 이것은 많은 사람을 위하여 흘리는 나의 피 곧 언약의 피니라"(막 14 : 22−24).

✝

1. 십자가의 의미

예수의 십자가에서의 자신의 죽음에 대한 이해는 십자가의 죽음을 바로 앞에 두고 가르치신 최후의 만찬 말씀에 가장 잘 나타난다.

"그들이 먹을 때에 예수께서 떡을 가지사 축복하시고 떼어 제자들에게 주시며 이르시되 받으라 이것은 내 몸이니라 하시고 또 잔을 가지사 감사 기도하시고 그들에게 주시니 다 이를 마시매 이르시되 이것은 많은 사람을 위하여 흘리는 나의 피 곧 언약의 피니라 진실로 너희에게 이르노니 내가 포도나무에서 난 것을 하나님 나라에서 새것으로 마시는 날까지 다시 마시지 아니하리라 하시니라"(막 14 : 22-25).

"그들이 먹을 때에 예수께서 떡을 가지사 축복하시고 떼어 제자들에게 주시며 이르시되 받아서 먹으라 이것은 내 몸이니라 하시고 또 잔을 가지사 감사 기도 하시고 그들에게 주시며 이르시되 너희가 다 이것을 마시라 이것은 죄 사함을 얻게 하려고 많은 사람을 위하여 흘리는 바 나의 피 곧 언약의 피니라 그러나 너희에게 이르노니 내가 포도나무에서 난 것을 이제부터 내 아버지의 나라에서 새 것으로 너희와 함께 마시는 날까지 마시지 아니하리라 하시니라"(마 26 : 26-29).

"이에 잔을 받으사 감사 기도하시고 이르시되 이것을 갖다가 너희끼리 나누라 내가 너희에게 이르노니 내가 이제부터 하나님의 나라가 임할 때까지 포도나무에서 난 것을 다시 마시지 아니하리라 하시고 또 떡을 가져 감사 기도하시고 떼어 그들에게 주시며 이르시되 이것은 너희를 위하여 주는 내 몸이라 너희가 이를 행하여 나를 기념하라 하시고 저녁 먹은 후에 잔도 그와 같이 하여 이르시되 이 잔은 내 피로 세우는 새 언약이니 곧 너희를 위하여 붓는 것이라 그러나 보라 나를 파는 자의 손이 나와 함께 상 위에 있도다 인자는 이미 작정된 대로 가거니와 그를 파는 그 사람에게는 화가 있으리로다 하시니"(눅 22 : 17 - 22).

"인자는 이미 작정된 대로 가거니와"에서 '간다'라고 하는 이 말은 예수가 자기의 죽음을 두고 하신 말씀이다. 즉, 자기가 인자(그 사람의 아들)로서 성경에 기록된 대로, 예언된 대로 죽는다는 말이다. 왜 예수는 죽으셔야만 했는가? 의를 이루시기 위해 오셨던 분이 왜 불의한 재판에 침묵하셨는가? 산헤드린 공회는 재판이 열린 후 하루가 지나지 않으면 판결을 내릴 수 없었다. 이는 그 밤이 지나는 동안 자비의 정이 생기게 하기 위한 것이었으며, 또한 재판은 낮 동안에만 처리될 수 있었고 둘 이상의 증인이 각자 다른 곳에서 증언하게 되어 있었다. 그 다음 먼저 무죄를 증언하고, 그 다음 유죄를 증언해야 했으며, 생명에 관계될 때는 그 중요성이 언급되어져야 했다.

그러나 예수를 정죄한 그 밤에는 그 어느 것 하나도 지켜지지 않았다. 즉, 불의의 재판이었던 것이다. 재판장 빌라도마저 죄 없음을 인정한 이 판결에 왜 예수는 항거하지 않으셨는가? 예수는 항거의 능력이 없으셨던가? 그것은 당신의 죽음을 통해서만 인산의 구원 역사가 일어나기 때문에 이것이 죄 밑한 인생을 구원하시는 하나님의 지혜이며, 하나님의 방법이기에 예수는 화목의 제물로 당신의 생명을 내어 놓으셨던 것이다. 여기에 대해서 좀 더 자세히 살펴보면, 전능하신 하나님의 권능을 모두 가지고 계신 예수님이 유대인들에게 잡혀 십자가형을 받으신 것은 그들에게 대항할 만한 힘이 없어 어쩔 수 없이 굴복당하신 것이 아니라 예수님 스스로가 그 일을 허락하셨기 때문이다. 그래서 요한은 이 사실에 대해 예수님이 자기의 십자가를 지고 가셨다고 기록하고 있다.

"인자가 온 것은 섬김을 받으려 함이 아니라 도리어 섬기려 하고 자기 목숨을 많은 사람의 대속물로 주려 함이니라"(마 20 : 28).

"그들이 예수를 맡으매 예수께서 자기의 십자가를 지시고 해골(히브리 말로 골고다)이라 하는 곳에 나가시니"(요 19 : 17).

"인자가 온 것은 섬김을 받으려 함이 아니라 도리어 섬기려 하고 자기 목숨을 많은 사람의 대속물로 주려 함이니라"(막 10 : 45).

"그리스도께서 하나님 곧 우리 아버지의 뜻을 따라 이 악한 세대에서 우리를 건지시려고 우리 죄를 대속하기 위하여 자기 몸을 주셨으니"(갈 1 : 4).

그렇다면 '인간 구원에 왜 꼭 예수님의 십자가가 필요한가?'를 살펴보자. 예수님이 십자가에서 죽으셔야만 했던 이유는 구약의 율법과 밀접한 관계가 있다. 먼저 하나님께서는 세상의 여러 민족 가운데 특별히 이스라엘 민족을 택하셔서 하나님의 백성으로 삼게 된 배경의 시작점으로 거슬러 올라가야 한다. 그 시작은 하나님께서 갈대아 우르에 살고 있던 아브라함을 불러내 아브라함과 언약을 맺으시는 것이다.

"아브람이 구십구 세 때에 여호와께서 아브람에게 나타나서 그에게 이르시되 나는 전능한 하나님이라 너는 내 앞에서 행하여 완전하라 내가 내 언약을 나와 너 사이에 두어 너를 크게 번성하게 하리라 하시니 아브람이 엎드렸더니 하나님이 또 그에게 말씀하여 이르시되 보라 내 언약이 너와 함께 있으니 너는 여러 민족의 아버지가 될지라 이제 후로는 네 이름을 아브람이라 하지 아니하고 아브라함이라 하리니 이는 내가 너를 여러 민족의 아버지가 되게 함이니라 내가 너로 심히 번성하게 하리니 내가 네게서 민족들이 나게 하며 왕들이 네게로부터 나오리라 내가 내 언약을 나와 너 및 네 대대 후손 사이에 세워서 영원한 언약을 삼고 너와 네 후손의 하나님이 되리라 내가 너와 네 후손에게 네가 거류하는 이 땅 곧 가나안 온 땅을 주어 영원한 기업이 되게 하고 나는 그들의 하나님이 되리라"(창 17 : 1-8).

그런데 아브라함과의 언약은 아브라함뿐만 아니라 그의 모든 후손들과도 맺은 언약(7절)으로서 이 언약을 맺은 이유는 하나님께서 이스라엘에게 기업으로 땅을 주시고 그들의 하나님이 되시기 위해서인데(8절), 이 언약은 아브라함의 요청에 의해서가 아니고 하나님께서 먼저 아브라함을 불러내셔서 일방적으로 맺으신 언약이기 때문에 신실하신 하나님께서는 아브라함과 맺은 이 언약을 기억하시고, 끝까지 그 언약을 이루실 것을 약속하신다(7-8절). 그런데 사람들이 하나님의 백성이 되기 위해서는 해결해야 할 중요한 문제가 있다. 하나님은 거룩하신 분이기 때문에 본질적으로 죄악된 인간이 하나님과 함께할 수 없다는 것이다. 죄악된 인간이 하나님께 나아가면 그것은 곧 죽음을 의미하는 것이다.

"모세가 그의 장인 미디안 제사장 이드로의 양 떼를 치더니 그 떼를 광야 서쪽으로 인도하여 하나님의 산 호렙에 이르매 여호와의 사자가 떨기나무 가운데로부터 나오는 불꽃 안에서 그에게 나타나시니라 그가 보니 떨기나무에 불이 붙었으나 그 떨기나무가 사라지지 아니하는지라 이에 모세가 이르되 내가 돌이켜 가서 이 큰 광경을 보리라 떨기나무가 어찌하여 타지 아니하는고 하니 그 때에 여호와께서 그가 보려고 돌이켜 오는 것을 보신지라 하나님이 떨기나무 가운데서 그를 불러 이르시되 모세야 모세야 하시매 그가 이르되 내가 여기 있나이다 하나님이 이르시되 이리로 가까이 오지 말라 네가 선 곳은 거룩한 땅이니 네 발에서 신을 벗으라"(출 3 : 1-5).

그러므로 하나님께서는 불의한 이스라엘 민족이 하나님의 백성으로 하나님께 나아갈 수 있도록 하시기 위해 이스라엘 민족에게 율법을 주셨다. 그 율법의 내용은 태에서 처음 난 이스라엘의 모든 것에 대하여 가축이나 사람을 막론하고 모두 짐승의 피를 흘려 대속하는 대속의 제사, 즉 속죄제를 드리도록 정하였다.

"너는 태에서 처음 난 모든 것과 네게 있는 가축의 태에서 처음 난 것을 다 구별하여 여호와께 돌리라 수컷은 여호와의 것이니라 나귀의 첫 새끼는 다 어린 양으로 대속할 것이요 그렇게 하지 아니하려면 그 목을 꺾을 것이며 네 아들 중 처음 난 모든 자는 대속할지니라 후일에 네 아들이 네게 묻기를 이것이 어찌 됨이냐 하거든 너는 그에게 이르기를 여호와께서 그 손의 권능으로 우리를 애굽에서 곧 종이 되었던 집에서 인도하여 내실새 그 때에 바로가 완악하여 우리를 보내지 아니하매 여호와께서 애굽 나라 가운데 처음 난 모든 것은 사람의 장자로부터 가축의 처음 난 것까지 다 죽이셨으므로 태에서 처음 난 모든 수컷들은 내가 여호와께 제사를 드려서 내 아들 중에 모든 처음 난 자를 다 대속하리니 이것이 네 손의 기호와 네 미간의 표가 되리라 이는 여호와께서 그 손의 권능으로 우리를 애굽에서 인도하여 내셨음이니라 할지니라"(출 13 : 12-16).

"또 백성을 위한 속죄제 염소를 잡아 그 피를 가지고 휘장 안에 들어가서 그 수송아지 피로 행함 같이 그 피로 행하여 속죄소 위와 속죄소 앞에 뿌릴지니 곧 이스라엘 자손의 부정과 그들이 범한 모든 죄로 말미암아 지성소를 위하여 속죄하고 또 그들의 부정한 중에 있는 회막을 위하여 그같이 할 것이요"(레 16 : 15-16).

"이는 너희가 영원히 지킬 규례라 이스라엘 자손의 모든 죄를 위하여 일년에 한 번 속죄할 것이니라 아론이 여호와께서 모세에게 명령하신 대로 행하니라"(레 16 : 34).

처음 난 것에 대하여 대속하라는 것은 처음 태어난 장자가 나머지 모두를 대표하기에 나머지 모두도 대속의 효력을 갖는다는 것이다. 아담의 자손인 인간은 누구나 다 본질적으로 불의한 상태에 있기 때문에 절대로 하나님의 거룩함에 이를 수 없지만, 하나님께서는 이스라엘 민족에게 율법을 주시고 짐승의 희생을 통해, 즉 대속의 제사를 통해 일시적으로 그들의 불의함을 용납하시고 하나님 앞에 설 수 있게 하신 것이다. 그런데 이 속죄제는 죄를 근본적으로 해결해 주기보다는 오히려 모든 인간들은 예외 없이 항상 불의한 상태에 있다는 것을 상기시켜 주는 것이 된다. 매년 속죄제를 드릴 때마다 그들은 자신들이 죄인이라는 것을 반복해서 확인하며 또 율법은 일시적이고 한시적인 것으로 불완전하기 때문에 자신들의 불의함을 근본적으로 해결할 수 없다는 것을 나타내는 것이기도 했다.

"그러나 이 제사들에는 해마다 죄를 기억하게 하는 것이 있나니 이는 황소와 염소의 피가 능히 죄를 없이 하지 못함이라"(히 10 : 3-4).

이렇게 짐승으로 드리는 속죄제가 온전히 죄를 없애지 못하는 이유는 짐승의 피와 인간의 피는 급이 다르다는 것이다. 즉, 사람의 죄 문제의 해결은 짐승의 피가 아니라 사람의 피, 즉 죄를 지은 사람 자신의 피를 흘림으로써만 가능하다는 것이다. 다시 말하면 본인이 죽음으로써만 그 죗값을 치를 수 있다는 것이다.

"아버지는 그 자식들로 말미암아 죽임을 당하지 않을 것이요 자식들은 그 아버지로 말미암아 죽임을 당하지 않을 것이니 각 사람은 자기 죄로 말미암아 죽임을 당할 것이니라"(신 24 : 16).

"우리에게 제단이 있는데 장막에서 섬기는 자들은 그 제단에서 먹을 권한이 없나니 이는 죄를 위한 짐승의 피는 대제사장이 가지고 성소에 들어가고 그 육체는 영문 밖에서 불사름이라 그러므로 예수도 자기 피로써 백성을 거룩하게 하려고 성문 밖에서 고난을 받으셨느니라 그런즉 우리도 그의 치욕을 짊어지고 영문 밖으로 그에게 나아가자"(히 13 : 10-13).

아비가 자식의 죄를 대신해서 죽을 수 없고, 자식이 아비의 죄를 위해 죽을 수도 없다는, 모든 인간은 죽음이 아니고는 자신의 죄 문제에서 절대로 벗어날 수 없다. 따라서 이 세상의 모든 인간은 결국 자신이 죽는 것 외에는 자신의 죄 문제를 해결할 방법이 없는 것이다.

"선악을 알게 하는 나무의 열매는 먹지 말라 네가 먹는 날에는 반드시 죽으리라 하시니라"(창 2 : 17).

"그러나 고기를 그 생명 되는 피째 먹지 말 것이니라"(창 9 : 4).

"내가 애굽 땅을 칠 때에 그 피가 너희가 사는 집에 있어서 너희를 위하여 표적이 될지라 내가 피를 볼 때에 너희를 넘어가리니 재앙이 너희에게 내려 멸하지 아니하리라"(출 12 : 13).

"육체의 생명은 피에 있음이라 내가 이 피를 너희에게 주어 제단에 뿌려 너희의 생명을 위하여 속죄하게 하였나니 생명이 피에 있으므로 피가 죄를 속하느니라"(레 17 : 11).

"모든 생물은 그 피가 생명과 일체라 그러므로 내가 이스라엘 자손에게 이르기를 너희는 어떤 육체의 피든지 먹지 말라 하였나니 모든 육체의 생명은 그것의 피인즉 그 피를 먹는 모든 자는 끊어지리라"(레 17 : 14).

"염소와 송아지의 피로 하지 아니하고 오직 자기의 피로 영원한 속죄를 이루사 단번에 성소에 들어가셨느니라 염소와 황소의 피와 및 암송아지의 재를 부정한 자에게 뿌려 그 육체를 정결하게 하여 거룩하게 하거든 하물며 영원하신 성령으로 말미암아 흠 없는 자기를 하나님께 드린 그리스도의 피가 어찌 너희 양심을 죽은 행실에서 깨끗하게 하고 살아 계신 하나님을 섬기게 하지 못하겠느냐 이로 말미암아 그는 새 언약의 중보자시니 이는 첫 언약 때에 범한 죄에서 속량하려고 죽으사 부르심을 입은 자로 하여금 영원한 기업의 약속을 얻게 하려 하심이라 유언은 유언한 자가 죽어야 되나니 유언은 그 사람이 죽은 후에야 유효한즉 유언한 자가 살아 있는 동안에는 효력이 없느니라 이러므로 첫 언약도 피 없이 세운 것이 아니니 모세가 율법대로 모든 계명을 온 백성에게 말한 후에 송아지와 염소의 피 및 물과 붉은 양털과 우슬초를 취하여 그 두루마리와 온 백성에게 뿌리며 이르되 이는 하나님이 너희에게 명하신 언약의 피라 하고 또한 이와 같이 피를 장막과 섬기는 일에 쓰는 모든 그릇에 뿌렸느니라 율법을 따라 거의 모든 물건이 피로써 정결하게 되나니 피 흘림이 없은즉 사함이 없느니라"(히 9 : 12-22).

2. 하나님의 해결책

자신의 죽음 외에 자기 죄를 해결할 수 있는 방법이 없다고 한다면 모든 인간이 죽으면 해결이 된다. 그러나 그것은 하나님께서 기뻐하시는 방법이 아니다. 왜냐하면 하나님께서는 세상을 창조하시고 자신의 피조물들을 보시며 보시기에 좋았다고 말씀하셨듯이 하나님께서 인간을 지으신 것은 죽이려고 지으신 것이 아니라 살게 하기 위해서 지으신 것이다. 그러나 아담의 죄로 인해 아담과 같은 운명이 된 인간은 자신의 죄 문제를 해결하기 위해 죽는 것 외에는 다른 방법이 없게 된 것이다.

단 한 가지 해결책이 있다면 인간들 중에 죄 없는 자가 있어서 그가 다른 죄인 한 사람을 대신해서 죽으면 그 죄인은 죄에서 벗어날 수 있겠지만, 모든 인간은 다 똑같이 불의한 상태에 있기 때문에 그것도 가능하지가 않다.

"그때에 너희는 그 가운데서 행하여 이 세상 풍조를 따르고 공중의 권세 잡은 자를 따랐으니 곧 지금 불순종의 아들들 가운데서 역사하는 영이라 전에는 우리도 다 그 가운데서 우리 육체의 욕심을 따라 지내며 육체와 마음의 원하는 것을 하여 다른 이들과 같이 본질상 진노의 자녀이었더니"(엡 2 : 2-3).

"그러면 어떠하냐 우리는 나으냐 결코 아니라 유대인이나 헬라인이나 다 죄 아래에 있다고 우리가 이미 선언하였느니라 기록된 바 의인은 없나니 하나도 없으며"(롬 3 : 9-10).

"그러므로 내 형제들아 너희도 그리스도의 몸으로 말미암아 율법에 대하여 죽임을 당하였으니 이는 다른 이 곧 죽은 자 가운데서 살아나신 이에게 가서 우리가 하나님을 위하여 열매를 맺게 하려 함이라 우리가 육신에 있을 때에는 율법으로 말미암는 죄의 정욕이 우리 지체 중에 역사하여 우리로 사망을 위하여 열매를 맺게 하였더니 이제는 우리가 얽매였던 것에 대하여 죽었으므로 율법에서 벗어났으니 이러므로 우리가 영의 새로운 것으로 섬길 것이요 율법 조문의 묵은 것으로 아니할지니라"(롬 7 : 4-6).

에베소에 있는 이방인 교인이나 유대교인이나 궁극적으로는 모든 인간은 거룩하신 하나님을 따르지 않고 불의한 육체의 욕심을 따라 지내기 때문에 본질적으로 죄인이다. 따라서 인간을 대신해서 죽을 수 있는 불의하지 않은 인간이 있을 수 없기 때문에 한 사람이 다른 사람의 죄를 대신해서 죽을 수도 없으며 설사 죽는다 해도 인류 전체의 죄 문제를 해결하는 데는 아무런 소용이 없다.

하나님께서 이러한 인간의 근본적인 죄 문제를 해결하시기 위해 한 가지 해결책을 제시해 주셨다. 그것은 바로 하나님께서 죄 없는 인간을 세상에 보내시는 것이다.

"율법이 육신으로 말미암아 연약하여 할 수 없는 그것을 하나님은 하시나니 곧 죄로 말미암아 자기 아들을 죄 있는 육신의 모양으로 보내어 육신에 죄를 정하사 육신을 따르지 않고 그 영을 따라 행하는 우리에게 율법의 요구가 이루어지게 하려 하심이니라"(롬 8 : 3-4).

"너희 안에 이 마음을 품으라 곧 그리스도 예수의 마음이니 그는 근본 하나님의 본체시나 하나님과 동등됨을 취할 것으로 여기지 아니하시고 오히려 자기를 비워 종의 형체를 가지사 사람들과 같이 되셨고 사람의 모양으로 나타나사 자기를 낮추시고 죽기까지 복종하셨으니 곧 십자가에 죽으심이라"(빌 2 : 5-8).

"그러므로 우리에게 큰 대제사장이 계시니 승천하신 이 곧 하나님의 아들 예수시라 우리가 믿는 도리를 굳게 잡을지어다 우리에게 있는 대제사장은 우리의 연약함을 동정하지 못하실 이가 아니요 모든 일에 우리와 똑같이 시험을 받으신 이로되 죄는 없으시니라"(히 4 : 14 - 15).

"하나님은 한 분이시요 또 하나님과 사람 사이에 중보자도 한 분이시니 곧 사람이신 그리스도 예수라 그가 모든 사람을 위하여 자기를 대속물로 주셨으니 기약이 이르러 주신 증거니라"(딤전 2 : 5 - 6).

"그러나 이 제사들에는 해마다 죄를 기억하게 하는 것이 있나니 이는 황소와 염소의 피가 능히 죄를 없이 하지 못함이라 그러므로 주께서 세상에 임하실 때에 이르시되 하나님이 제사와 예물을 원하지 아니하시고 오직 나를 위하여 한 몸을 예비하셨도다 번제와 속죄제는 기뻐하지 아니하시나니 이에 내가 말하기를 하나님이여 보시옵소서 두루마리 책에 나를 가리켜 기록된 것과 같이 하나님의 뜻을 행하러 왔나이다 하셨느니라 위에 말씀하시기를 주께서는 제사와 예물과 번제와 속죄제는 원하지도 아니하고 기뻐하지도 아니하신다 하셨고 (이는 다 율법을 따라 드리는 것이라) 그 후에 말씀하시기를 보시옵소서 내가 하나님의 뜻을 행하러 왔나이다 하셨으니 그 첫째 것을 폐하심은 둘째 것을 세우려 하심이라 이 뜻을 따라 예수 그리스도의 몸을 단번에 드리심으로 말미암아 우리가 거룩함을 얻었노라 제사장마다 매일 서서 섬기며 자주 같은 제사를 드리되 이 제사는 언제나 죄를 없게 하지 못하거니와 오직 그리스도는 죄를 위하여 한 영원한 제사를 드리시고 하나님 우편에 앉으사 그 후에 자기 원수들을 자기 발등상이 되게 하실 때까지 기다리시나니 그가 거룩하게 된 자들을 한 번의 제사로 영원히 온전하게 하셨느니라"(히 10 : 3 - 14).

"그리스도께서도 단번에 죄를 위하여 죽으사 의인으로서 불의한 자를 대신하셨으니 이는 우리를 하나님 앞으로 인도하려 하심이라 육체로는 죽임을 당하시고 영으로는 살리심을 받으셨으니"(벧전 3 : 18).

"그들이 섬기는 것은 하늘에 있는 것의 모형과 그림자라 모세가 장막을 지으려 할 때에 지시하심을 얻음과 같으니 이르시되 삼가 모든 것을 산에서 네게 보이던 본을 따라 지으라 하셨느니라 그러나 이제 그는 더 아름다운 직분을 얻으셨으니 그는 더 좋은 약속으로 세우신 더 좋은 언약의 중보자시라 저 첫 언약이 무흠하였더라면 둘째 것을 요구할 일이 없었으려니와 그들의 잘못을 지적하여 말씀하시되 주께서 이르시되 볼지어다 날이 이르리니 내가 이스라엘 집과 유다 집과 더불어 새 언약을 맺으리라 또 주께서 이르시기를 이 언약은 내가 그들의 열조의 손을 잡고 애굽 땅에서 인도하여 내던 날에 그들과 맺은 언약과 같지 아니하도다 그들은 내 언약 안에 머물러 있지 아니하므로 내가 그들을 돌보지 아니하였노라 또 주께서 이르시되 그 날 후에 내가 이스라엘 집과 맺을 언약은 이것이니 내 법을 그들의 생각에 두고 그들의 마음에 이것을 기록하리라 나는 그들에게 하나님이 되고 그들은 내게 백성이 되리라"(히 8 : 5-10).

짐승의 피는 인간의 죄를 온전히 대신할 수 없으며 인간과 같은 육신을 가진 존재만이 인간의 죄를 대신할 수 있다는 것이 율법의 요구이기 때문에 하나님께서는 자신의 아들을 인간과 똑같은 육신의 모양으로 세상에 보내신 것이다. 육신의 모양을 가지신 하나님의 아들은 하나님과 동등한 거룩함을 가지고 계시므로 죄가 없으시며, 모든 인간을 대표하고 대신할 수 있는 자격을 가진 존재가 되신다. 따라서 예수님은 육신을 입으신 하나님이시며 "하나님과 같은 거룩함을 지니신 죄가 없는 인간"이 되신 것이다.

그리고 예수님은 하나님과 동등한 하나님의 아들이시므로 예수님의 십자가 대속은 단지 한 사람만을 위한 것이 아니고 모든 인간을 대신할 수 있는 것이다. 왜냐하면 예수님은 하나님의 아들로 오셨기 때문에 창조주 하나님께서 가지신 권능 즉 모든 만물을 다스리고 대신할 수 있는 권능을 가지고 계신다. 즉, 모든 인간을 대신할 수 있는 자격을 가지고 계신 것이다. 고로 십자가에서 죽으시는 예수님의 죽음은 모든 사람을 대신해서 죽은 것이 되는 것이다.

그래서 로버트 해머튼 캘리(Robert Hamerton-Kelly)는 "하나님께서 자신을 창세 이후로 죽임당한 어린양으로 희생시킴으로 인류의 땅으로부터 폭력을 옮겨서 신적인 사랑의 바다로 가져가셨다.", "하나님은 우리 인류의 희생자들을 대신해서 자기 자신을 주신 분이다."라고 십자가를 해석했다.

"하나님의 보내신 이는 하나님의 말씀을 하나니 이는 하나님이 성령을 한량 없이 주심이니라 아버지께서 아들을 사랑하사 만물을 다 그의 손에 주셨으니"(요 3 : 34 – 35).

"그를 잠시 동안 천사보다 못하게 하시며 영광과 존귀로 관을 씌우시며 만물을 그 발 아래에 복종하게 하셨느니라 하였으니 만물로 그에게 복종하게 하셨은즉 복종하지 않은 것이 하나도 없어야 하겠으나 지금 우리가 만물이 아직 그에게 복종하고 있는 것을 보지 못하고 오직 우리가 천사들보다 잠시 동안 못하게 하심을 입은 자 곧 죽음의 고난 받으심으로 말미암아 영광과 존귀로 관을 쓰신 예수를 보니 이를 행하심은 하나님의 은혜로 말미암아 모든 사람을 위하여 죽음을 맛보려 하심이라"(히 2 : 7 – 9).

"사람이 무엇이기에 주께서 그를 생각하시며 인자가 무엇이기에 주께서 그를 돌보시나이까 그를 하나님보다 조금 못하게 하시고 영화와 존귀로 관을 씌우셨나이다 주의 손으로 만드신 것을 다스리게 하시고 만물을 그의 발 아래 두셨으니"(시 8 : 4 – 6).

"이 모든 날 마지막에는 아들을 통하여 우리에게 말씀하셨으니 이 아들을 만유의 상속자로 세우시고 또 그로 말미암아 모든 세계를 지으셨느니라 이는 하나님의 영광의 광채시요 그 본체의 형상이시라 그의 능력의 말씀으로 만물을 붙드시며 죄를 정결하게 하는 일을 하시고 높은 곳에 계신 지극히 크신 이의 우편에 앉으셨느니라"(히 1 : 2 – 3).

"또 범죄와 육체의 무할례로 죽었던 너희를 하나님이 그와 함께 살리시고 우리의 모든 죄를 사하시고 우리를 거스르고 불리하게 하는 법조문으로 쓴 증서를 지우시고 제하여 버리사 십자가에 못 박으시고 통치자들과 권세들을 무력화하여 드러내어 구경거리로 삼으시고 십자가로 그들을 이기셨느니라"(골 2 : 13

-15).

인자(그 사람의 아들)가 죽는다는 것의 의미는 무엇인가? 최후의 만찬 석상에서 보았을 때 내일 죽음이 다가오는 것이다. 그래서 예수님은 제자들에게 죽음의 의미를 설명해 주시는데 우선 '연극'(그림 언어)으로 설명해 주신다. 떡을 떼는 행위, 붉은 포도주를 붓는 행위를 한다. 이 행위는 떡을 떼는 일과 잔을 붓는 일로 구성되어 있다. 이렇게 연극을 하신 다음에 설명어가 붙어 있다. 즉, 떡을 떼는 행위를 하신 다음에 이것의 의미를 설명하신다. "이것은 너희를 위해서 부서지는 나의 몸이다." 또한 포도주를 붓는 행위를 하신 다음에 "이것은 많은 사람들을 위하여 흘리신 나의 언약의 피다.", "너희들을 위해서 흘리는 나의 피로 인한 새 언약이다."라고 말씀하신다(막 14 : 24).

이 연극의 행위와 설명어 모두 인자(그 사람의 아들)로서 가는 것을 설명한다. 자신에게 다가오는 죽음의 의미를 이렇게 연극으로 표현하고 설명하고 계신 것이다.

연극(gesture)
떡을 떼는 일 + 설명어(Bread Saying)
잔을 붓는 일 + 설명어(Cup Saying)

그러면 그 죽음의 의미는 무엇인가? "많은 사람들을 위하여 흘리는바 나의 피 곧 언약의 피니라"라는 잔의 말씀만 분석하면 주의 고난받는 종이 대속의 죽음, 곧 속죄의 제사로 자기를 내어 주고, 자기 영혼을 내어 쏟아서 많은 사람들에게 속죄하고 의롭게 함을 입게 한다는 의미이다. 잔의 말씀은 이사야에서 왔다.

"여호와께서 그에게 상함을 받게 하시기를 원하사 질고를 당하게 하셨은즉 그의 영혼을 속건제물로 드리기에 이르면 그가 씨를 보게 되며 그의 날은 길 것이요 또 그의 손으로 여호와께서 기뻐하시는 뜻을 성취하리로다 그가 자기 영혼의 수고한 것을 보고 만족하게 여길 것이라 나의 의로운 종이 자기 지식으로 많은 사람을 의롭게 하며 또 그들의 죄악을 친히 담당하리로다 그러므로 내가 그에게 존귀한 자와 함께 몫을 받게 하며 강한 자와 함께 탈취한 것을 나누게 하리니 이는 그가 자기 영혼을 버려 사망에 이르게 하며 범죄자 중 하나로 헤아림을 받았음이니라 그러나 그가 많은 사람의 죄를 담당하며 범죄자를 위하여 기도하였느니라"(사 53 : 10 – 12).

고난받는 종이 많은 사람들을 위해서(רַבִּים 라비임) 자기 영혼을 내어 쏟아 흘려서 그들로 하여금 의롭게 함을 입게 한다고 한다(הֶעֱרָה לַמָּוֶת נַפְשׁוֹ 헤에라 라마웨이트 나프쇼). 즉, 주의 고난받는 종이 속죄의 제사, 곧 대속의 죽음으로 자기를 내어 주어서, 자기 영혼을 내어 쏟아서 많은 사람들에게 속죄하고 의롭게 한다는 내용이다. 예수는 이사야 53 : 10~12을 인용해서 내일 다가오는 자기의 죽음, 이 일이 바로 이사야에 있는 주의 고난받는 종의 억할을 감낭하고 있는 것이라는 것을 암시하고 있다.

"언약의 피니라"라는 말은 어디서 왔는가? 이것은 아주 풍부한 구약적인 배경을 가지고 있다.

> "모세가 여호와의 모든 말씀을 기록하고 이른 아침에 일어나 산 아래에 제단을 쌓고 이스라엘 열두 지파대로 열두 기둥을 세우고 이스라엘 자손의 청년들을 보내어 여호와께 소로 번제와 화목제를 드리게 하고 모세가 피를 가지고 반은 여러 양푼에 담고 반은 제단에 뿌리고 언약서를 가져다가 백성에게 낭독하여 듣게 하니 그들이 이르되 여호와의 모든 말씀을 우리가 준행하리이다 모세가 그 피를 가지고 백성에게 뿌리며 이르되 이는 여호와께서 이 모든 말씀에 대하여 너희와 세우신 언약의 피니라"(출 24 : 4 – 8).

모세가 출애굽한 이스라엘 백성과 시내 산에서 언약을 세우는데, 언약의 제사를 드리고 그 피를 이스라엘 공동체에 뿌리면서 "언약의 피니라."라고 부르짖는다. 그러니까 예수가 "언약의 피니라."라고 하신 말씀의 뜻은 다가오는 자신의 죽음을 모세가 세운 그 옛 언약에 상응하는 새 언약이라는 것이다(Typology). 즉, 자신의 죽음을 모세가 시내 산에서 제물을 바쳐서 세운 옛 언약에 상응하는 새 언약을 세우는 제사로 본 것이다. 왜 새 언약이라고 했느냐 하면 모세가 세운 언약에 대응하는, 상응하는 언약이기 때문이다. 새 언약에 대한 예언은 여러 곳에 나타난다.

"여호와의 말씀이니라 보라 날이 이르리니 내가 이스라엘 집과 유다 집에 새 언약을 맺으리라 이 언약은 내가 그들의 조상들의 손을 잡고 애굽 땅에서 인도하여 내던 날에 맺은 것과 같지 아니할 것은 내가 그들의 남편이 되었어도 그들이 내 언약을 깨뜨렸음이라 여호와의 말씀이니라 그러나 그 날 후에 내가 이스라엘 집과 맺을 언약은 이러하니 곧 내가 나의 법을 그들의 속에 두며 그들의 마음에 기록하여 나는 그들의 하나님이 되고 그들은 내 백성이 될 것이라 여호와의 말씀이니라"(렘 31 : 31-33).

"나 여호와가 의로 너를 불렀은즉 내가 네 손을 잡아 너를 보호하며 너를 세워 백성의 언약과 이방의 빛이 되게 하리니 네가 눈먼 자들의 눈을 밝히며 갇힌 자를 감옥에서 이끌어 내며 흑암에 앉은 자를 감방에서 나오게 하리라 나는 여호와이니 이는 내 이름이라 나는 내 영광을 다른 자에게, 내 찬송을 우상에게 주지 아니하리라 보라 전에 예언한 일이 이미 이루어졌느니라 이제 내가 새 일을 알리노라 그 일이 시작되기 전에라도 너희에게 이르노라"(사 42 : 6-9).

"여호와께서 이같이 이르시되 은혜의 때에 내가 네게 응답하였고 구원의 날에 내가 너를 도왔도다 내가 장차 너를 보호하여 너를 백성의 언약으로 삼으며 나라를 일으켜 그들에게 그 황무하였던 땅을 기업으로 상속하게 하리라"(사 49 : 8).

예레미야는 패역한 이스라엘 백성을 버리고 종말에 하나님께서 새 언약을 세운다고 예언하고 있다. 요약하면 예수가 체포되어 처형받고 십자가에 달리기 전날 밤에 제자들을 불러 모아 최후의 만찬을 베풀면서 내일 다가오는 자신의 죽음을 설명하고 있는데, 그것을 두 마디로 요약하면 자신의 죽음은 대속의 죽음이며, 새 언약을 세우는 죽음이라는 것이다. 즉, 자신의 내일 십자가상의 죽음이 대속의 제사이며, 새 언약을 세우는 제사라고 설명하는 것이다.

"인자가 온 것은 섬김을 받으려 함이 아니라 도리어 섬기려 하고 자기 목숨을

많은 사람의 대속물로 주려 함이
니라"(막 10 : 45).

> 격동의 1920년대
> 오클라호마 주, 미시시피 강
> 존 그린피스와 그의 아들 그랙
> 철교를 조작하는 일
> 400명의 승객을 살리기 위해서 아들
> 을 희생시킴.

이 말은 최후의 만찬 석상에서 예수가 자신의 죽음의 의미를 설명한 것을 요약한 것이다. 여기서 '많은 사람'(רַבִּים 라비임)이란 히브리어 숙어로 '모든 사람'이란 뜻이다. 히브리어에는 추상명사가 없어서 이런 말로 추상명사의 뜻을 나타냈다. 그러므로 많은 사람들이란 모든 사람들로, 예수의 죽음은 모든 인류를 위한 대속의 죽음이며, 새 언약을 세우는 일이라고 본 것이다.

"그가 모든 사람을 위하여 자기를 대속물로 주셨으니 기약이 이르러 주신 증거니라"(딤전 2 : 6).

대속을 하면, 언약을 세우면 무슨 일이 일어나는가? 제사의 덕을 입는 사람들의 죄가 용서된다. 그래서 하나님과의 화해가 일어난다. 또한 언약을 세우면 하나님의 백성이 창조된다. 새 언약을 통하여 새로운 하나님의 백성이 창조되는 것이다. 이 새로운 하나님의 백성의 중심이 누구냐면 거기 만찬석에 둘러앉은 열두 제자이다. 옛 언약의 백성 이스라엘에 상응하는, 이스라엘의 12지파에 상응하는 열두 제자인 것이다.

옛 언약	새 언약
· 시내 산 – 모세 · 동물 제사 – 이스라엘을 하나님 백성으로 창조	· 십자가 – 예수 · 자기 죽음 – 새로운 하나님의 백성을 창조 · 속죄의 제사 · 새 언약의 제사

결론적으로 예수는 자신의 죽음을 이사야의 고난받는 종의 노래에 근거해서 대속의 제사(כֹּפֶר אָשָׁם 코페르 아샴), 곧 새 언약의 제사로 보았으며, 이것을 통하여 하나님의 의로운 백성이 창조되는 것으로 가르쳤고 이해하셨다. 그러면 여기에서 인간들의 반응, 즉 예수를 하나님의 신성을 모독한 거짓 선지자로 본 것과 예수 자신이 선포하신 대로 하나님의 아들로서 우리를 위하여 우리 밖에서 오셔서 대속의 제사와 새 언약의 제사로 십자가에 돌아가심, 둘 중에 어느 것이 옳은 것인가?

어머니의 사랑

1865년 추운 겨울밤 영국의 '사우스 웨일즈'라는 곳의 언덕길을 한 여인이 갓난아기를 안고 걷고 있었다. 앞을 볼 수 없는 거친 눈보라 속에 아기를 가슴에 감싸안고, 언덕을 넘던 여인은 어두움과 눈보라로 그만 길을 잃었다. 이 여인은 어둠 속에서 넘어지고, 눈에 뒹굴면서도 가슴에 품은 아기는 놓치지 않았다. 그러다 그만 추위를 견디지 못하고 이 여인은 그 눈보라 속에서 얼어 죽고 말았다.

눈보라가 그친 다음 날 아침, 그 길을 지나던 행인에 의해 발견된 여인은 웅크리고 앉아 벌거벗은 알몸으로 죽어 있었다. 추위 속에서 안고 있는 아기를 살리기 위해 옷을 하나씩 벗어 아기를 감싸느라고 그만 알몸이 되어 그 혹독한 추위 속에 동사한 것이다. 그런데 여인의 품에 안겨 있던 아기는 살아 있었다. 이런 사실이 알려진 뒤, 아기는 어느 가정에 입양되어 자랐다.

이 아기는 바로 제1차 세계대전 때 전쟁을 승리로 이끌었던 영국의 53대 수상인 데이비드 로이드 조지(David Lloyd George)이다. 거친 눈보라와 혹독한 추위 속에서 어머니가 자신을 품고 돌아가신 지 51년이 되던 1916년 그는 영국의 수상이 되었다.

CONFIDENCE OF REDEMPTION
구원의 확신

8

부활에 대한 인간의 반응과 하나님의 평가

"너희가 거룩하고 의로운 이를 거부하고 도리어 살인한 사람을 놓아주기를 구하여 생명의 주를 죽였도다 그러나 하나님이 죽은 자 가운데서 그를 살리셨으니 우리가 이 일에 증인이라"(행 3 : 14 - 15).

1. 부활 : "예수가 옳았다." 하신 하나님의 선포

사도 바울은 고린도전서 15 : 17에서 부활이야말로 기독교 신앙의 핵심이라고 말한다. "그리스도께서 다시 살아나신 일이 없으면 너희의 믿음도 헛되고 너희가 여전히 죄 가운데 있을 것이요". 부활은 예수가 하나님이셨고, 그분의 가르침이 하나님으로부터 온 것이었다는 사실을 입증하는 가장 결정적인 증거이다. 부활은 예수가 죄와 사망을 이겼다는 사실을 증명하고, 예수를 따르는 사람들도 부활한다는 예표이다. 따라서 부활은 기독교인들의 소망의 근원이며, 기적 중의 기적이다. 그래서 신학자 제럴드 오콜린스(Gerald O'Collins)는 "엄밀한 의미에서 부활이 없는 기독교는 단지 미완의 기독교가 아니다. 십자가에 달리신 예수님의 부활은 기독론의 가장 기초가 되는 해석의 단서가 되어야 한다. 그것은 기독교가 아니다."라고 주장했다. 또한 제임스 던(James D. G. Dunn)은 그의 책 「부활」(*Why Believe in Jesus' Resurrection?*)에서 "부활 사건은 그리스도교인들의 역사관을 떠받치는 기초이자, 최후의 운명을 가늠하게 될 기초가 되는 독특한, 다른 무엇과도 견줄 수 없는 특별한 사건이다."라고 언급한다. 즉, 부활이 없다면 예수가 메시야라는 총체적 사상체계는 무너진다. 한스 큉은 "무엇이 기독교 복음인가"라는 글에서 "부활이야말로 기독교를 기독교 되게 하는 시금석이다. 초기 기독교 신자들의 신앙은 실제로 일어난 사건, 즉 십자가에 못 박혀 죽은 분이 살아 계신다는 사실에 근거를 두고 있다."라고 말했으며 또한 에밀 브루너(Emil Brunner)는 "부활절 사건이 없었다면 세계는 교회와 예수 자신에 대하여 듣지 못했을 것이다."라고 단언했다.

그동안 예수 그리스도의 부활과 그의 빈 무덤에 대한 성경적 증언을 불신하게 된 이유는 대체로 그것의 신화성과 물리학적 불가능성에 대한 믿음 때문이었다. 그래서 로마 가톨릭 신학자 오이겐 드레버만(Eugen Drewermann)은 그의 책「심층 심리학과 주해」에서 "기독교 구원이 이집트의 오시리스 종교의 표상들을 모델로 해서 빌려왔다."라고 주장하며 칼 융과 루돌프 불트만의 영향을 받은 개신교 신학자 게르트 뤼데만(Gerd Lüdemann) 같은 이들은 동일하게 "기독교 신앙은 고대 이집트 신화에 뿌리를 두고 있다. 그리스도의 부활은 이집트 오시리스 신화로부터 왔다."고 주장한다. 그러나 윌리엄 레인 크레이그는 부활의 역사성을 연구하고, 존 폴킹혼의 양자이론을 유신론적으로 해석하면서 부활의 물리적 가능성을 주장한다. 즉, 현대 양자물리학과 카오스 이론 등은 "자연과학적 결정주의로의 강제는 해체" 되었으므로 부활과 빈 무덤에 대해서 긍정적인 입장을 가지게 되었다는 것이다.

또한 스위스 출신 교의학자 라이문트 슈바거(Raymund Schwager)는 "이집트 신화에 대한 연구를 조사한 후에 그 신화들에서는 신에 의해 직접 무덤이 열려서 죽음의 나라로부터 최종적으로 해방되는 기록을 발견할 수 없다."라고 증언한다. 그리고 이집트 신화에서 호루스(Horus)는 복수자로 등장하지만, 예수 그리스도는 죽음에 대한 승리자로서 자신을 배반하고 떠나간 제자들에게 복수하기 위해 나타나신 게 아니라 새로운 생명 가운데 평화와 용서의 소식을 가지고 나타나셨다.[1]

예수는 자신이 인류의 죄를 위한 위대한 희생제물이라는 것과 또한 구속자로서 죄인인 사람이 선능하신 하나님께로 나아가는 길, 즉 사망의 저주를 받은 어두운 세상에서 영생의 축복으로 인해 아주 밝은 천국으로 가는 길을 열어 놓았다고 선언하셨다. 그러나 우리는 어떻게 그 희생제사가 열납되었고 또 그 길이 열렸다는 사실을

---

[1] 정일권, 「십자가의 인류학」(서울 : CLC, 2023), p. 174.

알게 되었는가? 또 어떻게 예수님이 자기의 죄 때문에 죽는 다른 모든 사람들과 달리 자신의 죄 때문에 죽은 것이 아니라는 사실을 알게 되었는가? 또 그분이 자기의 대속 사역을 통해 우리로 하여금 흑암의 어두운 골짜기를 지나게 하여 흠도 없이 보좌 앞으로 인도하실 수 있다는 사실을 어떻게 알 수 있는가?

그것은 예수께서 재판관 앞에 갔다가 돌아오셔서 우리에게 우리의 빚이 다 탕감되었다고 확신시켜 주시고, 지성소의 휘장 뒤로 들어갔다가 나오셔서 자기의 희생 제사가 열납되었다고 말씀하시며, 어둠의 골짜기에 들어갔다가 나오셔서 그 골짜기를 끔찍한 곳으로 만들었던 괴물이 죽었다는 사실을 확신시켜 주심으로써만 알 수 있다. 예수께서는 이러한 것들을 친히 부활하심으로 확신시켜 주셨다. 이 부활은 종말에 일어날 죽은 자의 부활(사 26 : 19)이 아니었고, 에스겔이 말한 마른 뼈에 생기가 불어넣어져 하나님의 군대가 되는 것(겔 37장)과도 관련이 없는 오직 한 번뿐인 특별한 경우이다. 고대 이집트 사람들은 오시리스가 죽었다가 살아났다고 믿었고, 그리스 사람들은 육체의 부활은 아니지만 영혼의 불멸을 믿었으며, 로마 사람들에게는 황제들이 죽은 뒤에 신이 되었다는 믿음이 있었다. 그러나 육체적으로 다시 살아남, 즉 영혼이나 유령 같은 모습이 아니라 온전한 사람으로 살아나 무덤 밖으로 걸어 나온 부활은 고대사회에서 매우 생소한 개념이었다. 특히 유대교에서는 죽었다가 살아나는 메시야에 대한 믿음은 전무하다. 하나님이 약속한 메시야가 수치스러운 죽임을 당하리라는 암시는 전무하다. 그들은 당당하게 승리하는 메시야, 죽지 않고 살아 있는 메시야를 기다렸다.

"안식일이 다 지나고 안식 후 첫날이 되려는 새벽에 막달라 마리아와 다른 마리아가 무덤을 보려고 갔더니 큰 지진이 나며 주의 천사가 하늘로부터 내려와 돌을 굴려 내고 그 위에 앉았는데…… 천사가 여자들에게 말하여 이르되 너희는 무서워하지 말라 십자가에 못 박히신 예수를 너희가 찾는 줄을 내가 아노라 그가 여기 계시지 않고 그가 말씀하시던 대로 살아나셨느니라 와서 그가 누우셨던 곳을 보라"(마 28 : 1-6).

"예수께서 안식 후 첫날 이른 아침에 살아나신 후 전에 일곱 귀신을 쫓아내어 주신 막달라 마리아에게 먼저 보이시니…… 그 후에 그들 중 두 사람이 걸어서 시골로 갈 때에 예수께서 다른 모양으로 그들에게 나타나시니 두 사람이 가서 남은 제자들에게 알리었으되 역시 믿지 아니하니라"(막 16 : 9-13).

"이 말을 할 때에 예수께서 친히 그들 가운데 서서 이르시되 너희에게 평강이 있을지어다 …… 어찌하여 두려워하며 어찌하여 마음에 의심이 일어나느냐 내 손과 발을 보고 나인 줄 알라 또 나를 만져 보라 영은 살과 뼈가 없으되 너희 보는 바와 같이 나는 있느니라 ……"(눅 24 : 36-48).

"…… 베드로와 그 다른 제자가 나가서 무덤으로 갈새…… 시몬 베드로는 따라와서 무덤에 들어가 보니 세마포가 놓였고 또 머리를 쌌던 수건은 세마포와 함께 놓이지 않고 딴 곳에 쌌던 대로 놓여 있더라 ……"(요 20 : 1-10).

예수께서 부활하시는 실제 장면이 인간의 눈으로 목격되지 않았고, 어느 복음서 기자도 그것을 기록하지 않았다는 것은 주목할 만한 사실이다. 부활 그 자체가 목격되지는 않았지만, 그것은 아주 중요한 사실이다. 복음서 기자들은 여섯째 날 저녁에 굳게 닫힌 무덤과 그 무덤을 굳게 지켰다는 사실과 무덤 문에 인을 쳤다는 사실만을 기록하고 나서 사흘 후 첫째 날에 열려 있는 빈 무덤에 대해 기술하고 있으나, 그 무덤이 어떻게 비어 있게 되었는지 그 신비스럽고 놀라운 일은 기록하지 않고 있다. 부활 사건이 일어났다는 사실이 천사들에 의해 갑자기 선포되며 그 후에 반박할 수 없는 증거들로서 확증된다. C. S. 루이스가 "신약성경은 예수와 부활에 대해서 아무것도 말해 주고 있지 않다."라고 말했듯이 어느 누구도 무덤 속에 들어가서 예수의 시체에 생기가 도는 모습, 일어나는 모습, 세마포를 푼 후에 그것을 접는 모습, 돌을 치우고 파수꾼들을 놀라게 한 후에 무덤을 떠나는 모습을 보지 못했다는 것이다.

부활 사건이 일어났다는 사실, 그 자체가 아주 중요하다는 것을 생각해 볼 때 부활의 실제 장면을 생략했다는 사실은 주목할 만한 일이다. 만일 복음서 기자들이 이야기를 꾸며 냈다면 그들이 이 사건을 생략했다고는 믿을 수 없다. 부활이라는 사건이 복음서 기사 전체의 주요 내용이기 때문에 발생 시간과 부대 상황 등을 가장 신중하게 자세히 써서 어떤 결점도 없도록 기록했을 것이다. 그러나 부활의 장면을 눈으로 실제 목격한 사람이 없기 때문에 복음서 기자들은 엄격하고 세심하게 역사적 정확성을 견지하기 위해 부활의 장면을 기록하지 않은 것이다. 이 사실은 없는 이야기를 꾸며 내어 쓰고 있는 사람들에게서는 찾아볼 수 없는 절대적으로 믿을 수 있는 근거가 되며, 그 사실을 주목해 볼 때 그것으로 가장 확실한 자세를 견지하는 복음서 기자들의 양심적이고도 신중한 성실성을 발견할 수 있다.

또한 과학은 전적으로 원인과 결과에 관한 학문이다. 범죄 현장을 목격한 사람이 아무도 없어도 경찰은 증거들을 수집해서 상황을 구성해 나간다. 부활에 대한 것도 예수가 십자가에서 죽으셨는가, 예수가 그 후에 사람들에게 나타나셨는가를 입증할 수 있다면, 예수께서 정말로 부활하셨다는 것이 증명된다. 왜냐하면 죽은 사람은 사람들 앞에 나타날 수 없기 때문이다.

왜 부활이 신비의 베일로 가려지게 되었는가? 예수의 죽음과 승천은 많은 사람들이 보는 앞에서 이루어졌는데, 모든 기독교 체계의 기초가 된다고 선포되는 부활 사건을 아무도 목격하지 못한 이유는 무엇인가? 왜 예수께서는 죽으실 때처럼 많은 무리들 앞에서 부활하셔서 그들로 하여금 자신이 하나님이 보내셔서 일하셨다는 사실과 또한 메시야라는 주장을 믿지 않을 수 없도록 하지 않으셨는가? 이렇게 생략됨으로써 모든 사람이 똑같이 관심을 갖고 있는 기독교의 이 부활 사건은 모든 사람에게 똑같은 증거(Proof)로 부각된다는 사실이 분명해졌다. 막달라 마리아는 제외될 수 있을지 모르겠지만 제자들에게 있어서 이 부활 사건은 우리들의 경우처럼 먼저는 증언의 형태로 전해지고, 나중에 증거들로서 뒷받침되어 확증되었다. 두 여인들은 천사들이 하는 말을 듣고 부활을 믿었으며, 제자들은 여인들의 증언을 듣고 믿었으며, 온 세상 사람들은 제자들의 증언을 듣고 부활을 믿게 되었다. 여인들은 후에 천사들의 말에 대한 확증을 받았고, 제자들은 여인들의 증언에 대한 확증을 받았으며, 우리는 제자들의 증언에 대해서 확증을 받았다. 그러나 모든 경우에 있어서 믿으라는 요구는 모두 눈으로 목격한 사실에 근거한 것이 아니라 믿을 만한 증인들의 증언에 기초하고 있다. 따라서 이러한 근본적인 사실에 있어서 모든 사람들은 같은 수준에 있는 것이다.

이제 유일하게 제기될 수 있는 질문은 우리가 우리에게 전해 내려온 증언에 대한 확증을 갖고 있는지의 여부이다. 그런 확증은 우리를 만족하게 해 주어야 하고, 인간이 무엇을 믿을 때 적용되는 일반적인 법칙에 의해 정당화될 수 있고 또 그것의 동의를 얻어야 하는 것이다. 이 문제는 뒤에서 다루게 된다. 부활은 이성에 의해 입증되고, 반박할 수 없는 충분한 증거들에 의하여 굳게 세워진 믿음의 문제인 것이다. 그러나 결국은 우리가 부활을 진실하다고 증명할 수 있어서가 아니라 그것이 진실이기 때문에 믿어야 할 것으로써 우리에게 주어진 것이다. 부활은 신앙과 역사의 경계선에 있는 사건이다. 역사의 일회적 사건이기에 증명할 수 없으면 진리가 아니다. 그러므로 신앙이란 의무로써 인간에게 요구된 것이지, 믿어 달라고 부탁하는 것이 아니다.[2]

2. 부활 사건의 의미

부활은 여러 가지를 우리에게 말해 주는 사건이지만[3] 그중에서 가장 기본적인

---

2) T. V. Moore, *The Last Days of Jesus*, 채수범 역, 「예수님의 부활 후 40일간의 행적」(서울 : 나침반, 1991), pp. 25-28.

3) 우리는 죽음 너머의 알려지지 않은 어두움에 대하여 본능적인 두려움을 가지고 있기 때문에 우리에게는 분명히 죽음보다 능력이 있으셔서 자신의 죽음을 정복하는 능력을 보여 주신 구세주가 필요하다. 우리는 그분이 우리를 두려운 흑암을 지나서 그 너머의 광명한 세계로 데려와 줄 수 있는지를 알고 싶어 한다. 우리는 거대한 대양의 해변가에서 고요하고 끝없는 바다를 바라보면서 압도되어 두려움에 떨며 서 있다. 따라서 우리에게는 방주로 들어오라고 우리를 초대해 주시는 분이 그 위험한 곳을 통과하셨던 분이며, 따라서 그분이 저 멀리 보이지 않는 축복의 섬으로 우리를 안전하게 데려다줄 수 있다고 확신시켜 주셔야 할 필요가 있다. 바로 이러한 이유 때문에 예수께서 죽음에서 돌아오셨던 것이다. 그러므로 부활은 슬피 우는 자들에게 위안을 주는데, 그 이유는 부활이 그들에게 떠난 자들과 다시 만나게 될 것이며, 또 썩지 아니할 몸을 입고 나오게 될 것이라고 말해 주기 때문이다. 그러

것은 하나님께서 예수를 높인 사건이다. 즉, 인간들의 반응(유대인은 예수가 거짓 선지자이며, 그가 하나님의 아들이라는 것은 신성모독이라 주장)과 예수 스스로의 주장(우리들을 위한 대속의 죽음, 새 언약을 세우는 죽음) 사이에서 예수가 옳았다고 하나님께서 선포하신 것이다. 하나님께서 부활을 통하여 인간들의 판결을 뒤집고 자기 아들의 옳음을 입증(Vindicate)하셨다. 고로 예수 그리스도의 부활은 죄 없이 십자가에서 처형된 자에 대한 성부 하나님의 복권 행위이다. 즉, 삼위일체 하나님의 자기 사건이다. 부활로 예수가 하나님의 진정한 아들이라고 인정됐기 때문에 예수의 십자가의 죽음은 예수에 대한 하나님의 저주가 아니라 예수가 우리를 위해서, 우리를 대신해서 죽었다는 것, 즉 예수가 자기 죄(신성모독) 때문에 십자가에서 하나님의 저주를 받은 것이 아니라 우리를 대신해서 죽었다는 것을 제자들이 깨닫게 되었다. 즉, 예수가 자기 목숨을 많은 사람을 위한 대속물로 주겠다고 가르쳤던 것이 십자가에서 완성되었구나 하는 깨달음이 일어났다. 다시 말해 부활은 인간 공동체의 사건이 아니라, 성부께서 성령의 능력으로 십자가에 달리신 자를 죽은 자들 가운데서 일으켜 세우신 삼위일체 하나님의 자기 사건이다. 또한 판넨베르크의 주장처럼 예수에 대한 정당화의 의미와 함께 살해한 공동체에 대한 심판의 의미이기도 하다.[4]

"…… 이 예수를 하나님이 살리신지라 우리가 다 이 일에 증인이로다 하나님이 오른손으로 예수를 높이시매…… 그런즉 이스라엘 온 집은 확실히 알지니 너희가 십자가에 못 박은 이 예수를 하나님이 주와 그리스도가 되게 하셨느니라 하니라"(행 2 : 1 – 36).

므로 부활은 믿는 사람들에게 죽음에 따르는 공포를 없애 주었다. 또 부활에 있어 무덤이란 나팔소리가 울리며 죽은 자들이 썩지 아니할 것을 입고 일으키심을 받는 그날까지만 사랑하는 죽은 이들이 안전하게 거하는 처소일 뿐이라는 의식을 심어 주었다.
4) 정일권, 「예수는 반신화다」(서울 : 새물결플러스, 2017), p. 247.

"주께서 그의 대적들의 오른손을 높이시고 그들의 모든 원수들은 기쁘게 하셨으나"(시 89 : 42).

"여호와의 오른손이 높이 들렸으며 여호와의 오른손이 권능을 베푸시는도다 내가 죽지 않고 살아서 여호와께서 하시는 일을 선포하리로다"(시 118 : 16-17).

"내가 바벨론 왕의 팔은 들어 주고 바로의 팔은 내려뜨릴 것이라 내가 내 칼을 바벨론 왕의 손에 넘기고 그를 들어 애굽 땅을 치게 하리니 내가 여호와인 줄을 그들이 알리라"(겔 30 : 25).

"너희가 나무에 달아 죽인 예수를 우리 조상의 하나님이 살리시고 이스라엘에게 회개함과 죄 사함을 주시려고 그를 오른손으로 높이사 임금과 구주로 삼으셨느니라"(행 5 : 30-31).

부활은 곧 하나님께서 예수의 오른손을 들어 주신 것이며, 하나님의 오른손을 예수를 향하여 드신 것인데, 이것은 예수의 주장이 옳음을 인정하는 것이다.

"…… 아브라함과 이삭과 야곱의 하나님 곧 우리 조상의 하나님이 그의 종 예수를 영화롭게 하셨느니라 너희가 그를 넘겨주고 빌라도가 놓아 주기로 결의한 것을 너희가 그 앞에서 거부하였으니 너희가 거룩하고 의로운 이를 거부하고 도리어 살인한 사람을 놓아 주기를 구하여 생명의 주를 죽였도다 그러나 하나님이 죽은 자 가운데서 그를 살리셨으니 우리가 이 일에 증인이라"(행 3 : 11-15).

"…… 우리는 유대인의 땅과 예루살렘에서 그가 행하신 모든 일에 증인이라 그를 그들이 나무에 달아 죽였으나 하나님이 사흘 만에 다시 살리사 나타내시되……"(행 10 : 34-43).

"…… 하나님이 약속하신 대로 이 사람의 후손에서 이스라엘을 위하여 구주를 세우셨으니 곧 예수라 …… 예루살렘에 사는 자들과 그들 관리들이 예수와 및 안식일마다 외우는 바 선지자들의 말을 알지 못하므로 예수를 정죄하여 선지자들의 말을 응하게 하였도다 죽일 죄를 하나도 찾지 못하였으나 빌라도에게 죽여 달라 하였으니 성경에 그를 가리켜 기록한 말씀을 다 응하게 한 것이라 후에 나무에서 내려다가 무덤에 두었으나 하나님이 죽은 자 가운데서 그를 살리신지라 …… 곧 하나님이 예수를 일으키사 우리 자녀들에게 이 약속을 이루게 하셨다 함이라 시편 둘째 편에 기록한 바와 같이 너는 내 아들이라 오늘 너를 낳았다 하셨고……"(행 13 : 14-42).

"…… 성결의 영으로는 죽은 자들 가운데서 부활하사 능력으로 하나님의 아들로 선포되셨으니 곧 우리 주 예수 그리스도시니라"(롬 1 : 1-4).

"부활하여 능력으로 하나님의 아들로 인정되셨으니"는 부활로 말미암아 능력을 행사하는, 전권을 행사하는 하나님의 아들이 되었다는 말이며 "인정되셨으니"는 임명되었다, 등극했다는 말이고, "능력으로"가 "하나님의 아들"을 수식한다.

이것은 부활하면 누구든지 다 신적 존재라는 의미를 지니고 있지는 않다. 왜냐하면 신적 존재가 아닌 다른 사람들도 죽은 자 가운데서 살아났기 때문이다. 또 부활이 그리스도로 하여금 하나님의 아들이 되게 했다는 의미도 아니다. 왜냐하면 그리스도는 세상에 오시기 전에도 하나님의 아들이셨으며, 또 그분이 독생하신 아들로서 세상에 오셨을 때 천사들도 그분께 경배하도록 되어 있었기 때문이다(히 1 : 6).

그러나 예수께서는 부활로써 하나님의 아들이라고 인정되셨는데, 그것은 예수께서 하나님의 아들이라고 주장하셨기에 사람들의 정죄를 받아 죽으셔야 했으므로 하나님께서 그 죽음에서 그분을 일으키심으로 예수께서 살아 계실 때 주장하시던 그 의미대로의 하나님의 아들이심을 인정하셨던 것뿐이다. 그러므로 예수의 부활은 예수께서 하나님의 말씀으로 성육신하사 "하나님이 육신으로 나타나셨음"을 입증해 주는 것이다.[5] 그래서 부활은 하나님께서 예수가 하나님의 아들로서 우리 밖에서, 우리를 위하여 오셔서 대속의 죽음, 새 언약의 죽음을 증명(vindicate)하신 사건이다.

스스로가 '그 사람의 아들', 하나님의 아들로서 하나님 나라의 대리인(agent)이고, 증거자(bearer)이며, 하나님 나라를 자신의 선포와 치유, 죽음으로 실현시켜 하나님의 은혜의 통치 아래의 백성, 곧 부유하고 은혜로운 하나님 아버지의 자녀들을 창조하고 모은다는 예수의 주장을, 최후 만찬석상에서 다음 날 자신에게 다가오는 죽음이 대속과 새 언약을 세우는 종말론적 제사임을 극적으로 설명하는데, 하나님께서 바로 그것이 옳다고 인정하신 것이다. 그렇다면 십자가에 달린 예수 위에 내린 하나님의 저주는 예수가 우리 죄를 대신하여 받은 것이다. 그리하여 "그리스도가 우리를 위해 스스로를 내어 주었다."(갈 1 : 4, 2 : 20, 엡 5 : 2, 딤전 2 : 6, 딛 2 : 14), "그리스도가 우리(죄)를 위하여 죽고 부활했다."(고전 15 : 3-5, 롬 4 : 25, 8 : 3, 갈 3 : 13, 고후 5 : 21) 등의 신앙고백과 케리그마가 발생하게 되었다.

예수의 하나님 나라 선포, 치유, 대속과 새 언약을 세우는 제사를 통하여 하나님의 종말론적 구원이 우리를 위해 발생했다. 예수는 바로 "종말론적 구원의 사업을 이룬 '메시야'(그리스도)이다.", "우리를 하나님의 아들들(백성) 되게 한 '하나님의 아들'이다.", "하나님의 대권자로 높임 받은 '주'이다." 등의 신앙고백과 케리그마가 발생했다. 예수 안에서 이렇게 하나님의 종말론적 구원이 온 인류를 위해 이루어졌다는 소식이 '복음'(εὐαγγέλιον유앙겔리온)이다. 이와 같이 예수의 부활은 절대적인 메시야의 표적이며, 하나님의 능력의 가장 위대한 시위였으며 동시에 메시야께 지목되었던 그 예언들의 결론적인 성취였다.[6]

또한 부활은 하나님의 옳음을 보여 주는 사건이다. 당신의 신실하심을 온 존재로 믿었던 전적으로 당신을 신뢰하고 순종했던 한 사람을 하나님은 버리지 않으셨

---

5) Ibid., p. 36.
6) F. F. Bruce, *The Defence of the Gospel in the New Testament*, 박종칠 역, 「신약에 나타난 복음의 변증」(서울 : 생명의말씀사, 1982), p. 31.

다. 하나님의 변함없는 사랑은 세상의 사악함이나 타인과 세계에 대한 무관심으로 인해 좌절되지 않음을 보여 준다. 셋째로 부활은 인류의 소망이 옳음을 보여 주는 사건이다. 살인자가 무고한 희생자 앞에서 개가를 불러서는 안 된다. 역사의 한복판에서 예수께서 하신 일은 이 역사의 마지막에 우리 모두에게 일어날 것이다. 이것이 부활의 의미이다(고전 15 : 22). 즉, 부활 속에서 역사의 종말과 완성 그리고 죽은 자들의 일반적 부활이 성취되었다.

"아담 안에서 모든 사람이 죽은 것같이 그리스도 안에서 모든 사람이 삶을 얻으리라"(고전 15 : 22).

3. 부활의 증거

우리는 다른 어떤 누구도 부활을 경험했다는 것을 들어 보지 못했다. 분명히 부활은 커다란 의미를 지니고 있으며, 만일 나사렛 예수가 죽은 자 가운데서 부활했다면 그가 유일한 인물임은 논쟁의 여지가 없다. 그러나 현대인들은 바울이 아레오바고에서 했던 설교를 들었던 아덴의 철학자들만큼이나 부활에 대하여 냉소적이다(행 17 : 32). 그러면 부활이 토마스 아놀드(Thomas Arnold)의 말처럼 "역사상 가장 잘 증명된 사실"이라는 것을 성경의 단서들로 정리해 보자.

에드워드 클라크(Edward Clarke, K. C.) 경은 매카시(E. L. Macassey) 목사에게 이렇게 썼다. "저는 법률가로서 첫 부활절 사건에 대한 증거를 오랫동안 연구해 왔습니다. 저에게는 그 증거가 확정적입니다. 대법정에서 저는 거듭거듭 그다지 설득력이 없는 증거를 근거로 판결해 왔습니다. 추론은 증거를 따릅니다. 그리고 신실한 증거는 항상 꾸밈이 없고 결과에 개의치 않습니다. 부활에 대한 복음서의 증거가 바로 이런 부류의 것입니다. 그래서 저는 법률가로서 신실한 사람들이 확증할 수 있었던 사실들에 대한 증거를 남김없이 받아들입니다." 기독교는 사실에 정확하게 바탕을 두고 있다는 면에서 역사적(歷史的)이며 증명 가능하다.

1) 시체가 사라졌다(빈 무덤)

복음서 4권에 있는 부활 이야기는 부활절 아침 어떤 여인들이 무덤으로 찾아간 것으로 시작된다. 그녀들은 도착하자마자 예수의 시체가 사라진 것을 발견하고 아연실색한다. 그 후 얼마 지나지 않아서 사도들은 예수가 부활했다고 전하기 시작했다. 베드로는 예루살렘, 예수의 십자가 처형이 실행된 바로 그 도시에서 군중들에게 선포했다. "이 예수를 하나님이 살리신지라 우리가 다 이 일에 증인이로다"(행 2 : 32).

그것이 그들이 전한 메시지의 요점이었다. 그러나 그들은 사람들이 직접 가서 요셉의 무덤에 예수의 시체가 누워 있는 것을 볼 수 있었다면 자신들의 말을 사람들이 믿으리라고는 기대할 수 없었을 것이다. 시체가 사라졌다. 이 사실은 의심의 여지가 없다. 문제는 이것을 어떻게 설명하느냐 하는 것이다. 특히 빈 무덤을 발견한 최초의 사람들이 여자들이었음은 사복음서 모두에 등장한다. 남자 증인들은 나중에 등장하고 그것도 복음서 두 곳에만 나타난다. 1세기 유대와 로마의 문화에서는 여자들을 하찮게 여겼고, 그들의 증언을 미심쩍게 여겼음에도 불구하고 말이다. 유대교 탈무드는 "율법의 말씀이 여자들에게 전해지느니 태워 버려라.", "여자가 내놓은 증거는 하나도 타당하지 않다.", 요세푸스는 "여자들의 증언은 받아들여서는 안 된다. 여자들은 경솔하고 뻔뻔하기 때문이다."라고 적고 있다. 이런 상황이기에 사복음서의 기록은 그만큼 만들어 낼 가능성이 극히 희박하다고 하겠다. 왜냐하면 그렇게 해서 득이 될 것이 없기 때문이다.

(1) 여인들이 다른 무덤을 찾아갔다는 주장

1907년 키르숍 레이크의 주장에 따르면 여인들은 길을 잃었고 빈 무덤 앞에 있던 묘지 관리인이 "당신들은 나사렛 예수를 찾고 있군요. 그는 여기에 없습니다."라고 말했으며, 이 말을 들은 여인들은 두려워하며 도망쳤다는 것이다. 또한 그때는 아직 어두웠고 여자들은 슬픔 때문에 정상이 아니었다. 따라서 그들은 쉽게 실수를 범할 수 있었을 것이라는 주장이다. 이 주장은 표면상으로는 그럴듯하게 들리지만 검토해 보면 그렇지 못하다. 우선 그때는 완전히 캄캄하지 않았다.

"안식 후 첫날 일찍이 아직 어두울 때에 막달라 마리아가 무덤에 와서 돌이 무덤에서 옮겨진 것을 보고"(요 20 : 1).

"안식일이 다 지나고 안식 후 첫날이 되려는 새벽에 막달라 마리아와 다른 마리아가 무덤을 보려고 갔더니"(마 28 : 1).

"안식 후 첫날 매우 일찍이 해 돋을 때에 그 무덤으로 가며"(막 16 : 2).

"안식 후 첫날 새벽에 이 여자들이 그 준비한 향품을 가지고 무덤에 가서"(눅 24 : 1).

더구나 이 여인들은 결코 바보가 아니었다. 이들 중 최소한 두 사람은 요셉과 니고데모가 시체를 넣어 둔 곳을 보았으며, 그들은 무덤을 향하여 앉아서 장사하는 것을 끝까지 지켜보기까지 하였다. 바로 그 두 사람(막달라 마리아와 요세의 어머니 마리아)이 새벽에 살로메와 요안나와 다른 여자들을 데리고 다시 돌아왔다. 따라서 한 사람이 길이나 무덤을 잘못 찾았다면 다른 사람이 지적해 주었을 것이다. 또 막달라 마리아가 처음 왔을 때는 무덤을 잘못 찾았다 하더라도 날이 완전히 밝은 아침에 다시 와서 동산에서 한참 다니다가 예수를 만났다면 다시 실수를 했을 리가 없는 것이다.

"막달라 마리아와 요세의 어머니 마리아가 예수 둔 곳을 보더라"(막 15 : 47).

"갈릴리에서 예수와 함께 온 여자들이 뒤를 따라 그 무덤과 그의 시체를 어떻게 두었는지를 보고"(눅 23 : 55).

"거기 막달라 마리아와 다른 마리아가 무덤을 향하여 앉았더라"(마 27 : 61).

"안식일이 지나매 막달라 마리아와 야고보의 어머니 마리아와 또 살로메가 가서 예수께 바르기 위하여 향품을 사다 두었다가"(막 16 : 1).

"(이 여자들은 막달라 마리아와 요안나와 야고보의 모친 마리아라 또 그들과 함께한 다른 여자들도 이것을 사도들에게 알리니라"(눅 24 : 10).

"베드로는 일어나 무덤에 달려가서 구부려 들여다보니 세마포만 보이는지라 그 된 일을 놀랍게 여기며 집으로 돌아가니라"(눅 24 : 12).

"마리아는 무덤 밖에 서서 울고 있더니 울면서 구부려 무덤 안을 들여다보니…… 예수께서 이르시되 여자여 어찌하여 울며 누구를 찾느냐……"(요 20 : 11-18).

그뿐만 아니라 단지 감정적인 슬픔 때문이었다면 그들은 그렇게 일찍 무덤에 찾아가지 않았을 것이다. 그들은 실제적인 일에 마음을 쓰고 있었다. 그들은 향품을 사 두었고 예수의 시체에 기름 바르는 일을 마치려 하고 있었다. 그것은 안식일이 다가와서 이틀이나 지체되었기 때문에 빨리 그 일을 서둘러야 했기 때문이다. 혹시 그들이 무덤을 잘못 찾았다고 가정해도 그들의 이야기를 확인하기 위해 달려왔던 베드로와 요한도 똑같은 실수를 범했을까? 더군다나 유대인 권력자들은 예수의 무덤의 위치를 이미 알고 있었기 때문에 설령 여인들이 그와 같은 실수를 저질렀다고 하면, 그들이 예수가 살아났다고 선포할 때 유대인 권력자들은 기뻐서 어쩔 줄 모르면서 무덤의 위치를 가르쳐 주었을 것이고, 제자들의 실수를 지적하면 모든 것은 끝나고 말 것인데, 그런 일은 일어나지 않았다.

(2) 기절했다는 주장

예수께서 십자가 위에서 실제로 죽었던 것이 아니라 기절했다는 주장은 7세기에 쓰여진 코란에서 찾아볼 수 있다. 아마디야 무슬림들(Ahmadiyya Muslims)은 예수가 실제로는 인도로 도망쳤다고 주장한다. 오늘날까지도 카슈미르 지방의 스리나가에는 예수가 묻힌 장소라고 추정되는 곳에 사원이 세워져 있다. 19세기 초 몇몇 사람들은 예수께서 십자가 위에서 탈진해서 기절했거나 혹은 그 전에 죽은 것처럼 보이게 만드는 약을 먹었다가 시원하고 습기가 있는 무덤 속에서 깨어났다는 것이다.

그들 중 한 명이 1835년 독일 신학자 데이비드 스트라우스인데, 이들은 예수가 십자가에 달려 있을 때 스펀지에 적신 음료를 조금 마셨다는 사실(막 15 : 36)과 예수께서 빨리 죽은 것에 빌라도가 놀란 것처럼 보였다는 사실(막 15 : 44)을 근거로 이 가설을 주장한다. 그래서 이들은 예수가 다시 나타난 것은 기적적으로 부활한 것이 아니라 우연히 소생한 것에 불과하며, 그가 살아 있었기 때문에 무덤이 비어 있었다고 주장한다. 또한 이 기절 이론은 대중문학에서도 계속 등장하고 있다. 1929년 D. H. 로렌스는 그의 단편소설에서 예수가 이집트로 도망갔으며, 거기서 여사제인 이시스와 사랑에 빠졌다고 말하며, 1965년 휴즈 숀필드는 「유월절의 음모」(*The Passover Plot*)에서 로마 군인이 창으로 예수를 찌른 것은 예수가 전혀 예상하지 못했던 일이었다. 그 일 때문에 십자가에서 산 채로 탈출하려고 했던 그의 복잡한 계획이 수포로 돌아갔다는 것이다. 1972년 도노반 조이스가 쓴 「예수 두루마리」(*The Jesus Scroll*), 1982년 마이클 베이전트와 리처드 리, 헨리 링컨의 「보혈과 성배」(*Holy Blood, Holy Grail*)에서는 본디오 빌라도가 뇌물을 받고, 예수가 죽기 전에 십자가에서 끌어내려지도록 허락했다는 것이다. 가장 최근에는 1992년 오스트레일리아 여류학자 바바라 티어링이 「예수와 사해사본의 수수께끼」(*Jesus and the Riddle of the Dead Sea Scrolls*)에서 기절 이론을 다시 사용하고 있다.

그러나 이 기절 이론의 허구성은 십자가형에 대한 오해에서 빚어짐을 알 수 있다. 그러면 예수가 달리기 전에 겪었던 고통에 대한 알렉산더 메드릴(Alexander Metherell) 박사의 주장을 살펴보자. 그는 미국 메릴랜드 주 베데스다에 있는 국립보건원 소속 국립 심장, 폐, 혈액 연구소 전문의로 예수의 죽음에 대한 역사적, 고고학적, 의학적 자료를 광범위하게 연구했던 저명한 의사이다. 그는 다음과 같이 말했다.

"예수는 최후의 만찬 후에 겟세마네 동산에 올라가서 밤새도록 기도하셨다. 기도하시면서 예수는 닥쳐올 십자가 사건의 고통이 얼마나 큰 고통인가를 잘 아셨기 때문에 엄청난 심리적 스트레스를 받고 있었다. 이것은 예수가 완전한 인간이셨기에 매우 자연스러운 모습이었다. 그래서 복음서에는 기도하시는 예수의 이마에 땀이 핏방울같이 되었다고 적고 있다. 이것은 의학적으로 혈한증(血汗症, hematidrosis)이라고 불리는 것으로써 흔히 일어나는 일은 아니지만 정신적 스트레스를 아주 심하게 받았을 때, 땀샘에 있는 모세혈관을 파괴하는 화학성분이 몸에서 나와 그 결과 땀샘으로 소량의 피가 들어오게 되는 것이다. 이렇게 혈한증이 일어나면 피부가 매우 약해진다.

이런 상태에서 예수는 그 다음 날 로마 군인의 채찍을 맞으셔야 했다. 로마의 태형은 무지하게 잔인한 형벌로 알려져 있다. 채찍은 보통 3~9개의 가닥으로 이루어져 있으며, 채찍을 휘두르는 병사의 기분에 따라 그보다 훨씬 더 가닥수가 많을 수도 있다. 이 채찍은 땋은 가죽으로 되어 있었고, 그 안에는 쇠구슬이 박혀 있어서 몸을 때리면 구슬들 때문에 깊은 상처나 멍이 생겼고, 채찍을 계속하면 상처 난 곳이 벌어지기 시작한다. 또 채찍 끝에는 날카로운 뼈 조각들도 매달려 있기 때문에 채찍질을 하면 살이 심하게 찢겨져 나갔다. 특히 등이 심하게 찢겨져 나가기 때문에 어떤 경우에는 척추의 일부가 드러나기까지 했으며 채찍질은 어깨에서부터 시작해서 등, 엉덩이, 정강이까지 계속된다. 이런 태형이 계속되면 피부 밑에 있는 골격 근육까지 찢겨지게 되고 찢겨진 살은 피범벅이 된 채로 리본처럼 매달려 있게 된다."

3세기의 역사가 유세비우스는 "태형을 당하는 사람의 정맥이 밖으로 드러났고 근육, 근골, 그리고 창자의 일부가 노출되었다."라고 했다. 많은 사람들은 십자가에 달리기 전에 태형만 당하고서도 죽었다. 죽지는 않더라도 극도의 고통을 느끼게 되고, 저혈량 쇼크(hypovolemic shock) 상태에 빠진다. 저혈량 쇼크의 'hypo'는 '낮은', 'vol'은 '크기, 부피', 'emic'은 '피'라는 뜻으로 어떤 사람이 많은 양의 피를 흘리고 나서 고통을 겪는 상태를 의미한다. 피를 많이 흘리면 다음의 네 가지 증상이 나타난다. 첫째, 심장이 더 이상 피를 퍼 올리지 않는다. 둘째, 혈압이 떨어지게 되고 정신이 몽롱해지거나 기절하게 된다. 셋째, 신장은 남아 있는 피의 양을 유지하기 위해서 소변 만드는 일을 중단한다. 넷째, 흘린 피를 보충하기 위해서 몸이 액체를 요구하기 때문에 매우 목이 마르게 된다.

이상의 현상은 복음서에 명확하게 나온다. 예수는 십자가를 지고 갈보리 언덕으로 비틀거리며 올라가셨는데, 이때 예수는 저혈량성 쇼크 상태에 있었기 때문에 넘어지셨고, 로마 군인은 시몬에게 십자가를 대신 지라고 명령했다. 그 다음 예수는 "내가 목마르다."라고 하셨고, 사람들은 예수께 신 포도주를 머금은 해융을 드렸다. 이렇게 손과 발에 못 박히기 전에 이미 위독한 상태였던 예수는 처형장에 도착하셨고, 예수는 눕혀진 후 십자가의 가로 들보(Crossbar, Patibulum) 위로 팔을 뻗친 상태에서 못 박혔다.

이때 로마 군인들은 5~7인치 정도 되는 끝이 가늘고 뾰쪽한 대못을 예수의 손목에 박았다. 못을 손목에 박아야만 단단히 고정된다. 왜냐하면 손바닥에 못을 박으면 몸무게 때문에 손바닥이 찢겨져서 십자가에서 떨어져 버리기 때문이다. 그 당시 언어는 손바닥과 손목을 구별하지 않고 사용했다. 이렇게 손목에 못을 박았다는 것은 중추신경이 지나가는 위치에 못을 박았다는 뜻이다. 손으로 나가는 중추신경이 손목을 지나가는데, 이곳에 못을 박으면 신경은 완전히 파괴된다. 이때 경험하는 고통은 우리가 팔꿈치를 세게 부딪쳤을 때 느끼는 고통, 일명 척골신경이 부딪칠 때 느끼는 고통인데 이

> 사람의 몸은 70%가 물이다.
> 2%만 잃어도 통증을 느끼고
> 5%만 잃어도 환각증상이 나타나고
> 12%를 잃으면 죽는다.

신경을 망치로 뭉갠다는 것과 같은 고통이다. 이는 인간이 이겨 내기가 불가능한 고통이다. 그래서 영어 단어에 '몹시 고통스러운'(excruciating)이라는 단어는 문자적으로 'ex+cruciating'(십자가로부터)이라는 뜻이다. 이렇게 가로 들보에 못 박힌 예수는 끌려 올라갔고, 그 다음에는 손목에 못이 박힐 때와 마찬가지로 발에 못이 박혔다. 이렇게 십자가에 달리게 되면 먼저 몸무게 때문에 팔이 약 6인치 정도 늘어나고, 양쪽 어깨는 탈골된다. 이것은 십자가 사건이 일어나기 수백 년 전에 기록된 시편 22편의 예언 "내 모든 뼈는 어그러졌으며"의 성취였다.

이렇게 십자가에 수직으로 매달리게 되면 서서히 질식하면서 고통스럽게 죽게 된다. 질식하게 되는 이유는 근육에 충격이 가해지면서 횡경막이 가슴의 상태를 숨을 들이쉬는 상태로 만들어 놓기 때문이다. 숨을 내쉬기 위해서는 십자가 위에서 발을 세워야 하는데, 그래야 근육이 잠시 동안 이완될 수 있기 때문이다. 그러나 그렇게 하면 발에 박혀 있는 못이 발을 점점 깊이 찌르게 된다. 간신히 숨을 내쉰 후에는 세웠던 발을 내리고서 잠시 쉴 수 있었을 것이다. 그리고서 다시 숨을 들이마시고, 또다시 숨을 내쉬기 위해서 발을 세워야 하고, 동시에 십자가의 거친 나뭇결에 피 묻은 등이 긁히게 된다. 완전히 지칠 때까지 이런 식으로 계속되다가 결국 발을 세울 수 없게 되고, 더 이상 숨을 쉴 수 없게 된다.

호흡수가 점점 줄어들기 시작하면 소위 호흡 산독증(혈액 속에 있는 이산화탄소가 탄산으로 분해되면서 혈액의 산성이 증가하는 것)에 빠지며 결국 심장 박동이 불규칙하게 된다. 그리고 나서 마지막에는 심장이 정지되면서 운명하게 되는 것이다. 또한 심장을 정지시키는 원인 가운데 하나는 저혈량 쇼크인데, 저혈량 쇼크로 심장 박동수가 지속적으로 빨라지면 체조직에 충분한 혈액이 공급되지 않기 때문에 심장 주위에 있는 막 조직에 액체가 고이는 심낭 삼출이 일어나고, 폐 주위에도 액체가 고이는 늑막 삼출이 일어난다. 이것이 복음서에 사실적으로 증거되고 있다. 로마 군인들이 와서 예수가 돌아가셨다는 것을 알고서 예수의 오른쪽 옆구리를 창으로 찔러서 확인했을 때, 창은 오른쪽 옆구리, 갈비뼈 사이를 통과하여 오른쪽 폐와 심장을 꿰뚫었을 것이다. 창을 뺀 뒤, 물처럼 보이는 액체, 심낭 삼출과 늑막 삼출이 나온 다음 많은 양의 피가 쏟아진 것을 요한은 복음서에서 증거하고 있다.

다만 요한복음 19 : 34에는 "피와 물"이라고 표현되어 있는데, 고대 헬라어는 단어의 순서가 반드시 일어난 순서대로 배열되는 것이 아니라 두드러진 사건일수록 먼저 기록하기 때문에 요한은 물보다 피가 훨씬 더 많이 나왔다는 의미로 피를 먼저 언급했던 것이다. 여기서 한 가지 확인하고 넘어가야 할 것은 십자가형은 희생자의 손과 발을 밧줄로 묶는다는 주장이다. 「하버드 신학연구지」(*Harvard Theoiogical Review*)에도 "놀랍게도 십자가형에 처해진 사람의 발이 못에 박혔다는 증거는 거의 없다."라는 논문을 실은 적이 있다. 물론 때때로 밧줄이 사용되긴 했지만 실제로 못이 사용되었다는 사실이 고고학에 의해 이미 증명되었다. 1968년 예루살렘에서 고고학자들이 AD 70년경 로마에 대항한 반란에 희생된 36명 정도 되는 유대인들의 유골을 발견했다. 그중에 요하난이라는 인물이 십자가 처형을 당했는데, 고고학자들은 그의 발에 꽂혀 있던 7인치 크기의 못을 발견했으며, 그 못에는 십자가로부터 떨어진 올리브나무 조각도 붙어 있었다. 또 하나는 예수가 죽었다고 판단한 로마 군인의 단정이다. 그 당시 혹시라도 잘못 단정해서 죄수가 탈출하면 책임지고 있던 군인들은 대신 목숨을 내놓아야 했다. 따라서 십자가 위에서 희생자를 끌어내릴 때 그가 죽었는지를 확인하는 것은 목숨을 내놓아야 할지도 모르는 위험을 감수하면서 해야 하는 것이었다.

이상의 모든 것을 총 정리했을 때 예수가 분명히 돌아가셨다는 것은 의심할 수 없는 사실이다. 그래서 윌리엄 D. 에드워즈 박사는 「미국 의학협회 저널」(The Journal of the Amenican Medical Association)에 기고한 논문에서 "역사적, 의학적 증거들을 살펴볼 때 예수는 창에 허리를 찔리기 전에 분명히 죽어 있었다. 따라서 예수가 십자가 위에서 죽지 않았다는 가정에 기안한 해석들은 현대 의학적 관점에서 볼 때 잘못된 주장이다."라고 결론지었다. 그럼에도 불구하고 몇몇 사람들은 예수가 십자가 위에서 죽지 않았고 단지 기절했을 뿐이라고 말한다. 그리고 그 후 무덤에서 깨어나서 그곳을 떠났다가 제자들에게 나타났다는 것이다. 그러나 이 주장은 철저한 곡해인 것이다.

빌라도는 '예수가 벌써 죽었을까?' 하고 이상히 여겼지만, 백부장이 그것을 확인시켜 주었다. 그래서 빌라도는 충분히 확신을 갖고 요셉에게 시체를 가져가라고 허락하였다. 백부장이 빌라도가 필요로 하는 확신을 줄 수 있었던 것은 "한 군인이 창으로 옆구리를 찌르니 곧 피와 물이 나오더라"(요 19 : 34), 그때 그가 분명히 그곳에 있었기 때문이다. 그렇게 허락을 받고 요셉과 니고데모는 예수의 시체를 내려다가 수의로 싸서 요셉의 새 무덤 속에 넣어 두었다.

"빌라도는 예수께서 벌써 죽었을까 하고 이상히 여겨 백부장을 불러 죽은 지가 오래냐 묻고 백부장에게 알아본 후에 요셉에게 시체를 내주는지라"(막 15 : 44-45).

"예수께 이르러서는 이미 죽으신 것을 보고 다리를 꺾지 아니하고 그중 한 군인이 창으로 옆구리를 찌르니 곧 피와 물이 나오더라"(요 19 : 33-34).

그럼에도 예수가 그동안 계속 기절해 있었다고 믿을 수 있을까? 그 가혹한 행위와 고통스런 심문, 조롱, 채찍질, 그리고 십자가에 못 박힘을 당한 후 온기도, 먹을 것도 없고 상처를 치료받지도 못한 채 돌무덤 속에서 서른여섯 시간이나 생존할 수 있었을까? 그러 후에 무덤 입구를 막고 있는 돌을 밀어내는 초인적인 힘을 발휘할 정도로 충분히 기력을 회복할 수 있었을까? 그것도 무덤을 지키고 있는 로마 병정들에게 들키지 않고서 말이다. 또 약하고 굶주린 그가 제자들 앞에 나타나 죽음을 극복했다는 인상을 줄 수 있었을까? 그런 그가 죽었다가 다시 살아났다고 주장하면서 제자들을 온 세계에 보내 세상 끝 날까지 그들과 함께 있겠다고 약속할 수 있었겠는가? 그런 애처로운 상태의 예수를 본 제자들이 언젠가 자신들도 예수처럼 부활한 몸이 될 것이라는 희망을 품을 수 있었겠는가? 분명 예수에게 어느 누구도 먹을 것과 있을 곳을 제공해 주지 않았는데도 그가 어디선가 40일 동안 숨어 살면서 때때로 놀랍게 나타났다가 소리도 없이 사라질 수 있었겠는가? 이런 것을 믿는다는 것은 부활을 믿는 것보다 더 믿기 어렵다. 백 보 양보해서 예수가 십자가형에서 단순히 건강을 회복했다면 언젠가는 나이가 들어 이러저러한 이유로 죽음을 맞이하셨을 것이다. 그렇다면 그 예수의 무덤은 어디에 있는가? 지금까지 신뢰할 수 있는 예수의 다른 무덤은 확인되지 않고 있지 않은가?[7]

---

[7] James D. G. Dunn, *Why Believe in Jesus' Resurrection?*, 김경민 역, 「부활」(서울: 비아, 2018), p. 82.

(3) 도둑이 시체를 훔쳐 갔다는 주장

이런 추측에는 증거가 하나도 없다. 도둑들이 무덤을 지키는 로마 병사들을 어떻게 속였으며, 돌을 어떻게 옮겼는지에 관해 전혀 설명할 길이 없다. 또 도둑들이 시체를 훔쳐 가면서 수의를 남겨 놓은 이유나 그들이 그런 행위를 한 동기는 상상이 되지 않는다. 그러나 여기에 중요한 사실이 있다. 시체가 여전히 무덤에 있다면 누군가가 그것을 훔쳐 갔다는 말을 왜 했겠는가? 이것은 무덤이 비어 있었음을 암묵적으로 시인하는 것이다.

(4) 제자들이 시체를 가져갔다는 주장

18세기에 비평가들 중에서 제기되었던 주장으로써 제임스 타보르(James D. Tabor)는 그의 책 「예수 왕조」(The Jesus Dynasty)에서 "예수의 시신을 그의 가족들이 옮겨 다른 곳에 묻었는데, 예수가 묻힌 곳이 츠팟시 외곽의 갈릴리였다."라고 주장한다. 또한 헤르만 사무엘 라이마루스(Hermann Samuel Reimarus, 1694-1768, 독일 계몽주의 신학자)도 예수님의 제자들이 예수님의 시체를 훔쳤고 부활 이야기를 조작하여 자신들의 죽은 지도자가 영적인 구원자가 되도록 했는데, 이것은 예수님이 종교적인 문제보다는 민족적인 문제에 더 관심을 가졌었다는 사실을 기만하려는 시도에서 사람을 속이는 행위가 있었다는 것이다. 마태는 이것을 처음부터 유대인들이 퍼뜨린 소문이라고 기록하고 있다.

> "그 이튿날은 준비일 다음 날이라 대제사장들과 바리새인들이 함께 빌라도에게 모여 이르되 주여 저 속이던 자가 살아 있을 때에 말하되 내가 사흘 후에 다시 살아나리라 한 것을 우리가 기억하노니 그러므로 명령하여 그 무덤을 사흘까지 굳게 지키게 하소서 그의 제자들이 와서 시체를 도둑질하여 가고 백성에게 말하되 그가 죽은 자 가운데서 살아났다 하면 후의 속임이 전보다 더 클까 하나이다 하니 빌라도가 이르되 너희에게 경비병이 있으니 가서 힘대로 굳게 지키라 하거늘 그들이 경비병과 함께 가서 돌을 인봉하고 무덤을 굳게 지키니라"(마 27 : 62-66).

"여자들이 갈 때 경비병 중 몇이 성에 들어가 모든 된 일을 대제사장들에게 알리니 그들이 장로들과 함께 모여 의논하고 군인들에게 돈을 많이 주며 이르되 너희는 말하기를 그의 제자들이 밤에 와서 우리가 잘 때에 그를 도둑질하여 갔다 하라 만일 이 말이 총독에게 들리면 우리가 권하여 너희로 근심하지 않게 하리라 하니 군인들이 돈을 받고 가르친 대로 하였으니 이 말이 오늘날까지 유대인 가운데 두루 퍼지니라"(마 28 : 11 - 15).

이 이야기는 이치에 맞지 않는다. 선발된 파수꾼들이 로마인이든 유대인이든 무덤을 지키도록 명령을 받았는데, 근무 중에 모두 잠든다는 것이 가능할까? 불가능할 것이다. 그렇다면 파수꾼들이 깨어 있는데 어떻게 도둑들은 그들을 지나가서 돌을 굴려 낼 수 있었겠는가? 로마 병사들이 경비 근무 중에 졸았을 때 받는 형벌은 사형이었다. 또 그 경비 기간이 길었던 것도 아니며 단 이틀이었으므로 한 경비병이라도 졸 수 없었겠지만, 만약 모든 경비병들이 다 깊이 잠들었다고 해도 돌문을 열어 시체를 옮겨 갈 때도 깨어나지 못했다는 것은 말이 되지 않는다. 더구나 그들이 잠을 자고 있었다면 시체가 어떻게 되었는지는 알 수도 없었을 것이므로 예수가 부활하지 않았다고 말할 수도 없었을 것이다.

더구나 그렇게도 놀라고 두려워서 도망쳐 흩어졌던 제자들이 감히 그러한 위험한 시도를 했다고는 더욱 믿을 수 없다. 아무리 용감한 사람이라도 밝은 달밤에 그러한 시도를 하기란 어려운 일인데, 그렇게도 깊이 좌절하고 낙담한 사람들이 했다고는 상상도 할 수 없는 일이었다. 또 제자들은 심지어 예수께서 부활하시리라고는 믿지도 않았고, 더구나 그들이 부활을 만들어 내야 한다고 생각했을 수도 없다. 그들에게는 그렇게 할 이유가 없었다. 왜냐하면 자신들도 믿지 않았던 예언들을 이루어지게 하려고 한다거나 자신들이 기대하지도 않았던 일들을 확실하게 해야 할 아무런 이유가 그들에게는 없었던 것이다.[8]

백 보 양보해서 제자들이 예수의 시체를 훔쳐 가는 데 성공했다고 가정해도 이

---

8) Ibid., pp. 31 - 32.

가설 전체에 상반되는 심리적 요인이 존재한다. 왜냐하면 사도행전 첫 부분에서 사도들이 전한 메시지의 요지가 부활에 관한 것임을 볼 수 있다. "너희들은 그를 죽였지만, 하나님께서는 그를 살리셨고 우리는 그 증인이다."라는 것이 그들이 반복하여 말한 내용이다. 그렇다면 그들은 꾸며 낸 거짓말을 선포하고 있는 것인가? 만일 그들이 예수의 시체를 훔쳐 갔다면 예수의 부활을 전파하는 것은 계획된 거짓을 퍼뜨리는 것이 된다. 거짓 음모를 모의한 자들은 보통 놀라우리만큼 긴밀하게 결속된 소수의 참여자여야 하며 동시에 외부의 압력이 전혀 없이 매우 짧은 기간에 서로 지속적으로 소통할 수 있어야 성공할 수 있다. 그러나 예수의 부활을 거짓으로 꾸며 낸 음모로 보기에는 열두 사도, 마가 다락방의 120명의 증인(행 1 : 15), 더 나아가 사도 바울이 묘사한 500명의 증인들(고전 15 : 6)은 너무 숫자가 많다. 이에 더하여 사도들은 놀라울 만큼 긴 시간 자신들의 거짓 음모를 지켜야 했다. 사도 요한은 예수의 부활 후, 거의 60년을 생존했다. 또한 예수 부활의 증인들은 이탈리아에서 인도까지 산재하여 가장 공격적인 박해를 받았을 뿐만 아니라 예수의 제자로서 예수와 함께하기 전까지는 생면부지의 남남이었고, 관계적 연결점이 희박하다고 할 수밖에 없다.[9] 그러나 그들은 예수의 부활을 전파했을 뿐만 아니라 그것을 위해 옥에 갇히고 채찍에 맞아 죽기까지 박해를 당하였는데, 한낱 꾸민 이야기를 위해 그러한 각오를 했다는 말인가? 이것은 옳게 들리지 않는다. 복음서들과 사도행전을 통해 알 수 있는 분명한 것이 있다면 사도들이 진지했다는 것이다. 그들은 속았을지는 몰라도 속이는 자는 아니었다. 위선자와 순교자는 한 성품에서 나오지 않는다.

(5) 로마인 또는 유대인 당국자들이 시체를 치웠다는 주장

예수의 빈 무덤을 설명하는 이론 중 가장 타당성이 없는 것으로써 시체를 안전히 지킬 수 있는 곳으로 가져가고 싶은 욕망은 충분한 동기가 된다. 또한 그들은 예수가 공생애 때 부활을 이야기했다는 소문도 들었다. 따라서 혹시 속임수를 쓸까 봐

---

9) J. Warner Wallace. op. cit., pp. 169-172.

시체를 압수하는 예방 조치를 취했다는 것이다. 그러나 이 사건에 대한 이런 추측은 금방 무너지고 만다. 몇 주 지나지 않아서 사도들이 담대하게 예수께서 부활하셨다고 선포했다. 이 소식은 신속하게 퍼졌다. 이 새로운 예수 운동은 유대교의 굳건한 벽을 허물고 예루살렘의 평화를 해칠 만큼 위협적이었다. 유대인들은 개종을 두려워했고 로마인들은 폭동을 우려했다. 당국자들이 취할 행동은 단 한 가지밖에 없었다. 보관했던 시체를 보여 주며 그들이 한 일을 알리는 것이었다. 그러나 그들은 그렇게 하는 대신에 아무 말도 하지 않고 폭력을 사용했다. 그들은 사도들을 잡아들이고, 위협하며, 채찍질하고, 옥에 넣으며, 헐뜯고, 모략하며, 죽였다. 특히 재매장 이론은 예수의 현현을 설명하지 못한다. 흥미롭게도 빈 무덤을 보고 예수의 부활을 확신한 사람은 요한뿐일 것이다. 제자들이 예수의 부활을 믿게 된 것은 예수의 나타나심 때문이었다.

> "사도들이 백성에게 말할 때에 제사장들과 성전 맡은 자와 사두개인들이 이르러 예수 안에 죽은 자의 부활이 있다고 백성을 가르치고 전함을 싫어하여 그들을 잡으매 날이 이미 저물었으므로 이튿날까지 가두었으나"(행 4 : 1-3).

> "이 사람들을 어떻게 할까 그들로 말미암아 유명한 표적 나타난 것이 예루살렘에 사는 모든 사람에게 알려졌으니 우리도 부인할 수 없는지라 이것이 민간에 더 퍼지지 못하게 그들을 위협하여 이 후에는 이 이름으로 아무에게도 말하지 말게 하자 하고 그들을 불러 경고하여 도무지 예수의 이름으로 말하지도 말고 가르치지도 말라 하니"(행 4 : 16-18).

> "그들이 큰 소리를 지르며 귀를 막고 일제히 그에게 달려들어 성 밖으로 내치고 돌로 칠새 증인들이 옷을 벗어 사울이라 하는 청년의 발 앞에 두니라"(행 7 : 57-58).

> "사울이 교회를 잔멸할새 각 집에 들어가 남녀를 끌어다가 옥에 넘기니라"(행 8 : 3).

그들이 만일 예수의 시체를 가지고 있었다면 이 모든 일은 전혀 불필요했을 것이다. 교회는 부활을 기초로 세워졌다. 부활이 그릇되었다는 것이 증명되었다면 교회는 붕괴되었을 것이다. 그러나 그들은 그렇게 할 수 없었다. 시체가 그들에게 없었기 때문이다. 당국자들의 침묵은 사도들의 증언만큼이나 부활에 대한 웅변적인 증거이다. 그럼에도 불구하고 빈 무덤 이야기는 1835년 데이비드 스트라우스가 전설이라고 주장해 온 이래 무신론자, 불가지론자, 회의론자들은 끝없는 자가당착적인 주장을 했으며, 심지어 예수 세미나[10]의 존 도미니크 크로산은 예수의 시체는 들개들이 무덤을 파헤친 후 먹어 버렸다는 악의에 찬 주장까지 했다.

그럼에도 불구하고 역사적 사실에 근거한 정직한 학자들은 복음서의 기록에 정당한 평가를 외면하지 않는다. 에든버러 대학 교수이고 다분히 회의적인 역사가인 마이클 그랜트도 그의 책 「예수 : 역사학자가 본 복음서」(*Jesus : An Historian's Review of the Gospels*)에서 "분명히 빈 무덤에 대한 복음서의 묘사는 각각 다르다. 그러나 만약 우리가 고대 문헌을 연구할 때 적용하는 기준과 똑같은 기준을 복

---

10) 1985년 미국 성경 비평학 분야의 200여 명의 저명한 신학자들이 결성한 연구모임으로서 역사적 예수에 관한 최근의 연구기관이라고 할 수 있는데, 그들만의 독특한 연구방법론으로 많은 논란을 일으켰다. 로버트 W. 펑크(Robert W. Funk)에 의해 창설되고, 첫해부터 그와 존 도미니크 크로산이 공동의장으로 운영해 왔다. 마커스 J. 보그(Marcus J. Borg)와 여러 학자들이 역사적 예수를 연구했는데 창설자 로버트 W. 펑크는 역사적 예수 연구란 후기의 초대 기독교인들이 믿었던 종말론적 선지자로 그려진 신화적 그리스도(mythic Christ)로부터 갈릴리의 현인을 해방하는 노력이요, 그리고 예수에 관한 종교(the religion about Jesus)로부터 예수의 종교(the religion of Jesus)로 구분시키는 노력이라고 규정했다.
길 베일리(Gil Bailie), 제임스 G. 윌리엄(James G. Williams)도 한때 회원이었다. 예수 세미나는 역사적 예수와 신앙의 예수(케리그마적 그리스도)를 분리하는 것을 기본적으로 전제하고 있는데, 이것은 잘못되었다. 양자는 분리될 수 없고, 의미도 없다. 왜냐하면 신약성경은 예수가 남겨 놓은 영향을 반영하고 있기 때문이다. 이들은 1945년 이집트에서 발견된 기독교 문헌, 도마복음서(Gospel of Thomas)가 포함된 새로운 신약성경을 번역하였다. 이들은 외경인 도마복음서를 복음서 중의 하나로 보았으며, 또 그리스·로마 시대의 영지주의 문서에는 여러 가지 지식과 관심을 가지면서도 기독교의 모태인 유대교 문서에 관하여는 거의 관심을 두지 않았다.

음서에 적용해 본다면 무덤이 실제로 비어 있었다는 결론을 내리기에 충분한 증거들이 있음을 알 수 있다."라고 주장했으며, 런던 대학교 학장이었던 노먼 앤더슨 박사는 평생 동안 법률적인 관점에서 빈 무덤을 연구한 끝에 "빈 무덤은 부활을 논박하는 모든 이론들을 단숨에 파괴해 버리는 단단한 바위와도 같다."라고 결론을 내렸다.

부활에 관한 세계 최고의 전문가로 널리 알려진 윌리엄 레인 크레이그 교수는 빈 무덤이 역사적 사실이라는 것을 간결하고 설득력 있게 6가지로 설명하고 있다. 첫째, 빈 무덤은 고린도전서 15장에 나오는 초기의 전승에 분명하게 암시되어 있다. 고린도전서 15 : 3~7에는 사도 바울이 예수가 장사 지낸 바 되었다고 증거하고 있는데, 이 부분은 교회 시대 초기의 신경(Creed)으로 예수가 십자가에 돌아가시고 장사된 지 불과 몇 년 안에 만들어졌다. 이는 바울이 회심한 후 다메섹 혹은 예루살렘에 가서 사도 야고보나 베드로를 만났을 때 전수받은 것인데, 그 당시 사건의 목격자들이 살아 있을 때였기 때문에 거짓말이나 조작할 수 있는 가능성은 전혀 불가능한 것이다.

둘째, 그리스도인들과 유대인들은 똑같이 예수의 무덤의 위치를 알고 있었다. 따라서 만약 무덤이 비어 있지 않았다면 부활 신앙을 기초로 하고 있는 기독교가, 예수가 십자가에 달리시고 묻히신 바로 그 도시에서 생겨나는 것은 불가능했을 것이다.

셋째, 마가복음의 빈 무덤 이야기는 언어, 문법, 그리고 문체로 볼 때 그 이전의 어떤 출처에서 인용하고 있다는 사실을 알 수 있다. 여러 증거들을 살펴볼 때 빈 무덤 이야기는 AD 37년 이전에 쓰였고, 그리스·로마 역사가인 A. N. 셔윈 화이트의 주장처럼 역사를 통해서 볼 때 복음서의 내용을 그토록 빠르게 완전히 왜곡시킬 가능성은 전혀 없다.

넷째, 마가복음의 빈 무덤 이야기는 단순하다. 2세기에 만들어진 외경은 온갖 미사여구를 사용해서 예수가 영광과 권능으로 무덤에서 부활하였고, 제사장들, 유대 관원들, 로마 군병들을 포함한 모든 사람들이 예수를 보았다고 한다. 대조적으로

마가의 이야기는 있는 그대로의 단순한 내용이고, 신학적 사고가 반영되지 않은 순수한 내용이다.

다섯째, 무덤이 비었다는 사실을 여인들이 처음으로 발견했다는 공통된 증인들의 이야기는 그 진실성을 말해 준다. 그 당시 팔레스타인 지역에서는 여성의 증언은 무익한 것으로 여겨졌기 때문에 여자들은 유대 법정에서 법적인 증인들이 될 수 없었다.

이러한 정신은 랍비의 격언에도 나타나는데 "율법의 말씀을 여자들에게 전해 줄 바에는 차라리 불태워 버려라.", "아들들을 자녀로 가진 사람은 복이 있느니라. 그러나 화 있을진저 딸을 자녀로 둔 자들이여!"라는 말들을 통해서 그 당시 여성이 얼마나 천하게 여겨졌는가를 알 수 있다. 그런데 복음서가 기독교의 핵심이라고 할 수 있는 부활 사건에 따른 증인을 여자들이라고 적고 있다는 것은 복음서의 저자들이 얼마나 사실에 충실한가를 보여 준다. 만약 후대에 만들어진 전설이었다면 베드로나 요한 같은 사람들이 빈 무덤을 발견했다고 기록했을 것이다. 여자들을 부활의 증인으로 세웠다는 것은 복음서 기자들이 문화적(文化的) 적절성보다 진리를 앞세웠다는 것이다.

여섯째, 1세기의 유대인 논객들 중 무덤 속에 아직도 예수의 시체가 놓여 있다고 주장하는 사람들은 아무도 없었다. 다만 언제나 문제가 되는 것은 "시체가 어떻게 없어졌는가?"에 있었다. 그래서 유대인들은 파수꾼들이 잠들었다는 우스꽝스러운 의견만 내놓았을 뿐이다. 이것은 무덤이 비어 있었다는 것을 전제하고 있는 것이다.

이제까지 살펴본 이론들은 '빈 무덤'과 '사라진 시체'를 설명하기 위해 사람들이 만들어 낸 것이다. 이들 중 어느 하나도 만족할 만한 것은 없다. 복음서들에는 단순하고 진지한 역사적 기사가 있어 부활절에 일어난 일을 설명하고 있다. 예수의 시체는 인간들이 옮기지 않았다. 하나님께서 다시 살리셨다. 그래서 기독교는 빈 무덤의 종교이다. 인류 문화는 아담의 범죄 후 무덤에서 시작되었고, 무덤이 인류 최초의 상징이었다. 불교, 유교도 무덤 종교이다. 이집트의 거대한 피라미드와 중국의 진시

황의 무덤을 보면 알 수 있다. 그러나 기독교는 거대한 무덤을 평화의 정원으로 만들었다.[11]

(6) 수의가 헝클어지지 않았다

예수의 시체가 사라졌다고 말하는 기자가 수의는 그대로 있었다고 한 사실은 주목할 만한 일이다. 이 사실을 특별히 강조한 사람은 요한인데, 그것은 그가 그 극적인 날 아침 베드로와 함께 무덤으로 달려갔었기 때문이다. 그러므로 이 사건에 대한 그의 설명은 직접 경험이라는 틀림없는 증거를 근거로 하고 있다.

"…… 베드로와 그 다른 제자가 나가서 무덤으로 갈새 둘이 같이 달음질하더니 그 다른 제자가 베드로보다 더 빨리 달려가서 먼저 무덤에 이르러 구부려 세마포 놓인 것을 보았으나 들어가지는 아니하였더니 시몬 베드로는 따라와서 무덤에 들어가 보니 세마포가 놓였고 또 머리를 쌌던 수건은 세마포와 함께 놓이지 않고 딴 곳에 쌌던 대로 놓여 있더라 그때에야 무덤에 먼저 갔던 그 다른 제자도 들어가 보고 믿더라 ……"(요 20 : 1-10).

"…… 이에 가서 예수의 시체를 가져가니라 일찍이 예수께 밤에 찾아왔던 니고데모도 몰약과 침향 섞은 것을 백 리트라쯤 가지고 온지라 이에 예수의 시체를 가져다가 유대인의 장례 법대로 그 향품과 함께 세마포로 쌌더라 ……"(요 19 : 38-42).

"죽은 자가 수족을 베로 동인 채로 나오는데 그 얼굴은 수건에 싸였더라 예수께서 이르시되 풀어 놓아 다니게 하라 하시니라"(요 11 : 44).

"이날 곧 안식 후 첫날 저녁때에 제자들이 유대인들을 두려워하여 모인 곳의 문들을 닫았더니 예수께서 오사 가운데 서서 이르시되 너희에게 평강이 있을

---

11) 정일권, op. cit., p. 248.

지어다"(요 20 : 19).

　이야기를 재구성해 보자. 요셉은 빌라도에게 예수의 시체를 달라고 간청하였으며, 니고데모는 몰약과 침향 섞은 것을 백 근쯤 가지고 왔다. 그리하여 그들은 예수의 시체를 가져다가 유대인의 장례법대로 그 향품과 함께 쌌다. 다시 말해서 그들은 세마포 띠로 예수의 시체를 동여매면서 그 사이에 향료 가루를 뿌렸다. 물론 나사로의 경우와 같이 머리는 별개의 천으로 쌌다. 이렇게 해서 그들은 동양의 관습대로 얼굴과 목만 드러나도록 두고 몸과 머리를 천으로 감쌌다. 그리고 나서 그들은 동굴 무덤 한쪽에 만들어 둔 돌판 위에 시체를 놓았다.

　이제 예수의 부활이 실제로 일어났을 때 우리가 무덤 속에 있었다고 가정해 보자. 예수가 움직이기 시작하다가 하품을 하고 기지개를 켠 다음 일어서는 것을 보았을까? 그렇지 않을 것이다. 그는 부활했지 소생하지 않았다. 우리는 그가 기적적으로 죽음을 통과하여 전혀 새로운 존재 세계로 들어갔다고 믿는다. 그렇다면 우리가 그곳에 있었을 경우 무엇을 보았을까? 갑자기 그의 시체가 사라지는 것을 목격했을 것이다. 시체는 증발하여 새롭고 다르며 기이한 어떤 것으로 변했을 것이다. 그리고 훗날 닫힌 문을 통과했듯이 수의를 통과하여 나가고 수의는 건드리지 않은 채 그대로 남겨 두었을 것이다.

　백 근이나 되는 향료가 스며 있던 수의는 시체가 빠져나가자 내려앉거나 쭈그러져 납작하게 되었을 것이다. 그리고 몸을 쌌던 천과 머리를 감았던 천 사이에는 간격, 즉 얼굴과 목이 있었던 자리만큼의 간격이 있었을 것이다. 머리를 감았던 천은 붕대를 감듯 종횡으로 엇갈려 복잡하게 감았기 때문에 우묵한 형태를 그대로 가지고 있어서 머리가 없는 터번(turban)처럼 되었을 것이다.

　"구부려 세마포 놓인 것을 보았으나 들어가지는 아니하였더니 시몬 베드로는 따라와서 무덤에 들어가 보니 세마포가 놓였고 또 머리를 쌌던 수건은 세마포와 함께 놓이지 않고 딴 곳에 쌌던 대로 놓여 있더라"(요 20 : 5-7).

(καὶ παρακύψας βλέπει κείμενα τὰ ὀθόνια, οὐ μέντοι εἰσῆλθεν. Ἔρχεται οὖν Σίμων Πέτρος ἀκολουθῶν αὐτῷ, καὶ εἰσῆλθεν εἰς τὸ μνημεῖον, καὶ θεωρεῖ τὰ ὀθόνια κείμενα, καὶ τὸ σουδάριον, ὃ ἦν ἐπὶ τῆς κεφαλῆς αὐτοῦ, οὐ μετὰ τῶν ὀθονίων κείμενον ἀλλὰ χωρὶς ἐντετυλιγμένον εἰς ἕνα τόπον.)

위의 글을 자세히 연구해 보면 버려진 수의의 다음 세 가지 특징을 요한이 보았다는 것을 알 수 있다.

첫째, 그는 수의가 "놓여 있는"(κείμενα^{케이메나}) 것을 보았다. 이것은 두 번 반복되는데, 처음 것(κείμενα τὰ ὀθόνια^{케이메나 타 오도니아})은 헬라 문장에서 강조하는 위치에 있다. 따라서 이렇게 번역할 수 있을 것이다. "그는 세마포를 보았는데 그것은 놓여 있었다."

둘째, 머리를 쌌던 수건은 세마포와 함께 놓이지 않고 딴 곳에 개켜 있었다. 뭉쳐져서 구석에 던져져 있지 않았다. 여전히 돌판 위에 있었다. 그러나 몸을 쌌던 천에서부터 어느 정도 떨어져 있었다.

셋째, 이 수건은 놓이지 않고 개켜 있었다(οὐ μετὰ τῶν ὀθονίων κείμενον ἀλλὰ χωρὶς ἐντετυλιγμένον εἰς ἕνα τόπον). 둘둘 감겨 있던 머리 수건의 둥근 형태를 유지하고 머리가 빠져나온 상태에서 접혀진 것을 적절하게 묘사한 것이다. 사도들이 무덤에 들어갔을 때 그들이 맞이했던 광경이 어떠했을지 어렵지 않게 상상이 된다. 돌판에 놓인 수의와 속이 빈 머리 수건 그리고 그 둘 사이의 간격, 그들이 '보고 믿은' 것은 지극히 당연하다. 이 수의들을 한 번 보는 것만으로도 부활의 진실성이 증명됐을 것이며, 그 성격을 알 수 있었을 것이다. 그 수의들은 인간의 손에 의해 건드려지거나, 접혀지거나, 어떻게 되지 않고 있었다. 그것들은 나방이 나와 버린 빈 번데기 껍질 같았다.

> ἐντετυλιγμένον^{엔테튈리그메논}의 번역들
> 1. K. J. V – wrapped together
> 2. W. J. V – folded up by itself
> 3. Jerusalem Bible – rolled up

2) 예수의 현현

예수가 부활하신 후 출현을 목격한 증인들을 한 사람씩 법정에 세워 각 사람마다 15분씩 시간을 들여 부활을 증언하라고 하면 월요일부터 시작해서 금요일 저녁 때까지 쉬지 않고 종일토록 그 증언을 듣게 될 것이다. 즉, 연이어 129시간 동안 부활하신 예수에 대한 증언을 듣게 될 것이다.

만난 사람	나타나신 때	장소	성경구절
막달라 마리아	부활절 새벽	예루살렘	막 16 : 9, 요 20 : 14~18
여인들	부활절 새벽	예루살렘	마 28 : 8~10
엠마오 두 제자	부활절 오후	예루살렘	막 16 : 12~13, 눅 24 : 13~35
베드로	부활절 오후	엠마오 도상	눅 24 : 34, 고전 15 : 5
도마와 10제자	부활절 오후	예루살렘	막 16 : 14, 눅 24 : 36~43
열한 제자	부활절 1주간 후	예루살렘	요 20 : 26~29
일곱 제자		예루살렘	요 21 : 14
열한 제자		갈릴리 호수	마 28 : 16~20, 막 16 : 15~18
오백 형제들		갈릴리 산상	고전 15 : 6
야고보			고전 15 : 7
제자들	부활 후 40일		막 16 : 19~20, 눅 24 : 44~53
기타	행 2 : 32, 3 : 15, 10 : 41, 13 : 31		행 1 : 1~11, 행 1~5장, 10장, 13장, 요 20 : 19

〈주님의 현현〉

"예수께서 그들을 만나 이르시되 평안하냐 하시거늘 여자들이 나아가 그 발을 붙잡고 경배하니"(마 28 : 9).

"그 후에 그들 중 두 사람이 걸어서 시골로 갈 때에 예수께서 다른 모양으로 그들에게 나타나시니"(막 16 : 12).

"그 후에 예수께서 디베랴 호수에서 또 제자들에게 자기를 나타내셨으니 나타내신 일은 이러하니라 ……"(요 21 : 1 - 14).

복음서를 읽은 사람은 누구나 복음서에 예수가 부활 후에 제자들에게 나타난 사실에 대한 이야기가 포함되어 있음을 알고 있다. 우리는 부활하신 예수가 10여 회에 걸쳐 소위 베드로가 말한 "택하신 증인"(행 10 : 41)들에게 나타나셨음을 알고 있다. 또한 바울은 다메섹 도상에서의 자신의 체험을 이야기하면서 부활한 예수를 본 사람의 명단 끝에 자신을 첨가한다. 그러므로 우리는 부활에 대한 생생한 증거인 이 부분을 간단히 넘겨 버려서는 안 된다. 이에 대한 설명으로는 단 세 가지만 가능한 것 같다.

(1) 지어낸 것이다
이를 반박하는 데는 많은 지면이 필요하지 않다. 부활 현현 이야기가 교묘하게 꾸며진 것이 아니라는 것은 너무도 명백하다. 첫째는 그 이야기가 진지하며 꾸밈이 없기 때문이요, 둘째는 목격자의 자세한 묘사로 인해 생생하게 설명되고 있기 때문이다. 무덤으로 달려간 이야기와 엠마오로 가는 두 제자 이야기는 너무나 생생하고 실제적이어서 도무지 꾸며 냈을 리가 없다. 만약에 부활을 꾸며 내려고 했더라면 훨씬 더 훌륭하게 했을 것이다. 제자들의 의심과 두려움 같은 것은 아예 없애 버리거나 아니면 최소한 미화시키기라도 했어야 했다. 어쩌면 부활 자체에 대한 극적인 설명을 포함하여 하나님의 아들이 사망의 사슬을 끊고 의기양양하게 무덤을 차고 나온 그의 능력과 영광을 묘사했어야 했을 것이다. 그 외에도 "환각자의 열정이 부활한 신의 모습을 만들었다."라고 한 에르네스트 르낭(Ernest Renan)의 조소를 피하기 위해서라도 막달라 마리아를 최초의 목격자로 택하지는 않았을 것이다. 왜냐하면 1세기 이스라엘 사회에서 사람들은 여성의 증언을 남성의 증언에 견주었을 때 가치가 없는 것으로 여겼기 때문이다. 유대인 역사가 요세푸스도 그의 책 「유대고대사」(서울 : 생명의말씀사)에서 "여성으로부터 비롯한 어떤 증거도 받아들일 수 없다. 여성들은 경박하고 무모하기 때문이다."(p. 4,219)라고 그의 견해를 밝히고 있다.

그리고 사도 바울은 고린도전서 15 : 6에서 부활한 예수를 막달라 마리아와 열한 제자와 오백여 명의 사람들이 목격했다고 썼는데, 이 서신은 그 목격자들이 아직 태반이나 살아 있었을 때인 서기 56년경 십자가 사건으로부터 불과 20여 년밖에 지나지 않았을 때의 일이다. 거짓말을 쓸 수 있는 상황이 아니었다는 말이다. 당시의 유대 사회에서는 어느 인간을 가리켜 신이라고 부르거나 그가 죽었다가 부활했다고 하면 신성모독으로 그 즉시 돌에 맞아 죽게 되었다. 그런 상황 속에서 수백 명의 사람들이 아무 근거나 확신 없이 목숨을 내걸고 공개적으로 예수의 부활을 외친다는 것은 상식적으로 있을 수 없는 일이다.

또한 어떤 신화가 불과 20여 년 사이에 체계적으로 형성되어 문서의 형태로 기록되고 보존된다는 것 또한 인류의 오랜 문화 경험과 역사의식에 비추어 상상할 수 없는 일이다. 신화란 모름지기 수백, 수천 년 동안의 구전과 해석 및 재해석 과정을 거친 다음, 영롱한 시적 감성과 의미심장한 종교적 은유의 광채로 은은히 원색되고 난 다음에야 비로소 문자로 기록되는 법이다. 태어난 지 20여 년 만에 문자로 기록된 신화는 지구상 어디에서도 찾아볼 수 없다. 고로 예수와 동시대를 살았던 수백 명의 사람들이 일시에 보았던 것은 결코 신화일 수 없다. 생생한 역사적 현실이 아니면 안 되는 일이다.

또 하나, 만약에 부활 개념을 고안해 냈다고 한다면 예수님 당시에 수많은 메시야 운동이 일어났고 그들은 한때 대중적인 지지를 얻었던 자칭 메시야들이다. 그들 중에는 농민 비적(bandit) 출신이었던 갈릴리의 유다(Judas of Galilee), 양치기 출신이었던 아트롱게스(Athronges), 한때 헤롯의 부하였던 시몬(Simon), 유대인의 왕이라 불렸던 시몬 바르 기오라(Simon bar Giora), 시카리(암살자)들은 이끌었던 므나헴(Menahem), 랍비 아키바를 포함해 대다수 유대인이 메시야로 여겼던 바코흐바(Barkochba) 등이 그들이다. 이들도 신적인 왕권을 받았다고 주장하면서 로마제국과 맞서 싸워 얼마간 성공을 겨루기도 했지만, 그들의 영광은 오래 가지 않았다. 그런데 그들의 추종자들은 왜 그들의 메시야가 부활했다고 주장하지 않았을까?

(2) 환상이었다

이 견해는 많은 사람들이 자신 있게 피력하고 있다. 예를 들면 예수 세미나의 마커스 J. 보그(Marcus J. Borg)는 그의 책 「예수의 의미」(The Meaning of Jesus)에서 "부활절 이후 예수의 나타남은 시체가 소생한 것이 아니라 단순한 영적 체험이다."라고 주장한다. 「예수의 생애」(Vie De Jesus)라는 책에서 르낭은 막달라 마리아의 확신에 찬 부활 증언을 "그녀의 여덟 번째 환각(일곱 귀신들렸던 사실과 비교해서)이었다."라고 깎아 내렸다.

물론 환상이 희귀한 현상은 아니다. 환상이란 "실제로 그곳에 있지 않은 어떤 외형적인 물체에 대한 지각"이다. 그리고 이것은 대부분 실제 정신이상자나 아니면 신경증 환자에게서 일어난다. 우리들 중 대부분은 상상 세계에 있는 어떤 외형적인 물체를 보고 소리를 들으며, 때때로 늘 그 세계 속에 사는 사람들을 알고 있다. 그러나 제자들이 그런 비정상적인 사람들이었다고 말할 수는 없다. 혹시 막달라 마리아가 그랬을지 모른다고 양보할 수는 있으나 거친 베드로나 의심 많은 도마가 그럴 가능성은 거의 없다.

환상은 지극히 평범하고 정상적인 사람들에게도 일어나는 것으로 알려져 있다. 이 경우 보통 두 가지의 특징이 있다. 첫 번째 특징은 지나치게 의도적인 사고를 계속하던 중 절정에 이르렀을 때 그것이 일어난다는 것이며, 둘째는 시간, 장소 및 기분 등의 환경이 영향을 미친다는 것이다. 다시 말해서 강한 내적 욕구와 외부 환경의 유도가 있어야 한다. 그러나 복음서의 부활 사건을 보면 이 두 요소가 하나도 없다. 의도적 사고의 흔적보다는 그와 반대되는 모습이 역력하다.

"여자들이 몹시 놀라 떨며 나와 무덤에서 도망하고 무서워하여 아무에게 아무 말도 하지 못하더라"(막 16 : 8).

"그들은 예수께서 살아나셨다는 것과 마리아에게 보이셨다는 것을 듣고도 믿지 아니하니라"(막 16 : 11).

"그 후에 열한 제자가 음식 먹을 때에 예수께서 그들에게 나타나사 그들의 믿음 없는 것과 마음이 완악한 것을 꾸짖으시니 이는 자기가 살아난 것을 본 자들의 말을 믿지 아니함일러라"(막 16 : 14).

"그들이 놀라고 무서워하여 그 보는 것을 영으로 생각하는지라"(눅 24 : 37).

"…… 도마가 이르되 내가 그의 손의 못 자국을 보며 내 손가락을 그 못 자국에 넣으며 내 손을 그 옆구리에 넣어 보지 않고는 믿지 아니하겠노라 하니라"(요 20 : 24 – 25).

이상의 본문에는 의도적인 사고도, 어리석은 믿음도, 맹목적인 수긍도 없다. 제자들은 어수룩하게 믿지 않았다. 도리어 신중하고 회의적이었다. 그 어떤 환상도 그들을 만족시키지 못했다. 그들의 믿음은 직접적인 경험이라는 분명하고 증명 가능한 사실에 근거하고 있었다.

그뿐만 아니라 외적으로 유리한 환경도 역시 없었다. 만일 예수가 나타나신 곳이 예수에 대한 기억으로 신성시되어 제자들이 그런 기분을 가질 수 있는 특정한 장소였다면 당연히 의심을 가지게 될 것이다. 예수가 다락방에만 나타나셨더라도 의문이 생길 수 있다. 만일 열한 제자들이 예수가 지상에 계실 때 그들과 함께 얼마간 지내던 장소에 모여서 예수의 자리를 비워 놓고 감상에 젖은 채 지난날의 기이한 일들을 회상하고 다시 오겠다던 약속을 기억하며 기다리다가 드디어 그들의 기대가 절정에 달하여 예수가 갑자기 나타났다면 우리는 그들이 비참한 착각에 현혹되었을지 모른다는 걱정을 할 만하다.

그러나 실제로 예수가 나타나신 사건을 살펴보면 각 사건의 장소, 사람, 분위기가 각기 다름을 알 수 있다. 개인적으로(막달라 마리아, 베드로, 야고보) 나타난 일이 있는가 하면 몇 사람들에게 또는 오백 명 이상에게 나타난 적도 있다. 부활하신 예수님이 세 번 여러 사람들 앞에 일시에 나타나셨는데, 이것은 환각 이론이 성립되지 않음을 보여 준다. 왜냐하면 환각은 전염성이 없다. 개인적인 것으로 꿈과 같은 것이다. 그래서 전미 심리학자 및 상담가협의회 회장을 역임한 심리학자 게리 콜린스는 "환각은 개별적인 현상이다. 환각의 본성상 주어진 환각은 한 사람만 볼 수 있다. 환각은 여러 사람이 볼 수 있는 게 아니다. 다른 사람이 환각을 보게 만들 수도 없다. 환각은 주관적이고, 개인적인 의미에서만 존재하기 때문이다. 다른 사람은 그것을 목격할 수 없음이 분명하다."라고 주장한다.

그가 나타난 장소에 있어서도 성스러운 한두 곳에 한정되기보다는 무덤의 동산, 예루살렘 근처 다락방, 엠마오로 가는 길, 갈릴리의 산, 갈릴리의 호숫가, 베다니 근처의 감람 산 등 매우 다양하다. 사람과 장소 면에서 다양했다면 만난 사람들의 상태도 마찬가지로 다양했다. 막달라 마리아는 울고 있었고, 여자들은 두려워하고 놀라워했으며, 베드로는 가책을 느끼고 있었고, 도마는 의심 중에 있었다. 사도 바울은 슬퍼하기는커녕 교회를 파멸시키는 일에 몰두하고 있었다. 그러나 그들의 의심과 두려움 또 불신과 선입관 등을 극복하고 예수는 자신을 그들에게 나타냈다. 이렇게 사상, 성격, 성장환경, 사회적 신분이 제각각인 수백 명의 사람들이 동시에 똑같은 환상을 본다는 것은 인간의 경험 법칙에 어긋나는 일이다. 백번 양보해서 환상 이론이 성립된다 해도 빈 무덤을 설명하지 못한다. 환상이라면 시체는 여전히 거기에 있어야만 한다.

(3) 사실이다

환상도, 지어낸 이야기도 아니라면 가능성은 단 하나이다. 그 사건들은 실제인 것이며, 부활하신 예수가 나타나셨다. 그래서 영국의 저명한 신학자 마이클 그린은 "예수의 현현은 고대의 어떤 사건보다도 믿을 수 있는 사건이다. …… 합리적으로 볼 때 예수가 출현하셨다는 데에는 의심의 여지가 없다. 초기 그리스도인들이 예수의 부활을 확신했던 이유도 바로 이것이다. '우리가 살아나신 주를 보았노라.' 그들은 확신을 가지고 그렇게 고백했다."

또한 저명한 신학자요, 역사가인 칼 브라튼(Carl Braaten)도 "아무리 회의적인 역사가라 할지라도 다음과 같은 사실에 동의한다. 초기 기독교에 있어서 부활은 실제로 일어난 역사적 사건이었고, 신앙의 근본이었으며, 산 자들의 상상력에 의해서 만들어진 신화가 아니었다. …… 때때로 사람들은 예수의 출현을 설명하기 위해서 지푸라기라도 잡을 기세로 온갖 방법을 다 동원한다. 그러나 예수가 살아나셨기 때문에 설명보다 더 나은 설명은 없다."라고 결론 맺는다. 찰스 도드는 고린도전서 15:6에 대해서 "'바울이 증인들이 살아 있으니 물으시오.' 하고 말하는 것이 아니라면 그 500명 중 대부분이 여전히 살아 있다는 점은 언급할 이유가 없다."라고 했으며, 시카고 대학교 신약학 교수인 노만 페린(Norman Perrin)은 "우리가 부활 이후 예수님의 나타나심에 관련한 전승을 연구하면 할수록 우리가 딛고 서 있는 바위가 얼마나 더 견고하게 보이는지 모른다."라고 요약했다.

N. T. 라이트는 "어떤 방식으로 설득하든지 역사가는 빈 무덤과 예수의 현현을 역사적 사건으로 부정할 만한 어떤 대안도 가지고 있지 못하다. 이는 AD 14년에 아우구스투스가 죽은 것과 AD 70년에 예루살렘이 몰락한 것과 같은 종류의 범주에 속한 것이다."[12]라고 주장했다.

3) 제자들이 변화되었다

"발견하지 못하매 야손과 몇 형제들을 끌고 읍장들 앞에 가서 소리 질러 이르되 천하를 어지럽게 하던 이 사람들이 여기도 이르매 야손이 그들을 맞아들였도다 이 사람들이 다 가이사의 명을 거역하여 말하되 다른 임금 곧 예수라 하는 이가 있다 하더이다 하니"(행 17:6-7).

부활 이후 제자들은 변화된 삶을 살았고, 예수가 부활했다는 확신을 위해 기꺼이 목숨을 내놓았다. 죽음은 웅변이다. "이 주장에는 하나의 거짓도, 조작도 없습니다."라고 외치는 가장 설득력 있는 웅변이다. 그 누구도 거짓을 위해서 목숨을 바치

---

12) N. T. Wright, *The Resurrection of the son of God*(Minneapolis : Fortress, 2003), pp. 709-710.

지는 않는다. 영원한 진리를 위해서만 목숨을 내놓는 법이다. 아마 예수의 제자들의 변화는 부활에 대한 그 어떤 증거보다도 귀한 증거일 것이다. 그 이유는 그것이 전혀 꾸밈이 없기 때문이다. 복음서에 나타나는 사람들과 사도행전에 나타나는 사람들은 전혀 다르다. 예수의 죽음으로 그들은 낙담과 환멸과 절망에 빠져 있었다.

그들은 더 이상 예수가 하나님께서 보내신 분이라는 사실을 확신하지 못했다. 왜냐하면 십자가에 달린다는 것은 '하나님의 저주를 받은 자'라고 믿었기 때문이다. 또한 그들이 배운 바로는 하나님은 자신이 보낸 메시야가 고통 가운데 죽도록 내버려 두시는 분이 아니었다. 그래서 제자들은 뿔뿔이 흩어졌고, 예수 운동은 거의 멈춰지고 말았다.

그러나 사도행전에 나타나는 제자들은 주 예수 그리스도의 이름을 위하여 자신의 생명을 아끼지 않는 사람들이고, 천하를 어지럽게 하는 사람들이었다. 무엇이 이런 변화를 가져오게 했을까? 그들의 새로운 믿음과 능력, 기쁨과 사랑을 무엇으로 설명할 수 있을까? 변화된 세 명의 제자를 살펴보자. 그들은 남은 생애를 예수는 하나님의 메시야로서 십자가에서 죽으셨지만, 다시 살아나셨다는 메시지를 선포하는 일에 바쳤다. 그리고 이 일은 인간적인 관점에서 볼 때 아무런 이익도 남지 않는 일이었다. 자주 굶고, 밖에서 잠을 자야 했으며, 조롱당했고, 매 맞았으며, 감옥에 갇히기까지 했고, 결국에는 고통스런 방법으로 처형당해야 했다. 거짓말이나 꾸며 낸 이야기 때문에 순교할 사람은 아무도 없다. 거짓말이 인격을 변화시킬 수 없으며, 꾸며 낸 이야기가 삶을 쇄신할 수도 없다. 변화, 쇄신에는 반드시 그 바탕이 되는 진실이 있기 마련이다. 제자들이 변화된 이유에 대해서는 그들이 바로 그 진실을 만났던 것이라고밖에는 달리 해석할 길이 없다.

(1) 베드로

"이 날 곧 안식 후 첫날 저녁 때에 제자들이 유대인들을 두려워하여 모인 곳의 문들을 닫았더니……"(요 20 : 19).

"베드로가 열한 사도와 함께 서서 소리를 높여 이르되 유대인들과 예루살렘에 사는 모든 사람들아 이 일을 너희로 알게 할 것이니 내 말에 귀를 기울이라 …… 하나님께서 그를 사망의 고통에서 풀어 살리셨으니 이는 그가 사망에 매여 있을 수 없었음이라 …… 그 말을 받은 사람들은 세례를 받으매 이 날에 신도의 수가 삼천이나 더하더라"(행 2 : 14-41).

"사도들은 그 이름을 위하여 능욕 받는 일에 합당한 자로 여기심을 기뻐하면서 공회 앞을 떠나니라"(행 5 : 41).

베드로는 예수의 고난을 이야기하는 동안 화면에서 슬그머니 사라진다. 그는 예수를 세 번이나 부인했다. 그리고 나서 그는 그 밤에 밖에 나가 심히 통곡하였다. 예수가 죽임을 당하신 후 그는 다른 제자들과 함께 "유대인들을 두려워하여" 문을 닫은 채 다락방에 있었다.

그러나 사도행전 전반부에 보면 예루살렘의 바로 그 집, 그 다락방 밖에 있는 돌계단 위에 서서 수많은 군중들을 향해 담대하고 능력 있게 설교하며, 삼천 명이 예수를 영접하고 세례(침례)를 받게 하는 그를 보게 된다. 시몬 베드로는 전혀 새로운 사람이었다. 바람에 날리는 모래는 다 날아가고 그의 별명에 걸맞게 반석이 된 것이다. 무엇이 이런 변화를 가져오게 하였는가?

(2) 야고보

"이는 그 형제들까지도 예수를 믿지 아니함이러라"(요 7 : 5).

"여자들과 예수의 어머니 마리아와 예수의 아우들과 더불어 마음을 같이하여 오로지 기도에 힘쓰더라"(행 1 : 14).

"그 후에 야고보에게 보이셨으며 그 후에 모든 사도에게와"(고전 15 : 7).

야고보는 후일 예루살렘 교회의 지도자가 되었으나 그는 예수의 형제들 가운데 한 사람으로서 복음서 전체에서는 예수를 믿지 않은 것으로 나타나 있다. 만약 야고보나 예수의 형제 중 어느 한 명이라도 신자였다면 예수는 그에게 어머니를 보살피는 일을 맡겼을 것이다. 동생 가운데 어느 누구도 신자가 아니었기에 예수는 어머니를 영적 형제의 손에 맡기기를 원하였다. 특히 1세기 랍비 세계에서 가족을 추종자로 만들지 못한 것은 수치스러운 일이었다. 그러나 사도행전에서 야고보는 모인 제자들의 명단에 포함되어 있다. 그는 확실한 신자가 되었을 뿐만 아니라 나중에 예루살렘 교회의 지도자가 된다. 그리고 결국에는 순교까지 받아들인다.

　무엇이 이런 변화를 가져왔는가? 무엇이 그를 확신시켰을까? 그 답은 고린도전서 15 : 7에 있다. 비판적 학자 레지널드 풀러(Reginald H. Fuller)는 그의 책 *The Formation of the Resurrection Narratives*에서 "고린도전서 15장의 기록이 없다면 야고보가 어떻게 회심하고 고대 기독교의 중심이었던 예루살렘 교회의 지도자로 올라설 수 있었는지를 설명하기 위해 부활하신 예수 그리스도의 등장을 만들어 내기라도 해야 할 판"이라고 말했다.

(3) 도마

"다른 제자들이 그에게 이르되 우리가 주를 보았노라 하니 도마가 이르되 내가 그의 손의 못 자국을 보며 내 손가락을 그 못 자국에 넣으며 내 손을 그 옆구리에 넣어 보지 않고는 믿지 아니하겠노라 하니라"(요 20 : 25).

"도마가 대답하여 이르되 나의 주님이시요 나의 하나님이시니이다"(요 20 : 28).

　의심 많은 도마의 입술에서 "나의 주, 나의 하나님!"이라는 고백이 나올 수 있었던 변화의 원동력은 무엇이겠는가? 그 이유를 소설 「침묵」의 작가 엔도 슈사쿠는 그의 저서 「예수의 생애」에서 이렇게 적고 있다. "제자들이 변화된 것은 그들이 예수의 부활을 체험했기 때문임이 분명하다."

(4) 교회를 박해했던 바울

다소의 사울로 알려져 있던 바울은 교회의 적이었고, 성도들을 박해하는 데 매우 열심이었다. 고로 그는 회심할 가능성이 가장 낮은 사람이었다. 그는 기독교가 거짓 메시야를 좇는 운동이라고 비난했다. 그러한 그가 예수의 십자가와 부활을 지어내서 세상에서 얻을 수 있는 것이라곤 고난과 순교뿐이었으므로 우리는 자신에게 부활하신 예수께서 나타나셨다는 그의 주장을 믿을 수밖에 없다. 왜냐하면 바울이 예수의 친구였다거나 친분이 있어서 예수의 십자가 처형 후 헛된 희망이나 슬픔 때문에 예수에 대한 환상을 보았다고 주장할 수는 없기 때문이다. 그가 다메섹으로 가는 길에 부활하신 예수를 만났다는 말은 진실일 수밖에 없다. 특별히 그는 초대 기독교신자들 중에 가장 탁월한 지성을 갖춘 인물이었고, 그가 평생을 바쳐 죽음의 위협을 감수하면서까지 이방 세계에 기독교 복음을 전파하고 부활을 증언했던 것을 견주어 본다면 그의 증언을 망상에 근거한 발언으로 치부하기는 어렵다.

베드로의 두려움을 용기로, 야고보의 불신을 믿음으로, 바울의 박해함을 증언함으로, 도마의 의심을 확신으로 바꾸어 놓은 것은 바로 부활이었다. 또 안식일을 일요일로, 유대의 남은 자들을 그리스도의 교회로 바꾼 것도 부활이었다. 바리새인 사울을 사도 바울로, 그의 박해를 전도로 변화시킨 모든 것이 예수의 부활이었다. 그럼에도 불구하고 회의론자들은 "이슬람교도들이나 몰몬교도들도 마찬가지가 아닙니까? 제자들이 목숨을 내놓았다는 것은 그들이 광신도라는 사실을 말해 줄 뿐이지, 그들이 믿는 바가 진리라는 것은 증명할 수 없지 않습니까?"라고 반문한다. 이슬람교도들은 알라가 모하메드에게 자신을 계시했다는 믿음을 위해서 기꺼이 죽을 수 있을지 모른다. 그러나 그 계시는 공개적인 계시가 아니었다. 따라서 이슬람교도들의 생각은 틀릴 수도 있다. 자신들은 그것이 진리라고 생각하지만, 사실 여부를 알 수 없다. 왜냐하면 그들은 그 계시를 직접 목격하지 않았기 때문이다.

그러나 사도들은 자신들의 눈으로 직접 보고, 자신들의 손으로 직접 만진 무엇인가를 위해서 죽음조차도 기꺼이 감수했다. 또한 한두 명이 아니라 신뢰할 수 있는 열한 명이 얻을 것이라고는 죽음밖에 없는 사실에 이구동성으로 주장하는 것을 부인하는 것은 '반대를 위한 반대'(devil's advocate)일 뿐이다.

4) 교회가 부활의 증거

만일 예수가 다시 살아나지 않았더라면 교회는 생겨날 수 없었다. 부활하신 예수는 여러 번 제자들에게 나타나서 자신이 예수인 것을 확신시켜 주었다. 그리하여 그들은 다시 모이기 시작하였다. 다시 살아나신 예수가 그들을 인도했고, 그들과 함께 일했으며, 그들에게 기적과 표적을 행할 수 있는 능력을 주었다. 전에는 비겁하게 예수를 모른다고 저주와 맹세를 하면서 부인했던 베드로가 예루살렘에서 자기가 다시 살아난 예수를 보았다고 용감하게 증거하였고, 다른 제자들도 죽음의 위협을 감수하면서 이 나라 저 나라를 다니며 예수가 다시 살아났다는 자기들의 신념을 순교의 죽음으로 도장을 찍었다. 이렇게 우주적인 교회가 생겨났고, 자라났으며, 박해와 구성원들의 인간적인 연약함에도 불구하고 지금까지 살아 있는 것이다.

만일 예수가 죽은 자 가운데서 다시 살아났다는 사실을 인정하지 않으면 2,000년 동안 살아 있는 이 교회와 수많은 그리스도인들을 원인 없는 결과라고 주장해야 한다. 원인 없는 결과가 있을 수 있다고 믿는 것은 예수가 정말로 다시 살아났다는 것을 인정하는 것보다 더욱 유치한 것이다.[13] 결론적으로 교회는 부활하신 예수께서 수십 명, 수백 명의 제자들에게 일시에 나타났다는 확고한 믿음에서 시작되었고, 교회는 처음부터 예수의 부활을 선포했다.[14]

5) 역사가 요세푸스의 증언

유대의 역사가 요세푸스는 예수가 승천하신 후, 7년 뒤에 태어난 유대의 역사가로 그는 AD 67~70년에 있었던 유대와 로마의 전쟁을 자신의 경험과 직접 참여한 로마 황제의 증언을 토대로 자세하게 기록하였으며, 성경 창세기부터 시작된 유대

---

13) Richard Wurmbrand, *Christ on the Jewish Road*, 유평애 역, 「그리스도를 증거한 유대인들」(서울 : 연합, 1994), pp. 156-157.
14) Craig A. Evans. op. cit., p. 313.

역사를 성경의 내용과 역사적 사건으로 연관시켜 「유대 고대사」를 객관적으로 상세히 기록하였다. 이 책이 주는 가치는 성경과 같은 시대에 기록된 유일한 자료(신약성경 기록 연대 : AD 50－96년, 요세푸스의 기록 연대 : AD 60－100년)로써 성경에 나오는 그 시대의 정치, 경제, 사회, 종교적 배경을 정확히 알 수 있는 귀중한 성경연구 자료이다.

이 요세푸스의 「유대 고대사」 18권 3장에는 예수에 대하여 다음과 같이 기록하고 있다. "이즈음에 굳이 그를 사람으로 부른다면 예수라고 하는 현자(Wise man) 한 사람이 살았다. 예수는 놀라운 일들을 행하였으며, 그의 진리를 기쁘게 받아들이는 사람들의 선생이 되었다. 그는 많은 유대인들과 헬라인들 사이에 명성이 높았다. 그는 바로 메시야였다. 빌라도는 우리 유대인 중 고위층 사람들이 예수를 비난하는 소리를 듣고 그를 십자가에 처형시키도록 명령했으나 처음부터 그를 따르던 사람들은 예수에 대한 애정을 버리지 않았다. 예수가 죽은 지 3일째 되는 날 그는 다시 살아나 그들 앞에 나타났다. 이것은 하나님의 선지자들이 이미 예언했던바 예수에 대한 많은 불가사의한 일들 중의 하나였다. 오늘날에도 그를 따르는 그리스도인들이 사라지지 않고 여전히 남아 있다."

6) 초기 교부들의 증언

트라얀 황제(AD 98－117) 통치 기간에 순교한 것으로 보이는 안디옥 감독 이그나티우스는 서머나 교인에게 보낸 편지에 이러한 글을 적고 있다. "그는 우리들이 구원받도록 하려고 우리들을 위하여 이러한 모든 일들을 당하였습니다. 그는 어떤 불신자들이 그가 오직 외형상(appearance)으로만 고난을 당했다고 말하는 것과 달리 그 자신이 참으로 부활했던 것과 똑같이 참으로 고난을 당했습니다. (오직 외형상으로만 존재하는 것은 바로 그들입니다.) 참으로 그들의 운명은 그들이 생각하는 것에 의해서 결정될 것입니다. 그들은 육체에서 분리될 것이고 마귀와 같이 될 것입니다. 나는 주가 부활 후에도 육체로 거하셨다(was in the flesh)는 것을 알고 믿습니다. 그가 베드로와 그와 함께 있던 사람들에게 왔을 때 그들에게 말씀했습니다. '나를 만져 보라. 나에게 손을 대서 내가 육체가 없는 마귀가 아니라는 것을 알아라.' 즉각적으로 그들은 그에게 손을 대보고 그의 살과 피와 밀접하게 연합되면서 믿었습니다. 이러한 이유로 그들 역시 죽음을 멸시했습니다. 참으로 그들은 죽음보다 위대한 것으로 입증되었습니다. 부활 후에 그는 영적으로 아버지와 연합되어 있지만 육체로 구성되어 있는 사람들과 같이 먹고 마셨습니다."[15]

아프리카의 교부 터툴리안이 베드로에게 직접 안수받았다고 말하는 클레멘스는 클레멘스 1서에서 "그러므로 그들(제자들)은 부활하신 우리 주 예수 그리스도께서 주시는 명령과 온전한 확신을 받았고, 하나님의 말씀을 믿었기에 성령의 확신으로 나가 하나님의 나라가 임할 것이라는 복음을 선포했다."라고 적고 있다. 또한 터툴리안은 사도 요한이 서머나 교회의 감독으로 임명했다고 하는 폴리캅이 AD 110년경 빌립보 교회에 보낸 편지에서 예수의 부활을 무려 다섯 번이나 언급하면서 "그들은 현 시대를 사랑하지 않았고 우리를 위해 죽고 우리를 위해 하나님께 살리심을 받은 분을 사랑했다."라고 말했음을 적고 있다.

7) 핵심사회의 구조 변화

유대인들은 놀라울 만큼 민족적 정체성이라는 사회구조를 중요하게 생각한다. 이런 구조 때문에 700년 동안 바벨론, 아시리아, 페르시아, 그리스, 로마의 박해 속에서도 존속되고 있었다. 그런데 예수가 십자가에 못 박힌 후 5주 만에 만 명이 넘는 유대인들이 그토록 중요하게 여겼던 사회구조와 제도, 하나님께서 주셨다고 믿고 — 그렇기 때문에 그것을 버릴 경우 하나님의 저주를 받아 지옥에 가게 될 것이라고 믿었던 — 어릴 적부터 사회적으로, 종교적으로 배워 왔던 5가지 사회제도를 모두 바꾸거나 포기해 버렸다.

첫째, 그들은 아브라함과 모세 시대 이후로 죄를 용서받고자 하는 사람은 매년 동물 희생제사를 드려야 한다고 배웠다. 그러나 예수가 십자가에 죽고 나서 예수를

---

15) Trans J. B. Lightfood and J. R. Harmer, *The Apostalic Fathers ed.* Ⅱ, 이은선 역, 「속사도 교부들」(서울 : CLC, 1997), p. 152.

따르는 유대인들은 더 이상 희생제사를 드리지 않았다.

둘째, 유대인들은 하나님께서 모세를 통해서 주신 율법을 지킬 것을 강조했다. 유대인의 관점에서 볼 때 율법은 이방 나라로부터 자신들을 구별시키는 방법이었다. 그러나 예수가 죽은 지 얼마 지나지 않아서 예수를 따르는 유대인들은 모세의 율법을 지키는 것만으로는 자신들의 공동체 멤버가 될 수 없다고 주장했다.

셋째, 유대인들은 매주 토요일이 되면 종교적 행위 외에는 아무 일도 하지 않고 안식일을 철저히 지켰다. 그런데 예수가 죽으신 후 1,500년 동안 이어져 온 그 전통이 갑자기 바뀌었다.

넷째, 유대인들은 유일신론, 즉 한 분이신 하나님을 믿었다. 하나님인 동시에 사람인 누군가를 말하는 것은 유대인들에게는 이단 중의 이단이었다. 그러나 예수가 죽으신 후 그를 따르는 자들은 예수를 하나님으로 경배하기 시작했고, 성부 하나님, 성자 하나님, 성령 하나님을 가르쳤다.

다섯째, 유대인들은 로마 군대를 쳐부수는 메시야, 정치 지도자로서의 메시야를 믿도록 교육받았는데, 예수가 죽으신 후 온 세상 죄로 인하여 고통받고 죽으신 메시야로 믿고 가르쳤다.

이 다섯 가지는 유대 사회제도에서는 일상적이고 사소한 일이 아니라 엄청난 사건이다. 사회적 지각 변동이라 불러야 마땅한 이 대변동을 무엇으로 설명할 것인가? 그것도 한두 명도 아니고 최소한 만 명이 넘는 유대인 공동체가 사회적으로나 신학적으로 수 세기 동안 지탱시켜 오던 핵심 제도를 기꺼이 포기했다는 것을 무엇으로 설명할 것인가? 그 이유는 한 가지뿐이다. 그들은 부활하신 예수를 만났기 때문이다.

8) 성찬과 세례(침례)

처음 예수를 따르던 사람들은 그의 가르침이나 인격을 찬양하기 위해서 모이지 않았다. 이들은 주기적으로 모여서 성찬을 나누었는데 그 이유는 단 한 가지, 예수가 많은 사람이 보는 앞에서 끔찍하고 굴욕적인 방법으로 죽임당했음을 기억하기 위해서였다. 예를 하나 들면 존 F. 케네디를 사랑하는 사람들이 있다고 하면, 그들은 정기적으로 만나서 케네디가 러시아와 대결했던 일, 시민의 권리를 증진시켰던 일, 그의 카리스마적인 성격 등을 기억할 것이다. 그러나 리 하비 오스월드가 케네디를 살해한 사실은 절대로 기념하지 않을 것이다. 그런데 그리스도인들은 예수의 죽음을 기념했다. 이것을 무엇으로 설명할 것인가?

이들은 예수가 더 큰 영광으로 나아가기 위해서는 반드시 죽음의 길을 걸으셔야만 했다고 생각했다. 다시 말하면 예수의 죽음은 마지막이 아니고 예수가 우리 모두를 위해서 죽음을 이기시고 부활하였다는 것이 마지막이라고, 즉 예수가 무덤에서 부활하셨다고 확신했기 때문이다. 세례(침례)도 마찬가지이다. 초대교회는 자신들이 배웠던 유대 전통에서 세례(침례) 형식을 빌려왔는데, 이방인들이 모세의 율법을 따르고자 할 때 유대인들은 하나님의 권위로 세례(침례)를 베풀었다. 그러나 신약성경에서는 사람들이 성부, 성자, 성령의 이름으로 세례(침례)를 받았다. 이것은 초기 그리스도인들은 예수를 하나님과 동등시했다는 의미이며, 또한 세례(침례)를 예수의 죽음을 기념하는 의식으로 여겨 물속에 들어가는 것은 예수의 죽음을 기념하고, 물 밖으로 나오는 것은 예수의 부활을 기념했던 것이다.

9) 경험적 사건

부활하신 예수를 만나는 사건은 지금도 계속해서 일어나고 있다. 배운 사람, 못 배운 사람, 부자, 가난한 자, 사색적인 사람, 감정적인 사람, 남자, 여자 등 세계 각국의 다양한 문화 속에 살고 있는 다양한 배경과 다양한 개성을 가진 사람들이 부활하신 예수를 만나고 있다. 그들은 모두 자신의 인생에서 가장 중요한 사건은 예수 그리스도가 자신의 삶을 변화시킨 사건이라고 증언하고 있다.

기네스북에 세계에서 가장 성공한 법률가로 이름이 실려 있는 변호사요, 판사요, 외교관이며 부활에 관한 역사적 사실을 엄밀하게 분석한 라이오넬 룩호 경(Sir Lionel Alfred Luckhoo)은 이렇게 결론 맺는다. "내가 분명히 말할 수 있는 것은 예수 그리스도의 부활의 증거는 티끌만큼도 의심할 수 없다. 그것은 너무나도 분명해서 나는 불가항력으로 그것을 받아들일 수밖에 없다." 일본의 가톨릭 작가 엔도 슈사쿠가 예수에 대해 책을 두 권 쓰고 제목을 붙이기를 첫 번째 책은 「예수의 생애」, 두 번째 책은 「그리스도의 탄생」이라고 했다. 상식적으로 생각하면 먼저 「예수님의 탄생」이 있고, 그 뒤가 「그리스도의 생애」여야 하는데 엔도 슈사쿠는 거꾸로 표현한 것이다. 여기에 메시지가 숨어 있다. 그가 가장 의문을 품었던 것은 이천 년 전 예수가 역사 속에 들어오셨을 때 예수의 제자들이 형편없는 인간들이었다는 점에서 시작한다. 제자들은 예수께서 이 땅에 계실 때 예수의 말씀을 제대로 알아듣지도 못했고, 예수께서 십자가에 못 박혀 돌아가시기 위해 예루살렘으로 올라가시는 마지막 순간에도 누가 더 큰지 자기들끼리 다툼을 했으며, 심지어 예수께서 십자가에서 못 박혀 돌아가시는 현장에서는 다 도망갔다. 그런데 어떻게 예수의 승천 이후 오히려 예수의 이름으로 기꺼이 죽으면서 예수를 전할 수 있었는가? 바로 그들이 부활하신 그리스도를 만났기 때문이다. 예수 그리스도의 부활은 제자들을 겁쟁이에서 믿음의 사자로 변모시켰고, 현대인들의 삶도 변화시킨다. 21세기를 사는 신자들이 1세기 신자들처럼 부활의 의미를 이해한다면 그들의 삶은 천양지차로 달라질 것이다. 또 옥스퍼드와 애버딘에서 50년 이상 가르친 앤터니 플루(Antony Flew)는 "나는 증거가 나를 데려가는 곳이면 어디로든 가야 한다."라고 고백하면서 세계에서 가장 저명한 무신론자에서 크리스천이 되었다.

지금까지 우리는 부활이 역사적 사실임을 확인하였고, 그 부활은 하나님께서 우리를 위하여 우리 밖에서 오신 예수가 대속의 제물과 새 언약의 제물로 십자가에서 죽으셨다는 것을 확인한 것이며, 만방에 선포하신 사건임을 알 수 있다.

예수가 선포한 하나님 나라와 그 선포에 담긴 구원의 약속이 이렇게 그의 죽음과 부활을 통하여 성취된 것을 본 그리스도인들은 자연히 그의 죽음과 부활을 구원 사건의 핵심으로 고백하고 선포하게 되었던 것이다. 그리하여 하나님 나라를 선포한 예수가 하나님 나라의 구원을 실현시킨 분(그리스도, 하나님의 아들, 주 등)으로 선포되었고(선포의 대상), 더 이상 그의 구원의 약속을 담은 '하나님 나라'가 아니라 그것을 실현한 그의 죽음과 부활이 기독교 케리그마의 중심이 된 것이다.[16] 그렇다면 그 십자가와 부활의 사건은 오늘 '나'에게 어떤 의미가 있으며, 어떤 효과가 있는가?

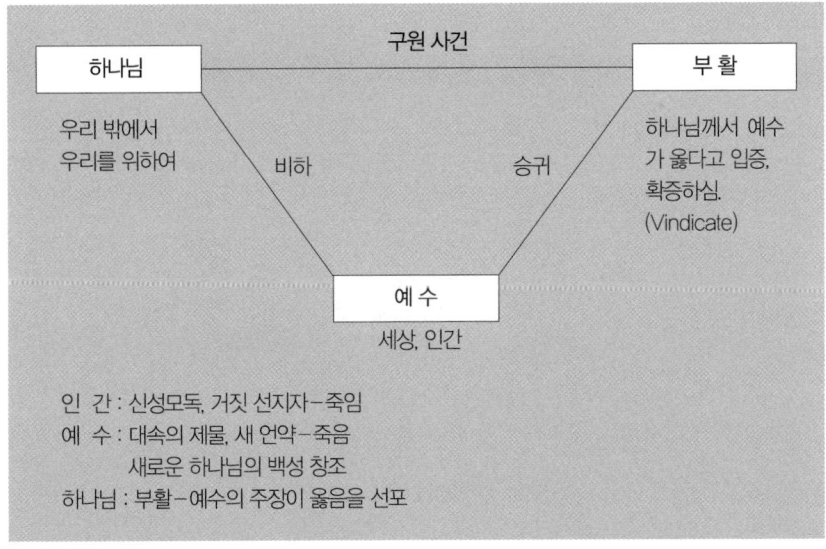

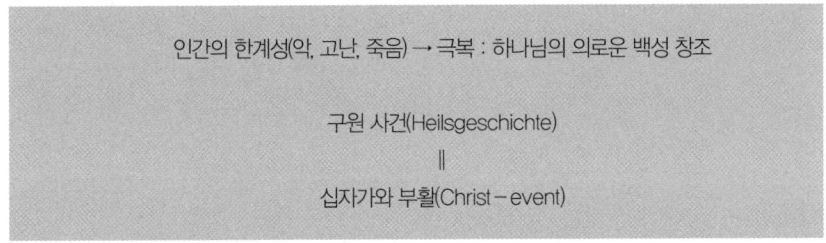

---

16) 김세윤, 「예수와 바울」(서울 : 참말, 1993), p. 243.

9

예수의 부활과 나의 구원

"내가 복음을 부끄러워하지 아니하노니 이 복음은 모든 믿는 자에게 구원을 주시는 하나님의 능력이 됨이라 먼저는 유대인에게요 그리고 헬라인에게로다 복음에는 하나님의 의가 나타나서 믿음으로 믿음에 이르게 하나니 기록된 바 오직 의인은 믿음으로 말미암아 살리라 함과 같으니라"(롬 1 : 16-17).

1. 예수의 부활은 나에게 어떤 의미가 있는가?

"다른 이로써는 구원을 받을 수 없나니 천하 사람 중에 구원을 받을 만한 다른 이름을 우리에게 주신 일이 없음이라 하였더라"(행 4 : 12).

인간의 모든 사건은 시간과 공간을 초월해서 절대적 의미를 가지지 않는다. 그 시간, 그 속에서만 가치를 가지는 상대적인 의미밖에 없다. 불교, 이슬람교, 힌두교 등 모든 종교의 사건은 역사 속에서 일어난 인간의 사건이며, 인간의 지혜로 깨달은 사건이므로 이 사건에는 상대적인 의미밖에 없다. 그러므로 절대적인 구원의 사건이 아니다.

그러나 예수의 사건(가르침 – 십자가 – 부활)은 자연적인 사건이 아니라 우주 밖의 초월자가 직접 개입한 창조의 사건이다(부활). 시간과 공간 밖에 있는 초월자의 사건이기 때문에 예수의 십자가와 부활은 절대적인 의미를 갖는다. 즉, 하나님께서 이 사건만이 우리를 위한 구원의 사건이라고 선포하셨기에(하나님의 행동) 시간과 공간을 초월해서(우주적인 의미) 오늘 나에게 절대적인 의미를 갖는 것이다.

2. 절대적이며 객관적인 구원 사건의 영향

"생명의 주를 죽였도다 그러나 하나님이 죽은 자 가운데서 그를 살리셨으니 우리가 이 일에 증인이라 그 이름을 믿으므로 그 이름이 너희가 보고 아는 이 사람을 성하게 하였나니 예수로 말미암아 난 믿음이 너희 모든 사람 앞에서 이같이 완전히 낫게 하였느니라"(행 3 : 15-16).

"우리는 유대인의 땅과 예루살렘에서 그가 행하신 모든 일에 증인이라 그를 그들이 나무에 달아 죽였으나 하나님이 사흘 만에 다시 살리사 나타내시되……그에 대하여 모든 선지자도 증언하되 그를 믿는 사람들이 다 그의 이름을 힘입어 죄 사함을 받는다 하였느니라"(행 10 : 39-43).

"그러므로 형제들아 너희가 알 것은 이 사람을 힘입어 죄 사함을 너희에게 전하는 이것이며 또 모세의 율법으로 너희가 의롭다 하심을 얻지 못하던 모든 일에도 이 사람을 힘입어 믿는 자마다 의롭다 하심을 얻는 이것이라"(행 13 : 38-39).

"이르되 주 예수를 믿으라 그리하면 너와 네 집이 구원을 받으리라 하고"(행 16 : 31).

"복음에는 하나님의 의가 나타나서 믿음으로 믿음에 이르게 하나니 기록된바 오직 의인은 믿음으로 말미암아 살리라 함과 같으니라"(롬 1 : 17).

믿음이라는 것은 선포되는 메시지(복음 : 예수의 십자가와 부활-Christ event)를 받아들이는 것인데, 왜 이 믿음이라는 것이 2,000년 전의 사건과 2,000년 후의 오늘 나와 연결되어 효력을 발생하는가? 이것은 기독교 신앙에 입문할 때 대부분의 사람들이 갖는 의문이라고 할 수 있다. 예를 들면 대한민국 건국 대통령이신 이승만 박사도 처음 개종할 때 이런 의문점이 있었다고 한다. 그의 글을 옮겨 보면 "가장 기묘(奇妙)하게 생각되는 것은 1,900년 전에 죽은 사람이 내 영혼을 구해 준다는 생각이었다. -중략- 위대한 불교의 지식이나 유교의 지혜를 가지고 있는 교양 있는 학자는 결코 이와 같은 교리에 미혹(迷惑)되지 않는다.″[1]라고 했다. 이것을 이해하려면 예수가 '우리를 위하여'(ὑπέρ 휘펠) 죽으셨는데, 이 '위하여'(ὑπέρ 휘펠)에 대해 먼저 이해하여야 한다.

'위하여'는 여러 가지 의미가 있다. 첫째는 '대신'이라는 의미가 있고, 둘째는 '대표'라는 의미가 있으며, 셋째는 내포(內包)라는 뜻을 갖고 있다. 그래서 이 개념들을 합치면 우리를 '위한' 사건이 되는 것이다. 즉, 예수가 우리를 그의 몸속에 내포하면서 우리를 대신하여 속죄와 새 언약의 제물이 되셨다. 그러므로 이것을 내포적 대신(Inclusive Substitution)이라 한다. 이것을 이해하기 위해서 우리는 구약의 인간 이해를 살펴보아야 한다.

현대인들은 인간을 극단적인 개인주의로 각 개인의 실존을 한 존재 단위로 보는데 구약 사상, 특히 유대인 사상은 그렇지 않다. 구약에는 집단 인격(Corporate personality), 조상(Stammvater)이라는 개념이 있는데, 'Stamm'은 나무의 줄기를 말한다. 한 민족의 조상을 나무의 줄기로 보고, 'Stammvater'라고 하는 것은 한 민족의 조상으로 그의 자손들을 마치 줄기가 가지들을 내포하고 대표하는 것과 같다고 보는 것이다. 그래서 한 조상은 개인이면서 동시에 집단적인 인격체로 이해된다. 그래서 영어에서는 '집단 인격'이라고 번역한다. 또한 라틴어로는 'Persona Communitas'(공동 인격)라고 표현하는데 국왕이나 구세주의 공동 인격은 하나님 앞에서 자기가 대표하는 집단 전체의 행실을 책임진다.

이것은 창조의 프랙털 원리와 같다. 양자역학에서는 비극소주의라고 한다. 하나의 세포 속에 내 몸 전체가 있고, 내 몸 전체가 하나의 세포 속에 있다. 즉, 손을 이루고 있는 세포들 속에 내 몸 전체가 있고, 내 몸 전체에 있는 세포 속에 또한 내 손 하나가 있다. 세포 하나에 우주가 있고, 우주 전체 속에 하나의 세포가 있는 것이 하

---

[1] 이원순, 「인간 이승만」(서울 : 신태양사, 1995), pp. 70-71.

나님의 창조원리이다.

"그러므로 한 사람으로 말미암아 죄가 세상에 들어오고 죄로 말미암아 사망이 들어왔나니 이와 같이 모든 사람이 죄를 지었으므로 사망이 모든 사람에게 이르렀느니라"(롬 5 : 12).

원죄 유전론

죄의 유전 문제는 기독교 사상사 초기부터 있어 왔다. 특히 터툴리안은 마치 부모의 몸에서 우리의 몸이 나오는 것같이 부모의 영혼에서 우리의 영혼이 나온다고 주장했다. 따라서 죄도 부모에게서 자식에게로 유전된다는 것이다. 이 주장은 영혼을 일종의 물질적인 것으로 보기 때문에 생물학적 유전론이라 한다. 원죄라는 말이 특별한 의미를 갖고 기독교 사상사에 등장한 것은 어거스틴에 의해서였다. 그는 영혼을 하나님이 직접 창조해 준다는 창조설을 주장하면서 터툴리안의 영혼유전설(traducianism)을 반박했다. 그리고는 하나님에게서 돌아서서 하나님을 떠남으로써 이미 영혼이 사망한 인간의 실존 자체를 원죄라고 표현했다. 아담은 죄를 짓지 않을 수 있는 능력(posse non peccare)과 죄를 지을 수 있는 능력(posse peccare)을 모두 갖고 있었으나 그의 후손인 우리 인간들은 그의 죄가 상속되기 때문에, 즉 하나님으로부터 이미 돌아섰기 때문에 그 본성상 죄를 지을 수 있는 능력은 가졌으나 죄를 짓지 않을 수 있는 능력은 갖고 있지 않다는 것이다. 이렇게 모든 인간이 오직 죄를 지을 수 있는 능력만 갖고 있기 때문에 하나님의 은총의 도움(adiutorium gratiae)이 없이는 죄에서 벗어날 수 없다는 실존적 상태가 곧 어거스틴의 원죄 개념이다. 따라서 원죄유전론이란 인간은 모두 이러한 실존적 상태 속에서 태어난다는 것을 의미할 뿐이다. 그렇기 때문에 어거스틴의 원죄유전설은 하나님을 떠난 인간의 실존적 상태의 보편성을 의미하여 존재론적 유전론이라 한다.

아담 안에 전 인류가 있었다.

"그가 이르되 네 이름을 다시는 야곱이라 부를 것이 아니요 이스라엘이라 부를 것이니 이는 네가 하나님과 및 사람들과 겨루어 이겼음이니라"(창 32 : 28).

구약에서 가장 두드러진 조상 개념은 하나님께서 야곱에게 '이스라엘'이라는 칭호를 주신 것으로, 야곱이라는 한 개인이 이스라엘 민족의 내포적 대표로서 그의 후손들을 내포하며 대표하는 것으로 본다. 그러므로 이스라엘인 야곱이 그의 후손들, 이스라엘 전체의 운명을 좌우하는 존재로서 그 민족 전체가 그 안에 내포되었다는 의미에서 야곱은 조상이다. 그러므로 또한 이스라엘은 전 인류를 위한 일종의 대표적 표본(Representative Sample) 노릇을 하기 때문에 인류는 이스라엘 속에, 이스라엘은 아담 속에 있었다고 할 수 있다.

이러한 사상은 구약에만 있는 것이 아니고 고대사회 어디에서나 집단, 한 민족이 존재의 단위였다. 대표적인 예로 중국의 천재적인 철학자 왕필(王弼, 226-249)의 본말(本末)의 형이상학이 있다. 왕필은 가지들(末)은 다양한 개체를 상징하고 뿌리(本)는 개체의 통일된 근거를 상징한다고 보았다. 불교에서는 의상(義相, 625-702)의 화엄사상에 나타나는데 "하나 가운데 전체가 있고 전체 가운데 하나가 있어서(일중일체, 다중일 一中一切, 多中一) 하나가 곧 전체이고 전체가 곧 하나라네"(일즉일체, 다즉일 一卽一切, 多卽一)라며 존재자들의 본성(本性)이 완전히 섞여 있음을 주장한다. 이것은 서양철학에서 고트프리트 라이프니츠(Gottfried Leibniz)의 단자론(La monadologie)의 "모든 단순한 실체가 다른 실체들의 총체를 표현하는 관계를 포함하고 그 결과로 그는 살아 있고, 영속하는 우주의 거울이 되게 하는 결과를 낳는다."라는 모나드론, 즉 각각의 개체들이 전체 질서를 내재하고 있다는 주장과 맞대어 있다. 그러면 어떻게 한 사람이 다른 사람의 죄를 위해 죽을 수 있는가? 인간의 모든 관계는 복잡한 '대신'(Substitution)으로 되어 있다. 즉, 한 사람이 잘하면 민족 전체가 잘살게 되는 것처럼 이스라엘의 조상인 야곱과 하나님과의 관계가 잘 유지되면 그의 백성들이 하나님의 백성으로서 하나님의 복을 받을 수 있고, 야곱이 범죄하면 반대의 현상이 일어난다.

"그런즉 너는 알라 오직 네 하나님 여호와는 하나님이시요 신실하신 하나님이시라 그를 사랑하고 그의 계명을 지키는 자에게는 천 대까지 그의 언약을 이행하시며 인애를 베푸시되"(신 7 : 9).

"나를 사랑하고 내 계명을 지키는 자에게는 천 대까지 은혜를 베푸느니라"(출 20 : 6).

"…… 나를 미워하는 자의 죄를 갚되 아버지로부터 아들에게로 삼사 대까지 이르게 하거니와 나를 사랑하고 내 계명을 지키는 자에게는 천 대까지 은혜를 베푸느니라"(신 5 : 9-10).

"주는 은혜를 천만인에게 베푸시며 아버지의 죄악을 그 후손의 품에 갚으시오니 크고 능력 있으신 하나님이시요 이름은 만군의 여호와시니이다"(렘 32 : 18).

조상은 한 개인이지만 한 개인으로 인해 그 민족의 운명이 전부 결정된다는 의미에서 그 민족은 조상 속에 내포되어 있으며, 조상이 그 민족을 대표한다고 본다. 그래서 그 조상과 하나님과의 관계가 그 민족 전체의 하나님과의 관계가 되는 것이다.

"내 아내도 내 숨결을 싫어하며 내 허리의 자식들도 나를 가련하게 여기는구나"(욥 19 : 17).

"또한 십분의 일을 받는 레위도 아브라함으로 말미암아 십분의 일을 바쳤다고 할 수 있나니 이는 멜기세덱이 아브라함을 만날 때에 레위는 이미 자기 조상의 허리에 있었음이라"(히 7 : 9-10).

"야곱의 허리에서 나온 사람이 모두 70명이었다"(야살의 책 59 : 19).

그래서 예수가 우리를 위해 죽으시고 부활하셨다는 것을 믿는 것은 그가 우리를 대표하는 것, 즉 그가 우리의 조상이시라는 것을 믿는 것이다. 이것을 인정하게 되면 동시에 그가 우리의 '내포적 대신'이시므로 우리는 그의 속에 내포된다. 이것을 성경에서는 '연합'이라고 한다.

| 할아버지
↓
아버지
↓
나 | 증명 - 어머니의 증언(성령), 호적등본(하나님의 말씀)
· 부자 관계는 혈액형이나 유전자 감식을 통하지 않고서는 생물학적으로 증명할 길이 없다.
· 모자 관계는 본능적이고, 부자 관계는 문화적이다.[2]
· 김소월의 시 "낙엽이 우수수 떨어질 때 / 겨울에 기나긴 밤 / 어머님 하고 둘이 앉아 옛이야기 들어라 / 나는 어쩌면 생겨 나와 / 이 이야기 듣는가 / 묻지도 말아라 / 내일 날에 / 내가 부모 되어서 / 알아보리라"
· 1960년대 '한국의 프랭크 시나트라'라고 불린 유주용이 곡을 붙인 노래
· 父生之, 母育之, 師敎之一也(아버지가 씨를 주고, 어머니가 기르고, 스승이 가르친다.) |

"내가 비옵는 것은 이 사람들만 위함이 아니요 또 그들의 말로 말미암아 나를 믿는 사람들도 위함이니 아버지여, 아버지께서 내 안에, 내가 아버지 안에 있는 것같이 그들도 다 하나가 되어 우리 안에 있게 하사 세상으로 아버지께서 나를 보내신 것을 믿게 하옵소서"(요 17 : 20-21).

"곧 내가 그들 안에 있고 아버지께서 내 안에 계시어 그들로 온전함을 이루어 하나가 되게 하려 함은 아버지께서 나를 보내신 것과 또 나를 사랑하심같이 그들도 사랑하신 것을 세상으로 알게 하려 함이로소이다"(요 17 : 23).

---

2) 이어령, 「너 어디에서 왔니 : 한국인 이야기-탄생」(서울 : 파람북, 2020), p. 360.

"너희가 세례로 그리스도와 함께 장사되고 또 죽은 자들 가운데서 그를 일으키신 하나님의 역사를 믿음으로 말미암아 그 안에서 함께 일으키심을 받았느니라"(골 2 : 12).

믿음이란 구원의 메시지를 받아들이는 것, 즉 예수께서 "우리를 위해, 우리를 대신하고, 대표하여 죽으셨다."라는 케리그마를 받아들이는 것이다. 그래서 웨스트민스터 대요리문답 질문 73번은 "믿음은 복음진리에 전심으로 동의하는 것이다."라고 답하고 있다. 예수의 죽음의 대신적 성격은 죄 없으신 예수께서 우리 죄로 말미암아 우리가 초래한 죽음을 우리 입장에서 대신 짊어지셨다는 것을 말한다. 예수의 죽음의 대표적 성격이라 함은 "그 죽음 안에서 예수는 우리를 대표한다. 그래서 하나님의 결정으로 그의 죽음 안에 우리의 죽음이 내포된다."라는 의미를 나타내는 것이다.

예수의 죽음은 이러한 두 가지 성격인 내포적 대신이라는 개념 안에서 하나가 된다. 예수의 죽음 안에 우리의 죽음이 내포된다. 이 예수의 죽음은 대신적 성격을 가진다. 그것은 죄 없는 예수가 우리의 입장에서 죽었기 때문이다. 그 죽음은 또한 내포적 성격을 가진다. 그것은 우리를 위한 대표적 죽음으로써 그 안에 우리를 내포하기 때문이다. 그래서 우리는 하나님의 결정 안에서 "그리스도 안에서, 그리스도와 함께, 모두 죽었다."라고 말할 수 있는 것이다. 이것은 다만 하나님의 결정이다. 이것이 우리를 위한 하나님의 객관적 구원의 사건이다.

믿음은 바로 이 메시지를 받아들이는 것이다. 예수는 우리를 위해, 우리를 대신하고 대표하여 죽었다. 즉, 예수의 죽음은 우리의 죽음을 대신하여 죽은 것이며, 그러한 예수의 죽음 안에 우리의 죽음이 내포된다는 것이 메시지의 내용이다. 이 구원의 메시지를 믿음으로 받아들이면 십자가상에서의 예수의 죽음 안에서 우리는 그리스도와 연합하게 된다. 이렇게 믿음으로 우리는 새 인류의 조상(Stammvater)이요, 마지막 아담인 예수 그리스도와 연합하게 된다. 그래서 F. 뉴트바우어(Neugtbaur)는 ἐκ^{에크}(διά^{디아}) πίστεως^{피스테오스}와 ἐν Χριστῷ^{엔 크리스토}를 상호 간에 바꾸어 쓸 수 있다고 주장한다.

그와 연합하게 되면 예수와 하나님과의 관계가 우리와 하나님과의 관계가 되고, 그가 한 일이 우리가 한 일이 되며, 하나님에 대한 그의 철저한 의지와 순종이 우리의 것이 되고, 그와 하나님과의 의로운 관계가 우리와 하나님과의 의로운 관계가 되며, 그의 죄로 인한 벌 받음이 우리의 벌 받음이 되고, 그의 죄를 위해 죽으심이 우리의 죽음이 되며, 그의 새로운 생명으로의 부활이 우리의 부활이 된다.

"이러므로 남자가 부모를 떠나 그의 아내와 합하여 둘이 한 몸을 이룰지로다"(창 2 : 24).

"에브라임이 우상과 연합하였으니 버려두라"(호 4 : 17).

"만일 우리가 그의 죽으심과 같은 모양으로 연합한 자가 되었으면 또한 그의 부활과 같은 모양으로 연합한 자도 되리라"(롬 6 : 5).

그래서 믿음은 우리를 우리의 조상이신 예수와 연합시켜서 그의 됨됨이(What he was : 하나님을 의지하고 순종하는 하나님의 아들)가 우리의 됨됨이가 되게 하고, 그가 하신 일이 우리가 한 일이 되게 한다. 그래서 믿음은 우리를 예수 안에 내포시키고 예수와 연합시켜서 그와 함께 죽고 부활하는 사건을 일으켰다. 이것을 심리학적으로 설명하면 '전이'(transference)라고 할 수 있다. 내가 송두리째 예수의 몸 안에 들어가는 것(Oneness)이다. 성찬식에서 떡과 잔을 먹고 마시는 것은 예수님이 내 몸 안에, 내가 예수님 안으로 들어가는 전이를 통해서 일체(一體)가 되는 것이다. 존재와 존재의 결합, 융합의 행위이다(요 6 : 50 - 56).

이것을 좀 더 철학적으로 설명하자면 마틴 부버(Martin Buber)의 만남(Begegnung)의 개념으로 이해할 수 있다. 이 만남의 개념을 프리드리히 고가르텐(Friedrich Gogarten)의 이해에 따르면 하나님과 인간과 신앙에 대한 변증법적 이해가 된다. 주관주의적 신학이 하나님을 우리 마음속에서 체험되는 주관적인 존재로 이해했다면, 변증법적 신학은 하나님을 주관으로서의 '나'에 대립되는 객관으로서의 '너'의 존재로 이해한다. 칼 바르트는 "하나님은 하늘에 계시고 사람은 땅 위에 있다."라고 기술했고, 신앙을 '하나님과 사람의 만남'으로 이해했다. 이렇게 해서 신앙을 종교적인 '체험'이라고 보는 주관주의적이고, 심리주의적인 이해에서 '하나님과 사람과의 만남'이라는 실존적 이해로 옮겨졌다. '만남'의 개념을 통해서 주관을 초월한 주객(主客) 대결(對決)의 현실로 파악하게 되며 모든 상대주의를 초월한 절대적 현실로 이해하게 되었다.

"그리스도의 사랑이 우리를 강권하시는도다 우리가 생각하건대 한 사람이 모든 사람을 대신하여 죽었은즉 모든 사람이 죽은 것이라 그가 모든 사람을 대신하여 죽으심은 살아 있는 자들로 하여금 다시는 그들 자신을 위하여 살지 않고 오직 그들을 대신하여 죽었다가 다시 살아나신 이를 위하여 살게 하려 함이라 그러므로 우리가 이제부터는 어떤 사람도 육신을 따라 알지 아니하노라 비록 우리가 그리스도도 육신을 따라 알았으나 이제부터는 그같이 알지 아니하노라 그런즉 누구든지 그리스도 안에 있으면 새로운 피조물이라 이전 것은 지나갔으니 보라 새 것이 되었도다"(고후 5 : 14-17).

예수가 모든 사람을 대표해서 죽었으므로 우리가 그의 안에 내포되어 죽은 것이다. 그래서 우리는 죄에 대해서 죽고 의로운 사람으로 새로 부활한 사람, 즉 새로운 피조물이다. 이 새로운 피조물은 그리스도와 연합해서 그리스도를 믿어 그리스도 안에서 일어난다. 바울이 이 관계를 나타내기 위하여 많이 사용하는 단어는 '그리스도 안에'(ἐν χριστός 엔 크리스토스)와 '그리스도와 함께'(σύν χριστός 쑨 크리스토스)이다.

이 말은 예수가 우리 죄를 위해 죽으시고 부활했다는 것을 믿음으로 말미암아 곧 그가 우리의 '내포적 대신'이라는 것을 받아들임으로 우리가 그 안에 내포되어서 예수 그리스도 안에 있게 된다는 것이다. 곧 예수와 연합되었다는 것이다. 예수가 우리의 죄를 위해 죽고 부활했다는 내용을 믿음으로 말미암아 그가 우리의 조상이 되고 우리가 그 안에 내포된 상태, 즉 그와 연합한 상태여서 그가 하신 일이 우리가 한 일이 되고, 그분의 됨됨이가 우리의 됨됨이가 되는 것을 나타내는 것이 '그리스도 안에서'이다. 그래서 로마서 6 : 1~14에는 성도가 경험하는 네 가지 죽음과 부활이 기록되어 있다. 첫째 예수가 십자가에서 죽으시고 부활하실 때 우리도 죽고 부활했다. 이것은 부활의 법적인 면이다.

"그리스도의 사랑이 우리를 강권하시는도다 우리가 생각하건대 한 사람이 모든 사람을 대신하여 죽었은즉 모든 사람이 죽은 것이라"(고후 5 : 14).

"그러므로 너희가 그리스도와 함께 다시 살리심을 받았으면 위의 것을 찾으라 거기는 그리스도께서 하나님 우편에 앉아 계시느니라"(골 3 : 1).

둘째, 우리는 세례를 통해서 죽고 부활한다. 세례는 예수의 죽음과 부활을 우리의 죽음과 부활로 인정해 주시는 하나님의 주권적 결정을 온몸으로 받아들이는 신앙고백이자 하나님께서 우리의 신앙고백을 인 쳐 주시는 거룩한 의식이다. 이것은 부활의 세례적인 면이다.

"무릇 그리스도 예수와 합하여 세례를 받은 우리는 그의 죽으심과 합하여 세례를 받은 줄을 알지 못하느냐 그러므로 우리가 그의 죽으심과 합하여 세례를 받음으로 그와 함께 장사되었나니 이는 아버지의 영광으로 말미암아 그리스도를 죽은 자 가운데서 살리심과 같이 우리로 또한 새 생명 가운데서 행하게 하려 함이라"(롬 6 : 3-4).

"만일 우리가 그의 죽으심과 같은 모양으로 연합한 자가 되었으면 또한 그의 부활과 같은 모양으로 연합한 자도 되리라"(롬 6 : 5).

"만일 우리가 그리스도와 함께 죽었으면 또한 그와 함께 살 줄을 믿노니"(롬 6 : 8).

셋째, 우리는 죄에 대하여 죽고 하나님께 순종함으로 부활의 능력을 부여받았다. 그 능력은 우리의 삶에 반드시 사용되어야 한다. 이것은 부활의 도덕적인 면이다.

"그러므로 너희는 죄가 너희 죽을 몸을 지배하지 못하게 하여 몸의 사욕에 순종하지 말고 또한 너희 지체를 불의의 무기로 죄에게 내주지 말고 오직 너희 자신을 죽은 자 가운데서 다시 살아난 자같이 하나님께 드리며 너희 지체를 의의 무기로 하나님께 드리라"(롬 6 : 12-13).

넷째, 우리는 육신이 죽을 때 최종적으로 죄에 대하여 완전히 죽게 될 것이며, 그 후에 예수가 재림하실 때 부활의 영원한 생명으로 일어날 것이다. 이것이 부활의 종말론적인 면이다.[3]

그래서 믿음은 2,000년 전에 일어난 사건이 오늘 나를 예수 그리스도 안에 내포시켜서 그리스도의 됨됨이와 그가 하신 일이 나의 것이 되게 한다. 즉, 십자가에서 죗값을 받고 새로운 삶으로 부활한 것이다. 이렇게 해서 객관적인 구원의 사건이 나에게 주관적인 구원의 효력을 가져다준다. "그는 신비로운 전가(轉嫁) 방식으로 우리 죄를 스스로 담당하신 것이다."[4] 이렇게 믿음은 그리스도인의 삶에 결정적인 요소인데, 이 '믿음'은 종교사적으로도 매우 중요한 변화이다. 인도 계열의 종교(힌두교, 불교)는 '깨달음'(覺)을, 헬라 종교는 '지식'을 강조한다. 즉, 대부분의 종교는 선행을 강조하며 여기에 하나 더 추가한다면 '신비'(예 : 요가)이다. 성경적으로는 구약성경에는 '믿음'이 많이 나오지 않고 가끔 나오는데, 그때는 매우 의미심장하게 나온다. 그러나 신약성경에서 대폭적으로 나타나는 단어는 믿음이다(sola fide).

구약성경에서 '믿음'을 나타내는 히브리어는 다음과 같다.

---

3) 김영길, 「로마에 사는 그대에게」(서울 : 쿰란출판사, 2023), pp. 140-141.
4) Friedrich Wilhelm Krummacher, The suffering saviour, 서문강 역, 「고난받는 그리스도」(서울 : 지평서원, 1994), p. 31.

A. 바타흐(batach) – 자신을 내맡기기 위해 얼굴을 숙이는 것
　　＊제가 당신을 숭배합니다.
　　＊제가 당신께 복종하겠습니다.
　　＊신뢰하다, 의탁하다, 전적인 의탁
　　＊하나님만을 섬기기로 선택하여 그분께 자신의 삶을 온전히 의탁하는 것
　　　"왕이 심히 기뻐서 명하여 다니엘을 굴에서 올리라 하매 그들이 다니엘을 굴에서 올린즉 그의 몸이 조금도 상하지 아니하였으니 이는 그가 자기의 하나님을 믿음이었더라"(단 6 : 23).
　　＊하나님에 대해 인간이 가지는 신뢰, 확신
B. 아만(aman) – 객관적인 지식을 진리로 받아들이는 것
　　: 나는 확신(確信)해. 이것은 진실(眞實)이야.
　　　"아브람이 여호와를 믿으니 여호와께서 이를 그의 의로 여기시고"(창 15 : 6).
　　＊하나님의 말씀 곧 명령이나 약속이 이루어질 것을 곧이곧대로 믿는 것. 그러므로 약속(말씀)의 구체적(具體的)인 실현(實現)에 대한 확신(確信)
　　＊예수 그리스도의 공로로 말미암아 우리의 죄가 사함을 받고 하나님과 화해되었다는 사실에 동의
　　＊인정하는 것(re-cognition), 어원적으로 분석하면 재(re) – 인식(cognition)이다.
　　＊"믿음"의 반대는 "믿지 않는 것"이지 "이성"이 아니다.[5]

신약성경에서는 바타흐와 아만의 공통번역어로 '피스테우에인'(pisteuein)을 사용하였다. 그래서 존 칼빈은 신앙은 단순한 동의(assensus)가 아니라 지식(cognitio)과 신뢰(fiducia)를 포함한다고 했다. 그러면서 칼빈은 지식이 신앙의 근

---

5) J. Waner Wallace, *Cold-Case Christianity*, 장혜영 역, 「베테랑 형사 복음서 난제를 수사하다」(서울 : 새물결플러스, 2022), p. 70.

본이라고 주장했다. 그리고 이 믿음 속에는 전인격적 작용, 곧 지성의 사용과 마음(감정)의 적용과 의지의 복종이 포함되어 있다고 주장한다. 또한 칼빈은 지식에는 두 종류가 있음을 지적한다. 아직은 충분히 계시되지 않았지만, 말씀(성경)에서 얻은 믿음에 의한 지식(scientia fidei)과 말씀을 지킬 때 흘러나오는 경험에 의한 지식(scientia experentiae)이다.

        명사 – 피스티스(pistis)
        형용사 – 피스토스(pistos)
          * 인격(人格), 능력(能力), 성실성 등을 인정하고, 신뢰하고, 의탁하는 것(바타흐) – 개념에 대한 지속적인 신뢰 : 히브리서의 '믿음'
          * 주장에 대한 확신(아만) – 객관적 지식에 대한 인정 수용 : 복음의 '믿음'

    성경은 믿음 자체를 공로로 간주하지 않지만 믿음의 필수성을 분명하게 강조한다(히 11 : 6). 만일 죄인이 그리스도께 접붙으려면 전가된 그리스도의 의가 개인적으로 믿음을 통해 받아들여져야 한다. G. C. 베르까우어는 "독점적으로 신적 은혜를 인정하고 영예롭게 하는 것은 오직 믿음뿐이기 때문에 구원의 길은 곧 믿음의 길이다."라고 말했다. 믿음은 거룩한 명령이요, 인간에게 필연이고, 절박한 요청이다(왕하 17 : 14, 18, 21). 단지 믿음이냐 아니면 정죄냐 양자택일이 있을 뿐이다(막 16 : 16). 믿음은 필수불가결한 것이다. 존 플라벨은 "영혼이 몸의 생명이고, 믿음은 영혼의 생명이고, 그리스도는 믿음의 생명이다."라고 했다. 대니얼 코드리는 "믿음이 없으면 그리스도의 고난은 아무것도 구원하지 못하고, 또한 믿음이 그 대상인 그리스도를 믿는 것이 아니면 아무 유익이 없다."라고 했다. 윌리엄 거널은 "한 손으로 믿음은 자신의 의를 집어 던져 버리고 다른 손으로는 그리스도를 붙잡는다."라고 말했다.

3. 믿음은 구원을 위한 하나님의 선물

바울은 '믿음을 통해'(διὰ πίστεως^{디아 피스테오스}) 혹은 '믿음으로'(ἔκ πίστεως^{에크 피스테오스}) 우리가 의롭다 하심을 얻는다고 말한다. 또는 하나님의 의를 덧입게 된다고 할 때 '믿음'은 분명히 하나님께서 그 은혜로 우리에게 주시는 선물인 하나님의 의를 '덧입을 수 있는 수단'(means)으로 이해된다. 이렇게 믿음이 우리의 의인화를 위해 절대적으로 필요한 수단이라면 믿음은 역시 의인화의 조건이 된다. 이렇게 믿음이 의인화의 조건이 된다는 생각은 바울이 믿음으로(διὰ πίστεως^{디아 피스테오스}) 얻어지는 의인화와 율법의 행위로(ἐξ ἔργων νόμου^{엑 에르곤 노몬}) 성취되는 의인화를 대조하여 보여 주는 곳에서 명백하게 드러난다.

> "그런즉 자랑할 데가 어디냐 있을 수가 없느니라 무슨 법으로냐 행위로냐 아니라 오직 믿음의 법으로니라 그러므로 사람이 의롭다 하심을 얻는 것은 율법의 행위에 있지 않고 믿음으로 되는 줄 우리가 인정하노라"(롬 3 : 27 – 28).

> "사람이 의롭게 되는 것은 율법의 행위로 말미암음이 아니요 오직 예수 그리스도를 믿음으로 말미암는 줄 알므로 우리도 그리스도 예수를 믿나니 이는 우리가 율법의 행위로써가 아니고 그리스도를 믿음으로써 의롭다 함을 얻으려 함이라 율법의 행위로써는 의롭다 함을 얻을 육체가 없느니라"(갈 2 : 16).

위 두 구절을 보면 '믿음으로'는 분명히 '율법의 행위로'와 병행구를 이루고 있다. '율법의 행위로'는 율법 행위가 의인화를 위한 조건이라는 유대인들의 생각의 표현이다. 그러나 동시에 믿음을 하나의 행위로 취급하여 믿음이 하나님께서 믿는 자를 의롭다 하지 않을 수 없게 만드는, 곧 믿는 자가 하나님께 내세울 수 있는 공적을 쌓는 행위라는 생각은 철저하게 배제되어 있다.

믿음은 의인화의 조건이다. 이것은 믿음이 하나님 앞에 공적을 쌓는 행위여서가 아니라 하나님께서 우리에게 값없이 주시는 하나님의 의를 받아들이는 수단이기 때

문이다.[6]

즉, 믿음은 그 자체로 구원의 공로나 의를 지니고 있는 것이 아니다. '믿는다'는 표현 역시 그것을 가리킨다. 곧 '의뢰한다'(בָּטַח 바타흐), '기다리다'(חָכָה 하카), '맡긴다'(גָּלַל 갈랄), '쳐다본다'(הִבִּיט 히비트), '의지한다'(נִשְׁעַן 니슈안), '머문다'(נָגַר 구르, נִשְׁאַר 니쉐아르), '마음을 정한다'(הֵכִין לֵב 헤킨 레브), '사랑하다, 애착을 느끼다'(חָשַׁק 하솨크), '~에 달라붙다'(דָּבַק 다바크), '바라본다, 소망하다'(קָוָה 키와), '기다린다'(יָחַל 이헬), '사모한다'(חָכָה 하카)이다. 믿음에 대한 이와 같은 술어들은 모두 다 그 믿음의 대상이신 하나님에게만 구원의 '능력'이나 '덕'이나 '의'가 있음을 깨닫게 해 준다. 구원하는 능력은 '믿음' 자체에 있는 것이 아니고, 그 믿음의 '대상'인 구주 예수 그리스도에게 있다.

믿음은 인간의 공로와는 상관이 없고 인간의 공로를 필요로 하지도 않는다. 왜냐하면 믿음의 참된 본질은 전적으로 그리스도의 공로와 의를 의지하는 것이고, 그것은 우리의 죄를 면제시키기에 아주 충분하기 때문이다(벨직 신앙고백 22조). 이에 대해 A. A.하지는 "의롭게 하는 믿음은 그리스도에게서 또는 그리스도 안에서 곧 그리스도의 피와 속죄제사에서 그리고 하나님의 약속들 안에서 다 이루어진다. 그러므로 본질상 참된 믿음은 신뢰를 포함하고, 자체의 힘으로 의롭게 하는 사상을 부정하며 믿음이 신뢰하는 대상의 유일한 공로를 인정한다."라고 했다. 또한 로버트 트레일은 "예수 그리스도를 믿는 믿음은 칭의를 얻는 데 있어서 조건도 아니고 자격도 아니다. 믿음의 참된 행위 속에서 이런 모든 허세는 포기해야 한다."라고 했고, 호레이셔스 보니는 "믿음은 행함도 아니고 공로도 아니고 수고도 아니다. 오히려 이 모든 것을 중지하고 대신 다른 자가 행한 것 - 완전히 그리고 영원히 행한 것 - 을 받아들이는 것이다."라고 했으며, 존 지라듀는 "믿음은 그리스도의 충만하심으로 채워진 비움이요 그리스도의 능력에 기댄 무기력이다."라고 설파했다. 또 벤자민 워필드는 "믿음이 그 가치를 끌어내는 것은 그 대상(예수 그리스도)에서부터다.

---

6) Seyoon Kim, *The Origin of Paul's Gospel*, 홍성희 역, 「바울 복음의 기원」(서울 : 엠마오, 1994), pp. 496-497.

따라서 믿음의 구원하는 능력은 그 자체에서가 아니라 믿음이 의존하는 전능하신 구주 안에 들어 있다. 구원하는 것은 단순한 믿음이 아니라 예수 그리스도를 믿는 믿음이다. 엄격히 말하면 구원하는 것은 그리스도를 믿는 믿음도 아니고 사실은 믿음을 통해 구원하시는 그리스도이다."라고 했다. 성경이 말한 대로 믿음으로 말미암아 구원받는다는 것은 믿음의 심리적 태도가 하나님의 상급을 받을 만하다거나, 혹은 그 영혼으로 하여금 하나님과 교통하도록 만들어 주었기 때문이라는 것은 아니다. 구원은 전적으로 믿음이 대상하고 있는 예수 그리스도에게만 있다. 믿음은 다만 구원을 받는 데 있어서 인간 편에 있는 방편에 불과하며, 그것마저 하나님의 선물이다. 그래서 존 로크는 The Reasonableness of Christianity에서 구원을 위한 믿음은 오직 하나, 즉 예수가 구세주이자 하나님의 아들이라는 사실에 대한 믿음뿐이라고 주장하면서 다음과 같이 말했다. "예수가 하나님의 아들이라는 사실은 명백하고 명료한 사실이다. 하나님은 여기에서도 인류 모두의 입장을 고려하셨던 것 같다. 왜냐하면 이것은 무지하고 가난한 백성이라 할지라도 누구나 이해할 수 있기 때문이다." 다시 정리하면 믿음은 하나님의 구원에 대한 인간의 반응이다. 그러니 먼저 구원이 있어야 한다. 의롭다 여기심(칭의)은 인간의 행위나 믿음의 결과로 얻어지는 것이 아니라 단지 예수 그리스도의 구속사역에 의해서 하나님의 은총으로 주어지는 것이다(롬 3 : 23-24). 그런데 이 하나님의 은총이 인간의 믿음으로 나타나기에 – 단지 이런 구조에서만 – "믿음으로 의롭다 함을 얻는다."라는 말이 가능한 것이다. 빛에 대한 인간의 반응이 시각인 것처럼 믿음이란 하나님의 은총에 대한 인간의 반응이다. 만일 "신앙이 있어야 구원을 받는다.", "만일 인간의 믿음 여부에 따라 구원이 좌우된다."라고 하면 기독교는 단순한 도덕론으로 환원되고 하나님의 전능성이 심각한 침해를 받는다. 그래서 어거스틴은 "깨끗하게 되기 위해서 우리는 먼저 영원한 것들과 섞여야 한다."라고 했다. 그리고 칼빈은 "믿음이 그 자체에 의해서 또는 그 자체 내에 있는 어떤 능력에 의해서 의롭게 된다면 이 신앙은 언제든지 약하고 불완전하기 때문에 의인이라는 것을 단지 부분적으로만 실현할 수밖에 없을 것이다."(「기독교강요」 Ⅲ.11.7)라고 하며 예수 그리스도만이 인간을 의롭게 할 수 있다고 주장했다. 그래서 믿음은 아브라함이나 우리나 우리가 믿는 대상이 가진 의를 우리의 것이 되게 하는 수단일 뿐 의의 근거나 의를 의 되게 하는 주체는 아니다. 의의 근거는 우리가 믿는 믿음의 대상인 예수 그리스도이시고, 예수 그리스도의 의를 우리의 의로 돌리시는 분은 하나님이시다. 하나님은 우리의 믿음을 통하여 예수 그리스도의 의를 우리의 것으로 돌리신다. 이것이 전가이다. 사도 바울은 로마서 5장에서 한 사람 아담의 불순종으로 인한 죄와 죽음이 그의 모든 후손에게 전가되었으며, 이와 대조적으로 한 사람 예수 그리스도의 순종으로 인해 의와 생명이 모든 사람에게 전가되었음을 밝히고 있다.[7]

"그러므로 한 사람으로 말미암아 죄가 세상에 들어오고 죄로 말미암아 사망이 들어왔나니 이와 같이 모든 사람이 죄를 지었으므로 사망이 모든 사람에게 이르렀느니라 죄가 율법 있기 전에도 세상에 있었으나 율법이 없었을 때에는 죄를 죄로 여기지 아니하였느니라 그러나 아담으로부터 모세까지 아담의 범죄와 같은 죄를 짓지 아니한 자들까지도 사망이 왕 노릇 하였나니 아담은 오실 자의 모형이라 그러나 이 은사는 그 범죄와 같지 아니하니 곧 한 사람의 범죄를 인하여 많은 사람이 죽었은즉 더욱 하나님의 은혜와 또한 한 사람 예수 그리스도의 은혜로 말미암은 선물은 많은 사람에게 넘쳤느니라 또 이 선물은 범죄한 한 사람으로 말미암은 것과 같지 아니하니 심판은 한 사람으로 말미암아 정죄에 이르렀으나 은사는 많은 범죄로 말미암아 의롭다 하심에 이름이니라 한 사람의 범죄로 말미암아 사망이 그 한 사람을 통하여 왕 노릇 하였은즉 더욱 은혜와 의의 선물을 넘치게 받는 자들은 한 분 예수 그리스도를 통하여 생명 안에서 왕 노릇 하리로다 그런즉 한 범죄로 많은 사람이 정죄에 이른 것같이 한 의로운 행위로 말미암아 많은 사람이 의롭다 하심을 받아 생명에 이르렀느니라 한 사람이 순종하지 아니함으로 많은 사람이 죄인 된 것같이 한 사람이 순종하심으로 많은 사람이 의인이 되리라"(롬 5 : 12-19).

---

7) 최갑종, op. cit., pp. 30-31.

그래서 청교도 랄프 어스킨(Ralph Erskine)은 "신앙은 하나님의 택함의 은혜의 결과이고 성령이 행하신 내적 역사이다."라고 주장했다. 또한 헤르만 위트시우스(1636-1708)도 "신앙은 조건이 아니라 신자들이 영생의 약속을 받게 되는 방법과 수단이다."라고 했다. 헤르만 카이퍼도 "빵 한 조각을 받기 위해 손을 내뻗는 거지가 자기가 당연히 받아야 할 선물을 받았다고 말할 수 없는 것처럼 신자들도 복음 안에서 그들에게 은혜로 주어진 그리스도의 의를 단순히 붙든 것에 불과하기 때문에 칭의에 자기들의 공로가 있다고 절대로 주장할 수 없다."라고 했으며, 하이델베르크 교리문답 61번은 "그리스도의 의는 다른 길이 전혀 없고(micht anders) 오직 믿음으로 말미암아 우리의 것이 된다."라고 진술하면서 믿음 속에 어떤 특별한 효력이 있는 것이 아니라 믿음이 자기를 비우게 하고 본질상 아무런 공로를 갖고 있지 않았기 때문에 하나님께서 믿음을 칭의의 도구로 삼으셨다고 설명한다.

"믿음으로 그들의 마음을 깨끗이 하사 그들이나 우리나 차별하지 아니하셨느니라"(행 15 : 9).

"그 눈을 뜨게 하여 어둠에서 빛으로, 사탄의 권세에서 하나님께로 돌아오게 하고 죄 사함과 나를 믿어 거룩하게 된 무리 가운데서 기업을 얻게 하리라 하더이다"(행 26 : 18).

"그러므로 사람이 의롭다 하심을 얻는 것은 율법의 행위에 있지 않고 믿음으로 되는 줄 우리가 인정하노라"(롬 3 : 28).

"믿음이 없어 하나님의 약속을 의심하지 않고 믿음으로 견고하여져서 하나님께 영광을 돌리며"(롬 4 : 20).

"또한 그로 말미암아 우리가 믿음으로 서 있는 이 은혜에 들어감을 얻었으며 하나님의 영광을 바라고 즐거워하느니라"(롬 5 : 2).

"옳도다 그들은 믿지 아니하므로 꺾이고 너는 믿으므로 섰느니라 높은 마음을 품지 말고 도리어 두려워하라"(롬 11 : 20).

"우리가 너희 믿음을 주관하려는 것이 아니요 오직 너희 기쁨을 돕는 자가 되려 함이니 이는 너희가 믿음에 섰음이라"(고후 1 : 24).

"그 이름을 믿으므로 그 이름이 너희가 보고 아는 이 사람을 성하게 하였나니 예수로 말미암아 난 믿음이 너희 모든 사람 앞에서 이같이 완전히 낫게 하였느니라"(행 3 : 16).

"그러므로 믿음은 들음에서 나며 들음은 그리스도의 말씀으로 말미암았느니라"(롬 10 : 17).

"기록된 바 내가 믿었으므로 말하였다 한 것같이 우리가 같은 믿음의 마음을 가졌으니 우리도 믿었으므로 또한 말하노라"(고후 4 : 13).

"내가 너희에게서 다만 이것을 알려 하노니 너희가 성령을 받은 것이 율법의 행위로냐 혹은 듣고 믿음으로냐 너희가 이같이 어리석으냐 성령으로 시작하였다가 이제는 육체로 마치겠느냐 너희가 이같이 많은 괴로움을 헛되이 받았느냐 과연 헛되냐 너희에게 성령을 주시고 너희 가운데서 능력을 행하시는 이의 일이 율법의 행위에서냐 혹은 듣고 믿음에서냐"(갈 3 : 2-5).

"우리가 성령으로 믿음을 따라 의의 소망을 기다리노니"(갈 5 : 5).

"너희는 그 은혜에 의하여 믿음으로 말미암아 구원을 받았으니 이것은 너희에게서 난 것이 아니요 하나님의 선물이라 행위에서 난 것이 아니니 이는 누구든지 자랑하지 못하게 함이라"(엡 2 : 8-9).

"아버지 하나님과 주 예수 그리스도께로부터 평안과 믿음을 겸한 사랑이 형제들에게 있을지어다"(엡 6 : 23).

"그리스도를 위하여 너희에게 은혜를 주신 것은 다만 그를 믿을 뿐 아니라 또한 그를 위하여 고난도 받게 하려 하심이라"(빌 1 : 29).

"너희는 그를 죽은 자 가운데서 살리시고 영광을 주신 하나님을 그리스도로 말미암아 믿는 자니 너희 믿음과 소망이 하나님께 있게 하셨느니라"(벧전 1 : 21).

"아브라함이 모든 것의 십분의 일을 그에게 나누어 주니라 그 이름을 해석하면 먼저는 의의 왕이요 그 다음은 살렘 왕이니 곧 평강의 왕이요"(히 7 : 2).

"사랑하는 자들아 우리가 일반으로 받은 구원에 관하여 내가 너희에게 편지하려는 생각이 간절하던 차에 성도에게 단번에 주신 믿음의 도를 위하여 힘써 싸우라는 편지로 너희를 권하여야 할 필요를 느꼈노니"(유 1 : 3).

그래서 일본의 위대한 그리스도인인 우치무라 간조는 "믿어지지 않는 것은 저 주요, 믿어지는 것은 은혜다."라고 말했다. 이처럼 구원이 하나님께서 무상으로 베푸시는 자비로서 전적으로 타율적이라고 할 때 제기되는 중요한 문제가 하나 있다. 구원과 성화의 관계에 관한 문제이다. 구원이 전적으로 하나님의 은총에서 온다면 그것이 도덕적 명령, 즉 계명의 실행 여부와 관계없이 이루어지느냐 하는 것이다. 간단히 말해 구원받은 자는 탐욕적으로 살아도 괜찮느냐는 문제이다. 이 문제는 2,000년 교회사 가운데서 삼위일체론 논쟁이나 기독론 논쟁에 필적할 만큼 큰 싸움이었던 펠라기우스(Pelagius) 논쟁의 핵심이다. 그렇지만 이 논쟁은 어거스틴과 펠라기우스가 처음 제기한 새로운 문제는 아니었다. 이미 사도 시대에는 "그러므로 사람이 의롭다 하심을 얻는 것은 율법의 행위에 있지 않고 믿음으로 되는 줄 우리가 인정하노라"(롬 3 : 28)라고 한 바울과 "…… 사람이 행함으로 의롭다 하심을 받고 믿음으로만 아니니라"(약 2 : 24)라고 한 야고보 사이의 문제였으며, 사도 교부시대에는 안디옥의 이그나티우스와 로마의 클레멘스와의 문제였고, 중세 프란치스코회의 수도사들과 도미니크 수도사들 그리고 현대에는 칼 바르트와 자유주의 신학 사이의 대립에서도 나타난 아주 뿌리 깊고 중요한 문제이다.

이 난해한 논쟁의 결론부터 밝히자면 성화가 구원의 조건은 아니다. 그러나 성화는 구원의 확실한 증거이다. 따라서 구원받으면 성화되고, 성화되지 못하면 구원받지 못한 것이다. 오늘날까지 이단의 우두머리로 취급받고 있는 펠라기우스는 경건한 사람이었고, 구원은 도덕적 행위의 결과로 온다는 주장도 야고보서 2 : 24에 의거했다. 그리고 어떤 의미에서 그는 어거스틴의 추종자였으며, 이상한 사람이 아니었다. 오히려 합리주의자였다.

펠라기우스에 따르면 인간은 도덕적으로 살아야만 구원받을 수 있으며, 그렇지 못한 사람은 구원받을 수 없다. 따라서 인간은 자신의 죄가 유전되는 죄성, 즉 원죄에 책임을 전가해서는 안 된다. 하나님은 우리에게 죄짓지 않을 능력을 주셨으며 이 능력은 아담의 원죄도, 사탄도 파괴할 수 없어 우리에게 여전히 남아 있다. 인간은 죄를 짓지 않고 살도록 힘써야 하며 우리의 죄에 대해서는 스스로 책임을 져야만 한다. 그리고 같은 이유에서 원죄와 같이 자신이 짓지 않은 죄에 대해서는 책임이 없는 것이다.

펠라기우스는 인간이 자유의지 가운데 하나님의 뜻을 따라야만 하나님의 구원이 타당성을 갖게 되고, 인간이 죄짓지 않을 능력과 죄지을 능력을 함께 갖고 있어야만 율법도 의미를 갖게 된다고 했으며, 이에 따라 교회가 죄짓지 않게 가르치는 역할을 담당할 수 있다고 가르쳤다. 그러나 만일 구원이 전적으로 하나님에 의해 일방적으로 결정되어 있다면 하나님의 구원사역은 부당한 것이 되고, 율법과 교회는 불필요하다는 것이 그의 주장이다. 이 얼마나 타당하고 올바른 생각인가? 신 포도를 먹은 사람의 치아만 시다(겔 18 : 2-4)는 사실 때문에 그가 살았던 5세기나 우리가 살고 있는 21세기에 관계없이 시대를 불문하고 펠라기우스의 주장은 합리적인 기독교인들의 생각을 강력하게 사로잡는 힘을 갖고 있다. 하지만 그의 주장은 죄를 존재론적으로 파악하지 않고 단지 도덕론적으로 파악했을 때만 타당하다. 그가 파악한 죄는 하나님으로부터 돌아서는 죄가 아니라 악의 문제, 곧 도덕론적 죄였다. 펠라기우스는 오늘날 대부분의 기독교인들이 그렇듯이 존재론적 죄와 도덕론적 죄, 다시 말해 죄의 구도와 선악의 구도를 이해하지 못했던 것이다.

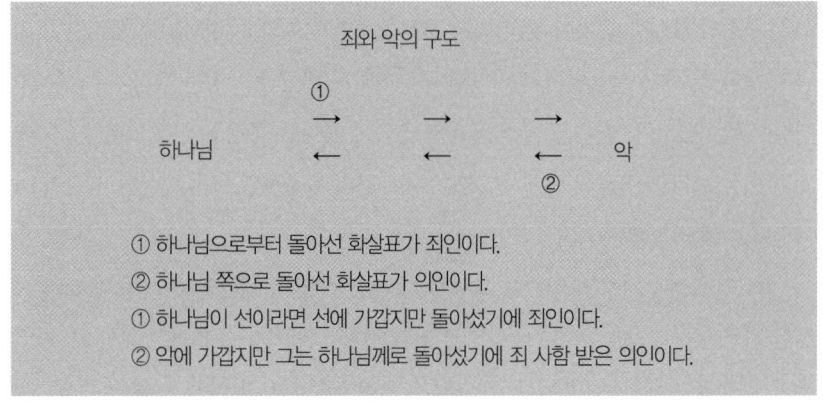

도덕론적으로 볼 때 그의 모든 주장은 선악의 구도 안에서 전적으로 타당하다. 선악은 인간에게 주어진 자유의지의 문제이며, 이에 대한 선택의 힘을 하나님이 인간에게 부여하셨다. 그러므로 원죄란 없고, 율법도 복음처럼 유용하며, 예수 그리스도 이후에도 죄인이 있는 것처럼 예수 그리스도 이전에도 죄 없는 사람이 없었고, 유아는 타락 이전의 아담처럼 죄가 없으며, 구원받은 사람도 부도덕하면 죄인인 것이다.

이렇듯 펠라기우스는 죄를 도덕론적으로만 이해했다. 결국 이러한 주장에 동조하는 추종자들이 동방교회를 중심으로 많아져서 논쟁이 일어났고, 어거스틴과 베들레헴에 은거해 있던 제롬(Jerome)이 강하게 공격해서 펠라기우스는 431년 에베소 회의에서 이단으로 정죄를 받았다.

어거스틴이 펠라기우스 논쟁에서 한 일은 죄를 존재론적으로 파악한 것이었다. 그것이 전부였고, 그것이 그의 뛰어난 점이었다. 어거스틴은 존재론적 죄와 도덕론적 죄에 대한 구분을 분명히 하였고, 거기에서 모든 문제들의 해답을 얻었다. 어거스틴의 죄와 선악의 구도에서 죄는 인간의 자유의지와 무관하고 단지 선악만 자유의지에 따른다. 그래서 죄를 사해 주는 것은 하나님의 몫이고, 선하게 사는 것 곧 성화는 인간의 몫이다. 은총은 하나님의 것이고 자유의지는 인간의 것이다. 물론 그렇다고 해서 성화가 하나님과 무관하게 이루어진다는 뜻은 아니다. 구원과 성화는 상호 보완적이며 변증법적으로 발전한다. 즉, 하나님의 은총은 인간의 자유의지와 대립하는 것이 아니다. 오히려 은총이 자유의지를 돕는 형식으로 작용한다. 구원받으면 선을 행할 능력이 생기는 것이다. 즉, 죄 사함은 성화를 돕는다. 어거스틴은 이것을 '은총의 영감'(Gratia inspirationis) 또는 '선의지의 영감'이라고 불렀는데, 이것이 "우리들의 그릇된 욕구 대신에 선한 욕구를 불러일으킴으로써 우리를 돕는다."라고 했다.

이런 의미에서 성화도 전적으로 하나님의 은총(살전 5 : 23, 히 13 : 20-21)이며, 예수 그리스도와 연합의 결과(요 15 : 4, 갈 2 : 20, 4 : 19, 엡 4 : 25)이다. 즉, 성화는 하나님의 말씀과 성령의 역사로 이루어진다(요 17 : 17, 갈 5 : 22). 그러나 성화에는 인간의 자유의지도 함께한다. 그래서 성화도 역시 하나님의 은총으로만 가능하다는 말은 어거스틴에 따르면 단지 구원받은 이후에야 성화도 가능해진다는 의미이고, 구원받은 자의 자유의지는 하나님의 다른 은총인 '선의지의 영감'(Gratia inspirationis)에 의하여 인도된다는 것을 의미한다.

이 '은총의 영감'은 인간의 의지를 움직이지만 명령이나 강압이 아니고 부드러운 강요로, 인간의 자유의지가 하나님의 은총과 일치하도록 만들어 준다. 어거스틴은 "그가(He) 우리 안에 일하심으로써 자신의 강화를 시작하시기에 우리는 선의지를 갖는 것이다. 그리고 우리가 선의지를 가질 때 우리와 함께 일하심으로써 그것을 완성하신다."라고 말했다(빌 2 : 13). 이것이 그가 말하는 "신앙의 빛 안에의 협력"이다. 그런데 인간이 자유의지로 하나님과 협력하는 것이 아님을 놓치지 말아야 한다. 하나님이 은총의 영감을 통해 인간과 함께 일하시는 것이다. 왜냐하면 은총이 구원을 주며, 구원이 선의지와 협력하는 것이지, 자유의지로 구원을 받을 수 없고, 선의지를 가질 수 없기 때문이다.

이와 같은 논리로 믿음과 행함의 대립, 곧 바울과 야고보의 대립이 해소된다. 믿음과 행함은 대립하는 둘이 아니고 하나가 될 수 있다. 어거스틴에 의하면 구원받은 자는 선의지의 영감에 의해 선한 행동을 할 수밖에 없기 때문이다. 악이 죄의 열매이듯, 선이 구원의 열매라는 것이다. 이러한 관점에서는 "…… 사람이 행함으로 의롭다 하심을 받고 믿음으로만은 아니니라"(약 2 : 24)라는 야고보의 말은 "그러므로 사람이 의롭다 하심을 얻는 것은 율법의 행위에 있지 않고 믿음으로 되는 줄 우리가 인정하노라"(롬 3 : 28)라는 바울의 말과 조금도 다르지 않다.

그런데 여기서 주목할 것은 누구든지 믿는 자로서 세례를 받고도 악한 행동을 계속하는 자는 구원을 받지 못한다는 것이다. 구원받은 자는 선의지의 영감에 의해 선한 행동을 할 수밖에 없기 때문이다. 이러한 어거스틴의 주장은 마태복음 7 : 16~20의 예수님의 말씀으로 뒷받침된다. 즉, 구원받은 사람은 성화되고 성화되지 못하는 사람은 구원받지 못했다는 것이다. 따라서 구원과 성화, 은총과 율법은 상호 보완적이며 서로 변증법적으로 발전한다고 할 수 있다. 하나님이 인간을 신성화하는 작업은 구원과 성화, 은총과 율법의 부단한 상호작용을 통해 이루어진다. 그래서 어거스틴은 "율법은 은총이 추구되기 위해서 주어졌고, 은총은 율법이 완성되기 위해서 주어졌다.", "율법은 우리 의지의 연약함을 보여 주는데 그것은 은총이 의지의 연약함을 치유하기 위해서이다."라고 서로의 관계를 정리했다.

그런데 종교개혁자들은 존재론적 죄를 사해 주는 구원과 도덕적 삶(성화)을 함께 이루는 예수 그리스도의 역할을 극대화함으로써 인간의 도덕적 행위와 구원의 교리를 연관시키지 않았다. 예수 그리스도는 존재론적 죄와 도덕론적 죄를 동시에 사하신다는 것이다. 이로써 개신교 신자들이 얻는 위안과 하나님의 은총은 극대화되었지만, 성도의 비도덕적 행위에 관한 억제력은 현저히 삭감되었다. 그래서 오늘날 개신교 교인들이 바울의 명제(롬 3 : 28)는 기꺼이 즐기지만, 야고보의 명제(약 2 : 24)는 꺼리는 것이다.

4. 믿음과 성령(삼위일체)

믿음으로 구원받음(이신칭의)은 결코 양보할 수 없는 진리임을 살펴보았다. 그렇다면 믿음은 어디서 오는가? 성경은 모든 사람이 죄를 범하여 전적으로 부패하고 타락하였다는 사실을 주장한다. 이것은 인간 스스로 하나님과 예수 그리스도에 대한 믿음을 가질 수 없다는 것을 뜻한다. 그렇다면 믿음이 인간 스스로 생산할 수 있는 내면적 산물이 아니라고 한다면 결국 믿음은 외부의 영향력으로 주어졌다고 볼 수밖에 없다. 사도 바울은 이 점과 관련하여 로마서 10장에서 그가 전파하는 말씀이 믿음을 불러일으키는 "믿음의 말씀"임을 밝히고 있다. 즉, 복음이 사람에게 선포될 때 그 복음이 듣는 자의 마음에 믿음을 불러일으켜서 그 복음을 깨닫고 받아들이게 한다는 것이다.

"그러면 무엇을 말하느냐 말씀이 네게 가까워 네 입에 있으며 네 마음에 있다 하였으니 곧 우리가 전파하는 믿음의 말씀이라"(롬 10 : 8).

"그러므로 믿음은 들음에서 나며 들음은 그리스도의 말씀으로 말미암았느니라"(롬 10 : 17).

그렇다면 어떻게 말씀, 곧 복음이 듣는 자에게 믿음을 불러일으킬 수 있을까? 그것은 복음과 함께 성령이 역사하시기 때문이다. 복음이 전파될 때 성령께서 그 복음을 듣는 자의 마음 문을 열어 복음을 깨닫게 하시고 그 복음을 받아들이는 믿음을 일으키시는 것이다. 그래서 그는 복음에 대한 인격적인 응답, 곧 복음을 통해서 자신이 죄인이며 예수 그리스도만이 자신의 죄와 죽음과 하나님의 심판에서 구원하실 분임을 알고 그를 자신의 구원자로 믿고 고백하는 응답이 일어나는 것이다. 그리고 그 응답과 함께 예수 그리스도 안에서 일어난 구원의 역사가 그 안에서 일어나는 것이다.

"내가 복음을 부끄러워하지 아니하노니 이 복음은 모든 믿는 자에게 구원을 주시는 하나님의 능력이 됨이라 먼저는 유대인에게요 그리고 헬라인에게로다 복음에는 하나님의 의가 나타나서 믿음으로 믿음에 이르게 하나니 기록된바 오직 의인은 믿음으로 말미암아 살리라 함과 같으니라"(롬 1 : 16-17).

"내가 이런 사람을 아노니 (그가 몸 안에 있었는지 몸 밖에 있었는지 나는 모르거니와 하나님은 아시느니라)"(고후 12 : 3).

"너희는 그 은혜에 의하여 믿음으로 말미암아 구원을 받았으니 이것은 너희에게서 난 것이 아니요 하나님의 선물이라"(엡 2 : 8).

"너희 믿음이 사람의 지혜에 있지 아니하고 다만 하나님의 능력에 있게 하려 하였노라"(고전 2 : 5).

이처럼 믿음은 복음에 대해 복음 안에 제시되는 예수 그리스도에 대한 인격적인 응답이라는 점에서는 사람의 책임 영역에 속한다고 말할 수 있지만, 다른 한편으로는 복음을 통해 역사하시는 성령께서 복음을 듣는 자에게 믿음을 불러일으켜서 복음에 대하여 응답하도록 하신다는 점에서 믿음은 성령의 역사요, 하나님의 선물이라고 할 수 있다.

"나에게 이르시기를 내 은혜가 네게 족하도다 이는 내 능력이 약한 데서 온전하여짐이라 하신지라 그러므로 도리어 크게 기뻐함으로 나의 여러 약한 것들에 대하여 자랑하리니 이는 그리스도의 능력이 내게 머물게 하려 함이라"(고후 12 : 9).

"우리가 성령으로 믿음을 따라 의의 소망을 기다리노니"(갈 5 : 5).

이처럼 믿음이 성령의 역사라는 점에서 믿음은 정적인 것이 아니고 동적인 것으로 볼 수 있다. 즉, 성령은 "하나님의 계속적이고 인격적인 역사라는 점에서 신자는 계속해서 성령을 충만히 받아야 하며 계속해서 성령의 인도함을 받아야 한다."

는 점에서 믿음은 더 충만해질 수 있고 더 자랄 수 있다. 그래서 사도 바울은 고린도 교인들의 믿음이 자라기를 간절히 기원하고, 에베소 교인들이 하나님의 아들을 믿는 믿음에 충만해지도록 간구하고 있으며, 데살로니가 교인들의 믿음이 더욱 자라고 있는 것에 감사하는 것이다.[8]

"너희에게 성령을 주시고 너희 가운데서 능력을 행하시는 이의 일이 율법의 행위에서냐 혹은 듣고 믿음에서냐"(갈 3 : 5).

"술 취하지 말라 이는 방탕한 것이니 오직 성령으로 충만함을 받으라"(엡 5 : 18).

"내가 이르노니 너희는 성령을 따라 행하라 그리하면 육체의 욕심을 이루지 아니하리라"(갈 5 : 16).

"만일 우리가 성령으로 살면 또한 성령으로 행할지니"(갈 5 : 25).

"우리는 남의 수고를 가지고 분수 이상의 자랑을 하는 것이 아니라 오직 너희 믿음이 자랄수록 우리의 규범을 따라 너희 가운데서 더욱 풍성하여지기를 바라노라"(고후 10 : 15).

"우리가 다 하나님의 아들을 믿는 것과 아는 일에 하나가 되어 온전한 사람을 이루어 그리스도의 장성한 분량이 충만한 데까지 이르리니"(엡 4 : 13).

성령이 아니고는 누구도 예수를 주로, 그리스도로 고백할 수 없다. 그러면 우리에게 믿음을 주시는 성령과 성부 하나님, 성자 예수님, 즉 삼위일체 교리에 대하여 간단하게 살펴보고자 한다. 초대교회의 삼위일체론을 요약하면 첫째, 성부, 성자, 성령은 동등한 위치, 동등한 본성(homoousia)을 지니신 참하나님이시다. 둘째, 예

---

[8] 최갑종, 「오직 믿음만으로」(서울 : 킹덤북스, 2015), pp. 24-27.

수 그리스도는 우리의 속죄의 주체자, 즉 속죄주(redeemer)이시고 성부는 창조의 주체자, 즉 창조주(creator)이시며 성령은 우리 속에 내주하여(indwelling) 우리에게 생명과 믿음을 주시고, 우리를 성화시키어 우리의 구원을 완성시키시는 주체자, 생명의 수여자(life-giver), 성화의 주(sanctifier), 구원의 완성자이시다.

여기서 성령에 관하여 좀 더 고찰하자면 성령은 초대 4세기 콘스탄티노플 회의의 챔피언(Champion) 카파도키아 학파(Cappadocian School)의 교부들, 즉 닛사의 그레고리(Gregory of Nyssa), 나지안주스의 그레고리(Gregory of Nazianzus), 가이사랴의 바실(Basil of Caesarea)이 주장한 성령의 동일본질론(성령도 성부와 성자와 동일한 본성을 지녔다.)을 믿으며, 마케도니아 학파(Macedonian School)의 성령유사본질론(성자와 성령은 성부의 본성과 똑같지 않고 유사하게 다른 본성을 지녔다.)은 당연히 배척한다. 이 마케도니아 학파는 성령을 도덕 감화력 내지는 물량적 에너지로 이해하는데, 카파도키아 학파는 성령을 인격적 하나님으로, 기도와 찬양과 예배의 대상이 되실 뿐 아니라 우리를 인격적으로 예수 그리스도의 형상으로 성화시키는 영, 구원의 완성을 이루어 가시는 성령, 인격적 성령, 하나님으로서의 성령을 강조한다.

셋째, 예수는 우리와 똑같은 인간성을 지니신 인간이시되(인성의 동일본질, homoousia) 죄는 전혀 없으시고 우리의 죄를 속죄하시는 신성을 지니신 하나님(신성의 동일본질, homoousia)으로 어느 때도 안 계신 적이 없는 영원한 분임을 고백한다. 넷째, 성부와 함께 성자와 성령도 우리의 기도와 예배와 찬양을 받으시며, 성령은 우리로 하여금 기도와 예배와 찬양을 드리게 하신다. 그러므로 성자의 신성을 거부하고 인성만을 강조하는 에비온주의(Ebionism)의 양자설(adoptionism, 비교:영감적 기독론〈Inspirational Christology〉-예수님을 전적으로 성령의 인도함을 받는 인간 존재로만 해석하는 기독론), 성자의 인성을 거부하고 그가 육체로 오심을 인정하지 않고 신적 존재임을 강조하는 영지주의(Gnosticism)의 가현설(Docetism), 예수의 한 인격 안에 두 본성(신성과 인성)이 조화를 이루고 있음을 거부하고 예수는 신성과 함께 인성을 공유하고 태어남을 인정하지 않고, 예수는 단순히 인간성으로만 태어났다가 그의 성장 과정에서 신성이 들어왔다고 주장하는 안디옥 학파의 네스토리우스주의(Nestorianism), 성부와 성자와 성령의 위격과 객체성을 인정하지 않고 성부가 수난당한 것으로 이해한 사벨리우스주의(Sabellianism)의 양태적 단일신론(Modalistic Monarchianism)들은 모두 철저히 배척, 정죄됨이 마땅하다. 아타나시우스 신조는 삼위일체 신앙을 잘 보여 주고 있다. "우리는 삼위일체 안의 유일한 하나님과 통일성 안의 삼위일체 하나님을 경배하되 그 위격을 혼동하지 않으며 그 실체를 분리하지도 않는다."

예수님의 본성(本性)에 관하여

1. 오리겐 – 유출설
* 양동이에 물을 넘치게 부으면 밖으로 흘러넘칠 수밖에 없는데 양동이 안의 물도, 흘러넘친 물도 모두 같은 물이다.
* 하나님도 풍성하고 충만하신 분이기 때문에 흘러넘칠 수밖에 없다. 하나님의 풍성함 때문에 인간(人間)의 몸을 입고 이 땅까지 흘러넘친 분이 예수님이시다.

2. 아리우스 – 아리우스주의
* 예수님은 우주가 창조된 것처럼 창조된 피조물은 아니지만 태초에 하나님께서 특별하게 만드신 존재이다.
"내가 갔다가 너희에게로 온다 하는 말을 너희가 들었나니 나를 사랑하였더라면 내가 아버지께로 감을 기뻐하였으리라 아버지는 나보다 크심이라"(요 14 : 28).
* 예수님도 피조물 중의 하나이다. 왜냐하면 예수님이 하나님과 같으신 분이라면 우리는 두 신을 섬기는 것이기 때문이다.
* 예수님의 신성을 부인하고 인성만 주장했고, 단성론자들은 예수님의 신성만 인정하고 인성을 부인했다. (325년 니케아 공의회에서 이단으로 정죄)
* 예수님을 최초의 피조물로 받아들여 종속적인 의미에서 예수님을 하나

님의 아들로 인정하고, 창조주와 피조물들의 생명 사이에서 중재 역할을 완성하시는 하나님의 아들로 인정했다.
"그는 보이지 아니하는 하나님의 형상이시요 모든 피조물보다 먼저 나신 이시니"(골 1 : 15).

3. 알렉산드리아의 아타나시우스 – Paradox 교리
* 이해되지 않고 인간(人間)의 언어로 설명할 수 없으며 논리나 이성으로 설명할 수 없지만 분명히 예수님은 하나님이시다.
* 예수님은 100% 하나님이시며 100% 인간(人間)이시다.

4. 아폴리나리우스 – 아폴리나리우스설
* 하나님의 말씀이 예수 그리스도 안에 있는 인간 영혼을 취했다고 주장함.
* 예수님의 완전한 인성을 적절하게 유지할 수 없는 것으로 정죄함.

5. 네스토리우스 – 네스토리우스주의
* 독립적인 방법으로 예수님의 인성과 신성을 나란히 위치시킴.
  ex) 예수님께서 사마리아 우물가에서 여인을 만났을 때 예수님의 인성은 피곤했고 여인의 과거사를 분별한 것은 신성이 있었다는 것이다.
"사마리아에 있는 수가라 하는 동네에 이르시니 야곱이 그 아들 요셉에게 준 땅이 가깝고 거기 또 야곱의 우물이 있더라 예수께서 길 가시다가 피곤하여 우물 곁에 그대로 앉으시니 때가 여섯 시쯤 되었더라 사마리아 여자 한 사람이 물을 길으러 왔으매 예수께서 물을 좀 달라 하시니 이는 제자들이 먹을 것을 사러 그 동네에 들어갔음이러라 …… 하나님은 영이시니 예배하는 자가 영과 진리로 예배할지니라 여자가 이르되 메시야 곧 그리스도라 하는 이가 오실 줄을 내가 아노니 그가 오시면 모든 것을 우리에게 알려 주시리이다 예수께서 이르시되 네게 말하는 내가 그라 하시니라"(요 4 : 5-26).
* 예수 그리스도의 통합된 인격에 대하여 편견을 갖게 하므로 이단으로 정죄함.

6. 에우튜케스의 추종자들
* 예수님의 신성과 인성을 혼합시키려고 시도, 예수님을 괴이한 일종의 켄다우로스(반은 인간이고 반은 말인 그리스 신화 속의 존재)로 만드는 것이기에 이단으로 정죄함.

7. 451년 칼케돈 공의회
* "두 본성을 지니셨는데 섞이지 않고, 바뀌지 않으며, 나뉘지 않고, 갈라지지 않는다. 구별된 본성은 하나 됨에 의해서 결국 사라지지 않는다. 각 본성의 특성은 보존되고 동시에 하나의 위격과 본질이 되도록 화합된다."

8. 칼케돈 공의회에 대한 오 클린스(O'Collins)의 정리
1) 아리우스주의에 반대하여
   니케아 공의회는 '호모우시우스'라는 용어를 사용하여 "예수님은 하나님이시다."를 확인했다.

2) 아폴로나우스주의에 반대하여
   콘스탄티노플 공의회는 "예수님은 인간이시다."를 확인했다.

3) 네스토리우스주의에 반대하여
   에베소 공의회(431)는 예수님의 두 본성(인성과 신성)은 분리되지 않음을 확인했다.

4) 에우튜케스에 반대하여
   칼케돈 공의회는 한 인격에 속하면서 두 본성이 합하거나 섞이지 않음을 공언했다.[9]

9. 윌리엄 템플(William Temple, 1881-1944, 영국의 성공회 대주교, 신

---

9) O'Collins, op. cit., p. 194.

학자)의 언급 "만일 누구든지 예수 그리스도 안에 있는 신성과 인성의 관계를 이해했다고 말하면 성육신(Incarnation)의 의미를 그 사람이 전혀 이해하지 못하고 있음을 분명하게 보여 줄 뿐이다."[10]

5. 믿음을 극으로 표현한 것이 세례(침례)이다

"무릇 그리스도 예수와 합하여 세례를 받은 우리는 그의 죽으심과 합하여 세례를 받은 줄을 알지 못하느냐 그러므로 우리가 그의 죽으심과 합하여 세례를 받음으로 그와 함께 장사되었나니 이는 아버지의 영광으로 말미암아 그리스도를 죽은 자 가운데서 살리심과 같이 우리로 또한 새 생명 가운데서 행하게 하려 함이라"(롬 6 : 3-4).

"너희가 다 믿음으로 말미암아 그리스도 예수 안에서 하나님의 아들이 되었으니 누구든지 그리스도와 합하기 위하여 세례를 받은 자는 그리스도로 옷 입었느니라"(갈 3 : 26-27).

"너희가 세례로 그리스도와 함께 장사되고 또 죽은 자들 가운데서 그를 일으키신 하나님의 역사를 믿음으로 말미암아 그 안에서 함께 일으키심을 받았느니라"(골 2 : 12).

"물은 예수 그리스도께서 부활하심으로 말미암아 이제 너희를 구원하는 표니 곧 세례라 이는 육체의 더러운 것을 제하여 버림이 아니요 하나님을 향한 선한 양심의 간구니라"(벧전 3 : 21).

초대교회에서의 세례(침례)는 예수와 함께 죽고 장사됨을 극화한 것이다. 믿음을 고백하고 고백된 믿음을 극(Drama)으로 표현한 것이 세례(침례)이다. 세례(침

---

10) William Temple, *Christus Veritas*(The Macmillan), 1924, p. 139.

례)는 예수와 함께 연합해서 죽고 장사되었음을 상징화했고, 물로 깨끗이 씻긴 몸으로 나온 상태가 예수 안에 내포되어 그리스도 예수와 함께 새로운 생으로, 즉 하나님과 의로운 관계를 갖는 새로운 생으로 부활했음을 극으로 표시한 것이다. 예수의 죽음과 부활에 참예하는 의식이라는 세례(침례)의 개념 저변에는 예수는 마지막 아담이며, 그의 죽음은 우리를 위한 대신적, 대표적 죽음이었다는 생각이 깔려 있다.

"…… 한 사람이 모든 사람을 대신하여 죽었은즉 모든 사람이 죽은 것이라"(고후 5 : 14).

죄 없으신 예수께서 우리 죄를 지고 저주를 받아 우리를 대신하고 내표하여 죽었다. 그래서 그의 십자가 죽음 안에서 우리도 모두 같이 죽은 것이다. 마지막 아담으로서의 예수는 그 안에 새 인류를 내포하고 있는 새 인류의 조상이다. 그러므로 그의 죽음과 부활 안에서 우리도 죽고 다시 살아난다. 이는 예수의 대신적, 대표적 죽음과 부활 안에서 우리가 죽고 부활하였다고 보아 주시겠다는 하나님의 결단이며 선포이다. 세례(침례)를 통해 예수와 연합하고 하나님의 결단에 순응하는 자에게만 주시는 하나님의 결단은 비로소 실제로 개개인과 관련을 가지게 된다. 세례(침례)로 우리가 예수와 함께 죽고 다시 살아난다는 것은 우리의 세례(침례) 시에 우리와 함께 예수가 다시 죽고 부활한다는 의미가 아니다. 그것은 다음 두 가지 의미를 지닌다.

첫째, 우리가 예수의 죽음과 부활 안으로 흡수되어 들어간다는 뜻이다. 슈나켄부르크(R. Schnackenburg)의 말을 빌려 보자. "예수가 인류를 속량하기 위해 대신적, 대표적으로 죽고 부활하였기 때문에 우리 역시 그와 함께 장사 지낸 바 되고 또한 그와 함께 일으키신 바 되었다. 그래서 우리가 믿음과 세례(침례)로 말미암아 새 인류의 창시자인 예수와 연합하면 우리는 그 안에 이루어진 일에도 연합(참예)하게 되는 것이다. 곧 그의 죽음은 우리의 죽음이 되고 그의 부활은 우리의 부활이 된다."

둘째, 의미도 첫째 의미와 상응하는 것인데, 우리가 예수와 함께 그의 죽음과 부활에서 실제로 고난받았다는 뜻이다. 그러므로 우리의 삶 속에서 우리의 옛 생명, 곧 하나님과 불화했던 생명은 끝이 나고 예수와 그의 왕국과 성령 안에서 새로운 생명이 시작된다. 세례(침례) 시에 우리가 예수와 함께 죽었다 함은 죄에 대하여 우리가 죽었다는 뜻이다.

"그럴 수 없느니라 죄에 대하여 죽은 우리가 어찌 그 가운데 더 살리요"(롬 6 : 2).

"그가 죽으심은 죄에 대하여 단번에 죽으심이요 그가 살아 계심은 하나님께 대하여 살아 계심이니"(롬 6 : 10).

세례(침례) 안에서 우리 옛 사람은 예수와 함께 십자가에 못 박힌다. 그래서 우리는 더 이상 죄의 종노릇을 하지 않는다. 죽은 자는 죄에서 자유롭기 때문이다. 이렇게 세례(침례) 시에 예수와 함께 죄에 대하여 죽은 것은 아버지의 영광으로 말미암아 예수를 죽은 자 가운데서 살리심같이 우리도 또한 새 생명 가운데서 행하게 하려 함이다.

"그러므로 우리가 그의 죽으심과 합하여 세례를 받음으로 그와 함께 장사되었나니 이는 아버지의 영광으로 말미암아 그리스도를 죽은 자 가운데서 살리심과 같이 우리로 또한 새 생명 가운데서 행하게 하려 함이라 만일 우리가 그의 죽으심과 같은 모양으로 연합한 자가 되었으면 또한 그의 부활과 같은 모양으로 연합한 자도 되리라 우리가 알거니와 우리의 옛 사람이 예수와 함께 십자가에 못 박힌 것은 죄의 몸이 죽어 다시는 우리가 죄에게 종노릇하지 아니하려 함이니"(롬 6 : 4-6).

우리의 조상인 예수가 대표로 죽은 것은 모두를 위해 죄에 대하여 단번에 죽은 것이요, 그의 사심은 하나님께 대하여 사심이다. 따라서 세례(침례)를 받음으로 예수 그리스도와 연합하게 된 우리도 그리스도 예수 안에서 우리의 죽음은 죄에 대한

죽음이요, 우리의 삶은 하나님께 대한 삶이란 것을 기억해야 한다.[11]

6. 세례와 믿음과의 관계는 어떻게 정의하여야 하는가?

세례(침례)는 믿음의 공식적 표명이다. 세례(침례) 때 믿는 자는 예수 그리스도를 '구주'로 공적으로 고백하고(롬 10 : 9f), 예수의 주권 아래로 들어가며, 예수의 몸인 교회에 속하게 되기 때문이다. 그래서 진실한 믿음은 믿는 자를 세례(침례)로 인도하고, 세례(침례)에서 '그리스도인 되기'가 완성되는 것이다. 마찬가지로 믿음 없는 세례는 생각할 수 없다. 그래서 믿음은 세례(침례)보다 시간적으로 앞선다. 믿음은 세례(침례) 때 공적으로 고백된다. 그리고 믿음의 공적 표명으로서의 일과성 사건인 세례(침례) 이후에도 믿음은 계속 요구된다. 그러므로 세례(침례)는 믿음의 과정 중에 있는 하나의 시점(moment)이라고 볼 수 있다.[12]

세례(침례)는 예수 안에 이루신 하나님의 구원의 역사와 그의 구원에 대한 신앙고백을 공적으로 표명한 것이며, 물에 잠기고 물에서 다시 나오는 것으로 예수와 함께 죽고 부활한다는 신앙고백을 상징적으로 극화하여 나타내는 의식이며, 더 나아가 믿음의 극화로서 뿐만 아니라 '믿는 자 되기'(Glaubigwerden)의 완성인 것이다. 다시 말하면 세례(침례)는 믿음의 한 시점인데, 그것은 시간적 의미뿐만 아니라 좀 더 근본적으로는 믿음 안에 이미 세례(침례)의 의미가 함축되어 있다는 의미이다.

이 극적인 효과를 느끼면서 초대교회의 예를 따라 세례(침례)하는 것은 상당한 의미가 있다. 세례(침례)란 천주교에서 말하듯이 물에 마술적인 힘이 있어 거듭나게 하는 것이 아니다. 즉, 세례(침례) 자체가 의미 있는 것이 아니고 믿음에 의미가 있다. 이 믿음을 극으로 표현한 것이 세례(침례)이다. 그러므로 세례(침례)는 '믿는 자'가 되었다는 증거가 되는 것이다. 이것은 믿음을 객관적으로 사건화한 것이라고 한다. 즉, 세례

---

11) Ibid., pp. 498–500.
12) Ibid., pp. 501–506.

(침례)는 믿음의 객관화이다.

객관적 사건	주관적 사건
예수님의 십자가-부활 · 절대적 사건 · 창조의 사건 · 하나님의 사건	나의 구원 · Christ-event · 믿음, 세례(침례) · 내포적 대속(Inclusive Substitution) · 조상(Stammvater) · 연합

7. 믿음과 기독교 윤리

바울에게 있어서 믿음은 지적으로 무엇을 이해했다고 승인하고 고개를 끄덕이는 단순한 행위가 아니라 전인적인 헌신과 순종의 행위이다. 그래서 그는 믿음을 때때로 '순종'이라는 말로 바꾸어 표현한다.

"그로 말미암아 우리가 은혜와 사도의 직분을 받아 그의 이름을 위하여 모든 이방인 중에서 믿어 순종하게 하나니"(롬 1 : 5).

"옳도다 그들은 믿지 아니하므로 꺾이고 너는 믿으므로 섰느니라 높은 마음을 품지 말고 도리어 두려워하라"(롬 11 : 20).

"너희가 전에는 하나님께 순종하지 아니하더니 이스라엘이 순종하지 아니함으로 이제 긍휼을 입었는지라"(롬 11 : 30).

처음에 복음을 믿고 받아들이겠다고 결단한 사람은 그 복음을 지적으로 이해하고 승인할 뿐만 아니라 이제 후로는 그 복음의 말씀에 전적으로 헌신하고 그 말씀대로 순종하며 살겠다는 전인적이고 전폭적인 헌신과 순종의 결심을 내포한다. 이렇게 전폭적인 헌신과 순종의 행위로 믿음이 표현되고 나타나는 것은 자연스러운 일이다. 믿음은 삶과 행위로 표현되고 논증될 수밖에 없다. 그러므로 마지막 심판 날에 신자들에게 선한 삶과 행위가 있다는 것은 그들에게 구원을 얻을 만한 믿음이 있다는 것을 나타내는 것이다. 역으로 어떤 사람이 믿음이 있다고 하면서도 회개하지 않고 계속 죄를 범하는 삶을 산다면 그의 믿음은 헛것이요, 구원을 얻을 만한 근거가 될 수 없다. 예수께서 말씀하신 대로 나무는 그 열매로 알게 되어 있다. 우리의 거룩한 삶과 행위가 우리를 구원하는 산 믿음의 존재를 증명해 준다. 요컨대 오직 믿음으로 의롭다 함을 받은 자는 행함으로 자신의 믿음이 진실한 것임을 증거한다. 행함은 믿음으로 의롭다 함을 받는 자의 믿음이 진실한 것임을 보여 주는 열매이며 또한 결과이다. 그런 의미에서 칭의는 성화의 근거이며, 성화는 칭의의 믿음의 열매이다.[13] 그래서 청교도 랄프 어스킨은 "신앙은 거룩함, 사랑, 순종을 동반하기에 성화는 당연하고 필수적이고 불가피한 칭의의 열매이다."라고 했다. 즉, 성화는 의롭게 된 사람의 삶의 방식이요, 천국의 길이다. 비유로 설명하자면 성도는 물레를 돌리는 여인과 같다. 여인의 한 손은 실을 붙들고 있고 다른 한 손은 물레를 돌린다. 한 손이 실을 풀어 주면 다른 한 손은 물레를 돌려 실을 감는다. 실을 붙들고 있는 손은 신앙의 손이고, 돌리는 손은 순종의 손이다. 그러므로 예수님을 성화의 주님으로 받아들이지 않으면서 죄에서 구원하시는 구주로 알 수 있는 사람은 아무도 없다.[14] 즉, 칭의와 성화는 불가분리의 관계이다. 그러므로 우리는 믿음으로 예수 그리스도께 인격적으로 참여하는 자가 되어 실제로 의롭게 될 필요성을 부정하는 율법 폐기론이나 극단적 칼빈주의(hyper-Calvinism) 사상을 거부해야 한다. 마르틴 루터는 "율법은 처음에는 하나님이 예수 그리스도께 보내기 위해 우리를 재촉하는 채찍처럼 사용되었지만 그 후에는 우리가 크리스천의 삶을 살도록 돕는 지팡이로 사용된다."라고 했다. 믿음은 구원의 조건으로 간주될 때는 지나치게 강조되고 (아르미니우스주의), 구원의 필수적인 열매로서 부정될 때는 지나치게 무시된다(율

---

13) 김병훈, 「오직 하나님께만 영광이 있나이다」(서울:킹덤북스, 2015), p. 33.
14) Joel Beeke, *Puritan Reformed Spirituality*, 김귀탁 역, 「개혁주의 청교도 영성」(서울:부흥과개혁사, 2013), p. 484.

법 폐기론). 우리는 행함이 공동 노력으로 수반된 믿음(로마 가톨릭 사상)으로 죽음에서 생명으로 옮겨진 것이 아니고, 오직 그리스도의 의를 믿음으로 받아들여 죽음에서 생명으로 옮겨진 것이다. 그래서 마르틴 루터는 이신칭의는 교회가 서기도 하고, 넘어지기도 하는 근본 조항(articulus stantis et cadentis ecclesiae)일 뿐 아니라 이 교리로 인해 우리 각자는 하나님 앞에서 서거나 넘어질 것이다."라고 했다.

"이러므로 그들의 열매로 그들을 알리라 나더러 주여 주여 하는 자마다 다 천국에 들어갈 것이 아니요 다만 하늘에 계신 내 아버지의 뜻대로 행하는 자라야 들어가리라"(마 7 : 20-21).

"또 하나님이 누구에게 맹세하사 그의 안식에 들어오지 못하리라 하셨느냐 곧 순종하지 아니하던 자들에게가 아니냐"(히 3 : 18).

"한 번 빛을 받고 하늘의 은사를 맛보고 성령에 참여한바 되고 하나님의 선한 말씀과 내세의 능력을 맛보고도 타락한 자들은 다시 새롭게 하여 회개하게 할 수 없나니 이는 그들이 하나님의 아들을 다시 십자가에 못 박아 드러내 놓고 욕되게 함이라"(히 6 : 4-6).

"땅이 그 위에 자주 내리는 비를 흡수하여 밭 가는 자들이 쓰기에 합당한 채소를 내면 하나님께 복을 받고 만일 가시와 엉겅퀴를 내면 버림을 당하고 저주함에 가까워 그 마지막은 불사름이 되리라"(히 6 : 7-8).

"우리가 진리를 아는 지식을 받은 후 짐짓 죄를 범한즉 다시 속죄하는 제사가 없고 오직 무서운 마음으로 심판을 기다리는 것과 대적하는 자를 태울 맹렬한 불만 있으리라"(히 10 : 26-27).

"하물며 하나님 아들을 짓밟고 자기를 거룩하게 한 언약의 피를 부정한 것으로 여기고 은혜의 성령을 욕되게 하는 자의 당연히 받을 형벌은 얼마나 더 무겁겠느냐 너희는 생각하라"(히 10 : 29).

"그들은 잠시 자기의 뜻대로 우리를 징계하였거니와 오직 하나님은 우리의 유익을 위하여 그의 거룩하심에 참여하게 하시느니라"(히 12 : 10).

"너희는 믿지 않는 자와 멍에를 함께 메지 말라 의와 불법이 어찌 함께하며 빛과 어둠이 어찌 사귀며 그리스도와 벨리알이 어찌 조화되며 믿는 자와 믿지 않는 자가 어찌 상관하며 하나님의 성전과 우상이 어찌 일치가 되리요 우리는 살아 계신 하나님의 성전이라 이와 같이 하나님께서 이르시되 내가 그들 가운데 거하며 두루 행하여 나는 그들의 하나님이 되고 그들은 나의 백성이 되리라"(고후 6 : 14 – 16).

"그런즉 사랑하는 자들아 이 약속을 가진 우리는 하나님을 두려워하는 가운데서 거룩함을 온전히 이루어 육과 영의 온갖 더러운 것에서 자신을 깨끗하게 하자"(고후 7 : 1).

"그러므로 땅에 있는 지체를 죽이라 곧 음란과 부정과 사욕과 악한 정욕과 탐심이니 탐심은 우상숭배니라"(골 3 : 5).

"형제들아 너희가 자유를 위하여 부르심을 입었으나 그러나 그 자유로 육체의 기회를 삼지 말고 오직 사랑으로 서로 종노릇하라"(갈 5 : 13).

"하나님이 우리에게 주신 것은 두려워하는 마음이 아니요 오직 능력과 사랑과 절제하는 마음이니"(딤후 1 : 7).

"그러나 하나님의 견고한 터는 섰으니 인침이 있어 일렀으되 주께서 자기 백성을 아신다 하며 또 주의 이름을 부르는 자마다 불의에서 떠날지어다 하였느니라"(딤후 2 : 19).

"그가 우리를 대신하여 자신을 주심은 모든 불법에서 우리를 속량하시고 우리를 깨끗하게 하사 선한 일을 열심히 하는 자기 백성이 되게 하려 하심이라"(딛 2 : 14).

"그러므로 사랑하는 자들아 너희가 이것을 바라보나니 주 앞에서 점도 없고 흠도 없이 평강 가운데서 나타나기를 힘쓰라"(벧후 3 : 14).

믿음의 본질은 본래 순종과 헌신이기 때문에 산 믿음이라면 선한 일을 할 수밖에 없다. 믿음은 본래 일하는 손과 발을 가지고 있다. 바울이 믿음의 역사라는 말을 쓴 것은 믿음이 행하는 일이라는 뜻을 나타내기 위해서이다. 믿음과 행함의 비분리성은 두 가지 측면에서 설명된다. 하나는 믿음이 행함의 근거나 원인이 되고, 행함은 믿음의 결과나 열매가 된다는 인과적 측면이다. 원인과 결과는 비분리적이지만 그렇다고 원인이 결과이고 결과가 원인은 아니기 때문에 서로 구별된다. 마찬가지로 믿음과 행위는 비분리적이지만 구별되고 이러한 이해의 바탕에서 의롭다 함은 오직 믿음으로 말미암고, 거룩한 상대적 변화인 성화는 행함의 열매를 낳는 것이다.[15]

"너희의 믿음의 역사와 사랑의 수고와 우리 주 예수 그리스도에 대한 소망의 인내를 우리 하나님 아버지 앞에서 끊임없이 기억함이니"(살전 1 : 3).

"이러므로 우리도 항상 너희를 위하여 기도함은 우리 하나님이 너희를 그 부르심에 합당한 자로 여기시고 모든 선을 기뻐함과 믿음의 역사를 능력으로 이루게 하시고"(살후 1 : 11).

참된 사랑이 있다면 사랑의 수고를 하게끔 되어 있고, 산 믿음이 있다면 그 믿음은 역사하게 되어 있으며, 진실된 소망이 있다면 소망의 인내를 가질 수밖에 없는 것이다. 그래서 믿음은 사랑으로써 역사하고 일하는 믿음이다. 루터는 "행함은 칭의의 문제와 관련해서는 전혀 고려사항이 아니다."라고 말하고는 계속해서 "그러

---

15) op. cit., pp. 33-34.

나 참된 믿음은 태양이 빛을 비추기를 멈추지 않는 것처럼 반드시 행함을 낳는다." 라고 했다. 고로 성화 없는 칭의는 불가능하다. 왜냐하면 성화는 칭의가 일어났다는 사실을 확증하기 때문이다. 행함이 믿음을 뒤따르지 못한다면 그 믿음은 그리스도를 믿는 살아 있는 믿음이 아니다. 신자의 구원의 핵심 요소인 칭의와 성화는 불가분리적이지만 구별된 개념이다. 둘 다 삼위 하나님의 주권과 선하신 기쁨에 뿌리를 두고 있기 때문에 값없는 은혜에서 나온다. 칭의는 죄인에 대한 하나님의 호의를 회복시키지만, 성화는 죄인 속에서 하나님의 형상을 회복시킨다. 칭의는 완결되고 완전한 단회적 행위이지만, 성화는 죽을 때까지 완결되지 않는 점진적 과정이다. 칭의는 죄수가 용서받는 것이지만, 성화는 환자가 고침을 받는 것이다. 용서받고 치료받는다면 완전히 구원받게 되는 것이다. 로마 가톨릭은 선행으로 믿음에 이른다고 가르쳤지만, 개신교 사상은 믿음으로 선행에 이른다고 가르쳤다. 믿음은 살아 있고 활동하는 것이지 무력한 상태 속에 있는 것이 아니다. 우리는 믿음으로 의롭게 되지만, 우리의 믿음은 행함으로 확증되어야 한다. 성화는 칭의의 필수적인 열매이다(고전 6:11). 성화와 칭의는 구별될 수 있으나 분리되어서는 안 된다. 칭의는 성화와 유기적으로 연결되어 있다. 벤자민 워필드는 "성화는 오직 칭의 선언의 실행 결과이다. 왜냐하면 성화는 자신의 공로에 따라 무죄를 선고받지 않은 의인으로서는 실패할 수밖에 없는 것이기 때문이다."라고 했다. 요한복음 8장에서 "나도 너를 정죄하지 아니한다"라는 칭의 선언은 즉각 "가서 다시는 죄를 짓지 말라"(11절)라는 거룩함에 대한 요청으로 이어진다. 고로 거룩함은 구원의 가시적 측면의 하나이다.

"그들의 열매로 그들을 알지니 가시나무에서 포도를, 또는 엉겅퀴에서 무화과를 따겠느냐"(마 7:16).

"그리스도 예수 안에서는 할례나 무할례나 효력이 없으되 사랑으로써 역사하는 믿음뿐이니라"(갈 5:6).

우리가 구원을 얻는 것은 처음이나 나중이나 할 것 없이 시종일관 믿음으로 된다. 믿음만이 구원의 유일한 원리이다.

"너희가 만일 내가 전한 그 말을 굳게 지키고 헛되이 믿지 아니하였으면 그로 말미암아 구원을 받으리라"(고전 15 : 2).

그러나 신자들은 처음에 믿음으로 값없이 구원의 은총을 경험하지만 처음 구원을 경험하게 한 이 믿음에는 전폭적인 헌신과 순종의 본질이 있기 때문에 구원받은 삶을 살아가는 동안 거룩한 삶의 열매들을 맺게 된다. 이 삶의 열매들이 없다는 것은 결국 그가 죽은 믿음을 가지고 있다는 것을 보여 줄 뿐이다. 그래서 신자는 믿음으로 의롭다 함을 받아 이제 하나님의 아들 예수 그리스도를 믿는 믿음으로 살아간다. 믿음은 구원의 원리일 뿐만 아니라 삶의 원리이기도 하다.

"사람이 의롭게 되는 것은 율법의 행위로 말미암음이 아니요 오직 예수 그리스도를 믿음으로 말미암는 줄 알므로 우리도 그리스도 예수를 믿나니 이는 우리가 율법의 행위로써가 아니고 그리스도를 믿음으로써 의롭다 함을 얻으려 함이라 율법의 행위로써는 의롭다 함을 얻을 육체가 없느니라"(갈 2 : 16).

"내가 그리스도와 함께 십자가에 못 박혔나니 그런즉 이제는 내가 사는 것이 아니요 오직 내 안에 그리스도께서 사시는 것이라 이제 내가 육체 가운데 사는 것은 나를 사랑하사 나를 위하여 자기 자신을 버리신 하나님의 아들을 믿는 믿음 안에서 사는 것이라"(갈 2 : 20).

처음 구원받은 하나님의 백성이 되게 하는 원리도 믿음이지만, 구원받은 하나님의 백성답게 살아가는 원리도 역시 믿음이다. 그러므로 마지막 날에 하나님께서 '행위'로 심판하시겠다는 것은 이러한 믿음의 원리를 제쳐 놓고 행위의 많고 적음에 따라 심판하겠다는 것이 아니다. 과연 구원하는 산 믿음이 있는가를 살피기 위해 그의 행위를 보겠다는 것을 의미한다.[16] 그러나 이 믿음의 행위마저도 하나님의 은혜로 지켜 보호하여 주심으로 모든 것이 은혜요, 감사의 제목일 뿐이다. 웨스트민스터 소

---

16) 이한수,「하나님의 지혜, 세상의 지혜」(서울 : 두란노, 1993), pp. 71 – 72.

요리문답은 "성화는 하나님의 값없는 은혜의 역사로서 우리는 이 역사를 통해 하나님의 형상을 쫓아온 사람이 새로워짐을 얻고 직접 죄에 대해서는 죽고 의에 대해서는 능히 살게 된다."(진술35)라고 진술함으로써 하나님의 은혜와 신자의 책임과의 균형을 강조한다.

> "하나님께로부터 난 자는 다 범죄하지 아니하는 줄을 우리가 아노라 하나님께로부터 나신 자가 그를 지키시매 악한 자가 그를 만지지도 못하느니라"(요일 5 : 18).

> "능히 너희를 보호하사 거침이 없게 하시고 너희로 그 영광 앞에 흠이 없이 기쁨으로 서게 하실 이 곧 우리 구주 홀로 하나이신 하나님께 우리 주 예수 그리스도로 말미암아 영광과 위엄과 권력과 권세가 영원 전부터 이제와 영원토록 있을지어다 아멘"(유 1 : 24-25).

> "이제는 그의 육체의 죽음으로 말미암아 화목하게 하사 너희를 거룩하고 흠 없고 책망할 것이 없는 자로 그 앞에 세우고자 하셨으니 만일 너희가 믿음에 거하고 터 위에 굳게 서서 너희 들은 바 복음의 소망에서 흔들리지 아니하면 그리하리라 이 복음은 천하 만민에게 전파된 바요 나 바울은 이 복음의 일꾼이 되었노라"(골 1 : 22-23).

> "그러므로 자기를 힘입어 하나님께 나아가는 자들을 온전히 구원하실 수 있으니 이는 그가 항상 살아 계셔서 그들을 위하여 간구하심이라"(히 7 : 25).

> "그가 거룩하게 된 자들을 한 번의 제사로 영원히 온전하게 하셨느니라"(히 10 : 14).

그래서 존 칼빈은 의심과 당혹감으로 흔들릴 수 있지만, 성령을 통해 심겨진 믿음의 씨앗은 결코 사라질 수 없다고 한다. 즉, 믿음은 경건한 자의 가슴속 가장 깊은 곳에 뿌리를 박고 있기 때문에 절대로 찢겨져 나가는 법이 없다는 것이다. 믿음이 흔들리거나 우왕좌왕하는 것처럼 보인다 할지라도 믿음의 빛은 잿더미 속에서도 절대로 소멸되거나 꺼지는 일 없이 최소한 그 광체를 숨겨 두고 있다는 것이다. 이것은 곧 성부 하나님의 선택이 사탄의 역사를 능가하고, 성자 예수님의 공의가 성도의 죄악성을 능가하듯이 성령 하나님의 견인이 영혼의 결함을 능가하고 불신앙을 정복한다는 것이다. 즉, 믿음은 하나님께 속해 있으므로 반드시 승리할 것인데 하나님께서는 믿음을 강화시키기 위해서 심지어 의심과 공격도 사용하실 만큼 관심을 가지신다. 그러므로 성도는 예수 그리스도 안에서 새로운 피조물(고후 5 : 17)로 거듭나는 순간부터 하나님 앞에서의 그의 지위는 고정되어 있고 취소할 수 없다.

"그런즉 누구든지 그리스도 안에 있으면 새로운 피조물이라 이전 것은 지나갔으니 보라 새 것이 되었도다"(고후 5 : 17).

믿음과 윤리 문제에 있어서 20세기가 낳은 천재 철학자 비트겐슈타인의 논리를 적용해 보자. 그는 그의 유작 「확실성에 관하여」에서 믿음을 "근거가 제시된 믿음"과 "근거가 제시되지 않는 믿음"으로 나누었다. 그리고 "근거가 제시된 믿음의 바탕에는 근거가 제시되지 않은 믿음이 놓여 있다."(Am Grunde des begründeten Glaubens liegt der unbegründete Glaube)라고 선포했다. 이 말을 쉽게 이해하려면 수학에서 '공리'(axiom)와 '정리'(theorem)의 관계를 생각해 보면 된다. 공리란 유클리드 기하학에서 '평행선 공리'가 그렇듯 우리가 근거를 제시할 수 있는 것이 아니다. 그냥 '받아들이는 것'이다. 하지만 그 받아들임이 '동위각은 같다', '맞꼭지각은 같다', '삼각형 내각의 합은 180도다'와 같은 유클리드 기하학의 모든 정리, 곧 비트겐슈타인이 말하는 '근거가 제시된 믿음'들의 확실한 증거가 된다. 그래서 그는 주장한다. "확실한 증거란 우리가 무조건 확실하다고 받아들이는 것이다. 그것에 따라 우리는 확신을 가지고 의심 없이 행동한다.", "우리는 이 '받아들임'(annehmen)이 행위의 근거를 형성하고 따라서 사고의 근거도 역시 형성한다고 말할 수 있다." 요컨대 믿음이란 아무 근거 없이 받아들이는 것이다. 그런데 이 '근거가 제시되지 않은 믿음'이야말로 우리의 모든 행위와 사고의 근거가 된다. 그래서 비트겐슈타인은 이 믿음을 "모든 판단의 기초, 행위와 사고의 기초, 물음과 의심들의 운동축, 언어 게임의 흔들리지 않는 기초, 그 위에 참과 거짓을 구분하는 전승된 배경"으로 표현했다.

근거가 제시되지 않은 믿음이 '일차적 진리'이고 근거가 제시된 믿음은 그것으로부터 나온 '이차적 진리'라는 것이다. 그렇다면 '근거가 제시되지 않은 믿음'을 받아들이는 것은 새로운 판단, 새로운 행위와 사고, 새로운 물음과 의심, 새로운 언어 게임, 새로운 참과 거짓, 곧 새로운 삶의 방향을 선택하는 일이라는 것이다. 여기서 예수를 믿는 것은 근거가 제시되지 않은 믿음이 아니라 명명백백한 근거가 제시된 믿음일진대, 그로부터 나오는 이차 진리라고 할 수 있는 기독교 윤리는 더욱 분명한 삶과 행위의 요청이라 할 것이다.

8. 믿음과 윤리 사이에서의 확신의 근거

신앙의 실천 분야에서 느끼는 갈등, 즉 믿음으로 구원받는다는 복음을 분명히 알면서도 때로는 삶의 현장에서의 죄와 허물로 인해 흔들릴 수 있다. 그러나 말씀은 이러한 현재의 범죄와 허물 속에서도 우리의 구원이 흔들릴 수 없음을 천명하고 있다.

"이와 같이 성령도 우리의 연약함을 도우시나니 우리는 마땅히 기도할 바를 알지 못하나 오직 성령이 말할 수 없는 탄식으로 우리를 위하여 친히 간구하시느니라"(롬 8 : 26).

말씀을 통해서 우리의 구원을 확신할 수 있는 첫 번째 이유는 하나님께서 아들까지 아낌없이 주셨기 때문이고, 두 번째 이유는 하나님의 아들이 하늘에서 우리를 위하여 중보(변호사 노릇)해 주시기 때문이다. 세 번째 이유는 예수 그리스도께서 우리를 위하여 죽기까지 순종하셨기 때문이다. 이런 확신이 확대된 책이 히브리서이다. 히브리서는 우리를 위하여 예수가 대제사장 노릇을 해 주심을 노래하고 있다.

"그러므로 우리에게 큰 대제사장이 계시니 승천하신 이 곧 하나님의 아들 예수시라 우리가 믿는 도리를 굳게 잡을지어다 우리에게 있는 대제사장은 우리의 연약함을 동정하지 못하실 이가 아니요 모든 일에 우리와 똑같이 시험을 받으신 이로되 죄는 없으시니라 그러므로 우리는 긍휼하심을 받고 때를 따라 돕는 은혜를 얻기 위하여 은혜의 보좌 앞에 담대히 나아갈 것이니라"(히 4 : 14-16).

14절의 '믿는 도리'란 예수 그리스도를 믿는 신앙고백이란 뜻이며, 이 신앙고백을 굳게 잡으면 우리의 대제사장께서는 우리의 연약함과 아픔을 함께 느끼시는 분이기에 우리의 허물과 죄악을 용서하시고 구원의 영광의 자리로 인도하신다. 그래서 우리는 담대하게 하나님의 보좌 앞으로 나아갈 수 있으며 우리의 의무나 갈등에서 자유할 수 있다. 즉, "나 같은 죄인을 은혜로 구원하신 하나님이 내가 잘못했다고 버리시는 것이 아니라 내가 설령 믿음이 약해서 이리저리 방황하고 죄를 지어도 끝까지 나를 지탱하시고, 종말에 예수 그리스도가 오셔서 구원이 완성될 때까지 나를 지키실 것이다."라는 확신을 가져야 한다.

이것이 칼빈의 '견인'의 교리라면 존 웨슬리의 '성화'의 교리는 칭의(稱義)뿐만 아니라 성화(聖化)까지 포함하여 구원으로 보고 있다. 그러면서 웨슬리는 구원 3단계를 주장한다. 첫째 단계는 회개이며 이것을 구원의 현관(porch)이라 하고, 둘째 단계는 믿음으로 구원의 문(door)이라 하며, 셋째 단계는 성화로 구원의 완성(religion itself)이라 하며, 이 세 단계 모두를 합하여 '구원'이라 하기 때문에 성화가 강조된다. 그래서 인간이 자유의지(自由意志)를 가지고 성령의 탄식하심과 근심하심에 반응하여 성화를 이루려고 하지 않으면 타락한다고 본다.

그러나 여기서 주의할 점은 펠라기우스적 인본주의 도식, 즉 인간 50% 하나님 50%(Synergism, Human-Divine Cooperation)는 거부하지만, 웨슬리는 하나님 100% 인간 100%(evangelical synergism, Divine-Human Cooperation)를 말한다는 것이다. 즉, 로마 가톨릭 신앙처럼(교황 바오로 3세가 소집한 트렌트 공의회

〈1545 – 1563〉에서는 몇 가지 교리적인 결정을 내렸다. 첫째, 성경과 교회의 전통은 동일한 권위를 갖는다. 둘째, 신앙과 행함 모두 구원을 받는 데 필수적이다. 셋째, 미사는 라틴어로 진행되어야 한다.) 선행의인화(善行義認化)가 아니라 "예수께서 그들에게 이르시되 내 아버지께서 이제까지 일하시니 나도 일한다 하시매"(요 5 : 17)라는 말씀처럼 거룩케 하시는 성령(sanctifier)의 역사하심에 응답하는 은혜(responsible Grace)로서의 성화를 말하는 것이다. 웨슬리는 의인화(義認化)와 성화(聖化)를 합(合)해서 구원이라 하는데, 여기서 성화는 경건한 일들(works of piety), 즉 내면의 거룩함(inner holiness, 엡 4 : 24, 벧후 1 : 4)과 자비의 행위(works of mercy), 즉 삶의 거룩함(holiness of life)을 말한다. 즉, 성화와 사랑이 강조된다.

그래서 예정 교리를 강조하지 않고, 알미니안주의자들의 주장처럼 믿음이 나의 자유의지의 결단에 의해 생기고, 구원이 내 믿음에 달려 있다는 것은 잘못된 것이다. 그에 반해서 칼빈주의의 예정 교리는 "설령 우리가 약해서 실패한다 해도 변치 않으시는 하나님이 끝까지 나를 사랑하시고 끝까지 나를 지키시리라."라는 것을 가르쳐 준다. 그래서 나의 믿음이 확고하게 확신과 위안을 가질 수 있는 것이다.

1999년 10월 31일 독일의 아우스부르크에서 루터 교회와 로마 가톨릭의 대표자들이 인간 구원과 칭의에 관하여 44개 조항으로 이루어진 선언문에 합의를 보았다. "신앙은 구원에 필수적인 것이며, 우리는 인간이 어떤 덕목에 의해서가 아니라 주 예수의 은총에 의해서 구원받을 수 있다는 사실을 함께 고백한다. 또 선행하라는 권고는 신앙을 실천하라는 권고이고, 칭의는 신앙만으로도 가능하지만 선행은 참된 신앙의 핵심적인 표지이다."

이 말은 마르틴 루터의 '의인이면서 동시에 죄인'(simul iustus et peccator)이라는 역설적 주장을 수용해서 "신앙인은 세례를 통해 모든 것을 청산할 수 있으나 계속 죄를 짓기 때문에 계속 용서를 구해야 한다."라는 절충적 문구이다. 이 말은 칭의가 종교성을 부여하는 것일 뿐 도덕성 획득은 아니라는 의미이다. 즉, 성화는 죄 사함과 '동시에' 시작되지만 '단 한 번'에 완성되지 않는다. 자기 자신과 세상을 향한 무한한 탐욕(Concupiscentia)을 버리고 하나님을 향해 살면서 거룩하게 되는 일은 시간 안에서 점진적으로 전 생애를 두고 이루어진다. 누구든지 예수 그리스도를 통한 죄 사함에 의해 '단 한 번'에 의인이 되지만, '단 한 번'에 온전한 선인이 되지는 못한다. 칼빈이 「기독교강요」에 명시한 대로 "인간의 모든 영역에서 부패의 잔재가 여전하여 영혼과 육체의 전쟁이 계속되기" 때문이다. 이렇게 성화가 점진적으로 이루어진다는 것은 성화가 인간의 역할과 책임으로 연결된다는 이야기이다. 죄를 사해 주는 칭의는 오로지 하나님의 주권적 사역이다. 따라서 이 일에는 인간이 개입할 여지가 전혀 없다. 하지만 성화는 예수 그리스도를 통해 이루어지는 하나님의 사역이지만 그와 동시에 인간의 일이기도 하다. 그래서 리처드 십스는 "은혜로 말미암아 우리는 의롭다 함을 받은 자로 존재하고 성화 속에서 활동하는 자로 활동한다."라고 했다. 그러므로 우리는 선을 행하지만 그렇다고 그 선행이 공로가 되는 것은 아니다. 우리가 행하는 선 역시 하나님께 전적으로 힘입고 있는 것이지 하나님이 우리에게 힘을 입으시는 것이 아니다. 그래서 칼빈은 "거룩함은 우리가 하나님과 교제를 통해 얻을 수 있는 공로가 아니라 우리로 하여금 그리스도를 붙들고 그리스도를 따르도록 할 수 있게 하는 그리스도의 선물이다."라고 설명했다. 그리스도, 성령, 하나님의 말씀, 거룩함, 은혜, 신앙은 그래서 불가분리적이다.

"오직 우리 주 곧 구주 예수 그리스도의 은혜와 그를 아는 지식에서 자라 가라 영광이 이제와 영원한 날까지 그에게 있을지어다"(벧후 3 : 18).

"그런즉 사랑하는 자들아 이 약속을 가진 우리는 하나님을 두려워하는 가운데서 거룩함을 온전히 이루어 육과 영의 온갖 더러운 것에서 자신을 깨끗하게 하자"(고후 7 : 1).

여기에 대해서는 교파와 학자에 따라 수많은 신학적 논란이 있다. 그중 대표적인 것이 신인협력설(synergism)이라는 가톨릭 교리에 대한 반론이다. 개신교에서 성화는 하나님과 인간의 협력으로 이루어지는데 가톨릭 신학에 의하면 성화는 100% 하나님의 사역인 동시에 100% 인간의 일인데 이것을 어거스틴은 '은총의 영감'(gratia inspirationis)이라는 개념으로 설명한다. 하나님이 은총의 영감을 통해 "우리들의 그릇된 욕구 대신 선한 욕구를 불러일으킴으로써 우리를 도우신다."라는 뜻이다. 이 은총이 인간의 의지를 움직이기는 하지만 결코 명령이나 강압은 아니고 부드러운 권유로, 인간의 자유의지가 하나님의 의지와 일치하도록 이끈다. 그 때문에 인간은 그 사실을 모른다.

어거스틴은 이 같은 내용을 "그가 우리 안에 일하심으로써 감화를 시작하시기에 우리는 선의지를 갖는 것이다. 그리고 우리가 선의지를 가질 때 우리와 함께 일하심으로써 그것을 완성하신다."라고 표현했다. 그렇기 때문에 하나님 입장에서는 성화가 온전히 하나님의 의지로 일어나지만 그 사실을 전혀 모르는 인간의 입장에서는 온전히 자유의지로 이루어진다고 할 수 있다. 이것은 어거스틴이 규정한 '신앙의 빛 안에서의 협력'이라는 개념으로 가톨릭에서 주장하는 '신인협력설'의 근간이다.

루터와 칼빈 같은 16세기 종교개혁자들은 이에 반발했다. 개신교에서는 성화도 칭의처럼 전적으로 예수 그리스도를 통한 하나님의 사랑과 은혜로 이루어진다고 주장한다. 이 같은 주장은 구원이라는 문제에서 인간의 선행과 교회의 역할을 지나치게 강조했던 당시의 부패한 가톨릭에 맞서 예수 그리스도의 역할을 극대화하려는 의도에서 나온 것이다. 그래서 18세기 영국의 위대한 종교 개혁자이자 감리교 창시자인 존 웨슬리는 성화에서 인간이 맡은 역할의 중요성을 강조했다. 그는 어거스틴을 따라 구원에 이르는 긴 여정을 "하나님과 인간의 협력"으로 이해했다. 그리고 "하나님께서 당신 안에서 일하시니 당신도 일해야 한다."라며 신자들에게 '성결'와 '사랑'을 실천하는 경건한 생활을 강력하게 요구했다.

그뿐만 아니라 "거룩함을 따르라 이것이 없이는 아무도 주를 보지 못하리라"(히 12 : 14)라는 구절을 주석하면서 "성결이 따르지 않는다는 것은 곧 갖가지 죄에 빠지는 길"이라고 경고했다. 요컨대 웨슬리도 "불결한 것은 하늘나라에 들어가지 못하기 때문이다."라고 하며 끝까지 성화되지 않은 사람을 구원받지 못한 것으로 간주했다. 그는 성화가 전적으로 하나님의 은혜에 의해 이루어진다는 데는 추호의 의심도 없었지만, 그 같은 은혜를 받기 위해서는 선행이 뒤따라야 함을 늘 강조했다.

만일 사도 바울의 교리 로마서 3 : 28을 근거로 "칭의와 구원에 필요한 것은 오직 믿음뿐이며 성화는 단지 인간의 정화와 사회에 대한 임무로써 필요하다."라는 루터의 입장에서 보면 어거스틴이나 웨슬리가 취하는 입장인 "선행을 하지 않으면 구원을 받지 못한다."는 선행이 '구원의 조건'인 것처럼 들리기 십상이다. 하지만 그것은 오해다. 어거스틴이나 웨슬리의 주장은 "선행을 하지 않으면 구원을 받지 못했다."라는 뜻에 불과하다. 바울과 루터가 '구원을 받지 못한다.'로 끝나고 어거스틴과 웨슬리가 '구원을 받지 못했다.'로 끝나기 때문에 얼핏 두 문장이 시제만 다를 뿐 내용은 같아 보이지만, 그렇지 않다. 전자는 '선행이 구원의 조건'이라는 의미이고 후자는 '선행이 구원의 결과 내지 증거'라는 의미이다.

"그들의 열매로 그들을 알지니 가시나무에서 포도를, 또는 엉겅퀴에서 무화과를 따겠느냐 이와 같이 좋은 나무마다 아름다운 열매를 맺고 못된 나무가 나쁜 열매를 맺나니 좋은 나무가 나쁜 열매를 맺을 수 없고 못된 나무가 아름다운 열매를 맺을 수 없느니라"(마 7 : 16 – 18).

성화에 대한 어거스틴과 웨슬리의 입장이 가진 장점은 구원이라는 문제에서 인간의 책임을 인정하고 교회의 역할을 할애한 데 있다. 어거스틴에 의하면 죄 사함을 받은 자는 선행을 할 수밖에 없다. 뒤집어 말하면 선행을 하지 않는 자는 구원을 받지 못했다는 것이다. 악행이 죄의 열매이듯 선행은 구원의 열매이다. 믿음이 선한 행위를 낳고, 선한 행위는 믿음을 키운다. 이러한 구도에서 칭의와 성화, 믿음과 행함은 분리된 것이 아니라 서로 연결되어 있다. 그러므로 교회는 칭의와 성화, 믿음과 행함을 '구분하되 분리하지 말고' 균형 있게 가르쳐야 한다.

"그러므로 사람이 의롭다 하심을 얻는 것은 율법의 행위에 있지 않고 믿음으로 되는 줄 우리가 인정하노라"(롬 3 : 28).

"이로 보건대 사람이 행함으로 의롭다 하심을 받고 믿음으로만은 아니니라" (약 2 : 24).

어거스틴 – 믿음이란 무엇인가?

믿음이란 인정하는 것이다(인식⟨re-cognition⟩).

  비교 : 플라톤 – 재기억(anamnesis)

  "하나님을(Deum) 믿고 하나님에게(Deo) 믿고, 하나님께로(in Deum) 믿는 것이다."

A. 믿음의 대상(Deum)

  하나님의 존재, 성품, 구원 경력을 믿는다.

  그러므로 믿음의 대상(對像)이 하나님이시다.

B. 믿음의 방향(Ded)

  명사 Deus의 3격 변화형 – to God

  하나님께서 주도권을 가지시고 우리를 믿음으로 초대해 주셨기에 우리가 믿게 되었다.

  믿음의 근원이 하나님이시다.

  믿음은 하나님의 초대에 대한 인간(人間)의 반응(反應)이다.

C. 믿음의 목적(in Deum)

  믿음의 궁극적인 목적(目的)은 하나님 자신이다.

10

우리의 구원에 대한 성경적 해석

"모든 사람이 죄를 범하였으매 하나님의 영광에 이르지 못하더니 그리스도 예수 안에 있는 속량으로 말미암아 하나님의 은혜로 값없이 의롭다 하심을 얻은 자 되었느니라 이 예수를 하나님이 그의 피로써 믿음으로 말미암는 화목제물로 세우셨으니 이는 하나님께서 길이 참으시는 중에 전에 지은 죄를 간과하심으로 자기의 의로우심을 나타내려 하심이니"(롬 3 : 23-25).

성경의 '메시야'와 '그리스도'는 '구원자'(savior)이자 '해방자'를 뜻한다. 즉, 구원이란 모세가 행한 '애굽에서의 해방'이든, 예수가 이룬 '죄에서부터의 해방'이든 모두가 해방사건과 연관된다는 것을 선언한다. 그런데 예수는 모세와 달리 단순한 구원자나 해방자에 그치지 않고 구속자(Redeemer)이자 중보자(mediator)이다. 이 말은 구원의 방법에 '대신 형벌을 짐'이라는 개념이 내포되어 있다는 뜻이다. 구속은 '무조건적 해방'이 아닌 '대가를 치르고 얻은 해방'이라는 의미이다. 그래서 폴 리쾨르는 「악의 상징」에서 "구속은 어원적으로 교환, 되돌려 삼, 속죄, 즉 값을 치르고 되돌려 받음과 연관이 있다."라고 했다. 그래서 신약성경에서는 십자가에 나타난 구원 사건을 몇 가지 언어(Metaphor)를 통하여 설명하고 있다.

1. 제사 - 화목제물

옛날 이스라엘에서 행해지던 구원의 방법은 일 년에 한 번씩 구속의 날에 대제사장이 지성소에 들어가서 속죄 짐승의 피를 언약궤를 덮은 자비석에 뿌리는 것이었다. 이것으로 말미암아 이스라엘 백성은 일 년의 죄를 용서받았다. 그래서 매년 되풀이하였다.

모든 제사─번제(동물을 태움.), 수은제(동물기름의 번제와 성찬), 소제(밀가루,

기름, 향 봉헌), 속죄제, 속건제 등 – 에는 제물을 바쳐야 한다. 제물은 죄 없는 짐승이 죄 있는 자를 위해 바쳐지는 희생물이다.

"여호와께서 모세에게 말씀하여 이르시되 이스라엘 자손에게 말하여 이르라 누구든지 여호와의 계명 중 하나라도 그릇 범하였으되 만일 기름 부음을 받은 제사장이 범죄하여 백성의 허물이 되었으면 그가 범한 죄로 말미암아 흠 없는 수송아지로 속죄제물을 삼아 여호와께 드릴지니……"(레 4 : 1 – 35).

"…… 또 백성을 위한 속죄제 염소를 잡아 그 피를 가지고 휘장 안에 들어가서 그 수송아지 피로 행함같이 그 피로 행하여 속죄소 위와 속죄소 앞에 뿌릴지니 곧 이스라엘 자손의 부정과 그들이 범한 모든 죄로 말미암아 지성소를 위하여 속죄하고……"(레 16 : 1 – 19).

"육체의 생명은 피에 있음이라 내가 이 피를 너희에게 주어 제단에 뿌려 너희의 생명을 위하여 속죄하게 하였나니 생명이 피에 있으므로 피가 죄를 속하느니라"(레 17 : 11).

이 구약의 속죄 방법은 예수 그리스도의 십자가에서 종말론적으로 완성될 구원에 대한 그림자였다. 유월절 양의 희생은 예수 그리스도의 구속사의 상징이었다(요 1 : 29, 고전 5 : 7, 히 10 : 1, 13 : 11, 고후 5 : 21, 갈 3 : 13, 요일 1 : 7). 모든 제사에서 쓰이는 제물은 언제나 죄 없는 짐승으로 죄 있는 자를 위해 바쳐지는 희생물이다. 그리고 예수가 우리의 희생물이라는 것이다. 예수님의 제사적 사역을 구약의 제사 제도와 관련시켜 가장 명백하게 증언하는 곳이 히브리서이다(히 5 : 1 – 10, 7 : 1 – 28, 9 : 11 – 15, 24 – 28, 10 : 11 – 14, 19 – 22). 그러므로 예수의 죽음은 우리를 위한 십자가에서의 제사였다는 것이다.

"이 예수를 하나님이 그의 피로써 믿음으로 말미암는 화목제물로 세우셨으니 이는 하나님께서 길이 참으시는 중에 전에 지은 죄를 간과하심으로 자기의 의로우심을 나타내려 하심이니"(롬 3 : 25).

"그는 우리 죄를 위한 화목제물이니 우리만 위할 뿐 아니요 온 세상의 죄를 위하심이라"(요일 2 : 2).

"모든 것이 하나님께로서 났으며 그가 그리스도로 말미암아 우리를 자기와 화목하게 하시고 또 우리에게 화목하게 하는 직분을 주셨으니 곧 하나님께서 그리스도 안에 계시사 세상을 자기와 화목하게 하시며 그들의 죄를 그들에게 돌리지 아니하시고 화목하게 하는 말씀을 우리에게 부탁하셨느니라"(고후 5 : 18-19).

"내가 받은 것을 먼저 너희에게 전하였노니 이는 성경대로 그리스도께서 우리 죄를 위하여 죽으시고"(고전 15 : 3).

"하나님이 죄를 알지도 못하신 이를 우리를 대신하여 죄로 삼으신 것은 우리로 하여금 그 안에서 하나님의 의가 되게 하려 하심이라"(고후 5 : 21).

"나의 자녀들아 내가 이것을 너희에게 씀은 너희로 죄를 범하지 않게 하려 함이라 만일 누가 죄를 범하여도 아버지 앞에서 우리에게 대언자가 있으니 곧 의로우신 예수 그리스도시라 그는 우리 죄를 위한 화목제물이니 우리만 위할 뿐 아니요 온 세상의 죄를 위하심이라"(요일 2 : 1-2).

"염소와 송아지의 피로 하지 아니하고 오직 자기의 피로 영원한 속죄를 이루사 단번에 성소에 들어가셨느니라 염소와 황소의 피와 및 암송아지의 재를 부정한 자에게 뿌려 그 육체를 정결하게 하여 거룩하게 하거든 하물며 영원하신 성령으로 말미암아 흠 없는 자기를 하나님께 드린 그리스도의 피가 어찌 너희 양심을 죽은 행실에서 깨끗하게 하고 살아 계신 하나님을 섬기게 하지 못하겠느냐"(히 9 : 12-14).

"…… 이와 같이 그리스도도 많은 사람의 죄를 담당하시려고 단번에 드리신 바

되셨고 구원에 이르게 하기 위하여 죄와 상관없이 자기를 바라는 자들에게 두 번째 나타나시리라"(히 9 : 23 – 28).

"이 뜻을 따라 예수 그리스도의 몸을 단번에 드리심으로 말미암아 우리가 거룩함을 얻었노라"(히 10 : 10).

"사랑은 여기 있으니 우리가 하나님을 사랑한 것이 아니요 하나님이 우리를 사랑하사 우리 죄를 속하기 위하여 화목제물로 그 아들을 보내셨음이라"(요일 4 : 10).

하나님의 사랑이 대속의 결과가 아니라 대속의 원천이라는 사실은 아무리 강조해도 지나치지 않을 것이다. 피터 테일러 포사이스(Peter Taylor Forsyth)는 이것에 대해서 "대속이 은혜를 초래한 것이 아니라 은혜로부터 대속이 흘러나온 것이다."라고 표현하였다. 예수께서 우리를 위하여 죽으셨기 때문에 하나님께서 우리를 사랑하신 것이 아니다. 하나님께서 우리를 사랑하셨기 때문에 예수께서 우리를 위하여 죽으신 것이다. 우리를 대신하여 골고다 위에 서시사 그로 말미암아 우리를 하나님의 진노와 심판에서 구하여 주신 그 화목제물은 하나님의 아들이시요, 바로 하나님 자신이었다는 사실을 나타내며, 하나님의 진노와 하나님의 정죄하시고 벌하시는 공의를 충분히 함축하고 있다는 것을 나타낸다. 다시 말해서 희생제물은 우리를 대신하여 성금요일에 수난을 당하신 하나님의 아들, 곧 하나님 자신이었기 때문에 그 대속의 행위는 효과적일 수 있었고, 우리의 보증이 되실 수 있으며, 우리를 대신하실 수 있고, 마침내 죽음을 이겨 내실 수 있었다.

2. 제사의 두 가지 기능

1) 죄를 덮는 것이다
제사에는 하나님께서 인간의 죄를 보시지 않도록 피로 덮어 버리는 기능이 있다. 예수의 죽으심, 즉 예수께서 십자가에서 피 흘리심이 우리의 죄를 덮어 버림(Expiation)이 되었다.

2) 하나님의 진노를 풀어 버리는 것이다(Propitiation)

제사는 하나님의 진노에 대해서 분명한 의미를 포함하는데, 오직 하나님의 진노를 거두어야만 인간의 죄가 사해질 수 있다는 의미이다. 이것은 예수의 희생제사를 통한 하나님의 진노를 달래는(propitiatory) 대속적 만족(satisfaction) 이론으로서 아들 예수 그리스도의 신성을 제한하는 위엄성이 있다(오리겐 좌파의 논리). 그래서 안셀무스는 예수의 죽음을 만족(genegdoening)으로 이해했지만 결코 희생제사(offer, sacrificium)로는 부르지 않았다. 안셀무스와 달리 칼빈은 예수 그리스도 안에서 완성된 하나님의 진노를 달래는 희생제사(zoen'offer, 속죄의 희생)에 대해서 언급했다.

> "원하건대 내 주 왕은 이제 종의 말을 들으소서 만일 왕을 충동시켜 나를 해하려 하는 이가 여호와시면 여호와께서는 제물을 받으시기를 원하나이다마는……"(삼상 26 : 19).

> "그러므로 내가 엘리의 집에 대하여 맹세하기를 엘리 집의 죄악은 제물로나 예물로나 영원히 속죄함을 받지 못하리라 하였노라 하셨더라"(삼상 3 : 14).

> "이튿날 모세가 백성에게 이르되 너희가 큰 죄를 범하였도다 내가 이제 여호와께로 올라가노니 혹 너희를 위하여 속죄가 될까 하노라 하고"(출 32 : 30).

예수가 십자가에서 죽으심으로 우리 죄에 대한 하나님의 진노(저주)를 대신 받으신 것이다. 즉, 예수의 죽음은 하나님의 진노함을 우리 대신 받으신 것이다.

> "그리스도께서 우리를 위하여 저주를 받은 바 되사 율법의 저주에서 우리를 속

량하셨으니 기록된 바 나무에 달린 자마다 저주 아래에 있는 자라 하였음이라"(갈 3 : 13).

하나님께서 예수 그리스도를 부활시킨 것을 볼 때 예수는 죄가 없으신 분이다. 그런데 왜 예수는 십자가에서 죽으셨는가? 그분은 우리 대신 죄에 대한 저주를 받으신 것이다. 그리하여 하나님의 진노하심을 우리 대신 받으신 것이다. 데이비드 F. 웰스(David F. Wells)는 "인간은 죄로 말미암아 하나님과 멀어지게 되었고, 하나님은 진노하심으로 말미암아 인간과 멀어지게 되었다. 바로 예수의 대속의 죽음 안에서 죄가 극복되었고 인간은 두려움 없이 하나님을 바라볼 수 있게 되었다. 죄가 깨끗이 사해지고 하나님께서는 화목제물을 받으셨다."라고 기술하고 있다.

3. 화해

제사가 성전에서 일어나는 사건으로서 예수의 십자가 구속 사건의 그림 언어였다면, 화해는 가족과 친구들과 함께 가정 안에서 일어나는 사건으로서의 그림 언어이다. 하나님과 우리 인간 사이에는 죄로 말미암아 불화가 생겼다. 인간은 하나님을 의존하고 하나님께 순종하여야 함에도 불구하고 불순종하여 관계의 단절이 왔다. 그런데 예수의 피가 우리의 죄를 덮어 버리고, 우리 죄에 대한 하나님의 진노를 풀어 버린 결과로 화해가 이루어졌다. 화해한다는 것은 관계를 회복한다는 것과 우정을 새롭게 한다는 것을 의미한다. 그러므로 이전에 깨졌던 원래의 관계가 예수로 말미암아 회복되었다는 것을 말한다. 즉, 하나님과 우리가 더 이상 갈등하지 않는 관계를 갖게 된 것이다. 곧 친구가 된 것이다.

"이제부터는 너희를 종이라 하지 아니하리니 종은 주인이 하는 것을 알지 못함이라 너희를 친구라 하였노니 내가 내 아버지께 들은 것을 다 너희에게 알게 하였음이라"(요 15 : 15).

"그러므로 우리가 믿음으로 의롭다 하심을 받았으니 우리 주 예수 그리스도로 말미암아 하나님과 화평을 누리자"(롬 5 : 1).

"그러면 이제 우리가 그의 피로 말미암아 의롭다 하심을 받았으니 더욱 그로 말미암아 진노하심에서 구원을 받을 것이니 곧 우리가 원수 되었을 때에 그의 아들의 죽으심으로 말미암아 하나님과 화목하게 되었은즉 화목하게 된 자로서는 더욱 그의 살아나심으로 말미암아 구원을 받을 것이니라"(롬 5 : 9-10).

여기 "화목하게 된"은 헬라어로 'κατηλλάγημεν'카텔라게멘으로서 성경에는 총 6번 사용되었으며 시제가 부정과거 수동태이다. 부정과거 시제이기 때문에 이미 과거에 이루어졌고, 지금도 그 효과가 지속되고 있음을 말하고 있으며, 수동태이기 때문에 우리가 스스로 하나님과 화목하게 되는 것이 아니고, 누군가가 우리를 하나님과 화목하게 만들어 준다는 의미이다. 그 누군가는 중보자 예수님이시고 단어의 의미는 '완전하게 변하다'라는 뜻이다.[1]

"…… 그때에 너희는 그리스도 밖에 있었고 이스라엘 나라 밖의 사람이라 약속의 언약들에 대하여는 외인이요 세상에서 소망이 없고 하나님도 없는 자이더니 이제는 전에 멀리 있던 너희가 그리스도 예수 안에서 그리스도의 피로 가까워졌느니라 그는 우리의 화평이신지라 둘로 하나를 만드사 원수 된 것 곧 중간에 막힌 담을 자기 육체로 허시고 법조문으로 된 계명의 율법을 폐하셨으니 이는 이 둘로 자기 안에서 한 새 사람을 지어 화평하게 하시고 또 십자가로 이 둘을 한 몸으로 하나님과 화목하게 하려 하심이라 원수 된 것을 십자가로 소멸하시고 또 오셔서 먼 데 있는 너희에게 평안을 전하시고 가까운 데 있는 자들에게 평안을 전하셨으니 이는 그로 말미암아 우리 둘이 한 성령 안에서 아버지께 나아감을 얻게 하려 하심이라"(엡 2 : 11-18).

---

1) 김학렬, 「평신도의 복음 이야기」(서울 : CLC, 2022), p. 214.

"우리가 그 안에서 그를 믿음으로 말미암아 담대함과 확신을 가지고 하나님께 나아감을 얻느니라"(엡 3 : 12).

"그의 십자가의 피로 화평을 이루사 만물 곧 땅에 있는 것들이나 하늘에 있는 것들이 그로 말미암아 자기와 화목하게 되기를 기뻐하심이라 전에 악한 행실로 멀리 떠나 마음으로 원수가 되었던 너희를 이제는 그의 육체의 죽음으로 말미암아 화목하게 하사 너희를 거룩하고 흠 없고 책망할 것이 없는 자로 그 앞에 세우고자 하셨으니"(골 1 : 20 – 22).

여기 "화평을 이루사"에 해당하는 헬라어는 'εἰρηνοποιησας'에이레노포이에사스이다. 평화를 나타내는 'εἰρήνη'에이레네는 분리되어 있는 두 파트를 연결한다는 뜻을 갖고 있고, 'ποιησας'포이에사스는 "만들다"의 의미를 가졌다. 이 두 단어의 합성어로서 'εἰρηνοποιησας'에이레노포이에사스는 죄로 인해 하나님과 서로 원수 관계로 멀어져 있던 인간이 다시 하나님과 연결되었음을 보여 준다.

"하늘에 있는 것이나 땅에 있는 것이 다 그리스도 안에서 통일되게 하려 하심이라"(엡 1 : 10).

이전에는 하나님과 인간이 서로 반목하고 싸우는 관계였다면 이제는 더 이상 싸울 일이 없게 되었다. 그 결과로 평화가 일어났다. 샬롬, 즉 평화란 내적이고 주관적 평화의 느낌도 포함되긴 하지만, 하나님과 인간이 더 이상 적대하지 않는 객관적인 친분의 상태를 말한다. 그래서 이제는 인간이 하나님과 친구 관계이므로 하나님의 무한한 자원을 빌려 쓰게 되었다. 즉, 하나님께 의존하고 순종하는 올바른 관계를 갖게 된 것이다.

"영접하는 자 곧 그 이름을 믿는 자들에게는 하나님의 자녀가 되는 권세를 주셨으니"(요 1 : 12).

"무릇 하나님의 영으로 인도함을 받는 사람은 곧 하나님의 아들이라 너희는 다시 무서워하는 종의 영을 받지 아니하고 양자의 영을 받았으므로 우리가 아빠 아버지라고 부르짖느니라 성령이 친히 우리의 영과 더불어 우리가 하나님의 자녀인 것을 증언하시나니 자녀이면 또한 상속자 곧 하나님의 상속자요 그리스도와 함께 한 상속자니 우리가 그와 함께 영광을 받기 위하여 고난도 함께 받아야 할 것이니라"(롬 8 : 14 - 17).

"너희가 다 믿음으로 말미암아 그리스도 예수 안에서 하나님의 아들이 되었으니 누구든지 그리스도와 합하기 위하여 세례를 받은 자는 그리스도로 옷 입었느니라 너희는 유대인이나 헬라인이나 종이나 자유인이나 남자나 여자나 다 그리스도 예수 안에서 하나이니라 너희가 그리스도의 것이면 곧 아브라함의 자손이요 약속대로 유업을 이을 자니라"(갈 3 : 26 - 29).

"너희가 아들이므로 하나님이 그 아들의 영을 우리 마음 가운데 보내사 아빠 아버지라 부르게 하셨느니라 그러므로 네가 이후로는 종이 아니요 아들이니 아들이면 하나님으로 말미암아 유업을 받을 자니라"(갈 4 : 6 - 7).

화해는 가정에서 자녀와 아버지와의 인격적인 관계를 말하는 것으로, 우리로 하여금 하나님을 친밀하게 '아바 아버지'라고 부를 수 있도록 해 주시고, '하늘에 계신 우리 아버지'께 가까이 나아갈 수 있도록 해 준다. 또한 화해는 수직적인 면뿐만 아니라 수평적인 면도 있다. 왜냐하면 그것은 하나님께서 자기 자신뿐만 아니라 그의 새로운 공동체 안에 있는 자들도 서로 화해하도록 하시기 때문이다.

제임스 데니는 '화목'의 의미를 다음과 같이 설명한다. "신약에 나타난 화해의 역사는 이미 끝마쳐진 일이며, 우리는 그것을 복음이 선포되기 전에 끝마친 것이라고 생각하여야 한다. 화해는 행하여지고 있는 일이 아니고 행하여진 일이다. 의심할 바 없이 그것은 진행 중에 있는 예수의 일이기도 하다. 그러나 그것은 근본적으로 예수께서 끝마치신 일을 바탕으로 하고 있다. 예수가 십자가 위에서 이미 완성하신 일의 효력으로 그리스도께서는 그가 하시는 일을 우리에게 호소하실 수 있으며 또한 우리가 그 화해를 받아들일 때 그는 책임을 다하신 것이 된다."

포사이스의 "하나님께서 예수 안에 계시사 화목하게 하시다."라는 말은 실제로 화해를 이루시고 일을 끝마쳤다는 뜻이다. 그것은 시험 삼아 하는 임시적인 일이 아니었다. 화해는 예수의 죽음 안에서 완성되었다. 바울은 화해가 점진적으로 이루어진다고 말하지 않았다. 그는 옛날의 신학자들이 그 완성된 일을 재청하곤 하였다고 말하고 있다. 그는 단번에 완전히 이루어진 일, 곧 모든 영혼을 초대할 뿐만 아니라 화목하게 하는 기초가 되는 화해를 전파한 것이다.

남아프리카의 신학자 존 W. 드 구루취(John W. de Gruchy)는 "화해 교리는 기독교 신앙의 모든 교리의 영감이며 초점이다."라고 하면서 개신교는 예수 그리스도의 십자가의 결과로 하나님과 인류 사이에 일어난 화해를 강조하는 경향이 있고(롬 5:6-11) 가톨릭은 하나님과 인간의 화해의 결과로 우리에게 부어진 하나님의 사랑이 어떻게 새로운 인류를 창조해서 사람들 사이의 분열의 벽을 무너뜨리는지를 강조하는 경향이 있다(고후 5:17-20)고 주장한다.

기독교인의 화해 이해를 특징 짓는 히브리어 단어 샬롬은 개인 내면에, 사회 내부의 사람들 사이에, 그리고 인류와 하나님 양쪽 모두에 기초가 되는 온전한 영적, 물질적 조화와 웰빙의 상태를 나타낸다.[2]

4. 구속

이제는 가정과 부자 관계에서 노예시장으로 의식의 영역을 바꾸어서 생각해 보기로 하자. 구속(ἐξαγοράζω 엑사고라조)이란 말은 노예시장에서 온 그림 언어이다. 옛날에 노예를 사고팔 때 노예를 해방시키려면 노예의 전 주인에게 노예의 값을 치른 후 노예를 해방시켰다. 구약성경을 보면 모든 소유물이나 동물들이나 사람들과 그리고 온 백성들은 모두 몸값을 지불하고 구속을 받거나 친척에 의해서 구속될 수 있었다.

---

2) Philip Sheldrake, *Spirituality : A Brief History*, 정병준 역, 「미래로 열린 영성의 역사」 (서울: 한국장로교출판사, 2020), p. 298.

이것이 제사의식으로서 예수님의 피 흘리심이 가지는 상징적 의미이다. 그래서 크리스천들은 예수님의 피 흘리심에 대해 "내 탓이오."라고 고백하게 된다. 그러나 구속이란 단순한 상징성일 뿐이며 지나치게 과장해서는 안 된다. 그래서 폴 리쾨르는 구속을 상징하는 제사 의식을 "그냥 그렇게 있는 문화적 용기(容器)"라고 했다. 그러므로 그 이상 높이 평가해서는 안 된다. 그러면 하나님의 절대성을 심각하게 손상하게 된다. 구속의 상징에서 죄의 권세를 지나치게 강조하면 죄가 마치 하나님과 대적할 수 있는 하나의 실재로서 간주될 위험이 있다. 죄의 마성을 지나치게 강조하여 하나님이 그에게 대가를 치러야 할 정도로 확장하면 하나님의 전능성과 예수님의 신성이 함께 손상된다. 때문에 대속 또는 구속이라는 상징은 단지 상징으로서 머물러야 한다. 예수님은 하나님으로서 인간을 구원한 것, 곧 존재로서 존재성을 상실한 존재물에게 존재성을 회복시켜 준 것이지 죄의 권세나 탐욕의 마성이라는 실재에게 바쳐진 제물이 아니다.

예수님은 인간이기에 인간의 죄를 괴로워할 수 있고, 하나님이시기에 죄를 사할 수 있는 것이다. 이것이 아리우스파(오리겐 좌파)에 대한 정죄와 연관되고 구속과 중보라는 상징에 은폐되어 있는 위법이다. 구속을 받는 모든 경우에는 값비싼 대가를 치르는 결정적인 중재의 행위가 있었다. 저당 잡힌 재산과 도살당할 동물들과 노예 상태에 있거나 심지어는 죽음에 직면해 있는 사람들을 해방시키기 위해서는 필연적으로 그만한 대가를 치러야만 했다. 구속이라는 말에는 구원의 방법인 '대신 형벌을 짐'(대속, 代贖)이라는 개념이 내포되어 있다. 다시 말해서 구속은 무조건적인 해방이 아니라 대가를 치르고 얻는 해방을 의미한다. 폴 리쾨르는 해방을 의미하는 어원 셋 – 되돌려 삼(gaal, גאל), 구속(padah, פדה), 속죄(kapar, כפר) – 은 모두 값을 치르고 되돌려 받는 구속과 연관되어 있음을 주장한다. 그래서 예수님은 단순한 해방자, 구원자가 아니라 구속자(Redeemer), 중보자(Mediator)이시다.

"만일 네 형제가 가난하여 그의 기업 중에서 얼마를 팔았으면 그에게 가까운 기업 무를 자가 와서 그의 형제가 판 것을 무를 것이요 만일 그것을 무를 사람이 없고 자기가 부유하게 되어 무를 힘이 있으면 그 판 해를 계수하여 그 남은 값을 산 자에게 주고 자기의 소유지로 돌릴 것이니라 ……"(레 25 : 25-28).

"…… 그 사람은 우리와 가까우니 우리 기업을 무를 자 중의 하나이니라 하니라"(룻 2 : 20).

"…… 네가 무르려면 무르려니와 만일 네가 무르지 아니하려거든 내게 고하여 알게 하라 네 다음은 나요 그 외에는 무를 자가 없느니라 하니 그가 이르되 내가 무르리라 하는지라 ……"(룻 4 : 3-10).

"보라 네 숙부 살룸의 아들 하나멜이 네게 와서 말하기를 너는 아나돗에 있는 내 밭을 사라 이 기업을 무를 권리가 네게 있느니라 하리라 하시더니…… 은 십칠 세겔을 달아 주되"(렘 32 : 7-9).

"나귀의 첫 새끼는 다 어린 양으로 대속할 것이요 그렇게 하지 아니하려면 그 목을 꺾을 것이며 네 아들 중 처음 난 모든 자는 대속할지니라"(출 13 : 13).

"소가 본래 받는 버릇이 있고 그 임자는 그로 말미암아 경고를 받았으되 단속하지 아니하여 남녀를 막론하고 받아 죽이면 그 소는 돌로 쳐 죽일 것이고 임자도 죽일 것이며 만일 그에게 속죄금을 부과하면 무릇 그 명령한 것을 생명의 대가로 낼 것이요 아들을 받든지 딸을 받든지 이 법규대로 그 임자에게 행할 것이며"(출 21 : 29-31).

"만일 너와 함께 있는 거류민이나 동거인은 부유하게 되고 그와 함께 있는 네 형제는 가난하게 되므로 그가 너와 함께 있는 거류민이나 동거인 또는 거류민의 가족의 후손에게 팔리면 그가 팔린 후에 그에게는 속량받을 권리가 있나니 그의 형제 중 하나가 그를 속량하거나…… 자기 몸이 팔린 해로부터 희년까지를 그 산 자와 계산하여 그 연수를 따라서 그 몸의 값을 정할 때에 그 사람을 섬긴 날을 그 사람에게 고용된 날로 여길 것이라 ……"(레 25 : 47-55).

죽으심으로 우리의 죄에 대한 몸값을 치르신 예수는 죄의 노예 된 우리를 죄와 죽음과 사탄과 율법의 노예 상태에서 해방시키셨다. 그래서 예수는 자기의 목숨을 대속물(몸값)이라고 하였으며, 구속의 결과는 자유이다. 그래서 예수를 구속자(Redeemer)라고 번역하며 '구속'이라는 말에는 구원의 방법, 즉 '대신 형벌을 짐'이라는 개념이 내포되어 있다. 따라서 구속자는 '무조건적인 해방자'가 아니고 '형벌의 대가를 치르고 해방시켜 주는 자'이다.

"인자가 온 것은 섬김을 받으려 함이 아니라 도리어 섬기려 하고 자기 목숨을 많은 사람의 대속물로 주려 함이니라"(막 10 : 45).

"그 아들 안에서 우리가 속량 곧 죄 사함을 얻었도다"(골 1 : 14).

"하나님은 한 분이시요 또 하나님과 사람 사이에 중보자도 한 분이시니 곧 사람이신 그리스도 예수라 그가 모든 사람을 위하여 자기를 대속물로 주셨으니 기약이 이르러 주신 증거니라"(딤전 2 : 5-6).

"우리는 그리스도 안에서 그의 은혜의 풍성함을 따라 그의 피로 말미암아 속량 곧 죄 사함을 받았느니라"(엡 1 : 7).

"이로 말미암아 그는 새 언약의 중보자시니 이는 첫 언약 때에 범한 죄에서 속량하려고 죽으사 부르심을 입은 자로 하여금 영원한 기업의 약속을 얻게 하려 하심이라"(히 9 : 15).

"그리스도께서 우리를 위하여 저주를 받은 바 되사 율법의 저주에서 우리를 속량하셨으니 기록된 바 나무에 달린 자마다 저주 아래에 있는 자라 하였음이라"(갈 3 : 13).

"율법 아래에 있는 자들을 속량하시고 우리로 아들의 명분을 얻게 하려 하심이라"(갈 4 : 5).

"너희가 알거니와 너희 조상이 물려 준 헛된 행실에서 대속함을 받은 것은 은이나 금같이 없어질 것으로 된 것이 아니요 오직 흠 없고 점 없는 어린 양 같은 그리스도의 보배로운 피로 된 것이니라"(벧전 1 : 18 – 19).

"이는 우리 기업의 보증이 되사 그 얻으신 것을 속량하시고 그의 영광을 찬송하게 하려 하심이라"(엡 1 : 14).

"그가 우리를 대신하여 자신을 주심은 모든 불법에서 우리를 속량하시고 우리를 깨끗하게 하사 선한 일을 열심히 하는 자기 백성이 되게 하려 하심이라" (딛 2 : 14).

"그리스도 예수 안에 있는 속량으로 말미암아 하나님의 은혜로 값없이 의롭다 하심을 얻은 자 되었느니라"(롬 3 : 24).

"주 안에서 부르심을 받은 자는 종이라도 주께 속한 자유인이요 또 그와 같이 자유인으로 있을 때에 부르심을 받은 자는 그리스도의 종이니라 너희는 값으로 사신 것이니 사람들의 종이 되지 말라"(고전 7 : 22 – 23).

제사–화목제물의 초점이 십자가로 말미암아 화해를 이루시는 하나님의 진노 하심에 있다면, 대속은 십자가로 말미암아 속죄함을 받는 죄인들의 입장에 초점을 두고 있다. 그러므로 우리는 예수로 말미암아 몸값을 치르고 해방되었으며, 우리의 몸값을 대신 치러 주신 이에게 감사하는 마음을 잃지 말아야 할 것이다.

5. 칭의 – 새 언약

예수의 십자가에서의 구원에 대한 네 번째 그림 언어는 법정에서 온 것이다. 법정에서 재판관은 피고에게 죄가 있는가 없는가를 판결하여 의롭다 칭하기도 하고 정죄하기도 한다. 의롭다 함과 정죄는 정반대의 어휘로 구약에 주로 많이 나온다.

"사람들 사이에 시비가 생겨 재판을 청하면 재판장은 그들을 재판하여 의인은 의롭다 하고 악인은 정죄할 것이며 악인에게 태형이 합당하면 재판장은 그를 엎드리게 하고 그 앞에서 그의 죄에 따라 수를 맞추어 때리게 하라"(신 25 : 1 - 2).

"거짓 일을 멀리하며 무죄한 자와 의로운 자를 죽이지 말라 나는 악인을 의롭다 하지 아니하겠노라"(출 23 : 7).

"악인을 의롭다 하고 의인을 악하다 하는 이 두 사람은 다 여호와께 미움을 받느니라"(잠 17 : 15).

"그들은 뇌물로 말미암아 악인을 의롭다 하고 의인에게서 그 공의를 빼앗는도다"(사 5 : 23).

하나님은 사랑의 하나님이시면서 또한 공의의 하나님이시므로 불의를 용납하지 않으시고 심판하신다. 그런데 우리 인간들은 모두가 다 불의를 행하며, 의를 행하지 않으므로 하나님의 심판과 정죄함을 받을 수밖에 없는 것이다.

"주의 종에게 심판을 행하지 마소서 주의 눈앞에는 의로운 인생이 하나도 없나이다"(시 143 : 2).

"여호와여 주께서 죄악을 지켜보실진대 주여 누가 서리이까"(시 130 : 3).

"그런즉 하나님 앞에서 사람이 어찌 의롭다 하며 여자에게서 난 자가 어찌 깨끗하다 하랴"(욥 25 : 4).

"어리석은 자는 그의 마음에 이르기를 하나님이 없다 하는도다 그들은 부패하고 그 행실이 가증하니 선을 행하는 자가 없도다 여호와께서 하늘에서 인생을 굽어살피사 지각이 있어 하나님을 찾는 자가 있는가 보려 하신즉 다 치우쳐 함께 더러운 자가 되고 선을 행하는 자가 없으니 하나도 없도다"(시 14 : 1-3).

"기록된 바 의인은 없나니 하나도 없으며 깨닫는 자도 없고 하나님을 찾는 자도 없고 다 치우쳐 함께 무익하게 되고 선을 행하는 자는 없나니 하나도 없도다"(롬 3 : 10 - 12).

하나님은 창조주이시며 또한 심판자가 되시는데, 그분은 의로우셔서 의를 의롭다 하시고 불의를 불의라 하시면서 심판하신다. 그리고 하나님 앞에서 모든 인간들은 불의를 행하므로 하나님의 심판과 정죄가 있을 따름이다. 그러나 하나님께서 의롭지 못하며 경건하지 못한 인간들을 예수의 십자가를 믿는 믿음으로 인하여 의롭다 선포해 주시는 것이다. 그렇다면 도대체 예수의 십자가는 하나님과 우리 인간들에게 어떤 의미가 있는가?

"모든 사람이 죄를 범하였으매 하나님의 영광에 이르지 못하더니 그리스도 예수 안에 있는 속량으로 말미암아 하나님의 은혜로 값없이 의롭다 하심을 얻은 자 되었느니라"(롬 3 : 23 - 24).

"그러므로 사람이 의롭다 하심을 얻는 것은 율법의 행위에 있지 않고 믿음으로 되는 줄 우리가 인정하노라"(롬 3 : 28).

"우리가 아직 죄인 되었을 때에 그리스도께서 우리를 위하여 죽으심으로 하나님께서 우리에 대한 자기의 사랑을 확증하셨느니라 그러면 이제 우리가 그의 피로 말미암아 의롭다 하심을 받았으니 더욱 그로 말미암아 진노하심에서 구원을 받을 것이니"(롬 5 : 8 - 9).

"…… 경건하지 아니한 자를 의롭다 하시는 이를 믿는 자에게는 그의 믿음을 의로 여기시나니……"(롬 4 : 5 - 7).

1) 법적 개념으로서의 의

어떻게 경건하지 못하고 죄인인 우리를 하나님께서 의롭다 선언하시고, 어떻게 정죄받아야 할 우리가 믿음으로만 의롭다 함을 받을 수 있는가? 하나님께서 예수를 화목제물(ἱλαστήριον^{힐라스테리온})로 삼으셨기 때문이다. 화목제물이라는 말은 라틴어에서 온 것으로 영어로 표현하면 'propitiation'이다. 이 말의 내용은 하나님께서 우리 죄에 대해서 진노하셨는데, 예수가 십자가상에서 우리 대신 진노를 받는 대속물로 바쳐짐으로써 우리에 대한 하나님의 진노가 풀어졌다는 것이다. 그러므로 예수의 십자가 죽음은 우리 죄인들에 대한 하나님의 진노를 풀어 버린 사건이다. 그렇게 해서 '하나님의 의'를 증명했다.

"모든 사람이 죄를 범하였으매 하나님의 영광에 이르지 못하더니 그리스도 예수 안에 있는 속량으로 말미암아 하나님의 은혜로 값없이 의롭다 하심을 얻은 자 되었느니라 이 예수를 하나님이 그의 피로써 믿음으로 말미암는 화목제물로 세우셨으니 이는 하나님께서 길이 참으시는 중에 전에 지은 죄를 간과하심으로 자기의 의로우심을 나타내려 하심이니 곧 이때에 자기의 의로우심을 나타내사 자기도 의로우시며 또한 예수 믿는 자를 의롭다 하려 하심이라"(롬 3:23-26).

"그러면 이제 우리가 그의 피로 말미암아 의롭다 하심을 받았으니 더욱 그로 말미암아 진노하심에서 구원을 받을 것이니 곧 우리가 원수 되었을 때에 그의 아들의 죽으심으로 말미암아 하나님과 화목하게 되었은즉 화목하게 된 자로서는 더욱 그의 살아나심으로 말미암아 구원을 받을 것이니라"(롬 5:9-10).

"누가 능히 하나님께서 택하신 자들을 고발하리요 의롭다 하신 이는 하나님이시니 누가 정죄하리요 죽으실 뿐 아니라 다시 살아나신 이는 그리스도 예수시니 그는 하나님 우편에 계신 자요 우리를 위하여 간구하시는 자시니라"(롬 8:33-34).

하나님의 의에 대한 증명이 필요한 것은 하나님께서 오래 참으시는 동안 과거에 지은 죄들을 하나님께서 간과하셨기 때문이다. 전통적인 해석 방법에 의하면 하나님께서는 오랫동안 인류의 죄를 정죄하지 않으시고, 회개하기를 기다리시며, 참으셨다. 그 결과 인류는 계속 죄를 쌓아 역사 속의 의로우신 하나님이 인류를 다스리시는지, 하나님의 의라는 것이 있는지 없는지를 문제 삼게 되었다. 그래서 하나님께서는 자기의 의를 증명하시기 위해서 인간들(죄인)에게 벌을 주셔야 했다. 즉, 하나님께서는 공의의 하나님이시기 때문에 죄인들에게 벌을 주셔야만 했던 것이다.

그런데 하나님은 또 사랑의 하나님이신지라 인간들에게 내릴 벌을 자기 아들 예수에게 내리셨다. 즉, 인간들에게 내리는 하나님의 공의의 벌을 예수께서 받도록 하심으로 하나님의 공의를 만족시켜서 우리에 대한 그의 노를 풀어 버리셨다. 그러므로 이제는 하나님께서 의롭다고 선언할 수 있게 되었으며, 하나님 자신은 의로우신 분으로 증명하게 된 것이다. 이러한 해석을 대속설(penal substitution)이라 한다. 예수 그리스도가 우리 대신 벌을 받음으로 우리가 하나님의 진노와 벌에서 의롭게(자유롭게) 되었다는 말이다. 여기에서 '의인 되었다'는 말은 재판정에서 무죄 판결을 받았다는, 그래서 하나님의 최후 심판의 재판정에서도 무죄 판결을 받아서 하나님의 진노함의 벌을 받지 않게 되었다는 소리이다. 죄인임에도 불구하고 의롭다 함을 받는 칭의는 하나님의 입장에서 보면 사랑이고 인간의 입장에서 보면 은총이다. 이때 칭의를 받는 자의 역할은 단지 이 믿을 수 없는 사랑과 은총을 받아들이는 믿음뿐이다. 폴 틸리히의 표현을 빌리자면 용납할 수 없는 자를 용납하시는 '하나님의 사랑을 용납하는 인간의 용기'가 곧 믿음이다. 여기서 사도 바울의 '이신칭의'(Justification by faith)의 교리가 나왔고, 루터가 외친 '오직 믿음으로'(sola fide)라는 종교개혁의 구호가 탄생했다.

2) 관계 개념으로서의 의

최근 독일에서부터 강력하게 일어나는 해석 방법인 대속설은 하나님을 너무나 헬라적인 의미에서 해석하여 벌주기를 좋아하고 제사를 드리면 화를 풀어 버리는 우상적인 개념으로 격하시켰다고 비판한다. 그들의 주장은 구약성경의 하나님은 그런 분이 아니시고 언약의 하나님이시며, 그의 백성이 설령 언약에 신실하지 못하고 죄를 지어도 그들을 사랑하시고 벌주지 않는 하나님이시라는 것이다.

이러한 하나님에 대한 이해에 비추어 '의'(δικαιοσύνη ^{디카이오쉬네})라는 말의 뜻은 법적인(forensic) 개념이 아니고 관계론적 개념이다. 관계에서 나오는 의무를 충족하는 것을 '의'라고 한다. 그래서 르네 지라르(Rene Girard)는 "대속의 성격은 궁극적으로 법정적(forensic)인 것이 아니라 치유적(therapeutic)인 것이다."[3]라고 주장한다. 부자 간의 관계에서 자녀에게는 아버지를 공경하고 순종할 의무가 있는데, 이 의무를 다할 때 의롭다 할 수 있다. 마찬가지로 하나님과 그의 언약의 백성 이스라엘과의 관계에서 하나님은 스스로 언약의 의무를 지신 것이다. 즉, 하나님 스스로 언약으로 이스라엘을 부르시고, 자신이 이스라엘의 하나님 노릇해 주겠다는 의무를 지신 것이다. 다음은 이스라엘에 대한 언약 관계에서 나온 의무이다.

"그러므로 이스라엘 자손에게 말하기를 나는 여호와라 내가 애굽 사람의 무거운 짐 밑에서 너희를 빼내며 그들의 노역에서 너희를 건지며 편 팔과 여러 큰 심판들로써 너희를 속량하여 너희를 내 백성으로 삼고 나는 너희의 하나님이 되리니 나는 애굽 사람의 무거운 짐 밑에서 빼낸 너희의 하나님 여호와 인 줄 너희가 알지라"(출 6 : 6-7).

"모세가 하나님 앞에 올라가니 여호와께서 산에서 그를 불러 말씀하시되 너는 이같이 야곱의 집에 말하고 이스라엘 자손들에게 말하라 내가 애굽 사람에게 어떻게 행하였음과 내가 어떻게 독수리 날개로 너희를 업어 내게로 인도하였음을 너희가 보았느니라 세계가 다 내게 속하였나니 너희가 내 말을 잘 듣고 내 언약을 지키면 너희는 모든 민족 중에서 내 소유가 되겠고 너희가 내게 대하여 제사장 나라가 되며 거룩한 백성이 되리라 너는 이 말을 이스라엘 자손에게 전할지니라"(출 19 : 3-6).

"하나님이 그들의 고통 소리를 들으시고 하나님이 아브라함과 이삭과 야곱에게 세운 그의 언약을 기억하사 하나님이 이스라엘 자손을 돌보셨고 하나님이 그들을 기억하셨더라"(출 2 : 24-25).

---

3) op. cit., p. 62.

"여호와께서 그의 언약을 너희에게 반포하시고 너희에게 지키라 명령하셨으니 곧 십계명이며 두 돌판에 친히 쓰신 것이라"(신 4 : 13).

반면에 이스라엘은 하나님께 의존하고 순종하는 의무를 지녔다. 그렇다면 이스라엘은 언제 의로운가? 하나님께 의존하고 순종할 때 의롭다. 그런데 이스라엘은 그 언약을 지키지 못하고, 언약의 관계에서 나온 의무를 다하지 못했다. 그러므로 이스라엘은 불의하다. 반면에 하나님께서는 그 언약에서 나온 의무를 신실하게 지키신다. 그렇기 때문에 하나님은 의로우신 것이다. 그래서 구약에서 말하는 '하나님의 의'는 법정 개념이 아니라 관계 개념으로, 그의 언약에 대한 신실함이라는 뜻이다. 언약의 신실함(Covenantal faithfuluess)으로써의 의는 이스라엘을 향한 하나님의 끈질긴 사랑, 포기하지 않는 사랑(Covenantal Love)을 나타낸다.

그런데 구약의 '하나님의 의', 즉 그의 언약의 신실함은 항상 이스라엘에 대한 구원의 형태로 나타난다. 왜냐하면 그것이 하나님께서 이스라엘에게 하나님 노릇해 주시는 것이기 때문이다. 그래서 구약에서 하나님의 의는 하나님의 신실함이라고 번역할 수도 있고, 하나님의 구원 행위 또는 구원의 힘 등을 의미한다. 그래서 가령 하나님께서는 이스라엘을 애굽에서 건져 내실 때 애굽의 군사들을 다 수장시켜 버렸다. 시편 기자들은 이것을 두고 하나님의 의가 나타났다고 노래한다. 이것은 헬라적인 개념 — 객관화되고 추상화된 의 — 으로는 불의한 일이다.

또 이스라엘이 가나안을 차지하게 하기 위하여 하나님께서는 거기에 사는 모든 사람, 유아, 노인, 여자까지 모두 죽이도록 명령하신다. 헬라적인 의미에서는 이방 민족을 다 죽인 것을 의라고 할 수 없다. 단지 관계 개념으로 볼 때만 하나님께서 이스라엘 백성과 맺은 언약에 신실하셨기에 의롭다 할 수 있다. 언약에서 나온 의무, 즉 이스라엘에게 하나님 노릇해 주시는 일, 즉 이스라엘을 짓밟는 이방인들을 모두 죽임으로써 이스라엘을 구원하는 언약에 충실한 하나님으로서만 의롭다 할 수 있다.

이러한 차원에서 예수 그리스도의 십자가의 대속의 죽음은 하나님의 의를 나타낸 사건이다. 이것은 대속설의 차원에서 예수가 우리 대신 벌을 받았기 때문에 의롭다는 것이 아니라 언약의 관계를 전제한다. 즉, 인간은 언약을 지키지 못했다. 그래서 우리는 불의하다. 그러나 하나님께서는 그의 언약에 충실(신실)하셔서 우리와 언약의 관계를 회복하는 새로운 언약을 맺으셨다.

"여호와의 말씀이니라 보라 날이 이르리니 내가 이스라엘 집과 유다 집에 새 언약을 맺으리라"(렘 31 : 31).

"또 떡을 가져 감사 기도하시고 떼어 그들에게 주시며 이르시되 이것은 너희를 위하여 주는 내 몸이라 너희가 이를 행하여 나를 기념하라 하시고 저녁 먹은 후에 잔도 그와 같이하여 이르시되 이 잔은 내 피로 세우는 새 언약이니 곧 너희를 위하여 붓는 것이라"(눅 22 : 19-20).

"모세가 그 피를 가지고 백성에게 뿌리며 이르되 이는 여호와께서 이 모든 말씀에 대하여 너희와 세우신 언약의 피니라"(출 24 : 8).

이러한 관점에서 볼 때 예수 그리스도가 십자가에서 죽으심은 하나님이 그의 언약에 신실해서 우리 인간들에게 자기와 화해를 이룰 수 있도록 새로운 언약의 관계를 허락하신 것이다. 이렇게 해서 자기의 '의'를 드러내셨고 그 의는 바로 언약의 신실함, 즉 우리에게 하나님 노릇해 주심이다. 그러니까 예수 그리스도의 사건은 하나님께서 그의 언약을 지키셔서 우리를 다시 한번 그의 은혜의 관계 속으로 회복되게 하는, 즉 우리를 자기와 화해시킨 사건이라는 것이다.

"그리스도 예수 안에 있는 속량으로 말미암아 하나님의 은혜로 값없이 의롭다 하심을 얻은 자 되었느니라 이 예수를 하나님이 그의 피로써 믿음으로 말미암는 화목제물로 세우셨으니 이는 하나님께서 길이 참으시는 중에 전에 지은 죄를 간과하심으로 자기의 의로우심을 나타내려 하심이니 곧 이때에 자기의 의로우심을 나타내사 자기도 의로우시며 또한 예수 믿는 자를 의롭다 하려 하심이라"(롬 3 : 24-26).

여기에서 화목제물이라는 말은 언약을 회복하는 수단이다. '화목제물'은 성전에 있었던 시은석으로 해석되는데 시은석, 즉 언약궤 위(뚜껑)에 하나님께서 앉아 계셨다고 보았다. 그래서 하나님의 어좌가 언약궤 뚜껑에 놓여 있다고 보았는데 이 언약궤 뚜껑, 시은좌에서 하나님의 용서의 은혜가 베풀어졌다고 보았다. 언약궤 위에 하나님이 계신다는 말은 "하나님은 언약에 근거해서 이스라엘의 하나님으로 이스라

| 옛 언약 – 시내산
| 모세 : 동물제사
| → 이스라엘을 하나님의 백성 삼음
| 율법 : 십계명
| → 이스라엘의 하나님
| 새 언약 – 십자가
| 예수 : 새 언약의 죽음
| → 새로운 하나님의 백성 창조
| 그리스도 믿음
| → 인류(새로운 백성)의 하나님

엘 가운데 거하신다."라는 말이다. 이스라엘 사람들이 언약을 파괴해 버려서 하나님과의 관계가 단절되었다. 그런데 언약에 신실한 하나님께서 은혜를 베풀어 그들로 하여금 다시 한번 하나님의 언약의 백성이 되게 하신다는 말이다. 그래서 언약궤의 뚜껑이 하나님의 어좌, 은혜를 베푸시는 자리, 즉 시은좌라는 것이다. 그러므로 시은좌는 우리 죄를 덮어 버려서(Expiation) 하나님과 우리와의 관계를 다시 회복하는 곳이며, 인간들과 하나님을 다시 한번 화해시킨 사건이 일어난 곳으로 해석된다.

이렇게 새 언약이 체결되어 우리 인간들은 새로운 하나님의 백성이 되는데, 하나님의 백성이란 하나님의 자녀들이며, 하나님의 자녀들은 하나님의 무한한 자원을 내 것으로 누리는 특권을 가지게 된다. 즉, 하나님 나라의 상속자가 되는 것이다. 즉, 하나님의 나라를 유업으로 받아서 하나님의 무한한 자원을 내 것으로 쓰게 된다. 다시 말해 새 언약은 이 세상을 창조하시고 다스리시는 하나님의 무한한 자원을 영원히 내 것으로 누리면서 살 수 있는 하나님의 자녀가 되게 한다.

"모세가 여호와의 모든 말씀을 기록하고 이른 아침에 일어나 산 아래에 제단을 쌓고 이스라엘 열두 지파대로 열두 기둥을 세우고 이스라엘 자손의 청년들을

보내어 여호와께 소로 번제와 화목제를 드리게 하고 모세가 피를 가지고 반은 여러 양푼에 담고 반은 제단에 뿌리고 언약서를 가져다가 백성에게 낭독하여 들게 하니 그들이 이르되 여호와의 모든 말씀을 우리가 준행하리이다 모세가 그 피를 가지고 백성에게 뿌리며 이르되 이는 여호와께서 이 모든 말씀에 대하여 너희와 세우신 언약의 피니라 모세와 아론과 나답과 아비후와 이스라엘 장로 칠십 인이 올라가서 이스라엘의 하나님을 보니 그의 발 아래에는 청옥을 편 듯하고 하늘같이 청명하더라 하나님이 이스라엘 자손들의 존귀한 자들에게 손을 대지 아니하셨고 그들은 하나님을 뵙고 먹고 마셨더라"(출 24 : 4-11).

그러면 이러한 모든 구원은 언제 일어나는가? 이미 우리에게 구원이 이루어졌는가? 아니면 구원을 이루어 가는가? 구원의 시간적 구조에 대해서 살펴보기로 하자.

CONFIDENCE OF REDEMPTION
구원의 확신

11

언제 구원이 일어났는가?

"우리가 예수께서 죽으셨다가 다시 살아나심을 믿을진대 이와 같이 예수 안에서 자는 자들도 하나님이 그와 함께 데리고 오시리라"(살전 4 : 14).

1. 구원의 시간적 구조

구원에는 세 가지 시제가 있다. 구원의 과거, 구원의 현재, 구원의 미래이다. 성경을 자세히 보면 어떤 곳에는 이미 우리가 구원받았다고 쓰였으며, 또한 어떤 곳에는 예수 그리스도께서 재림하실 때 우리가 구원받을 것이라고 미래형으로 쓰여 있다.

"그러므로 우리가 믿음으로 의롭다 하심을 받았으니 우리 주 예수 그리스도로 말미암아 하나님과 화평을 누리자"(롬 5 : 1).

"그러므로 이제 그리스도 예수 안에 있는 자에게는 결코 정죄함이 없나니 이는 그리스도 예수 안에 있는 생명의 성령의 법이 죄와 사망의 법에서 너를 해방하였음이라"(롬 8 : 1-2).

"또 죽은 자들 가운데서 다시 살리신 그의 아들이 하늘로부터 강림하실 것을 너희가 어떻게 기다리는지를 말하니 이는 장래의 노하심에서 우리를 건지시는 예수시니라"(살전 1 : 10).

"우리 주 예수 그리스도의 아버지 하나님을 찬송하리로다 그의 많으신 긍휼대로 예수 그리스도를 죽은 자 가운데서 부활하게 하심으로 말미암아 우리를 거듭나게 하사 산 소망이 있게 하시며 썩지 않고 더럽지 않고 쇠하지 아니하는 유업을 잇게 하시나니 곧 너희를 위하여 하늘에 간직하신 것이라 너희는 말세에 나타내기로 예비하신 구원을 얻기 위하여 믿음으로 말미암아 하나님의 능력으로 보호하심을 받았느니라"(벧전 1 : 3-5).

이것은 기독교의 독특한 종말론 때문이다. 예수의 부활하심으로 말미암아 하나님의 나라가 이미 시작되었다는 것, 즉 오는 세상, 구원의 세상이 이미 시작되었다는 것이다. 예수 그리스도의 부활은 이 세상에서 왕 노릇 하는 사탄이 쓸 수 있는 가장 큰 무기인 죽음을 꺾은 사건이다. 이것이 곧 예수가 사탄을 이기고 승리하신 증거이며, 그래서 예수가 '주'(κύριός퀴리오스)라는 고백이 선포되었던 것이다.

예수의 부활로 사탄은 등뼈가 부러졌다. 그러므로 사탄은 더 이상 예수를 이길 수 없다. 그렇다고 해서 사탄이 완전히 죽었는가? 그렇지는 않다. 등뼈가 부러진 사탄은 아직 사지에는 힘이 남아 있으므로 최후의 발악을 하고 있는 것이다. 그래서 예수 믿는 자를 넘어뜨리고 악과 고난을 주는 것이다. 그러면 이와 같이 등뼈가 부러진 사탄은 언제 꼼짝 못 하게 될까? 그것은 예수가 다시 오실 때이다. 그러므로 이때 우리의 구원도 완성되는 것이다.

"그가 모든 원수를 그 발아래에 둘 때까지 반드시 왕 노릇 하시리니"(고전 15 : 25).

"그들이 지면에 널리 퍼져 성도들의 진과 사랑하시는 성을 두르매 하늘에서 불이 내려와 그들을 태워버리고 또 그들을 미혹하는 마귀가 불과 유황 못에 던져지니 거기는 그 짐승과 거짓 선지자도 있어 세세토록 밤낮 괴로움을 받으리라"(계 20 : 9-10).

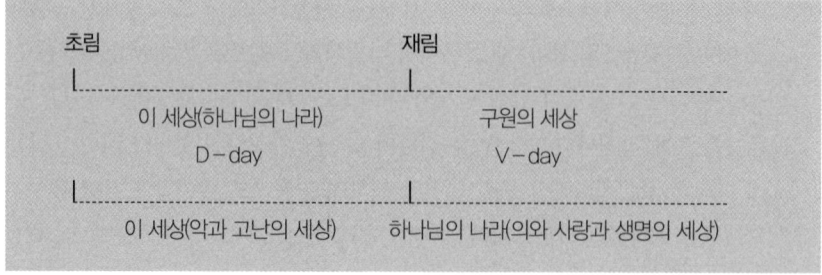

이것은 2차 세계대전에 대비하여 표현한 구원의 구조인데, 예수가 처음 오셔서 십자가에서 죽으시고 부활하심으로 사탄을 이긴 결정적인 구원의 사건을 D-day라고 한다. 즉, 결판의 날(Decision-day)이라는 뜻으로 2차 세계대전 때 1944년 연합군이 노르망디 해안에 성공적으로 상륙한 날에 비유한 것이다. 연합군은 그때 결정적인 승리를 하여 전쟁은 사실상 결판이 났고, 이날을 D-day라고 한다. 그러나 1944년 노르망디 해안에 연합군이 상륙해서 독일군을 결정적으로 무찔러 전쟁이 끝난 것이 아니라 연합군이 독일군의 수도 베를린을 함락했을 때 전쟁이 끝났다. 이날을 V-day, 즉 승리의 날(Victory-day)이라고 한다. 이와 같이 전쟁이 결판난 날과 전쟁이 끝나 승리가 완성된 날 사이에는 오랜 기간이 있다. 이것이 기독교의 역사관, 종말관, 또는 구원의 시간적 구조를 잘 설명한 그림이다.

예수가 오셔서 십자가에서 죽으시고 부활하심으로 인하여 사탄의 등뼈를 부러뜨렸으므로 결정적으로 승리하셨다. 그러나 아직 승리의 날이 온 것이 아니다. 승리의 날은 예수가 재림하실 때 이루어질 것이다. 예수가 오셔서 십자가에서 죽고 부활하심으로 이루어진 결정적인 구원은 구원의 첫 열매에 해당되며, 구원의 완성, 완성된 추수는 아직도 우리가 기다리는 것이다. 예수가 다시 오실 때 구원의 완성이 이루어진다.

우리는 구원의 첫 열매를 받았다는 의미에서 "구원을 받았다."(Already)라고 말할 수 있으며, 구원의 완성을 바라보는 자로서 미래로 표현할 때는 "우리가 구원을 받을 것이다."(But not yet)라고 할 수 있다. 그래서 우리는 구원의 첫 열매를 받고 구원의 완성을 기다리며 예수의 초림과 재림 사이에서 살고 있는 것이다. 우리가 살고 있는 시간을 구원의 시간적 구조로 말하면 악과 고난의 세상이다. 그러나 우리는 이 세상의 시민으로 살고 있는 것이 아니라 하나님 나라의 시민으로 살고 있다. 왜냐하면 더 이상 사탄이 아닌 하나님의 아들 예수를 '주'($κύριός$ 퀴리오스)라고 부르며 살기 때문이다.

그리스도인은 의와 사랑과 생명으로 다스리시는 예수 그리스도의 주권의 영역에서 사는 사람들이다. 비록 이 땅에 살지만 사탄의 주권을 부인하고 예수를 주라고 고백함으로 예수의 주권 영역으로 들어온 사람들이다. 그러므로 회개란 지금까지는 사탄의 주권 영역, 사탄을 섬기고 사탄의 사주 아래 자기를 주장해서 죄를 지었으나 이제는 사탄을 부인하고 예수를 '주'라고 고백하는 것이다. 이렇게 사탄에게 바쳤던 삶을 청산하고 예수를 주로 고백함으로써 주권의 변동(Herrschaftswechsel)이 일어난다.

"…… 내가 세상에 속하지 아니함같이 그들도 세상에 속하지 아니하였사옵나이다"(요 17 : 15 – 16).

"그가 우리를 흑암의 권세에서 건져 내사 그의 사랑의 아들의 나라로 옮기셨으니"(골 1 : 13).

결판의 날과 승리의 날 사이, 즉 "구원받았다."(Already)와 "구원받을 것이다."(But not yet)의 긴장이 나타나는 기간은 교회 선교 기간이다. 선교의 본질은 세상에서 아직도 사탄을 주로 섬기는 인간들에게 예수가 주라는 것을 선포해서 세상(사탄의 주권 아래)에 있는 사람들을 의와 사랑과 생명으로 다스리는 것, 하나님의 아들이 '주'이신 하나님 나라의 시민으로 옮기는 것이 곧 구원이다. 그러면 우리가 구원의 첫 열매를 받았다는 것은 무엇으로 증명할 수 있는가?

'첫 열매'($ἀπαρχή$ 아파르케, 고전 15 : 23)란 첫 맛(foretaste)이라고도 하는데, 첫 열매는 얼마 있지 않아 모든 것을 수확할 수 있다는 것을 보장하기 때문에 첫 열매는 보증금(ἀρραβων^{알라본}) 노릇을 한다. 그래서 벌써 군림하는 예수 그리스도로부터 첫 열매를 받는데 첫 열매는 종말, 즉 재림 때 있을 완성된 구원 — 전체의 수확 — 의 보증이다. 이 첫 열매, 종말에 있을 구원의 보증금의 대표적인 것이 성령이다. 그러므로 바울은 성령을 '구원의 첫 열매', '종말에 있을 구원의 보증'이라고 한다.

"그뿐 아니라 또한 우리 곧 성령의 처음 익은 열매를 받은 우리까지도 속으로 탄식하여 양자 될 것 곧 우리 몸의 속량을 기다리느니라"(롬 8 : 23).

"그가 또한 우리에게 인 치시고 보증으로 우리 마음에 성령을 주셨느니라"(고후 1 : 22).

"곧 이것을 우리에게 이루게 하시고 보증으로 성령을 우리에게 주신 이는 하나님이시니라"(고후 5 : 5).

"그 안에서 너희도 진리의 말씀 곧 너희의 구원의 복음을 듣고 그 안에서 또한 믿어 약속의 성령으로 인 치심을 받았으니 이는 우리 기업의 보증이 되사 그 얻으신 것을 속량하시고 그의 영광을 찬송하게 하려 하심이라"(엡 1 : 13-14).

구원의 첫 열매를 이미 받았다는 증거는 주관적으로 여러 가지로 나타난다. 예수를 믿음으로 죄와 인생의 무가치와 허무감에서 해방되어 기쁨과 평화와 소망이 생긴다. 이런 주관적인 것이 구원의 첫 열매를 잘 나타내 준다. 그러나 이런 것들은 어디까지나 주관적인 것이며, 이런 감정적인 것은 다른 종교에도 있을 수 있다. 그러므로 우리가 구원의 첫 열매를 받았다는 궁극적인 증거는 성령 받음이다. 또한 기쁨과 평화와 소망은 성령의 열매이다. 가령 미국에서 5만 불짜리 집을 사기 원한다면 5천 불을 가지고도 살 수 있다. '다운 페이먼트'라고 해서 5천 불을 내고 나서 나머지는 30년 정도의 기간에 상환을 해 나가는 것이다. 일단 자기 집이 된 상태에서 갚아 나가는 것이다. 우리가 앞으로 말로 다 할 수 없는 영광에 동참하게 될 텐데 그것을 보장해 주는 '다운 페이먼트'가 우리 속에 있다. 그것이 성령이다. 그것을 판단하는 방법은 하나님을 아버지라고 진심으로 부를 수 있는지 여부를 알아보는 것이다. 앞으로의 영광에 대한 보증이 바로 하나님을 아버지로 부르게 하는 성령인 것이다.

이 세상에서는 다운 페이먼트 한 집을 놓칠 수도 있다. 하지만 성령을 다운 페이먼트로 모시고 있는 우리는 결코 장래의 영광을 놓칠 수 없다. 청교도(Puritan) 목회자 토머스 왓슨은 다음과 같이 말했다. "경건한 자가 희미한 신앙생활을 할 수도 있을 것입니다. 사랑의 맥박이 약해질 수도 있습니다. 마치 시내가 마르듯이 은혜의 운동이 막힐 수도 있을 것입니다. 경건한 자 속에서 은혜가 역사하는 대신에 부패가 역사할 수도 있을 것입니다. 인내 대신에 불평, 천국 대신에 세속성, 그래서 중생한 자 속에서도 부패가 활기차게 작동할 수도 있을 것입니다. 엄청난 죄에 빠질 수도 있을 것입니다. 그러나 은총이 줄어드는 경우는 있어도 그것이 말라 버리지는 않습니다. 은총이 감소되기는 해도 폐지되지는 않습니다. 은혜가 가려지기는 해도 해체되지는 않습니다. 신자는 어느 정도 은혜에서 떨어질 수는 있어도 은혜의 상태에서 떨어져 나가지는 않습니다."

그리스도인들은 때때로 자신의 삶 속에서, 타인들의 삶 속에서, 혹은 자연 환경 속에서 죄가 모습을 드러내게 될 때 고민하고 탄식한다. 그러나 성도의 탄식은 소망 없는 탄식이 아니라 무언가를 바라보는 소망의 탄식이다. 그것은 현재의 불완전에 눌려서 신음하는 것만이 아니고 미래에 나타날 영광을 위해서 탄식하는 것, 하나님의 양자 될 것을 바라보고 탄식하는 것이다.[1] 우리는 죄를 고백하고 사탄과 이 세상을 거부하고 이 세상의 도(Ethos), 즉 자기중심적으로 살겠다는 자기를 주장하는 의지의 도를 버리고 예수 그리스도를 믿고, 의지하고, 순종하면서 살겠다는 신앙의 결단을 했으며, 이것의 증거로 첫 열매인 성령을 받았다. 그리고 여기에서부터 기독교

---

1) 권성수, 「로마서 강해」(서울 : 횃불, 1994), p. 445.

인의 윤리가 나온다.

"너희는 이 세대를 본받지 말고 오직 마음을 새롭게 함으로 변화를 받아 하나님의 선하시고 기뻐하시고 온전하신 뜻이 무엇인지 분별하도록 하라"(롬 12 : 2).

"오직 너희는 그리스도의 복음에 합당하게 생활하라 ……"(빌 1 : 27).

"우리가 살아도 주를 위하여 살고 죽어도 주를 위하여 죽나니 그러므로 사나 죽으나 우리가 주의 것이로다 이를 위하여 그리스도께서 죽었다가 다시 살아나셨으니 곧 죽은 자와 산 자의 주가 되려 하심이라"(롬 14 : 8-9).

"다 같은 신령한 음식을 먹으며"(고전 10 : 3).

그리스도인의 윤리는 구원을 얻기 위한 조건이 아니고 구원을 은혜로 받은 자로서 사는 것, 우리가 구원받아서 세상에 속한 자가 아니라 하나님 나라 시민이 되었으므로 하나님 나라 시민으로서 살라는 것, 이 세상의 정신에 순종해서 사는 이 세상의 시민으로 살 것이 아니라 하나님 나라의 시민으로 살라는 것이다. 우리는 이 세상에 살지만 예수 그리스도와 함께 새사람이 되어 이미 하나님 나라에 속한 자로서, 구원의 첫 열매를 받은 자로서 구원의 완성을 바라보며 살고 있다. 그러므로 오는 세상 곧 하나님 나라의 시민으로 살려면 이 세상의 도, 곧 자기를 주장하려는 의지를 버리고 하나님을 의존하고 순종하는 삶을 살아야 하는 것이다.

그리스도인의 삶에는 필연적으로 고난이 따른다. 왜냐하면 이 세상에 살면서 이 세상의 도, 곧 자기를 주장하려는 의지를 따르지 않아 필연적인 고난이 생기는 것이다. 자기주장, 자기 의지의 정신이 지배되는 이 세상에서 하나님에 대한 순종의 삶은 희생과 고난을 수반한다. 즉, 그리스도인의 고난은 다른 말로 하면 악한 세상에서 이 세상의 정신과 그 가치관에 순종하지 않고 하나님 나라의 시민으로 살기 때문에 받는 고난이라고 할 수 있다. 이와 같이 이 세상에 살지만 이 세상에 동조하지 않고, 오는 세상 곧 하나님 나라의 시민으로 사는 삶을 '제자도'라고 한다. 제자도는 곧 섬김의 도이다. 즉, 제자들의 도(ethos)는 섬김이다. 그러므로 자기주장을 하는 세상 속에서 섬김의 도를 실천한다는 것은 고난이요, 희생일 수밖에 없는 것이다.

> "무리와 제자들을 불러 이르시되 누구든지 나를 따라오려거든 자기를 부인하고 자기 십자가를 지고 나를 따를 것이니라"(막 8 : 34).

> "…… 예수께서 불러다가 이르시되 이방인의 집권자들이 그들을 임의로 주관히고 그 고관들이 그들에게 권세를 부리는 줄을 너희가 알거니와 너희 중에는 그렇지 않을지니 너희 중에 누구든지 크고자 하는 자는 너희를 섬기는 자가 되고 너희 중에 누구든지 으뜸이 되고자 하는 자는 모든 사람의 종이 되어야 하리라"(막 10 : 35 – 44).

> "나는 이제 너희를 위하여 받는 괴로움을 기뻐하고 그리스도의 남은 고난을 그의 몸 된 교회를 위하여 내 육체에 채우노라"(골 1 : 24).

그리스도인, 즉 제자들이 받는 고난은 믿음으로 예수 그리스도의 십자가에 동참하는 실제화이다. 다시 말해서 그리스도인의 고난은 믿음에서 일어난 옛 죄에 대한 벌 받음, 옛 죄인의 죽음, 이 사건이 실제 생활에서 펼쳐지는 실제화(actualize)되어 가는 과정이라고 볼 수 있다.

또한 옛 아담적인 내가 십자가에서 죽음이 실제 생활에서 실제화되어 가는 것이 그리스도인의 고난인데, 이 고난은 예수의 부활에 내포되어 부활한 나의 새로운 삶이 실제화되어 가는 과정이기도 하다. 제자의 고난은 옛 아담적인 나의 십자가에서의 믿음을 통한 죽음이 실제화되어 가는 과정이면서 동시에 예수 안에서 예수와 함께 부활한 나의 새로운 자아가 날로 새로워져 가는, 날로 실제화되어 가는 과정이라 할 수 있다. 즉, 예수 그리스도의 영광된 형상으로 날로 변화되어 가는 과정이고, 예수의 부활의 형상으로 날로 변화되어 가는 과정이며, 예수의 부활의 새 생명이 우리의 썩어져 가는 몸에 나타나는 과정이다.

"우리가 항상 예수의 죽음을 몸에 짊어짐은 예수의 생명이 또한 우리 몸에 나타나게 하려 함이라 우리 살아 있는 자가 항상 예수를 위하여 죽음에 넘겨짐은 예수의 생명이 또한 우리 죽을 육체에 나타나게 하려 함이라 …… 그러므로 우리가 낙심하지 아니하노니 우리의 겉사람은 낡아지나 우리의 속사람은 날로 새로워지도다 우리가 잠시 받는 환난의 경한 것이 지극히 크고 영원한 영광의 중한 것을 우리에게 이루게 함이니……"(고후 4 : 10 - 18).

"내가 그리스도와 그 부활의 권능과 그 고난에 참여함을 알고자 하여 그의 죽으심을 본받아 어떻게 해서든지 죽은 자 가운데서 부활에 이르려 하노니"(빌 3 : 10 - 11).

무엇을 마구 문지르면 소멸되는 것처럼 옛사람이 점점 그리스도인의 고난을 통해서 소멸되어 가고, 반대로 속사람은 날로 새로워진다. 그러므로 제자도의 삶은 우리가 예수의 하나님의 아들 된 그 영광된 형상을 점점 닮아 가는 과정이다. 하나님의 영광된 형상을 점점 닮아 가는 과정, 하나님의 영광된 형상을 되찾은 예수의 형상을 닮는 과정이 고난의 삶, 제자도의 삶이다. 이것을 '성화'라고 하며 시제로는 현재, 즉 구원의 현재이다.

1) 구원의 과거(Justification, I have been saved from the penalty of sin)

우리의 구원은 죄를 회개하고 예수를 나의 구세주로 믿어 영접함으로 2,000년 전 예수께서 십자가에 달린 순간에 이루어졌다.

"그가 우리를 흑암의 권세에서 건져 내사 그의 사랑의 아들의 나라로 옮기셨으니 그 아들 안에서 우리가 속량 곧 죄 사함을 얻었도다"(골 1 : 13 - 14).

"예수께서 신 포도주를 받으신 후에 이르시되 다 이루었다 하시고 머리를 숙이니 영혼이 떠나가시니라"(요 19 : 30).

"그러므로 우리가 믿음으로 의롭다 하심을 받았으니 우리 주 예수 그리스도로 말미암아 하나님과 화평을 누리자 또한 그로 말미암아 우리가 믿음으로 서 있는 이 은혜에 들어감을 얻었으며 하나님의 영광을 바라고 즐거워하느니라 다만 이뿐 아니라 우리가 환난 중에도 즐거워하나니 이는 환난은 인내를, 인내는 연단을, 연단은 소망을 이루는 줄 앎이로다 소망이 우리를 부끄럽게 하지 아니함은 우리에게 주신 성령으로 말미암아 하나님의 사랑이 우리 마음에 부은 바 됨이니"(롬 5 : 1-5).

죄인에 대한 하나님의 진노를 예수가 십자가상에서 완전히 만족하게 하심으로 우리의 구원은 다 이루어졌으며, 하나님의 심판은 용서로, 하나님의 진노는 구원으로 이루어졌다. 이 사실을 믿는 그 순간 우리의 구원은 2,000년 전의 사건으로 이미 완성된 것이다. 이제 구원을 위해 우리가 해야 할 일은 아무것도 없다. 예수께서 십자가에서 이루어 놓으신 그 위대한 생명의 샘물을 값없이 먹고 마시고 즐거워하는 것뿐이다. 단지 할 것이 하나 있다면 예수의 십자가의 그 사랑에 빚진 자임을 깨닫는 것이다.

그래서 예수는 우리에게 자유하라고 하셨다. 이제 우리는 십자가의 사랑에 매여서 "당신은 우리에게 자유하라 하오나 그 십자가의 사랑 때문에 당신께 묶이기를 원하며, 십자가에서 죄짐을 벗었으나 이제는 더 강한 사랑의 줄로 그 십자가에 묶여 당신과 함께 살고 당신과 함께 더불어 죽기를 원합니다."라고 고백하면서 크신 사랑을 노래하고 찬송하며 예수께서 다시 오실 날을 고대하기만 하면 된다.

2) 구원의 현재(Sanctification, I am being saved from the power of sin)

구원의 현재는 구원을 받은 우리가 믿음으로 의인이 되고, 새로운 피조물이 된 우리가 현재에 의인으로서, 하나님의 아들로서, 스스로를 재확인하는, 즉 이 세상의 가치를 거부하고, 고난을 받으며, 십자가에서 죽은, 자기를 주장하는 옛사람이 실제로 죽어 가는 시간이다. 그와 동시에 부활로 새로워진 새 생명이 실제화되어 가는 과정, 그래서 그리스도의 거룩한 형상으로, 영광된 형상으로 닮아 가는 것이 구원의 현재이다.

"그러므로 나의 사랑하는 자들아 너희가 나 있을 때뿐 아니라…… 두렵고 떨림으로 너희 구원을 이루라"(빌 2 : 12).

3) 구원의 미래(Glorification, I will be saved from the presence of sin)

종말에 예수 그리스도가 다시 오실 때 이 성화의 과정, 곧 십자가를 지고 옛사람이 죽어 가며, 새로운 사람이 날로 새롭게 되어 가는 과정이 종결되는데 그때에 우리는 예수의 부활에 완전히 참예하게 되고, 우리는 하나님의 아들이요 마지막 아담인 예수의 영광된 형상으로 완전히 변화한다. 이것을 영화라고 하며 시제로는 미래, 즉 구원의 미래이다.

"사망을 영원히 멸하실 것이라 주 여호와께서 모든 얼굴에서 눈물을 씻기시며 자기 백성의 수치를 온 천하에서 제하시리라 여호와께서 이같이 말씀하셨느니라 그날에 말하기를 이는 우리의 하나님이시라 우리가 그를 기다렸으니 그가 우리를 구원하시리로다 이는 여호와시라 우리가 그를 기다렸으니 우리는 그의 구원을 기뻐하며 즐거워하리라 할 것이며"(사 25 : 8-9).

"그러나 우리의 시민권은 하늘에 있는지라 거기로부터 구원하는 자 곧 주 예수 그리스도를 기다리노니 그는 만물을 자기에게 복종하게 하실 수 있는 자의 역사로 우리의 낮은 몸을 자기 영광의 몸의 형체와 같이 변하게 하시리라"(빌 3 : 20-21).

"만일 우리가 그의 죽으심과 같은 모양으로 연합한 자가 되었으면 또한 그의 부활과 같은 모양으로 연합한 자도 되리라"(롬 6 : 5).

"…… 또한 그로 말미암아 우리가 믿음으로 서 있는 이 은혜에 들어감을 얻었으며 하나님의 영광을 바라고 즐거워하느니라 …… 소망이 우리를 부끄럽게 하지 아니함은 우리에게 주신 성령으로 말미암아 하나님의 사랑이 우리 마음에 부은 바 됨이니"(롬 5 : 1-5).

"하나님의 사랑 안에서 자신을 지키며 영생에 이르도록 우리 주 예수 그리스도의 긍휼을 기다리라"(유 1 : 21).

"갓난아기들같이 순전하고 신령한 젖을 사모하라 이는 그로 말미암아 너희로 구원에 이르도록 자라게 하려 함이라"(벧전 2 : 2).

"이같이 하면 우리 주 곧 구주 예수 그리스도의 영원한 나라에 들어감을 넉넉히 너희에게 주시리라"(벧후 1 : 11).

"그뿐 아니라 또한 우리 곧 성령의 처음 익은 열매를 받은 우리까지도 속으로 탄식하여 양자 될 것 곧 우리 몸의 속량을 기다리느니라"(롬 8 : 23).

"내가 이미 얻었다 함도 아니요 온전히 이루었다 함도 아니라 오직 내가 그리스도 예수께 잡힌 바 된 그것을 잡으려고 달려가노라 형제들아 나는 아직 내가 잡은 줄로 여기지 아니하고 오직 한 일 즉 뒤에 있는 것은 잊어버리고 앞에 있는 것을 잡으려고 푯대를 향하여 그리스도 예수 안에서 하나님이 위에서 부르신 부름의 상을 위하여 달려가노라"(빌 3 : 12-14).

"우리가 흙에 속한 자의 형상을 입은 것같이 또한 하늘에 속한 이의 형상을 입으리라"(고전 15 : 49).

"그러므로 우리는 두려워할지니 그의 안식에 들어갈 약속이 남아 있을지라도 너희 중에는 혹 이르지 못할 자가 있을까 함이라"(히 4 : 1).

"그러므로 우리가 저 안식에 들어가기를 힘쓸지니 이는 누구든지 저 순종하지 아니하는 본에 빠지지 않게 하려 함이라"(히 4 : 11).

"그러므로 너희 마음의 허리를 동이고 근신하여 예수 그리스도께서 나타나실 때에 너희에게 가져다주실 은혜를 온전히 바랄지어다 너희가 순종하는 자식처럼 전에 알지 못할 때에 따르던 너희 사욕을 본받지 말고 오직 너희를 부르신 거룩한 이처럼 너희도 모든 행실에 거룩한 자가 되라"(벧전 1 : 13-15).

"너희는 말세에 나타내기로 예비하신 구원을 얻기 위하여 믿음으로 말미암아 하나님의 능력으로 보호하심을 받았느니라"(벧전 1 : 5).

그리스도인의 제자도의 고난은 동시에 우리의 속사람, 곧 새로운 부활의 새 생명이 날로 새로워지고 강건해지는 과정이다. 그 과정은 드디어 예수가 다시 오심으로 말미암아 우리를 더 이상 악과 고난과 죄의 시험에 허덕이지 않는 영광스러운 형상으로 완전히 변화시킬 때 종결될 것이다. 이것이 구원의 미래이고, 그리스도인의 소망이며, 이 소망이 우리를 실망시키지 않는다고 바울은 주장하고 있다. 이것은 헛된 소망이 아니다. 가짜도 아니다. 이미 우리가 구원의 첫 열매를 받았기 때문이다. 구원의 첫 열매를 이미 받았다는 것은 언젠가는 구원의 완성이 온다는 것을 보증하는 것이다. 예수 안에서 구원은 첫 열매로 주어지나 그것의 완성은 주 예수 그리스도의 재림 때에 있을 것이며, 예수를 믿는 자들에게 내주하시는 성령은 이 구원의 첫 열매를 나타내는 하나님의 선물이요, 장차 예수의 재림 때 주어질 구원의 완성에 대한 보증이다.

CONFIDENCE OF REDEMPTION

구원의 확신

✝ 저자 후기

책을 마무리하면서 먼저 이 책을 통하여 하나님의 자녀들이 요한일서 5 : 20의 축복을 누리기 소원한다. 또한 부족한 종의 이 사역 — 하나님의 자녀들이 구원의 확신에 거하여 포스트모더니즘 시대(절대 진리, 절대 구원, 예수의 유일성과 절대성이 무너진 시대)에 예수 구원, 예수 사랑, 예수 복음을 들고 땅끝까지 나아가 순교의 자리에 이르게 하는 것 — 을 사무엘하 7 : 28~29의 다윗의 기도로 대신한다.

"또 아는 것은 하나님의 아들이 이르러 우리에게 지각을 주사 우리로 참된 자를 알게 하신 것과 또한 우리가 참된 자 곧 그의 아들 예수 그리스도 안에 있는 것이니 그는 참 하나님이시요 영생이시라"(요일 5 : 20).

"주 여호와여 오직 주는 하나님이시며 주의 말씀들이 참되시니이다 주께서 이 좋은 것을 주의 종에게 말씀하셨사오니 이제 청하건대 종의 집에 복을 주사 주 앞에 영원히 있게 하옵소서 주 여호와께서 말씀하셨사오니 주의 종의 집이 영원히 복을 받게 하옵소서 하니라"(삼하 7 : 28 – 29).

그리고 이상의 진리를 마무리하면서 현실적인 질문 하나를 연구과제로 남겨 둔다. 즉, 예수가 알려지기 전, 예수에 대한 소식을 듣지 못한 사람들의 구원 문제이다. 실제로 우리나라에 복음이 들어오기 전 우리 조상들의 구원 문제, 그리고 현재 시점에서 미전도 종족(Unreached People)의 구원 문제인 것이다. 이것에 대한 대답으로 몇 개의 성경구절을 제시한다.

"하나님이 지나간 세대에는 모든 민족으로 자기들의 길들을 가게 방임하셨으나 그러나 자기를 증언하지 아니하신 것이 아니니 곧 여러분에게 하늘로부터 비를 내리시며 결실기를 주시는 선한 일을 하사 음식과 기쁨으로 여러분의 마음에 만족하게 하셨느니라 하고"(행 14 : 16-17).

"우주와 그 가운데 있는 만물을 지으신 하나님께서는 천지의 주재시니 손으로 지은 전에 계시지 아니하시고 또 무엇이 부족한 것처럼 사람의 손으로 섬김을 받으시는 것이 아니니 이는 만민에게 생명과 호흡과 만물을 친히 주시는 이심이라 인류의 모든 족속을 한 혈통으로 만드사 온 땅에 살게 하시고 그들의 연대를 정하시며 거주의 경계를 한정하셨으니 이는 사람으로 혹 하나님을 더듬어 찾아 발견하게 하려 하심이로되 그는 우리 각 사람에게서 멀리 계시지 아니하도다"(행 17 : 24-27).

"하나님의 진노가 불의로 진리를 막는 사람들의 모든 경건하지 않음과 불의에 대하여 하늘로부터 나타나나니 이는 하나님을 알 만한 것이 그들 속에 보임이라 하나님께서 이를 그들에게 보이셨느니라 창세로부터 그의 보이지 아니하는 것들 곧 그의 영원하신 능력과 신성이 그가 만드신 만물에 분명히 보여 알려졌나니 그러므로 그들이 핑계하지 못할지니라 하나님을 알되 하나님을 영화롭게도 아니하며 감사하지도 아니하고 오히려 그 생각이 허망하여지며 미련한 마음이 어두워졌나니 스스로 지혜 있다 하나 어리석게 되어 썩어지지 아니하는 하나님의 영광을 썩어질 사람과 새와 짐승과 기어다니는 동물 모양의 우상으로 바꾸었느니라"(롬 1 : 18-23).

"(율법 없는 이방인이 본성으로 율법의 일을 행할 때에는 이 사람은 율법이 없어도 자기가 자기에게 율법이 되나니 이런 이들은 그 양심이 증거가 되어 그 생각들이 서로 혹은 고발하며 혹은 변명하여 그 마음에 새긴 율법의 행위를 나타내느니라)"(롬 2 : 14-15).

"베드로가 입을 열어 말하되 내가 참으로 하나님은 사람의 외모를 보지 아니하시고 각 나라 중 하나님을 경외하며 의를 행하는 사람은 다 받으시는 줄 깨달앉도다"(행 10 : 34-35).

오늘날 우리는 복음이 일상적으로 거론되지 않거나 복음 전파가 사실상 불법인 곳에 사는 사람에 대한 구원 문제를 가지고 하나님의 불공평을 언급하기 쉽다. 성경은 예수의 인격과 사역을 통하지 않고는 아무도 하나님의 임재 안에 들어갈 수 없다고 말한다. 우리가 마땅히 치러야 할 죗값을 대신하여 예수 그리스도가 십자가에서 죽으신 것, 이 대가 없이는 구원을 얻을 길이 없음을 천명한다. 그러면서도 복음과 멀리 떨어져 있는 문화와 시대의 사람들이 이 사실에 어떻게 반응해야 할지도 천명하고 있다. 그런 의미에서 사도행전 17 : 26~27의 말씀이 중요하다. 하나님은 피조된 세계 안에 주권적 계획이 있어 각 사람의 출생지를 정해 주신다는 것이다. 하나님은 우리가 태어나 자랄 곳을 알고 계시며, 당신을 찾을 만한 곳에 우리를 두신다는 것이다. 우리가 어떤 나라와 문화에 속해 있든, 어느 곳에 살든 그분은 우리 각 사람의 손이 닿는 반경 내에 계신다. 모든 인간은 언제라도 무릎을 꿇고 "하나님, 도와주세요!"라고 부르짖을 수 있고, 그렇게만 하면 하나님이 인간 이해를 초월하여 그 사람을 도와주신다.

한 예로 이슬람 국가의 여인이 어느 날 퇴근하면서 몹시 마음이 착잡했다고 한다. 길을 걸으면서 "왜 이렇게 공허한지 모르겠어!"라는 중얼거림이 새어 나왔고 그 순간 난데없이 "예수 그리스도여, 날 도와줄 수 없나요?"라고 말했다는 것이다. 그러고는 길거리에 멈춰 서서 자신에게 물었다. "왜 내 입에서 그 이름이 나왔지?" 결국 이 여인은 그리스도인이 되었다고 한다. 하나님은 이 여인의 마음, 하나님을 찾아 갈급해 하면서도 자기 존재의 폐쇄된 세계 안에서 그분께 다가갈 길을 찾지 못하는 그 마음을 보셨고, 그래서 환경의 장벽을 뛰어넘게 하셨던 것이다. 이렇듯 하나님은 당신을 진정 알려는 사람에게는 어떤 문화적 상황을 헤치고 들어가 반드시 응답하신다.

그다음으로 성경은 하나님의 무한한 능력과 신성이 그 지으신 만물을 통해 만민에게 드러나 있다고 천명한다. 또한 하나님은 우리 마음과 양심에 그분을 찾을 만한 법을 심어 놓으셨다고 말씀하신다. 현실 세계에서 확인되는 바로는 환상이나 꿈, 기타 초자연적인 개입을 통해서 예수 그리스도를 따르기로 결단하는 사람들이 많이 있다. 환상에 대한 교리에 있어서 회교보다 복잡한 종교는 없는데, 하나님은 초자연적인 세계에 대한 회교도들의 민감성을 사용하셔서 말씀하시고 계시하신 적이 있다. 인도의 가장 위대한 회심자 선다 싱(Sundar singh, 1889-1929)은 시크교도였다. 그는 어느 날 꿈속에서 자기 방에 나타난 예수를 보았고, 이 일은 그의 삶에 엄청난 영향을 주었으며 결국 크리스천이 되어 예수를 전하는 사람이 되었던 것이다.

이렇듯 하나님은 우리의 이해를 초월하여 당신을 계시하신다. 다양한 상황에서 우리가 이해하지 못하는 방식으로 예수의 말씀이 주어지고, 어느 곳에 있든지 피조세계와 우리 양심을 통한 그분의 말씀이 들리기에 우리는 핑계댈 수 없다는 것이다. 모든 인간은 반응할 수 있을 만큼 충분한 진리를 알고 있으며, 일단 반응하면 하나님은 더 많은 것을 계시해 주신다. 결론적으로 한 인간이 진실된 마음으로 하나님을 구한다면 하나님은 반드시 길을 열어 그 사람에게 하나님에 관한 이야기를 들려주신다. 지금껏 어떤 상황에서도 하나님께 반응하지 않은 사람은 그분에 대한 이야기를 들을 기회가 없었을지도 모른다. 그러나 많은 사람들이 반응하지 않을 경우 정죄당할 수 있다는 것은 충분히 알고 있다. 하나님이 피조된 세계와 양심과 다른 방법들을 통해 들려주신 말씀을 이미 거부했다면 그분 앞에 서서 책임을 지게 될 것이다.[1]

여기에 대해서 신학적 주장들을 살펴보자면 순교자 플라비우스 유스티누스(Flavius Justinus)의 '선재적 그리스도론'(preexistent Christology)이다. 유스티누스는 특유의 로고스 이론을 개발했는데, 하나님의 말씀이자 진리인 로고스는 영원한 신적 존재이다. 그는 태초부터 하나님과 함께 있었고, 우주 만물이 그에 의해 지어졌으며 영원히 존재한다. 우리가 아는 '역사적 예수' 곧 베들레헴의 마구간에서 태어나 예루살렘의 골고다 언덕 위에서 십자가에 매달려 숨진 나사렛 예수는 그 로

---

1) Lee strobel, *The Case for faith*, 윤종석 역, 「특종! 믿음 사건」(서울 : 두란노, 2001), pp. 180-182.

고스가 육신이 되어 잠시 세상에 온 것이다. 이 같은 주장은 신약성경의 내용과 일치한다.

"태초부터 있는 생명의 말씀에 관하여는 우리가 들은 바요 눈으로 본 바요 자세히 보고 우리의 손으로 만진 바라 이 생명이 나타내신 바 된지라 이 영원한 생명을 우리가 보았고 증언하여 너희에게 전하노니 이는 아버지와 함께 계시다가 우리에게 나타내신 바 된 이시니라"(요 1 : 1-2).

"말씀이 육신이 되어 우리 가운데 거하시매 우리가 그의 영광을 보니 아버지의 독생자의 영광이요 은혜와 진리가 충만하더라"(요 1 : 14).

"만물이 그에게서 창조되되 하늘과 땅에서 보이는 것들과 보이지 않는 것들과 혹은 왕권들이나 주권들이나 통치자들이나 권세들이나 만물이 다 그로 말미암고 그를 위하여 창조되었고 또한 그가 만물보다 먼저 계시고 만물이 그 안에 함께 섰느니라"(골 1 : 16-17).

그런데 유스티누스는 여기서 멈추지 않고 한 걸음 더 나갔다. 그는 「제1변증서」에서 "로고스를 따라 살았던 사람들은 비록 그들이 스스로를 무신론자라고 생각하며 살았다 하더라도 다 크리스천이다."라고 했다. 요컨대 무종교인 무신론자 중에도 로고스를 따라 살았던 사람들은 구원을 받아 천국에 간다는 말이다. 그래서 그는 소크라테스와 플라톤을 '그리스도 이전의 크리스천'이라 불렀고, 알렉산드리아의 클레멘스는 플라톤을 '그리스어로 저술한 모세'라고 불렀다. 여기에 대해서 반론을 제기하는 듯한 성경구절들이 있다.

"예수께서 이르시되 내가 곧 길이요 진리요 생명이니 나로 말미암지 않고는 아버지께로 올 자가 없느니라"(요 14 : 6).

"한 부자가 있어 자색 옷과 고운 베옷을 입고 날마다 호화롭게 즐기더라 그런데 나사로라 이름하는 한 거지가 헌데 투성이로 그의 대문 앞에 버려진 채 그 부자의 상에서 떨어지는 것으로 배불리려 하매 심지어 개들이 와서 그 헌데를 핥더라 이에 그 거지가 죽어 천사들에게 받들려 아브라함의 품에 들어가고 부자도 죽어 장사되매 그가 음부에서 고통 중에 눈을 들어 멀리 아브라함과 그의 품에 있는 나사로를 보고 불러 이르되 아버지 아브라함이여 나를 긍휼히 여기사 나사로를 보내어 그 손가락 끝에 물을 찍어 내 혀를 서늘하게 하소서 내가 이 불꽃 가운데서 괴로워하나이다 아브라함이 이르되 얘 너는 살았을 때에 좋은 것을 받았고 나사로는 고난을 받았으니 이것을 기억하라 이제 그는 여기서 위로를 받고 너는 괴로움을 받느니라 그뿐 아니라 너희와 우리 사이에 큰 구렁텅이가 놓여 있어 여기서 너희에게 건너가고자 하되 갈 수 없고 거기서 우리에게 건너올 수도 없게 하였느니라 이르되 그러면 아버지여 구하노니 나사로를 내 아버지의 집에 보내소서 내 형제 다섯이 있으니 그들에게 증언하게 하여 그들로 이 고통 받는 곳에 오지 않게 하소서 아브라함이 이르되 그들에게 모세와 선지자들이 있으니 그들에게 들을지니라 이르되 그렇지 아니하니이다 아버지 아브라함이여 만일 죽은 자에게서 그들에게 가는 자가 있으면 회개하리이다 이르되 모세와 선지자들에게 듣지 아니하면 비록 죽은 자 가운데서 살아나는 자가 있을지라도 권함을 받지 아니하리라 하였다 하시니라"(눅 16 : 19-31).

예수님을 전혀 몰랐던 거지 나사로는 어떻게 천사들에게 받들려 천국에 가게 되었을까? 구약성경의 인물들과 나사렛 예수님과의 관계를 어떻게 이해해야 할까? 이 문제에 대해서 예수님도 살아 생전에 호된 곤욕을 치르셨다.

"진실로 진실로 너희에게 이르노니 사람이 내 말을 지키면 영원히 죽음을 보지 아니하리라 유대인들이 이르되 지금 네가 귀신 들린 줄을 아노라 아브라함과 선지자들도 죽었거늘 네 말은 사람이 내 말을 지키면 영원히 죽음을 맛보지 아니하리라 하니 너는 이미 죽은 우리 조상 아브라함보다 크냐 또 선지자들도 죽었거늘 너는 너를 누구라 하느냐 예수께서 대답하시되 내가 내게 영광을 돌리면 내 영광이 아무것도 아니거니와 내게 영광을 돌리시는 이는 내 아버지시니 곧 너희가 너희 하나님이라 칭하는 그이시라 너희는 그를 알지 못하되 나는 아노니 만일 내가 알지 못한다 하면 나도 너희같이 거짓말쟁이가 되리라 나는 그를 알고 또 그의 말씀을 지키노라 너희 조상 아브라함은 나의 때 볼 것을 즐거워하다가 보고 기뻐하였느니라 유대인들이 이르되 네가 아직 오십 세도 못 되었는데 아브라함을 보았느냐 예수께서 이르시되 진실로 진실로 너희에게 이르노니 아브라함이 나기 전부터 내가 있느니라 하시니 그들이 돌을 들어 치려 하거늘 예수께서 숨어 성전에서 나가시니라"(요 8 : 51 – 59).

여기서 예수님이 "아브라함이 나기 전부터 내가 있느니라"라고 하실 때 '나'는 누구인가? 여기에 대해서 유스티누스는 태초부터 하나님 곁에 있었고 진리로서 세상에 존재하는 하나님의 말씀(진리) 곧 '선재적 그리스도'라는 것이다. 그래서 요한복음 14 : 6의 의미는 태초부터 있었고, 우주를 창조했으며, 영원까지 있을 하나님의 진리를 따르지 않고는 하나님께로 올 자가 없다는 것이다.

즉, 역사적 예수와 그의 복음을 모르는 사람일지라도 '선재적 그리스도'인 하나님의 진리를 알았다면 영생을 얻을 수 있다는 것이다. 그래서 「신곡」에서 단테의 안내자 역할을 한 고대 로마의 시인 푸블리우스 베르길리우스마로(Publius Vergilius Maro, BC 70 – 19)는 자기는 본래 예수가 탄생하기 19년 전에 죽어 예수를 알지 못했기 때문에 영혼이 제1옥인 림보(Limbo)에 떨어졌는데 어느 날 그리스도가 친히 내려와 거기 있던 자기와 다른 많은 영혼을 구해 주었다는 것이다. 단테의 「신곡」 지옥편에는 이렇게 쓰여 있다. "내가 여기 온 지 얼마 되지 않아 승리의 면류관을 쓰신 분이 여기에 오시는 것을 보았느니라. 그분은 최초의 아버지 아담의 영혼을 끌어내고, 이어 그의 아들 아벨과 노아의 영혼, 율법을 세워 하나님에게 순종한 모세의 영혼, 족장 아브라함과 다윗 왕, 야곱과 그 아비 이삭과 아들들, 그리고 야곱에게 충실히 종사한 라헬의 영혼과 그밖에 선택된 많은 영혼을 불러 내 축복해 주셨지." 이 시구는 단테가 임의대로 지어낸 것이 아니다.

"그가 또한 영으로 가서 옥에 있는 영들에게 선포하시니라"(벧전 3 : 19).

"이를 위하여 죽은 자들에게도 복음이 전파되었으니 이는 육체로는 사람으로 심판을 받으나 영으로는 하나님을 따라 살게 하려 함이라"(벧전 4 : 6).

이 점에 있어서 제2차 바티칸 공의회(Concilium Vaticanum Ⅱ, 1962 – 1965)에서는 '배타주의'에서 '포용주의'로 입장을 바꾸었다. 이 공의회에 고문이었던 칼 라너(Karl Rahner)와 한스 큉의 주장이 한몫을 했다.

"내가 땅에서 들리면 모든 사람을 내게로 이끌겠노라 하시니"(요 12 : 32).

"모든 사람에게 구원을 주시는 하나님의 은혜가 나타나"(딛 2 : 11).

"아담 안에서 모든 사람이 죽은 것같이 그리스도 안에서 모든 사람이 삶을 얻으리라"(고전 15 : 22).

"하나님은 모든 사람이 구원을 받으며 진리를 아는 데에 이르기를 원하시느니라"(딤전 2 : 4).

위의 구절들에 근거해서 하나님은 모든 사람을 구원의 대상으로 보고, 모든 사람이 구원받기를 원하신다는 보편적 구원론(universalism)을 주장했다.

칼 라너는 다른 종교를 가진 사람이라도 성경에서 말하는 선한 삶의 열매를 맺는 생활을 해 나간다면 하나님이 그들의 삶에 간여한다고 주장했다. 이런 사람들을 '익명의 크리스천'(anonymous christian)이라 불렀고, 제2차 바티칸 공의회 문헌에는 "자기의 탓 없이 그리스도의 복음과 교회를 알지 못하지만 성실한 마음으로 하나님을 찾으며 양심의 명령으로 알려진 하나님의 뜻을 은총의 힘으로 실천하려고 노력하는 사람은 영원한 구원을 얻을 수 있다."라고 했다.

그러나 개신교 가운데 많은 보수적인 교회는 보편적 구원론을 받아들이지 않는데, 여기에도 뚜렷하고 정당한 이유가 있다.

"좁은 문으로 들어가라 멸망으로 인도하는 문은 크고 그 길이 넓어 그리로 들어가는 자가 많고 생명으로 인도하는 문은 좁고 길이 협착하여 찾는 자가 적음이라"(마 7 : 13 – 14).

"모든 민족을 그 앞에 모으고 각각 구분하기를 목자가 양과 염소를 구분하는 것같이 하여 양은 그 오른편에 염소는 왼편에 두리라"(마 25 : 32 – 33).

"하나님의 진노가 불의로 진리를 막는 사람들의 모든 경건하지 않음과 불의에 대하여 하늘로부터 나타나나니"(롬 1 : 18).

위의 본문들에는 천국과 지옥, 생명과 멸망을 분명하게 교훈하고 있다. 그럼에도 불구하고 사도 바울은 모든 사람의 구원을 가르치고 있다.

"아담 안에서 모든 사람이 죽은 것같이 그리스도 안에서 모든 사람이 삶을 얻으리라"(고전 15 : 22).

그래서 개신교에서도 보편적 구원론을 지지하는 신학자들이 있다. 그 대표적 인물은 칼 바르트와 위르겐 몰트만(Jurgen Moltmann)이다. 신정통주의의 거두인 칼 바르트는 그의 대작「교회 교의학」에서 "하나님은 그리스도의 십자가에서 모든 죄를 심판했고, 십자가에 달린 그리스도 안에서 모든 죄인과 화해를 이루었다."라고 주장했다. 즉, 그리스도가 세상의 모든 죄를 십자가에서 짊어졌기 때문에 모든 인간(人間)은 스스로 알든 모르든 그리스도 안에서 객관적으로 화해되었다는 것이다. 이 주장을 과도한 그리스도 중심주의(Christomonism)라고 한다.

독일 튀빙겐 대학 교수였던 위르겐 몰트만은「오시는 하나님」에서 성경 안에는 영생과 영벌이 있다는 '이중 예정론'(Predestination gemina)과 모든 사람이 구원된다는 '참된 보편 구원론'(Universalism)이 공존하기 때문에 인간은 신앙과 불신앙, 축복과 저주 사이에서 결정해야 하나 하나님이 그리스도의 고난을 통하여 지옥을 이미 파괴했고, 소수의 선택받은 자뿐만 아니라 우주만물을 자신과 화해시켰다(고후 5 : 19)고 주장한다. 그래서 인간의 결정과 하나님의 결정은 비대칭적이지만, 하나님의 결정이 절대적 우위를 점하기 때문에 하나님의 결정은 취소할 수 없고, 인간이 하나님에 대항하여 그의 불신앙을 영원히 지킬 수 없다고 한다.

그래서 오늘날 현대 신앙은 보편적 구원론을 지지하거나 종교 간의 화합과 연내를 도모하려는 다양한 연구와 담론이 화려하다. 그럼에도 불구하고 끝까지 자의적으로 하나님을 거부하는 사람의 구원은 부당하다고 보기 때문에 보편 구원론을 거부하는 주장도 엄연히 존재하고 있다.

2장 주제에 대한 질문

1. 물고기가 어항에 있을 때는 물 밖으로 튀어나올 수 있는데, 튀어나온 후에는 왜 다시 들어갈 수 없는가?(인도네시아 소망교회 집사)

답(答) : 어거스틴의 설명으로는

A. 인간이 타락 전에는 죄지을 가능성(Posse Peccare)이 있었다.
B. 인간이 타락 후에는 죄 안 지을 가능성이 없다. (non Posse non Peccare)
C. 인간이 회심 후에는 죄 안 지을 가능성이 있다. (Posse non Peccare)
D. 인간이 천국에서는 죄지을 가능성이 없다. (non Posse Peccare)

그러므로 타락 후에는 죄를 안 지을 수 없다. 즉, 스스로 죽음에서 벗어날 수 없다.

2. 하나님은 전지(全知)하신데 100% 인간이 되셔야만 사망 가운데 있는 인간을 체휼하실 수 있는가?

답(答) : 하나님은 전지하셔서 인간을 체휼하시지만, 인간 편에서 하나님이 자신을 사랑하셨음을 온전히 깨닫게 하기 위해서이다.

또한 100% 하나님이 100% 인간 되심은 체휼뿐만 아니라 체휼에 기초해서 대속물, 속전 되기 위해서 인간의 몸을 입으셔야 했다. 왜냐하면 구약성경에서 수많은 양을 대속물로 삼은 것은 하나님의 어린양의 속죄에 예표론일 뿐이고 또한 짐승의 생명이 사람을 대신할 수 없다. 그리고 100% 하나님이 사람의 생명을 대신할 수 없다.

예 : 불난 집 안에 있는 자식을 사랑하기에 불 속으로 뛰어들어 간 어머니의 화상 자국

"이튿날 요한이 예수께서 자기에게 나아오심을 보고 이르되 보라 세상 죄를 지고 가는 하나님의 어린양이로다"(요 1 : 29).

"인자가 온 것은 섬김을 받으려 함이 아니라 도리어 섬기려 하고 자기 목숨을 많은 사람의 대속물로 주려 함이니라"(막 10 : 45).

3. 100% 인간이고 100% 하나님이어야 구원이 일어날 수 있다는 전제는 인간적 이성에 기초한 논리가 아닌가?(Grece hee 선교사)

답(答) :

A) 공리(公理, Axiom) – 하나의 이론에서 증명 없이 바르다고 하는 명제

* 일반 사람과 사회에서 두루 통하는 진리나 도리(universal truth, A duty or truth which is widely understood as standard among many people on in a society)
* 수학이나 논리학에서 증명 없이 자명한 진리로 인정되며 다른 명제를 증명하는 데 전제가 되는 원리(Axiom, A principle considered to be a self evident truth in mathematics or logic, and used as a premise to prove other propositions)
* 유클리드(Euclid) 기하학에서는 증명을 필요로 하지 않거나 증명할 수 없지만, 직관적으로 자명한 진리의 명제인 동시에 다른 명제들의 전제가 되는 명제, 그러나 현대 논리학에서는 명제의 자명성에는 관계없이 연역적 체계의 기본이 되는 전제로 증명 없이 세워지는 명제를 말한다. (예 : 평행선)
* 고대 그리스(Greece)적 원의(原意) – 공공적으로 시인된 것
* 일반적 의미 – 일정한 이론체계의 맨 앞에 있고, 그 체계에서의 다른 모든 명제가 그로부터 도출되지만, 그 자신은 좀 더 고차적인 원리로부터 도출할 수 없는 기본전제로서 세워지는 일군의 명제이다.

하나님의 진리는 인간의 이해와 이성을 초월할지언정 무시하거나 도외시하지 않는다. 그래서 암브로시우스 교부는 "하나님은 우리가 이성 없이 그분에 대한 신앙에 복종하기를 원치 않으신다."라고 했다. 그리고 토마스 아퀴나스는 "인간의 이성은 하나님에 의해서 창조될 때 부여받은 것으로 정당한 것이므로 이성으로 파악되는 진리는 하나님이 특별한 은총으로 부여한 계시적 진리와 결코 충돌할 수 없다."라고 주장했다.

9장 주제에 대한 질문

1. 인간은 이미 아담의 허리 속에 있었는데 믿음으로 예수님의 허리 속으로 옮겨지는 것이 가능한 것인가?

답(答):

* 아브라함과 하나님과의 만민의 축복 약속은 이삭을 두고 하신 언약인데 혈통으로는 (율법〈律法〉으로는) 이스마엘이 먼저이고 장자이나, 언약으로는 이삭이 장자이고 먼저이다. 이 언약으로 믿음이 성취되는 것이다.

"내가 너로 큰 민족을 이루고 네게 복을 주어 네 이름을 창대하게 하리니 너는 복이 될지라 너를 축복하는 자에게는 내가 복을 내리고 너를 저주하는 자에게는 내가 저주하리니 땅의 모든 족속이 너로 말미암아 복을 얻을 것이라 하신지라"(창 12:2-3).

"아브람이 하갈과 동침하였더니 하갈이 임신하매 그가 자기의 임신함을 알고 그의 여주인을 멸시한지라"(창 16 : 4).

"여호와의 사자가 또 그에게 이르되 네가 임신하였은즉 아들을 낳으리니 그 이름을 이스마엘이라 하라 이는 여호와께서 네 고통을 들으셨음이니라"(창 16 : 11).

"보라 내 언약이 너와 함께 있으니 너는 여러 민족의 아버지가 될지라 이제 후로는 네 이름을 아브람이라 하지 아니하고 아브라함이라 하리니 이는 내가 너를 여러 민족의 아버지가 되게 함이니라 내가 너로 심히 번성하게 하리니 내가 네게서 민족들이 나게 하며 왕들이 네게로부터 나오리라 내가 내 언약을 나와 너 및 네 대대 후손 사이에 세워서 영원한 언약을 삼고 너와 네 후손의 하나님이 되리라 내가 너와 네 후손에게 네가 거류하는 이 땅 곧 가나안 온 땅을 주어 영원한 기업이 되게 하고 나는 그들의 하나님이 되리라"(창 17 : 4-8).

"내가 그에게 복을 주어 그가 네게 아들을 낳아 주게 하며 내가 그에게 복을 주어 그를 여러 민족의 어머니가 되게 하리니 민족의 여러 왕이 그에게서 나리라 아브라함이 엎드려 웃으며 마음속으로 이르되 백 세 된 사람이 어찌 자식을 낳을까 사라는 구십 세니 어찌 출산하리요 하고 아브라함이 이에 하나님께 아뢰되 이스마엘이나 하나님 앞에 살기를 원하나이다 하나님이 이르시되 아니라 네 아내 사라가 네게 아들을 낳으리니 너는 그 이름을 이삭이라 하라 내가 그와 내 언약을 세우리니 그의 후손에게 영원한 언약이 되리라 이스마엘에 대하여는 내가 네 말을 들었나니 내가 그에게 복을 주어 그를 매우 크게 생육하고 번성하게 할지라 그가 열두 두령을 낳으리니 내가 그를 큰 나라가 되게 하려니와 내 언약은 내가 내년 이 시기에 사라가 네게 낳을 이삭과 세우리라"(창 17 : 16-21).

"사라가 임신하고 하나님이 말씀하신 시기가 되어 노년의 아브라함에게 아들을 낳으니 아브라함이 그에게 태어난 아들 곧 사라가 자기에게 낳은 아들을 이름하여 이삭이라 하였고 그 아들 이삭이 난 지 팔 일 만에 그가 하나님이 명령하신 대로 할례를 행하였더라"(창 21 : 2-4).

"아브라함이 하나님을 믿으매 그것을 그에게 의로 정하셨다 함과 같으니라 그런즉 믿음으로 말미암은 자들은 아브라함의 자손인 줄 알지어다 또 하나님이 이방을 믿음으로 말미암아 의로 정하실 것을 성경이 미리 알고 먼저 아브라함에게 복음을 전하되 모든 이방인이 너로 말미암아 복을 받으리라 하였느니라 그러므로 믿음으로 말미암은 자는 믿음이 있는 아브라함과 함께 복을 받느니라"(갈 3 : 6-9).

"형제들아 내가 사람의 예대로 말하노니 사람의 언약이라도 정한 후에는 아무도 폐하거나 더하거나 하지 못하느니라 이 약속들은 아브라함과 그 자손에게 말씀하신 것인데 여럿을 가리켜 그 자손들이라 하지 아니하시고 오직 한 사람을 가리켜 네 자손이라 하셨으니 곧 그리스도라"(갈 3 : 15-16).

* 이와 마찬가지로 아담과 그리스도 사이에도 원복음에 기초할 때 아담보다 그리스도가 먼저이시다.

"하나님이 이르시되 우리의 형상을 따라 우리의 모양대로 우리가 사람을 만들고 그들로 바다의 물고기와 하늘의 새와 가축과 온 땅과 땅에 기는 모든 것을 다스리게 하자 하시고"(창 1 : 26).

하나님이 인간을 지으실 때 '우리의 형상'으로 지으셨고, 초대 교부들은 '우리'를 성부, 성자, 성령으로, 유대교 랍비들은 창조주 하나님과 메시야로 이해한다. 그러므로 지음 받은 아담보다 지으신 메시야의 의지가 먼저이다.

"사망이 한 사람으로 말미암았으니 죽은 자의 부활도 한 사람으로 말미암는도다 아담 안에서 모든 사람이 죽은 것같이 그리스도 안에서 모든 사람이 삶을 얻으리라"(고전 15 : 21-22).

"기록된 바 첫 사람 아담은 생령이 되었다 함과 같이 마지막 아담은 살려 주는 영이 되었나니 그러나 먼저는 신령한 사람이 아니요 육의 사람이요 그 다음에 신령한 사람이니라"(고전 15 : 45-46).

"우리가 흙에 속한 자의 형상을 입은 것같이 또한 하늘에 속한 이의 형상을 입으리라"(고전 15 : 49).

* 아담에게서 가인과 아벨이 태어났는데 가인은 인간의 도성에 속하고 아벨은 하나님의 도성에 속한다. 그러니까 영적인 것이 아닌 생물학적인 것이 먼저였다. 그러므로 누구든지 아담에게서 먼저 태어나고 그 다음에 (믿음으로) 예수 그리스도 안에서 다시 태어난다면 선하고 영적인 존재가 된다. (Augustinus 「신국론」 제15권. 1. 2)

* 인류도 세상의 시민으로 먼저 태어나고 천상의 시민은 그 다음이다. 단일 인간에게 더 못한 쪽이 먼저 있는데 우리는 어쩔 수 없이 거기서 시작해야 하지만 거기에 머물러 있을 필요는 없으며 그다음에 더 나은 쪽으로 나아가, 거기에 머물러 있음이 마땅하지 않은가? 하나님은 같은 흙덩이를 가지고 어떤 것은 천하게, 어떤 것은 귀하게 만들 수 있다.

"토기장이가 진흙 한 덩이로 하나는 귀히 쓸 그릇을, 하나는 천히 쓸 그릇을 만들 권한이 없느냐"(롬 9 : 21).

* '다음'(Prius)을 갖고 '먼저'(Posterius)를 덮게 된다.

"내게 말하라 율법 아래에 있고자 하는 자들아 율법을 듣지 못하였느냐 기록된 바 아브라함에게 두 아들이 있으니 하나는 여종에게서, 하나는 자유 있는 여자에게서 났다 하였으며 여종에게서는 육체를 따라 났고 자유 있는 여자에게서는 약속으로 말미암았느니라 이것은 비유니 이 여자들은 두 언약이라 하나는 시내 산으로부터 종을 낳은 자니 곧 하갈이라 이 하갈은 아라비아에 있는 시내 산으로서 지금 있는 예루살렘과 같은 곳이니 그가 그 자녀들과 더불어 종 노릇 하고 오직 위에 있는 예루살렘은 자유자니 곧 우리 어머니라 기록된 바 잉태하지 못한 자여 즐거워하라 산고를 모르는 자여 소리 질러 외치라 이는 홀로 사는 자의 자녀가 남편 있는 자의 자녀보다 많음이라 하였으니 형제들아 너희는 이삭과 같이 약속의 자녀라 그러나 그때에 육체를 따라 난 자가 성령을 따라 난 자를 박해한 것같이 이제도 그러하도다 그러나 성경이 무엇을 말하느냐 여종과 그 아들을 내쫓으라 여종의 아들이 자유 있는 여자의 아들과 더불어 유업을 얻지 못하리라 하였느니라 그런즉 형제들아 우리는 여종의 자녀가 아니요 자유 있는 여자의 자녀니라 그리스도께서 우리를 자유롭게 하려고 자유를 주셨으니 그러므로 굳건하게 서서 다시는 종의 멍에를 메지 말라"(갈 4 : 21-5 : 1).

* 그림자, 예언적 표상
* 잉태하지 못한 자, 산고를 모르는 자, 홀로 사는 자 = 언약으로 난 자, 육체를 따라 나지 않은 자, 믿는 자, 이삭과 같이 약속의 자녀, 죄와 사망에서 자유한 자
* 모상(imago)과 표상(figura)

    모상은 어떤 사물과 그 원형의 관계이다.

    예 : 지금의 예루살렘과 천상(天上)의 예루살렘

    표상은 어떤 사물과 그것을 예표(豫表)하는 사물과의 관계이다.

    예 : 여종 하갈과 석녀(石女) 사라
* 죄로 타락한 자연 본성은 지상 도성의 시간을 낳고, 은총은 천상 도성의 시간을 낳아 준다.

    예 : 아브라함 ┌사라-이삭-은총-언약-죄와 사망의 자유
    └하갈-이스마엘-자연본성-육-죄와 사망의 종
* ius suum in utero alieno - 부인의 여종의 몸에서 난 남편의 소생은 본부인의 소유가 되는 원리

"아브람의 아내 사래는 출산하지 못하였고 그에게 한 여종이 있으니 애굽 사람이요 이름은 하갈이라 사래가 아브람에게 이르되 여호와께서 내 출산을 허락하지 아니하셨으니 원하건대 내 여종에게 들어가라 내가 혹 그로 말미암아 자녀를 얻을까 하노라 하매 아브람이 사래의 말을 들으니라 아브람의 아내 사래가 그 여종 애굽 사람 하갈을 데려다가 그 남편 아브람에게 첩으로 준 때는 아브람이 가나안 땅에 거주한 지 십 년 후였더라"(창 16 : 1-3).

저자 후기. 주제에 대한 질문(質問)

1. 예수 그리스도가 오시기 전에 살았던 사람은 구원을 받을 수 있나?

답(答) :

A. 전제

1. 말씀 밖으로 넘어가지 마라

"형제들아 내가 너희를 위하여 이 일에 나와 아볼로를 들어서 본을 보였으니 이는 너희로 하여금 기록된 말씀 밖으로 넘어가지 말라 한 것을 우리에게서 배워 서로 대적하여 교만한 마음을 가지지 말게 하려 함이라"(고전 4:6).

2. 믿음의 분량대로 지혜롭게 생각하라

"내게 주신 은혜로 말미암아 너희 각 사람에게 말하노니 마땅히 생각할 그 이상의 생각을 품지 말고 오직 하나님께서 각 사람에게 나누어 주신 믿음의 분량대로 지혜롭게 생각하라"(롬 12:3).

3. 사사로이 풀지 마라

"먼저 알 것은 성경의 모든 예언은 사사로이 풀 것이 아니니"(벧후 1 : 20).

B. 본론

1. 율법이 주어지기 전 노아 시대의 구원 방법

* 노아 시대의 법에 따라 심판하신다.

"그가 또한 영으로 가서 옥에 있는 영들에게 선포하시니라 그들은 전에 노아의 날 방주를 준비할 동안 하나님이 오래 참고 기다리실 때에 복종하지 아니하던 자들이라 방주에서 물로 말미암아 구원을 얻은 자가 몇 명뿐이니 겨우 여덟 명이라"(벧전 3 : 19-20).

2. 구약시대 사람의 구원 방법

* 십계명, 모세오경, 구약 39권을 기준으로 심판하신다.

* 율법을 지키려다 보면 인간의 한계를 느끼게 되고, 그래서 오실 메시야를 소망하게 되는데, 하나님은 그것으로 판단하시며 그 속에 구원받을 만한 믿음을 보신다.

"믿음이 오기 전에 우리는 율법 아래에 매인 바 되고 계시될 믿음의 때까지 갇혔느니라 이같이 율법이 우리를 그리스도께로 인도하는 초등교사가 되어 우리로 하여금 믿음으로 말미암아 의롭다 함을 얻게 하려 함이라"(갈 3 : 23-24).

"또 모세의 율법으로 너희가 의롭다 하심을 얻지 못하던 모든 일에도 이 사람을 힘입어 믿는 자마다 의롭다 하심을 얻는 이것이라"(행 13 : 39).

"그러므로 율법의 행위로 그의 앞에 의롭다 하심을 얻을 육체가 없나니 율법으로는 죄를 깨달음이니라"(롬 3 : 20).

"사람이 의롭게 되는 것은 율법의 행위로 말미암음이 아니요 오직 예수 그리스도를 믿음으로 말미암는 줄 알므로 우리도 그리스도 예수를 믿나니 이는 우리가 율법의 행위로써가 아니고 그리스도를 믿음으로써 의롭다 함을 얻으려 함이라 율법의 행위로써는 의롭다 함을 얻을 육체가 없느니라"(갈 2 : 16).

3. 신약시대 복음이 전파된 후의 구원 방법
* 예수 그리스도의 법, 즉 믿음으로 구원받는다(믿음의 법).

"예수께서 이르시되 내가 곧 길이요 진리요 생명이니 나로 말미암지 않고는 아버지께로 올 자가 없느니라"(요 14 : 6).

"그런즉 자랑할 데가 어디냐 있을 수가 없느니라 무슨 법으로냐 행위로냐 아니라 오직 믿음의 법으로니라 그러므로 사람이 의롭다 하심을 얻는 것은 율법의 행위에 있지 않고 믿음으로 되는 줄 우리가 인정하노라"(롬 3 : 27-28).

4. 신약시대에 복음을 들을 기회가 없었던 자의 구원 방법

　예 : 이순신 장군은 구원받았나? 못 받았나?
* 양심의 법에 따라 심판받게 된다.
* 빅토르 위고는 "양심은 인간의 내면에 있는 하나님의 일부이다."(Conscience is God present in man)라고 했다.

"율법 없는 이방인이 본성으로 율법의 일을 행할 때에는 이 사람은 율법이 없어도 자기가 자기에게 율법이 되나니 이런 이들은 그 양심이 증거가 되어 그 생각들이 서로 혹은 고발하며 혹은 변명하여 그 마음에 새긴 율법의 행위를 나타내느니라"(롬 2 : 14-15).

"하나님이 지나간 세대에는 모든 민족으로 자기들의 길들을 가게 방임하셨으나 그러나 자기를 증언하지 아니하신 것이 아니니 곧 여러분에게 하늘로부터 비를 내리시며 결실기를 주시는 선한 일을 하사 음식과 기쁨으로 여러분의 마음에 만족하게 하셨느니라 하고 이렇게 말하여 겨우 무리를 말려 자기들에게 제사를 못하게 하니라"(행 14 : 16-18).

C. 결론

구원의 주도권(initiative)은 오직 하나님께만 있다.
* 세대주의자의 주장에 의하면 예수님의 십자가 사건 이전에는 인간의 자유의지, 양심, 율법에 의해서 구원받는다고 한다. 그러나 이 주장에는 구원은 오직 예수님에 의해서 결정된다는 원칙이 빠져 있기 때문에 잘못된 구원론이다.

　그래서 나온 또 다른 설명은 그들은 다 죽어서 일단 음부로 내려갔다가 그곳을 방문하신 예수님에 의하여 복음을 듣고 낙원에 올라갔다고 보는 것이다.
1) 변화산상에서 예수님이 모세와 엘리야가 낙원에 있는 것을 제자들에게 보여 주심(마 17 : 1-8).
2) 예수님께서 십자가에서 죽으시고 부활하시기 전 음부를 방문하심(벧전 3 : 19-20).

✝ 부록 : 고대 종교의 구원관

1. 인류 최초의 도시 : 우룩(오늘날 이라크 남부 도시의 와르카)-수메르 고왕국

A) 우룩을 건설한 왕 길가메시(Gilgamesh, '노인이 청년이 되었다'는 뜻)는 BC 27세기 수메르 고왕국의 왕이었다.
B) 길가메시 서사시-길가메시가 영생을 찾기 위해 바닷속 심연으로 들어가 불로초를 따오는 이야기
  * BC 2300년부터 단편 시로 등장함. → BC 2100년경 우르 3왕조의 왕 슐기가 자신의 조상으로 우상화하면서 긴 시로 만들어짐. → BC 14세기경 한 사제이자 시인이 약 3,600행으로 된 초판 문서로 기록함. 이 시인의 이름은 "신-레케-우닌니(Sin-leqe-uninni)"
C) 내용 : 세속적인 명성을 쫓던 길가메시는 영생을 찾아 나선다.
  * 친구 엔키두(반인반수적 존재)와 함께 백향목을 지키는 괴물 후와와를 죽인 후 겁도 없이 전쟁의 여신 아쉬타르를 욕보이고 그가 보낸 하늘의 황소 구갈라나도 죽인다. 이로써 길가메시는 신들이 가진 명성과 권력을 손에 쥐는 듯했다. 하지만 신들의 반격으로 엔키두는 병들어 죽게 된다. 자신의 제2의 자아였던 엔키두가 죽자 길가메쉬는 자신도 엔키두처럼 죽을 수 있는 존재라는 사실을 깨닫고 죽음의 노예가 된다. 그래서 그는 인간으로 태어났지만, 지하

세계에서 영생을 누리고 있다는 우트나피쉬팀에 대한 소문을 듣고 그의 영생의 비밀을 알고 싶어 그를 찾아 나선다. 그를 만나려면 "돌아올 수 없는 바다"를 건너 지하 세계로 내려가야 하는데 지하 세계는 죽은 후에나 갈 수 있는 터부의 땅이다. 길가메시는 살아 있는 동안 지하 세계로 여행을 떠나 우여곡절 끝에 우트나피쉬팀을 만난다. 그런데 그는 깜짝 놀라게 된다. 왜냐하면 우트나피쉬팀이 자신과 똑같이 생겼기 때문이다. 우트나피쉬팀이 길가메시에게 불로초가 있는 장소를 알려 주었는데 불로초는 페르시아만의 가장 깊은 장소에서 자라는 바다식물이었다. 그래서 길가메시는 다리에 돌을 동여매고 누구도 여행한 적이 없는 바다의 심연으로 헤엄쳐 들어가 마침내 불로초를 손에 넣는다. 길가메시는 이 영생의 식물을 가지고 우룩으로 향하다 더위에 지쳐서 옷과 불로초를 놓아둔 채 연못으로 뛰어들었는데 순식간에 뱀이 튀어 들어와 불로초를 삼키고는 허물만 남긴 채 사라져 버린다.

D) 구원론

* 길가메시가 영생에 대해 알고자 여정을 떠나는 순간 이미 영생을 살고 있는 우트나피쉬팀이 된 것이다. 결국 영생이란 "영원히 사는 것"이 아니라 "순간을 영원처럼 사는", 즉 영생을 추구하는 삶 자체라는 것이다. 불멸을 추구하고 "나"라는 존재의 심연(深淵, nagba)을 보는 여정을 떠나는 그 순간이 바로 영생이라는 것이다. 신에게 도전하고 죽음의 고통 속에서도 자신의 심연을 보는 사람에게 새로운 생명의 약을 얻게 된다는 자력 구원이다. (길가에서는 반신반의적 존재이고, 백향목은 메소포타미아 지구나르의 지성소와 이집트 파라오들이 사후에 부활하기 위한 의례용 범선을 제작할 때 사용하는 성물이다.)

2. 인류 최초의 문명발생지 : 이집트

A) BC 3,100년경 아프리카 대륙의 동북부 지역에 등장
  * BC 3,200년경 처음으로 문자와 도시를 만들어 문명을 구축했고, 나일강 상류

에 거주하던 누비아와 에티오피아에서 건너왔다.

B) 생사관

* 고대 이집트인들은 이 세상의 삶은 "잠시"(暫時), 사후세계가 있다고 생각하고 유한한 삶을 무한한 삶으로 바꾸기 위해 부단히 노력했다.
* 그래서 파라오들은 이승에서 잠깐의 삶을 산 이후 영원히 거주할 안식처를 건축하는 일에 몰두했다. 그것이 피라미드(Pyramid)이다. BC 2650년경 이집트 고왕국 시대 파라오였던 Khufu는 자신만의 영원한 안식을 위해 피라미드를 건축하기로 하고 건축 총괄 책임자로 재상이며 수학자인 임호테프(Imhotep)를 임명했다.
* 임호테프는 모래사장 위에 230만 개의 석회암을 쌓아 올릴 계획(높이 147m, 정사각형 밑단 230m)을 세웠다. 피라미드의 무게 중심에 타조 깃털처럼 마아트(maat)를 놓고 이 바위들이 무너지지 않고 영원히 건재하도록 의식을 치루었다. 이들은 건물을 지을 때 그 중심에 마아트를 놓고 의례를 행하는 관습이 있었다.
* 마아트는 이집트어에서 타조 깃털 모양을 의미하는데 "정의, 진리, 조화, 질서, 법"으로 번역된다. 유교의 도(道), 힌두교의 르타(rta), 히브리인들의 '샬롬'처럼 우주 삼라만상의 운행 원칙을 설명하는 철학적 개념이며, 피라미드 건축의 핵심일 뿐 아니라 인간 삶의 궁극적 비밀이기도 하다.

C) 구원관

* 고대 이집트인들은 사람이 죽은 뒤 영원한 사후 세계(duat)로 진입하기 위해 거쳐야 하는 통과의례를 기록해 놓은 「사자의 서」라는 책이 있는데 BC 13세기 이집트 파라오 세티오세의 가축을 관리하던 휴네페르라는 사람의 작품이다.
* 휴네페르는 시체 방부처리를 관장하는 신인 아누비스에 의해 심판대에 끌려간다. 아누비스는 시체를 방부 처리하는 것뿐만 아니라 죽은 사람이 지하 세계 가장 깊은 곳인 사후 세계로 들어가기 전에 그럴 자격이 있는지를 측정하

는 저울을 지키는 자이다. 죽은 자는 사후 세계를 지나야 부활을 시작한다.
* 심판대의 오른편에는 문자의 신인 토트(Thoth)가 살아생전에 한 생각, 말, 행동을 기록한 생명책을 읽고, 죽은 자가 생전에 어느 곳에도 치우치지 않은 중용의 삶을 살았는지를 기록한다. 그리고 토트 아래에는 괴물 암무트가 웅크리고 앉아 있다. 아비누스와 토트가 죽은 자의 심장을 마아트와 균형을 이루지 못하면 잡아먹는다. 그렇게 되면 휴네페르는 더 이상 사후 세계를 지나 영생의 신인 오시리스를 만나는 여정은 할 수 없고, 그의 영혼은 영원히 정착하지 못하는 떠돌이가 되고 만다.
* 중요한 것은 천칭이다. 천칭 오른편 그릇에는 마아트가 올려져 있고, 왼편 그릇에는 사자의 심장이 올려져 있다. 고대 이집트인들은 심장에 그 사람의 모든 행위가 기록되어 있다고 믿었다. 마아트와 심장을 저울질하는 동안 죽은 자는 42개의 부정 고백(나는 죄를 짓지 않았습니다, 나는 폭력으로 강도짓을 하지 않았습니다.)을 해야 한다.

D) 정리
* 이 구원관도 행위 구원관, 자력 구원관이다.
  42개의 부정 고백을 통해서 영원 세계로 들어가려면 자신이 생전에 하지 말아야 할 일들은 명확히 알아 과감하게 잘라내야 한다.

3. 고대 인도

A) 위대한 서사시 「마하바라타」에는 전설적인 왕 유디스티라와 그의 네 동생에 관한 이야기가 나온다. 네 동생의 이름은 비마, 아르주나, 니쿨라, 사하데바이다.

B) 내용
* 다섯 형제는 드라우파디라는 한 여인과 결혼했고, 이들은 인생의 마지막 여정을 준비한다. 지상 왕국을 떠나 천상으로 들어가기 위해서는 반드시 정복해야

할 산 히말라야가 있는데, 그 산꼭대기에 하늘로 가는 마차가 숨어 있다.

* 맨 먼저 포기한 이는 부인 드라우파디이다. 비마가 형 유디스티라에게 묻는다. "드라우파디는 왜 포기했나요?" 유디스티라는 산에서 추락하는 부인을 쳐다보지도 않은 채 "그녀는 영웅 아르주나만을 사랑했지, 사랑을 공평하게 나누지 못해 덕스럽지 않아."라고 대답했다. 그 다음 추락한 이는 사하데바이다. 왜 추락했느냐는 비마의 물음에 유디스티라는 "똑똑하다는 자만심 탓에 추락했지."라고 답했다. 사하데바는 평소 자신이 이해한 적은 지식을 최고라고 생각했다.

그 다음에 추락한 이는 니쿨라였다. 비마가 그 이유를 묻자 "그는 자신의 생김새에만 도취되어 살았어, 그 때문에 추락했지."라고 답했다. 니쿨라는 자신의 외모만을 기준으로 세상의 아름다움을 판단하는 편견의 눈을 가졌다. 다음엔 아르주나가 추락했다. 유디스티라는 "아르주나는 자신을 세상에서 가장 위대한 영웅이라고 생각했기 때문에 추락했지."라고 말했다.

이제 유디스티라와 비마만 남았다. 요리사인 비마는 힘이 장사만큼이나 좋았다. 유디스티라가 비마에게 말했다. "너는 굶어 죽는 사람들을 생각하지도 않고 맛나고 값진 음식을 너무 탐했구나." 비마는 혀끝의 자극에 탐닉하는 자였다. 마지막으로 유디스티라만 남았다. 그는 홀로 나무 아래에서 추위와 굶주림에 떨고 있었는데, 개 한 마리가 나타나 줄곧 그의 곁을 지키며 떠나지 않았다. 이 개는 인도에서 발견된 고유종 파리아(Pariah)였다. 그는 개와 함께 히말라야 정상에 올라, 하늘로 가는 전차를 찾아 헤맸다. 그사이 유디스티라와 개는 형제가 됐다. 유디스티라는 먹을 것을 찾으면 먼저 개에게 주었고, 개가 먹을 것을 찾으면 유디스티라에게 양보했다. 이들은 굶주림과 외로움을 서로를 향한 애틋한 사랑으로 승화시켰다.

어느 날 개가 인드라의 전차가 숨겨진 비밀의 장소를 발견했다. 유디스티라와 개가 위용을 드러내는 전차 가까이 다가가려는 순간 우렁찬 목소리가 흘러나왔다. "유디스티라여! 마침내 도착했구나! 얼마나 기다렸는지 모른다. 어서 내 전차를 타고 하늘로 올라가자!" 그 말에 유디스티라가 개와 함께 전차에 승선하려 하자 인드라가 손을 저으며 막았다. "개를 데리고는 절대 하늘로 갈 수 없다". 한참 동안 개를 쳐다보던 유디스티라의 눈에 눈물이 고였다. 마침내 그는 인드라에게 말했다. "죄송하지만, 저 개와 함께 갈 수 없다면 저는 뒤돌아 다시 산을 내려가겠습니다. 이 개는 저의 가장 충직한 동반자였습니다." 그리고는 결심한 듯 개와 함께 내려가기 시작했다.

바로 그때 인드라가 소리쳤다. "멈춰라, 유디스티라여! 나는 너처럼 고귀한 인격을 지닌 자를 본 적이 없다. 그 개는 사실 네 인격의 근원인 다르마(Dharma)이다. 이제 너는 하늘로 올라갈 자격이 있다." 그 순간 개는 다르마 신으로 변했고 유디스티라는 인드라의 전차에 올라 하늘로 승천했다.

C) 구원론
* 인도 철학에는 우주를 지탱하는 원칙인 르타(rta)가 있다. 우주와 그 안에 존재하는 삼라만상의 근원인데, 르타가 인간이 사는 공동체에 적용되면 다르마가 되고 개인에게 적용하면 카르마(Karma)가 된다. 이것이 중국으로 넘어가면 법(法)과 업(業)으로 번역된다.
* 다르마는 자신 속에 숨어 있는 옳은 양심을 행하는 것으로 이것이야말로 하늘나라로 가는 전차에 오를 수 있는 차표로서 공로주의, 자력 구원이다.

4. 고대 그리스

A) 소포클레스의 비극 작품 「오이디푸스 왕」
* 아리스토텔레스는 이 작품을 가장 위대한 문학 작품으로 평가했다.
B) 내용
* 오이디푸스는 테베의 왕 라이오스와 왕비 요가스타의 아들로 태어났다.
라이오스 왕은 델피의 아폴로 신전에서 새로 태어난 아들의 운명에 관해 신탁을 문의했고, 신탁은 언젠가 아들이 아버지를 죽일 것이라는 끔찍한 내용이었

다. 그러자 왕은 갓난아기의 뒷 꿈치를 꽁꽁 묶어 기어 다닐 수 없게 만들었지만, 그것으로는 성에 차지 않아 신하에게 아기를 산에 버려 죽게 하라고 명령한다. 그러나 불쌍한 아기를 산에 버려 죽게 할 수 없었던 신하는 아기를 근처 도시 고린도의 한 목동에게 맡겼다. 그 목동은 마침 자식이 없어 애타게 양자를 구하던 고린도 왕 폴리보스와 왕비 메로페에게 바친다. 아기의 발꿈치가 부어 있는 것을 본 폴리보스는 아기에게 "오이디"(부은)+"푸스"(발), 즉 오이디푸스라는 이름을 지어 준다.

* 세월이 지나 오이디푸스는 자신이 사생아라는 사실을 알게 된 후 자신이 누구인지 알아내기 위해 신탁을 받게 된다. 그는 끔찍한 자신의 운명을 피하고자 고린도로 가지 않고 델피 근처에 있는 테베로 향하던 중 세 갈래 길의 교차 점에 이르게 된다. 오이디푸스는 이 세 갈래 길에서 전차를 타고 가는 이와 마주치게 된다. 그는 바로 테베의 왕이자 자신의 친부 라이오스였다. 누가 먼저 길을 가느냐 하는 사소한 말다툼 끝에 오이디푸스는 아버지 라이오스를 살해하고 만다. 자신의 아버지를 죽이는 운명이 실현되고 만 것이다.

여기에서 라이오스는 인간이 극복해야 할 관습, 관행, 습관, 편견을 상징한다. 오이디푸스는 자신도 인식하지 못한 채 아버지를 살해하고는 테베의 성문으로 향한다. 테베 성문 입구에는 들어가려는 이들을 막는 괴물 스핑크스가 웅크리고 있었다. "스핑크스"는 그리스어로 새로운 단계로 무모하게 진입하려는 사람들의 '목을 조르는 존재'라는 뜻으로 머리는 인간, 등은 사자이면서 새의 날개를 가진 어느 한쪽에도 속하지 않은 하늘과 땅에 존재하는 동물들의 복합체이며 인간을 스스로 두 발로 서지 못하도록 숨을 끊는 무시무시한 존재이다.

스핑크스는 테베로 들어가려는 모든 이들에게 수수께끼를 내서 그 문제를 풀면 성문을 통과해 테베로 들어갈 수 있고, 문제를 풀지 못하면 곧바로 목을 졸라 먹어 치운다. 스핑크스가 오이디푸스에게 낸 수수께끼는 "한 목소리를 가졌지만 아침에는 네 발로 걷고, 오후에는 두 발로, 그리고 밤에는 세 발로 걷는 것이 무엇이냐?"였다.

오이디푸스는 이전까지 누구도 풀지 못한 이 질문에 "인간"이라고 대답해서 수수께끼를 풀었고, 스핑크스는 성문을 지키는 역할을 제대로 수행하지 못했다는 죄책감에 시달린 나머지 절벽 위로 올라가 몸을 던진다.

* 여기서 성문을 막고 있는 스핑크스는 자신이 버려야 할 과거이자 자기 안에 존재하는 또 다른 자아, "나 자신"이라는 괴물이다.

C) 구원론
* 그리스인들의 인생관은 숙명론이고, 구원관은 자신 속에 있는 또 다른 자아 괴물을 죽여야 하는 자력 구원관이다.

참고문헌

김세윤. 「구원이란 무엇인가」. 서울 : 성경읽기사, 1984.

G. E. Ladd. *A theology of the New Testament*. 신성종·이한수 역. 「신약 신학」. 서울 : 대한기독교서회, 1984.

Leonhard Goppelt. *Theology of the New Testament Volume 1, 2*. 「신약 신학 Ⅰ, Ⅱ」. 박문재 역. 서울 : 크리스챤 다이제스트, 1992.

Donald Guthrie. *New Testament Theology*. 정원태·김근수 역. 「신약 신학」. 서울 : CLC, 1988.

John R. W. Stott. *The Cross of Christ*. 지상우 역. 「그리스도의 십자가」. 서울 : CLC, 1988.

John R. W. Stott. *Basic Christianity*. 황을호 역, 「기독교의 기본 진리」. 서울 : 생명의 말씀사, 1989.

Joachim Jeremias. *New Testament Theology*. 정충하 역. 「신약 신학」. 서울 : 새순출판사, 1990.

Josh McDowell and Bill Wilson. *He walked among us*. 김진우 역. 「예수님은 실존 인물인가」. 서울 : 생명의말씀사, 1991.

한국창조과학회 편. 「창조는 과학적 사실인가?」. 서울 : 한국창조과학회, 1989.

조철수. 「예수평전」. 서울 : 김영사, 2010

요시다 아츠히코 외 공저. *Mythology Legend*. 하선미 역. 「세계의 신화 전설」, 서울 : 혜원, 2010.

황용현. 「여자의 후손」. 용인 : 아미출판사, 2022.

이어령. 「한국인 이야기 : 너 어디에서 왔니-탄생」. 서울 : 파람북, 2020.

김영길. 「로마에 사는 그대에게」. 서울 : 쿰란출판사, 2023.

정일권. 「예수는 반신화다」. 서울 : 새물결플러스, 2017.

_____. 「우상의 황혼과 그리스도」. 서울 : 새물결플러스, 2015.
_____. 「붓다와 희생양」. 서울 : SFC, 2013.
_____. 「십자가의 인류학」. 서울 : CLC, 2023.
한국창조과학회 편. 「진화는 과학적 사실인가?」. 서울 : 한국창조과학회, 1981.
Martyn Lloyd-Jones. *The Plight of Man and the Power of God*. 서문강 역. 「인간의 곤경과 하나님의 능력」. 서울 : 엠마오, 1983.
Bo Reicke. *Neutestamentliche Zeitgeschichte*. 한국신학연구소번역실 역. 「신약성서 시대사」. 서울 : 한국신학연구소, 1990.
T. V. Moore. *The Last Days of Jesus*. 채수범 역. 「예수님의 부활 후 40일간의 행적」. 서울 : 나침반사, 1991.
Paul Barnett. 김일우 역. *Is The New Testament Reliable?*. 「신약성경은 믿을 만한가?」. 서울 : IVP, 1994.
Lee Strobel. *The Case for Christ*. 윤관희·박중렬 역. 「예수 사건」. 서울 : 두란노, 2000.
Lee Strobel. *The Case for faith*. 윤종석 역. 「특종! 믿음 사건」. 서울 : 두란노, 2001.
Lee Strobel. *The Case for the Real Jesus*. 홍종락 역. 「예수 그리스도」. 서울 : 두란노, 2009.
강신주. 「철학 VS 철학」. 서울: 그린비, 2013.
김용규. 「서양문명을 읽는 코드 신」. 서울: 휴머니스트, 2011.
_____. 「백만장자의 마지막 질문」. 서울: 휴머니스트, 2013.
James D. G. Dunn. *Why Believe in Jesus' Resurrection?* 김경민 역. 「부활」. 서울: 비아, 2018.
Aurelius Augustinus. *De vera religione*. 성염 역. 「참된 종교」. 서울: 분도출판사, 2017.
John Polkinghorne. *Quantum Physics and Theology : An Unexpected Kinship*. 현우식 역. 「양자물리학 그리고 기독교신학」. 서울: 연세대학교출판부, 2009.
황용현. 「사복음서와 지상 사명」. 용인 : 아미출판사, 2021.
J. Warner Wallace. *Cold-Case Christianity*. 장혜영 역. 「베테랑 형사 복음서 난제를 수사하다」. 서울 : 새물결플러스, 2022.
Craig A. Evans. *Fabricating Jesus*. 성기문 역. 「만들어진 예수」. 서울 : 새물결플러스, 2017.

개정증보판

구원의 확신

초판발행	2010년 10월 30일
개정증보 1판발행	2014년 1월 30일
개정증보 2판발행	2016년 2월 15일
개정증보 3판발행	2019년 5월 25일
개정증보 4판발행	2021년 3월 30일
개정증보 5판발행	2023년 8월 20일
개정증보 6판발행	2024년 12월 30일

지은이	김진욱
펴낸이	강성훈
펴낸곳	한국장로교출판사
주　소	03128 / 서울시 종로구 대학로 3길 29, 신관 4층(총회창립100주년기념관)
전　화	(02) 741-4381 / 팩스 741-7886
영업국	(031) 944-4340 / 팩스 944-2623
등　록	No. 1-84(1951. 8. 3.)

ISBN 978-89-398-4615-9 / Printed in Korea
값 42,000원

※ 이 출판물은 저작권법에 의해 보호를 받는 저작물이므로 무단전재와 무단복제를 할 수 없습니다.

✝

†